徐悲鸿时代（二）

夏桂楣 著

北京大学出版社

图书在版编目（CIP）数据

徐悲鸿时代：三卷本/夏桂楣著.— 北京：北京大学出版社，2014.3

ISBN 978-7-301-23909-4

Ⅰ.①徐… Ⅱ.①夏… Ⅲ.①艺术家–生平事迹–中国–现代 Ⅳ.①K825.7

中国版本图书馆CIP数据核字(2014)第022667号

书　　　名	徐悲鸿时代（三卷本） XU BEIHONG SHIDAI（SAN JUANBEN）
著作责任者	夏桂楣　著
责 任 编 辑	王炜烨　杨书澜
标 准 书 号	ISBN 978-7-301-23909-4
出 版 发 行	北京大学出版社
地　　　址	北京市海淀区成府路205号　100871
网　　　址	http://www.pup.cn
电 子 信 箱	zpup@pup.pku.edu.cn
新 浪 微 博	@北京大学出版社
电　　　话	邮购部 010–62752015　发行部 010–62750672 编辑部 010–62750673
印 刷 者	大厂回族自治县彩虹印刷有限公司
经 销 者	新华书店
	965毫米×1300毫米　16开本　62.25印张　693千字 2020年10月第1版　2020年10月第1次印刷
定　　　价	（全三卷）181.00元

未经许可，不得以任何方式复制或抄袭本书之部分或全部内容。
版权所有，侵权必究
举报电话：010–62752024　电子信箱：fd@pup.pku.edu.cn
图书如有印装质量问题，请与出版部联系，电话：010–62756370

目录

第一章　赴欧展览 /1
　　一、抵押宅邸 /2
　　二、巴黎花絮 /16
　　三、比利时之行 /20
　　四、展出盛况 /24
　　五、转道苏联 /29
　　六、意犹未尽 /39

第二章　青山依旧 /41
　　一、天目山红豆 /42
　　二、营救田汉 /50

第三章　模特风波 /73
　　一、风波乍起 /74
　　二、余波未平 /91
　　三、再起风潮 /98

第四章　渐行渐远　/ 107
一、求助舒新城　/ 108
二、孙传瑗出山　/ 112
三、梦想幻灭　/ 117
四、走为上计　/ 128

第五章　艺术天地　/ 131
一、桂林山水　/ 132
二、广西"三杰"　/ 136
三、《八十七神仙卷》　/ 145

第六章　乱世情缘　/ 153
一、同一屋檐下　/ 154
二、再赴广西　/ 155
三、四川避难　/ 158

第七章　战马不知困　/ 169
一、放游漓江　/ 170
二、聚首重庆　/ 174
三、安庆相会　/ 178

第八章　世事难料　/ 189
一、从安庆到长沙　/ 190
二、王映霞与许绍棣　/ 192
三、不期而至　/ 204
四、家母离世　/ 212

第九章　天涯何处无芳草　/ 215
一、王少陵、李铁夫与余本　/ 216

二、隐居八步 / 222

第十章　西江漂流 / 227
　　一、马万里来访 / 228
　　二、江上风险 / 231
　　三、滞留香港 / 234

第十一章　新加坡筹赈 / 241
　　一、初展告捷 / 242
　　二、笔战始末 / 248
　　三、回眸孙多慈 / 249
　　四、珍妮小姐 / 254
　　五、家仇别绪 / 255
　　六、汤姆斯画像 / 258
　　七、《放下你的鞭子》 / 259

第十二章　印度之行 / 263
　　一、途经仰光 / 264
　　二、"海关舅子" / 267
　　三、泰戈尔家乡 / 269
　　四、《愚公移山》 / 275
　　五、再致孙多慈 / 276
　　六、大吉岭时日 / 280
　　七、弃之不舍 / 281
　　八、始游克什米尔 / 283
　　九、泰翁之托 / 285

第一章

赴欧展览

徐悲鸿所生存的时代山河破碎，烽烟四起，动荡不安。这使他对理想和事业的追求历尽艰辛，同时，他的情感生活也遭遇到了巨大痛苦。然而他不屈的意志却始终没有动摇，不管环境恶劣到何种地步，还是遇到任何艰难险阻，什么东西都可以丢掉，可却绝对不肯放弃艺术。就在他与蒋碧薇的夫妻关系名存实亡的情况下，依然与其一起于1933年1月28日，携带中国现代三百余件名家书画作品奔赴欧洲展出……

一、抵押宅邸

李石曾、蔡元培、吴稚晖与张静江并称"国民党四大元老"。1924年，李石曾在国民党"一大"上被推选为国民党中央监察委员，他早年发起和组织了赴法勤工俭学运动，为中法文化交流和培养中国走向世界的一代知识分子做出了巨大贡献。

徐悲鸿无论早年的求学阶段，还是后来成为一位杰出艺术家，与李石曾一直有着千丝万缕的联系。

1932年底，李石曾产生动议：将中国现代名家的书画作品运到欧洲展出。他提出，能够完成这项任务的人，非徐悲鸿莫属。

以往出国展览的作品，都是先由画家无偿提供。这样，在展出时如果丢失或损坏，则会给画家造成不应有的损失。因此，画家一般不肯提供较好的作品，这当然会影响展出的效果和国家声誉。鉴于此种情况，徐悲鸿经过权衡考虑，则向李石曾提出，这次可以事先与画家谈好画作的价格，然后备款收购。李石曾同意了他的意见。在他的斡旋下，徐悲鸿从南京农工银行的经理萧文熙处领取了三千元法币，立即赶赴苏州、上海、北平、杭州、南京等地，马不停蹄地跑了三个月，征集到中国现代名家齐白石、张大千、陈树人、张聿光、汪亚尘、王一亭、许士琪、陈半丁、林风眠、高奇峰、黄宾虹、贺天健、胡佩衡等名家作品六百余件。

徐悲鸿对征集到的作品非常满意：其质量之高、数量之多、规模之大，以及画家的知名度，均是以往任何展览都不曾有过的。

展出的作品有了，徐悲鸿又兴致勃勃地到南京农工银行萧文熙处领取旅费和展出费用。不料，萧文熙却拒绝继续付款，说李石曾对于后续经费并未做任何交代。

此时李石曾已经远赴欧洲讲学，一时无法联系。徐悲鸿为此焦急万分，十分沮丧，在萧文熙宽大的办公室里来回踱着步子。而萧文熙却仰坐在豪华转椅里，脑袋靠在椅子背上优哉游哉地晃来晃去。此人的性格古怪，做派老辣，难以捉摸，很难进言。

突然，徐悲鸿在萧文熙面前停住了脚步，目不转睛地看着他说道："萧经理，你知道我在傅厚岗有一处房产吧，落成的时候你不是还到场祝贺了吗？我用这套房产做抵押，就算我向贵行再借款三千元总可以吧。"

萧文熙听了徐悲鸿的话后，转椅停止了晃动，嘴角露出一丝不易觉察的奸笑。他当然知道徐悲鸿在傅厚岗的房产，那是国民党"四大元老"之一的吴稚晖出资帮他修建的。

吴稚晖是徐悲鸿的莫逆之交，他还曾为他画过一幅半身油画肖像呢。

徐悲鸿的名气越来越大之后，随之而来的则是创作任务越来越重，他太需要一处带有大画室的房子了。

吴稚晖非常器重徐悲鸿的才华，于1932年出资三千元，又联合钮永键、李石曾、黄雁白诸先生为之募捐，共同在南京鼓楼坡的北面为徐悲鸿买下一块地皮。

随着国民政府定都南京、

1930年，徐悲鸿与蒋碧薇在上海

1909年，孙中山（左）在伦敦与吴稚晖父子合影

1932年，徐悲鸿迁入南京傅厚岗6号新居——徐公馆，鉴于国难深重，他为之取名"危巢"

"建设新首都"计划的启动，房地产业开始火爆，地价飙升，三千块大洋巨款也只买到两亩坟地，自然相当荒凉。

地皮买下后，则由毕业于中央大学艺术系的徐悲鸿学生的丈夫下雨生进行设计。房子于1932年12月建成，即傅厚岗6号徐悲鸿公馆。其内部结构依照法式风格，是一座雍容典雅的二层小楼：客厅、餐厅、卧室、浴室、卫生间等各项设施齐全；徐悲鸿的画室更是气派：长三丈，宽两丈，高一丈六。

坟地里原有的两棵高大白杨树已经被围在院子里，四周修建了篱笆围墙，徐悲鸿的大画室处于白杨树绿荫之下。院内还栽种了碧波如茵的草坪，点缀了花木，梅竹扶疏，桃柳掩映。草坪中央还安放了两把遮阳伞，伞下放上圆桌和藤椅，可以在草地上纳凉。

徐悲鸿一家搬进新居时，"九一八事变"已经爆发一年有余。国难当头，民不聊生，他便将新公馆命名为"危巢"，取居安思危之意。正如他在《危巢小记》中所说：

> 古人有居安思危之训，抑于灾难丧乱之际，卧薪尝胆之秋，敢忘其危？是取名之义也。

在《危巢小记》中，徐悲鸿还以被植于庭院的黄山松自况曰：

> 黄山之松生危崖之上，托根石隙，吸取之露，与风霜战，奇态百出，惊心骇目。好事者命石工凿之，置于庭园，长垣缭绕，灌溉以时，屈者日伸，瘦者日肥，奇态尽失，与常松等。人因好奇而收之，不知营养充实适以损其奇也。悲鸿有居，毋乃类是。

徐悲鸿吟诗作赋，书写序文与题记，从不放过任何赋予人生深刻含义的哲理。写完《危巢小记》，又用泰山经石峪刻注墨拓本的如斗大字在公馆客厅的墙壁上写下一副对联"独特偏见，一意孤行"，横批是"应毋庸议"。以表现"一个艺术家要诚实、要自信"；"人不可有傲气，但不能无傲骨"；"不要为名誉和金钱创作，更不要为阿谀世人创作"，足见徐悲鸿做人的起码准则。

写完对联，手里的笔还未放下，画家黄苗子带着女友郁风来访。黄苗子与徐悲鸿是第一次相见，当即被他气魄雄健、语出惊人的大字对联震慑得瞠目结舌。他几乎是不知所以，战战兢兢地仰望着徐悲鸿苍劲有力的书法，及挂在墙上、戳在地下的画作，与郁风悄悄议论着。最后，与徐悲鸿寒暄几句便离开了。从徐悲鸿家里出来，郁风问黄苗子对徐公馆的感受如何？他则说好像什么

年轻的黄苗子与妻子郁风

年轻时的黄苗子、郁风与张大千，右一为演员吕恩

都没看见，只记住了"独特偏见，一意孤行"；"应毋庸议"的对联和横批。

黄苗子，1913年生于广东中山一个书香世家，幼名"猫仔"。其祖父黄绍昌系清末举人，曾在张之洞创办的广州广雅书院教授辞章。父亲黄冷观由师范学校毕业后从业于报界，热衷社会活动，鼓吹革命，是孙中山创办的同盟会会员。

受到家庭影响，黄苗子八岁师从邓尔研习书法，少时就读于香港中华中学；十五岁时接触到由叶浅予主编，张光宇、张正宇、鲁少飞等漫画界几位中坚人士经营的《上海漫画》周刊，这也为他打开了一扇通往漫画创作的大门。1929年，十六岁的黄苗子创作的漫画《魔》入选香港学生画展。他把作品寄到《上海漫画》，没想到不久就发表了，而且还受到漫画家叶浅予的褒奖。黄苗子喜出望外，因而也更加喜爱漫画，并对大上海充满无限向往。1931年10月，黄苗子度过了十八岁生日，便拿着编辑部付给的稿酬买了去上海的船票，继续从事漫画活动。1932年至1938年任上海市政府租界办事处办事员、卫戍司令部中尉书记、上海市公安局科员并兼任大众出版社《大众画报》《小说半月刊》和南京《扶轮日报》编辑、上海市政府机要室科员。1938年以后，在广州、重庆、上海等地参加抗日文艺活动。

后来，受到岭南派画家黄般若等人鼓励，黄苗子开始为香港的《骨子》报、广州的《半角漫画》画漫画。向报刊投画稿需要有个笔名，黄般若便劝他说道：你的小名叫"猫仔"，把两个偏旁去掉，"苗子"不是现成的笔名吗？从此，"黄苗子"的名字便越叫越响。

身在官场时，黄苗子的心却在艺坛。认识了漫画家叶浅予、华君武、丁聪、张乐平等人后，又陆续在《生活》《良友画报》《时代漫画》《上海漫画》等刊物上发表漫画作品，还与叶浅予、张光宇等人一起组织了漫画界的诸多活动。

除了在各大报刊、杂志上发表漫画作品外，黄苗子还撰写了不少漫画理论评介文章。20世纪30年代有一本汇集了鲁迅、胡风、丰子恺、郁达夫、茅盾、叶圣陶等诸多名家文章的《小品文和漫画》，其中就有黄苗子的《我的漫画理论——一个吓人的题目》。

黄苗子最大的爱好就是读书：查阅参考资料时要读书，写作时也要读书，空下来的时候更要读书。对他来讲，不读书的生活就好像是缺了什么东西似的感到空虚，闲饥难忍，他说道："我的生活就是读书，读书也就是我的生活——我就是这样过活的。"

1936年夏天，黄苗子和鲁少飞、叶浅予、张光宇、张正宇、王敦庆等人发起筹备了一个漫画展览会，并且成为筹备委员，具体负责书记事务。这次展览是中国漫画史上开天辟地的全国性漫画展，汇集了来自国内以及海外华侨漫画家的六百多幅作品。几年过去，黄苗子已从一个漂泊来沪的漫画爱好者，成为上海漫画界的中坚人物。

1936年，夏衍的话剧《赛金花》上演，黄苗子便跟随叶浅予、丁聪等人一起到演出后台画速写，从而与夏衍成为知己。夏衍不但影响了他的人生走向，还是促成他与夫人郁风美满婚姻的"月下老"。

20世纪30年代，上海的霞飞路有个漫画俱乐部，黄苗子在那里见到了大名鼎鼎的文学家郁达夫和他的侄女郁风。

郁风，祖籍浙江富阳，1916出生于北京，自幼受到叔父郁达夫的影响，爱好新文艺，早年入北平大学艺术学院及南京中央大学艺术系学习西洋画。1935年后，郁风历任上海美专附中教师，上海及广州《救亡日报》记者，四战区政治部第三组美术宣传队负责人,香港《耕耘》主编、《星岛日报》《华商报》编辑,桂林广西艺术馆研究员,香港《文汇报》驻京特派员,中国美协副秘书长及展览部主任、书记处书记,《新观察》副主编、《诗书画》半月刊主编。她于1936年开始发表作品,著有散文集《我的故乡》、论文集《美的世界》等。抗战爆发后,便随郭沫若、夏衍赴广州创办《救亡日报》,后转粤北四战区从事美术宣传工作。

邵洵美是上海"文坛孟尝君",他所创办的时代图书公司把当时有名的漫画家张光宇、张正宇、叶浅予、鲁少飞全都收罗进去。郁达夫每次带着郁风从杭州来到上海,邵洵美都会打电话把黄苗子约出来,一起吃饭聊天,和这些年轻艺术家们玩在一起。在这种艺术氛围中,黄苗子和郁风逐渐熟悉起来。

1937年4月,黄苗子来到广州。郁风此时是上海《救亡日报》的漫画插图记者。郭沫若是《救亡日报》的社长,夏衍是实际主办者。上海在1937年11月21日沦陷,郁风先去香港,之后也到广州,参与恢复出版《救亡日报》。同在一座城市,郁风与黄苗子经常在一起谈论文艺和国事,感觉意趣相投,相互间的距离再度拉近,从而产生了恋情。

次年10月21日,广州沦陷。黄苗子因工作关系去了重庆,而郁风随后赴香港,两人不得不分开。黄苗子在心中惦记着郁风,写了一首情诗寄给她,表现出对她魂牵梦萦的思念之情……

香港沦陷后,郁风辗转抵达重庆徐悲鸿在磐溪筹备的中国美术学院,不久便随同去成都青城山写生。可当黄苗子向她求婚时,她却觉得难以抉择——因为他当时依然在国民党政府中任职。为此,夏衍专程到美术学院找到郁风说服她,由此达成了二人的"国共合作"。1944年5月,他们在重庆天官府的郭沫若家里举行订婚仪式。当年11月,婚礼在嘉陵宾馆举行。书法家沈尹默做证婚人,并赠诗曰:

无双妙颖写佳期,难得人间绝好辞。
取譬渊明远风日,良苗新意有人知。

柳亚子和郭沫若和诗曰:

跃冶祥金飞郁凤,舞阶干羽格黄苗。
芦笙今日调新调,连理枝头瓜瓞标。

当然,黄苗子和郁风的这些经历,都是后来的事情。当年,他带着她到徐悲鸿傅厚岗公馆拜访时,他们还没结婚。就在他们要离开时,还遇到了前去拜访的萧文熙。

萧文熙当然知道徐悲鸿在傅厚岗的公馆,竣工时候,他还到场祝贺并且送了礼金。为此,徐悲鸿在他前往拜访时为他画了一幅《奔马》。

现在,徐悲鸿要到欧洲去办画展,按照约定,又来到萧文熙处领款,可却遭到他因李石曾未做交代而拒绝。徐悲鸿在无奈的情况下,才提出以傅厚岗公馆做抵押借款。萧文熙再也无法回绝他的请求,第二天,徐悲鸿便将傅厚岗的房地契拿到农工银行,办完手续之后,领取了三千元法币。

应该说,徐悲鸿将他的宅邸押给萧文熙,以取得资费到欧洲去办画展,

《风雨思君子》(中国画)徐悲鸿作

是担着很大风险的。而且在此之前,他在北平会见盛成说起赴欧展览时,盛成已经告诉过他说,李石曾的话是靠不住的。可他,还是毫无顾忌地押上了自己的房产。

蒋碧薇因为孩子太小,又刚刚迁入傅厚岗新居,加上与徐悲鸿在感情上已经出现裂痕,本来是不想与他同行的。可一转念,又害怕徐悲鸿带上孙多慈同往。因此,她便将母亲戴清波从上海接到南京帮助照料孩子,自己跟随徐悲鸿第二次动身奔赴欧洲。

青春靓丽蒋碧薇

张溥泉和崔震华夫妇得知徐悲鸿夫妇即将赴欧举办展览的消息后,便将他们的儿子张琨和女儿张瑛托他们带到法国去读书。张溥泉和崔震华都是国民党元老,也是徐悲鸿的至交,徐悲鸿还曾为张溥泉画过一幅肖像呢。

徐悲鸿尽管在感情上与蒋碧薇产生了裂痕,已经是貌合神离,不大想带她一起走。但在众多朋友面前,却又觉得说不出口。于是,于1933年1月22日,徐悲

1933年徐悲鸿重访巴黎高等美术学院

鸿夫妇与张氏子女，还有随行的滑田友，在上海乘坐法国"博多士号"轮船启程。到码头送行的，除张溥泉夫妇外，还有吴稚晖、褚民谊、盛成及王一亭、崔竹溪等亲友数十人。

这已经是徐悲鸿第三次赴欧了，所不同的是前两次都是求学，而这次则是前去举办中国画展览，因此感到肩上的担子非常沉重。

徐悲鸿告别亲友后，"博多士号"客轮即起锚航行。到船舱安顿完行李稍息片刻，他便到甲板上散步。与蒋碧薇第一次赴法时，他们所乘的虽是日本轮船，可后来往返，包括旅居巴黎时外出浏览，则多数是乘坐法国轮船。徐悲鸿的中分头、笔挺的身材，和他那无可比拟的文人气质，常常给人留下深刻印象。

徐悲鸿眼望汹涌澎湃的大海，倾听着波涛激浪的声音漫步在甲板上，心里盘算着到达法国后展览的各项事宜。正这时，"博多士号"船长德隆微笑着从对面走来。刚才，徐悲鸿携蒋碧薇登上甲板向岸上亲友挥手告别时，德隆就已经注意到他，见他安顿好行李从船舱出来，便来到甲板上会他。走到跟前，朝徐悲鸿伸出一只手用法语说道："先生，您还记不记得我呀？"

徐悲鸿怔了一下，仔细端详，然后紧紧握住德隆的手，也用法语说道："啊呀，船长先生，又见面啦，幸会幸会！"二人于是比肩前行。

徐悲鸿1927年秋天携蒋碧薇乘坐"博多士号"回国时，就曾与德隆在船上见过一面。那次，徐悲鸿和蒋碧薇与两位一起回国的同仁正在饭厅里用餐，一边谈论在法国留学的轶事，坐在旁边饭桌上吃饭的德隆听得津津有味。等到徐悲鸿站起来要离席时，他便走过来做自我介绍：说他是本船的船长，对搞艺术的人非常崇敬，想要与他交个朋友。

可当他听说徐悲鸿已经从学校毕业离开法国时，感到有些失望。分别时，他看了一眼蒋碧薇，说她长得很漂亮，是标准的东方美人……

如今，七年过去了，徐悲鸿与德隆再次相遇，越谈越亲密。他对徐悲鸿说您虽然乘坐过多次海轮，可您对轮船机械方面的东西未必真正了解。其实，一艘巨轮就是一个小社会，麻雀虽小五脏俱全，不然我带您参观一下？徐悲鸿求之不得，便回船舱去叫蒋碧薇，可她却说累了，想睡一会儿。徐悲鸿于是带上滑田友、张琨和张瑛跟随德隆参观整艘巨轮……

"博多士号"真的就像一座城市：商店、邮局、游艺厅、歌舞厅、洗浴室、放映室、健身房、生活区、机械间、配电室一应俱全，全在有条不紊地运转，使得徐悲鸿大开眼界，赞叹不已。

听见徐悲鸿感叹，德隆又说道："这种型号的轮船，均已在世界各地航行，最大载重五万七千吨，而此船仅为二万四千吨。人们虽然享受到了交通便利，但却并不知道造船者的名字，甚是遗憾！"

听了此话，徐悲鸿感到惭愧，心中不禁叹惜道："末世之艺术家，画几枚颠倒之苹果，畸形之风景，或塑长头大腿之女子，便为有功于文化。两两相较，其道理不特常人所不解，即不佞亦深为惶惑者也。惜此类艺术家，无是机缘，令人一度自省也。"由此可见，徐悲鸿着实是一位贴近民众而且有良心的艺术家。

接着，徐悲鸿一行被德隆引到轮船下层的动力操作间，立刻感到火焰熊熊，气浪滚滚，粉尘飞扬，令人窒息，犹如人间地狱。虽然设有透风筒、换气扇，可常人依然难以忍受。几个奋力填煤烧火者均为华工，其衣着不整，有的光着膀子只穿短裤，脸部及露出的肌肤犹似被烈火烧焦一般黢黑，各个蓬头垢面。看见自己同胞这种非人般的生活，徐悲鸿心如刀绞，于是高声与华工搭讪，可话语却被机器的隆鸣声淹没。征得德隆同意，徐悲鸿将几位华工轮流带上甲板，分别为他们画了肖像。最后，还为德隆画了一张送给他。德隆感激不尽，又找上蒋碧薇，请他们到餐厅吃了一顿法国西餐……

"博多士号"于3月3日途经法国马赛，3月4日抵达巴黎。在法国勤工俭学的刘大悲、张凤举受到法国画展举办方委托前来接头。徐悲鸿当年向时任福建省教育厅厅长的黄孟圭索要了两个留学生名额，吕斯百和王临乙到法国留学，他俩也前来迎接，见了面相互拥抱。徐悲鸿遂将滑田友介绍给二人，并嘱吕斯百教他法语，王临乙教他素描，准备考学。

随后，吕斯百、王临乙、滑田友三人便随徐悲鸿一路筹办欧洲各地的画展。

下船之后，徐悲鸿便与李石曾联系。第二天，接到他的一封信，称他立即启程回国。预算的经费为两万元，除去徐悲鸿在国内领取六千元，刘大悲、张凤举在法国的开销也有两千元，其余所缺，可找驻法公使顾维钧索要。

徐悲鸿立刻偕刘大悲、张凤举和蒋碧薇去公使馆拜会顾维钧，可他却说李石曾并未做任何交代，他根本就不知道此事。徐悲鸿一下傻了眼：场地已经租下，消息也已发出，如果经费不继，到时候开不了馆，国际影响便可想而知；而且，徐悲鸿一行也将流落巴黎街头。

万分焦急之下，徐悲鸿立即给教育部次长钱昌照写信求救。不久，经朱家骅之手汇来两万元，才使展览得以顺利进行。随后，法国政府购买了徐悲鸿带去的几幅画，展览经费终于得到圆满解决。

法国有位旅长，早年做过袁世凯的顾

张爱玲的母亲黄逸梵在法国

张爱玲与胡兰成

问,在华居住多年,认识中国的很多名人,现今在巴黎做记者。他的阅历丰富,为人忠厚,性格豁达率真,世人皆重视他的文章。得知徐悲鸿到巴黎举办画展,他便前来采访。徐悲鸿向他展示展览画件,他一边记录,一边向徐悲鸿索要了多张照片。不多日,便写成一篇洋洋大文,并配以齐白石的《双鹊》及徐悲鸿的《九方皋》两幅作品,发表在巴黎发行量最大的报纸 Intrinsigent 上。因为消息是独家所有,从而引起各家报纸的妒忌。可幸的是画展开幕后,获得了极大成功,全欧报纸纷纷报道,其份数已超过一万万。就连十法郎一册的目录都印刷了三次。

因为要在巴黎停留较长时间,徐悲鸿夫妇便在 15 区租下一间画室,与之同住一幢楼里的还有一位画家——张爱玲的母亲黄逸梵。

黄逸梵的家族名声显赫,祖父黄翼升是清末长江七省的水师提督,后来成为李鸿章的副手,被朝廷封为男爵爵位。父亲黄宗炎承袭了祖父的爵位,赴广西出任盐道。

黄逸梵是父亲死于"瘴气"之后的遗腹子,与弟弟黄定柱是双胞胎。

黄逸梵虽然生于豪门,但她的母亲却是从农村买来的小妾,尽管长得漂亮但却地位低下,郁郁寡欢,而且不久父亲便去世了。因此,她的童年没有幸福可言。

黄逸梵的婚姻也十分不幸:丈夫张志沂是她远房的表

徐悲鸿旅欧期间自画像

兄，由父母包办成婚，靠祖上留下来的遗产过日子；婚后又吸食鸦片、嫖妓、续娶姨太太……

黄逸梵无法忍受丈夫的斑斑劣迹，1924年，张志沂的妹妹张茂渊要出国留学，便以她需要监护人为由，与其偕同出洋，同徐悲鸿一起在法国学习油画。黄逸梵当年三十一岁，扔下了四岁的女儿张爱玲和三岁的儿子张子静——名义上过继给了长房，从此便开始了她的漂泊生涯……

父母的离异、家族日趋衰败，给张爱玲的心灵留下了抹不掉的阴影，对她日后惊艳与绮丽创作风格的形成产生了重要影响。

张爱玲的婚姻也与她的母亲黄逸梵一样不幸：1943年，胡兰成在《天地》杂志上看到张爱玲的小说《封锁》，即被她的才情所打动。1944年2月，他从南京回到上海，第二天便前往张爱玲府上登门拜访。二人相谈甚欢，琴瑟和鸣，胡兰成于是对她展开攻势。1944年8月，他与原配夫人英娣离婚后，便与张爱玲结为夫妻。

然而好景不长，由于其政治身份的缘故，胡兰成经常过着流亡生活，只要遇到美艳的女性，而且能够为他提供经济上的援助，都要被传出感情缠绵的绯闻。而这一切，却是张爱玲所不能容忍的。在她多次劝导没有结果的情况下，无奈发给他一封诀别信，二人就此分手。

徐悲鸿夫妇与黄逸梵在异国相逢，自然欣喜异常。

常玉的裸女作品

二、巴黎花絮

徐悲鸿在巴黎 15 区住下后，要请意大利画家查依和波兰女雕塑家米格米贡女士吃饭，二人都是他留法期间游历欧洲各国时结交的朋友。

因为徐悲鸿和蒋碧薇所租的居室较小，便决定借用画家常玉的画室，用晚餐招待客人。并邀请了黄逸梵、常玉和在法国圣西尔军校就读的好友龙绳祖作陪。

常玉的形象犹如奶油小生，生活风流潇洒，充满传奇色彩，其境遇与17 世纪荷兰绘画大师伦勃朗颇为相似：对于自己的作品虽然充满自信，但却一度不被人理解和认可，富贵与贫穷大起大落，阴阳两重天……

1900 年 10 月 14 日，常玉出生于四川顺庆的富商家庭，经济殷实，衣食无忧。1910 年，他随蜀中"五老七贤"之一的赵熙习画，1917 年入上海美术学校，1919 年与徐悲鸿、林风眠先后留法勤工俭学；在巴黎国立高等美术学校毕业后，开始从巴黎人的生活中去探索法国现代绘画的脉络，并以此为基调进行艺术创作。

常玉在上海美术学校学习时，就已打下坚实的绘画基础，来到巴黎之后，受到西方"表现主义""野兽派""立体主义"等现代派风格影响，作品既带有中国笔墨的概括力和意境，又融合了西方现代绘画的表现手法：将中国传统美学的含蓄内敛与西方美学的夸张奔放糅合在一起，其用笔简洁流畅、色彩明亮艳丽，风格独特，获得了"东方马蒂斯"的美称。在西方人眼里，他的作品没有脱离中国传统文化的衣钵；而在东方人眼里，他的作品又带有西方现代派元素。

1925 年，常玉的作品入选法国秋季沙龙展，使他的创作进入到一个崭新阶段……

不料，天有不测风云，就在常玉的创作水平蒸蒸日上时，四川老家的长兄离世，留学经费几乎断绝。然而他却没有消沉，依然淡泊名利，一意孤行，追求精神自由，过着天马行空独来独往的生活：开始做陶瓷销往欧洲各地，又在巴黎和柏林从事宣传体育事业的活动，过起了以商补艺的生活……

1938年，欧洲战场硝烟四起，经济萧条，民不聊生，他的经济状况更是雪上加霜。但他的创作激情不减，仍然定期举办画展，作品参加了法国独立沙龙展，表现对象主要是人物、静物及风景。

在艺术上，常玉坚持"我行我素，不媚世俗"的理念，这与徐悲鸿的"独特偏见，一意孤行"异曲同工，因而作品总是受到徐悲鸿的赞赏与鼓励。1932年，法国出版的《1910——1930当代艺术家生平辞典》中，常玉的名字赫然在目。而这时，他才刚过而立之年，可见他当时的艺术成就与地位之高。著名评论家郎绍君说道："常玉是个完全纯粹的艺术家。他作画并不为出售，所以不会追随市场风向而变化，而是忠实于自己的创作理念，游于艺，乐此道，随心所欲。"

正因为如此，常玉才能完全按照自己的意愿泼洒自如：表现对象都以简约的线条、单纯的色彩而给人特殊的美感。裸女一直是他乐此不疲的题材，其造型虽然婀娜多姿，但却体态健硕、丰脂润肌。表现形式有油画、水彩、水墨、炭笔画等。

荷兰籍的音乐家法兰寇是常玉的好友，在他的经济陷入绝境，生活难以为继时，向他伸出了援助之手……

法兰寇出生于荷兰艺术气息十分浓厚的家族，博学多才，为人忠厚，犹如徐悲鸿一样爱艺术入骨髓，收藏颇丰。他不但在经济上改善了常玉的生活，还多次帮助他在荷兰举办画

荷兰籍音乐家法兰寇（左）是艺术家常玉（右）的好友兼赞助者。他出生于艺术气息十分浓厚的家族，不但给予常玉经济上的支持，还曾数次替他在荷兰举办画展。两人的友谊一直维持到1966年常玉意外过世为止

展，使他的经济状况得到了根本改善。

法兰寇与常玉的友谊非常牢固，从未因他的潮起潮落而改变，一直保持到1966年常玉在巴黎因煤气泄漏去世的时候。

正因为常玉的为人谦和平淡，乐于助人，徐悲鸿才在他的家里安排宴请意大利画家查依和波兰女雕塑家米格米贡。

地点确定之后，蒋碧薇便与常玉开始在他的家里忙碌起来：打扫卫生、布置房间、出外采购，忙得不亦乐乎。而且已经约好，徐悲鸿中午也要到这里来用餐。可当他10点多钟赶到常家敲门时，室内却无人应答。再敲几次，仍然没有反应。他以为蒋碧薇和常玉此刻一定待在里面，于是起了疑心，又用拳头猛砸两下门板，仍然没有反应。以为他们二人一定是在做男女苟且之事，抑或是故意作弄他，于是一甩手愤然离去……

而此时，蒋碧薇与常玉恰好出去买菜，匆匆赶回来很快就将午餐准备停当。可左等右等，一直等到下午1点多钟，仍然不见徐悲鸿前来。这时，应约作陪的龙绳祖已经到达。蒋碧薇感到十分尴尬，便说徐悲鸿可能临时有别的事不能来了，不得不与常玉和龙绳祖开始用午餐。到了晚上7点多钟，画家查依和雕塑家米格米贡，还有黄逸梵都已经如期抵达，可徐悲鸿依然不见踪影。

本来是徐悲鸿请客，可客人都到了却不见主人，这该如何是好？又过了一个多小时，焦急万分的蒋碧薇如坐针毡，便打的回到住处，想看看徐悲鸿是否待在家里。可到家一看，楼上楼下全都黑着灯，用力敲门，也像徐悲鸿中午敲常玉家的门一样，里边也丝毫没有反应。门上挂着锁，钥匙带在徐悲鸿身上，蒋碧薇进不了屋，而又惦记着常玉家请来的客人，无奈之下又急忙打的返了回去。

回到常玉的画室，大家见蒋碧薇的脸色苍白，气喘不匀，语无伦次，无所适从，都用诧异的眼神看着她，问她发生了什么事。她便勉强支撑，支支吾吾地请大家入席，期待着徐悲鸿能够突然出现在面前改变难堪局面。可是，直到午夜时分散席，也没见到他的身影。

大家把蒋碧薇送回家里，可她和徐悲鸿的居室仍然挂着门锁，窗户漆黑，敲了一阵，里边也毫无反应。送走米格米贡之后，黄逸梵则回了自己的屋。

蒋碧薇这时感到更加惶惑：徐悲鸿与她的感情已经达到破裂边缘，来到巴黎后的展览事宜也不尽人意，是不是感到绝望，出了什么事？想到这里，她便拉着常玉到大街上四处寻找。可该找的地方全都找遍了，街上早已经漆黑一片，空空荡荡，一直不见徐悲鸿的踪影。在寻找无望的情况下，只好拖着疲惫的身子到警察局去报案：询问是否有什么车祸伤人，是否有杀人的案件发生？抑或有没有碰见有人自杀的事情？警察局说都没有。蒋碧薇只好让常玉乘坐最后一班地铁回家，自己则返回去与黄逸梵和衣挤在一张床上，牵肠挂肚地熬过了整个夜晚。

天亮之后，蒋碧薇跑到街上请来一位锁匠，要将门锁撬开。可刚一动手，房门"啪"的一声从里边打开——原来，门锁只锁在门扣的一侧。徐悲鸿的头发蓬乱，面色如土，直挺挺地站在门里怒目而视……

恰在此时，常玉不放心，又从家里赶过来探听消息。徐悲鸿见此，扭头钻进了卧室。蒋碧薇和常玉方知他是因为对他们两个人发生了误会所至，于是跟进卧室与他说明了昨天的种种经过。解除误会后，徐悲鸿与常玉仍然一如既往……

徐悲鸿与蒋碧薇如果不是出国之前发生了隔阂，双方失去了彼此信任，也不至于发生这样一幕。这场风波刚刚平息，又发生了一件意想不到的事情：徐悲鸿这次赴法，国内来往的信件都是由驻法使馆给传递的。遇到他有事时，蒋碧薇便前去代领，从未发现有什么可疑迹象。可有一天，蒋碧薇却在房间里看见孙多慈从国内寄到巴黎徐悲鸿手中的一个信封。

"哦，原来他们还有联系！"蒋碧薇想道。可她并未声张，而是不动声色地细心观察。之后有一天，听见有人敲门，徐悲鸿见蒋碧薇待在身边，便若无其事地起身出门。蒋碧薇生疑，从门缝朝外窥视，只见巴黎高等美术学校原来的那位老看门人，将一封信交给了徐悲鸿。

"哦！"蒋碧薇终于明白了，徐悲鸿还有另一个秘密传信人。

徐悲鸿不动声色地回到屋里，见蒋碧薇的脸色有点不对劲儿，总用眼睛偷偷瞄着他，于是说出去有事离开了家门。等到蒋碧薇反应过来追出去，他已经无影无踪。过了一会儿，他从外面回来，蒋碧薇在他的身上身下搜了个遍，但却一无所获，于是大哭大闹，徐悲鸿则责备她无事生非……

蒋碧薇感到异常委屈，啜泣不止，徐悲鸿便躲开她，走出屋门扬长而去。恰在这时，比利时大使馆的职员送来一张护照……

三、比利时之行

在此之前，徐悲鸿已经申请到比利时首都布鲁塞尔举办画展，将护照送到大使馆去办理签证。没想到办理完毕竟然送上门来。蒋碧薇拿着护照气愤难平，灵机一动，给徐悲鸿留下一张纸条，写上"我走了"三个字，便跑到巴黎火车站登上了开往布鲁塞尔的特别快车。

徐悲鸿与蒋碧薇使用的是同一张护照，写着"徐悲鸿及夫人"。没有护照他就寸步难行。现在，蒋碧薇不知去向，他于是坐卧不安……

正在布鲁塞尔的沈宜甲，见到蒋碧薇带着她与徐悲鸿合用的护照飘然而至大吃一惊，便将护照要下来寄给了仍在巴黎焦急万分的徐悲鸿，他才随后赶到布鲁塞尔。

沈宜甲也是与徐悲鸿同时赴法的留学生，1928年于法国国立矿业大学毕业，回国工作两年后二度赴欧，定居比利时从事科研。

在沈宜甲的撮合下，徐悲鸿与蒋碧薇小游比利时，举办了画展，又专门赴英国伦敦，寄居在上公园路50号熊式一、王礼锡、欧阳予倩合租的房子里。在此，徐悲鸿去博物馆临摹了西班牙画家委拉斯凯兹的《维纳斯与镜》，并与友人同游海德公园、伦敦高楼门及马克思墓，又赴海牙参观伦勃朗的画作及其故居。

熊式一，1902生于江西南昌，毕业于北京高等师范英文科，创作和翻译生涯以戏剧为始终。自1929年起，他在《小说月报》《新月》等新文学杂志翻译发表了英国剧作家萧伯纳、巴蕾等人的作品；出版的著译单行本则有独幕喜剧《财神》和巴蕾的剧本《可敬的克莱登》等。尽管他的戏剧著译得到郑振铎、徐志摩等新文学大家的肯定，徐志摩还推崇他"对英美近代戏剧，很有造就"，但是他没有留过学，不是"海归"，受到世俗观念的藐视，无法在高等学校谋得教职。一气之下，遂于1932年底远渡重洋到英国深造。

熊式一在欧美一举成名，又把《西厢记》译成英文。1936年载誉归国，"七七事变"后，肩负宣传抗战的使命重返英伦，1939年创作英文话剧《大学教授》；1943年出版的长篇小说《天桥》，是他英文创作的第二个高峰。这部以历史为背景的社会讽刺小说，通过李氏家族的兴衰，特别是李大同这个主要人物的塑造，展现了晚清以来中国社会的变迁，出版后好评如潮。被译成法、德、西班牙、瑞典、捷克、荷兰等多种文字，畅销欧美，足以与林语堂英文名著《京华烟云》相媲美。

1934年，熊式一的译著《王宝钏》在伦敦出版，使他的名声大振，1936年再次载誉归国……

王礼锡虽然出身于书门世家，可父亲王肇均却英年早逝。而他的祖父王仁熙，则是光绪年间的举人，腹有诗书，出口成章。他因得到祖父教诲，从南宋诗人李义山，到唐代诗人孟东野、李长吉，将名家诗作细心揣摩、认真品味，深受陶冶。读大学期间，又得到名师彭泽、汪辟疆先生指点，潜心于历代诗家诗作的研究，取法唐宋诗词，却不因循承袭，获益匪浅。1929年，王礼锡在上海组织神州国光社期间写了许多诗，后结集为《市声草》；1930年赴日本，开始编印《读书杂志》；1931年返沪，倡导开展中国社会史的讨论，轰动一时，其论文结集为《中国社会史的论战》出版。

1933年3月，持有不同政见的王礼锡与北京女子高等师范学校国文科毕业的妻子陆晶清被迫流亡欧洲，发表的诗作被西方文坛誉为"东方的雪莱"。这些诗作后来结集为《去国草》，由中国诗歌出版社出版。在海外期间，他还写了不少随笔，结集为《海外杂笔》和《海外二笔》，由中华书局相继出版。

1938年12月，王礼锡偕陆晶清回国，以写诗鼓动民众进行抗战。

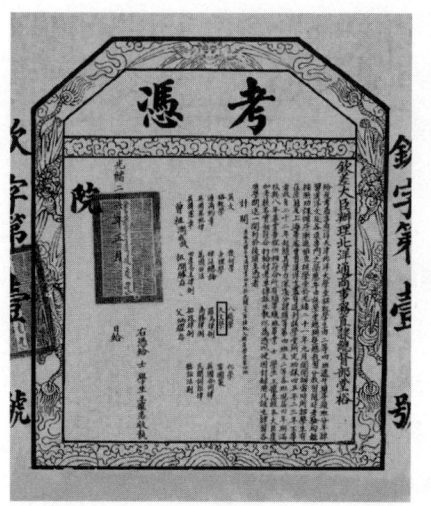

1939年6月,任作家战地访问团团长,率员深入到敌后,用手中的笔和敌寇战斗。可惜的是同年8月26日因病逝世,年仅三十岁,全国举行悼念。

除欧阳予倩外,熊式一、王礼锡和陆晶清都比徐悲鸿小,他们把蒋碧薇唤作"嫂夫人",关系十分融洽。

随后,徐悲鸿偕蒋碧薇到国际法庭拜见王宠惠,一同至荷兰首都阿姆斯特丹游览,参观了古代刑具博物馆。古代刑具将对人的折磨极端恐怖化:其形态各异,尖牙利齿的程度令人发指:断其四肢,剜其双目,钩其脏腑,使受刑者在精神和肉体上遭受巨大痛苦与摧残后死亡。光是参观实物,就已令人闻所未闻,触目惊心,毛骨悚然。在神经极度战栗中感受到摧残人类文明的野蛮和灭绝人性的暴行……

王宠惠祖籍广东东莞,祖父王元琛是广东省首位步入教堂的信徒,因鸦片战争后反洋教斗争此起彼伏而迁居香港。

1900年1月,王宠惠获得的我国第一张大学毕业文凭。因此可以说,他是中国有据可查的第一个在本土大学毕业的大学生

在开罗会议上的王宠惠(后排右六),前排从左至右蒋介石、罗斯福、丘吉尔、宋美龄

幼年时，王宠惠进入香港圣保罗学校，接受英文和西方科学知识教育。与此同时，在父亲王煜初的督导下，于家中熟读《论语》《孟子》等儒家经典，烂熟于胸，从而打下了国学、西学方面的基础。1902年，王宠惠赴美国入耶鲁大学，获法学博士学位。精通日语、德语、英语，曾任国民政府外交部长、国务总理等职，是联合国宪章的创立者之一。在政、学两界，他的大名几乎无人不晓。

王宠惠也是中国有史以来第一张大学文凭的获得者。他博学多才，学贯中西，在宪法、刑法、民法、国际法等领域都有很深造诣。无疑是近现代中国法学的奠基者之一，在国际法学界享有极高盛誉。作为政治家的王宠惠在国际法方面的贡献，主要是在海牙国际法庭供职时的表现，以及在确立联合国宪章方面所做的工作。

王宠惠（左二）在海牙国际法庭

1911年，王宠惠从欧洲回国，同年，辛亥革命爆发，"中华民国"成立。孙中山就任中华民国临时大总统，在挑选内阁成员时，王宠惠居然取代了呼声甚高的外交家伍廷芳，出任临时政府外交总长，年仅三十岁。

1921年，北洋政府派遣王宠惠、顾维钧率团代表中国赴华盛顿出席太平洋会议。作为"一战"的战胜国，中国当然要收回帝国主义侵占中国的一切权益，王宠惠据理力争废除日本逼迫中国签订的《二十一条》，并严词陈述此种苛刻条款最终将导致太平洋周边国家的不太平。这种有理有据的陈述令帝国主义者措手不及，最终，会议签订了《九国公约》，承认"尊重中国的主权与独立及领土、行政之完整"，并达成《解决山东悬案条约》。

虽然在西方列强主导的"强权即公理"的国际舞台上有理难辨，弱国无外交，但王宠惠不畏强权，坚决维护祖国领土主权完整的行为，为中国赢得了巨大荣誉。

1922年，王宠惠出任"好人政府"内阁总理；1923年受"北京政府"委派出任海牙国际法庭法官，是第一个在海牙国际法庭供职的中国法学家。任职期间，坚持以公平合理的原则处理国际纠纷，有力回击了当时的西方世界对黄色人种的歧视，所表现出来的精深宏博的法学修养与宽厚公正的绅士风度，使世界各国的学者和政治家无不折服。

孙中山对王宠惠的法学才华十分器重。1904年王宠惠在美国纽约留学期间，经常到孙中山的寓所去倾听他关于推翻清政府的革命计划。

在国际外交史上，王宠惠是忠贞的爱国主义者，他曾正言厉色地说道："我早年追随国父革命，主要在推翻清朝，打倒帝国主义。我最痛恨的是依附外国势力，我的出生证在早年离开香港时，即自行销毁了。"

王宠惠把爱国主义的气节带到了国际外交舞台上，为了维护民族和国家的利益，从不妥协。

徐悲鸿与王宠惠的友谊一直保持到他离开大陆的时候为止。

四、展出盛况

从荷兰回到巴黎，应意大利米兰博物馆之邀，徐悲鸿将画展移至米兰。与在巴黎的展览一样，在米兰的展出同样获得巨大成功：参观者络绎不绝，报刊纷纷发表报道和评介。展览结束时已经过了春节，徐悲鸿、沈宜甲和蒋碧薇等人乘机游览威尼斯水城、圣马可大教堂和佛罗伦萨城市风光。参观完"世界七大奇迹"之一的比萨斜塔，便南下罗马。世界的三大胜迹——梵蒂冈宫、圣彼得寺、科利色图斗兽场，和达·芬奇的《最后的晚餐》、米开朗琪罗的《最后的审判》全部都在这里，徐悲鸿看得如醉如痴。

游览完意大利第三大城市那布勒斯，徐悲鸿、蒋碧薇、沈宜甲一行三人便取道罗马，直奔柏林举办画展。

柏林虽然也是故地重游，可却已物是人非，徐悲鸿与蒋碧薇也已失去了当年的鹣鲽之情。

在柏林的画展，受到李丹田的热情支持。

李丹田是德国人，母亲是犹太人，可他和法国太太却在中国的哈尔滨结婚。

在柏林，徐悲鸿受好友孙佩昌之托，前往法兰克福为他临摹伦勃朗的名画《参孙与大莉拉》。

《参孙与大莉拉》画的是圣经故事：古代以色列青年参孙，曾以一只驴腮骨击杀敌军上千，他的神力根源来自头发。如果将他的头发剪去，神力便将消失。大莉拉受到敌人贿赂，以千娇百媚的姿容诱惑他。一夕缠绵之后，参孙倦极而眠，大莉拉便乘机将他的头发剪掉。四周埋伏的敌军于是一拥而上，用烧红的利剑戳进参孙的眼睛，几柄刀枪直抵他的胸腹，使他束手就擒沦为奴隶。他们拿参孙当玩物，让他去推很重的石磨。不久，在祭奠腓力斯的神达贡时，参孙被拉进神殿，对他进行嘲弄。参孙向上帝祈求最后的奇迹，终于重新获得神力，于是推倒了神殿的柱子，庞大的神殿轰然坍塌，参孙与三千多敌人同归于尽。

《参孙与大莉拉》极尽描画了残酷：画中的大莉拉一手拿着剪刀，一手提着头发；参孙恨愤交集，忍受痛苦，一把利剑正插在他的眼中，鲜血淋漓四溅；包围的敌军，脸上突现骄矜、狂暴、惊惧、狰狞等种种复杂的表情，栩栩如生，活灵活现，令人疑为鬼斧神工。法兰克福的天气一直阴沉，博物馆里光线不足，所以徐悲鸿在临摹这幅画时颇费气力，足足花费了十多天时间。

4月下旬，徐悲鸿方返回巴黎，撰写《巴黎中国画展序言》，在王临乙、吕斯百的协助下积极布展。直到这时，他才发现王临乙尚有事务方面的天才。

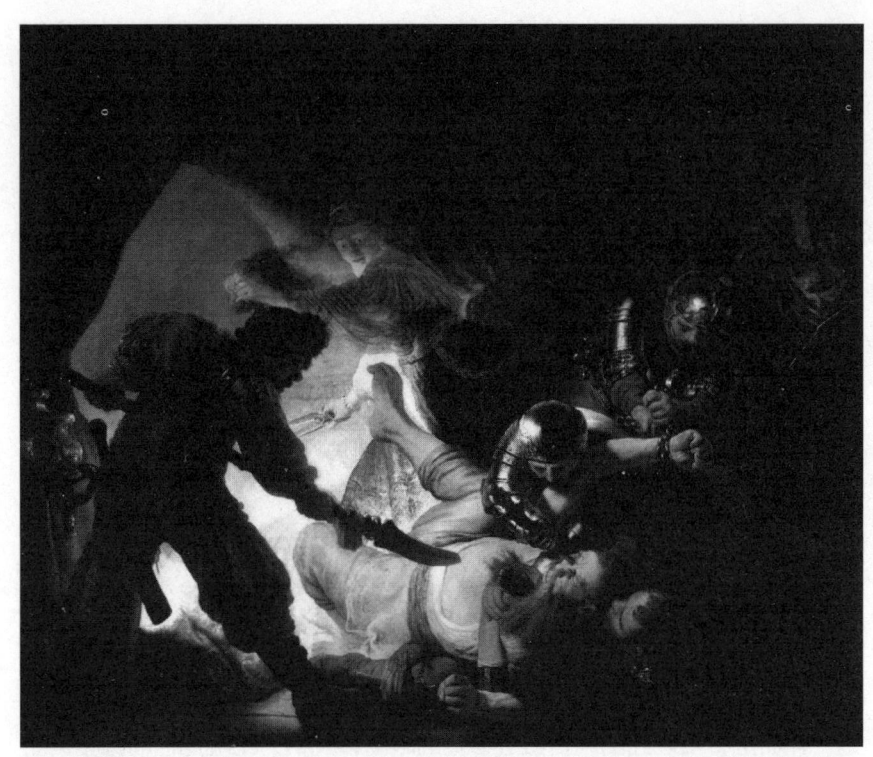

《参孙与大莉拉》(油画)
伦勃朗作,
徐悲鸿临摹

在法国的画展于5月10日下午3时在巴黎贡格尔广场的"国立"美术馆举行,中国驻法国公使顾维钧及夫人,还有公使馆赵颂南和已在巴黎的中方组织人刘大悲、张凤举及中国留学生到会祝贺。法国政府教育部长特蒙齐、美术次长包腊埃和各博物院院长、美术视察员、政界名流、作家、学者、贵族、美术家三千余人光临展览现场,法报多有刊载。徐悲鸿不停地接待着前来祝贺、参观展览的人,听到的均是赞扬之声。甘米叶·莫葛蕾是位欧洲文艺批评界的泰斗,他在熙熙攘攘的人群中寻到徐悲鸿,便握住他的手说道:"我即甘米叶·莫葛蕾,以真诚向君祝贺,此展览会实至华美,尤以大作为所敬佩。"

徐悲鸿听了甘米叶·莫葛蕾的话喜出望外,悬着的心终于放下——觉得半年的辛苦没有白费。

第二天，甘米叶·莫葛蕾便写出文章，在报纸上大力推动中国美术作品在法国的展出。之后他又到展厅来过三四次，尽其所能地宣传展出的作品，徐悲鸿对此感激不尽。

这次赴欧展出的作品均为名家之作，除此之外，尚有从卢浮宫、奇美两家博物院借来的敦煌中国古代名画，也有从法国及比利时各处收集来的精品。其中从比利时著名收藏家Stoolet处借来的《醉道图》(相传阎立本所作)和赵子昂的《双马图》是两幅最为难得的稀世珍品。另外还有一幅猫狗之争图、一白描采药小幅和一幅雪景群鹅图，皆为宋人精品。有趣的是，这次展览从别处借来的作品中也有一些赝品，如李公麟的仕女小幅、赵子昂的大幅群马等。这次展出的其他作品中，还有从中国古董商卢君芹斋借来的宋人壁画十余片。其中有两片尚佳，又有一幅《试谢图》，描绘的是清朝中叶考武举的故事：满冠蹄袖，八胡小辫，极尽写实妙境，可称为杰作。所有这些作品，无不使参观者心发感慨。

画展的入门券每张五法郎，合华币一元，而徐悲鸿意在

在南京聚会，欢送徐悲鸿（前排右八）赴欧洲举办中国美术展

宣传中国传统文化，觉得门票太贵了，于是提出中国留学生观看展览不应收费，得到了该院负责人的同意。因此，凡去展览会的中国人持学生证件的便不再收费。实际上凡是东方人前往参观，便可直接进入，其他参观者仍不减价。因为巴黎同时有展览会十余处，均为五法郎入门。展览会临近闭馆时，观众骤然增加，法国举办方则向徐悲鸿请求延期一周，一周到期后又请求再延长一周，徐悲鸿均都满足了法方的要求。

展览会共开四十五天，参观者达三万余人。目录连续印刷三次。徐悲鸿与刘大悲、张凤举展前见到博物馆长时，他的态度颇为傲慢，说1929年该院举行日本美术展览时非常成功，盈余在十万法郎之多，意思是中国的展览难以比拟。可现在，展览大获成功，门票收入也很多，馆长则一改傲慢态度，心悦异常。徐悲鸿原来并未设想让法方以国家名义收购带去的展览作品，只是对教育部长特蒙齐表示要以法国的作品予以交换，特蒙齐觉得这样很好。徐悲鸿见到罗丹博物院院长时，得知该院不受国家约束，但在往购作品时，需要打一个对折。

1933年，徐悲鸿赴法举办画展时与欢迎他的中国留学生合影

对此，徐悲鸿觉得条件有些苛刻，未能成交，感到有些失望。

　　徐悲鸿所期待的与法国交换作品的愿望虽然也未能实现，但法国国立近代外国美术博物院鉴于参观中国画展的踊跃程度，决定选购画展中的十二幅作品：这些作品是方药雨的《小鸟》、郑曼青的《墨葵》、王一亭的《达摩》、高奇峰的《帆船》、齐白石的《棕树》、陈村人的《芭蕉》、汪亚尘的《消夏》、张大千的《荷花》、经亨颐的《兰石》、张聿光的《翠鸟》、 张书旂的《桃花》、徐悲鸿的《古柏》。这自然让徐悲鸿感到十分欣慰，从而也解决了经费不足的难题。

　　接下来，法国各大报纸对于这次展览进行了全方位报道、宣传和评介。并对徐悲鸿能在国难之中，将如此精彩的画卷运到欧洲进行展出之壮举，进行了高度赞扬。

　　与此同时，国内的《新中华》《民报》等媒体，也都介绍了李石曾、徐悲鸿、刘大悲举办此次画展的艰难，和在法、德引起的轰动。

五、转道苏联

　　结束了德国、法国各地的展览之后，徐悲鸿与蒋碧薇便乘火车穿越意大利的热那亚，乘船经地中海、爱琴海、达达尼尔海峡和黑海，又从奥德萨换乘火车北上莫斯科。时值春风送暖，途经雅典时草盛花飞，和风拂面，惬意已极。

　　雅典的辉煌昌盛闻名于世，徐悲鸿向往已久，绝不肯放过绝佳游览机会。雅典距海口十余里，只坐几十分钟火车便已进入城池，徐悲鸿立刻随行人进入雅典博物院。各国虽都在此设立了考古学院，而且皆是自费发掘，但仍需要得到希腊政府批准方可施工。而且，还需将所得器物交给雅典博物院，只是将器物注明发掘者单位和姓名而已。

　　尽管如此，来者仍乐此不疲，可见雅典古代文明的魅力之大。其出土的文物琳琅满目，浩大壮观，璀璨无比，令人目不暇接。徐悲鸿感叹道："同为世间最文明之邦，希腊仅昭苏百年，文献足征如此，吾国学者，正宜加紧工作也。"

离开雅典，徐悲鸿携蒋碧薇赶赴安克罗博里高岗，参拜巴尔堆农古殿，乘电车片刻即到，盘旋而上。岗下的橄榄树簇拥成林渐及殿门，天朗气清，惠风和畅，前来参观者车水马龙，络绎不绝。徐悲鸿跟随护钟老人直达崇高的庄严古殿，蒋碧薇紧随其后。其高柱崔嵬，气势非凡，有如玉树临风，徐悲鸿如醉如痴，感到此生足矣。

古殿旁边有一座博物院，专门陈列本岗古迹：均为远古时期的礤盘、石窝，尽显古代建筑之美。徐悲鸿流连全岗，攀登坐卧，窥按摩娑，犹如往来千年，吞吐大荒……

徐悲鸿在极诺凡临行之前，得到熊式一从伦敦发来的电报，请他为即将发刊的《王宝钏》作插图。他则复信答应将在游览得闲时尽力为之创作。可他乘坐的轮船每日抵达一城，奈波里、庞贝、西西里等市皆有古建筑和博物馆，机会难得，必然会登岸游览。不料，轮船经过安特里亚海、爱琴海之间的海峡时突遭风浪，于是返回雅典，第二天才抵达土耳其故都伊斯坦布尔，一直无暇顾及插图之事。出国临行之前，徐悲鸿前去拜见康有为时，老师对他赞誉伊斯坦布尔为"世界最具形势之都会"，劝他千万不可错过游览机会。自经达达尼尔海峡到伊斯坦布尔途径数百里间，其山负水抱，雄都扼险郁郁苍苍，实为虎踞龙盘雄伟壮观之气概；其市内则店铺簇拥，女子抛头露面，人来人往，一派开放繁荣景象；古建筑、博物馆也是人头攒动，堪比西欧的大城市。因为人地生疏，需要游览的地方太多，徐悲鸿只得忍饥挨饿一路狂奔，身后的蒋碧薇苦不堪言……

在浏览土耳其故都博物院时，徐悲鸿看到新出土的西力桑特大石椁，还有很多罗马时代的雕刻和古器，实为世界美术史上之瑰宝；令他惊叹的是，这里还陈设着许多中国古代瓷器，皆是精品，俱为康熙、乾隆时代器物。身处异国他乡，遇到如此罕见之宝，心里感到无比自豪……

从博物院出来登高极望，远处宫殿嵯峨，人来人往，因为要登船赶路，徐悲鸿未能前往观览。不料，当轮船过境抵达罗马尼亚时，因为与苏联尚未恢复邦交,被拒绝登岸,因而在海上滞留一日,徐悲鸿才得以为熊式一画了三幅半插画。

1934年4月22日,徐悲鸿与蒋碧薇抵达苏联奥德萨。苏联对外文化协会当地会长,及莫斯科特派专员登船迎接,载他们到伦敦大旅社盛宴款待。宴后又驱车游览当地名胜古迹,参观新型建筑,美不胜收。

翌日凌晨,在苏方官员陪同下,徐悲鸿、蒋碧薇登上火车,通过一望无际、野阔风摇、莺飞草长的乌克兰大平原,抵达莫斯科后下榻于红场附近苏联最豪华的大都会饭店。接待人员不但是苏联外交部的最高官员,一切设备与规格也都是接待外宾的最高标准。作为一位画家,徐悲鸿感到为国争光的荣耀,也觉得扬眉吐气。接下来,苏方专门派了一位会讲法语的金发女郎负责徐悲鸿和蒋碧薇外出参观、探亲访友和洽谈业务等事宜。金发女郎虽然已经四十多岁,但却依然楚楚动人,而且幽默风趣,还不停夸奖蒋碧薇是标准的"东方美人",这让徐悲鸿和蒋碧薇感到非常快乐。徐悲鸿带着蒋碧薇拜会了驻苏公使馆代办吴南如。吴先生不但是徐悲鸿的宜兴同乡,而且在南京居于傅厚岗时又是邻居,异国相见,给了很多帮助,并陪同到各地游览,自然非常欣喜。

5月7日下午4时,中国近代绘画展览在莫斯科红场博物馆举行开幕典礼,由苏联对外文化协会会长安罗在夫致开幕词,他说:"俄罗斯民族与中国民族一向友好,尤其在孙中山先生时代,就好像一家人。这次请徐悲鸿先生来开画展,想从文化上获得彼此的深刻理解,以巩固两大民族之间的亲密友谊……"

安罗在夫的致词情真意切,在场听众无不为之动容。接着,便由莫斯科美术家代表Voltaire致欢迎词,他不但极尽赞扬中国近代绘画绚丽无比,同时也以同行的角度对徐悲鸿在绘画领域艰苦卓绝的努力表示钦佩,并对他偕美丽的妻子赴苏举办绘画展览表示热烈欢迎……

接着,吴南如代办在讲话中集中叙述了中苏两国人民之间的亲密情感,并希望通过文化交流,将两国人民的友谊永久保持下去。最后,徐悲鸿致答词。他用中文演讲,不时加入俄语和法语,由那位金发女郎做翻译,全

1933年，徐悲鸿（右一）赴苏联展览时与苏方人员合影。右三为驻苏联使馆参赞吴南如、右二为吴南如夫人、右四为蒋碧薇

场欢声雷动，掌声不息……

参加画展开幕式的，除外交团体外，学术界人士也闻讯而至，知识界、教育界更为踊跃；除此之外，工人和农民也多对展品伫立凝视，探索玩味，有的人前来参观多达五六次。

展览馆中的观众络绎不绝。观众碰见留着中分头、黄皮肤的徐悲鸿，便十分礼貌地围住他刨根问底，详细询问每幅作品的内涵。

5月11日，徐悲鸿偕蒋碧薇参加中国大使馆招待苏联外交、教育、美术、文学、新闻各界的茶会。苏联陆军元帅米哈伊洛奇·布琼尼戎马一生，功勋卓著。1904年，他曾随顿河哥萨克骑兵第46团到中国东北参加日俄战争。他异常热爱战马，于是请徐悲鸿为他画一幅《奔马》。徐悲鸿于是铺开宣纸挥毫泼墨，顷刻间，一匹意态生动的奔马跃然纸上。布琼尼见此，上前与他热烈拥抱，全场响起一片长久掌声……

接下来，徐悲鸿与蒋碧薇又出席了苏方举办的一系列招待会和各种讲演，他对苏联美术界人士说道："俄罗斯画家列宾、苏里柯夫、赛洛夫等人是可以同世界上最伟大的画家并列的。列宾可以比得上法国的德拉克洛瓦。"

德拉克洛瓦是法国18世纪最著名的浪漫主义画家，对后来崛起的"印象派"及凡·高的画风都有重要影响。徐悲鸿作为国际知名画家，对于欧洲绘画有着深刻理解。他的评价使苏联美术界感到震惊，当时苏联美术界对俄罗斯画家列宾等人还缺乏足够认识。

始料未及的是，莫斯科的画展尚未结束，列宁格勒及哈尔科夫两大城市的博物馆便都前来邀请。当时，徐悲鸿关心着中央大学的课程，犹豫甚久，不得已才答应前往展出，只是表示愿意先去列宁格勒，并于6月19日开展。该城为世界最大都会之一，人口三百余万，其重要性可与巴黎、伦敦相匹。画展地点设于城中隐居博物院，此为"世界四大博物院"之一，系当年俄国皇宫所在地。极为富丽堂皇的冬宫，已经并入隐居博物院，外面的广场可容数十万人。该院已经珍藏了众多中国古代铜器、陶器、琢玉、象牙、名瓷、雕刻、漆器，皆用四十几个大玻璃罩精心装置。中国画在这里有如此好的

徐悲鸿在苏联举办画展时当场画马

展出环境，在欧洲实属罕见。展出日期为 6 月 19 至 7 月 19 日。苏联美术界对中国画表示倾心爱慕，遂请求徐悲鸿留下部分作品。徐悲鸿于是答应将他可以支配的画作任他们选择。结果，隐居博物院选定十二幅；莫斯科方面，则由人民教育委员会决定将俄国 19 世纪以来及现代名家作品十三幅送给中国。徐悲鸿则捐赠给莫斯科美术馆现代名家齐白石、张大千、陈树人、王一亭等人作品十五幅；依据苏联当代名画家和著名作家格拉拨先生所选中国画展中的目表，苏联拟送中国的油画中，有列宾的《托尔斯泰像》，以及苏里柯夫、赛洛夫的作品。

在苏联展览期间，观众多次向徐悲鸿问道："贵国有多少美术馆？有如此悠远历史的文明古国，美术馆的设备一定比我们国家好。"对此，徐悲鸿感到非常惭愧，只得含糊敷衍。苏联美术院规模宏大，设备精良，绝不亚于英、法、意、德等国，且有过之。而中国民众所需要的美术馆，国家从未措意，严格说甚至连一座都没有。

展览期间，还有苏联工人问及徐悲鸿中国画的内容何以缺少社会主义精神，并说只有你的那幅《六朝人诗意》是最符合社会主义的。徐悲鸿便回答道："美术不应太受束缚，如艺术唯守着一种题目千篇一律，必致人人讨厌。现代欧洲固可说是绅士美术，苏联称为无产美术。因为中国画家，随心感应，模拟自然，遇花鸟画花鸟，遇山水画山水，他既不压迫农民，亦无野心打倒帝国主义。"

苏联观众的提问有的也比较敏锐，有人直接问道："何以在他们的作品上，不见革命形迹？"徐悲鸿感受到中国画家确实太不注意社会现状，于是则答曰："中国画有所谓文人画家，陈树人曾随孙中山参加革命，他就属于这一类的。所谓社会主义之画，中国亦有，但多数是油画。此次未曾携来……"

徐悲鸿还向苏联观众郑重表白，即便在苏联，美术家也愿意与中国美术家相携手。莫斯科美术会不但请我演讲，其主席法服尔斯基还致词说："中国美术家示我们如此美妙作品，给予我们以无上的快慰，愿先生把苏联艺术家真挚的谢意传达给中国艺术家。"

徐悲鸿在莫斯科镌版美术学校演讲时，到会的著名艺术家甚多，他们对中国艺术家表示热烈的欢迎，请徐悲鸿转达此意的，不一而足。徐悲鸿皆以"苏俄文学为中国最欢迎之读物，可见中国民众和艺术家对于苏联之热情"答之。

此次展览在苏联长达三个月之久，徐悲鸿认为这是他生平最为扬眉吐气的日子。因此，他在莫斯科和列宁格勒期间投入了极大热情，得到了苏联同行和观众的全力帮助和高度赞扬。孟子说过："爱人者，人恒爱之；敬人者，人恒敬之。"徐悲鸿有着深厚的国学修养，待人接物一贯彬彬有礼，在苏期间几乎结识了苏联所有的造型艺术大师——梅枯洛夫是他拜见的第一位。

梅枯洛夫五十多岁，性格豪爽，身材魁梧，心直口快，虬髯丰发色黑如漆，住在莫斯科近郊。两个月前，三个仇人因得不到他的作品，便持凶器闯入他家中行刺。他当场打倒一人，可腹部却被另一人开枪击中。他的夫人大声呼救，家人与邻居最后将凶手制服……

徐悲鸿是梅枯洛夫伤愈后接待的第一位外国客人，二人一见如故。他讲述了自己的生平，说他少年时代留学西欧十年，认识许多前辈画家，亦攻读文学。并把他用法文翻译的文章拿给徐悲鸿看，还说他从来不发表自己的作品，也不在作品中署名。

梅枯洛夫在西欧留学时，对古埃及人用花岗岩制成的雕塑情有独钟，潜心研究，然后进行创作，很多作品流传于外。帝俄时期圣彼得堡的绅士和莫斯科的巨富，以及巴黎的文物收藏家，都曾找到他，出巨资购买他的作品。在法国有位名叫特莱铁卡夫的画商专门囤积其作，以择机高价出售。从西欧回国后，他尽心创作，却有位批评家专门撰文对他进行诋毁，可他却不予理睬。久而久之，大家便知道诋毁他的人很无聊。有一天，一家艺术团体组织艺术沙龙，梅枯洛夫见到了那个人。他觉得非常难为情，便对梅枯洛夫说道："一个月前，我得到埃及古帝国时期残刻人像一具，绝纱，可供先生参考，能否到我府上去看看？"

梅枯洛夫便跟随那人来到他的寓所，见到了他说的那件作品，立刻对他说道:"该作品是我在西欧留学时卖给巴黎一家商店的,此乃梅枯洛夫大师早期作品。幸蒙先生夸奖,再见!"

徐悲鸿听完梅枯洛夫讲的这个故事,忍俊不禁,捧腹大笑。梅枯洛夫擅长制作面模,只要有名人离世,他则必定前往为其制作:以硅胶从逝者脸上脱下模具,进行浇铸。美国有一富豪,欲出价数十万美金购买他的脱模作品,则被他笑而却之。听到这里,徐悲鸿则请求向梅枯洛夫购买托尔斯泰和列宁的面模。他欣然允诺,于两星期后将面模交给了徐悲鸿。因此,中国保存列宁和托尔斯泰面膜者,徐悲鸿为第一人。除此之外,他还保存有孙中山、康南海以及陈三立、吴稚晖、戴季陶、朱家骅、李任潮、李德邻、白健生、谢寿康、郑健庐等名人肖像作品。

苏联最重要的列宁及斯大林的五丈高花岗岩巨像,也出自格枯洛夫之手。他的庄园占地八十余亩,放置着无数花岗岩石料。他尽管有十余名助手,可接受的订单,却十年都不能完成。他的园中还有许多白杨树,到了春天,在离地三四尺高的地方开一孔,每日可接得含有多种维生素的浆汁一瓶。一棵树每年可取浆汁三十余次。格枯洛夫夫人说,倘若徐先生早来一月,便可尝到此种甘美无比的饮料。徐悲鸿笑了笑说道:"听你们这样说,望梅止渴,我都感到嘴里流口水啦!"

列宁格勒有位老画家李洛夫,其为人诚挚率直,很受同人爱戴,大家都愿与他交往。三年前苏联政府举办画展,展出描写大革命时期红军战迹的作品,陈列于列宁格勒。主办方邀请李洛夫参展,他则答曰:"诸公皆写红军战迹题材,我所画皆是风景,与主题无关,岂能展出?"

在大家的强烈要求下,李洛夫便携带一作品陈列于展室,非常生动,有人则责怪道:"此幅风景,虽然很好,可与红军何干?"

李洛夫听后立刻说道:"此乃红军踩过的草地!"然后大笑而去……

李洛夫十分敬佩徐悲鸿的才能,将他请至家中热情款待。徐悲鸿观看他卡在画架上刚刚完成的森林草地作品,不禁为他的写实功力所折服。他的诚挚厚道为人和他纯朴的画风,都给徐悲鸿留下了深刻印象。

在苏联的前辈画家中,徐悲鸿最敬重的是斯旦洛夫。其人潜心宗教,各大寺庙的壁画，多由他绘制。大革命以后，便将他的作品用木板掩蔽。虽未遭到毁坏，但已经无法看见，这使他感到苦闷。

由著名画家葛拉拔介绍，徐悲鸿前去探访斯旦洛夫。当他询问徐悲鸿当年与法、德艺术家之间的关系，尤其是与达仰的关系时。徐悲鸿一一答之，并出示带有达仰风格的诸人像近作，说现在的一些画家很难赶上他们。他们都长年埋头作画，而且很少出售自己的作品。徐悲鸿对于斯旦洛夫所遭遇的苦恼感到很同情，临别时流下了眼泪……

列宁格勒夏至前后一个月内彻夜明朗，犹如白昼，号称"白夜"。隐居博物院被誉为"世界四大博物院"之一。现在展览又在冬宫举行，其东西长度达一公里，用以陈列其他国家美术作品。因十月革命后许多文化遗产需要保存，陈列区域得到极大扩展。中国美术作品即在冬宫扩大的区域里陈列，徐悲鸿因此能够在"白夜"过上白昼的生活：欣赏俄罗斯的艺术瑰宝，荡漾于湖滨水色之上，品食美味，体察民俗，悠然自得，长夏清和，乐不思蜀。直至7月19日结束在冬宫的展出，方偕蒋碧薇返回到莫斯科。7月21日沿西伯利亚东行，7月28日抵达海参崴，7月30日乘苏联"皇后号"海轮绕道日本回国。

至此，徐悲鸿赴欧洲大陆的展览已经全部结束。展览虽然取得了巨大成功，可他与蒋碧薇的关系仍然貌合神离。当时苏联皮货的质量非常好，价格也相当便宜。蒋碧薇喜欢之极，但却无钱购买，只得望而兴叹。可在归国临行之前，她陪着徐悲鸿去逛商店时，碰到丹麦制作的瓷器和艺术品，样式美观，价格却很昂贵，他则买下不少——从而再次证明徐悲鸿爱艺术入骨髓。而当他从衣兜里掏出大把卢布付款时，蒋碧薇问他钱是从哪里来的，他说是公使馆吴南如代办给的零用钱。为此，二人又产生了新的隔阂……

徐悲鸿和蒋碧薇乘坐苏联"皇后号"客轮于8月17日凌晨抵达上海新关码头，前来迎接者有谢寿康、汪亚尘、邵洵美、徐仲年、丁远以及中国画会、新华艺专、中央大学艺术系师生共四五十人，孙多慈亦在欢迎行列之中。当晚，徐悲鸿偕蒋碧薇出席了谢寿康在世界社举办的晚宴，交通

部长朱家骅和张道藩在贺电中云:

> 去岁吾兄赴法、德、意、俄诸国举行中国美术展览,备受各国朝野之优崇,宣扬我国文化之功,为从来所未有。此次载誉归国,弟等以公务羁身未能恭迎,特此电慰,并表欣忱。

戴季陶电谓:

> 载誉归来,辛劳可念,闻教有日,欢喜无量,谨电致谢,敬祝平安!

王世杰电云:

> 在欧展览,甚著贤劳,兹闻荣旋,特电致慰。

徐悲鸿在《在全欧宣传中国美术之经过》一文中说道:

> 彼等对美术兴趣之浓厚,不但为中国人所不及,虽各国之时髦绅士亦难比拟,因为彼等平时所有消遣、娱乐,总在美术馆、音乐会、戏院、绘画展览会、博物馆中,已养成了一种爱好美术习惯。而美术家协会、建筑学院、美术镌刻学校请我作几次演讲;我与苏联艺术家文人之往来,数月无虚日,彼等认为自大革命以来这是最有兴趣最大规模之外国画展。

对此,我们不能不感到惊叹:作为文弱书生的徐悲鸿,尽管与蒋碧薇的感情不睦,但却用整整二十个月的时间,跑遍了欧洲各地,让中国的传统绘画在世界上发扬光大,占据一席之地。而且提高了中华民族艺术在国际上的知名度,这不能不说是一个奇迹。

六、意犹未尽

徐悲鸿回到上海之后，各大通讯社的采访报道及其各界的热烈欢迎都是空前的。

8月16日，在徐悲鸿夫妇抵沪前一天，南京的《中央日报》就已刊发了《本京艺术界筹务欢迎徐悲鸿》的消息：

> 徐悲鸿教授，此次赴欧陆各国名都，开中国画展，宣传我国的文化，凡一年有半。所至各处，均极欢迎，声誉所播，我国国际地位增高不少。他将于本月17日抵沪，本京艺术界闻讯之下，欣喜若狂，友群欲开欢迎会，以慰风尘，而庆勋劳。近闻此欢迎会，将由中大艺术科发起筹备，俟徐到京有期，除派代表到车站欢迎外，并定期开欢迎大会，凡南京艺术界人士及与徐氏有亲故而欲钦迎者，均可自由参加。

8月17日抵沪参加完当天的晚宴之后，8月19日，徐悲鸿又在上海一品香旅社接受各大通讯社的采访。晚7时，则出席了上海中国画会、新华艺专、美术生活社、中国电影协会、时代图书公司等多家团体举行的公宴。到会的谢寿康、李大超、徐仲年、颜文梁、汪亚尘、朱少屏、张聿光、朱应鹏、黄宾虹等社会名流、著名艺术家、出版界人士五十多人，气氛十分热烈。徐悲鸿即在会上将此次赴欧展览从发起到组织，一直到欧洲展出所取得的成功，向与会各位作了详细介绍……

早在2月下旬，徐悲鸿还在罗马期间，就惦记着中央大学的课程。然而，各方的邀请接连不断，如果全部满足，必然要拖延更长时间。思虑之后，放弃了在罗马的展出，立即前往苏联。这样，即可早日归国，返回中大给学生上课。

8月20日，徐悲鸿不得不结束上海的应酬，乘火车赶回南京，到火车站迎接的，有张道藩和妻子苏珊、方治、王平陵及中央大学师生等一百多人，孙多慈也在迎接者之中。

徐悲鸿、蒋碧薇与张道藩夫妇同乘一辆汽车回到傅厚岗公馆。从21日开始，便参加由交通部长朱家骅在南京文艺界所组织的一系列宴会和招待会，几无虚夕。参加者有戴季陶、叶楚伦、张道藩、陈树人、谢寿康、罗家伦、许士骐等各界名流。接待采访，发表演讲，举办画展，应付求画等事宜是必不可少的。直至10月22日，方带领中大三年级十余名学生乘京闽联运列车，赴浙江于潜天目山写生，孙多慈亦在行列中……

徐悲鸿与蒋碧薇赴欧展览归国后合影

第二章

青山依旧

徐悲鸿虽然已经是一位誉满中外的大艺术家，但他仍然是性情中人。

早在法国留学期间，张道藩第一眼见到蒋碧薇的时候起，便对她一见钟情。不久，徐悲鸿带着蒋碧薇对张道藩作回访时，更加深了他对她的印象，爱恋之情油然而生。后来，在徐悲鸿第一次东归新加坡筹款期间，张道藩与蒋碧薇就已经陷入情网，情书不断。

1919年西渡欧洲留学时，张道藩虽然与徐悲鸿一样，学的也是美术，但在绘画上，他却并未取得骄人业绩。然而他在政治上却开了窍，1922年冬在伦敦结识陈立夫后，便加入了国民党，并逐渐成为CC系骨干人物。归国之后，他担任了广东省政府秘书长、贵州省党务指导员、国民党中央组织部秘书、南京市政府秘书长、"国立"青岛大学教务长、浙江省政府委员兼教育厅长、中央组织部副部长、交通部次长、中央执行委员及内政部常务次长、中央社会部副部长、中央政治学校校务主任及教育长、海外部长、第一届"立法委员"等职务。

1926年,张道藩虽然已经与法国姑娘苏珊结了婚,可他仍然热恋着蒋碧薇,十余年情丝不断。随着他的官职不断晋升和海誓山盟的甜言蜜语,本来对美术就没什么兴趣的蒋碧薇,对他也更加倾慕与依附。所有这些,及这次从海外归来后二人的眉目传情,徐悲鸿也并不是没有察觉。

在这种复杂的情感漩涡中,徐悲鸿对于孙多慈的恋情,也着实难于割舍……

一、天目山红豆

回到南京,徐悲鸿便要带学生到于潜的天目山去写生。蒋碧薇对他与孙多慈的关系尽管还耿耿于怀,可孙多慈即是艺术科绘画三年级学生,她就没有理由不跟着徐悲鸿出去上课;同时,徐悲鸿也没有道理将她拒之门外。而蒋碧薇对于徐悲鸿就是再怎么不放心,也不可能跟随学生到天目山去"上课"。作为徐悲鸿的挚友,舒新城是过来人,对他与孙多慈的恋情一开始就有所了解,曾在日记中写道:

孙多慈自画像(油画)

此种男女间问题,在艺人间本是常事;盖艺人以感情为生活,若不浪漫，则其作品无生命，师生间真成情侣，亦算不了什么，不过在中国来说是麻烦。我劝其读《邓肯女士自传》，或可得一安慰。

对于蒋碧薇及大多数中国妇女而言，都不可能像日本的先锋派歌手大野洋子那样接受舒新城的这种观点。在爱情上，大野洋子记住了泰戈尔的一句话："如果你爱他，让你的爱像阳光一样包围他，并给他自由。"

对待自己的丈夫列侬，大野洋子有着波夫娃对待萨特那般的豁达：在她与列侬结合之后，一旦发现他喜欢哪个女人，就去帮他找来。有一次大野洋子帮助丈夫约来一位女子，结果，列侬带着她乐不思蜀到处游玩多日不归，大野洋子还不断打过电话去关照。尽兴之后列侬回来了，大野洋子非常高兴，当着他的面给那个女子打电话说道："我丈夫说了，再也不想见你。"

列侬听着洋子打完电话，给了她一个深深的吻。从此，对她更加依恋。

大野洋子因为挚爱着列侬，才给他更多的自由，而蒋碧薇却无法做到这一点。徐悲鸿走后，蒋碧薇便带着两个孩子去了宜兴老家。

10月22日，徐悲鸿率全班学生登上了高闽联运列车赴浙江天目山。在车上，他问学生他画的动物里面什么最好，屈义林不假思索地说道："马。"

徐悲鸿画的一幅《风雨鸡鸣》一直悬挂在中央大学的画室里。躲在角落里的杨柳见他紧闭着双唇不吱声，目光仍然在学生中探询，于是说道："雄鸡。"

徐悲鸿不作答，孙多慈朝着身边的金

《雄鸡》（中国画）孙多慈作

有彣看了一眼,金有彣立刻说道:"是牛吧?"

徐悲鸿还是不言语,待在徐悲鸿身边的杨建侯,订阅着上海出版的《美术生活》,每期出来都要认真阅览。看见徐悲鸿摇头,立刻想到新近出版的《美术生活》第三期上刊有徐先生的《猫》。出发之前,杨建侯到徐悲鸿的画室去,见他正在聚精会神地绘制一幅《颠顶》,题款中写道:

颠顶最上策,混沌贵天成,
生小娇憨惯,安危不动心。

题完字,徐悲鸿做着两手叉腰的习惯动作,朝杨建侯问道:"建侯,你看怎么样,提提意见!"

杨健侯见画面上画着黑白两只猫——白猫在酣睡,黑猫正警惕地侧目张望,极其传神。杨健侯觉得徐先生是在讽刺那些在抗日战争中望风偷懒的人,于是说道:"猫!先生的猫画得最好。"

听到杨建侯的回答,徐悲鸿朝他竖起大拇指说道:"还是你有眼光。"

同学们听了,为杨建侯击掌,把他搞得满脸通红。

《猫》(中国画)徐悲鸿作

杨建侯于1910年生于江苏无锡,少年时期做过学徒,当过木匠,十七岁考入无锡美专,二十岁考入中央大学艺术科。徐悲鸿在张榜公布

名次和考卷时，孙多慈名列第一，屈义林第二，杨建侯则第三，因此被徐悲鸿称之为"高足"。1933年6月，徐悲鸿偕蒋碧薇赴欧洲举办现代中国绘画展时，杨建侯同叶恭绰、郎静山等人代徐悲鸿赴泸向收藏家借用了李思训的《江山渔乐图》和王冕、宗敬微、梅道人等名家的四帧稀世珍品。

叶恭绰是书画家、收藏家、政治活动家；郎静山是中国最早的摄影记者，他所创立的集锦摄影开一代新风，独步天下。他们二人和滑田友都是徐悲鸿要好的朋友和学生。

1935年，于中央大学毕业后，杨建侯曾任广西省艺术专科学校、金陵大学、南京大学、南京师范大学等校教授，代表作品有国画《群雁东归》和油画《南京解放》，均都成为具有代表意义的作品。

徐悲鸿一行乘坐的京闽联运列车当晚7时抵达杭州，下榻于湖宾旅社。23日上午10时，乘江南公司的包车，朝于潜天目山进发。可在清点人数时，发现少了一名学生，正是他昨天称赞有眼光的杨建侯。一直等了二十多分钟，到城里探望友人的杨建侯才气喘吁吁赶到。徐悲鸿心中不悦，冷着脸冲他说道："你要当兵，江山必败！"

杨建侯一言未发，上车后还未坐稳，司机便开了车。天气有些阴沉，一车人全都沉默不语。下午3时抵达天目山麓。行至禅源寺下榻后，徐悲鸿仍然面无悦色，带上画箱就进山写生，同学们紧随其后。

一直画到夜幕时分，徐悲鸿四周指导一遍学生，便收拾画具下山，早晨的郁气方消失殆尽。可直到夜晚掌灯时，发现杨建侯依然郁郁寡欢，徐悲鸿才想起出发时批评他的事，于是冲他说道："建侯，磨墨，给你画张画！"

杨建侯受宠若惊，立刻来到屋子地中央临时搭起的画案前，在煤油灯下磨了一池墨。徐悲鸿提笔挥毫，顷刻间一副《睡猫图》跃然纸上。杨建侯见此，激动不已……

翌日凌晨，依旧阴雨霏霏，可徐悲鸿兴致不减，面对诗情画意的迷蒙远山，又带学生离开禅源寺攀至开山老殿写生，夜幕落下方归。然而午夜放晴，繁星满天，月光如银，天河犹似一条巨龙蜿蜒而去，引发了徐悲鸿更大兴致，便又带上学生爬上山顶吟诗赏月，东方放亮方返寺就寝。

接下来西行普通塔，东至东茅棚、半月池，遇景写生，逢僧聊天，不亦乐乎。师生的写生作品已经挂满禅源寺的走廊，晚餐时朱一洲从于潜县城送来一篓肥蟹，又有天目山风景区管理委员罗慕风前来奉陪，师生高兴之余，皆把酒临风……

天气转好，秋风中的天目山层峦叠嶂，清泉隐泻，色彩纷呈，银杏黄得纯净，檫树澄得厚重，柏枝紫得苍劲，顶数枫叶最为耀眼——红得激情，红的透明，红得浪漫。几天来，孙多慈随同学们画了许多画，收获颇多，心情也很愉快。此刻，来到一片枫树前触景生情，坐在一块高高的岩石上不肯作画，只是两手托住下巴呆望着眼前的枫叶……

两年前的年底，徐悲鸿搬进了傅厚岗6号新居。公馆很大，落成之后，孙多慈拉着李家应前去看过多次。别人都为徐悲鸿新公馆落成准备了各种礼物：根据他的身份，当然都是些古瓷、玉雕、典籍善本什么的。而孙多慈却托父亲孙传瑗从安庆运来了一种特别的礼物——当搬运工人将礼物运到傅厚岗时，徐悲鸿简直是大吃一惊：几十株一人多高的枫树苗，每棵的根部都用草席包有很大的土包，装满了整整一辆卡车。卸车的时候几个人上去，才能将一棵树苗抬到地下，撂到规划好的地方。栽种时，园丁一锹一锹挖出很大的土坑。徐悲鸿的学生们都过来帮忙——其中就有前面提到的屈义林和杨建侯。几十棵枫树栽完，又灌上水，起早贪黑足足干了一个星期。

徐悲鸿新居所在地，原本是一片坟地，容易使人产生诸多联想。栽上几十株枫树，每到风雨凄凄时，便有火一般殷红的枫林如同二月霜叶，这又是多么醉人的景象啊！一定会驱散因坟地而产生的种种联想。

枫树栽完后，徐悲鸿笑着对孙多慈说道："'停车坐爱枫林晚，霜叶红于二月花'，看来我得准备一部车子喽。"

孙多慈笑了笑回答道："'月落乌啼霜满天，江枫渔火对愁眠'，同样也是一种境界呀！但这可不如《西厢记》中的'碧云天，黄花地西风紧，北雁南飞，晓来谁染枫林醉'那种感受。真是天不醉人人自醉啊！"

几十株树苗栽下后全部成活，可惜的是，半年之后，枫树正在茁壮成长之时，蒋碧薇却乘徐悲鸿去上海为张大千祝寿之机，吩咐园丁将几十棵枫树全部砍倒。

等到徐悲鸿从上海回到傅厚岗，一切都已变成现实。蒋碧薇的"斩尽杀绝"让徐悲鸿痛苦万分，遂刻制了一枚"无枫堂"印章，常常以枫树为画，但却在画面盖上"无枫堂"……

现在，几十棵枫树如果还活着的话，也会如天目山上这些枫树一样娇艳、一样耀眼。孙多慈正这样想着，徐悲鸿拎着写生画箱从山上下来，悄悄走到她的身后，低声说道："多慈，你这样发呆，在想什么呢？"

孙多慈被吓一跳，回头见是徐悲鸿，便从岩石上跳下来，扑到他的怀里。徐悲鸿用双手捧起她的脸，见她的眼里含满泪花，于是轻声问道："想什么呢，告诉我！"

孙多慈一时动情，泪水泉涌而出，啜泣着说道："先生，我在想您的公馆里被砍倒的那几十棵枫树……"

听了孙多慈的话，徐悲鸿再也抑制不住自己的情感，低下头，下意识地在她的额头轻轻吻了一下。不料，这一动作，竟然被一位云南籍的学生杨柳用相机拍摄下来。

杨柳与孙多慈就在一个班，有一次，因为他在画素描时只抠局部不顾整体，受到了徐悲鸿的批评，并将他领到孙多慈的画面前让他借鉴。他认为这是在羞辱他，因此对徐悲鸿和孙多慈怀恨在心。就在出来之前，他收到蒋碧薇捎给他的一张纸条，说到要对徐悲鸿、孙多慈如此这般云云……

于是，杨柳便在天目山上捕捉到了这样一个镜头……

徐悲鸿是个极重感情的人，孙多慈的话触到了他心中的疤痕。想当年，从上海回来，看到几十株树冠上长满密密匝匝叶子的枫树全被砍得横躺竖卧在院子里还未被清理出去——树叶都已经由绿变褐，有的已经殷红。他简直傻了眼，心底立刻流出血来，两腿犹如灌了铅，弯腰拾起一根树棍，用手拄着一步一步挪进卧室一头扎在床上，不吃不喝足足躺了三天三夜。

想到这里，徐悲鸿的泪水也已涌满眼眶，如果不是孙多慈在跟前，真想大哭一场，以泄心中积愤。但他却极力控制自己的情感，双手捧住孙多慈的脸又在她的额头轻轻一吻引得她破涕为笑,说道:"算了,别想那些伤心事了,画张枫树吧,老师陪着你画!"说完,放开孙多慈,打开自己的写生画箱。她也在旁边一块山石上坐下,摆开画具。

徐悲鸿已经打完画稿,铺了底色正准备深入,扭头看一眼孙多慈,她的手中握着画笔盯着面前的一片枫树又在发呆。见他扭头看自己,便从岩石上下来冲他说道:"先生,您画吧,我到上边去走走。"

孙多慈伸手从身边树枝上摘下一片枫叶,夹进画面上边的夹板里,然后只身向天目山顶攀爬。她有意避开徐悲鸿,不想让他看到自己悲伤的样子,才把画具丢下,一个人走开了。

孙多慈使用全身力气,脚蹬岩石手扳树干快速登顶,最后,只感到两眼金星四溅,头脑发晕,而且伴随着阵阵恶心。她知道,这是人在极度疲劳时候的症状,但她并不停歇。不料,最后竟然趴在一块岩石上什么都不知道了。等她慢慢苏醒过来举目望去,发现头顶有一棵参天大树:在碧蓝天空的映衬下,树冠开阔,枝叶繁茂,一片苍翠的绿色中,红豆长天明净般结满枝头。一种喜出望外的兴奋,使她两腮泛红,不由自主地背诵出唐代大诗人王维的《相思》:

红豆生南国,春来发几枝?
愿君多采撷,此物最相思。

孙多慈喘了几口气爬起来,踮着脚尖伸手拽住一根树枝,认准两颗最红、最亮的红豆摘下来握在手心里,就朝徐悲鸿作画的地方跑回去。见他已经画完一幅写生,收拾起两个人的画具正要爬山去寻她。

孙多慈来到跟前,将攥紧的拳头伸到徐悲鸿面前说道:"先生猜,我的手中是什么?"

"猜不到!"徐悲鸿望着满脸兴奋的孙多慈,"你到哪儿疯去了?"

"你猜嘛!"孙多慈显出几分娇情。

"猜不到。"徐悲鸿抓住孙多慈攥紧的拳头想要掰开来。

"哎,不许耍赖,你放开,我让你看。"孙多慈说着张开手掌,两颗晶莹剔透的红豆出现在徐悲鸿面前,熠熠生辉。

红豆色稳如血,红而发亮,经久不褪。徐悲鸿知道此物多见于江西、福建、广东、广西等地,没想到这天目山上也有生长,而且成色这么好。看着眼前的孙多慈,深知她将两颗红豆送到自己面前的寓意,想到自己与她几年来的感情纠葛,不由得顺口背诵起曹植的《洛神赋》:

……仿佛兮若轻云之蔽月,飘摇兮若流风之回雪。远而望之,皎若太阳升朝霞;迫而察之,灼若芙蕖出绿波。秾纤得衷,修短合度。肩若削成,腰如约素。延颈秀项,皓质呈露。芳泽无加,铅华弗御。云髻峨峨,修眉联娟。丹唇外朗,皓齿内鲜,明眸善睐,靥辅承权。瑰姿艳逸,仪静体闲。柔情绰态,媚于语言。奇服旷世,骨像应图。披罗衣之璀璨兮,珥瑶碧之华琚……

《洛神赋》为曹植描写他与魏明帝之母甄氏之间一段错综复杂的感情纠葛,原名为《感甄赋》。四年之后,曹叡继位,为避母名讳,将其改为《洛神赋》,徐悲鸿少年时代在父亲的督导下就已背诵过。没想到几十年过去了,面对着孙多慈,竟又一字不漏地诵咏出来。也许他已经把她看成了"洛神",是为灵感所使吧。

看到徐悲鸿激动兴奋的样子,孙多慈拉住他的衣袖,还要到上边再去看看那棵参天的红豆树。可她的手却被他抓住不肯动地方。他以为,只要有她掌心里的两颗红豆就足够了。

徐悲鸿将孙多慈送给他的两颗红豆紧紧攥在手里,拎起画具与她搀扶着朝山下走去。从山上下来,徐悲鸿本来意犹未尽,又见寺僧从于潜县城购回了丰盛素菜,精神顿感亢奋。吃过晚饭,便挑灯夜战。画成十几幅水墨,分赠给寺僧与学生,留作此行纪念,孙多慈分得一幅《天目山枫林图》。

结束天目山区的写生下来时,徐悲鸿从牧童手中买下一对"相思鸟",用小笼子带回家中。他知道又要与蒋碧薇处在同一屋檐下,她容不了孙多慈。可他已经放不下她了,于是买了一对相思鸟养在家里,或许能够一解对她的思念之苦。

两只小鸟的喙红得透明,身上均有黄、灰、红、黑色斑纹,胸橙红,翅和尾端呈淡蓝,色彩非常丰富。因雄雌鸟经常形影不离,对伴侣极其忠诚,故称"相思鸟"。别名红嘴玉、红嘴绿观音。

徐悲鸿对两只小鸟十分钟爱,小心翼翼地捧在怀里。不料,快到家的时候,两只小鸟竟然都死了。

徐悲鸿是位艺术家,感情丰富而脆弱,对于两只小鸟的死感到万分悲悯。带回家后,便在新居的一棵树下将其掩埋起来,而且堆出一个小小土包,取名"相思冢"。等到蒋碧薇带着孩子赶到家时,正碰上孙多慈与她的同学李家应跟徐悲鸿埋葬完小鸟离去。

回到南京的第二天,徐悲鸿找到一家银楼,订制了两枚金戒指,将两颗红豆镶嵌其中:一枚上镌刻着"慈"字,另一枚上则镌镂"悲"字,两颗合在一起组成了"慈悲"一词。后者送给了孙多慈,前者则戴在自己手上。蒋碧薇每次看见他手上的红豆戒指,立刻想到他当年同样也制作了两枚戒指:一枚上刻着"悲鸿",另一枚上上刻有"碧薇"。前者戴在她的手上,后者他自己戴着。可现在,他手上戒指的"碧薇"却换成了"慈"。这让她有如老鼠啃啮着心灵般难忍。可他却依然一意孤行,我行我素……

二、营救田汉

上完课回到家里,徐悲鸿见饭菜尚未做好,便钻进画室,准备画一幅画再吃饭——往常,他都是晚饭后挑灯夜战。

刚刚磨完一池墨,门人史坤生送进来一封信。徐悲鸿见是舒新城从上海中华书局寄来的,便把信放在案头,准备画完画再拆看——因为他的信差不多每天都有。

史坤生临出门时,朝徐悲鸿问道:"先生,晚间您还出去吗?"

徐悲鸿知道，自己晚上如果不再出去，史坤生便要将大门提前上锁，于是朝他摆了摆手。

这个史坤生高高个子，体魄健壮，辛劳勤勉，办事总是非常细致周到。早在宜兴老家时，就有一位苏北的刘妈，带着她刚刚几岁的女儿同弟来到蒋梅笙家里帮佣。徐悲鸿与蒋碧薇从欧洲回国后住在南京丹凤街，第二个孩子丽丽一岁时，刘妈便带着十五岁的同弟从宜兴赶来。之后，便随徐悲鸿与蒋碧薇迁入傅厚岗新居。

傅厚岗新居的庭院较大，栽种的花草树木繁多，而且需要一位门人。于是，就在徐悲鸿偕蒋碧薇赴欧展览期间，蒋碧薇的姐姐便为他们寻到一位男工前来帮忙，就是这个史坤生。

不料，史坤生来到之后，意外的事情发生了：此时的同弟，已经长成十八岁的大姑娘，情窦初开；史坤生自然也是青春四射，血气方刚。二人日久生情，缠绵悱恻，于不经意间跨入了伊甸园，致使同弟怀了身孕。于是，蒋碧薇便做刘妈的工作，让她将同弟嫁给坤生。而刘妈却说不喜欢他，不愿意将女儿嫁给他。可同弟已经怀孕，蒋碧薇再三劝解，刘妈才同意她的意见。徐悲鸿和蒋碧薇便在湖南风味的"曲园"叫了两桌酒菜，为坤生和同弟举办了婚礼，介绍人为顾了然和吕斯百，证婚者是德国友人李丹田。第二年，同弟生下一名男孩，取名史南元，两年后又生下一女儿史元英。这样，刘妈一家三代人就都成了徐悲鸿家里的成员。

关于为坤生和同弟做介绍人的顾了然，是徐悲鸿的宜兴同乡，与屈义林一样也是他的高足。1937年毕业于中央大学艺术科，留校任西画助教。他因一只眼睛失明，取"一目了然"之意。无论在生活上，还是在学业上，徐悲鸿和蒋碧薇对顾了然都多有关照。徐悲鸿曾与他和刘汝醴有一篇关于素描的著名谈话，问曰："不习素描，是否可以深入艺术的堂奥？"

徐答："当然可以。用油画、水彩或其他工具，从事与素描同样的练习，其效果也相等。不过费事，多一层明暗与色彩的分辨。艺术家，并非全从素描之路走过来的。"

问曰："先生强调素描，要求同学习作三百至一千幅，为什么？"

徐答:"素描是学习绘画便捷而有效的好方法,但不是唯一的方法。有人主张以临摹代替写生,像某些人所做那样,也不失是一种方法。但是这种方法,只看粉本,不师造化,局限性大,多走弯路,患害实深……临摹家往往认识不到观察世界的重要意义,错误地把绘事看作只是'笔墨'问题。把眼睛和头脑的作用闲却了,故不可取……艺术家对自己处身的周围不能没有认识,也不能没有感受。艺术的评论标准,是通过艺术家成熟的表现能力,传达他对生活感受的深度为依据的。"

问曰:"人言素描足以束缚天才(当时的反对派都持此论),先生怎么看?"

徐笑答:"天才是长期勤奋得来的智慧累积,只有懒人才相信生而知之。世上如有天才,岂有束缚天才之具?"

素描作为徐悲鸿所提倡的写实主义的重要手段,在今天看来已经毫无异议。可在当时保守势力还很强势的环境下,想要推行这种主张是有着很大阻力的。徐悲鸿的得意门生,无疑是全力支持老师观点的。

史坤生出门后,徐悲鸿又开始专心致志地作画。顷刻间,风雨中芭蕉叶下枫枝上的两只麻雀便跃然纸上。徐悲鸿对着画面审视半响,才提笔在画面的左上角落下了"风雨思君子"和"悲鸿"两个字的题款,然后,在悲鸿名字的下面按上了名章,又在画面右角的底部印上"无枫堂"压角章。

不难看出,徐悲鸿还在怀念那两只死去的相思鸟,可能还沉浸在天目山上与孙多慈写生时那种意犹未尽的心境之中。

作完画,徐悲鸿便坐在藤椅里将舒新城的来信用剪刀剪开封口,把信抽出来。

徐悲鸿将信展开一看大吃一惊:舒新城在信中说田汉在上海与妻子林维中及女儿同时被捕,先是关在爱文义路巡捕房,后来转移到上海市公安局。目前,妻子和女儿虽然被释放,可田汉仍然关在狱中。据悉,田汉不久即会被押解南京,让徐悲鸿"没法照料与保释"。田汉被捕的消息,是他的妻子出狱后告诉舒新城的。

1935年2月19日夜晚,田汉将刚刚完成的电影剧本《风云儿女》交给夏衍,分镜头的脚本还未开始写。下班后,从四川北路的新亚旅馆刚刚走进家门,埋伏在外面的四五个穿着黑衣的特务便突然闯进家门,举着短枪不由分说将他和妻子及女儿倒挽着手推出门外。田汉

安娥(右一)用她的才情和智慧征服了特才傲物的"田老大"(左二田汉)

的母亲易克勤扑上去倒地抱住儿子的一条大腿不让他们带走,结果被一个特务一脚踹开。等到田母爬起来跑出院外,警车已经呼啸而去,只听见田汉在车上喊道:"妈妈,别担心,我会回来……"

田母奔跑着朝警车呼喊,没跑出多远便扑倒在地,被邻人上前扶起来挽回屋里躺到床上。一直到儿媳林维中和孙女被释放回到家里,她才从床上爬起来。

田汉的父亲很早就离世了,易克勤便守着三个儿子含辛茹苦艰难度日。为了给田汉交学费,她竟然将家里仅剩的一床被单送进当铺,只盖着一床破棉絮过冬,终于将他培养成才,而且一贯支持他的戏剧事业,被同人称之为"戏剧妈妈"。

徐悲鸿万分气愤的是,那些刽子手逮捕田汉和林维中,竟然连他们四岁的女儿都不肯放过。

本书已经有所介绍,田汉早在日本留学时,因舅父易象在长沙被反动军阀赵恒惕杀害,悲痛之余,便与表妹易漱瑜结为夫妻。可不幸的是,易漱瑜于1925年1月因患病被误诊,丢下仅仅一岁的儿子在上海辞世。

易淑瑜的离去，给田汉带来了巨大伤痛，遂作悼亡诗十首，这里选择其中两首，可见他对亡妻悲痛不舍的思念之情：

久未潇湘听夜雨，凄清何必打芭蕉？
滴来檐下愁如泪，洒向心头怒似潮。
梦寐不成空辗转，寂寥难慰欲号啕。
披衣起坐迟天晓，谁念春寒袭裋袍？

是耶非耶谁能保，梦中忽得君诗稿。
倦鸟欣能返故林，小羊姑让眠青草。
平生好洁兼好静，红尘不若青山好。
只怜尚有同心人，从此忧伤以终老。

田汉早期剧作充满着感伤、浪漫和唯美情调，与他失去心爱的妻子易淑瑜不无关系。易淑瑜在弥留之际，满怀深情地希望田汉能与她在幼稚园时的好朋友黄大琳结婚……

黄大琳是湖南长沙人，1907年随祖母曹氏在吉林幼稚园与易淑瑜相遇。其情景正如田汉在1927年5月20日的《良友》画报上所写：

易淑瑜和一个叫黄大琳的最要好，寝则同床，游则同行，甚至洗脸也各自拉着毛巾的两端洗开了。

1912年，黄大琳已经在长沙乡下读到小学六年级，当她得知易淑瑜正在周南女校就读时，便通过父亲将她转至周南女校，又与易淑瑜居住在同一间宿舍。后来，易淑瑜与田汉一起远渡日本才与她分手。

直至1924年秋天，易淑瑜因病回到长沙，才与黄大琳再次相遇。对于黄大琳视易淑瑜亲如姐妹的照顾，使她深受感动，就在临终前，便对田汉说道："黄大琳是我的好朋友，我和她数度同学，情如姐妹，你要是能与她结婚，她会照顾好我们的孩子的。"

易淑瑜病逝后，黄大琳主动照顾田汉和易淑瑜的儿子，这给田汉的母亲留下了良好印象，从而认定她就是儿子接下来的媳妇。

1926年5月，黄大琳随长沙第一女子师范校长徐特立赴江浙一带实习时，收到田汉送来的一幅照片和七律诗一首：

> 永好何须悲小别，但常写信慰相思。
> 身虽属我难同走，心自随君任所之。
> 车上舟中宜卫体，山头湖畔好寻诗。
> 故交若问年来事，为道沉雄胜昔时。

田汉的情诗使黄大琳深受感动，1927年的农历正月十八，他们在上法租界蒲百路渔阳里6号举行了婚礼。前来参加祝贺的文化界名人有徐悲鸿、郁达夫、欧阳予倩、吴家瑾、唐槐秋等。

不料结婚之后，田汉才发现他与黄大琳之间在性情、志趣和知识层面上相差甚远，对于生活的追求也不尽一致。在烦恼痛苦之余，写下了《苏州夜话》和《湖上的悲剧》。

恰在此时，因在哈同花园逃婚跑到南洋教书的女子林维中找上门来。

早在黄大琳与田汉成婚前的1925年，林维中在《醒狮周报·南国特刊》上看到田汉悼念易淑瑜的散文《悲哀国里来》，就被他的才情所打动，于是便写信向他表达了爱慕之意。接下来二人的书信往来不断，林维中还多次汇款给田汉，资助他办的戏剧班。田汉虽然与林维中已经有约在先，可为了尊崇爱妻易淑瑜的遗愿，还是与黄大琳结了婚。

1928年寒假期间，林维中突然从南洋抵达上海找上门来，与田汉相见。黄大琳对林维中与田汉的关系早有耳闻，虽然见她年轻漂亮、楚楚动人，但她还是相信自己的丈夫，不然他也不会将她领到家里来。于是上街买菜，准备热情款待林维中，否则不是显得自己心胸太狭窄吗。

可是，当黄大琳提着鸡鸭鱼肉、酒和蔬菜走进家门时，一下傻了眼：

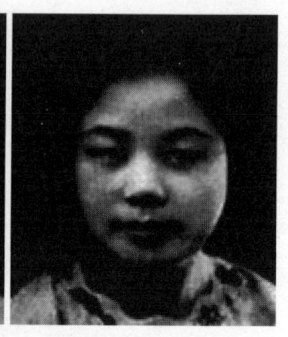

田汉前三位妻子易淑瑜、黄大琳与林维中

田汉已经带着林维中到"天堂之国"旅游去了，连屋门都没关。黄大琳两腿一软瘫在地上，鸡和鸭子鸣叫着从她的手里逃脱，两条鱼落在地上乱蹦乱跳，一瓶酒失手摔得粉碎……

一个星期后，林维中跟随田汉回到上海，可她连家门都没进，被他直接送上渡轮回了新加坡。田汉走进家一看，黄大琳一动不动躺在床上，之前买来的鱼肉和蔬菜腐烂的气息与弥漫的酒气混杂在一起，鸡和鸭都已经逃走……

田汉将黄大琳扶起来给她弄吃弄喝，劝她不要搞坏身子。委屈、愤怒、悲痛之余，黄大琳已经看出，唯有林维中才是田汉心中的理想伴侣，于是动了与他分手的念头。遂要求他帮她去日本留学。

1929年仲冬，田汉与黄大琳离婚，用稿费资助她东渡日本求学，到码头送行的有田汉、徐悲鸿、洪深、金焰等人。

1930年寒假，黄大琳回到上海探望堂叔黄衍仁，田汉知道后到大东旅社看望她，并邀她到家中做客。可她担心自己会触景生情怀念往事，便婉言谢绝了。

黄大琳也是一位才女，与田汉分手后，留下一部《荆棘之路》自传体小说，记述了她与田汉从相识、相知、相恋一直到结婚和离异的整个过程，委婉动人。

1940年5月，田汉从桂林来到重庆，供职于国民政府国际部第三厅，与由武汉撤退到重庆的妻子林维中及一对儿女团圆。难以预料的事情再次发生：田汉的红颜知己安娥也不期而至……

安娥原名张式沅，笔名和平、张菊生，1905年9月生于河北的书香世家，1923年考入北京"国立"艺专西画系。1925年，在同学、男友邓鹤皋的介绍下加入了共青团，不久便成为共产党员。

邓鹤皋1902年生于湖南安乡，比安娥大三岁，1923年加入中国共产党。1926年初与她结婚。6月，邓鹤皋受中共北方区委负责人李大钊派遣，赴大连任地委书记，安娥与之同行。

1927年1月，安娥被周恩来派往莫斯科中山大学学习"情报侦探"，在码头与丈夫挥泪惜别。半年后，安娥得到消息称：由于叛徒告密，邓鹤皋与四十多名革命志士已被国民党反动派逮捕杀害。对此，她悲痛万分，茶饭不思，彻夜难眠……

不久，安娥与中山大学的郑家康结婚。

郑家康1922年中学毕业后赴法勤工俭学，后转入德国和苏联，1924年加入中国共产党。回国后从事地下工作，不

田汉与安娥

幸于1931年被特务跟踪逮捕,秘密杀害于南京。

安娥回国后被派往上海从事地下工作,为了工作的方便,不停变换身份:一会儿由女商人变成亭子间的女工,一会儿是衣着华丽的贵妇人,一会儿又变成了风华正茂的年轻学子——她的任务,就是争取和发展田汉。

安娥已经是一位著名剧作家、诗人、词作家、记者、翻译家和社会活动家,发表了大量诗歌、小说、散文和译著。

30年代任光与安娥

由于志趣相投,感情真挚,就在田汉的工作和生活处于低迷状态时,安娥与他同居了。等到田汉与黄大琳离婚后林维中再次找上门来,安娥已经怀了身孕。可因为田汉与林维中有婚约在先,她便不依不饶,一定要将田汉夺回到自己身边,于是找到安娥。林维中已经准备好一套尖刻、犀利的语言要对安娥进行奚落与谩骂,将她从田汉身边赶走。

当林维中缓缓走到安娥跟前时,她的神情竟然无比镇定。林维中怀着满腔怒火向她问道:"你就叫安娥吗?"

"是的,"安娥知道林维中比自己的年龄大,接着说道,"有话你说大姐。"

林维中紧接着说道:"我叫林维中,从南洋回来,你知不知道我和田汉的关系?"

"略有所知,"安娥仍然十分平静,"你啥意思大姐?"

"啥意思!"林维中终于控制不住,呼一下从凳子上站起来,对安娥怒斥道,"你知不知道你抢了我的男人!"

面对怒气冲天的林维中，安娥仍然不动声色，说道："大姐，你先别生气嘛，许多事情都一言难尽……"

林维中耐不住性子，大声说道："你少说废话，直说吧，你到底想不想把田汉还给我？"

眼看林维中又要发火，安娥才说道："大姐，我绝不是你所想象的那种人。我是拎着脑袋干革命的，我没有家，四海为家。因此我也不能建立爱情和家庭，田汉是你的，你跟他组成家庭吧。"

听了安娥的话，林维中对于自己刚才的怒气感到汗颜，心踏实下来，而且对她肃然起敬。

安娥虽然已经成为田汉的精神领袖和创作之源，可他又不得不接受林维中与她的谈判结果，不然事情就会越闹越大。然而他对安娥的情感却并未因此而减弱。按着他的委托，安娥开始为他和林维中寻找结婚的新房。

安娥虽然是一名"地下党员"，可她也是个正常女人，也有七情六欲，跌入感情深渊也在所难免。而她却忍受着矛盾、痛苦、屈辱的折磨，以及相爱不能相守的煎熬，夜不成寐。天亮之后，她又拖着几个月的身孕辗转于阴暗的弄堂里，心里想的是要为自己心爱的人和他新婚的妻子寻找到一处既经济又舒适的住处。

不久，田汉与林维中在上海南京路福禄寿酒家举行了婚礼，婚后就住在安娥为他们寻得的新房里。离开田汉之后，安娥生下一个男孩，寄养在老乡家里，对田汉谎称孩子死了。

1933年，安娥开始与任光共同生活，二人合作创作了大量歌曲，著名的《渔光曲》就是由安娥作词、任光作曲完成的。二人还合作了《打回老家去》《月光光》《高粱红了》等极具影响力的抗日救亡和一些电影歌曲。

任光，笔名前发，1900年生于浙江嵊州，中学毕业后考入上海震旦大学，1919年赴法勤工俭学——入里昂大学音乐系，并在一家钢琴厂当学徒。1927年回国后参加"左联"。

不料，1936年，邓鹤皋经过千辛万苦的寻找，突然出现在安娥的面前。原来，1927年7月，他被反动派杀害于南京是一种误传。当时，他正在上海担任中共上海临时工委书记……

人非草木，孰能无情？当邓鹤皋突然站在安娥面前的时候，她一下子蒙了。等到反应过来之后猛然扑进他的怀里，他便将她紧紧拥抱，在她的脸上狂吻起来。等他将她撒开，见她已经泪流满面，对于面前的两个男人，她处于艰难抉择的窘迫境地。站在一旁的任光，正用吃惊、同情和愧疚的目光看着他和安娥……

邓鹤皋平静下来，含着热泪看一眼呆愣愣站在一旁的任光，然后向他深深鞠了一躬——那意思是感谢他多年来对安娥的照顾，同时对战争所造成的这种后果表示理解。鞠完躬，竟然火速转身离开，将安娥留给了任光。

等到任光反应过来，邓鹤皋已经跑得无影无踪，走街串巷追出去好远，最后无功而返。接下来，任光四处寻觅他的下落，想要将安娥还给他。可他仍然更名改姓从事着党的地下工作，最后也未能寻见。

有才情又有豪情的任光与安娥后来分手，不是因为没有爱。他曾说道："亲爱的安娥，我要以音乐的名义挚爱你！"可是，他们在一起的时候，安娥屡次怀孕，却又屡次流产。不得已，二人便分开了。

任光进入叶挺部队创作的《擦枪歌》《新四军东进曲》，不但极大激发了新四军战士的抗日热情，也感染了热血女青年徐韧。二人由此结为夫妻。

徐韧毕业于上海同济医科大学，叶挺为她与任光主持了简朴婚礼：任光用小提琴演奏了《彩云追月》，徐韧为其伴舞。然而却十分不幸：三个月后的1941年1月发生了"皖南事变"。叶挺将军派了一个班的兵力掩护任光夫妇撤退，结果全部阵亡。任光胸部中弹。最后，敌军发现躺在担架上的竟是《渔光曲》的作者任光时，便纷纷脱帽向他三鞠躬，他才闭上了双眼。徐韧被俘，被枪杀于上饶集中营。

任光牺牲后留下的唯一遗物，便是存于陶行知那里的一只木箱：里边装着安娥的许多照片和他为她的歌词作曲的手稿。

安娥是在新中国成立后，才成为田汉妻子的。

1935年2月19日随田汉一起被逮捕的妻子，当然就是林维中和他们的女儿田野了。

读完舒新城的信,徐悲鸿再也无心用餐,掐着信风风火火去找宗白华。宗白华正在书房的煤油灯下写他的美学论文,便头也不抬地说道:"你老弟肯定是无事不登三宝殿,说吧,什么事?是不是又因为孙多慈……"

心急火燎的徐悲鸿打断宗白华的话,说道:"嗐,田汉被捕了!你还有心思开玩笑?"

"啊!"宗白华抬起脸,吃惊地看着徐悲鸿问道,"什么时候?"

"几天前的一个晚上,田汉一到家,就被埋伏在外面的国民党特务抓走了。"徐悲鸿将舒新城的信递给宗白华,"这群流氓!"

宗白华看完信,从椅子上站起来,点燃一支烟猛吸两口对徐悲鸿说道:"你先坐下,咱们想想办法,看看怎么营救。"

徐悲鸿本来不吸烟,这时也从宗白华放下的烟包中抽出一支点燃,吸了两口,然后坐在一把藤椅里。

"田汉是因为什么被捕的听说了吗?"宗白华问道。

"嗐,共产党嫌疑犯,他们不是早就盯上他了吗?"徐悲鸿接着说道,"你还记不记得1930年他改编的梅里美六幕话剧《卡门》被勒令停演的事?不久,南国社也被查封,立刻逮捕了田汉的五弟田沅,和他的好友黄芝刚。其实,他们那次本来是奔田汉去的,他如果不是恰好不在家,还能躲过?随后不是向他发出了通缉令吗?"

"哦……"宗白华沉思一下,自言自语地说道,"'左联',《卡门》,'五月花',集美歌舞剧社,上海中央文化委员会,《义勇军进行曲》……"

"赶紧想办法吧!"徐悲鸿急切催促道。

宗白华抬起脸看着徐悲鸿问道:"有什么其他线索吗?"

"舒新城信上不是说要将田汉押解到南京来吗?"徐悲鸿说道,"白天我从中大回家,听马路边有两个人交头接耳地说什么'江苏省委''上海文委'都被破坏了……"

"哦……看来局势严重了,肯定还会有被捕的人。"宗白华想了想说道,"咱们赶快去找张道藩吧,他是CC系的骨干,一定了解更多情况。"

"找他?"徐悲鸿一想起蒋碧薇与张道藩不同寻常的关系,就心有余悸。

"嗐,先救田汉要紧!"宗白华说道,"走,咱们现在就去找他。"

张道藩的居所,就在离傅厚岗不远的丹凤街。徐悲鸿随宗白华疾步如飞来到他豪华的公馆,被引进客厅。刚刚坐定,张道藩就冲徐悲鸿自负地笑了笑问道:"徐兄,是为田汉的事情来的吧?"

宗白华与张道藩的来往虽然不很多,但他知道早在法国留学期间,谢寿康是"天狗会"老大,徐悲鸿是"老二","老三"便是张道藩。看来,他不但知道田汉被捕的消息,而且知道徐悲鸿肯定会来找他。他在国民政府有着众多的头衔,虽然都不是最高职位,但他却是营救田汉出狱最为得力的人士——就是靠徐悲鸿的面子,他也不得不帮这个忙。而且,救出徐悲鸿的好友田汉,他还可以到蒋碧薇的面前去请功——徐悲鸿办不到的事,他却可以办到。想到这里,宗白华插嘴问道:"张先生,田汉现在……"

为了彰显在国民政府中的地位和消息灵通,张道藩立刻说道:"田先生一家开始是被关在爱文义路的巡捕房,后来转移到上海市公安局,现在已经被押来南京,拘禁在夫子庙附近国民党宪兵司令部的监狱中,这些你们都知道了吧。可他的问题……"

从张道藩吞吞吐吐的言语中,徐悲鸿觉察到问题严重。宗白华看他一眼又冲张道藩说道:"张先生,你和悲鸿夫妇已经是多年的朋友了。田汉又是悲鸿的朋友,看在悲鸿夫妇的面子上,请帮帮忙,把他保释出来吧。"

"那总得有个理由呀!"张道藩两手一摊说道,"有个理由我才好向上头提嘛。"

"啊!"徐悲鸿接过去说道,"听说田汉的背上长了一个痈,急需出来住院做手术。"

"那……"张道藩沉吟一下说道,"保释也得有几个条件吧?"

"什么条件?你说。"宗白华问道。

张道藩吸两口烟,站起来慢慢踱着步子,然后又坐回沙发里说道:"第一,必须有三位知名人士出面担保;第二,出狱后不得再从事政治活动;第三,不能离开南京。"

听了张道藩的话，宗白华看了看徐悲鸿：他的深邃的眸子里翻腾着漆黑的乌云。宗白华又把目光转向张道藩——觉得他提的条件虽然有些苛刻，可又一想，总还比陷在监狱里强很多。同时，他的背痛也急需治疗。于是冲张道藩说道："可以，张先生，你说的这些条件我们都可以答应。"

"那好吧。你们回去写份保释书，签上名，然后拿来，我替你们送上去，估计田先生就可以回家了。"张道藩说道，脸上现出自负得意的神态。

"道藩！"徐悲鸿从沙发上站起来，还是使用原来的称呼说道，"你可不可以跟当局通融一下，让我们先去看看田先生？"

"去看他？"张道藩起身准备送客，"这样吧，过一两天，我跟他们打个招呼，你们再去不迟。办事嘛，不要急，这次与田汉一同被捕的还有阳翰笙和杜国庠呢，他们的家人也都托人跟我打过招呼。"

听说阳翰笙和杜国庠也同时被捕，徐悲鸿和宗白华又都暗暗吃惊。看来，国民党特务这是一次有组织、有计划的行动。

阳翰笙也是著名戏剧家、社会活动家、左翼作家联盟成员、中共上海中央局文化工作委员会书记，撰写过许多宣传马列主义和革命理论的文章。

杜国庠则是著名马克思主义哲学家、教育家、历史学家，也是"左联"成员。

虽然对于阳翰笙和杜国庠的被捕感到吃惊，但张道藩答应出来帮忙，还是让徐悲鸿和宗白华感到一丝宽慰。宗白华拉一下徐悲鸿的衣角想往外走，又冲张道藩说道："那好吧张先生，我们回去写份保释书送来，等你的消息再去看他。"

张道藩见徐悲鸿和宗白华要走，便对二人说道："哎，乘我的车子回去吧。"于是吩咐下人将车子开到门前送客。他在朱家骅的手下挂着交通部次长一职，用车子当然方便，虽然路不算远，但却显得更加绅士。

回到家中，徐悲鸿闷闷不悦，连饭都没吃。第二天下班刚进家门，蒋碧薇就告诉他说道："张道藩跟宪兵司令部打过招呼，你可以去看田汉了。"

"哦！"徐悲鸿听了一怔，顺口问道，"他到家里来过吗？"

"你问那么多干吗呀！"蒋碧薇漫不经心地说道，"让去看，就去呗，你不早就急得猴似的吗！"

蒋碧薇早就不同意徐悲鸿与田汉交往，害怕受到他政治倾向的影响。现在，又要出面营救他，她自然没有多大热情。徐悲鸿当然知道她对待田汉的态度，早在她从"南国"将他的画具搬回家时就知道了。因此，整个晚上仍然沉闷不语。因为要等到天亮才能去看望田汉，整夜都没合眼。

第二天一大早，徐悲鸿就到中央大学找到宗白华，赶到夫子庙的宪兵司令部。因为来得太早，狱头们还没吃完饭，二人便被荷枪实弹的宪兵挡在门外。一刻钟后，才被引进大院里的会客厅。过了一会儿，两个宪兵将田汉押来：他的面容憔悴，头发虽然不很长，但却增加了许多银丝，鼻梁上仍然架着那副深边眼镜，态度从容地坐在桌子对面一把椅子上。

徐悲鸿用关切的目光在田汉的脸上注视片刻，便伸出胳膊隔着桌子拉住他的手说道："寿昌，你没有罪，可却让你受苦了。我和白华兄愿以身家性命为你担保，营救你出狱。但当局提出的条件说你出去后必须住在南京指定的地方，不许去上海，也不能出国。虽然不算很自由，但总比待在这里好得多呀，咱们三个人还可以经常见面，希望你能同意。"

田汉深情地凝望着徐悲鸿，又把目光转向宗白华，好像看不够似的，然后微微点了点头，表示同意徐悲鸿意见。他又把手伸给宗白华，与他紧紧地握了半天才松开。

徐悲鸿与宗白华又向田汉询问了一些他的饮食起居情况，告诉他一定要保重身体，然后把带来的水果和点心留给他，便从会客厅里出来，准备回家将保释书拿去交给张道藩。

为了营救丈夫，林维中带着婆母和女儿也已来到南京，住在徐悲鸿家里。翌日凌晨，她便抱着女儿，偕婆婆也来到宪兵司令部的会客厅。易克勤一见到身心疲惫的儿子，就与他抱头痛哭起来。田汉用手掌轻轻拍着母亲的脊背，轻声说道："别哭妈妈，你的儿子没有罪，过几天就会回家的。"

说着，田汉已经泪流满面。可为了不使老人伤心，便极力控制，不让自己哭出声音。然而他的泪水已经落在母亲的头上、落在她的肩上，发出"啪嗒啪嗒"的声响。易克勤感觉到了，抬起脸用手抹去儿子脸上的泪痕说道：

"寿昌，别哭，坚强起来，妈妈等到你回家啊！"说完，便不再言语，躲开他坐到一把椅子上，让儿子和他的媳妇及女儿说话。

田汉弯腰抱起站在地上的田野，坐下向她问长问短，虽然与林维中母女分开才几天，可却如隔三秋。林维中出来之后，田汉已在狱中写了一首《寄妇》诗，表达对妻子的怀念之情：

事到高潮翻决定，人因患难倍相亲。
衾香枕软何劳羡，每忆苏菲白发生。

与此同时，《渔光曲》凄婉忧伤的旋律，也不断穿越高墙进入狱中，狱卒和"囚犯"们也都随着吟唱：

云儿飘在海空，鱼儿藏在水中。
早晨太阳里晒渔网，迎面吹来大海风。
潮水升，浪花涌，渔船儿飘飘各西东。
轻撒网，紧拉绳，烟雾里辛苦等鱼踪。
鱼儿难捕船租重，捕鱼人儿世世穷。
爷爷留下的破渔网，小心再靠它过一冬

东方现出微明，星儿藏入天空。
早晨渔船儿返回程，迎面吹过来送潮风。
天已明，力已尽，眼望着渔村路万重。
腰乙酸，手也肿，捕得了鱼儿腹内空。

电影《渔光曲》主题歌，已经成为民众传唱的流行歌曲，电影也是中国第一部在国际电影节上获奖的作品。

安娥不但是一位绝色美女，而且才气超人。

在这四面高墙的牢狱中，听着《渔光曲》，田汉不禁又想起安娥。

当年，因为与林维中事先有约，才冷落了安娥而将她娶回家门。他在给日本作家谷崎润一郎的信中写道：

怀念着旧的，又憧憬着新的。捉牢这一个，又舍不得那一个。
于是，我成了暴风雨中的小舟似的，只好让它漂流，让它颠簸，毫无勇猛地向着某一个目标驶迈进去。

身怀六甲的安娥，最后伤心地离开田汉。听着《渔光曲》，抑制不住对她的思念，写完《寄妇》诗后，他又写下一首《狱中怀安娥》：

昔年仓促学逃亡，海上秋风客梦长。
斗室几劳明月访，孤衾常带素薇香。
君应爱极翻成恨，我亦柔中颇有刚。
欲待相忘怎忘得，声声新曲唱渔光。

在仅仅几天时间里，田汉不但写出了怀念妻子和红颜知己的情诗，而且还在一个烟盒上写出了电影《风云儿女》的主题歌——后来成为国歌的《义勇军进行》曲。可见他内心深处的激情并未因陷入敌人的牢狱而泯灭。

也许正因为深陷敌人的牢狱中，田汉的《义勇军进行曲》写作才显得更加富于饱满的激情。与此同时，他还在狱中将一只铜钱磨成了一枚五角星，从中可以看出他对党的忠诚。

在与林维中分别时，田汉将"情诗"、《义勇军进行曲》的歌词和铜钱磨成的五角星悄悄塞在她的手里，并嘱咐她将歌词转给夏衍和陈师毅。

陈师毅与夏衍一样，也是著名的电影编剧、词作家。

回到家里看到《寄妇》诗，林维中心情激动不已。当看到《狱中怀安娥》时，也没产生妒意，而是被丈夫的真情和善良所感动。

从监狱回来后，由宗白华执笔，写好了对田汉的保释书，与徐悲鸿都在上面签了字。听张道藩说保释书上需要三个人签名才行，二人又商量再去找谁。徐悲鸿说去找谢寿康吧，要不就去找欧阳予倩，他们都是文化名人，又是田汉要好的朋友。

"不！"宗白华说道，"我看就让张道藩签字，算是咱们送给他一个人情。就算他不是真心，可他有'地位'，只要他签字，就得假戏真做，当局也就不得不买他的账。"

"好主意！"徐悲鸿说道，"就这么定。"

"那咱们走吧，现在就给张道藩送去。"宗白华将签完字的保释书递给徐悲鸿。

再次来到张道藩公馆，徐悲鸿将保释书交给他。他拿在手中看了看，蹙着眉头说道："我不是说要三人签字才行吗？怎么只有你们两个啊？"

"啊！"宗白华接过去说，"悲鸿觉得你们是多年的老朋友了，你的地位比我们两人都高，影响力也大，他想让你给签个字，你不能不给这个面子吧？"

"嚯，白兄真会抬举人啊！"张道藩拿着保释书坐在沙发里仔细看着上面的条款，一边在心中琢磨。

根据田汉的性格，出狱后也绝不会"老实"，为他做保人是要担风险的。可是，宗白华是位著名的美学教授，他的话已经说到了这份上，徐悲鸿正用如炬的目光看着张道藩。他如果不签这个字，就显得胆小如鼠，不但在这两位名人面前失掉尊严，到了蒋碧薇那儿如果提起来，也不好交代。再说了，他就是签了字，田汉出来如果再惹事，他也就有了口实——我已经为你做过保人，你还能怪我吗？想到这儿，张道藩在心中冷笑两声，提笔在保释书上签下了自己的名字，然后说道："为了朋友，我两肋插刀！"

其实，真正为朋友两肋插刀的应该是徐悲鸿和宗白华。张道藩在保释书上签字，不过是徐悲鸿和宗白华与他斗智斗勇周旋的结果。在国民政府中，张道藩属于"业内人士"，这个人四面通风，八方玲珑。刚到欧洲留学时，他就傍上了"四大家族"中的陈立夫。现在，就连蒋介石对他都十分器重——安排他做上了宣传部长、内政部次长。他知道，即便在保释书上签了字，将来出问题受到牵连、陪同坐牢的，也主要是徐悲鸿和宗白华，他顶多是被谴责几句而已。签完字，就将保释书朝徐悲鸿递去。徐悲鸿马上给宗白华递了个眼神，他立刻说道："张次长，我看这个保释书还是由你亲自送给当局吧。田汉病得很重，这样不是能够让他快点出来就医吗。"

张道藩又将递出的保释书收回，说道："好，看来，我这个好人就得做到底啦，明天就交上去。"

从张道藩公馆回到家里，蒋碧薇还没睡，一进门她就劈头对徐悲鸿问道："办了吗？"

"啊，办了。"徐悲鸿只用鼻子哼道。

蒋碧薇又问道："怎么办的，田汉啥时候能出来？"

"啊，啊……"徐悲鸿待答不理地哼了两声，准备就寝。

"先生！"同弟在门外轻声喊道，"您还没用晚餐呢，饭菜已经摆在餐厅桌子上了。"

徐悲鸿这才感到胃部隐隐作痛，于是推门进了餐厅。用完餐回到卧室，见蒋碧薇已经睡下，一夜无语。

三天后的下午，徐悲鸿提前回家——想换换衣服，晚间还要带上两幅轴画出去为营救田汉的事进行周旋，送给宪兵司令部的要员。刚刚来到傅厚岗的门外，见张道藩从里面出来。看到徐悲鸿，他的脸上非常不自然，急忙说道："悲鸿兄，我来是想找你谈谈蒋委员长请你画像的事，不料你没在家，我和嫂夫人说几句话就出来了。"

看见张道藩惊慌失措的样子，徐悲鸿心里明白，他大概总是趁他不在家的时候来会蒋碧薇，没想到自己今天回来早恰好碰上，又扯出给蒋介石画像的事。他的心中不禁有些气愤，冷语说道："我不是早就对你说过我是画家，对你们的蒋委员长没有兴趣，让你另请高明吗？"

张道藩又复述他以前对徐悲鸿说过的话："给蒋委员长画像没兴趣，你对什么有兴趣？"

徐悲鸿冷笑两声说道："我再对你说一遍，我对抗日救国有兴趣，对人民大众有兴趣。你别以为我求你保释田汉，你就可以趁火打劫！"

"这么说，你就决意不肯给蒋委员长画像啦！"

"对，我不是早就告诉你了吗？"徐悲鸿的语气非常坚定。

"好，那好！"张道藩觉得颓丧，又说道，"你做这样的蠢事，以后可不要后悔呀。"说完，转身就走。

"你先别走！"徐悲鸿在身后喊道，"回来，我有话问你。"

张道藩转回身又往前走了两步问道："你是不是又要对我说'人不可有傲气，但不能无傲骨'！"

"我是想问你，田汉的保释书你送上去没有？"徐悲鸿又说道，"你已经答应了，办事是要讲信誉的。"

"啊，我第二天就交给当局了，你放心！"张道藩一脸的媚态，"你就放心吧！"

"你可得催着点！"徐悲鸿又说道，"我昨天又去看了田汉，他可正在发烧呢，要是出了别的事你可担当不起！"

"我晓得。"张道藩一边说，一边后退，钻进了他的车子，推着车门说道，"这是上边的事，也得一层层批呀。"

"反正你抓紧吧，拜托了！"徐悲鸿扭头就往屋里走。

进了家门，蒋碧薇劈头说道："嚯，今天回来这么早？"她已从窗户看见徐悲鸿在外面碰见了张道藩，因此以攻为守，声音很高，很强势。

徐悲鸿明白蒋碧薇在故作姿态，于是低声说道："啊，晚上有点应酬。"

"应酬，又是和那些文人应酬是不是？"蒋碧薇接着说道，"看看你那些留法的同学，谢寿康、吴稚晖、张道藩、叶楚伧，有多少都在国民政府当了高官，再看看你，有点屁事就得低三下四去求别人，你也不嫌掉价！近朱者赤，近墨者黑。你以后少和田汉那帮人搅在一起……"

徐悲鸿懒得听蒋碧薇唠叨，大声喊道："行啦！你还有没有完？"

蒋碧薇被吓了一跳，立刻反唇相讥，声音比徐悲鸿还高："你吼什么，我这是为你好你知道吗？狗咬吕洞宾！"

徐悲鸿迎着蒋碧薇的目光突然问道："你说，张道藩刚才是不是来过？"

"来过又怎么样？"蒋碧薇并不示弱，"他还不是为你的事情来的。"

"为我什么事？"徐悲鸿厉声问道。

"你不是和宗白华去找过他保释田汉吗？他来告诉一声，保释书他已经交上去啦。"

徐悲鸿看着蒋碧薇的眼睛，声音放平和了说道："他没提给蒋委员长画像的事吧？"

蒋碧薇猝不及防，怔了怔才说道："人家张道藩可不是没有修养死皮赖脸的人。他都跟你说好几次了，你不识抬举，他还能总挂在嘴上吗？我可告诉你，请你画像的事，是蒋委员长亲自提出来让张道藩找你的。究竟画还是不画，你自己掂量着，可不要敬酒不吃吃罚酒，你呀，咎由自取吧！"

"你少干涉我的事。"徐悲鸿脱下长衫走到衣橱前准备换衣服，又对蒋碧薇说道，"张道藩是什么人，他找我画我就得画？"

"徐悲鸿！张道藩是什么人你又不是不知道，"蒋碧薇跟上去说道，"就连蒋委员长都把他高看一眼，你有骨气，遇事别去找人家呀！"

蒋碧薇的话似乎使徐悲鸿受到了羞辱，于是站直身子，如炬的目光看着她说道："有恃无恐！"

"你说什么，你再给我说一遍！"蒋碧薇接着说，"你现在怎么连个好赖话都听不出来啦！"

徐悲鸿不愿再与蒋碧薇纠缠，换完衣服，到画室取了两幅轴画夹在腋下出门而去。

接下来，徐悲鸿、宗白华、田母易克勤，还有林维中带着孩子，不断到监狱去看望田汉，对他说已经办好了保释手续，很快就会放他出狱。然而左等右等，仍然不见田汉出来。他已经病得很重，徐悲鸿焦急万分。

就在田汉被捕这年的春节，徐悲鸿写了一副对联贴在大门两侧，上联是"中立不倚"，下联是"隐居放言"。

这天下班，徐悲鸿健步如飞地走回傅厚岗公馆，老远就看见一个人正在观赏大门两侧的春联。他的身后停着一部轿车。走近了才看清楚，观赏春联的，正是国民党中央委员、宣传委员会主席叶楚伧。

叶楚伧身材魁梧，橘皮色脸膛，富有幽燕之气。徐悲鸿来到跟前，叶楚伦转过身与他握了握手，哈哈笑道："啊呀，徐先生，你的这副春联有意思，字也写得绝妙。"

"啊，叶主席，过奖了，我不过是自娱自乐。"徐悲鸿笑了笑。

"不，"叶楚伦又说道，"这和你那副'独特偏见，一意孤行'异曲同工啊！"

"叶主席，你也是文人，什么诗文都瞒不过你的眼睛啊。"

叶楚伦哈哈大笑，用手指着徐悲鸿院子里门楣上的匾额说道："你看你公馆上那个'危巢'名字起的，就是与众不同嘛！"

听了叶楚伦的赞誉，见他的情绪好，徐悲鸿借机说道："叶主席，这几天遇到点麻烦事，我正想到府上拜见。要不，到我家里坐坐。"

"啊，我就知道你遇到麻烦事了。干脆，你来我家吧，走，到我家坐坐。"说着，便引领徐悲往自家院子里走——他家就在"危巢"的对面。

徐悲鸿心中暗暗吃惊，他怎么会知道自己遇到了麻烦事？

叶楚伦1887年出生于江苏吴县周庄的书香之家，十五岁参加县试和府试皆名列前茅，十六岁考进南洋公学，十七岁进入苏州文学堂，后因殴打考试舞弊更改考卷的学监而被学校除名——只因躲避在友人柳亚子家里，才免除了牢狱之灾。1909年，叶楚伦参加了孙中山的同盟会，1910年、加入了陈去病、柳亚子等人组织的南社，成为南社的著名诗人。

1912年，"中华民国"成立，叶楚伦在上海先后创办了《太平洋报》《生活日报》，1916年任《民国报》总编辑，1924年进入政界，被选为国民党第一届中央执行委员。1926年北伐战争开始后，任职于蒋介石总司令部。1929年后，出任江苏省政府主席，国民党中央党部宣传部长、秘书长，中央政治局秘书长。1935年，任国民政府立法院副院长。

进了客厅落座，仆人送上茶点，叶楚伦笑了笑说道："徐先生，你是不是因为田汉被捕的事要找我？"

"哦，叶主席，你也知道了？"徐悲鸿问道。

"嘻，田汉是文化名人，这么大的事我还能不知道吗？"叶楚伦呷一口茶慢慢说道，"他在上海被捕后，你们上海中华书局的那位朋友舒新城先生，就联合了刘范猷、陆费逵等人要保释他。可是，田汉这个人的案情重大，上海警备区不敢做主。这不，已经把他押解到南京来了吗。"

田汉被押解到南京来，舒新城虽然已经函告徐悲鸿，他和宗白华也已展开了营救，可听了叶楚伧的话，还是倒吸一口冷气。对此，叶楚伧竟然知道得这样详细，看来，田汉的案情真的非同一般？可究竟重大到什么程度？沉思良久，徐悲鸿对叶楚伧问道："叶主席，咱们现在是邻居，也算老朋友了。远亲不如近邻，依你看，田汉能保释出来吗？"

"哦……"叶楚伧又呷一口茶说道，"我听说，你和宗白华不是都写了保释书交给了张道藩吗？"

徐悲鸿又在心底暗暗吃惊，保释书交给张道藩不过三天前的事，可叶楚伧怎么这样快就知道了？于是又向他探询道："叶主席，你看保释田汉出来，有希望吗？"

"应该还是有希望的吧，张道藩不是也在保释书上签了字吗？如果他再办不成，那不是太没面子了吗？"叶楚伧说完，又哈哈大笑。

徐悲鸿摸不透叶楚伧笑声里的含义，于是说道："叶主席，这事你如果能帮帮忙，田兄一定能早日获释。悲鸿日后当效犬马之劳，没齿不忘。"

"哈哈哈！"叶楚伧站起来拍拍徐悲鸿的肩膀，"这才是你要说的话。好，回去画几幅马给我送来，我拿去跟当局通融一下，应该没问题。"

"好的。"徐悲鸿起身告辞，"明天一早我就让人将画送来府上。"

徐悲鸿当天晚上一口气画了六幅各种姿势的《奔马》，第二天一大早，打发史坤生送到叶楚伧府上。

接着，徐悲鸿、宗白华、林维中以及住在上海的舒新城到处奔波，四处呼号营救田汉。可直到1935年7月27日，田汉才因背痛高烧不退，被从监狱里放出来。徐悲鸿和宗白华用汽车直接将他拉进医院做了手术。

因为是背部的手术，术后的田汉只能每天二十四小时趴在床上。他家的楼上，就住着国民党特工，日夜监视他的行动。为了减轻他的心理压力，徐悲鸿不顾蒋碧薇反对，将他一家接到了自己在傅厚岗的家里……

直到1937年抗战爆发，国共再度合作，田汉才被解除在南京的监禁。

第三章

模特风波

孙多慈这个班再有一年就要毕业了。徐悲鸿去欧洲搞画展时,他们的课程虽然有人代理,可回来之后,对于一些重要的基础科目,他还想给同学们加强一下。然而没有想到,却因此引起了轩然大风波……

一、风波乍起

这天的人体课是用油画写生女人体,徐悲鸿老早就来到了教室。女模特江凡是一位面目清秀、身材姣好的江南少女,进到教室后,徐悲鸿便让孙多慈和金有彭将她领到屏风后面的模特台上摆姿势。

江凡是在报纸上看到广告前来应聘的,经过一番思想斗争和忸怩之后,孙多慈和金有彭便劝着、哄着帮她脱完衣服上了模特台。经过躺卧、调整姿势摆好之后,二人便从屏风后面出来。见同学们全都支好画架占好了位置,徐悲鸿冲孙多慈点了点头,她便将遮挡模特的屏风移开。

江凡是瞒着家人出来做人体模特的——人体模特比着衣模特的酬金多出两倍。因为害怕到这里做人体模特家里和朋友们知道,所以用的是假名,谁也不知道她的真实姓名叫什么。

江凡的身材匀称,皮肤柔韧光洁,侧卧在两米见方的模特台上,一条腿平伸,另一条腿压在上面朝前弯曲;其上身平展,头枕在屈回的肘弯上,另一只胳膊很自然地搭在腹部,长长的黑发紫云般散落在脑后。

当时到南京中央大学来应聘人体模特的共有四人:一位来自上海,其余三位都住在南京郊区,全都是瞒着家人出来的。

罗丹非常佩服他的助手兼情人卡米尔处理模特的能力,赞赏她说:"许多人一辈子都搞不太明白的事情,到了她的手上就能一挥而就。"

看到摆好的模特姿势,徐悲鸿也在心底里佩服孙多慈处理模特的本领。只是女模特的头部枕在胳膊上,时间长了就会发麻。

不管男模还是女模,徐悲鸿向来都把他们叫作"范人"。在他的心中,人体就是画人物画的"范本"。如果离开"范本",人体比例失调,没有生气,没有结构,那便是一具僵尸,画出来就没有活力,不会感人。

女人不但是人生的教科书,也是一部艺术教科书。世界上的文学大师都以对女人描写的成功与否而成为试金石:小仲马的《茶花女》、托尔斯泰的《安娜卡拉尼娜》、莫泊桑的《一生》无不如此。

绘画也一样:意大利文艺复兴时期巨匠达·芬奇的《蒙娜丽莎》《达

丽与鹅》、安格尔的《泉》、拉斐尔的《三美神》、委拉斯贵兹的《维纳斯和镜》,无不是画家投入全部热情与智慧创造出来的传世之作。徐悲鸿所画的女人体比男人体多,同时也比男人体画得更加生动和凄恻动人。

范曾在谈到徐悲鸿的人体画时说道:

> 我想象徐悲鸿在作人体画时,一定处于一种超然忘我、艰苦卓绝的精神境界之中。因此,徐先生画中人的情操也随之升腾,他是借着这造物杰作,表达一位艺术家竭诚尽智的全部热情、悲怀和爱恋,因此,他的素描凄恻动人,韵味隽永,其格调之高雅、淳朴,永非一般人可及项背。真正的大师,一定会在作品中表现自己的。而人体艺术,尤是检查一位艺术家修养、人格的试金石。在一张人体画中,你的文化程度、审美层次、心理状态,有识者洞若观火,来不及半点虚饰和躲藏。一个格调底下、情操猥琐的画家,永远画不出一张清如山泉水、洁若中天明月的人体。有美的心灵才会有美的发现,而一个空虚的心灵,其中储藏的只能是荒芜和贫瘠,一个丑陋的心灵,则必然宣泄出令人憎恶的欲望和私心。

徐悲鸿害怕时间长了模特的肘部就会被头压得受不了,于是又对孙多慈说道:"多慈,你用枕头将'范人'的头部垫起来吧。"

孙多慈找到枕头后,给江凡垫在了脑下,她的姿势也显得更加自然和舒展,徐悲鸿才开始给大家讲课。他的身子往后退了退,让所有同学都能面对着他,然后用右手往后捋了捋他的中分头说道:"从今天开始,我们会用两周时间来画一张女人体。关于人体美,我们的祖先实际上在新石器时代晚期就已认识到了。在那时的石刻、岩画和石头雕成的许多饰品中都有所体现。为了赞扬士兵和运动员健美的身材,早在公元前,古罗马和希腊就出现了大量人体雕塑。据公元1世纪罗马作家普林尼的记载,柏拉西特列斯所完成的雕塑作品共有四十六件,其中有三分之二是群像和世俗性裸体人物，而三分之一，则是单独的女性裸体，著名的《尼多斯的阿芙罗蒂德》就是其中的一件，许多西方美术史家把这件雕塑比喻成'迷人的抒情诗'。我们现在所画的石膏像《大卫》《断臂维纳斯》《掷铁饼者》，都是后来出现的人体美的经典之作。意大利文艺复兴时期，出现了许多表现人体的巨匠，我们所知道的达·芬奇、米开朗基罗和拉斐尔就是其中的杰出代表。米开朗琪罗画在西斯廷教堂的天顶壁画《最后的审判》，则是赞誉人性和人类躯体之美的宏伟色彩交响曲，至今无人能及。所有这些，全部来自画家对于人体结构的认识和理解。我们现在的绘画，人物画无疑是薄弱环节，因此要加强。画人物，就得先要读懂人。那么怎样才能读懂呢？这就得多画。而画人体的目的就是使大家充分认识和掌握人体的结构之美，以便使我们在日后能够创作出赞美人性的不朽杰作。

"大家现在看看摆在模特台上的'范人'，其比例协调，色彩鲜亮；处于受光的部分是冷颜色的，而背景部分的色彩则是暖色的，冷暖对比虽然强烈，但在画面上的处理却要协调，不能搞成两层皮。起稿之前一定要仔细观察，从整体入手，然后从整体到局部，最后再从局部回到整体。现在开始画吧！"

徐悲鸿讲完课，便指着身边的艾中信和孙宗慰，让他俩到画室将他在巴黎留学时画的大幅人体画《浴》提过来给同学们作"范画"。

艾中信于1915年10月13日出生于上海川沙养正村，自幼就对绘画着迷，十岁在川沙读高小时开始学习水墨画，十二岁入上海钱业中学和南洋中学读书，十九岁考入上海大同大学，开始在《上海漫画》《时事新报》上发表漫画和农村速写作品，深得漫画家张光宇的赞赏和鼓励。

二十一岁时，艾中信考入中央大学绘画系，与杨建侯一样被徐悲鸿称之为"高足"。他在写实中写意的艺术手法，很受徐悲鸿青睐，在创作中取得了许多独到的艺术效果。二十三岁时，与张书旂合作的《嘉陵江纤夫》，参加了在莫斯科举办的中国造型艺术展览会，并于当年在《苏联造型美术》杂志上刊出。

艾中信二十五岁时，由中央大学毕业后留校，成为中国绘画事业的中坚力量。1950年中央美术学院成立,又被徐悲鸿聘为教授。他的重要贡献,当属采用"全景式风景"创作的革命历史画,场面宏大壮阔,气势逼人。其《红军过雪山》《东渡黄河》《通往乌鲁木齐》《夜渡黄河》等许多作品,都被国家美术馆和博物馆收藏。而且,还出版了《徐悲鸿研究》《读画论画》《油画风采谈》等一系列著作。

与艾中信一起随徐悲鸿去提画的孙宗慰,1912年出生于江苏常熟,是孙武、孙权的后代。

孙宗慰虽然出身于名门世家,但幼年却命运多舛:七岁读中学时因患伤寒而辍学,十二岁那年生母病故,十九岁时父亲经营的油坊破产,他则不得不在寒暑期充任家教和做抄写工维持生计。

二十岁时,孙宗慰考入中央大学艺术系,随后与吕斯百、张安治、张大千等人赴庐山、黄山写生。

1938年,孙宗慰于中央大学毕业后留校任教,当他加入中央战地写生团奔赴前线写生时,徐悲鸿以自己的小像相赠送别。1941年,成为张大千助手,赴敦煌等地考察研究古代壁画。

1946年后,孙宗慰受徐悲鸿之聘北上赴任……

艾中信和孙宗慰将徐悲鸿的《浴》从画室抬过来,立到后边的墙脚,同学们便围上去观看。

《浴》是徐悲鸿1924年在巴黎留学时画的一幅人体,画面为两位白人少女洗浴后的欢乐场景。

米开朗琪罗将人体艺术称之悲壮,拉斐尔称其华贵,鲁本斯称为豪雄,徐悲鸿则称朴雅——一种大朴无华、典丽雅逸的审美之物。

人体艺术并非任何人都能随便涉足,便可达到至臻至美的境界。

人体,作为自然与社会共同将其放入最恶劣的环境之中,通过劳动、搏斗、战争、远足、体育锻炼及其审美、友爱、调理、优胜劣汰之后,已经成为世界的万物之灵;人体之美,早已达到了无以复加的程度,饱含着一切社会与自然所赋予的全部美感:其匀称、光滑、色彩之鲜亮、曲线之婉约、起伏变化之无限,几乎囊括了一切美之要素。

对于同一具人体，其有识者洞若观火，无知者不及项背：由于绘画者艺术修养和文化素质的不同，其结果在格调、情趣上往往不啻天壤之别。洁净的心灵流淌出的是智慧之泉，而卑琐的心灵只能宣泄出低俗情调。

徐悲鸿的人体绘画以他对万物生灵之首的无限感怀、爱恋和恻隐，倾注了他对生命和艺术的全部忠诚，所要描绘的是在呼吸中起伏变化，具有崇高灵魂的血肉之躯，而绝对不是仅仅作为物质的形体。因此，他才能在司空见惯的人体中发掘出内在和庄严的美之所在，其画面高远典雅、变化万千、欲隐又显、气度非凡；无疑是一曲婉约蕴藉的生命之歌：惟妙惟肖，极尽精微，具有意趣恢宏的"大和"之境。

看完《浴》，同学们回到自己的座位上开始作画。徐悲鸿休息片刻，便从一端逐一给每个学生进行辅导，首先来到孙多慈的画面前。她便从凳子上站起来躲开，将座位让给了老师。

昨天晚上在餐厅吃饭时，孙多慈与一位化学院的老夫子辩论一通。当时，她正与杨建侯、张倩英几个人谈论第二天要上的人体课，自然也就谈到人体模特。坐在邻桌吃饭的化学系老教授郑无锡插话说道："既然是写生课，为什么偏要画裸体人物，狗啊，猫啊，也同样可以用嘛。"

孙多慈将目光转向老教授，轻声慢语地说道："看样子，老先生不是搞艺术的吧？"

"不是。"郑无锡停了停说道，"就算是，可画的东西那么多，我也不画裸体。就像齐白石、陈半丁那样画些花鸟，那有多高雅。"

"老先生，这是两码事，花鸟画只能借物寄寓，抒发情感。而人物画才能表现复杂的社会生活。画人物如果不画人体，就无法掌握人体结构。人为万物之灵，五官端正，身体曲线优美，其他怎么可以与之相比？"

郑无锡听完孙多慈的话，觉得无言以对，脸上现出古怪的表情，"哼"了一声，离开座位出了饭厅。大家觉得很好玩儿，在身后发出一阵哄笑，老教授回过头愤愤朝他们瞥了一眼。

孙多慈最后说的那句"人为万物之灵，五官端正，身体曲线优美，其他怎么可以与之相比"，是引用了徐悲鸿给学生讲课中的一段话。

徐悲鸿看着孙多慈的画面，扭头对模特台上的"范人"做着比较：她的画从模特的暗部到亮部都已铺满了底色，其构图完整，人物比例准确，色彩富有个性。看了半天什么也没说，只是让她继续往下画，就躲开走到冯法祀身后，冯法祀照样将位置让给了老师。

徐悲鸿看了他的画后说道："画油画的时候不要忘记素描，油画虽然是以色彩构成，但仍然要抓紧明暗交界线。这样，立体感就强了。暗部的色彩，绝对不要往里加白，一加白，哪怕是一点点，就暗不下去了。"

冯法祀的领悟能力极强，一点就透。徐悲鸿见他连连点头，便站起来离开他的座位，走到文金扬身边。

文金扬的身材高大，每次上课，都将画架摆在最后面站着画。徐悲鸿来到他身旁说道："站着画好，站在最后面的视觉更开阔，活动也更加自如，画起来多痛快！"

文金扬冲徐悲鸿会意地笑了笑，躲开身子。徐悲鸿面对着"范人"和他的画面帮他分析模特的结构、色彩的冷暖、画面的虚实，然后让他进行调整。

徐悲鸿最后来到湖南籍学生杨柳的面前，见他的画已经把"范人"的双脚画出了画面，便对他说道："杨柳，你站起来！"

这天早晨，杨柳来到教室后，悄悄将他在天目山上拍摄的徐悲鸿亲吻孙多慈额头的照片散发给了几位要好的同学，剩下的一幅还没来得及送出，徐悲鸿便来到教室。他就将其夹到了画布背面。听到徐悲鸿让他站起来，便离开画凳，站到了侧面。

"怎么搞的！"徐悲鸿指着画面对杨柳说道，"构图为什么搞得这么不完整？"

"画不下了。"杨柳漫不经心说道。

"画不下？"徐悲鸿看一眼杨柳又说道，"为什么画不下？构图是强制性的，不容商量。"

杨柳的两眼望着天棚并不言语，徐悲鸿见他满不在乎的样子，又说道："你如果不愿意上我的课，可以不上，出去另就高明。可你在这里，就绝对不能这样敷衍，这会毁了你的前程。"

听了徐悲鸿的话，杨柳反而又坐在画凳上，什么话也不再说。

"刮掉重画。"徐悲鸿说道，声音很严厉。

"重画画不完了。"杨柳大声说道。

"谁让你画完了？"徐悲鸿又说道，"拉维茨基的《女公爵塔拉岗诺娃》就是一张没有画完的作品；《八十七神仙卷》只勾了线条还没着色，不是也没画完吗？可这两张画不都是名作吗？简直可以称为'神品'！关键是要端正作画的态度。"

杨柳沉默不语，徐悲鸿转身离开，可刚迈出一步，却听见身后"哧"的一声。回过头，见他用蘸满颜料的油画笔在画布上猛然划了一下，将画面划出一条长长的痕迹。谁料，由于画布的震动，杨柳课前夹在画布背面的那张照片震落到地上。徐悲鸿便弯下腰拾起来，等到杨柳反应过来，他已将照片装进了衣兜，并很客气地说道："这张送给我吧。"

其实，昨天下午，已经有学生到画室告诉徐悲鸿说，杨柳把在天目山上拍的照片在同学中散发呢，而且还到邮局往外寄了两张。徐悲鸿当时并未在意，还以为是别的什么照片呢。

照片被徐悲鸿装进衣兜，杨柳有些气急败坏，离开座位快步出了教室，门被摔得"哐当"一声。

血气方刚的屈义林是挨着杨柳作画的，刚才的事被他看在眼里，于是冲出教室，冲着杨柳的背影大声喊道："杨柳，你给我回来！"

杨柳头也不回，"噔噔噔"跑下楼梯。徐悲鸿从教室出来，拍着屈义林的肩膀说道："先别管他，回来上课吧！"

屈义林随徐悲鸿回到教室继续作画。

晚上下班回家，徐悲鸿的一只脚刚刚迈进门槛，蒋碧薇就冷着脸对他说道："回来了，徐教授！"

徐悲鸿见蒋碧薇的嘴角挂着讥讽，说话的腔调也阴阳怪气，便向她问道道："你什么意思？"

"没什么意思。"蒋碧薇又说道，"你在学校里一定挺开心吧？"

"我干我的工作，没什么开心不开心的。"徐悲鸿弯腰换上家里的拖鞋，"你少跟我风言风语的。"

"我风言风语了？"蒋碧薇对徐悲鸿瞪起眼睛，"你也不看看你自己干的那些臭事！"

"我干什么臭事了，你又这样叫嚷！"

"干什么了你自己还不知道吗？"蒋碧薇风风火火跑进卧室取出杨柳拍的那张照片，回到厅里举到徐悲鸿的面前说道，"这还用我说吗？你看，这两个人亲吻的背景还是一片枫树林，真够浪漫啊！"

徐悲鸿站直身子，并不接照片，冲着蒋碧薇笑了两声，然后从自己衣兜里掏出来那张照片说道："你那张是杨柳寄给的吧，你看，我这里也有一张。你要吗？不够的话，学生那里还有。我真不明白，你竟然买通一个学生干这种无聊勾当，我问你，你究竟想干什么？"

"你别跟我扯没用的。"蒋碧薇又说道，"事实摆在这儿了，我倒想问问你，这到底是怎么回事？"

"怎么回事？还不是被你逼的！"徐悲鸿缓了口气又说道，"对一个身单力薄的女学生，你也丝毫不肯放过，非得要斩尽杀绝是不是？"

"我怎么斩尽杀绝了？"蒋碧薇毫不退让，提高声音说道，"今天你必须给我讲清楚！"

"讲什么讲？"徐悲鸿说道，"院子里费那么大劲栽种的枫树，长得好好的，你凭什么给砍得一棵不留，这还不是斩尽杀绝是什么？"

"啊，院子里的枫树没了，你就到别处去找枫树是不是？"蒋碧薇指着徐悲鸿的鼻子说道，"怪不得你非要带着她跑出去那么远，原来是醉翁之意不在酒啊！"

"得了吧你！"徐悲鸿又说道，"她一见到你，就像老鼠见了猫，你怎么连一点同情心都没有。"

"啊，你有同情心！"蒋碧薇依然不肯让步，"你有同情心就到大山里去跟她拥抱接吻是不是？"

"对，我同情她！"徐悲鸿又说道，"我那是对她的一种安慰！"

听了徐悲鸿的话，蒋碧薇怔了一下，然后掩面大哭起来……

徐悲鸿感到心烦意乱，换上衣服和鞋子出门而去。

第二天，第三天，一直到周末，杨柳都再也没来上课，徐悲鸿打发屈义林、冯法祀他们到宿舍里去找过两次，也没见他的踪影。到了第二个周一，人体模特江凡竟然也未到校——连个招呼都没打。

同学们坐在画架前等得分外焦急，可两节课过去了，仍然一点动静都没有。有的同学长吁短叹，有的同学在敲打画板，有的干脆走出教室不知去向。

一直坐在教室角落沉闷不语的徐悲鸿，不由想起了十多年前的模特风波。当时，他虽然还在巴黎留学，可那场风波闹得沸沸扬扬，上海《申报》《新闻时报》都进行了铺天盖地的报道。

中国最早使用人体模特的人，其实是弘一法师李叔同。

李叔同祖籍浙江平湖，1880年10月23日生于天津河东区，五岁父亲病逝，六岁时从仲兄文熙接受启蒙教育，七岁便开始学习《百孝图》《返性篇》《格言联璧》，八岁从常云庄攻读《文选》《教经》《毛诗》，并随管家徐耀庭学书——始临《石鼓文》。1892年，十三岁便开始读《尔雅》《说文》，并临摹各朝书法；十五岁读《左传》《汉史精华录》，十六岁考上辅仁书院，十九岁刻有"南海康君是我师"印章一枚，表示对康有为、梁启超变法图存的支持。1901年入南洋公学，受业于蔡元培先生。

李叔同于1905年秋天二十六岁时东渡日本，考入东京美术学校油画科。其间，虽然早在十八岁时已于国内与津门荣商之女俞氏完婚，可他却与一位日本人体模特产生恋情并结婚，1911年偕同回国。

李叔同最早将西画介绍到中国，是油画、广告、木刻和中国现代诗的启蒙先驱。1915年在浙江第一师范任图画和音乐教员时，就使用了人体模特。但当时，此举只限于学校内部，因此并未引起社会的广泛关注。由于他在诗文、词曲、话剧、书法、绘画方面的深厚造诣，先后培养了著名画家兼文学家丰子恺、音乐家刘质平等一大批文化名人。

李叔同生于乱世，历尽百劫之后，1918年8月19日三十九岁时，于

1911年3月，李叔同（中）在东京美术学校毕业时合影

杭州虎跑定慧寺出家当了和尚，受戒后持律极严，"非佛经不书，非佛事不做，非佛语不说"，过起了孤云野鹤般生涯。

丰子恺早年跟随弘一法师学习绘画、音乐，深受其佛学思想影响。五四运动后，开始进行漫画创作，其风格独特，内涵深刻，扬名文坛，成为我国现代著名漫画家、文学家、音乐和美术教育家。对于恩师李叔同，用丰子恺的话说：

> 李先生放弃教育与艺术而修佛法，好比出于幽谷，迁于乔木，不是可惜的，正是可庆的。

弘一法师是丰子恺学习艺术的启蒙者和引路人，又是他信奉宗教的导师，对他一生的影响很大。厦门曾是弘一法师的行径之地，厦门人士受他的影响也特别大，因此，丰子恺与厦门的许多人士皆是同窗弟兄。

作为著名漫画家、作家、翻译家、美术和音乐教育家的丰子恺，是一位在多方面卓有成就的艺术大师，中国新文化运动的启蒙者之一。新中国成立后曾任中国美术家协会常务理事、中国美协上海分会主席、上海中国画院院长、上海对外文化协会副会长。被誉为现代中国最像艺术家的艺术家。

丰子恺于1898年11月9日出生于浙江崇德，十七岁入杭州浙江第一师范，二十岁毕业后没有继续升学。在师范学校学习期间，弘一法师——李叔同便是他的图画和音乐教师。

1906年，弘一法师在日本留学时所作素描人像，颇具大家风范

图画、音乐两科在当时的浙江第一师范里被看得比英文、普通话和算术还重要。他们有两个图画专用教室，许多石膏模型、两架钢琴、五十几架风琴。丰子恺每天要花一小时练习图画，花一小时以上去练习弹琴。大家认为这是理所当然的，其中的缘故就是因为李叔同的人格和学问影响了整个学校，影响了每位学生，折服了每个人的心。

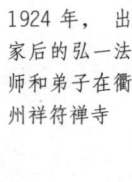

1924年，出家后的弘一法师和弟子在衢州祥符禅寺

李叔同从来不骂人，也从来不责备谁，态度谦恭，同出家后完全一样。然而每个学生都真的怕他，真心学习他，更是口服心服地崇拜他，丰子恺便是其中之一。

因为就人格讲，他当教师不是为了名利，为当教师而当教师，他是用全副精力去当教师的。就学问讲，他博学多能，其国文比国文老师更高，英文比英文老师更好，历史比历史老师更精通，常识比博物老师更博学。他又是金石书法的专家，中国话剧的鼻祖。他不是只教图画和音乐，他是拿来许多别的学问为背景而教授学生图画、音乐的。

李叔同高足丰子恺

著名文学家、语言学家夏丏尊曾说道："李先生的教师，是有后光的。"丰子恺以为，李先生像佛菩萨那样有后光，怎不让人崇拜呢？因而，对他的崇拜更甚于别人。大约是他的气质与李先生有点相似，因此，凡他所欢喜的他都欢喜。

丰子恺在师范学校一二年级时各科考试都是第一名；可到三年级以后忽然降到第二十名，因为他旷废了许多师范生别的功课，而专心于李先生所喜的文学艺术，一直到毕业。毕业后丰子恺无力再升大学，便借了些钱到日本去游学——看了许多画展，听了许多音乐会，买了不少文艺书籍。一年之后回国，一方面当教师，一方面埋头自学，对于李叔同的艺术一直迷恋不舍。李叔同后来由艺术而升华到宗教而修成正果，可丰子恺还彷徨在艺术与宗教的十字街头，他自己想想，也真是一个不肖的学生。

李叔同是怎样由艺术升华到了宗教的呢？当时人们都以为他受到了什么刺激，忽然"遁入空门"了。但丰子恺却能理解他的心，认为他的出家是当然的。丰子恺认为人的生活

1938年,瑞今法师(自左至右)、泉州报社经理、郑健魂、弘一大师、转尘法师、袁延年、高文显、传贯法师、广义法师和觉圆法师在福建泉州承天寺

应该分作三层:一层是物质生活,二层是精神生活,三层是灵魂生活。物质生活就是衣食,精神生活则是学术文艺,灵魂生活就该是宗教了。"人生"就是这样的一个三层楼。懒得(或无力)走楼梯的,就住在第一层,即把物质生活弄得很好,锦衣玉食,尊荣富贵,天伦之乐,这样也就满足了。这是一种人生观,抱这样人生观的人在世间占大多数;其次是高兴(或有力)走楼梯的人,就爬上二层楼去玩玩,或者久居于此——这就是专心学术和文艺的人。他们把全部精力贡献于学术研究,全身心地寄托于文艺创作和欣赏。这样的人在世间也很多,即所谓"知识分子""学者""艺术家";还有一种人的人生欲望很强,脚力也很大,对二层楼还不满足,就再走楼梯,爬到三层楼上,这就是宗教徒。他们做人很认真,满足了"物质欲"不够,满足了"精神欲"也不够,还必须去探求人生的究竟。他们以为财产子孙都是身外之物,学术文艺也是暂时美景,就连自己的身体都是虚幻的存在。因而,他们不肯做本能的奴隶,必须追究灵魂来源和宇宙的根本,才能满足他们的"人生欲",这就是宗教徒。说到底人世间不过就这三种人。可有很多人,住完一层直接上到第三层,并不需要在第二层逗留。还有许多人连第一层也不住,一口

气跑上三层楼。而李叔同——弘一法师是一层一层地走上去的。他的"人生欲"非常强,做人一定要做得彻底。早年,他对母亲尽孝,对妻子尽爱,安住在第一层楼中。中年即专心研究艺术,发挥多方面的天才,便迁居在二层楼了。然而强大的"人生欲"不能使他满足于二层楼,于是又朝三层楼上爬去,做和尚、修净土、研戒律,这是当然的事,丝毫不足为怪。做人好比喝酒,酒量小的,喝一杯花雕酒已经醉了;酒量大的,喝花雕酒嫌淡,必须喝高粱酒才能过瘾。文艺犹似花雕酒,宗教好比是高粱酒。弘一法师酒量很大,喝花雕酒不能过瘾,必须喝高粱酒。丰子恺觉得自己酒量很小,只能喝花雕酒,难得喝一口高粱酒而已。但喝花雕酒的人,颇能理解喝高粱酒者的心。故对于弘一法师由艺术升华到宗教,一向认为当然、不足为怪。

艺术的最高点与宗教相接近,二层楼扶梯的最后顶点就是三层楼,所以弘一法师由艺术升华到宗教,是必然的。他在闽中留下了不少墨宝。这些墨宝在内容上是宗教的,在形式上则是艺术的——书法。闽中人士久受弘一法师的熏陶,大都富有宗教信仰及艺术修养。以上的内容便是丰子恺对李叔同从艺术到宗教的理解,该是何等透彻啊!它使人们不禁对弘一法师的行为肃然起敬,也从丰子恺对恩师的理解中获得了人生、艺术、宗教的真谛。

马一浮对于李叔同进入佛门有诗赞其曰:

苦行头陀重,遗风艺苑思。
自知心是佛,常以戒为师。

马一浮为中国现代著名思想家,与梁漱溟、熊十力合称为"现代三杰"。读其诗,如见李叔同之人。

徐悲鸿与李叔同过从甚密,他出家后,曾几度进山去看望,通宵达旦地谈论金石与绘画艺术。

1939年,正在新加坡举办画展助赈的徐悲鸿,接受广洽法师的委托,为时逢六十大寿的弘一法师画了一幅高六十五厘米、宽四十厘米的油画肖像。此后，这幅肖像便经常被收入弘一法师的纪念集中——现存于泉州佛教博物馆弘一大师纪念馆内。1947年，弘一法师已经过世，徐悲鸿又为他的肖像画补写了题记：

> 早岁识陈君师曾闻知弘一大师为人，心窍慕之。顾我之所以慕师者，正从师今日视若敝屣之书画也。悲鸿不佞，直至今日尚沉湎于色相之中不能自拔，于五六年前且恳知友丐师书法，钝根之人自以惑溺，愧于师书中启示未能领悟。"民国"二十八年夏，广洽法师以纪念弘一师诞辰，嘱为造像，欣然从命。就吾所能，竭吾驽钝，于师不知不觉之中，以答师之唯一因缘，良自庆幸；所愧即此自度微末之艺，尚未能以全力诣其极也。
>
> 三十六年初秋悲鸿重补书于北平寓斋

虽然将西画第一个引进中国，并且第一个使用人体模特的人是李叔同，可因为人体模特闹出轩然大波，还是在20世纪20年代初。1920年7月，上海美专所雇佣的人体模特，还只是一位流落到上海的白俄女子，仅此而已。

事情的发端还不在此，而是由上海美专毕业的一位学生绕林举办画展引起的：他于1924年底在南昌举办个人画展时，展出了几张人体习作，结果遭到一位中学女校长的唾骂，而被地方当局查禁。

事后首先发难的是上海议员姜怀素，他在报刊上发表文章，并写信给段祺瑞政府、教育部长和江苏省省长，认为街头泛滥的黄色图片，社会的伤风败俗原因就在于学校使用了人体模特。

1925年10月9日，有人假借商业巨头朱葆三名义，写信对学校使用人体模特进行了攻击和谩骂。1926年5月13日，上海县知事危道丰颁布查禁令，禁止学校使用人体模特。随即，驻扎在上海的北洋军阀司令孙传芳下令逮捕上海美专使用人体模特的校长刘海粟，最后对他罚款五十元了事。

现在，所能见到的师生与裸体模特最早的照片有两幅：一幅是刘海粟带着学生在教室里拍摄的；另一幅则是徐悲鸿带着学生也在教室里拍摄的，均都摄于19世纪20年代。稍有不同的是：前者中的女模特稍事遮掩，而且将头侧了过去——不愿正脸面对镜头；后者的女模却落落大方——这位女模特，正是徐悲鸿他们画了一周后不再到校的江凡。后来，她嫁给了中央大学徐悲鸿手下的一名学生。

1940年，徐悲鸿到印度的大吉岭创作了著名的《愚公移山》，集中使用人体表现了人类的毅力之美、力量之美和作为人体本身所具有的阳刚之美、结构之美以及人体的均匀、流畅之美。

人体模特一直被徐悲鸿使用到后来的北平国立艺专，以及中央美术学院，直至"文化大革命"才被列入"禁区"。可有识之士王式廓、闻立鹏、李化吉等人于1965年5月12日冒着巨大风险上书中央要求解禁：

……无产阶级在建立和完备自己的艺术教育体系中，可以批判继承旧传统中的某些合理因素，模特写生作为解决艺术基本功的初步训练方法，是可以批判继承的。"真人"（模特儿）写生是美术基本功训练的重要方法，因此，反对为技术而技术并不否定真人习作。为深入研究人体的运动、结构、比例、造型，至少在油画专业和雕塑专业应有一定比例的人体习作，从废除模特制以后，在教学活动中已经遇到了不少困难，应届毕业生的创作质量可能因此受到影响。建议在"四清"第四阶段中，发动群众进行民主讨论，经过反复试验，使新的艺术教育体系稳定地建立起来，完备起来。

1965年7月18日，毛泽东主席做出批示：

此事应当改变。男女老少裸体Model，是绘画和雕塑必需的基本功，不要不行。封建思想，加以禁止，是不妥的。即使有些坏事出现，也不要紧。为了艺术科学，不惜小有牺牲，请酌定。

毛主席还在三位老师上书的末页上补充批示道：

> 中国画家，就我见过的，只有一个徐悲鸿留下了人体素描，徐悲鸿学过西洋画法。此外还有一个刘海粟。

1967年8月4日，面对使用人体模特的阻力，毛主席再度批示：

> 画画是科学，就画人体这问题说，应走徐悲鸿素描的道路，而不应走齐白石的道路。

然而于1985年，曾经在南京艺术学院做过人体模特的十九岁姑娘陈素华，却被家庭和邻人的世俗观念逼疯——光着身子往外跑。刘海粟得知此事后，特寄上一千元港币对她进行安慰和治疗。陈素华的命运，大概与七十多年前徐悲鸿所使用的人体模特江凡的命运相差无几。

徐悲鸿和学生们一直在等待江凡的到来，直等到快放学的时候，才有一个十四五岁的小男孩攥着一个小纸团气喘吁吁地跑进教室。询问过后，他将手中的纸团递给了徐悲鸿。

徐悲鸿将满是皱褶的纸团打开，见是江凡写来的一封信：说她因在学校做人体模特的事被父亲发现，将她打得遍体鳞伤，现在已经不能出屋，更不能到学校，耽误了课程，对不起！

徐悲鸿看完江凡的信，留下了同情的眼泪。静默片刻，朝小男孩问道："小弟弟，你的姐姐现在干什么呢？"

"姐姐呀，"小男孩说道，"姐姐把信交给我，就把屋门插上谁也不让见了……"

徐悲鸿不知所措，站起来在教室里来回踱着步子，然后停下来从衣兜里摸出仅有的五十元钱，弯腰塞在小男孩手里说道："小弟弟，把这钱拿回去交给你姐姐，就说老师说了，对不起。"

看见老师的举止，冯法祀、孙多慈、杨建侯、文金扬、宗其香，全班所有的同学，都将衣兜里的钱三元、五元、八元、十元凑起来，塞给了小男孩……

二、余波未平

用过早点，徐悲鸿换好衣服正准备出门，舍务主任谢建华带着助教张安治风风火火赶来，见面就对他说道："徐先生，您今天不要到学校去上课了。"

"为什么？"徐悲鸿看着神色慌张的谢建华问道。

"昨天晚上我去检查学生宿舍时，发现宿舍的地板上写满诬蔑您的标语，我让学生擦掉了。"谢建华接着说，"我不放心，今天早上又到您上课的教室去看，结果，发现黑板上也有同样的字迹，而且……"

"而且什么，你说。"徐悲鸿问道，"到底怎么回事？"

张安治接过去说道："谢先生发现教室里的标语后，就去找我，我到教室一看，孙多慈的画布也被人用刀子割破了。看样子，那都是冲着您来的。所以，您今天最好不要去上课，避避风头吧！"

"走，看看去！"徐悲鸿拿起随身携带的皮包。

"还是躲一躲好！"谢建华又说道，"课可以让张先生顶一下嘛。"

一段时间以来，蒋碧薇与徐悲鸿吵吵闹闹，就连仆人同弟也听出了些许端倪，这时也从餐厅出来劝道："徐先生，他们不让您去，您就在家里待一天吧。"

其实，正在餐厅和孩子用餐的蒋碧薇也听见了谢建华、张安治与徐悲鸿在外面的对话，可她却纹丝未动。

徐悲鸿将皮包夹在腋下就往外走，一边说道："我一个艺术学院的院长，堂堂的大学教授，不敢到学校去上课成何体统！走，我倒要看看他们到底想干什么？"

徐悲鸿从傅厚岗的危巢出来，一句话也不再说，疾步如飞地直奔中央大学，谢建华和张安治紧随其后。

谢建华本是谢寿康的五弟，字旨实，1899年生，毕业于江西政法干校，历任国民革命军少校、赣南行政委员参议、上海市公安局督察员、宗明县代理县长、江西省首届参议员、中央银行研究委员及南昌分行经理。他与大哥谢寿康一样，非常敬慕徐悲鸿的才学，也特别喜欢他的画。可是，由于跟徐悲鸿求画的人太多，应接不暇，大家只能抽签排队等候。

前不久，谢建华就抽签得到徐悲鸿一幅《独立》。

《独立》画幅较大，一只雄鹰独立于苍松之上，稳如泰山，扭动脖颈翘首眺望远方，目光炯炯有神。其结构清晰，墨色润泽，层次分明，落笔沉着有力：淡墨、浓墨、焦墨运用自如，雄鹰的神态跃然纸上。在抗日战争特殊的背景下，此画充分显示出中国人民不受外来侵略的尊严。徐悲鸿题在画面上款的"实五哥"就是谢建华。

谢建华对于《独立》这幅画爱不释手，逢人便与之观览，不料却被他的至交友端看见，遂开始对他死磨硬泡，说你谢建华每天待在徐悲鸿身边，与他的关系亲如兄弟，机会多得很，就将这幅画让给我吧！

谢建华被缠不过，只得忍痛割爱，将《独立》转赠给了友端，并在画面上加题道：

> 悲鸿兄画久已誉满世界，友端兄尤为欣赏，惜囊所藏被劫，郁郁于怀，近睹悲鸿兄赠华《独立》一幅爱不释手，因此转赠。盖为国家独立长治久安颂，兼慰兄之雅好也。
>
> 　　　　胜利第一年之旦，虔州谢建华识于洪都

《独立》被友端带去台湾后又流落到日本，在一间地下室里沉睡三十多年后才又辗转回到国内拍出高价，这都是后来的事情。

谢建华和张安治随着徐悲鸿一阵风似的来到了中大艺术科教室。

进屋后，徐悲鸿严峻的目光在教室里来回搜寻。黑板上的标语已经被同学们擦掉，教室也打扫得十分洁净。

室内鸦雀无声，掉地下一根针都能听得见。徐悲鸿的目光在教室里扫视一遍后，便在地上来回踱起步子。走到孙多慈的画架前停住了脚步，看见她的画布已被人用刀子割出了两道十厘米的口子，于是厉声问道："这是谁干的？"

同学们面面相觑，杨柳不知道是什么时候进的教室，坐在他的画架前一副若无其事的样子。徐悲鸿又开始在教室里来回踱步，来到张安治的面前，对他说道："你去我的画室，拿一幅订好画布做完底子的画框过来。"

张安治是徐悲鸿的助教，知道搞卫生的勤杂工手里有徐悲鸿画室的钥匙，于是出门下楼而去。

徐悲鸿送给谢建华的《独立》

张安治1911年1月21日出生于扬州，五岁进南京曾公主祠小学就读，十一岁考入江苏省立第四师范，十四岁开始主修国文和图画，十六岁毕业后任南京汉西门小学图画教员。但他并不安于现状，十七岁时，考入中央大学教育学院艺术专修科，十八岁时进入西画班，受教于徐悲鸿门下。翌年，随徐悲鸿赴上海参观全国美展，以及赴英国展出故宫的历代名画；隔一年，又随徐悲鸿和潘玉良等人赴北平参观，访问齐白石、刘天华等名家，眼界进一步开阔。

张安治曾为徐悲鸿画过素描肖像，造型能力深得老师赞赏。于中央大学毕业后，应高希舜之邀，出任南京美专素描课教师。

高希舜在湖南第一师范读书时，曾与毛泽东一个班。在班里，毛泽东的文章第一，高希舜的图画第一。从此，两位高才学子结下了不解之缘。毕业后，毛泽东主持一师附小工作，则把高希舜聘为图画教员。

1918年，高希舜以第一名的成绩考入国立北平艺专，深得陈师曾、姚茫父、王季白、凌文渊器重。毕业后，受聘于北京师大附中任美术教员，钱学森当时即受教于他的门下。

钱学森当时读的虽然是理科，但他不仅师从高希舜学习绘画，还对中国古典诗词有着极大兴趣，而且又特别喜欢贝多芬的乐曲，学过钢琴，同时参加大学的管乐队吹小号。他在回忆录中写道：

> 在我一生的道路上，有两个高潮，一个是在师大附中的六年，一个是在美国读研究生的时候。

钱学森还亲笔列出对他一生影响最深的十七个人，北师大附中的老师占到七位，其中就有高希舜。他说道：

> 我们的美术老师高希舜（后来成为著名的国画大师），教画西洋画。我买不起油彩就用水彩学画，后来我画得很不错。

1930年暑假，钱学森在家中养病时，到书店买了一本匈牙利社会科学家用唯物史观书写艺术史的书，对于艺术可以进行科学分析的理论发生了莫大兴趣。接着读了普列汉诺夫的《艺术论》、布哈林的《唯物论》和胡适的《中国哲学史大纲》。大学毕业前夕，在《浙江青年》杂志上发表文章说道：

> 我觉得艺术上的修养对我后来的科学工作很重要，它开拓了科学创新思维。现在，我要宣传这个观点。

高希舜的画深得齐白石喜爱，也是白石老人一生为其画作题跋最多的画家，在他的《荷池戏鸭》上题跋云：

> 峰山人之于画，手带铁圈五斤半以炼其技，故有此幅独到处，真神品也！

1927年，高希舜留学日本，归国后投身于艺术教育事业，1949年被徐悲鸿聘为中央美术学院教授，是中国近代画坛的名家。

张安治将绷好画布的框子提到教室之后，徐悲鸿让他交给了孙多慈。

同学们画了一半人体模特的江凡不再到校，课程无法进行；孙多慈的画布被割破，情绪非常低落；诬陷的标语写满宿舍地板和教室的黑板。这些事让徐悲鸿的心里无比烦闷，郁郁不悦地坐在模特台旁边的画凳上，同学们的目光都在悄悄注视着老师，谢建华和张安治立在一旁不知如

画家高希舜

《牡丹与小狗》(中国画) 高希舜作

何是好……

  时间在分分秒秒过去,教室里死一般寂静。徐悲鸿是一位血性十足的汉子,不在沉默中爆发,就在沉默中死亡!他正想站起来大发雷霆,将多事的学生痛骂一顿,教室的门突然被敲了两下然后拉开,江凡从外面走了进来。

  徐悲鸿感到非常突然,一下从画凳上站起来,用吃惊的眼神看着江凡。同学中间便响起了热烈掌声……

  江凡觉得难为情,上前抱住孙多慈,将脸埋在她的胸前,半天才抬起来。

  孙多慈朝她轻声问道:"你还做模特吗?"

  江凡的面色红晕,朝孙多慈微微点了点头。

  谢建华看见一切都已归于平静,便来到徐悲鸿跟前对他说道:"徐先生,如果没什么事的话,我就先走了。"

  "好,谢谢你!"徐悲鸿与谢建华握了握手说道,"以后如果再有这样事情发生，别擦掉，给我留着。"

谢建华笑着说道："都是同学们擦的。"

徐悲鸿看了看所有学生，拉住谢建华的手把他送出教室。

孙多慈已经将江凡领进屏风后面的模特台上摆好了姿势，就等徐悲鸿给前段的作业做个小结后继续深入。可张安治觉得徐悲鸿的情绪受了干扰，想让他休整一下，于是走到跟前对他说道："徐先生，您先去忙别的事吧，这儿，我先顶两天，有事我去找您。"

徐悲鸿踌躇一下说道："那好吧。"说完，朝着孙多慈示意一下，让她将遮挡"范人"的屏风移开，便露出了江凡原来侧卧的姿势。他则对同学们说道，"那大家就继续画'范人'的习作吧。现在，同学们的作业已经完成了大体大面的整体效果，基本色调也已确定。接下来，就要从整体到局部，还要不断进行分析观察。一幅画面上，处于暗部的色彩，往往是最丰富的，但却不要跳出画面，一定要统一在整体效果之中。假如有颜色跳出来了，局部突出了整体，一定要在最后整理的时候，再回到整体中去。要不断拉开距离看画面，甚至要将眼睛眯起来观察，这样才能看得更整体。"

徐悲鸿指了指张安治又对同学们说道："好吧，接下来的课由张先生给大家上。张先生原来是咱们学校的高才生，毕业后去了南京美专在高希舜校长那里教素描，现在又回到咱们学校来了。完成这张作业以后，你们将跟随张先生和吕斯百先生到庐山和杭州地区去写生。"

讲完课，徐悲鸿又对张安治说道："那，你就接着上课吧。"

"好的，您放心吧，有事我去找您。"张安治说完，将徐悲鸿送出教室，然后回来给同学们辅导作业。

大家开始重新面对"范人"作画，发现江凡身上还带着被父亲殴打的伤痕。

三、再起风潮

熟料，事情并未就此平息，个别人不知道受了什么人的驱使，仍然在同学中散布徐悲鸿的流言蜚语，说他只关心一个人，课堂是爱情课堂，少数人占用了大多数人的教学资源等等，最后直至发展到罢课。

张安治于是又找上谢建华，火速来到徐悲鸿家中，对他说了学校发生的新情况，还是像上次一样让他到外地躲一躲。可徐悲鸿是个怕事的人么？听了他俩的诉说后，又随二人急匆匆赶到学校。

教室里，只有孙多慈、杨建侯、陈晓楠、张倩英、费成武几个不想罢课的学生仍然还在自修，旁边还坐着一名闻讯赶来的新闻记者龚宇。徐悲鸿让几个学生把没来上课的人从图书馆和宿舍找回教室，并且请来了校长罗家伦，准备与学生进行对话。

孙多慈和杨建侯大家都已有所了解。

陈晓楠于1908年生于江苏溧阳，别名晓岚，1927年考入无锡美术学校，1930年考入中央大学艺术系，1937年随中大艺术系战地写生团赴前线写生，1940年被徐悲鸿聘为中国美术学院副研究员，1946年赴英国留学，1950年回国后被徐悲鸿聘为中央美术学院教授，1953年出任徐悲鸿纪念馆副馆长，馆长为吴作人。

费成武是江苏吴江人，1934年中央大学艺术系毕业后留校任教。

张倩英则是民国元老张静江与他前妻姚蕙"五朵金花"中的第五女，出生于法国。1934年与费成武同时毕业于中央大学。1943年，徐悲鸿在重庆磐溪筹办中国美术学院，招收的一批具有副教授职称以上的副研究员中，就有费成武和张倩英。另外还有郁风、卢开祥、陈晓楠、李瑞年、冯法祀等人。1946年，徐悲鸿在主持中国美术学院期间，派遣张安治、陈晓楠、费成武、张倩英赴英国考察。张安治和陈晓楠回国时，费成武与张倩英留下继续完成学业，旅居英国伦敦。张倩英与林可胜的婚姻破裂后，便与费成武结为夫妻。

林可胜的父亲林文庆原籍福建厦门，新加坡华侨，是位名医，而且做

1921年，北大留美校友与赴美考察的蔡元培（前排左五）合影，前排左二为罗家伦

过孙中山的医生，是厦门大学的创建校长。

林可胜1897出生于新加坡，1919年毕业于英国爱丁堡大学医学院。是我国现代生理学的奠基人，也是蜚声国际的生理学家。"卢沟桥事变"后，毅然舍弃了国外优越的工作和生活条件，回国奔赴抗日前线组织战地救护队，创建救护总站。1942年奉命随中国远征军出国到缅甸，任中缅印战区司令官史迪威将军的医药总监。多次得到中国政府嘉奖，以及英、美政府的授勋。

为了免去后顾之忧，林可胜将妻子陶伦斯和子女送去新加坡。陶伦斯是英国船舶设计师的女儿，心地善良，1936不幸被日军杀害。张倩英是林可胜的第二任妻子。

费成武和张倩英二人也是收藏徐悲鸿、张大千、傅抱石、齐白石作品最多的藏家。就在赴英国留学的临别之际，傅抱石还赠送张倩英一幅《柳溪仕女图》。

费成武和张倩英赴英之后，时时想起在中央大学时的生活，特别是少数学生受人煽动充当了"倒徐黑客"，而徐悲鸿那种波澜不惊、从容不迫、心地坦然应对局面的形象总是历历在目。

徐悲鸿在巴黎留学时的人体习作

当学生陆续来到教室时,罗家伦、徐悲鸿、张安治和谢建华已经正襟危坐于教室的讲台下边,面对着全体学生。徐悲鸿心中虽然愤懑,可脸上的表情却十分平静,清了清嗓子对大家说道:"我听说大家对我有些意见,就不来上课了。现在,请来了校长,两位老师也在,还有报社的记者正好赶上。请大家开诚布公地谈谈对我都有什么意见,如果说得对,我当然会引以为戒,彻底改正,谁来先说?"

会场沉默起来,同学们你看看我,我看看你,有的把头低下,或是扭到一边去,不敢看徐悲鸿及其身边几张威严的脸。时间在一分一秒过去,徐悲鸿耐不住沉默,又对大家问了一句:"怎么没人吱声呀,勇敢一点嘛,谁先说?"

下面依然沉寂,又过片刻,徐悲鸿突然叫道:"杨建侯!"

"到。"杨建侯从座位上站起来回答。

徐悲鸿笑了笑说道:"你坐下,坐下,别紧张嘛。我问你,你听没听见同学中间对我有什么反应。"

杨建侯犹豫片刻说道:"我听见有的同学埋怨,说您的画室里经常有女生在,大家去了不方便。"他有些不好意思,把"常有一个女生"的"一个"省略掉了,觉得这样说徐先生也许更便于回答。

"啊,这个问题呀,太小了。"徐悲鸿又笑了笑说道,"是的,我的画室里是经常有女同学去,可你们男生去的也不少嘛。

大家说说，哪个去了请教问题我没接待？韩愈的《师说》中说道：'人生非而知之者，孰能无惑，惑而不从师，终为惑也'。我不敢说我什么都比大家明白，但咱们可以互相切磋取长补短嘛。今后希望大家还经常去，都是我的学生，还分什么男生、女生呐。"徐悲鸿略微停了停又对杨建侯问道，"杨建侯，你说的这事也有点太简单了吧！我看你是在轻描淡写。就因为这么小的事，一些同学也不至于不来上课吧？请你再把真实情况讲出来。"

杨建侯知道躲不过去，才又说道："还有同学反映，说你只给一个同学画像，而且不止画一张。"说这话时，他把"孙多慈"的名字换成了"一个同学"。

徐悲鸿当然明白杨建侯话里的内涵，但却并不躲避，非常坦然地说道："对，我最近是为孙多慈同学画了几幅肖像。可在此之前，我也为吴作人、杨建侯一些人画过肖像呀；在哈同花园时期，我还为康有为、陈三立、何旃理小姐画过像呢；在巴黎留学时，还为我国驻法大使夫人画过《赵夫人像》；为了筹集在法国的留学经费，我也为新加坡的陈嘉庚、黄曼士等许多富商画过像。可是从来没人指责过我为什么只画康有为和他的华侨太太何旃理，为什么只画陈散原，而不画张散原；没人说我画了《赵夫人像》和新加坡的富商不对呀。

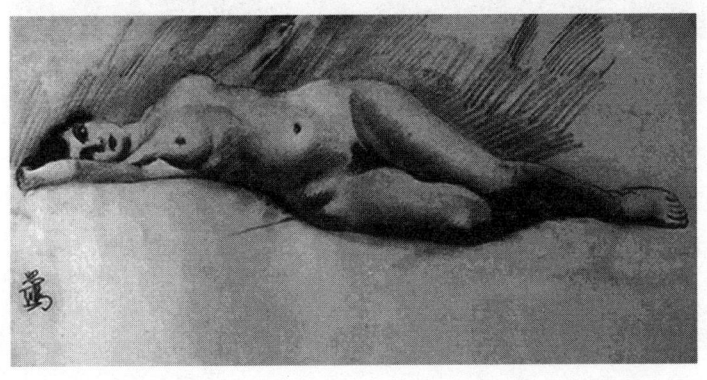

徐悲鸿留学法国时的人体素描

1936年,徐悲鸿(后排中)师生与人体模特在中央大学教室合影,前排左一为艾中信、左三为孙宗慰、右一为孙多慈,上排右一为文金扬,人体模特右为吴作人

刘海粟(下中坐者)和上海美专师生与人体模特在教室里合影

一个画家嘛,画什么不画什么,完全有自己选择的自由:这是根据自己的灵感、审美趣味和美学认知而选择的。你们学生中的陈晓楠也为我画过肖像,可我指责过其他人没像他一样为我画肖像吗?没有吧!大家知道,我们中央大学招生,是从全国各地选拔出来的最具艺术悟性、最有发展前途的尖子。许多人从这里毕业后,甚至还没有毕业就被我们送到国

外深造去了。现在在这里任教的吴作人、傅抱石、吕斯百不都是从我们这里走出去留学又回来任教的吗？要想成为一位优秀画家，一定要培养自己认知生活、感悟生活，从生活中撷取审美对象和感知审美的能力。而不要从狭隘的情感出发，使自己走入偏见、猜忌、固执、自卑的泥潭。"说到这儿，徐悲鸿停住，将话锋转一下问道，"大家还有什么问题，畅所欲言，都说说嘛。"

室内仍然像刚才一样沉寂，徐悲鸿再次开口说道："张倩英同学，你是女生，你听见女同学之间有什么议论没有？"

张倩英立刻从座位上站起来，轻轻摇了摇低垂的头。徐悲鸿等她情绪稍稍稳定后又说道："你坐下说说，这么大的事情你不可能没听见一点反应吧，打消顾虑嘛，我以我的人格担保，绝对不会给大家穿小鞋。"

听了徐悲鸿的话，张倩英慢慢说道："有人反映，上课时候，徐先生只给一个人做辅导。"

"哦，"徐悲鸿听后说道，"请大家说一说，哪天上课我不是从头至尾给每个同学全都辅导一遍？一个上午，或者是一个下午的课，我没给辅导过的学生有吗，如果有，请举手。"

徐悲鸿的话说完，却没有一个人举手。他又接着说道："没有吧。那么，同学们还有什么意见，请说！"

听见已有两位同学发言，讲得也很尖锐。而且有罗校长前来坐镇，坐在角落里的杨柳按捺不住，胆子也大了，于是将手举起来。徐悲鸿看见后说道："杨柳同学，你说吧！"

杨柳将手放下后说道："让我说我就说，我觉得咱们上课时，实际上就是一个爱情课堂。"

徐悲鸿听了杨柳的话，并未感到意外，又向他问道："杨柳同学，你是看见了什么，还是感觉到了什么，能说得具体点么？"

"我既看见了，也感觉到了，就拿这次的人体课来讲——开课后，徐先生每次给孙多慈辅导的时间最长，而给我辅导的时间就很短，甚至根本不辅导就让我重画。"

杨柳发完言,徐悲鸿仍然很镇静,目光在学生中扫了一遍然后说道:"对于杨柳同学的意见,大家有什么看法,能说说吗?"

听见杨柳提到自己的名字,孙多慈有些激动,朝他看一眼说道:"我觉得徐先生并没有做错什么,他所奉行的原则,仍然是孔子的'有教无类'。就拿咱们学校的情况来说吧,前几年被他送出国门留学的人,我们的吕斯百先生虽然是从这里毕业的,但滑田友先生并没有大学文凭,也没有什么高级职称,可徐先生却能不拘一格地提拔和推荐人才。这说明徐先生具有'九州生气恃风雷,万马齐喑究可哀。我劝天公重抖擞,不拘一格降人才'的气度。可是,孔子虽有弟子三千,却只有七十二贤,对于像宰予那样的人,也是不能不批评两句的。"

杨柳听孙多慈将他比喻成了宰予,这就是说,他是个"朽木不可雕也,粪土之墙不可圬也"的人物,于是站起来冲着孙多慈大声说道:"你说谁是宰予,我究竟怎么了,你把我比作宰予?"

"你怎么了?你自己不知道吗?"孙多慈一字一板地说道,"别人都在专心作画,你却偷拍人家的照片,回来洗出来乱发乱送制造事端,唯恐天下不乱!"

杨柳一下展开大动作,伸出胳膊指着孙多慈的鼻子大声说道:"谁说我偷拍别人照片乱发了,你说话要有证据,谁能证明?"

坐在孙多慈身边的金有彣听了杨柳的话将手举起来,得到徐悲鸿允许她发言之后,便慢慢从桌面上放着的《宗白华美学讲义》夹页里取出杨柳偷偷塞给她的一张照片说道:"我这儿有一张照片,就是杨柳塞给我的。"

金有彣手中的照片正是在天目山上徐悲鸿轻吻孙多慈额头的那张。杨柳见此,再也无话可说。徐悲鸿见他脸上现出了难堪表情,向他问道:"杨柳,我问你!你那天在人体课上把模特的双脚画出画面,我没给你进行什么辅导,让你重画对不对?"

杨柳不再吱声,孙多慈又要说话,可一开口,却被徐悲鸿用手势制止——他知道,她想说她的画布就是杨柳用刀子给割破的。

停了停,徐悲鸿才说道:"行了,同学们,我们不要再纠缠一些细枝末节了。我听出来了，大家的意见都是冲着我来的。对于这些意见，我也都作了解释。现在我可以向大家郑重声明，如果就因为这些事大家还不肯来上课，我可以立即辞职。"

徐悲鸿的话讲得不卑不亢，从容不迫，声音也不高，但却有着巨大的震撼力。在座的多数学生考入中央大学艺术系，全都是奔着他的名气来的。名师出高徒！当年，他在南国艺术学院辞职后，吴作人、吕斯百和王临乙不是都跟着他来到了中央大学做了旁听生么？而且后来都被送出国门留学去了。如果他真的辞了职，奔他考来的这些学人又该怎么办？教室于是骚乱起来，许多人都说道："我们回来上课，请徐先生不要辞职。"

张安治正在为徐悲鸿代人体课，看到此种情况，便站起来冲着同学们说道："那么大家可以表决一下吗？同意立即复课的请举手！"

张安治的话音刚落，大家便纷纷将右手举起来。杨柳看了看左右，也慢慢将手举了起来。张安治用目光在同学中整个扫视一遍后说道："好了，大家看到了吧，所有同学都同意立即复课。现在请罗校长给大家讲话。"

听了整个对话过程，罗家伦感到非常激动，从座位上站起来，同学们立即报以热烈掌声。他用手势将掌声平息后说道："同学们，刚才的事情我都听清楚了。我只是想对大家说，徐悲鸿先生曾经考察过日本美术，到世界艺术之都法国巴黎留学八年，又用两年时间出国举办画展，足迹遍布整个欧洲。他对世界的绘画艺术可以说达到了如数家珍的地步。徐先生又是一位爱国画家，学贯中西，是坚持写实主义非常难得的艺术大师。你们知道学校每个月花多少钱才把徐先生聘来的么？如果不知道，那我告诉你们，我们每个月给徐先生所付的薪金是三百大洋。徐先生说过，他的'教学第一、书法第二、绘画第三'。你们如果不珍惜，真的失去徐先生，那你们所失去的，必然是一位知识渊博、诲人不倦可以景仰的师长。

"同学们，你们还很年轻，无论做什么事，都要进行独立思考，不要听信那些乱七八糟黄色小报的花边新闻。社会是复杂的，有些人出于个人某种目的，总是唯恐天下不乱制造事端。现在我们整个国家正处在危难时期，希望同学们以大局为重。刚才看到大家的表态，感到非常高兴。我觉

徐悲鸿（右一）与谢建华（左一）、黄君璧（中）及朋友在中央大学

得年轻一代是可以信赖的，将来祖国艺术事业的重担无疑会落在你们肩上，希望大家坚持不懈、勤奋努力，将来成为国家的栋梁之材。我的话完了，谢谢大家！"

听了罗校长做完总结性发言，徐悲鸿站起来说道："大家既然同意立即复课，就不占用同学们时间了，让张先生给你们开课吧。"说完，就送罗家伦往教室外面走。

始终坐在旁边一言未发的谢建华站起身，拉住那位新闻记者龚宇的手说道："谢谢你对事件的关注，事情并未造成什么负面影响，我觉得你就没必要进行报道了。"

"不！"龚宇马上申明，"我非常敬佩徐先生的气度，他真是一位艺术大师啊，难得，难得！我会从正面报道的。"

"那好，好吧！"谢建华将龚宇送出门外。

第四章

渐行渐远

不可否认，孙多慈是徐悲鸿众多学生中的佼佼者，但她却未能像其他男同学那样得到特殊关照，送出国门去留学；加上蒋碧薇的种种干预，也给她增加了许多身心压力……

因此，徐悲鸿对她的同情，也与日俱增……

一、求助舒新城

孙多慈本来是以才华出众而得到徐悲鸿赏识的。如果她是一位男生，本来也可以像吴作人、吕斯百、王临乙、傅抱石和滑田友一样无可非议地被送出国门去留学。可她却偏偏是位女生。她原以为自己本可以与师母和平相处，可由于蒋碧薇的猜忌、多疑、不容和强势，她的愿望也只能成为泡影。在蒋碧薇和杨柳等人的闹腾下，她虽然心无芥蒂，可她的画布却被人用刀子割破，更有人对她暗地中伤。这就使得徐悲鸿对她更加同情与怜爱。

从天目山写生返校后，孙多慈画了一幅《自画像》油画送给了徐悲鸿，以报答先生几年来对她的关照。徐悲鸿看见后赞叹不已，甚至有些吃惊：画面上的孙多慈形象逼真，眼神专注，若有所思，一位情窦初开的少女情致表露无遗。他将画像拍成照片后赠送友人，在送给舒新城的一幅上写道：

> 慈性温良淳厚，而其画则雄健纵横，此乃近作之一，新城吾兄存之。悲鸿

随后，徐悲鸿作了一幅《睡猫图》回赠孙多慈，题款中写道：

> 寂寞谁与语，昏昏又一年。慈弟存玩。甲戌年冬，悲鸿

此画异常精妙生动，睡猫憨态可掬，题款的词语也含情脉脉，痴情无限。转年春天，孙多慈临近毕业之时，徐悲鸿则想要用"庚子赔款"为她争取一个官费留学生名额，遂致信舒新城，求他为她出一本画集，谓：

> 前承允为慈刊集，感荷无量。知真赏不必自我，而公道犹在人间，庶几弟与慈之诚得大白于天下也。兹嘱其携稿奉教，乞予指示一切！彼毫无经验，惟祈足下代办妥善，不胜拜谢。

第二天上午，孙多慈便带上徐悲鸿的亲笔信和自己的一卷画作，来到了上海中华书局舒新城的办公室。进屋后有些拘谨，将信和画交给他，便微微低下头，站在他的面前。

以前，在徐悲鸿画室，舒新城曾见过孙多慈两次。可当时，都是他一进去，她就急忙离开了，连一个正脸都没看见。这次，她就站在面前，舒新城抬头朝她仔细端详：只见她的面庞白皙细嫩，漆黑的双眸略带忧郁，童式的短发无比柔顺；虽穿一身工装衣裤，但却依然显示出纯情少女婀娜多姿的身材和青春气息。

孙多慈见舒新城正在有意识打量她，于是羞涩地微微一笑，这一笑让舒新城更觉嫣然。心里暗暗吃惊与佩服：啊呀，好一个徐悲鸿，到底是一位艺术家，你的眼力真的令人佩服……

原来，舒新城并未看过孙多慈的素描，只是听徐悲鸿说她敏而捷，才气实属罕见。以为他是对她产生了感情，才把她抬得那么高，自己也就跟着随声附和。

现在，徐悲鸿竟然提出来要为孙多慈出画集，舒新城不禁又感到疑惑：仅仅是一个大学还没毕业的学生，她的画真的会有那么好吗？万一水平不济为她出了画集，岂不砸在自己手上？

傅斯年、潘光旦、陶行知、叶圣陶、陈鹤琴、舒新城等人，都是20世纪上半叶对中国教育有过重要影响的人物。其共同特点都经历了五四新文化运动的洗礼，又都非常爱国，并重视西方现代教育理论的引进，认为教育的宗旨是人格的培养，反对纯知识的灌输和现代科举制度……

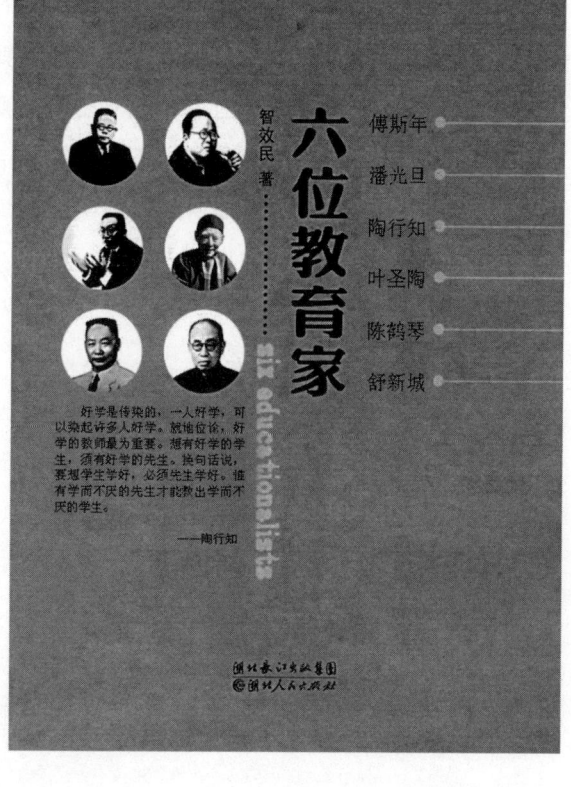

孙多慈带来的画卷上面，放着一篇宗白华为画集写的序言。舒新城看完徐悲鸿的信，心想先别着急，看看美学教授怎么说？于是将序言拿起观览——也就是本书在卷一《萍水相逢》中引用的那篇：

  西洋画素描与中国画的白描及水墨法，摆脱了彩色的纷华灿烂、轻装简从，直接把握物的轮廓、物的动态、物的灵魂。画家的眼、手、心与造物面对面肉搏。物象在此启示它的真形，画家在此流露她的手法与个性……

看完宗白华的序言，舒新城仍然认为他也把孙多慈抬得过高了，心里说道："好你个美学大教授！就算你是徐悲鸿的神交，孙多慈是你的小老乡，你也不能这样无原则地吹捧一个乳臭未干的青年学子吧，待我看完她的画再说！"

舒新城便开始一张一张地翻看孙多慈带来的作品。然而只看了几张，便完全改变了先前的疑虑：她的画，真的如徐悲鸿所说，无论在人物造型、虚实关系、构图和黑白处理上都非常到位，一般人的作品无可比拟。可见宗白华的序言也并不是空穴来风，子虚乌有。

舒新城又拿起孙多慈画集中的《述学》篇，首先择段阅读：

  与社会接触日密，觉人心之虚伪、偏私、阴险、疑虑、刻薄、残忍，充塞于天地之间。

  然后知吾父为吾讲"动心忍性"之有因也。非此者，吾无几于不能自持。怅然以悲，毅然以起，誓欲于虚伪、偏私、残酷、险诈、猜忌、刻薄之中，求善求美求直。

  倘使风雨雷霆，供我驰驱，大海波涛，为我激荡；宇宙之大，人情之变，融冶之洪炉也，将欲避其烈焰，突火而出，反身而视，此至繁极赜不可思议之造物，令入我笔端，出我腕底，强使吾艺状其博大，状其雄奇，状其沉郁，状其壮丽，状其高超，状其秀曼。吾之意志，于以坚强；吾浩然正气，至大至刚，与天地无终极，随文运以回旋者，盖古往今来怀宏愿者之所以事事，终不以吾之小而抉弃也。人固可言其不知量，但吾所以答吾贤父母良师友殷切之期望者，固无他道，抑自定其为生涯者也。

吾终觉此世唯多残酷、险诈、猜忌、虚伪。则吾所指为真善美之资，实无尽藏。一如造物之形之色，千变万化，罔有纪极也。吾尽力以搜取之，撷取之。纳入吾微末之艺，其无憾乎。

读罢。舒新城不禁被孙多慈《述学》篇的才情所打动，心里长长舒了一口气，开始真正佩服起徐悲鸿、宗白华的眼力和他们发现和培养有志青年的良苦用心。可他还是劝孙多慈不必着急，即便是徐悲鸿的作品要出版，在这里放上两三年也是常有的事，何况你还只是一位二十岁的大学三年级学生。

早在徐悲鸿与孙多慈情事发端的时候，舒新城就在日记中记述道：

与孙实谈不到恋爱，不过因孙之才学超群而特别维护之，社会不谅，家庭不谅，日日相煎，结果恐非走入恋爱之道不可也。

当时，写完这段日记，舒新城还以为自己的话言过其实了，可现在看来，真的是恰如其分。

孙多慈返校之后，将见到舒新城的情况讲给了徐悲鸿。又过两周，他便再致舒新城一函，言孙多慈为自己最得意的学生，"且苦恋甚久，以格于阃成，不敢有所举动"。

不日，又致一函，谓：

慈返，已为弟道及见兄情形。承兄为作序，深致感谢。慈所写各幅，已经弟选过，狮最难写，两幅乞皆刊入。孩子心理，欲早观厥成。彼闻足下言"徐先生的东西一摆两三年"大为心悸，特请弟转恳足下早日付印，愈速愈好。想吾兄好人做到底，即徇慈情，亦看弟面，三日出书，五日发行，尊意如何？至于捉刀一节，弟意不必，盖文如兄，自然另有一种说法（一定是一篇情文并茂之好文章），比弟老生常谈之为愈，亦愿赶快写出为祷！此举乃大慈大悲之新城，池中有白花，其光芒应被（披）全世界！样本等等，乞直寄孙多慈女士收为祷！敬候

撰祺

弟悲鸿顿首　四月十一日

二、孙传瑗出山

由于受到孙多慈与徐悲鸿的恋情影响，她的父亲孙传瑗从安庆来到南京。不但会见了徐悲鸿，而且还会见了蒋碧薇，中间又有徐仲年、华林、郑阿梅夫妇及徐悲鸿的学生蒋仁调停，吴稚辉在给徐悲鸿的信中则劝他道：

尊夫人仪态万方，先生尚复何求？倘觉感情无法控制，则避之不见可乎？弟家中亦有黄脸婆，颇亦自足，使弟今日一摩登，明日一摩登，侍候年轻少女，吾不为也。

徐仲年原名家鹤，字颂年，笔名丹歌，是出资为徐悲鸿在傅厚岗买地建房吴稚晖的外孙，于1904年正月二十一日出生于江苏无锡锡山区东亭镇。

徐仲年七岁开始就读于当地私塾和无锡第三师范附小、上海同济大学德文班和基督教青年会中学；1921年赴法留学，成为徐悲鸿夫妇法国留学好友，先后在里昂中法大学、花园中学及昂贝尔中学补习法文和拉丁文，1926年入里昂大学文学院，1930年1月以优成绩获得里昂大学文学博士学位。1930年10月回国后，出任上海江湾劳动大学教授兼图书馆馆长及

出版科长；1932年，任中央大学教授，教授孙多慈班的法语课。

由于这多层关系，徐悲鸿与徐仲年走得很近。

华林则是徐仲年的至交，早年在上海两人曾联手创办文艺茶话社，其著作《艺术与生活》在国内影响很大。

华林1893生于富阳大青乡柳溪村，师范毕业后于小学任教两年。1918年任浙江教育会干事，五四运动中在杭州参加罢工、罢市；1920年于上海加入社会主义青年团，攻读俄文，旋即偕任弼时、萧劲光等人赴苏联学习；1921年9月抵达伊尔库茨克第三国际东方局，1922年7月入莫斯科东方大学中国班。1923年2月加入中国共产党。

1924年，华林从苏联回国，在杭州、上海、宁波一带担任党的领导工作。1927年参加北伐攻克杭州，奉旨组织杭州总工会。1927年"四一二"反革命政变后，脱险至武汉参加党的第三次代表大会。会后受派为"武汉政府"劳工部秘书，与谭平山、吴玉章、苏兆征等从事党团组织工作。7月，汪精卫叛变后，华林转至湖北省委工作。"崇通暴动"后调至上海，受王若飞领导；"宣锡暴动"后调至浙江。1928年奉派前往金华山区组织暴动，因该地区党组织联络点遭到破坏，在金华一住三年，以做豆腐维持生计。

1931年"九一八"事变后，华林进入上海开明书店，与丁玲、宋云彬等人交往密切，抗日战争时期曾任甘肃国民政府平凉等地专员胡公冕的秘书，抗战胜利后返回富阳。

与众人比较起来，蒋仁属于小字辈，1927年考入中央大学美术系，也属于徐悲鸿的高足，深得他的信任。因此，孙多慈的父亲孙传瑗来到之后，徐悲鸿便委托他进行联络。

蒋仁后来留学比利时和法国，作品《女像》获1939年法国春季沙龙展荣誉奖。回国后历任"国立"艺专、江苏师范学院、南京艺术学院教授兼系主任。

郑阿梅夫妇原为蒋碧薇的好友，就在孙传瑗来访时，他们二人及其老父亲恰好赶上，因此也参加了徐悲鸿与蒋碧薇关系的调解。

孙传瑗的到来，反而使得徐悲鸿的情绪亢奋，便让蒋仁就近在中央大学旁边的谷雨轩安排了一桌酒菜。晚6时，在蒋仁的召集下，众人如约而至，唯独缺少孙多慈。

酒宴开始后的气氛有些拘谨，徐仲年、华林、蒋仁和郑阿梅夫妇以为蒋碧薇一定会借此机会与徐悲鸿展开一场恶战，然后请众人出面评理，再让孙传瑗严格管教孙多慈，乃至酒会不欢而散。因此，谁也不知道话题应该从何说起。而徐仲年毕竟是学文的，藏得满腹经纶。他见在座者也都是文人，便提起了六朝古都旧事，向孙传瑗说道："南宋开禧三年，诗人张滋贬往你们安徽广德，夜宿秦淮，那种心情，那种感觉，与秦观又不一样。'天远山围，龙蟠淡霭，虎踞斜晖。几度功名，几番成败，浑似鸥飞。楼台一望凄迷。算到底、空争是非。今夜潮生，明朝风顺，且送船归。'头启得好，尾收得精，好手笔啊！"

孙传瑗的古文功底当然不在徐仲年之下，接过他的话题，居然站起身将秦观一首《木兰花慢·过秦淮旷望》一口气吟诵出来：

过秦淮旷望，迥潇洒、绝纤尘，爱清景风蛩。吟鞭醉帽，时度疏林，秋来政情味淡。更一重烟水一重云，千古行人旧恨，尽应分付今人。渔村。望断衡门。芦荻浦、雁先闻。对触目凄凉，红凋岸蓼，翠减汀萍，凭高正千嶂黯。便无情到此也销魂。江月知人念远，上楼来照黄昏。

听罢，徐悲鸿带头击掌，然后说道："早想借王士祯《忆秦娥·忆秦淮》作一幅画。'秦淮水，红楼一带波如绮。波如绮，琉璃窗下，水晶帘底。梅花点额芙蓉髻，妆成照影春波里。春波里，一方明镜，朝朝孤倚。'闭上眼睛，这画面真的就浮在面前。"

听此，孙传瑗更加来了兴致，接着徐悲鸿的话说道："我更喜欢他的另一首《踏莎行·秦淮清明》，'烟雨清明，烟花上巳。楼台四百南朝寺。水边多少丽人行，秦淮帘幕长干市。蓦地愁来，干卿何事？梁陈故迹销魂死。

禁烟时节落花朝,东风芳草含情思'。王士祯的诗,笔调清幽,风韵淡雅,忧中有伤,伤里带愁。不知他的这种文人心态,后来如何能把刑部尚书也做得滴水不漏?"

气氛一下热烈起来,众人站起来轮番敬酒,杯子碰得"叮当"山响,三杯落肚,均已半醉。

蒋碧薇本来是带着一肚子气来的,可开宴之后,酒过三巡,她竟变成了善解人意的主妇,高声劝客人们放量纵饮。可当她来到徐悲鸿身后时,却小声劝他少喝。然而徐悲鸿的兴致正浓,端起满杯的酒就要与孙传瑗干掉。不料酒杯却被蒋碧薇夺过去,一仰脖子灌进了自己口中。接着,她又面带微笑,不断举杯轮番为众人敬酒,搞得大家丈二和尚摸不到头脑,如堕五里雾中……

酒宴直闹腾到夜阑人静方散,蒋碧薇脸色红润,挽住徐悲鸿的胳膊为孙传瑗送别。可回到家里,她却默然无语,独自走向屋外的阳台,坐在栏杆上黯然落泪。徐悲鸿轻轻走到她身边,挽着她走回房间。

走回旅馆的途中,孙传瑗仍然沉浸在酒宴的欢乐气氛中。可一阵风袭来,他方想起自己此行的"使命",细细琢磨,方才恍然大悟:在酒宴上,他看到蒋碧薇对徐悲鸿关心备至,夫唱妇随,真是天设地配的一双,哪有女儿插足之理?

如今,两年多时间过去了,孙多慈与徐悲鸿之间确已建立起了深厚的情谊。可怎奈风声鹤唳,她已愤然离去,赴安庆中学任教。徐悲鸿则再次致函舒新城,谓:

> 多慈别去,悲不自胜,天昏地黑,无处可诉,其集请速赶出,成其大业(赴比留学),弟稽首求恳,望兄悉之。

不料,一天之后,舒新城在日记中说他午前收到蒋碧薇一封信,对他破口大骂。说为孙多慈出画册的事,以后请直接与她本人交涉,不必再由徐悲鸿转。徐悲鸿为孙多慈的事已弄得名誉扫地,道德破产。而你舒新城从中穿针引线，实属无聊之极。蒋碧薇还责怪舒新城不该与梓君同居，复不惜男人堕于不义，徐悲鸿虽愚，未必效法。并说她一点也不懦弱，不能任人遗弃，而你舒新城别再枉费心机等等。舒新城又在日记里写道："真是一条疯狗，我与孙多慈开始并不相识，只因其是徐悲鸿的得意门生，五年之前在南京由其介绍始见一面，此后也从无交涉。直至本年，徐悲鸿以孙之画集出版事为相委，于4月间由其送稿来又见一面；此后因稿件关系有所通讯，概为公函。"

有一次，孙多慈因为在学校受到了伤害，徐悲鸿便请舒新城给她去封信安慰一下，他才给她写了一封信，宽慰她努力学习艺术，仅此而已。

关于为孙多慈出画集的事，舒新城是受了徐悲鸿和宗白华双方委托，然后交给徐悲鸿整理的，寄去的信件也为公函。而受到蒋碧薇的指责，舒新城着实觉得委屈之至。同时，蒋碧薇与徐悲鸿的关系，也令他十分担心……

随即，徐悲鸿又寄舒新城一函，略谓：

慈集能速赶，最所切盼！因此事关系其求学前途，弟初意倘在此时画集印成，便分赠中比两方委员（本月开会决定下年度派赴比国学生名额），弟虽已分头接洽，但终不如示以实物坚其信念也。慈不日即返安庆，嘱弟代办一切，还恳足下饬人赶工，做成（两份），寄南京中山路247号文艺俱乐部华林先生收为感愈速愈好！

一个月后，徐悲鸿再次致舒新城一函，说他已托人将孙多慈画集中的作品捎给了他，并说序文《新七法》请他找人抄一份寄回去。嘱咐孙多慈画集出版时，应该发布广告，尤其在安庆，并希望能在《新中华》上转载宗白华为画集所写序言及其《述学》之文。徐悲鸿还说他日前竭尽全力为孙多慈谋求的"中比庚款"，结果已让蒋碧薇暗中破坏掉了，愤怒已极，而孙多慈的处境也很不好，愿舒新城能重视这个人才。

徐悲鸿在信中所说的"弟在目前竭全力为彼谋'中比庚款',结果为内子暗中破坏",指的就是为孙多慈争取的赴比利时留学之事,被蒋碧薇做了手脚,她的背后站着一个张道藩……

三、梦想幻灭

1900年(庚子年),大清帝国与国际列强开战败北,八国联军占领了北京紫禁城皇宫,火烧圆明园。战败后,清政府于1901年(辛丑年)9月,与包括比利时在内的十一个国家签署了丧权辱国的《辛丑条约》,史称"庚子赔款",以关税、常关税和盐税做抵押,赔付各国"战争损失"四亿五千万两白银,按百分之四的年息,分三十九年还清,本息共需赔付九亿八千万两白银。这是有史以来中国向外国列强赔付的最大一笔战争赔款,数目惊人。使得中国社会经济进一步半殖民地化。1904年,清朝驻美公使梁诚与美国国务卿海约翰在争论庚子赔款时,对方不知是动了恻隐之心,还是良心发现,抑或是无意中说漏了嘴:讲出庚子赔款数量过大,远远超出了各国的"战争损失"。梁诚立刻将此话汇报给朝廷,抓住机会据理力争,最终促使美国于1909年1月开始退还部分庚子赔款。当初,美国把获得的赔款退还给中国一部分美元。然而,这笔退款却没能进入清政府国库,而是按照美国的意愿用来兴办教育、派遣留学生——意在对中国实施文化渗透和思想侵略……

梁诚于1864出生于广州海珠黄埔村,未满十二岁便考取了第四批留美幼童团。十七岁尚未毕业则被召回国内在总理衙门供职,不久随张荫桓出使美国、秘鲁、古巴等国,开始了他的外交官生涯。1903年至1908年担任美国公使期间,表现出了卓越的外交才能和爱国主义精神。在他的顽强坚持和敦促下,美国总统罗斯福才同意减免部分未付足的庚子赔款。其中一部分被用来建立清华大学,另一部分则用于向美国派遣留学生。

美国所退还的庚子赔款产生了连锁反应,自1925年开始,其他获利

1946年3月21日，褚民谊因汉奸罪在南京高等法院被判处死刑，陈璧君被判无期徒刑

国家也开始退还部分庚子赔款。比利时当初分得的赔款比例为百分之一点八八，退款的大部分用于修建铁路，另外百分之二点五做中比教育"慈善事业"，退款总额的百分之五作为中国学生留学比利时的费用。从1929年到1934年，中国先后分五批选派留比学生七十四名，其中就包括徐悲鸿送出去的吴作人。

这笔赔款的使用，由比利时和中方组成的管理委员会主持。管委会中有一位比利时神父，中国方面的责任人是褚民谊。徐悲鸿知道在吴作人赴比留学时，天狗会的老大谢寿康曾与以上二人有过过往。

谢寿康现任立法院委员，徐悲鸿于是请他去找两位先生为孙多慈争取赴比利时留学的名额。不料事情败露——谢寿康的第二任夫人袁荣福将消息悄悄告诉了蒋碧薇。于是，她便借张道藩之力给褚民谊写了一封信，以阻止他为孙多慈办理赴比利时留学手续。谢寿康是徐悲鸿的至交，而蒋碧薇身后的张道藩当年虽也是天狗会成员，可现在，他却身兼要职，又持不同政见，不无淫威……

褚民谊1884年生于江苏吴兴南浔镇，1903年东渡日本

汪精卫与陈璧君

求学，1906年随同乡张静江赴法途中经新加坡时参加了孙中山领导的同盟会。抵达巴黎后，与吴稚晖、李石曾、蔡元培等人创办了中国印书局，出版《新世纪月刊》和《世界画报》宣传反满革命。1911年11月上海光复后返沪，结识了汪精卫、陈璧君夫妇。并由二人做媒，同陈璧君母亲的养女陈舜贞结为夫妻，于是成了汪精卫的连襟，后来又三度赴欧。

1920年，褚民谊与吴稚晖、李石曾在法国创办了里昂中法大学，任副校长。1924年在法国斯特拉斯堡大学获得医学博士学位，年底回国从事教育。1926年1月，褚民谊在国民党第二次全国代表大会上被选为中央候补执行委员。之后仕途便一路飞黄腾达，被汪精卫收买后直至成为汪伪政府的"总管家"，获得日本昭和天皇授予的"勋一等旭日大勋章"，彻底成为投靠日本的大汉奸，跟随汪精卫进行种种卖国求荣活动。

陈璧君1891年11月5日出生于马来西亚槟榔屿乔治市，十五岁时在当地华侨小学毕业，随后进入当地的璧如女校就读。同年，孙中山由日本来到马来西亚槟城建立了同盟会分会，她便积极参加其间的活动。因为钦佩汪精卫的文采，便开始对他进行追求。但因汪精卫已有婚约在先，故遭到拒绝。可陈璧君头脑灵活，性格泼辣，做事执着果断。听说汪精卫受孙中山之命去了日本，便以留学为名尾随而至。到达日本之后，多方寻找机会与他接近,并把自己带来的钱全部捐给了同盟会作为活动经费。就在汪精卫组织暗杀团,准备行刺清政府要员时,她也积极参加,并且四处拜师,学习柔道、剑术和枪法以及如何制作炸药。

1909年冬,汪精卫带领陈璧君、黄复生、罗世勋等暗杀团成员秘密潜回北京,以做生意为掩护寻找行刺机会。不料天机泄露,黄复生和汪精卫遭清兵逮捕,关在北京北郊监狱。陈璧君忧心忡忡,四处奔走找熟人拉关系设法营救。买通狱卒后,送给汪精卫一封密信(实则就是一份情书),述说对他的一片思念之情,让他耐心等待,表示要冒死营救他出狱。这使汪精卫感动得泪水涟涟,对她产生了依恋不舍的情怀……

1911年10月,武昌起义爆发。清政府被迫宣布开放党禁,汪精卫被释放出狱。陈璧君则从北京经由武汉抵达上海与他相会。感动之余,1912年初二人在上海举行了婚礼。可没过多久,心毒手辣的陈璧君却逼死了汪精卫的情人方君瑛……

方君瑛是汪精卫早年在日本认识的同盟会会员,后来又与陈璧君一同赴法国留学,过从甚密。陈璧君有了小孩之后,见她负担过重,方君瑛便时常到她的家里帮助照顾。有一次,她从外面回来,看见方君瑛抱着小孩与汪精卫十分亲密,于是夺过孩子大吵大闹将方君瑛赶出家门;并开始在朋友面前羞辱她,谩骂她是婊子等不堪入耳的秽语……

方君瑛感到无地自容,于是在公寓里悬梁自尽。然而,类似的事情还没算完……

不久,汪精卫在舞会上认识了一位年轻貌美的女子施旦,因其长相和气质酷似方君瑛,遂将她聘为女秘书。陈璧君于是跑到他的办公室像当初对待方君瑛一样进行辱骂。汪精卫则一反常态,对她大发雷霆,厉声说道:"当年你逼死了方君瑛,现在又想来逼死施小姐是不是?你如果再这样闹下去,我就跟你离婚!"听到这话,陈璧君不敢再闹了,仍然尽心尽力帮助汪精卫出谋划策,料理政务。1940年3月,汪伪政府在南京成立,汪精卫任主席,陈璧君当上了"第一夫人"。

十年之前,汪精卫遭到"铁血锄奸团"刺杀,身中三枪,手术取出两粒子弹后，背部靠近脖颈处尚留一粒。虽经东条英机派来的日本医生诊断认为并无大碍，可以不取。可他却心有余悸，1944年11月10日，他在日本取出子弹后不治身亡，尸体被运回南京下葬。

此时，伪广东省省长已经换成了陈璧君的妹夫褚民谊。办理完丧事，他便带着亲信回到广东，还想凭借亲眷关系继续维持在广东的统治。1944年下半年，世界反法西斯战争不断取得胜利，在中国抗日军民的打击下，侵华日军已成全面溃败之势。汪伪政权处于风雨飘摇之中，到了穷途末日。可是，大大小小的汉奸并不甘心伪政权垮台，仍然在做垂死挣扎……

国民政府已经开始在全国范围内逮捕汉奸。1945年8月14日，日本天皇下诏宣布无条件投降，陈璧君则惶惶不可终日。9月12日，军统局局长戴笠按照蒋介石旨意，通过种种手段将褚民谊和陈璧君诱捕。软禁在广州，后又被押送至南京宁海路25号看守所，1946年被关入江苏高等法院第三监狱。

1946年3月21日，褚民谊因汉奸罪在南京高等法院被判处死刑，陈璧君被判无期徒刑。褚民谊虽经种种狡辩，说他早期参加了孙中山的同盟会，并列出曾经保存过国父的肝脏标本及其遗作手稿请求以功补过，留下一条性命。可是，迫于舆论压力，1946年8月23日，褚民谊在苏州狮子口监狱刑场被执行枪决，终年六十二岁；陈璧君则继续在狱中服刑。1949年9月，宋庆龄与何香凝念及陈璧君早年参加过同盟会，而且关系密切的份上——何香凝当年还是陈璧君与汪精卫结婚时的伴娘呢。因而找到毛泽东主席和周恩来总理替她说情，请求对她特赦；与此同时，陈璧君的子女与亲友也给她写信，劝其改过自新，争取宽大处理……

然而，毛主席虽然答应了宋庆龄与何香凝的请求，可陈璧君却拒绝认罪，不予接受，而于1959年6月17日，服刑十四年后病死于上海提篮桥监狱医院，终年六十八岁。

当年，蒋碧薇就是给"中比庚款"的中方负责人褚民谊写了信，最终使得孙多慈出国留学的理想成为"南柯一梦"。

其实，徐悲鸿的初衷，也未必就是舍弃蒋碧薇而娶孙多慈。就在他与孙多慈的关系被蒋碧薇闹得沸沸扬扬时,他还企图把孙多慈介绍给老同学盛成,可他与她的恋情却被盛成识破。后来盛成与北平女子大学毕业的郑坚相爱,一同出国。徐悲鸿无奈,便积极想办法帮助孙多慈出国留学。他原以为,走出了国门就能还她一片蓝天,她也可以寻到自己的心爱之人,也就能了却他一件心事。可不料,此事却被谢寿康的太太告诉了蒋碧薇。

前边已经说过,孙多慈一开始也并非就是非要嫁给徐悲鸿,感情固然重要,但她也并不是一个没有理性的人。徐悲鸿和蒋碧薇感情虽然产生了裂痕,但他们已经同舟共济风风雨雨地走过了十多个春秋,而且有了一双儿女,孙多慈在心底里还是希望他们和好。而她与徐悲鸿后来的关系,正像舒新城所说,确是由于多方挤压,才使她的情感越来越向着徐悲鸿靠近。而此时,她已经被挤压得心力交瘁,身不由己。即便在这样的情况下,由于闺中密友李家应的规劝,她仍然想另辟蹊径离开悲鸿了事。她想到了屈义林……

孙多慈与屈义林在入学考试徐悲鸿张榜公布成绩时,一个第一,一个第二。

孙多慈与屈义林的关系,是在中央大学的图书馆阅览室里亲密起来的:屈义林在阅览室有一个固定座位,而孙多慈每次去阅览室时,总有一些男生故意往她的跟前凑——其目的不是看书,而是"观花"。最后,她便挪到屈义林的身边去。

由此,孙多慈产生了一种安全感——别的男生以为她是屈义林的恋人,便不再挤她。为了让李家应看看屈义林,帮她感觉一下,星期天早晨,她便带着她到屈义林的住处去。

中央大学的女生宿舍,在北极阁山脚下的石婆婆巷,距屈义林他们的第五男生宿舍有两华里——沿鸡鸣寺的小路过铁道,还要穿过一片菜地才能到达。

第五男生宿舍地处偏远,平时根本没有女生光顾。这天,中央大学的两名系花突然来到没有女人气息的不毛之地,引起男生宿舍一片欢腾:怪叫声、口哨声此起彼伏。大家都知道,那个穿件白色紧身上衣,下身是深蓝底彩花长裙的女生,就是平时被誉为"素面美女"的孙多慈;陪她而来的,则是哲学系的系花李家应。

昨天晚上10点钟,孙多慈在阅览室指着《中央大学校刊》上的八句诗对屈义林说道:"这首诗很有感染力,我很喜欢。"

屈义林将校刊抻到眼前,见是他的《谒曼殊墓》:

> 断桥髡柳夕阳迟,剩墨犹怀燕子师。
> 国破家亡亲老病,情天孽海佛修持。
> 袈裟点滴胭脂泪,江海才华性命丝。
> 异代几人同索寞,荒台留我不胜思。

屈义林知道,孙多慈的文章写得非常好,在安庆中学读书时,他的小说、散文和随笔就经常在报刊上发表,于是说道:"我的这些文字摆不上桌面,让你见笑了。"

屈义林并不知道,孙多慈故意与他提起《谒曼殊墓》,是为了跟他拉近关系。与李家应已经来到了屈义林的第五宿舍,孙多慈还想着昨天晚上与他的对话。

这座男生楼里,既住着孙多慈班上的同学,也有李家应班里的同窗。孙多慈多么希望屈义林站出来把那些起哄的男生震一震,告诉他们这是我的女朋友来看我,你们文明一些吧。如果真的这样,那些起哄的人也许就会平息。可屈义林却连门都不敢出。孙多慈和李家应也只好忍受委屈,带着尴尬的表情,与屈义林胡乱搭讪起来……

孙多慈硬拉着李家应一起来,是借口向屈义林借用宗白华的美学课堂笔记。在同学们的口哨和尖叫声中,她不知道还该跟他说什么好,于是拿上他的笔记,红着脸,脚步匆匆地离开了第五男生宿舍。

走在路上,孙多慈问询李家应对屈义林的感觉如何,李家应笑了笑说道:"人还不错,就是缺少点男子汉气概。这要是我,非得借此机会表现一下不可,至少要站出来把那些起哄的家伙训一顿。"

孙多慈沉默一会儿才说道:"我也有这种感觉,早就有,他就是有点缺乏男子汉气概。"

"你跟他处一处再说吧。"李家应又说道,"也许他还没有真正理解你的用意。时间长点,你的感觉或许才能到位。"

作为屈义林,失去的另一次好机会,就是1934年的暑假……

暑期放假之后,孙传瑗便让孙多慈陪他去庐山。孙多慈明白,父亲的目的一是想让她去画些写生,二就是要说服她放弃徐悲鸿,找一个年龄、学识、经历都与她相仿的恋人。

孙传瑗一共有三个孩子:二男一女。老先生本是一名斗士,怀有"欲平治天下,当今之世,舍我其谁"的伟大抱负。大儿子出世之后,他便把自己的理想寄托在他的身上,为之取名"孙多拯"——取意"拯救民众于水火之中"。可不幸的是,他却在两岁时却患上了"自闭症",已经不能成就其"大业"。

到了1931年,孙多慈还在中央大学读"旁听"的时候,更加不幸的事情再次发生:孙传瑗从南京监狱出来之后,便带着大儿子孙多拯不知去向,家中只剩下孙多慈和母亲及小弟弟孙多括。因为姐弟二人读书,家已从安庆迁来南京石婆婆巷。在孙多括身上,同样也寄托着作为父亲的莫大期望:孙传瑗是位文人,他取贾谊《过秦论》中"囊括四海"和《孔丛子》中"以礼括其君,使人于善也"的"括"字作为小儿子的名字,可见其用心之良苦。

孙多括不负父望,在南京中学的各科成绩都非常突出,而且与姐姐一样喜欢绘画,每天像个小尾巴似的跟着她。

悲剧发生在1931年春季开学后的第一个周末:孙多括从寄宿学校回到家后,孙多慈为他画了幅肖像,吃过晚饭,便睡下了。不料第二天凌晨,从他的屋里传出来痛苦的呻吟声。等到孙多慈怀着万分火急的心情跑出去找来黄包车,与母亲将他送进鼓楼医院时,为时已晚。半个小时后,他因盲肠穿孔抢救无效而死亡。徐悲鸿得到消息后,赶过去帮助处理了他的丧事。

四个月后,孙传瑗才带着孙多拯回到南京——原来,他是带着他跑遍了山东、浙江、湖北、四川等地,为儿子的"自闭症"寻医问药,最后无功而返。老年伤子——小儿子离世的打击让他在床上不吃不喝足足躺了三天三夜,几近崩溃……

至此,孙传瑗便把全部的希望寄托在女儿身上,而且公开表明自己的心志:"平生爱女胜爱男"。因而,对孙多慈事无巨细的关心与管理也是可以理解的——包括她与徐悲鸿的婚事。

小弟孙多括离世虽然已经四年,可孙多慈却无论如何也不能将他忘怀。她想,父亲也一定会像自己一样难过。到达庐山之后,见父亲的两鬓又生出许多白发,面容也憔悴了许多。她再也不愿伤害他那颗苍老而又脆弱的心,于是便给屈义林写去一封信,表达了自己到达庐山的感受:"难得清游陪杖履,好从真面仰银河。"并且投石问路,约他到庐山与之相会:"不知义林同学有无游兴?"

有了那次在第五男生宿舍的插曲,屈义林当然知道孙多慈此举的意图。可接到她的信后思虑再三,还是谢绝了她的好意。七十多年后,他在《义林奇遇九十年》中,对这件事情做了如此解释:

> 我只觉得,像我这样一个穷学生,在名门世家的老先生面前,难免有些拘束。而且,这时我在中大刚毕业,何去何从,还有很多重要的事情。因此,我迟疑几天后,才简单作复,说我忙于工作不便前往庐山。

屈义林是徐悲鸿最得意的两位四川籍学生之一,誉他为"秀才"。在校期间,他便创办了黑白画社,同时主编《中国日报》的国画周刊,被冠以"当代中华诗神",获得中华首届诗词大赛奖桂冠。

从中央大学毕业之后,屈义林历任中央学院、省立教育学院、国立女子师范学院的副教授、教授,绘画成就斐然,并有许多著作流传于世。

徐悲鸿得知孙多慈出国留学的事被蒋碧薇破坏之后气愤难平,可她已

经回到安庆。1935年10月20日,她给舒新城拍了一封电报:

> 悲鸿如在沪,请其速来电,我当来沪相见。

舒新城在电报纸的空白处写下留言后,转交给了徐悲鸿:

> 孙以电来约,如无别故,则其爱悲鸿可知。如彼不让步,而向悲鸿进攻,则其演成悲剧,恐不能免也。

10月25日,孙多慈又致舒新城一函,仍然打听徐悲鸿下落,并让他将另一封信转给他。但她却告诉舒新城,回信可由已在皖南建设银行任职的李家应代转,而不是自己直接收。可见,她对与徐悲鸿的交往还是有所顾忌和戒备的。舒新城当即给她回信说,徐悲鸿要在三个星期后才能归国。

徐悲鸿返沪后,便将孙多慈给他的信出示给舒新城看:

> 孙与徐的爱恋之情溢于言表,而对于遭到蒋碧薇等人的诽谤,精神上则痛苦不堪。

当年,孙多慈如果真的与屈义林结为连理,徐悲鸿也就净了心,也许不至于气愤到如此地步——在此之前,他不是还把她介绍给了盛成吗?为了避免各方面的无端非议,孙多慈拟离开中央大学后努力奋斗十年,不与徐悲鸿通信以期获得成就。回到安庆之后,她便将这种想法写信告诉给了徐悲鸿。他则把信带回家,举到蒋碧薇面前大声说道:"你看看人家,高尚不高尚!"

由于有留法时的老朋友孙佩苍在场,两人并未发生过多口角。

孙多慈既然要外出奋斗,徐悲鸿只有埋头作画,为她筹备些经费助她一臂之力。因而与蒋碧薇的矛盾加深,从傅厚岗搬出来,住进了赴法留学时的好友沈宜甲家里,每天到中央大学的画室去作画。不久,他的画展在南京开幕,大部分作品卖出。他将售画所得及平时的积蓄五千元交给舒新城，让他以中华书局的名义代他购买孙多慈的画作，以达到间接资助她的目的。舒新城对他说道："你的用心可谓良苦，也甚善。"

舒新城便用中华书局总经理陆伯鸿的名义代购，并要徐悲鸿出一份委托书，以便将来发生问题时可以有法律依据。徐悲鸿同意照办，当下将支票交给舒新城，转到会计部代立账户存于公司。

徐悲鸿随即写了委托书交予舒新城：

新城吾兄惠鉴：请将弟存款内拨二千五百元，陆续购买孙多慈女士画，详细办法，另纸开奉。务恳吾兄设法照办为感。敬颂

撰祺

弟　悲鸿立正
1936年4月12日

一、购画契约

本人因鼓励少年艺术家及促进文化运动起见，特向先生定购画件，其契约如左：

1. 画之内容（指作法之完整）以作者在中央大学之自写及静物为标准，倘不及此标准，本人将相商作者易得他幅。

2. 画之所有权归本人，但（作者于必要时，可借出开展览会）出版权仍由作者保留。

3. 绘画暂分为两类：

（甲）有结构者；

（乙）人像、风景、静物。

4. 本人所定之酬报：

（甲）二百元一幅。

（乙）一百元一幅。

5. 所谓油画，纯指油绘绘于布面上而言。

6. 大小不甚拘，但以尺寸最长一面为一公尺八十为度，最

短一面不宜少于四十厘米。

7. 与先生暂定画十幅。十幅交齐再行续订,但十幅价格在第二期之十幅中仍照本约所订数目。

8. 作者将每幅作品完成后,自送至上海澳门路戈登路中华书局总厂舒新城先生收,或托各中华书局分局代寄亦可,本人收得认为满意后,即立即付款。

9. 本人所需要者为构图,最好以民间生活状态,或历史之关于民族精神者为题,但作家自写风景、静物,亦所欢迎,兹假定为数画之题,请酌量先后写之。

《浣衣人》《夜课》《木工》《小学生》、作者全身像。(以上以图计)(甲类)。

《老妇》《黄山》《静物》(不要常格)、作者半身像自写(用刀画,其他人像亦可,但不能多过三幅,亦希望用刀画厚色),以上乙类。

10. 在约定之后,每月至少须交本人乙类一幅,一年中须有甲乙两类之画件十幅。

二、附言

本人并拟购作者之素描二十幅,每幅定二十元,作法内容之完整以作者"描集"为标准,以水墨写于中国纸上尤为欢迎,最好每月能交本人两件,寄款办法一如第八项。

徐悲鸿委托舒新城先生办理　1936年4月12日

此时,徐悲鸿与蒋碧薇的感情已经渐行渐远。

四、走为上计

恰在此时,从山东来了一位走江湖的"王小仙",四处煽风点火,说南京将有"血光之灾",全城必被夷为平地,不是文人的久留之地。正在中大史学系任教的徐子明受不了如此蛊惑,已经辞去中大教职,带着全家老小赴西南边陲昆明云南大学任职。

而对于徐悲鸿,只固守着一个原则:世上的动植物尚且择地而居,何况人乎!一切有成就的人都在因生存、因理想选择居住地,而不是因居住求生存。历史上,无论中国还是外国,发生过多次人口大迁移,足以证明这一点。他从圮亭桥走出来到上海、东渡日本、留学巴黎,又从上海来到南京无不如此。此时,在家里已与蒋碧薇不睦,吵吵闹闹,景迫神伤。他于是想起了艺术天堂广西:那里的"桂林风景甲天下,阳朔风景甲桂林",对他早就充满巨大诱惑力。于是,他便辞去中央大学职务,假借"王小仙"的蛊惑之风,愤然远行广西。

以往的著作里,均说徐悲鸿受到王小仙蛊惑,想让他给儿子伯阳"圆光",可由于受到蒋碧薇的反对,他才为自己"圆光",听了王小仙的"南京血光"之说而离开南京;又讲"蒋碧薇与孙多慈因为前世的恩怨才对她那样恨之入骨",他才远行广西。如果徐悲鸿对此深信不疑,即便他能舍得下感情不睦的蒋碧薇,也不可能扔下两个孩子于不顾而只身离开。这种单纯说法,完全忽略了徐悲鸿要到广西去进行一番艺术创作的心理诉求。

事实证明,此次的广西之行,真的为他开辟出了艺术上的一片新天地,为他一生的艺术活动涂上了一笔非常浓重的色彩。临行之前,蒋碧薇对他表明态度说道:"至于你我这样分开,本来是你所要的,我也觉得很好。你知道我的性格,在一起的时候,我对你的作为实在不能忍受;分开了,我可以眼不见为心不烦。我有两个孩子,我绝不放弃家庭,同时我也不会再嫁。假如有一天你跟别人断绝了,不论你什么时候回来,我随时准备欢迎你。但是有一点我必须事先说明,万一别人死了,或是嫁了人,等你落空之后再想回家,那我可绝对不能接受。这是我的原则,而且是永远不会改变的。你的一生有两位才貌出众的女子相爱,值得你骄傲。"

徐悲鸿低头沉思了一会儿,方才带着感伤的情绪说道:"我知道,能够娶到你这么一位太太,我应该满足,但是你未免遇事过于挑剔,使我无法应付。"

蒋碧薇本来还想说点什么,可徐悲鸿却站起身来,向她摆摆手,意思是什么也不必再说了。

第五章

艺术天地

徐悲鸿已经把书房、画室收拾得干净利落,将百余幅绘画精品装成两箱,拟乘海轮南下,大有与家庭诀别之意……

一、桂林山水

早在 1935 年 10 月初，徐悲鸿就给他的留法同学——时任广西省政府委员的苏希洵写了信，表示一游广西，并将作品藏于广西的愿望：

> 余夙慕桂林山水，盖二十年前弱冠时，即友易君钦吾，桂林人也，聆其叙述，久为神往。又历来所友善之桂人，悉诚挚勇迈。

苏希洵字子美，广西武鸣苏村人。其幼年入读私塾，因聪明过人，桂系军阀首领陆荣廷将其养女许配给他。1905 年，苏希洵入广西政法学堂，1913 年春赴法国巴黎大学法学院，获法学博士。回国后曾任国民政府外交部两广特派员和外交部长王宠惠的秘书等职。1933 年出任省政府委员，后任秘书长。

1935 年 10 月下旬，徐悲鸿得苏希洵复函，希望他携带画件赴桂。由此可见，徐悲鸿此次的广西之行早有打算，并非受到王小仙蛊惑陷入了唯心主义泥潭。

徐悲鸿已经把书房、画室收拾得干净利落，将百余幅绘画精品装成两箱，拟乘海轮南下，大有与家庭诀别之意。

夫妻关系虽然处于风雨飘摇之中，但蒋碧薇还是与同弟带上伯阳和丽丽赶到南京下关火车站为徐悲鸿送行。

天气有些阴霾，到了车站，徐悲鸿从前边的黄包车上下来，回身走几步，在还没下车的伯阳和丽丽脸上摸了摸，拉拉他俩的手，便一声不吭地转身进站去了。蒋碧薇扶着两个孩子，眼里含满委屈的泪水，看着他离去的背影……

徐悲鸿当晚即抵达上海，10 月 21 日上午，携一大幅水墨画《白松》拜访舒新城，并请其为之摄影。即见徐悲鸿，舒新城必然要设宴款待。晚 6 时，徐悲鸿携德国友人李丹田赶到上海中央菜馆，舒新城、盛成、邵洵美已经在座。

席间，舒新城见徐悲鸿的情绪低落，便说广西的政局尚不安定，没必要带那么多作品赴桂。舒新城又私下与盛成和邵洵美议论：孙多慈对徐悲鸿初本无谓，近来由于各方面环境逼迫，对徐先生更为崇爱，将来恐不免弄成悲剧；此等事第三者实无法代为解决，亦只有听之任之而已。

徐悲鸿听取了舒新城的告诫，将两箱书画暂存于中华书局，于10月24日只携带二十余幅作品乘坐海轮南下。舒新城、邵洵美、盛成、汪业尘到码头送行。

徐悲鸿上船进入客舱安排好行李又回到甲板上，双手扶着栏杆扬起头。水面翻滚着白色浪花，海鸥在四周飞翔鸣叫，海风吹拂着他来不及理短的中分头，吹拂着他仰望天空的面庞。他想到国难家仇，不断做着深呼吸；当他憧憬起桂林山水甲天下的美景时，才长长吁出一口气……

徐悲鸿于10月27日抵达香港，下榻于思豪酒店。进了房间，看见一份《中央日报》摆在床头，顺手翻开，见副刊上刊载一则启事：

> 本刊主编者徐悲鸿先生，因事赴桂，其离京期内，编辑任务，刻已委托吴作人教授主持，俟后凡稿信函，均希寄本京傅厚岗8号为祷。

与此同时，上海《民报》也报道了徐悲鸿离京赴港的消息。

翌日，徐悲鸿在中华书局香港分局郑子健、广州分局经理郑子展昆仲的陪同下游览广州，饱览羊城名胜；游观音山见到桄榔树时，使他大为惊叹，激动之下，铺开纸为其写生，并题长诗赞之：

一

郎心管不住，徒有管郎树。
桄榔如棕乱纷纷，形自涕泪连洒注。
亦有枝叶向外发，参差无理亦无格。
披头散发若鬼魅，有女虔诚求之切。
从知粤妇最多情，粤郎佻挞弃之频。

遗条束带复何吝，无奈灵树终无灵。

二

当日殷勤藏郎带，明知离别良无奈。
不恃颜色不恃情，任郎自由行天外。
祝郎货利日日增，愿郎心坚亘天地。
不望阿郎满载银回，但愿归来食贫相守不相弃。

三

痴心天涯少年妇，空闺思念行人苦。
一年半载甘心守，两年不得郎消息，
访尽瞽巫祷尽神，海天莫识郎踪迹。
开箧启视郎中物，中心呜咽如刀割。
此物当日系郎身，思郎不见久沈寂。
忍将持去系树腰，郎归不归带先凋。
带先凋，永寂寥，思妇之心千里遥。

徐悲鸿离开广州后，旋即西上三水改乘江轮，于10月31日抵达广西梧州。当他在报上看到田汉以隐喻强敌当前，国共理应停止摩擦，以雪中华民族之公仇的《械斗》卖座率低，情绪不振时，便著文为之打气：

垂死之病夫，偏有强烈之呼吸，消沉之民族里，乃有田汉之呼声，其吾猛烈雄壮闻其节调，当知此人之凶必不死，此民族之必不亡。

欣闻徐悲鸿抵达梧州，来访者蜂拥而至，他便将随身携带的二十余幅画作悬挂于下榻酒店客厅供其观览，并谈及此次赴桂的诸多设想，引得来访者为其击掌祝贺……

不日离开梧州后，徐悲鸿便乘小火轮溯桂江北上，终于进入了"桂林山水甲天下"境地：青山绿水，天光云影，奇树繁花……使他情不自禁，立即雇了一艘木船开始漂游漓江。

徐悲鸿吃住在船上，尽情享受江上千变万化的无尽景致。他在《南游杂感》中写道：

> 山水甲天下之桂林，非身历其境不能知其美。其崖壑幽深，群峰屏列。布置既煞费经营，工程亦极为浩大。尤于数百里之清水，明朗如镜，环绕城侧，宽广三里，澄碧漾漾，映照万类。可以就饮，可以就浴，故桂林之山既奇，而漓水之清，应名太清，至于不能更清，虽欲不曰天下第一，不可得也。
>
> 苦心经营工程浩大者，言当年之大六也。实则天才，应归之于造桂林城之人，临漓水，依群山，围独秀峰，凿镜湖。吾在独秀峰上观落日，羊山环列，清流映带，晚霞亘天，金光远射，几乎如人述北京

《漓江春雨》（中国画）
徐悲鸿作

耳！光为大地莫能有之妙。此其上下左右，四面八方，浑成和谐大自然之美，不能割去其一节。故摄影不能寄其美。而桂林山水甲天下，终不能否认也。

泛舟漂流至阳朔时，徐悲鸿便离船登岸。"阳朔风景甲桂林"的小城，简直使他着迷，于是租下一座浓荫蔽日、繁花似锦、清新幽静的四合院住了下来，立即画了那幅著名的水墨画《漓江春雨》，还为自己刻了一枚"阳朔天民"的图章。他在《南游杂感》中对阳朔记述曰：

> 世间有一桃源，其甲天下山水桂林之阳朔乎……
> 桂林至阳朔，约百二十里。舟陆可通，江水盈盈，照人如镜，萦回缭绕，平流细泻，有同吐丝。山光荡漾，明媚如画，真人间仙境也。时花间发，鸣禽赓和。如是清流，又复有鱼。于是渔者架木筏，御水鹰，发号施令，杂以歌声，又有村落历历，依傍山水，不过五七人家，炊烟断续，长松修竹，参列白墙……舟次阳朔，流连不忍去，宿于江上。冰纨入梦，要我久留。奈尘缘未断，又复出山。对此仙人，有深愧也。

除了外出浏览观光，徐悲鸿便回到四合院里把他的感受绘于纸上。他到广西的消息不胫而走，相识与不相识的朋友纷至沓来。

烟雨苍茫、出神入化的《漓江春雨》不久在广西引起轰动，《广西日报》也用专栏介绍了徐悲鸿的生平和艺术成就，这才引起广西军政要员李宗仁、白崇禧和黄旭初的关注，但却找不到他。

二、广西"三杰"

1936年6月，广西爆发了要求蒋介石停止内战、参加抗日的游行。

《广西"三杰"》（油画）徐悲鸿作

徐悲鸿是一位具有民族气节的爱国画家，立即撰稿赞扬广西军政要员的立场，稿件在《广西日报》刊出后摆到了李宗仁案头。直到11月2日，徐悲鸿才悄悄来到南宁，李宗仁立刻派人将他接到省府。

徐悲鸿到达时，李宗仁、白崇禧和黄旭初已经在省府的门前列队迎候，使他深受感动。

李宗仁在省府为徐悲鸿安排了豪华住宅，布置了宽大画室，并派总务处长孙仁霖亲自照料，让他安心作画，还答应将阳朔那个四合院买下来送给他，供他常住。

徐悲鸿知恩图报，为了赞誉李宗仁他们积极抗日的主张，立即绘制了《广西"三杰"》巨幅油画。画幅大小仅次于《徯我后》。

《广西"三杰"》画面处于广西大地之上：三位威武军人策马握剑瞭望远方，英姿勃发，目光炯炯，一派威武气概。三人中间骑黑马者为李宗仁，右侧骑白马者为白崇禧，左侧骑黄马者是黄旭初，背景为一片大好锦绣河山，可天空却布

广西"三杰"李宗仁、白崇禧、黄旭初

满滚滚乌云,象征着祖国山河已被雾霾笼罩,三位将士决心驱寇救国……

李宗仁1891年生于广西临桂,字德邻,中国国民革命军陆军一级上将,国民党"桂系"首领,曾任"中华民国"首任副总统、代总统。抗日战争爆发后任第五战区司令长官,取得"台儿庄大捷",1948年国民党行宪当选"副总统",均都是后来的事情。

白崇禧与李宗仁同乡,1893年生于广西临桂,字健生,"中华民国"国民革命军一级上将,地位仅次于李宗仁。他的胆识超人,用兵机敏多变,谋略深长,记忆力惊人,在国民党将领中素有"小诸葛""当代张良""现代第一俊敏军人"等雅号;即便日本人也把他称为"战神"。

李宗仁和白崇禧被称为"李白",是国民党内最具实力的地方军事势力,"桂系"的中心,二人最初一同加入孙中山在广州的营垒,北伐成功后,和蒋介石及其他地方势力多次开战;抗日战争中,二人指挥多场大战,屡有战果。

黄旭初1892年出生于广西容县,

台儿庄大捷后李宗仁在火车站留影

十六岁入容县师范，二十岁入广西陆军速成学校，二十二岁入北京陆军大学，后来赴日本留学。二十五岁回国后在桂军中历任连长、营长、旅参谋长、军参谋长、纵队司令，参加过护法战争。1926年后历任国民革命军中的旅长、师长、副军长。在北伐战争中屡建战功。1931年后，历任国民革命军军长，广西省政府主席，国民党广西省党部执行委员，国民党第四、第五届中央执行委员。

徐悲鸿所绘制的《广西"三杰"》，就是以上三员大将。李宗仁看见后满心欢喜，即畀以省府参议员谋职，以使他随时出入广西。

曾经就读于中央大学政治系的杨晋豪，看了徐悲鸿到广西画的一批新作后，在《浙江青年》上发表了《徐悲鸿绘画印象记》，对他的画所做的评价较为准确：

在七八年前，我开始在《东方》杂志和《新月》杂志上看到了徐悲鸿先生的作品，已经表示着爱慕。尤其是在《新月》上的《箫声》一幅，幽娴而静穆，同时又饱蕴着泛滥的诗意。六年前，在中央大学图书馆中得见徐悲鸿先生个人绘画的展览，更认识了他技术的深造和蓄意的古远。他的素描，凡看过《悲鸿素描集》的人，都会承认他笔锋的纯熟、活泼而神妙。那些木炭线条，像一缕轻烟，轻重粗细，自然得中；要有空中驾雾的手腕，才能移动得这般宛妙入微。他的油画，色彩鲜明，神致飘逸，如《箫声》《云封》《秋晨》《圣诞夜》《风尘三侠》等的灵活，优美，深邃，超尘，令人如出世的理想之境。四年前，又在金陵画展中，看见他的《田横五百士》和《徯我后》等巨幅油画，表现着深沉悲昂的力和人民艰苦之情，这是他侠义的作品和民本的思想的高度表现。

徐悲鸿先生的素描和油画中的小品，像徐悲鸿先生的新诗，又像田汉先生前期的短剧，它们是轻柔、隽永、鲜丽、娇媚，而又洋溢着温情的诗意和优游的心绪。他的构图，缓急轻重，像山涧中轻荡的泉水，又像碧穹中游移的织云，自然细致，恰如其分，令人油然感应着一种温和的爱悦。他的着色，洁净华美，像春日的山水，像秋夜的星空，毫不掺杂一痕苍老的气息和污绉的墨迹。他画圣诞夜一群飞舞的神女，姿态欲活、欢声可闻。他画秋夕的斜阳古树，从那槎桠疏密的枝叶中，潜进几缕蛋黄色的明辉，使人心灵好像萦回于整个新秋的晚景之中……

因为杨晋豪的评价较为中肯、准确，徐悲鸿便于1935年11月31日给他写了一封信：

晋豪先生惠鉴：

得手教，深感拳拳。曩日蒙友人示及《浙江青年》中大文，气求声应，实动于怀。孔子言，君子依乎中庸，遁世不见知而不悔。若不佞者，初未求知于世人，奈已为人所知，奈所撮拾论列，又非真知（指一般中国人）；虽挟有二三百篇法、美、德、比、苏、意、西、荷诸国卓绝批评家之论文，亦未尝译述示人；但吾中国人焉能契然于足下之文而不动哉。

仆当日中大之展，乃因对全国美展而发（因不参加），开幕后即匆匆北行（时为艺术院长），足下之文曾未及览，至今惜之。但足下之才藻与品性之英勇耿介，不唯于文中见之，了然亦屡言之，恨尚未得一见也。

比者，危亡之祸已迫眉睫，满腔悲愤，莫从遏抑，桂省当局委写刘永福、冯子材等民族英雄，又因时亟，不能袖手去此，不禁怅然。足下此时曾有所述作否？

二三年来曾致力于中国画，颇能别开生面，为未来作家辟一新途径，足下尚未见及，俟一二月中华书局将拙作三、四集出版时奉览。另附拙作一纸，聊奉纪念。维起居安善，不宣。

悲鸿顿首 1935年11月30日

11月4日，徐悲鸿在乐群社举办小型画展，展出了他所带来的《天目山云海》《枇杷》《桃花》《古柏》《春歌》《野渡》《懒猫》《奔马》《哀马》《牛》等二十余幅作品。

画作的数量虽然不算很多,但却使人耳目一新,在南宁引起了不小轰动。作家谢冰莹等人都在报章上发表了非常中肯的评论……

当时,李宗仁联合粤系名将陈济棠发动了反蒋事变,出兵湖南要求北上抗日,形势非常紧张。消息传到南京后,又有人将徐悲鸿发表在《广西日报》上支持李宗仁的文章拿给蒋碧薇看。因此,她在家里坐卧不安。夫妻关系虽然失合,但她害怕徐悲鸿被卷进去受到牵连而得罪蒋委员长。

张道藩因为与蒋碧薇的关系,当然也不愿意让徐悲鸿因此得罪蒋介石。在他的鼓动之下,蒋碧薇于8月中旬由南京出发,沿着徐悲鸿的入桂路线只身抵达南宁。由于事先已经得到梧州朋友报信,徐悲鸿便与孙仁霖到码头迎候。

到达徐悲鸿在省府的住处,进了房间刚一坐下,蒋碧薇就迫不及待地劝他立刻跟她一起动身返回南京。可他对此却沉闷不语,然而蒋碧薇的情绪激荡,进一步说道:"蒋桂战争已经打响,这场战争无论谁胜谁负,你站在李宗仁一边,都会得罪蒋介石。况且,桂系败北的可能性最大,这样,蒋介石就会更加恨你,你还是跟我回去吧。"

"不,我不能在这个时候离开。"徐悲鸿弯腰坐在床边,手托下巴低着头说道,"人家对我如此盛情,在这种紧要关头离开,我岂不成了贪生怕死的小人。"

"那你不为自己考虑,也得为孩子和我想想吧。"蒋碧薇接着说道,"'鹬蚌相争,渔翁得利',与你何干,你究竟能得到什么?"

"我虽然不能得到什么,也不想得到什么,可我是一位爱国画家,我有我的正义。"徐悲鸿振振有词,"蒋介石对于日本侵略者的不抵抗主义本来就是错误的,应该受到讨伐,我支持李宗仁他们'桂系'的行动。在这个时候我突然躲开,当然就是不仁不义。"

"我再说一遍。"蒋碧薇从沙发上站起来,"假如'桂系'军队败北,你就会变成人家的殉葬品,死无葬身之地,你知道吗?"

徐悲鸿仍然不动声色地说道:"我虽只是一粒区区芥子,可我的心里装着国家的大好河山。前方将士抗日必然会流血牺牲,我死何干!我即留在这里,就会助他们一臂之力。我的《广西"三杰"》还未最后完成,此作必然会鼓舞抗战军民的士气。"

蒋碧薇见说服不了徐悲鸿,便用生硬的语调问道:"这么说,你是坚决不肯离开这里是不是?"

徐悲鸿只是无声地点了点头,再也不想多说。

"那好!"蒋碧薇提起随身携带的皮箱就往外走,"你不走我走。"

徐悲鸿连地方都没动,准备过一会儿到画室去作画。不料几分钟后,蒋碧薇竟被孙仁霖截了回来,进屋便规劝二人说道:"嘻,已是多年的夫妻了,咋能说闹就闹翻呢?千山万水这么远来了,怎么也得在这里玩上几天呀。走吧,咱们去宴会厅。当局召开抗日会议,各地代表均已到达,总司令设宴款待。徐夫人来了,他哪能放你走啊。"

徐悲鸿仍然沉闷不语,蒋碧薇又提起孙仁霖放在地上的皮箱坚持要走。被他接过去放在墙脚说道:"你看,嫂夫人,你怎么也得给兄弟一点面子吧。走,咱们马上去宴会厅。"

孙仁霖上前把徐悲鸿拉起来,蒋碧薇也只好跟着二人前往宴会厅,被孙仁霖安排与蔡廷锴、蒋光鼐、黄旭初同桌就座。

蔡廷锴积极参加反蒋抗日活动,时任革命军第一方面军总司令;蒋光鼐也是著名的爱国将领,时任19路军总指挥。可见,徐悲鸿夫妇受到接待的规格之高。

参加完宴会的第二天,蒋碧薇仍然坚持打道回府。经孙仁霖好说歹说,她才与徐悲鸿在一位科长的陪同下乘专车赴柳州瞻仰柳宗元墓地,接着又游览桂林;登上独秀峰,逛七星岩,然后乘车游阳朔。蒋碧薇对此行的游览感到很开心,后来在她的回忆录中写道:

广西风光和华北、江南迥异其趣,岩石盈野,有山无脉,许多玲珑剔透的奇峰,大都拔地而起,直矗云天。树少、草多。广西省粮产不丰与土地硗薄贫瘠，实在是大有关系。

登独秀峰时让蒋碧薇感到：

俯瞰峰下，树林市廛房屋，尽收眼底。

游阳朔时，蒋碧薇还写道：

阳朔市面很小，仅只一条街数条巷，但是水光山色，果胜桂林几分，而且清幽雅秀，令人生出世之想。

在阳朔，徐悲鸿还引蒋碧薇参观了李宗仁为他买下并且经过重新装修的四合院。院里的果树繁花错落有致，白墙青瓦巧手天成，奇石翠竹别有生趣。院里的五六间房屋：画室、卧室、厨房、待客间窗明几净。

徐悲鸿的新作在画室里已经挂满墙壁、摆满了画案和地桌。蒋碧薇见后，当着陪同人员和司机地面对他说道："啊，怪不得你不想回去，好一座世外桃源啊！"

徐悲鸿未置可否，连声都没吭。

形势已经急转直下，徐悲鸿与蒋碧薇返回南宁时，只见拥护中央的标语贴满了街头。情急之下，孙仁霖安排蒋碧薇搭乘广州来接李宗仁的飞机回府。可因为飞机满员，结果不得不改乘第二天的航班。当晚，一位夏将军举行迎娶姨太太的宴会，白崇禧夫妇、李品山夫妇老早便入席恭候徐悲鸿夫妇到来。他们一到夏府，宴会随即开始。

徐悲鸿既然坚持不走，却又留不住蒋碧薇。席间，李宗仁、白崇禧便差人给蒋碧薇送来一千元程仪。虽经再三推托，可最后还是不得不收下。时间到了，徐悲鸿跟着孙仁霖将如同路人一样的蒋碧薇送往机场。

回到南京，张道藩便安排蒋碧薇到中法友谊会担任干事。

蒋碧薇走后，广西局势又趋于平静。徐悲鸿仍然居于省府埋头作画，在南宁与阳朔之间往返。《风雨思君子》《晨曲》《古柏》《逆风》等许多流传下来的优秀作品，都是在这里完成的。直到1937年初，徐悲鸿才回到南京。然而，蒋碧薇仍然把他当作客人，让出了自己的卧室搬到外间去住——继续与他分居。

两个星期之后，徐悲鸿再次神情沮丧地回到广西，仍然居住在省府为他安排的房子里——此时的省政府，已由南宁北迁到桂林。他则继续在桂林与阳朔之间往返，作画不辍。

徐悲鸿是一位有着严谨作风的写实主义画家，作画时离不开模特——无论在法国求学，还是回到中央大学任教均都如此。特别像《田横五百士》《徯我后》《九方皋》那样的大型创作，更是离不开模特的。

有一天，广西北部的一群难民拥进广西省政府院内请求救济，徐悲鸿进出时，忽然发现难民中有位叫李云贞的姑娘拥有模特一样的身材与形象。于是找到孙仁霖请他帮忙，想请那位女子来给他做做模特。

孙仁霖便找到女子的父母商量。然而从农村出来的家长没有文化，更没见过世面，并不明白模特是怎么回事，因而未能达成协议，徐悲鸿也就放弃了他的想法。

熟料没过几天，姑娘的父母亲却主动找到孙仁霖，说让女儿出去逃难，还不如找个落脚的地方挣口饭吃，也好给家里一点贴补。于是，孙仁霖便把那个叫李云贞的乡村姑娘领着给徐悲鸿送了过来，徐悲鸿为她画了不少素描、速写。1937年，他在重庆创作的大幅国画《巴人汲水》中的担水女子，就是以她为素材来源完成的。但没想到，跟随徐悲鸿在桂林画画的张安治，不知出于何种意图，将徐悲鸿雇用女模特的事写信告诉了蒋碧薇，并且附上了一幅照片……

"七七事变"发生后，徐悲鸿突然从广西回到南京。此时，蒋碧薇因病在张道藩的协助下刚刚从一家德国医院出来，身体仍然虚弱。她便挺着无力的身子将她的卧具抱到楼下后间，然后又拿来被褥给徐悲鸿铺好，便回到楼下关门睡觉去了。

徐悲鸿受到如此冷落，心情郁闷，第二天因为口角与蒋碧薇争吵起来。

蒋碧薇当着谢寿康和顾了然的面，冲他大声说道："你回来找我干吗，在广西，你不是还有自备的女模特吗？"

徐悲鸿受到了羞辱，气愤已极，随口骂道："你混蛋！模特就是模特，可我需要的是家！一个家你明白吗？"

在谢寿康和顾了然的规劝之下，徐悲鸿和蒋碧薇的吵闹才渐渐平息，可却仍然分居不相往来。二人的分分合合已经折腾了好多年，早已是身心疲惫。徐悲鸿的孤独、苦闷、烦躁、凄凉无处释放，情绪得不到慰藉与安抚，生活也无应有的关怀。在这种情况下，看在蒋碧薇不远万里前去广西寻他的情分上，还是真心想与她和好，以平复、缓解、疏通他内心的郁闷和烦躁，以利身心健康和恢复创作激情。然而，还是遭到了她的无情拒绝，他变得更加心灰意冷……

三、《八十七神仙卷》

离开广西之后，徐悲鸿于1937年5月初抵达香港，下榻于白云酒家。应香港大学之邀，于5月11日在冯平山图书馆举行个人画展，展出的作品多数都是他这次赴广西的新作：《葵花》《竹鸡》《竹梅》《猫》《广西"三杰"》《田横五百士》《李宗仁将军》《白崇禧》《黄旭初先生》《牺牲》《丰盛》《李铁拐》《古柏》《白马》《田汉与黄大琳》等共计百余幅。在画展开幕式的讲话中，他用法语对香港大学学监韩尼路及何东爵士的赞助表示衷心谢意。

徐悲鸿向来直言不讳，特别是对待艺术上，来不得半点虚伪。在接受记者采访时，他坦然说道："当前艺术创作的弊病就是不表现生活，广东也是如此，只有一位苏六朋稍好一些。他所画的瞎子和乞丐，都是从生活中来的。苏六朋去世之后，广东就再也没有他那样的画家了；而一些流于贵族化花草、鸟兽、人物的抽象化作品，又不能表现出广东人民坚韧、勇敢、刻苦的精神美德。"

《燕山赏雪图》（中国画）
任真汉作

徐悲鸿的讲话本来是非常中肯和切中时弊的，不料却遭到保守势力的攻击。香港的《工商日报》《珠江日报》全都发表了诋毁他讲话的文章。青年理论家、画家任真汉，受到一些人暗中驱使，撰文说《广西"三杰"》呆板得像照片，田横就像个流氓，五百士如一群恶汉云云。他的话在香港产生了不小负面影响，很多人开始对徐悲鸿不满。

任真汉1907年生于广州，父亲是台湾商人，两岁时因患脑炎双耳失聪，然而他却以坚强的毅力面对人生：八岁随母亲去台湾定居，九岁进广东画家陈宝田私塾读书，并随其学画。陈宝田不仅是位画家，文学根底也非常深厚，任真汉便跟他熟读唐诗、宋词，对他日后的诗书画创作影响很大。陈宝田的密友张耀南能歌善画，对任真汉的影响也很深，他的家中藏书颇丰，为任真汉提供了学艺及阅读名篇，和认识世界的绝好天地。

十五岁时，任真汉全家迁往画家和画店集中的台北鸭寮，拜国画家蔡雪溪为师学画山水、花鸟和人物。

1925年，广东省教育厅长——鲁迅夫人许广平的父亲许智清，与刚从墨西哥归国的胡根天、冯钢百和赵雅庭组织了一个画家研究室"赤社"，并以此为基础筹建了市立美术学校。任真汉则从台湾回到广州加入"赤社",随胡根天、冯钢百和赵雅庭三位画家学习素描。

1927年,任真汉赴日本京都,入关西美术院随黑田重太郎学习油画,两年后作品参加台湾美展,被选购藏于台湾总督府,资助他又在日本留学一年的经费;1931年,他的油画入选日本"二科会"的第八届美展。

1932年1月28日,日本侵略者进攻上海,进行血腥屠杀。任真汉的父母痛恨日寇侵华,抛弃在台湾的工厂,带着子女回到广州。任真汉以油画《黎明颂》和国画《创建图》参加广东省第二届画展,后来又送到上海展出,引起画坛瞩目。

1932年后,任真汉定居香港,已经是香港的知名画家;1937年后主要从事文学创作,时任《珠江日报》校对员。

面对任真汉文章的负面影响,陈福善于5月16日在香港的《工商日报》发表了《徐悲鸿画展》一文:

> 徐悲鸿的画展,前数天在香港大学礼堂举行,我们得以参观这位美术家的杰作,实在是一件欣幸的事情。有人说,这个美展是他的代表作,这或许未必,因为他的绘画有很多给国内各地的名流搜罗去,还有些没有携带来本港展览的。但是这次画展,的确集合着很多精彩的、杰出的作品,尤其是他的国画,使人惊叹。
>
> 我想先讲的就是他的西洋画和肖像画,这些都是性格的画稿,把各个的性格描写出来,而且是写得很好,第八十二号《艺术家之子》,是一帧具有优美的技巧和简单处理之画稿,第七十二号《欧阳竟无》这幅画,他是用东方的风度处理的。
>
> 最值得我们注意的就是广西三领袖——白崇禧、李宗仁和黄旭初的肖像,这是基于炭笔的画稿。在裸体画方面,他能够充分地运用柔和的妙术,去表现肉体的美。讲到中国传统艺术的绘画,无疑地他已尽量运用西方艺术的技巧。第三十八号《西天目山老殿》,这帧画在构图方面是运用西方的风度,表现着西洋画的精

彩。关于这点，我们会注意到左边第二十三号那幅小型的绘画《泰山》，对称着右边之前的那株大树，他绘画得很巧妙，如果不是这样，就会变了不对称和偏侧了。

陈福善的文章对徐悲鸿的作品进行了全面肯定，才使得一些保守势力退避三舍。

在冯平山图书馆画展的开幕式上，香港大学教授许地山与徐悲鸿邂逅，邀请他到自己家里下榻。徐悲鸿与许地山同是文化界名人，二人无论从成长、婚姻、爱情，以及后来的求学、事业发展道路，都有着许多惊人的相似之处。

早在1928年，徐悲鸿应邀出任北平大学艺术学院院长；许地山则出任燕京大学文学院和宗教学院教授，同时致力于文学创作。由此，二人朝夕相处，遂成莫逆之交。

画展开幕式结束后，徐悲鸿则从白云饭店搬到了许地山家中。他的妻子周俟松，对徐悲鸿照顾得无微不至。

许地山的结发妻子林月森，为他生下一个女儿后，于1920年夫妻二人乘车去北平的途中，突然患急病辞世于上海。

周俟松第一次见到许地山时，还只是个中学生；第二次是在接待苏联盲人诗家爱罗先珂的欢迎会上，当时的许地山是位大学助教。两个人真正认识，是在与周俟松家为邻的燕京大学教授熊佛西家里。其时，周俟松已经考入北师大数学系就读。

1923年，许地山赴美、英留学，

学者、作家 许地山

1927年归国，1928年12月19日，给周俟松写了第一封信，缕缕情丝跃然纸上：

六小姐：

　　自识兰仪，心已默契，故每瞻玉度，则愉慰之情甚于饥疗渴止。但以城郊路遥不便时趋。妆次表示眷慕，私衷因是萦回于苦思甜梦间，未能解脱丝毫，既案上宝书，亦为君掩尽矣。本月26日，少得一日之暇。如君不计其唐突，敢于上午11时趋府侍君与令七妹先至公园一游，然后往观幕剧，专此敬约，万祈赐诺，顺颂

　　学安

小姐乞为叱名问候
许赞堃
12月19日

1929年5月1日，许地山与周俟松在北京中山公园来今雨轩举行了婚礼，开始了"红袖添香夜读书"的境界。

许地山知道徐悲鸿没有午睡习惯，吃过中饭便对他说道："走，我领你去看一批画。"

"去哪儿看？"徐悲鸿问道。

"昨天画展开幕时，你没见有一位德籍夫人马丁女士吗？"许地山说道，"她是我请去看你画展的，不是还与你握了手吗？他的父亲原来在中国做外交官，非常喜欢中国的绘画，而且也很有眼力，收藏了不少唐宋古画。老人现在已经过世，藏品转到了马丁夫人手上，她托我找个人出售呢。我观赏过那些画，有的可能堪称国宝。"

"是嘛！"徐悲鸿感到一阵兴奋，对周俟松送到面前的茶看也没看，就迫不及待地跟上许地山夫妇出了门。

徐悲鸿随许地山夫妇来到马丁夫人的宅邸，受到了主人的殷勤接待。由于徐悲鸿欲见藏品的心情迫切，因此省去了许多客套，用法语对马

丁夫人要求立即观赏作品。马丁夫人便让仆人将四箱藏画从库房搬至客厅。

徐悲鸿开始一箱一箱地观赏，从中挑选出三幅自己喜欢的作品。当他打开第三箱，捡出里边的一卷手卷展开时，不觉眼前一亮，托着画卷的手不由自主地颤抖起来，心也随着猛烈跳动。他将画卷展至尽头，只见画面已被割去一段，堪称"残卷"了。

徐悲鸿见手卷的长度超过两张四尺宣纸，约三百厘米，而宽只有四尺宣纸宽度的对开三十厘米，质地为绢本单线勾勒。悉心数了一下，画面上有八十七个人物，犹似从天而降的神仙列队前行，姿态丰盈而优美。虽然已成残卷，可人物却还完整，而且断定是唐人作品。他于是用非常流利的法语说道："下面的画我不看了，我只要这一幅。"

愣在一边的马丁夫人虽然要求徐悲鸿将藏品全部看完，可他却摇了摇头说道："我想，不会有比这更让我倾心的作品了。"

徐悲鸿仍然像在欧洲购买艺术品时的情形一样，碰见喜欢的作品便立刻喜形于色，毫不掩饰自己的感情。许地山和夫人周俟松事先已经看过这

《八十七神仙卷》

四箱藏品,他所说的"有的可能堪称国宝",指的就是这幅手卷,于是也不再要求徐悲鸿继续观看剩下的作品。

马丁夫人见徐悲鸿看到手卷后激动不已,而且有着势在必得的意味,便开价一万元。金银有价,艺术物价!虽然价格不菲,可徐悲鸿听了并不还价,但他身上带的钱却不足一万,便提出再加上自己画展上的七幅作品与之交换。

许地山已经向马丁夫人介绍过徐悲鸿的作品,知道他的画价格也很昂贵,而且也看过了他的画展。又经许地山夫妇说和,想了想,也就同意了。

徐悲鸿将《八十七神仙卷》带回许地山家里,加盖了"悲鸿性命"的印章,便与许地山夫妇饮酒庆贺。随后,让香港中华书局照相制版,用珂罗版印刷。

后来,徐悲鸿一直将《八十七神仙卷》随身携带。不料,几年之后,赴印度、新加坡举办画展,归国后在昆明的一次

齐白石为《八十七神仙卷》题写的卷名

空袭警报中,这件国宝却被人盗走。为此,他着急上火,加上为了赎回此作日夜作画,操劳过度,落下了置他于死地的高血压病根……

第六章

乱世情缘

　　回到南京后,徐悲鸿还是不得不回到家里。可此时,蒋碧薇与张道藩的关系已经难解难分,跟他已形同路人。于黯然神伤中,徐悲鸿得到孙多慈远寄红豆一颗,但却无一字留言。他立刻想到那次从天目山下来时制成金戒指的两颗红豆,如今一枚还戴在自己的手上。孙多慈是不是在责备他忘了那时的承诺?于是感到万分沮丧……

一、同一屋檐下

南京的局势日趋紧张，张道藩早已将夫人素珊送到安全之地——牯岭。

空袭不断，在巴黎天狗会时期的老朋友谢寿康和郭有守，还有国民党政要陈立夫和陶履谦，都被张道藩邀请到他带有地下室的家中居住。

"项庄舞剑意在沛公"，徐悲鸿与蒋碧薇自然也受到了张道藩再三邀请，住进了他家的"防空洞"。至此，徐悲鸿、蒋碧薇、张道藩已居于同一屋檐下。蒋碧薇与

人近中年的蒋碧薇，依然如烟如柳，内秀如竹

张道藩虽然天天见面，可却不能在徐悲鸿和众人面前卿卿我我。于是，除了眉目传情，每日还通过密信互述衷肠。为了掩人耳目，表示更加亲密和独有，张道藩便将蒋碧薇称作"雪"，希望她是喜马拉雅山最高峰上的雪，宇宙间最高贵最洁白。蒋碧薇则把张道藩称为"宗鉴"。张道藩在给蒋碧薇的信中说，他可以爱她到死——死后愿意被埋在洁白的雪中，雪融化结冰后就会变成一口晶莹皎洁的棺材，使他的身体不会腐烂，一颗爱她的心仍然在躯体里跳动……

不可否认，张道潘对蒋碧薇这是何等真挚浪漫的情感啊！接着，他又说以往有不少女性主动爱他，可却都被他拒绝了。他还说他与素珊结婚不过是为了掩人耳目的权宜之计。除此

之外，其他任何女子都未曾让他动过心。只有她的一切条件才够得上是他理想的爱人，他诚心希望她以后不会背叛。假如背叛了，他就会将他这种观念打散，散在所有的女人身上。做一个对所有女子，甚至于所有男人的报复。啊，要是到那种地步，他的一切理想也就全都粉碎，将自暴自弃地死去。如果魂灵有知，也必来向她哭诉……

张道藩的密信写得有情有义，既真切又甜蜜，同时也不乏恫吓之词，读得蒋碧薇心潮起伏、情丝绵绵；他的恫吓之词反而引起了蒋碧微的几分担忧，使她反而坚定了与他的地下恋情——永不背叛。

趁着徐悲鸿不在的机会，蒋碧薇立即给张道藩写回信表示：两月来他给她的爱，让她梦寐难忘。但却也感到此生茫茫，忧患甚多，自度将永沦苦海，而不复能自拔矣！唯冀天可怜她，予她以勇气，以尽未了之职责。人生得一知己死而无憾，长天怅望，愁入云寰，漫书尺素，和泪寄君，唯愿相敬相爱相怜惜。但愿苍天保佑，让她永远爱他，矢志不渝……

二、再赴广西

尽管徐悲鸿不愿被艺术以外的烦心事干扰，可张道藩与蒋碧薇的暧昧关系近在咫尺，不可能不被察觉，搅得他无心作画。他已极端不愿意过这种别别扭扭影响情绪的日子，眼不见心不烦，不得已于1937年9月27日离开南京第三次远赴桂林。

素珊不在，徐悲鸿也走了。蒋碧薇与张道藩之间也就没有了任何障碍。孤男寡女，情意缠绵，发生肌肤之亲，当然是再自然不过的事情了。

在这种难以割舍的情况下，蒋碧薇从心底里不想离开张道藩，宁愿和他与南京共存亡。

就在徐悲鸿离开南京之前，已经接到中央大学内迁重庆的通知，并动员与家属同行。思虑再三，他还是委托谢寿康给蒋碧薇做工作，希望她能前往四川。可他当向她提起时，她却表示宁死不从。最后，谢寿康便以老朋友的口吻向她劝导：说徐悲鸿已经离开，你一个单身女人留在这里成何体统！难道你还没听到外面的风言风语吗？你不对自己的行为负责，也得考虑一下徐悲鸿——一位大学教授的名声吧！并直言告诉她说，中央大学马上就要迁往重庆，中央机关也将随迁，让她到四川避难是徐悲鸿的意思。

谢寿康的话，使蒋碧薇哑口无言，可听说中央机关也将迁去时，才勉强同意离开南京前往四川——因为她想到张道藩也会随中央机关同往。于是，白天到傅厚岗的家里收拾东西，晚间又回到张道藩家里住宿。

眼见就要分手了，缠绵床笫毋庸置疑。也许害怕离愁别恨所使，夜里在蒋碧薇熟睡之后，张道藩仍然给她写信：

  雪

  我一想到你走了以后，我们几乎连信都不能写了！啊！我到那时一定会发狂自杀的！我整天想找一个机会，到什么地方去大叫大哭一场，或许可以减少我心中的苦痛，我这两天总想着等战事完了，再来一个总解决。但是我现在却怀疑我有没有勇气能等到那个时候了，我万分憎恨我自己，我恨我没有勇气告诉他"我爱你"！只有我才配爱你！只有我才能领略你的伟大和天才！只有我才能鉴赏你的美丽！只有我才能真正地爱你！啊！教我怎样写下去？请你拿一把刀来，剖出我的心，细细去看吧！我爱你！我爱你！我爱你！千千万万个我爱你，一个人心里在流泪，表面上还要装出笑容，天下事还有比这苦的吗？我一想到你就快要离开我，我的心全碎了，我已经没有勇气生活下去！啊！你忍心去吗？我这几天的做法，无形中把滔天大祸暂时缓和了，遮掩了，但是我自己觉得我真成了一个世界上最卑鄙的人了！我忍心看着你，想着你同他在……啊！天！我真太可怜太卑劣了，我将何以为人？我今天一天心里只觉作痛，相对而不能诉衷曲，我是何等的可悲，请你写几句话给我吧。

  此刻是清晨4点半钟，我由睡梦中哭醒来，用我的热泪，和着墨水，给你写几句话。原来我已经在梦中送你的"行"了，轮船开动，浪花四溅，徐徐西驶，你在船上，倚栏而立，彼此相视无言；当船去已远，人影模糊时，我掉泪了，我伤心了，我放声哭了！醒来方知是梦。心中虽然窃喜这只是梦，但是，我的雪，这不是几天以后就会成为事实的吗？雪，有什么法子能叫这事实变成梦呢？我们这种神秘不可思议的爱，果然不出我们所料的，现在就给我们苦痛了。你为了我，一切降心相从，受尽委屈地妥协了。你的苦痛，或许比我更多、更深，我一想到这儿，我就万分惭愧，我不能使你减少苦痛，不受委屈，叫我怎能不自愧自责？我的雪，现在还有什么补救的方法吗？假如还有办法，不管怎么办，只要你认为可行，只要你认为可以给我们慰藉，只要你认为那样做了我们不会后悔，请你下命令吧！我一切听信你，绝对服从你，纵使要我牺牲一切的一切，我也在所不惜！雪，请你下命令吧！你说过你愿意我很"坚强"，希望我给你勇气；我也这样想过，我应该做一个刚强的男子，我不是一向都在这样勉励我自己吗？但是到了这几天，我不行了！我发现我比谁都弱！啊，亲爱的雪，为了你示弱，该不能算是卑鄙的吧？雪，我真太爱你了！我会爱你到如此地步，老实说，在一星期以前连我自己都没有料到，我以前总以为我能克制自己，但是到了现在，证明这种自信全失败了！昨天整夜不能安眠，我初以为读书可以给我一点勇气，度过这如年之日，可是到了今夜，一切都无效了！你的行期益近，也就像我受死刑的刑期益近样；啊！我骇怕死吗？不，我决不怕死，假如会有另外一个人值得你爱，我可以死了让他。但是，我的雪，你想现在还有那样的一个人吗？我一想到你以后会受种种苦痛，我的心就要碎了！

鉴

三、四川避难

　　蒋碧薇已经从宜兴母亲处将伯阳和丽丽接回南京，最后离别的时刻到了。然而日寇的空袭不断，疏散的人群失魂落魄，拥挤不堪，一票难求。作为内政部次长的张道藩虽然手眼通天，可凭他的本事也只买到几张抵达汉口的船票，于是驱车将带着两个孩子的蒋碧薇，还有仆人坤生及同弟送到下关码头。与之同行的顾了然，也随车抵达。

　　兵荒马乱，险象环生，路途艰难，前景渺茫。可多情多义的张道藩，竟然还没忘记挎来一部照相机。这一别便是遥遥无期，不知道是否还能重逢？他要把心上人的倩影留存下来，作为永久怀念。正当他给蒋碧薇拍照时，空袭警报声突然响起。船长害怕遭到日军定点清除，于是急忙下令开船，轮船迅速起碇离岸……

　　而此时，张道藩却还在船上，与蒋碧薇同行的顾了然急忙找到船长说明情况。当船长听到没来得及下船的张道藩是内政部次长时，被吓了一跳，唯恐有所得罪招来后患，只得下令让轮船减速。然后放下一只小舢板，让张道藩登上去，并派出两名水手载着他奋力朝岸边划去。蒋碧薇站在甲板上，担惊受怕地看着小小的舢板在辽阔的江面上划向一望无垠的芦苇丛……

　　轮船抵达汉口后，蒋碧薇急忙给张道藩寄了航空快信：

　　　　道兄鉴：
　　　　一昨多累，歉疚无似，想小舟过渡，芦苇暗藏，必饱受辛苦，不识究于何时登岸何时返家，勿为风雨所欺否（因忆兄未携外衣）？凡此皆使吾惶虑不宁，须俟接读来书后，始能释然矣！吾等自6日午后启碇，于翌晨抵芜湖而未靠岸，下午5时到安庆。今晨8时抵九江，10时半后开航，据闻明晨便抵汉口矣。船中一切，尚称舒适，唯我个人，离愁别绪，百感交集，触目伤心，无以自慰，前途茫茫，家国之演变，不知伊于胡底也，在京时深扰一切，并承照拂,不敢言谢,且亦非本会条文能得永铭肺腑,秘而不宣。

碧 薇

宗鉴:

自君登小舟,吾船亦启碇,更行更远,终于不复见君之影矣!噫,目断波光,故人何在?从此河山阻隔,地远天长,纵有情怀,凭谁寄语?唯寸心自矢,不负知己而已!两日来离愁万斛,别绪千重,触目伤心,柔肠寸断,情思深几许,苦痛亦正相埒也!舟过九江后,沿途风景亦殊不恶,奈睹景伤情,相思更苦,只好逃避斗室,背人垂泪,如此情况。明知自陷绝境,但吾爱既萌,又有何法抑止耶?兹有一得之言,愿君采纳。以后凡遇无关紧要之事,望能淡然处之,不必过事认真,徒损精神。眠食两事,尤盼特别注意,苟能调整得宜,健康之恢复必易。希望于再相见时,体重能增加二十磅,则不特本会之幸而已矣。

雪

情如雨丝的蒋碧薇同时给张道藩发了两封信,就连称呼和落款都不相同。"心有灵犀一点通",张道藩心领神会,将第一封多用"客套语"的信拿给了仍然住在他家的谢寿康、郭有守和陶履谦看,而后一封情意缠绵、思念无限的信却藏而不露。由此可见,蒋碧薇对于张道藩已经苦恋到了何种地步!离别又给她造成了多么巨大的痛苦。然而张道藩却也一点都不比她轻松,自从蒋碧薇离开,虽然只隔两日,但他却昼有所思,梦有所想。于是又一封接着一封,长篇累牍地给她写信,而且写得更加细腻:

雪:

此刻是8日晚11时,计算你我已经分别了五十六小时了,你此刻也在想念我吗?你乘的船行驶速度怎样,我不知道;我想你此刻大约已经过了九江,在快到汉口的半途中。你若一到汉口,就给我写信,最迟我后天晚间可以接到。我希望你不会真的不写信给我,你不会那样忍心的!过去那五十几个钟头,我除昏睡无知的时间外,真是无时无刻不在想念你。你以从前的情形来猜想,就可知道我是采取一种什么态度,在消磨这两天的光阴。虽然表面上极力镇静,甚至于强颜欢笑,但是我想陪着我的那位聪明朋友,一定已经看出我的心事了!前天那样匆忙地离别了你,跳上小船,心里十分难受,幸而在船上还可以看到你,彼此招手示别的时候,虽然在笑着,其实泪已盈眶,真惨极了!两船相去既远,极目望去,还可看见你的脸部和两手,以后渐渐缩小,变成了白色的点线,最后是连点线都看不见了。我所乘的舢板,停于江东门广播台附近江边的芦苇中,静避敌机空袭,船上虽有人和我谈话,我的视线却从未放弃追踪你所乘的船。到了4点钟,警报解除,舢板加速驶回下关,我仍目送你的船到无影无踪。这时眼液已涔涔地流下,幸而独在船尾,没有被人发现,否则别人一定莫名其妙。舢板抵下关后,仍乘原车回家,和朋友无话可谈,上楼到房里,伤心落泪,饮泣多时,怕被别人看出,心中更苦了。吃过晚餐,大约7时半,警报又响,虽然明知夜间船上毫无危险,但是没法不为你忧虑,在地下室闷坐,万分无聊,乃上屋顶观察,只见全市漆黑,真所谓"伸手不见五指",阴惨之气,令人生畏。幸亏敌机未临南京市上空,约九时警报解除,和友人座谈,可是谈来谈去话题终不离你。于是我又去书室整理文件,想转换一下心思。夜一时上楼就寝,辗转不能成眠;觉得我的灵魂,早已随你而去,在这儿的仅是一具躯壳而已。2时,起床做笔记,直到4时,疲劳已极,才昏昏睡去。昨晨醒来,已是8点多了,天气阴雨,大有"秋风秋雨愁煞人"之慨。在家无聊,便出外访客,并为大哥办好应办各事。下午公事较多,又来几位客人,晚间也有友人聚谈,但我心不在焉,无时无刻不想到你。借着陪朋友饮酒为名,自饮茅台两杯,我还是学你在酒里放糖,此情此景,更令我忆念及你，更不能不借酒浇愁。午夜就寝时，走进房间，一见床榻，就倒卧其上，热泪满面了。这种生活，再过下去，我必定会发狂的。今晨醒来，又是8时半，昨夜靠了酒助力，睡眠很好，是十几天来从未有的。因此神志较清，独步园中，忆你勉我"刚强"的话，立刻抖搂精神，写几封信复亲友，下午除办公和开会外，即做整理书籍等工作，身体虽感疲劳，心思却较单纯，但欲不念，还是绝无可能。以上是别后两天半的生活情形，不能不为我最爱的雪作一报告，但是这信一时还不能寄出，预计你看见这信，要在十日以后了。雪，我至爱你，此生此世，我也将永远爱你，同时我必力求上进，以免辜负你的爱。我现在就拿以下几件事自勉。一极力恢复我刚强的气魄，而成为一个你所爱的人。二我必努力加餐，切实注意我的健康，以养成你所爱的身心健全的男子。三我除了应办的事情以外，在最近两个月内，必定努力创作，以纪念我和你的这次聚首。以上几点，不知道是不是可以安慰你？今后如果能够多通信，我就用笔记式的信写给你，否则一切留在笔记里面，等你以后再详读吧。

宗

9月下旬，"江靖轮"已经抵达汉口，蒋碧薇一行住进了璇宫大饭店。天气有些阴霾，旅途的劳累也加深了离愁。思念无尽之下，她让饭店当班帮助拨通了张道藩在南京的电话。电话接通后，她便激动地告诉他船已经抵达汉口，听见张道藩"啊"了一声后，她便低声对他说道："我想你，好想你噢！"

张道藩那边因为有谢寿康和郭有守在跟前，只能说些平常话："哦，路上安全吗？孩子们好不好呀，没有遇到日军轰炸吧？"

"好，一切都很好。"蒋碧薇听出张道藩的跟前有人，便又说道，"你呢，你这两天还很忙吧？身体怎么样呀？"

张道藩本来想说些亲热的话，可怎奈身旁有人，又语无伦次地说道："忙是很忙,身体倒还好,谢谢你的惦记。"

"那天劳你送行,担惊受怕,我眼看你坐的小舢板钻进了芦苇丛,后来没事吧?"

"我倒没事!"张道藩说道,"空袭警报结束后,小舢板上的两名水手把我送到岸上,然后回头拼命划着去追赶你所乘坐的大船。可是,大船早已经没了踪影,不知道他俩后来是死是活?"

"是吗?"听了张道藩的话,蒋碧薇心里一阵攥紧,停了停才又说道,"你离开后,日寇的飞机在江面上掠过,投下两枚炸弹,幸好轮船的速度快没有击中,后来也没见那两位水手上船,是不是被那两枚炸弹击中啦!"

"哦……"张道藩一时语塞。

"那你后来怎么回的家呀?"蒋碧薇又问道。

"啊,回到岸上,郭有守还坐在车里面等着我呢。"

"哎呀,让你担惊受怕了!"蒋碧薇说道,"我真有些

《侧目》(中国画)徐悲鸿作

过意不去，给郭有守带个好吧。"

"哪里哪里，这都是我应该做的。"因为有人在场，张道藩又说两句表面的客套话，便把电话挂断了。

接下来，张道藩仍然继续给蒋碧薇写信，告诉她接到她的电话如何激动，只是有旁人在身边，不好说过于亲热的话，于是便把"爱你""想你"的话埋在心底。因此，虽然接了电话，可却没能尽兴，心里依然郁郁不悦。现在把该说的话都写在信里了，才觉得痛快淋漓。可一想到离愁，快乐起来的心又被蒙上一层阴云。为了解除这种烦闷和无所适从，只得与另几个人下棋，棋下不下去了，就开始听军事广播，广播听不下去，就出去看电影。可到最后，竟然不知道自己都干了些啥，这都是因为想念她的缘故……

张道藩把给蒋碧薇的信发走回到家后，感到意犹未尽，似乎有永远说不完的话，于是坐下来又伏案接着写信，说他无论如何也忘不掉她那美丽的倩影，又说开始以"雪"称呼她时只是觉得雪非常纯洁，可后来又有些担心——害怕雪会溶化，那就在雪字后面加一个"芬"字吧，两字相连，成为"雪芬"岂不更好，又纯洁又芬芳……

张道藩接着又说他晚上读《白香山词谱》，以排遣时光，今后他还要多读诗词，以解烦闷。一个人在惨痛不堪的时候，倘若能随着朗诵之声而落泪，也是发泄悲愁的一种方法。有空，他会抄寄些心爱的诗词给她。

一天，张道藩整理旧物时忽然从皮箱里翻出蒋碧薇1928年春在上海写给他的一封信。那时，她随徐悲鸿留法归来不久，而且刚刚生了伯阳，是她心情最好的时候。他把这件事也在信中告诉了她，说十几年来她写给他的信，全都精心保存着，足以证明对她的爱是多么的真诚和持久……

张道藩最后说，现在时间已经过了午夜，他仍独坐房中给她写信，可却不知她此刻在做什么？还说当她和他通电话时，他的心一直狂跳，现在想来，仍然激动不已……

自打早晨5点钟，直到午夜时分，张道藩一共给蒋碧薇写了三封长信，其缠绵悱恻的程度可想而知。接下来，他又在第四封信里告诉她，已为她刻了一枚"雪芬"的图章，前后足足费去五个小时。这是他生平所刻的第四枚印章，是专门为她刻的，别人不易仿造，是为她留下的小小纪念品。

张道藩又在接下来的信中告诉蒋碧薇，昨天到她傅厚岗的家里采摘了一枝她亲手栽种的白薇花，拿回来插在瓶子里。似乎就能随时看见她，也能嗅到她芬芳的气息。恰好遇见为她看房的李丹田，正在搬运东西开始迁移。他想到，这座公馆很快就将人去楼空，因而又引起他的无限怅惘……

可以看出，张道藩的情感就像女人一样细腻与温柔，如同细雨一样滋润着蒋碧薇的心，让她如何不感动呢？

我们都知道卡夫卡是位世界知名作家，写作情书的高手，他虽然给密伦娜写过五百多封情书，可那仅仅只是在一年多的时间；海明威虽然给被他称为"小泡菜"的好莱坞明星玛琳·黛德丽写了三十多封情书，黛德丽也为他回复了三十多封，可那却是在三十余年漫长的时间里。而张道藩与蒋碧薇，在十年的时间里来往的情书却达两千多封。而且，无论从时间的密度、情感的热烈与迫切，以及相互牵挂的心理、温柔浪漫的程度，全都没有丝毫减弱……

不仅如此，张道藩还要亲耳聆听蒋碧薇那温存清脆的声音。这天下午，蒋碧薇正在旅馆里待得心烦意乱，坐卧不安，茶房忽然来叫，说柜台上有她电话，让她去接。蒋碧薇赶到拿起电话一听是张道藩的声音，兴奋得半天说不出话。直到张道藩在那边用极低的声音说了两遍："我好想你，我好想你！"她才在这边说道："我也是，我也是的！"

接着，张道藩向蒋碧薇询问了近两天的情况，去重庆的船票买到没有，何时才能起程？睡得舒服不舒服？吃得好不好？告诉她要保重身体后，才挂断了电话。接着，张道藩又在信中把打电话时的经过详细告诉她——说为了给她打电话，不得不一直守在电话机旁，一直等到其他人离开的时候才急忙拨通电话局……

蒋碧薇不但在情感上贴近张道藩早已超过了徐悲鸿，在生活中对于他的体贴与关怀也是无微不至的：她知道他最爱吃黄油，可南京市场早已经脱销。到达汉口后，她便四处寻觅，跑了多个大商店也没买到。恰好在街上碰见准备回南京的老朋友张寿伯，问她在干啥，她说想买几罐黄油。张寿伯立刻把她引进一家小商店，货架上恰好摆着四罐黄油。她则喜出望外，全部购买下来，写了一封短笺，托张寿伯捎给张道藩。

就在"民权轮"开往重庆启航之前，蒋碧薇又收到了张道藩的航空快信，说他又采摘了傅厚岗园中最美丽的两枝玫瑰花：一朵红、一朵黄，插在花瓶中，作为想念她的寄托。并且盼望能够很快收到她的信，以慰他那滚滚不尽的怀念……

入夜之后，谢寿康和郭有守都已经上床就寝，可张道藩却依然毫无睡意，想到蒋碧薇出发之前与他种种缠绵悱恻不忍离去的情景，想到她西行路上的艰难险阻，不禁潸然泪下。于是，又一封接着一封地给她写信……

本来，这里不该引用张道藩和蒋碧薇的过多信件增加读者的阅读负担。可是，他们二人实在是爱得太疯狂、太热烈、太真诚、太缠绵了。而且情书也写得无比精彩，这就预示着蒋碧薇与徐悲鸿的爱情必然要以悲剧形式而结束。

雪：

　　今天一天以内，遇着引起我想念你的事，实在太多了。早晨去开会，车过你家附近，会毕我一个人跑到后湖，循着我们上次去过的路线，重走了一次，下午又到陵园，在我们月夜同游的幽静之地，低回了一小时。这都是因为我近来思念你过切，走投无路，希望那样可以得着万一的安慰。偏偏今天有人送了螃蟹来，晚餐时立刻又叫我想到你，你不是喜欢吃蟹吗？你今后却一天一天地远离有好蟹的地方了！今天白天是那样的晴和，这种万里无云的蔚蓝天色，任何画家也无法把它画出来！今夜的月是那样明，气是那样清，不能同爱人度此良宵，真是辜负了上帝和爱神。

　　　　　　　　　　　　　　　　　　　　　　　宗

雪：

　　出乎意料之中，今晨起来收到你托人带来的信，和奶油四罐，你可想见我心里的高兴！我很忏悔，过去几天里不应该埋怨你没有信来，谁知道你的信早已在路上了呢！我要早知道你昨天才离开汉口，我又可以多写信多打电话给你了，我希望轮船没有再误期，你此刻已居西驶的船上了。但是为着我的私心，我又何尝愿意你去得更远呢？去吧，可怜的雪，你既不能不去，就只好去，只要你永远不忘记你的宗，无论你在哪儿都是一样的，只要我永远爱着你，不管你在天涯海角，或是那全世界最高峰的顶巅，我也能找到你的！只要你常念着我，你也会觉得我时时刻刻纠缠着你的。因为我的身体虽在这里，我的灵魂早已跟着你去了！你想想还有谁比我更爱你？还有谁敢夺我的爱？要有的话，我一定会同他拼命！唉，为什么总想到这一点？我未免太无自信了！我从此以后不再想，我相信你永远永远是爱我的！你决不会使我伤心失望的！雪，你说对不对？为什么写到这里心会跳？我真蠢极了，我不再写了。

宗

"民权轮"离开南京越来越远，相会无期，不觉加深了蒋碧薇与张道藩的离愁别绪。从汉口上船的第二天，丽丽病了，这就更使得蒋碧薇心烦意乱，于是又在船上开始给张道藩写信。因为孩子病着，信写得比较简短：

宗鉴：

　　昨晚因女儿发热，心中焦虑，竟夜未眠，今晨伊仍有热度，但精神尚佳。问茶役，谓船上无医生，虽知某名医同船，但因并非重病，不敢冒昧请求，若至无可奈何时，亦便顾不了许多矣。中午女儿进粥一碗，热虽未退，但觉其并无疾苦，心中稍宽。12时，船抵宜昌，仍不能靠岸，饭后偕友人及儿子乘小船登岸，雇车至东公园，园据两小山，荒凉不堪，惟遥观江景尚不恶，在茶室稍憩，步行至二马路，宜昌之热闹区也，两旁店面，颇整齐可观，路亦柏油筑，似可比拟南京之太平路，仅长阔不及耳。乃购置热度表一支，神曲一方，药膏一盒，及食物数事而返。归来为女儿试热，有三十八度，乃令服阿司匹林一枚，视其仍欢笑如平时，晚餐并进稀饭一碗半，至八时安睡，发汗甚多，体温似亦稍退矣。

雪

中年蒋碧微
与张道藩

宗鉴：

今晨9时舟离巫山县，沿途风景，雄伟秀美，一如昨日！10时过夔府，遥观城池房舍，殊无奇处，因在晨间，更不能领略杜诗所唱"夔府孤城落日斜，每依北斗望京华"之悲凉气概，颇感失望。舟过夔府后，山势即渐见平庸，吾8时起身，早览风景多时，仍回舱内看书。下午4时，舟抵万县，即停驶以待来朝续航。闻此间有西山公园，地千余亩。广阔无比，布置亦佳，在上江颇负盛名，同船之人，均纷纷登岸往游。吾因女儿新疾，且意兴萧索，无心游览，后闻人言，亦殊平凡无奇也。

雪

"民权轮"整整继续航行了五天五夜，蒋碧薇带着孩子和佣人终于抵达大后方重庆。

之后，蒋碧薇与张道藩的情书又像鸿雁传书一样在重庆与南京之间飞来飞去，张道藩对蒋碧薇改称"最最亲爱的雪"，蒋碧薇则称张道藩"我平生唯一的知己"，可见情感的炽热也在逐步升温……

这里不能不让人感到惊叹的是：除去张道藩不说，蒋碧薇的书信同样也写得情真意切，文字优美，委婉动人，而且行文沉郁在低沉悲凉的笔调里，充分显示出大家闺秀所具有的高深文学素养与丰富的内心情怀。她和张道藩的这些书信全都收录在线装手抄本《雪芬书札及诗稿》中，标记为"思雪楼主人亲笔抄录"。张道藩的号为"思雪楼主人"，他那工工整整的行楷，自然是他抵达台湾后的手笔了。

第七章

战马不知困

徐悲鸿原以为，在拆除南京城墙，和拒绝出售《灵鹫》的较量中，让蒋介石丢尽了面子；而且又多次回绝为蒋介石画像，一定会招来更大的压力和迫害——他甚至做好了准备被暗杀的恶果。可却没想到他们会转换方式——挑拨蒋碧薇与他闹离婚。

蒋碧薇已经放出风：离婚要跟徐悲鸿要三四百幅作品。所以，他一到广西便开始拼命作画。可进入状态之后，他已完全忘记了自己是因为何故作画，为谁而作。而只是作为一位艺术家的"本性"——一种天职，因而作品绝无搪塞敷衍的应景之作。

一、放游漓江

就在徐悲鸿第二次奔赴广西之后，1936年9月上旬，省政府由南宁迁往桂林，他也随之前往，仍然下榻于省图书馆。除了接待来访者和外出游览，便开始创作中国画和油画，题材多写广西风光。间或练习书法，以消胸中块垒。

一日，徐悲鸿应邀到李宗仁家中做客，李宗仁夫人郭德洁对他热情款待。

郭德洁原名郭儒仙，1906年生于广西桂平，"德洁"是结婚时李宗仁为她所改。

郭德洁自幼聪明伶俐，心高气傲，十八岁于桂平女子师范读书时，经绿洲水上警察厅厅长郭风尚介绍，与正在桂平驻防的李宗仁结识，遂发生恋情，1924年结为伉俪。

婚后不久，郭德洁即任国民党广西党部监察委员，并被选入国民革命军第七军广西妇女工作队随军北伐。行军途中，她一身戎装，脚蹬长靴，骑乘高头大马，被人们称为"甘露寺里的孙夫人""黄天荡中击鼓退金兵的梁红玉"，所到之处万人空巷，军民无不争睹她的风采。由于她的出色表现，受到了人们的广泛爱戴，就连李宗仁的原配夫人李秀文也心

李宗仁与郭德洁

甘情愿与她和睦相处。

郭德洁虽然已经年过三十，可风韵不减当年，仍然饱含南方女子小家碧玉般甜美，待人接物彬彬有礼，轻讪浅笑依然动人。

第一次来广西时，徐悲鸿为白崇禧的办公室画了一巨幅《跃马图》后，又为李宗仁画了《群马奔腾》《竹雀》《猫蝶》《梅花喜鹊》《村女》和《松柏参天》。现在，《竹雀》和《松柏参天》已经装裱成轴，悬挂在客厅里。徐悲鸿看着墙上自己的两幅画，又欣然命笔，为郭德洁画了一幅素描肖像。

这次赴桂林，徐悲鸿是由与他有着师生情谊的徐晓明和第一次来南宁举办画展结识的中学美术教员徐杰民陪同的。从李宗仁家里出来回到住处，恰逢盛成和高方来访，徐悲鸿于是又租下一只木船放游漓江。

徐晓明字飞白，1911年生于湖北，比徐悲鸿小十六岁，自幼酷爱文学。

1929年，徐晓明于湖北省立师范学校和北平民国学院毕业后投笔从戎，1936年于南宁参加由李宗仁、白崇禧组建的第四军团，在政治部任上尉组训科长。

徐悲鸿第一次来广西时，已与徐晓明结为知己，无话不谈。临别时，为他画了一幅《秋风立马图》，上边的题识写道：

徐悲鸿送给徐晓明的《秋风立马图》（中国画）

秋风万里频回首，认识当年旧战场，廿五年夏日与晓明弟同来广西。晓明且躬与抗日之役多咏歌，八桂健儿热烈情绪之作，写此贻之，聊助他年回忆也。悲鸿。

《秋风立马图》独绘一匹雄健英爽的骏马，扭动脖子朝后张望，鬃毛和尾巴在风中飞扬，造型严谨，笔墨轻重、枯湿、疏张有度，而且块面结合，辅以中国画的线条，充分显示出徐悲鸿画马不但在造型和神韵，而且在中西结合上，均已达到炉火纯青的地步，在他所画的马中堪称经典。

徐杰民别名洁生，广西阳湖人，1910年3月出生。1932年毕业于上海新华艺术专科学校艺术教育系，历任中学美术教师、广西省立艺术专科学校美术系教授，是徐悲鸿的得意弟子；抗战时期曾与徐悲鸿在广西省立艺术馆美术部共事，二人过从甚密。

盛成已经是徐悲鸿的老朋友，两人关系密切，无话不谈。高方与徐悲鸿接触虽然没有盛成多，可他对徐悲鸿和齐白石画作的喜欢达到了痴迷程度。早在1928年，徐悲鸿赴北平艺专任教期间，高方带着四幅齐白石的作品前来求见。徐悲鸿观后瞪着眼睛问道："你在哪儿得到的这四幅画？"

高方看着徐悲鸿的表情，心中忐忑不安，答道："是别人转给我的，怎么了？"

徐悲鸿说道："我正要去给齐先生送薪水，走，你跟我去，我让老先生再给你赔上四幅。"

高方感到诧异，带着画来到齐白石的跨车胡同。齐白石看见了他带去的四幅画后，也不生气，立刻铺上纸为他又画了四幅。

原来，那四幅画是齐白石的儿子画的，只有一枚印章是齐白石的。

从此，高方对待徐悲鸿更加敬重，无论走到哪里，只要有机会，都要前去拜访。游览完漓江，徐悲鸿带着盛成、高方和徐晓明在阳朔上岸，居住在李宗仁赠给他的四合院内。徐悲鸿带着几个人参观完四合院的房前屋后，顿觉后园有些狭窄，成为美中不足。眺望之，见隔墙有一家果园，徐悲鸿便嘱托居于阳朔的徐杰民与园主秦公子联系，欲购置其部分扩充后园——扩充后即可面临漓江。然而秦公子却说道："此系祖业，不愿转让。"徐悲鸿也只得作罢。

徐悲鸿的情绪极高，朋友聚在一起不免把酒临风，酒后吟诗作画。情到深处，他又情不自禁地向三人吐露了对孙多慈的思念之情。徐晓明则立即赋诗一首，以记其事：

对我长谈涧上亭，多君消息滞怀宁；
风烟不为吹愁去，嚼石成仙簇簇青。

接着，徐悲鸿又写了一首怀念孙多慈的诗：

亦效鸳鸯宿上林，亦同麒麟失其群；
人生甘苦每相反，颇觉年来左手驯。

徐杰民与他的花鸟画

稍后，又作一首：

急雨狂风势不禁，放舟弃掉迁亭阴；
剥莲认识中心苦，独自沉沉味苦心。

后来，徐悲鸿都曾将这两首小诗抄录赠送友人。

前面已有所交代，徐悲鸿这次来广西之前，教育部已经做出中央大学西迁重庆的决定。到达桂林后，他虽然已经给罗家伦校长写去了辞职报告，可罗家伦惜才，并未给予答复，辞职之事也就不了了之。到了11月上旬，徐悲鸿已经得知学校迁至重庆，于是便离开广西赶赴四川。

二、聚首重庆

郭有守是四川人，抗战初期，郭太太就已带着孩子回到重庆，在渝简马路的"光弟"租了五间房屋。蒋碧薇到达重庆后，便把"光弟"的两间房子让给了她。国民政府的中枢迁至重庆之后，也设在"光弟"附近，因此，渝简马路也就改称为"国府路"。

张道藩既已迁来重庆，与蒋碧薇缠绵悱恻的程度便不言而喻。

徐悲鸿来到重庆后，迫于蒋碧薇的排斥，没有回家，而是借住在中华书局重庆分局的职工宿舍，每天到中央大学去上课。这里，还住着宗白华、张书旂、顾了然、吴稚晖、徐仲年和胡小石等中大老师。

一天早晨，几个人正在与徐悲鸿观览他带回来的画作，蒋碧薇到职工宿舍来看望顾了然。张书旂眼尖，从窗户看见她的身影，立刻迎出来告诉她说徐悲鸿来了。说着，转身进屋将他叫出来，站到她面前。

蒋碧薇与徐悲鸿就像见了普通朋友一样，与之握握手，问了好，然后在徐仲年和顾了然的陪伴下逛了会儿马路便分开了。

朋友们都已知道徐悲鸿与蒋碧薇之间的裂痕，但却还是希望他们和好。

于是当天下午，徐仲年和顾了然便带着徐悲鸿来到蒋碧薇在"光弟"的家里。徐悲鸿把从广西带回来的两管玉屏箫和一块贵州产的真丝衣料送给了她。

伯阳和丽丽见到爸爸回来，自然欢喜异常，可蒋碧薇却冷着脸。为了缓和尴尬气氛，并且要留住徐悲鸿，同住一楼的张直夫太太竟然提议要打麻将。可麻将打到晚上9点多钟散了局，徐悲鸿出外送完朋友回屋后，蒋碧薇却对他毫无表情地说道："你怎么办呢？我这里没有地方可以住的啊！"

徐悲鸿听了蒋碧薇的话脸色陡变，用陌生的目光看了她半天，然后转身拿起外衣冲出门外跑到吴稚晖住处，与吕斯百、吴作人挤在一起，气愤难平地告诉几个人："从来就没见过这种事，布置好好的家，不让我住，就算我是个朋友吧，也应该招待我呀，何况她与我并没离婚。"说这话时，他还听见伯阳和丽丽跑出屋门，站在院子里哭喊爸爸……

徐悲鸿一阵心酸，用被子将脑袋蒙了起来……

中央大学开课后，徐悲鸿按照约定，第一个月将一百五十块钱托吕斯百送到了蒋碧薇手中。第二个月，当蒋碧薇再向他去要钱时，他却突然大声痛哭起来，抽泣着说道："记得在南京大轰炸的时候，我们一起躲在防空壕里。我想我们还是不要再闹了，时局已经糟到这步田地，再闹下去有什么意思啊？可是，我想不到你会这么坚决。"

蒋碧薇凝望着徐悲鸿，心中产生了无限感慨，可她还是平静地说道："你几时把你的想法告诉过我，或者是有那么一星半点的表示？难道说你心里所想的事，我就一定应该知道的吗？而且你总该记得，从前我们在南京初次分手的时候，我曾郑重地向你表明过态度：如果你确实和别人断绝关系，我欢迎你回家。现在你只要问问自己，就知道该怎么做了。"

徐悲鸿感到更加伤心，身子倒在床上，用手捂住面孔，直至"吞声饮泣"。蒋碧薇感到他有点可怜，于是对他说道："人生得一知己确实很不容易，假如你觉得和孙女士结合是幸福的，我决不阻挠你们。但是我和你做了二十多年夫妻，我并没有失德的地方，何况我们还有两个孩子，我又不想再嫁人，所以请你也为我们谋一个安全之计。"

"你真的没有失德地方？"徐悲鸿不再作声，只是在心里发问。蒋碧薇又朝他说道："我今天来完全是为了生活费的问题，你应该了解我的个性，二十多年来我没有为了金钱跟你冲突过，我不是个爱钱财的人，不过，你亲口答应的诺言，还是应该实践。我还要劝你一句，做人，最好漂亮一点！"说完便怅然离去。

第二天清晨，蒋碧薇还没有起床，徐悲鸿就来到了她的跟前，向她宣布这是他的家，他明天就要搬回来。

虽然已经貌合神离，可蒋碧薇还是没有理由不让徐悲鸿回来。她的样子虽然冷若冰霜，可看见在一旁发呆的可怜巴巴的两个儿女，徐悲鸿却等不到第二天。当天下午，就将全部行李搬回家中，而且提来了几只当时很难搞到的螃蟹。

然而，对待徐悲鸿，除了迫不得已，蒋碧薇从不轻易与他讲话。而不管提起什么事，也总是锱铢必较，而且硬性改变了她原来的生活习惯——迟睡早起，尽量避免与他接触。

在这之前，张道藩几乎每天都来"光弟"与蒋碧薇幽会。现在，徐悲鸿突然住了进来，她便立刻给回到南京的张道藩写信告诉他徐悲鸿回来了，并且理直气壮地说道："我现在要我的家，你究竟怎样？"

蒋碧薇还在信中对张道藩说她一生最悲惨的时刻来临了，感觉都已经麻木，好像有人用刀子刺在她的心头，唯有静静等待死神的来临。并表示她命薄如此，竟没有福气消受他的爱，请求他如果能保留一点以前的友谊，便心满意足了。

蒋碧薇又在信中说以后很难再给张道藩写信了，因为家里只有两间屋子，无法保守秘密。并且又让他仍然给她寄信，但却又写道："信寄到什么地方呢？一想到这些，我真要发狂了。没有了你，我将如何生活下去？可是，可是还是不要寄了。"

蒋碧薇在信的末尾又说道："万一你到重庆来，我能再见你一面，那我便如死而复生的人。我唯日日祷祝你身体健康，百事如意，并勿忘了千里外有一点细微的雪，在受烈焰的欺凌，将要化去了。"

徐悲鸿已经住进家里三天，而且决心要与蒋碧薇和好，这让蒋碧薇感到处处无所适从。尽管她已在信中告诉张道藩不要再寄信来，可张道藩却忍不住，三天之后仍然来函。就在邮差盖章的机会，她便把信件抽出隐藏起来，然后出门，又给张道藩写去一封对他无限思念的信……

然而就在此时，六朝古都南京失守，张道藩在陈立夫的力促下，放弃了与古都共存亡的念头，撤退到了牯岭。不久，蒋碧薇接到他离开南京前寄出的最后一封信，告诉她说时间已经是深夜两点了，他刚从陈立夫那边回到家里。昨日忙乱了一整天，直到夜里1点方才睡下，因为疲倦过度，没有再为她做笔记；今天又是整日忙碌，而且还生了一天的气。

张道藩还在信中说道，他想和守城将士留在南京的愿望烟消云灭了，可爱的六朝故都，可纪念的湖山寺庙，可留恋的雅轩小楼，此后会被敌人的炮火毁掉还是能够幸免？他都不敢想象了。又说他最怕旅行，最使他难弃难舍的，就是她曾在这儿接触的一事一物，一草一木，他怎么能舍弃它们而去呢？"我已失你于几千里之外，如今连你曾接触过的事物也将失去，你说，我的心该是怎样的迷惘惆怅！"

尽管如此，徐悲鸿并不知道蒋碧薇与张道藩还有如此热烈的"地下恋情"，而依然十分恋家，每天都乘坐拥挤的公共汽车在家与二十多里外的沙坪坝之间往返。不巧的是，此时，徐悲鸿痔疮发作，不得不搬到中华书局的二楼就近治疗。几天之后，蒋碧薇到住处去给他送东西，徐悲鸿控制不住自己的感情，竟然一把抓住她的双手不放，脸上充满了痛苦和悲伤，嘴唇抽搐着，眼里也是一种少有的可怜目光……

在夫妻之间，这无疑是一种血与火的情感，是对夫妻真挚情意是否默契的考验……

然而蒋碧薇曾在她的自述中说道："我一生了无长处，只有祖宗遗传给我的一身傲骨。"

如果用在别处，蒋碧薇的"一身傲骨"可赞可叹！可对于夫妻感情，作为妻子，在丈夫面前无疑是表现得过于强势了。抑或正因为这种强势，使得蒋碧薇对徐悲鸿产生了一丝怜悯。可自视强过别人的人，和被怜悯者之间是无法站在对等线的。正是出于这样的理念，蒋碧薇才怅惘地站在原处，缄口不语。时间在小小的房间里凝结，徐悲鸿终于放开了她的手，任凭她转身离去……

几天之后，徐悲鸿回到家里躺在床上，蒋碧薇一想到他戴在手上的红豆戒指心情就不悦，睡不着觉，于是朝他问道："依你看，我们还有和好的可能吗？"

想起几天前在中华书局楼上的一幕，徐悲鸿似乎受到了刺激，于是回答得十分干脆："我知道我的罪恶，让上天来惩罚我好了。"

蒋碧薇听了心里不是滋味，于是又慢慢说道："过去你曾向我父母说过，你到哪里都打得出天下，我离开你就不行了。但是我一定要努力奋斗有所成，那我便离你更远；要是无所成，就只有两条路可走，一是自杀，一是向你乞怜。不过以我的个性来说，恐怕是走第一条路的可能性较大。"

徐悲鸿缄默无语，随即起床收拾东西，并对前来看望他的郭有守愤愤说道："人心已变，不能再住下去了。"遂拎起行李下楼而去……

三、安庆相会

1937 年 4 月，教育部规模空前的第二届全国美展在南京国府路美术陈列馆举行。徐悲鸿虽是这次展览筹委会评审委员，但他却已离开南京正在桂林、阳朔一带写生。画展的评委中有张大千、林风眠、汪亚尘、许士琪等。

孙多慈此次参展的作品，是她的油画《石子工》。此画不但收入了《第二届全国美展画选》，而且得到了媒体的高度评价。由于受到这次画展的鼓舞，她便想利用这年的暑假，在安庆搞一次个人油画展。

回到安庆的两年里，孙多慈已经画了许多画。不但有《木工》《石子工》《李家应女士》这些参加过高级别美展的重点作品，也有许多在庐山、黄山等地写生的油画风景、素描和速写。

孙多慈虽然在离开南京时宣称十年不再与徐悲鸿联系，可她还是忍不住将要举办画展的情况向他透露了。得知消息后徐悲鸿非常兴奋，便于6月下旬在长沙举办完个人画展后抵达武汉，再乘客轮赶赴安庆。

6月26日上午9时，天气炎热，徐悲鸿乘坐的客轮在码头停稳后，已在岸上等候多时的孙多慈挽着李家应的手，一眼就看见了人头攒动里留着中分头的徐悲鸿，便用手指着对李家应说道："你看，来了，在那儿。"

李家应看出孙多慈的情绪有些激动，便用手指抠一下她的掌心，让她保持冷静。

孙多慈自画像（油画）

李家应积极支持孙多慈与徐悲鸿的"师生恋"：徐悲鸿的学识和大家风范让她钦佩，对于孙多慈的"恋父情结"，她也十分理解。两个人虽然身份不同，年龄悬殊，然而郎才女貌的匹配，以及徐悲鸿的宽厚，孙多慈的娇情，都令李家应折服，一直在积极促使这对"师生恋"变成现实。可接下来，由于蒋碧薇一直从中间作梗——尽管她与徐悲鸿之间的裂痕已经无法弥合。可李家应看出，她依然是个惹不起的主，加上徐悲鸿也不能够快刀斩乱麻。所以李家应在态度上也就有所转变。可看见孙多慈对徐悲鸿依然一往情深，她倒想要看看事情还能不能有所转机，于是把一丝希望寄托在徐悲鸿身上。

天气炎热，可徐悲鸿仍旧穿着白夏布长衫，脚上蹬双棕色皮鞋，手里拎一只褐色皮箱。

李家应抿着嘴，松开孙多慈的手，将她往前轻轻推去。

《梅鹊图》（中国画）
孙多慈画梅，徐悲鸿补喜鹊

孙多慈上前一步，矜持地微笑着伸给徐悲鸿一只手。她的内心激动，无法掩饰脸上泛起的淡淡红晕。

徐悲鸿在握住孙多慈一只手的刹那间，目光凝结了，一句话也说不出来。孙多慈向他使了个眼色，他才意识到李家应站在旁边，于是松开她的手，转身与李家应寒暄起来。

孙多慈要了部黄包车与李家应一起，把徐悲鸿拉到了汪家塘方家大屋，下榻在自己家里。她知道无论走到哪里，他是都要作画的，于是把自己的书房兼画室收拾干净，将画案移至地中央，加了一张床。

孙传瑗尽管依然不同意女儿跟徐悲鸿的婚事，可他是为孙多慈的画展专门赶来的，因此也只得在家中设宴热情款待。

安庆当时虽然是安徽的省城，可在那个年代，想搞个人画展，特别是油画展，还是开天辟地之事。吃过午饭，徐悲鸿便让孙多慈和李家应带他去看展览场地。

安庆没有专门的美术馆和展览馆。安庆中学是省城的重点中学，也是孙多慈原来的母校，在当地影响较大，因此，展览场地就定在那里。

因为已经放了暑假，校长李庆嵩特意从家里赶过来，与徐悲鸿和孙多慈商量展览的具体事宜。

李庆嵩五十多岁，中等身材，花白头

发下面是一双漆黑的眸子,见到徐悲鸿非常激动,拉住他的一只手,坐在校长室的沙发里说道:"啊呀,徐先生,你的名字早已经如雷贯耳呀!"

"幸会,幸会。"徐悲鸿也很激动,放开李庆嵩的手说道,"听孙多慈说你对她的工作非常支持。"

"哈哈,"李庆嵩爽朗地笑了两声,"你这国际知名大画家的高才生,她的工作我能不支持吗?"

"谢谢李校长。"徐悲鸿接着说道,"孙多慈到你这儿两年,画了不少画,上午我都看过了,非常不错。她原来想把中国画也放进去一同展出,我觉得作品太多了,不容易突出重点,所以建议她只展油画,因为她所追求的也是一条现实主义路子嘛。关于展出日期……"徐悲鸿用征询的目光看着李庆嵩。

"展览日期,我看就定在7月15号吧。"李庆嵩说道,"这天阴历是六月初八,在我们安庆这是个吉利的日子。"

"可以。"徐悲鸿说道,"时间还有半个月,我见有些作品还没配画框,得抓紧时间啦。"

"来得及!"一直握着李家应的手坐在一边的孙多慈说道,"有家应和学生帮忙,没有问题。"

李庆嵩接着对徐悲鸿说道:"因为孙多慈是徐先生的学生,到时候恐怕省里和教育厅的领导都要过来,咱们这个展览一定要办得有档次。关于画框呀,布展所需的经费呀,学校准备拿出一些钱来。"

"那就更感谢李校长啦!"徐悲鸿说道。

"不过我还有个要求。"李庆嵩看着徐悲鸿说道,"不知徐先生能不能答应呀?"

"你说,李校长。"徐悲鸿用亲切的目光看着李庆嵩。

"到时候徐先生如果能够前来参加开幕式,既能提高这次展览的规格,也能为鄙校提高知名度,徐先生能答应吗?"

徐悲鸿没有立刻表态,而是转过脸去看孙多慈和李家应。见孙多慈正用一种渴望的眼神看着他,李家应眼巴巴的目光更是不容置疑,于是转过脸冲李庆嵩说道:"这你就放心吧李校长,到时候我一定赶过来。"

"一言为定,那咱们就去看一下展览场地吧。"李庆嵩从沙发上站起来,拉住徐悲鸿的一只手就往外走,孙多慈挽住李家应的胳膊跟在二人身后。

李庆嵩带着徐悲鸿在校园里转了一圈儿,最后定在孙多慈任课的三间连在一起的教室。教室里的光线充足,墙面也很洁净,到时候把桌凳搬出去,钉上钉子就可以挂画,徐悲鸿感到很满意。

从安庆中学出来,穿过龙门口,徐悲鸿买了些印有地方名胜古迹的信封和信笺,便随孙多慈和李家应从司下坡走下来,出八卦门,走西门外大街来到"皖省第一名胜之区大观亭"。

大观亭是长江中下游著名的人文景观,"三楹拓地,十笏循檐,一周回廊尽匝,闻名于世。"都让徐悲鸿赞不绝口:"倚槛苍茫千古事,过江多少六朝山。"

徐悲鸿一直用深情的目光看着孙多慈,她看他的眼神也总是顾盼生波。来到半山腰,李家应指着大观亭底层伸出来的重重叠叠的半边楼阁说道:"多慈,我先到那边去看看,然后在东侧的镜舫等你和徐先生。"说完,不等孙多慈反应过来,便从她的身边跑没了影。

徐悲鸿这才伸出胳膊将孙多慈揽在怀里,坐在一株南洋杉下边的石凳上说道:"多慈,转眼之间你从中大毕业两年了。当时,没能给你办成赴比利时留学,我感到非常内疚。我这次来想对你说,无论如何,你还是要出国深造。如果申请不到官费名额,就自费出去吧。"

孙多慈从徐悲鸿的怀里挣脱,用一种畏缩的目光看着他并不言语。徐悲鸿又说道:"经费问题不用担心,我已经为你准备了一笔钱,还让舒新城帮助换了124英镑外汇。你要是觉得孤单,李家应如果愿意的话,你俩就一块儿去吧。出国的前期经费我都给准备足了,出去以后你们一边打工一边学习嘛。"

孙多慈有些激动,泪水从眼眶涌出来。徐悲鸿伸出一根手指在她的鼻梁上刮了一下说道:"因为我,你受了不少委屈是吧?"

"不,先生!"孙多慈说道,"我是觉得自己真的没用,什么事都离不开先生帮助。"说完，扑进徐悲鸿怀里，将脸埋在他的胸前。

徐悲鸿搂住孙多慈的肩膀说道："我早就跟你说过，我是你永远的靠山，你的事就是我的事。我见你和李家应亲如姐妹，你去找她商量商量吧。"

孙多慈从徐悲鸿的怀里挺起来，盯着他的双眸注视半天，然后将脸上的泪痕擦净，转身朝着镜舫跑过去找李家应。

须臾，孙多慈牵着李家应的手回到徐悲鸿面前。李家应紧抿着嘴，脸上挂着调皮的笑意，冲徐悲鸿说道："让我先谢谢徐先生喽。"

"先不要谢。"徐悲鸿说道，"等你俩学成归来报效祖国，再谢我不迟。"

"哈哈，我是借孙姐的光了，是吗？"李家应仰脸看着徐悲鸿。

徐悲鸿又上去刮一下李家应的鼻子，呵呵笑了两声："是因为你俩长得一样漂亮！"

从大观亭回来，孙多慈和李家应陪着徐悲鸿到电报局给在南京的谢寿康拍了封电报，告诉他自己回去的日期。不料这封电报却给他回家后带来了麻烦……

回到孙多慈家里，徐悲鸿的兴致依然不减，吃过晚饭后挑灯夜战，画了一批画，并给孙多慈和李家应每人作了一幅小品：一幅画的寿桃，另一幅画的水鸭。熟料，半个世纪之后，这两幅小品竟然流转到香港作家董桥手中。他在《孙多慈采红豆送老师》的文章中提到这两幅小品时写道：

> 我那两幅徐悲鸿的画小得可爱，画给孙多慈的是寿桃，题了"慈弟清玩"；画给李家应的是水鸭，落款"应弟存玩"，都是"民国"二十六年（1937）春日之作，一对尺寸相同的稀世珍宝，走遍天下恐怕再也找不到情致这样细腻的徐悲鸿了。

董桥所说的"情致这样细腻的徐悲鸿"，是指他在两幅画上题的"玩"字。同样是一个"玩"，可题给孙多慈的是"清玩"，题给李家应的却是"存玩"，这种别样的情感，便在这一"清"一"存"字中得以凸显。由此可见，作为一位艺术家徐悲鸿是个性情中人，无论在何时何地，都是带着自己的

慈弟清玩
《寿桃》

应弟存玩
《水鸭》

真实感情在作画。

徐悲鸿4月30日就要回去了。头两天，谢寿康接到了他电报，便拿着去找蒋碧薇，商量一同去接站。蒋碧薇问他电报是从那里发来的。

"从宜庆。"谢寿康随口答道。

"宜庆是啥地方？"蒋碧薇追问道，"怎么没听说过呀。"

"啊，宜庆就是安庆。"谢寿康脱口而出。

徐悲鸿愤然离家已有半年之久，自打走后一直杳无音信。蒋碧薇听说宜庆就是安庆，便知道他是去会孙多慈了，不觉感到愤怒。谢寿康知道自己说漏了嘴，便好言相劝：说你们既然还没有离婚，就还是一家人嘛；况且还有两个孩子，就是冲着孩子的面，也应该去接徐先生呀。听了他的话，蒋碧薇也只好勉强答应。

到码头去接徐悲鸿的人很多，蒋碧薇带着伯阳和丽丽躲在人群中。

听说父亲回来了，两个孩子十分兴奋，可蒋碧薇却一直冷着脸。当伯阳和丽丽呼喊着"爸爸"扑到徐悲鸿怀里时，她也只是像个旁观者，不动声色地等在远处，最后跟在人群的后面上了前来迎接徐悲鸿的汽车。

徐悲鸿回到家里一看，房间已经被蒋碧薇重新整理过：她已搬出原来的卧室睡到外面。他的东西和衣物也都单独存放，完全是一种"鸡犬相闻，老死不相往来"的样子。

蒋碧薇除了必须要与徐悲鸿交涉的事情之外，对他还是连理都不理。他看出来了，只有两个孩子与他依然亲近外，就连佣人跟他说话的腔调，都把他当成了客人。他知道，这一切都是因为蒋碧薇唆使，因此也只能黯然神伤。

徐悲鸿索然无味地在家住了十天，画了些画，便匆匆赶到中华书局去找舒新城,安排孙多慈和李家应赴比利时留学事宜,让他给二人准备两千元钱作为前期费用,并将代购的英镑从他的存款中扣除,等到孙多慈和李家应过来时交给她们。

7月13日晚9时,徐悲鸿参加完舒新城所设的便宴出来,已经下起霏霏细雨,便撑起一把雨伞,在篆刻家简琴斋和舒新城的陪伴下匆匆赶到码头,乘船赶往安庆去参加孙多慈的画展开幕式。

简琴斋名经纶,别署万石楼主,广东番禺人,比徐悲鸿年长七岁。他精通工各种书体,对历代金石文字情有独钟,著有《甲骨文集古诗联》《简琴斋印存》等著作。作品总是由小见大,以少胜多,从印面到边款皆浑朴老辣、意蕴深厚、英迈爽利,淋漓尽致地抒发他的艺术情感。他所生存的年代,赵之谦上溯秦汉,下开风气,篆、隶、行融会贯通;吴昌硕为写意派领袖;黄士陵则别树一帜,开创"岭南派"。以简琴斋的才华取法任何一派都足以名世,而他却以甲骨文入印载誉印史,为艺坛所瞩目。

15日凌晨,轮船抵达安庆码头,徐悲鸿在孙多慈和李家应的陪同下直奔安庆中学。

参加画展开幕式的政府官员、教育界人士、社会名流和报社记者把三间教室的展厅挤得水泄不通。因为有徐悲鸿参加开幕式,教育厅长杨康、安徽大学教务长胡子穆,以及暑期留在安庆的大学教授,全都专程赶了过来。徐悲鸿在讲话中,高席赞扬了孙多慈的绘画天才,及其刻苦奋进的求学精神,并且透露出她将赴欧洲留学深造的意向,整个展厅气氛异常热烈……

中午,安徽省教育厅想要设宴招待徐悲鸿,可他只想与孙多慈待在一起,便婉言谢绝了。开幕式一结束,他便拉着孙多慈离开安庆中学,出了纵阳门,去爬城东的振风塔。

徐悲鸿在当街买了两张侉饼,与孙多慈边吃边走,一路谈笑风生。孙多慈则当起了"导游",不停给他介绍振风塔的传说,及其诗词典故的内涵。说到动情处,他的手指伸到她鼻子上刮一下,两个人便爽朗大笑一气……

徐悲鸿与孙多慈从振风塔回来,已经是华灯初上。孙传瑗早已在海洞春酒楼定好一个雅间，安排李家应和陆汉民与孙多慈一起款待徐悲鸿，他则借口有事没有出席。

宴席上由于没有孙传瑗，酒过三巡，徐悲鸿便无所顾忌，缠着孙多慈跟她学安庆方言，又玩日常用语游戏。孙多慈被缠不过，虽然责备他有失教授身份，但却仍然随声附和，宴席夜深方散。

次日，徐悲鸿为了感谢安庆中学校长李庆嵩，以及教育厅长杨康和安徽大学教务长胡子穆等人对孙多慈画展的支持，在她的家里为他们画了一天画。孙多慈和李家应，还有陆汉民一直陪在身边看他作画，全都感到有种说不出的艺术享受。

徐悲鸿买到的是17日凌晨两点离开安庆的船票。正值暑期，天气热得无处躲藏。吃过晚饭，孙多慈要带徐悲鸿到城东的公园去纳凉，并从那边直接送他上船。

孙传瑗和夫人孙汤氏不放心，便让陆汉民陪同前往。

陆汉民当然也不拒绝，她不但记住了姑父、姑母交给的秘密任务——"监视"表姐与徐悲鸿的行踪；同时，也觉得自己非常喜欢既有风度又有学问的徐悲鸿。于是就像只尾巴一样，随着二人从汪家塘方家大屋出来，向南上了孝肃路，然后东折出城。

公园里曲径通幽，层峦叠嶂，亭台水榭，繁星如织，弦月若银，流水潺潺，孙多慈挽着徐悲鸿的胳膊漫步其间。

许久以来，徐悲鸿的心情总是处于郁闷颓丧之中：对于一位清纯如水的少女，刚一步入人生，就因他而遭到众多情感上的打击，他感到内疚和自责。现在，来到了"世外桃源"，他的心情彻底轻松了，于是对孙多慈低声说道："多慈，出国留学的经费我都安排好了，你和李家应准备一下就可以动身。留学款项你到舒新城那里去取，你出画集时不是见过他吗。"

孙多慈虽然知道小表妹陆汉民是带着"任务"跟来的，可对她，却一点都不避讳。听了徐悲鸿的话，便与他相拥在一起。她的小鸟依人般的温存与婉约，让他感到了从未有过的怜爱和心灵慰藉，两手捧住她的头在她的面颊上亲吻。

孙多慈自从见到徐悲鸿，如今整整七年过去了，这中间有欢愉，也有失落；有爱，也有恨；有追求和向往，也有痛苦与绝望，之中的波折实在太多了。咫尺天涯，她对那段几乎夭折的情愫怎么能放得下？于是，他写给她的那首小诗又在心底里泛起，便不由顺口低吟出来：

极目孤帆远，无言上小楼。
寒江沉落日，黄叶下深秋。
风厉防侵体，云峰尽入眸，
不知天地外，更有几人愁。

孙多慈的心底又生出一丝淡淡忧伤，于是离开徐悲鸿，独自顺着林荫小道朝前走去。

夜如此静谧，月光洒在林间。二人的心境温馨、坦然、舒展，却也掺杂着淡淡凄凉。孙多慈感到脸上两行冰凉的泪在往下流淌，徐悲鸿赶上来，在她身后一步不离地跟着她。

徐悲鸿与孙多慈在林荫道上踽踽而行，时而无言相视，时而低声细语。这一夜，竟然成了他们人生旅途和爱情生活中最温馨、最浪漫、最甜蜜，也是最有诗意的夜晚。

时间过得飞快，十分钟、五分钟，再待三分钟吧！到了实在不得不离开的时候了，徐悲鸿拍着孙多慈小表妹陆汉民的肩膀对她说道："你要知道，你的表姐永远是最美丽的。"

月光下，孙多慈满眼的泪水晶莹闪烁。

从公园里出来，孙多慈牵着陆汉民的手，把徐悲鸿送到安庆码头上了船，看见他在夜幕中渐渐消失，便紧紧抱住小表妹泣不成声……

陆汉民后来回忆她执行这次特殊任务时说道：姑父母交给她一个"任务"，让她监视表姐孙多兹与徐悲鸿，有什么情况向他们汇报。于是，他俩走到哪儿，她便一直跟在后面。她觉得总算能见到这位才华横溢的大画家了。她说徐悲鸿中等偏高身材，清瘦而儒雅，具有大艺术家气派。他那时已经四十三岁了,眉宇间压着忧郁,脸上几乎见不到笑容。他来安庆时穿的是夏布长衫,棕色皮鞋,很朴素。而表姐孙多慈给她看过的徐悲鸿照片则多是西装革履,扎着领带,俊朗而有风度。

陆汉民说她同情表姐,不会打小报告。她也认为表姐不惧世俗压力追求自由恋爱的精神很了不起,觉得徐悲鸿若能和蒋碧薇分手而与表姐结合,定然是天造地设的一对。徐悲鸿对陆汉民很和气,问她是否也爱绘画,又问她读过哪些欧美古典小说和中国文学名著,她都一一作答。

孙多慈与徐悲鸿在安庆公园里相偎低语,并不避忌陆汉民这个小表妹,她见表姐似乎郁郁寡欢,不止一次哭泣过,无疑面临着两难选择……

第八章

世事难料

　　徐悲鸿为孙多慈和李家应安排的留学一事,实际上从一开始就变成了泡影。就在"孙多慈西洋画展"开幕一周前——1937年7月7日,发生了震惊中外的"卢沟桥事变"……

一、从安庆到长沙

"七七事变"之后,中华民族进入水深火热之中,安庆的紧张局势也由此开始,孙传瑗带着全家开始了流亡生活——由安庆逃到长沙。

安庆一别,孙多慈日夜思念徐悲鸿,一到长沙,便给他写了一封信。此时的孙传瑗也把希望寄托在他的身上,希望他能帮助他们前往桂林安居。可孙多慈给徐悲鸿的信寄出去三个月后,依然不见回音,孙传瑗对此心生怨怼。

李家应的父亲李立民时任浙江省秘书长。日军对安庆的空袭是从11月26日开始的,李家应便在遭袭的第二天离开安庆,辗转浙江丽水,在父亲的安排下,由好友郁达夫夫妇将她带到武汉,再由武汉奔赴长沙寻找孙多慈。

半年多不见,孙多慈与李家应挤在一起毫无睡意,连床夜话。当提到徐悲鸿时,李家应见孙多慈的脸上表现出一种不安和失望的神态。再三追问之下,方知道她写信后三个月还没有回音。父亲对此也很愤懑,没少说风言风语的话。

李家应看着无比惆怅的孙多慈,突然说道:"要不,我另外给你介绍一位吧?天底下又不是就徐悲鸿一个男人。"

孙多慈听了李家应的话半天没有反应,李家应捅她一下说道:"哎,问你话呢,倒是说呀。"

过了好一会儿,孙多慈才嗫嚅道:"是啊,世上虽无两条腿青蛙,可两条腿男人遍地皆是。然而,众里寻人千百度,只有他在灯火斑斓处!按你的说法,那我怎么对得起徐先生呀!"

李家应翻身将一只手搭在孙多慈的腰上说道:"我说了你可别不高兴,我听说徐悲鸿到重庆后又与蒋碧薇和好了,家就安在'光弟'。"

"不会吧。"孙多慈想了想又说道,"他们夫妻关系已经闹到了那种地步,而且,徐先生对我……"

"嗐,你也别太死心眼儿了。"李家应接着说道,"这世上的事呀,瞬息万变。你看，徐先生本来安排咱俩去比利时留学，钱都给准备好了，可怎么样，现在不已经落空了？这不是他不诚心，而是时局的变化所致。时局在变，人的情感就不会变吗？不然，你写去的信都三个多月了，怎么还不见回音呀？"

孙多慈沉默半天才用低沉的语气说道："也许有别的什么情况吧，家应，你说他不会出什么事呀？"

"他一个那么大的名人，要是真出了什么事的话，报纸上还能不登吗？"李家应抬起头瞅着孙多慈的眼睛说道，"依我看呀，蒋碧薇那个人可不是个省油的灯，他们都有了两个孩子，而且她还有那么多强硬的社会关系，她要是不想和徐先生分开，肯定就会有更多手段的。"

"可蒋碧薇不是早就跟张道藩好上了吗？"孙多慈又说道，"她根本就不喜欢艺术，跟上张道藩有多风光呀！"

"嗨，我的傻姐姐，男人呀，都有玩的心，有几个不贪色的？那个小白脸张道藩那么喜欢蒋碧薇，咋不跟他的老婆素珊离婚？你说那个素珊，长得那么漂亮，从法国千山万水跟上他来到遥远的国度，结果每天都过着凄苦难挨的日子。嗨，那个张道藩就是在脚踩两只船，真不是个东西！"

孙多慈细细品味李家应的话，心里着实觉得不是滋味，不再与她争辩。过了好半天，李家应又翻个身，冲着她耳语道："哎，你不想知道我要给你介绍的是什么人吗？"

孙多慈看着李家应，不摇头，也不点头。

一阵困意袭来，李家应翻身背对孙多慈，迷迷糊糊合上了眼睛。两个人一直睡到日上三竿，还没爬起来，邮差就敲门送来一份电报。

电报是徐悲鸿昨天从武汉发来的，说他即日抵达长沙。孙多慈接到电报又喜又忧，想到夜里李家应对她讲过的话，真不知该如何是好……

二人洗漱完毕便出了家门赶往码头。当孙多慈望见徐悲鸿身穿蓝布长衫，手提一只皮箱风尘仆仆随着人流出现在眼前时，再也不顾身边的李家应，分开出港的人流，上去一下扑进他的怀里。

徐悲鸿猝不及防，将孙多慈紧紧抱在怀里久久不放。等到人流都走完了，捧起她的脸，见她的眼里布满了泪水。惊喜、愤怒、委屈、无助，一时冲动，竟然攥紧拳头在他胸前擂鼓般猛砸，然后又依在上面啜泣起来……

孙多慈将徐悲鸿带到桂花巷13号临时住所，李家应早已经到家。

孙传瑷的头发已经花白，面容憔悴，见到徐悲鸿一句话也不说，只是用一种近乎愠怒的目光凝视着他。为了打破僵局，孙多慈冲父亲说道："爸爸，徐先生来了，你不是觉得长沙也不安全吗？何去何从，咱们大家商量一下吧。"

"哦……"孙传瑷勉强吭了一声。

一阵沉默之后，徐悲鸿说道："桂林是南通海域，北达中原的重镇，还是广西政治、经济、文化中心，而且山奇水秀，相对比较安全，我看还是去桂林吧。"

徐悲鸿说完，孙多慈用目光征询父亲的意见。孙传瑷沉吟半晌，轻轻"哦"了一声，然后回了自己房间。

孙多慈见徐悲鸿的情绪不悦，便与李家应搭起一个画案让他作画。吃过晚饭后，他又挑灯夜战，孙多慈和李家应一直陪在他的身边，直到东方破晓，方上床小憩。

徐悲鸿曾经多次来过长沙，对这里的各种小吃都非常喜欢。起床之后，便带着孙多慈和李家应出了家门，大街小巷满世界转，什么花菇无黄蛋、奶汤鱼翅、东安鸡块，以及"牛中三杰"的发丝百叶、红烧牛蹄筋、烩牛脑髓，全都一一品尝。

然而徐悲鸿并不知道，就在一天前的夜里，李家应还在策划将孙多慈从他的身边夺走，许配给另外一个男人。

二、王映霞与许绍棣

李家应是在从丽水赴武汉的途中认识郁达夫妻子王映霞的，因为旅途较长，两个人越谈越投机。

李家应此行的目的，就是来探望她的闺中密友孙多慈。想到她这些年与徐悲鸿感情的纠葛没完没了，继续下去也不见得会有多大希望，于是提出来让王映霞帮她寻找一个合适的人。

王映霞考虑再三，便提出了许绍棣，并介绍了一些他的具体情况。

李家应身上正好带着孙多慈的照片，就将照片交给王映霞，让她写信与许绍棣联系。

王映霞将孙多慈的照片拿在手里端详，心中不禁乱了方寸：如果她是个丑女也就罢了，可她偏偏如此漂亮，而且比自己还年轻，一种醋意不禁在心底油然升起……

李家应见王映霞脸上的表情有些不对劲儿，立刻问道："王姐，你怎么了？"

王映霞对许绍棣虽然有些不舍，可她已经看出来，他也不过是与她玩玩心跳而已。他与郁达夫是留日时期的朋友，顾忌社会舆论，原本也不想拆散她与郁达夫的家庭。想到这里，王映霞抬起一只手揉揉鼻子说道："没怎么，我帮你联系联系再说吧。"

"那就拜托了，王姐。"李家应说道。

许绍棣时任浙江省教育厅厅长，年纪已过四十，妻子刚离世，身后留下三个女儿。王映霞所以要将他介绍给孙多慈，也不是没有缘故的……

郁达夫是一位精通五门外语、名噪一时的作家，一位才情无与伦比的风流才子，这是谁都知道的。

1920年7月24日，郁达夫二十五

郁达夫

郁达夫与原配夫人孙荃

岁时从日本留学回国,奉寡母之命与同乡才女孙荃结了婚。婚后,赴日继续完成学业,学成后归国。

1927年2月初,郁达夫去上海拜访老朋友孙百刚时,在他家见到了"杭州三大美女"之一的王映霞:只见她"明眸如水",犹似"一泓秋波"。用孙百刚的话说:

> 她的亭亭的身材,健美的体态,犀利的谈锋,对人一见就热络的面庞,见着男子也没有哪一种忸怩造作之态,处处都显示出是一位聪明伶俐而有文化教养的女子。尤其是她那一双水汪汪的大眼睛,一张略大而带有妩媚曲线的嘴唇,更是给人以轻松、愉快的印象。

郁达夫被王映霞搞得意乱情迷,忍不住要向她射出丘比特之箭,在当天的日记中写道:

郁达夫与王映霞

> 我的心被她搅乱了,此事当竭力进行,求得和她做一个永久的朋友。

在2月17日的日记中,郁达夫又写道:

咳嗽总是不好，痰很多，大约此生总已无壮健的希望了，不过在临死之前，我还想尝一尝恋爱的滋味。

此时的郁达夫，已是三个孩子的父亲，但他却对孙百刚说道："老孙，近来我寂寞得如一个人在沙漠中行路一样，满目荒沙，风尘蔽目，前无去路，后无归程，只希望有一个奇迹来临，有一片绿洲出现。"

郁达夫所指的一片绿洲，就是王映霞。

王映霞原本姓金，十二岁时父亲便过世了。外祖父王二南是杭州名士，见王映霞生性聪明而且美貌过人，业已显示出与众不同的才情，便把她收在身边，改为王姓，字映霞。

郁达夫对王映霞展开了猛烈攻势，在给她的情书里写道：

一切照你吩咐做去，此心耿耿，天日可表。对你只有感谢和愉悦，若有变更，神人共击。

可眼下，郁达夫不但是有妇之夫，王映霞与苕溪也早有婚约在身，因此予以拒绝。

而郁达夫对王映霞却锲而不舍，写给她的情书一封连着一封：一会儿说他如何苦闷；一会儿又说他准备到法国去了却残生；一会儿又变换方式说自己朝不保夕，真的快要死了；说他的爱"如猛火电光，非烧尽社会，烧尽己身不可的"；他还添油加醋指出王映霞是"一个被难者，一个被疯犬咬了的人"。他甚至想出几条王映霞不爱他的理由："第一是我们的年龄相差太远，相互的情感当然是不能发生的；第二是我自己的风采不扬——这是我平生最大的憾事——不能引起你内部的燃烧；第三则是我的羽翼不丰，没有千万家财，没有盖世声誉，所以不能使你五体投地的受我的催眠暗示。"

总之，郁达夫把自己放到很低的位置上——恋爱时，放低姿态确实容易打动对方的心。郁达夫遭受到无数次挫折与痛苦之后，几乎陷于绝望之中，接着给王映霞的情书中写道：

　　我听说你对苕溪君的婚约将成，我不愿意打散这件喜事。可是王女士，人生只有一次婚姻，结婚与情爱，有微妙的关系，但你须想想当你结婚年余之后，就不得不日日做家庭的主妇，或拖了小孩、袒胸露乳等情形，我想你必能决定你现在所考虑的路。你情愿做一个家庭的奴隶吗？你还是情愿做一个自由的女王？你的生活可以独立，你的自由，绝不应该就这样轻轻抛弃。

　　王映霞已被郁达夫搞得蒙头转向，无所适从。有一次，孙百刚劝她回避郁达夫，好让他及早死心，王映霞却说道："倘若断然拒绝他，结果非但不能解除他的烦恼，也许会招来意外。"

　　孙百刚见王映霞优柔寡断，也就不再言语。

　　接下来，郁达夫对王映霞的进攻更加猛烈：情真意切，刻不容缓，已经达到缺她即亡的地步……

　　世上的女人谁追得紧就是谁的——王映霞终于被郁达夫的深情所打动。1927年6月5日，在杭州的聚丰园与郁达夫举行了订婚仪式。可她却提出，他必须与原配夫人离婚后再举办婚礼，郁达夫满口答应。王映霞信以为真，二人由此陷入热恋，如漆似胶，一日不见如隔三秋，来往的情书也用尽了甜言蜜语，令人咋舌。可当王映霞提出让郁达夫兑现承诺与原配夫人离婚时。他却不愿舍弃情感尚好的结发之妻孙荃，因为她是三个孩子的母亲。就在王映霞一气之下躲开时，郁达夫便将两人的恋爱情书以《日记九种》公开出版。

　　郁达夫是位名人，王映霞又是杭州出名的美女，他们的艳事造成万人空巷，涌进书店争相购买《日记九种》……

　　顾忌声誉的王映霞被气得火冒三丈，暴跳如雷。在万般无奈之下，便于翌年2月与郁达夫在西子湖畔大旅社举行了婚礼。郁达夫作诗曰：

朝来风色暗高楼,
偕隐名山誓白头,
好事只愁天妒我,
为君先买五湖舟。

郁达夫与王映霞结婚后居于上海,莺莺燕燕,夫唱妇随。王映霞发挥妻子的柔情,每天准备鸡汁、甲鱼、黄芪炖老鸭,想方设法补养丈夫的肺痨病体。

1929年11月1日,王映霞为郁达夫生下了第一个男孩郁飞,一年半后,又生了第二个男孩郁云。1933年4月25日,郁达夫举家从上海迁回杭州。不到两个月,王映霞生了第三个儿子郁亮,但两年之后,却因患结核性脑膜炎而夭折。

1935年深秋,郁达夫与王映霞开始在杭州建造自己的宅邸,直到次年4月才告竣工,取名为"风雨茅庐"。

1926年,郁达夫(坐者)与郭沫若(后中)、成仿吾(右)、王独清(左)等创造社成员在广州

许绍棣(左一)与国民党军政要员在一起

郁达夫手迹

许绍棣早年也留学日本,与郁达夫既有乡谊,又有交情。就在建造"风雨茅庐"的过程中,为其提供了很多帮助,因此不仅成为王映霞举办各种聚会时的常客,也致使他开始对女主人进行暗中追求……

情场老手许绍棣知道,女人只要不拒绝男人的殷勤和恩典,关系达到一定程度时,就有可能成为他床上的俘虏……

王映霞迁入新居后,于8月13日,生下了第四个男孩郁荀。

然而,郁达夫对于浪漫爱情总是此一时,彼一时,有时又爱犯神经质。一次与王映露怄气,竟然一个人偷偷逃到普陀山玩"失踪",王映霞自然受不了,心中有种挥之不去的幻灭感,在给他的信中抱怨道:

郁达夫(右)与郭沫若(中)、斯诺(左)在一起

别人都会在文章中称赞自己的妻子、爱人，只有你，一结婚后便无声无息，就像这世界上已经没有了这个人一样。做你的妻子，倒不如做个被你朋友遗弃了的爱人来得值得，就如徐亦定一样。

许绍棣这时瞅准机会乘虚而入。当时，碧湖有个战时儿童保育院，收养许多流浪儿童。一天清晨，王映霞搭乘许绍棣的汽车，说是和许厅长到碧湖视察儿童保育院，顺便为他物色个对象。二人留宿碧湖整夜未归，郁达夫痛苦得通夜无眠。之后便开始酝酿组诗《毁家诗纪》的写作。

1937年8月，日本侵略军南下进攻上海，杭州不保。王映霞携子避难，与国民党浙江省党政机关一起撤到浙西山区的丽水。得到财政厅长程远帆的帮助，住进了省政府临时宿舍。这样，就与住在楼上的教育厅长许绍棣有了更多接触。

许绍棣妻子去世后留下三个女儿，王映霞也已有了三个儿子，年龄相仿，时常玩在一起。王映霞已经尝够了郁达夫疏狂任性的痛苦滋味。此时与许绍棣一个是孤独饥渴的鳏夫，一个是感情失落的怨女。有了在杭州的开端，在一起重温旧情也在所难免……

这时，郁达夫的《毁家诗纪》已经写作过半，又发现与王映霞存有暧昧关系的，还不止许绍棣一个人。这也难怪，实践证明，对于漂亮而又多情的女子，只要仰慕男人的权势或钱财，如果又被纠缠上，十有八九是跑不掉的。所以，不想失身的女子，在好色之徒面前，总是冷面无情，从不搭理。

当时，郁达夫在福州，王映霞却在丽水。郁达夫就像初恋时一样思念她，王映霞也在想他。可是，他却一天连续三次写信阻止她前来，因为戴笠当时也在福州。因此，郁达夫便在给王映霞的每封信上都抄录《毁家诗纪》上的同一首诗：

此身自分炎荒老，远道多愁驿递迟。

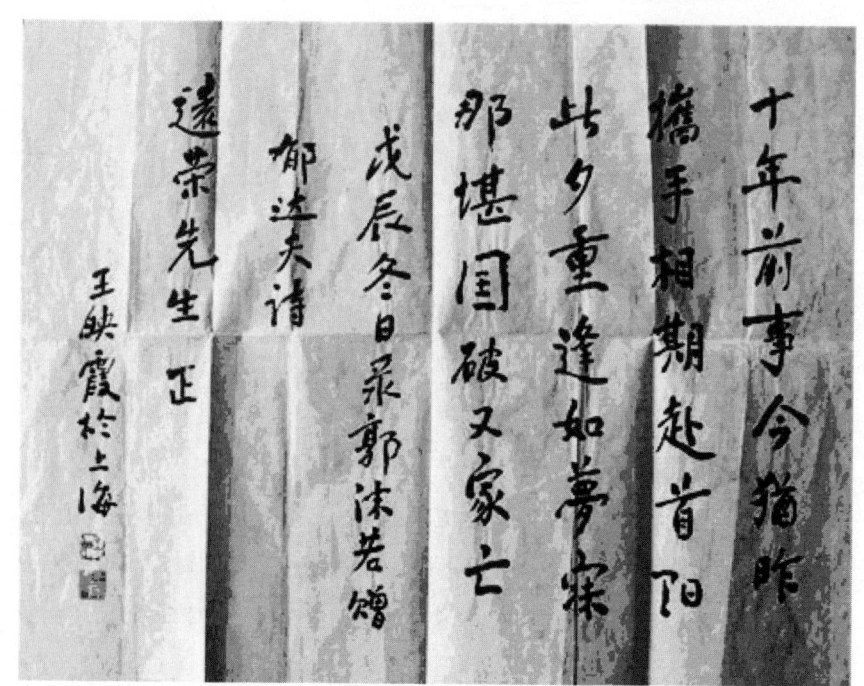

王映霞手迹

万死千君唯一事,为侬清白抚诸儿。

不久,郁达夫又将在福州天君殿求得的签诗寄给王映霞,更加表现出他内心的隐痛:

寒风阵阵雨潇潇,千里行人去路遥。
不是有家归未得,鸣鸠已占凤凰巢。

直到戴笠离开福州后,郁达夫才让王映霞前来团聚。

因为《毁家诗纪》的事,王映霞与郁达夫发生了激烈口角,可她的辩白并未经得起时间考验……

1938年4月,郁达夫携家挈眷经南昌、九江来到武汉。不久,无意中发现许绍棣写给王映霞的三封情书:回忆二人以往的诸种情事,并要求她再回丽水。而她前几天也以水土不服等理由,想带孩子回去。思前想后,郁达夫感到万分耻辱,愤怒已极，遂把三封情书照相制版，在朋友中广为散发，并声称是"打官司的凭证"……

窗外，王映霞洗涤的纱衫还挂在晾衣竿上，郁达夫越看越气，便取下来拿起笔饱浸浓墨，在上面写下"下堂妾王氏改嫁前之遗留物"几个大字，同时赋诗一首：

> 凤去台空夜渐长，挑灯时展嫁衣裳；
> 愁教晓日穿金缕，故绣重帏护玉堂；
> 碧落有星烂昂宿，残宵无梦到横塘；
> 武昌旧是伤心地，望阻侯门更断肠。

郁达夫这一举动深深刺痛了王映霞，二人的争吵再次升级，当天晚上便离家出走。郁达夫独自一人长夜难眠，思忖起以往种种情形，更以为王映霞是到丽水去找许绍棣了。于是，光着腚子撵狼——胆大不害臊，气急败坏地到《大公报》上刊登了一则启事：

> 映霞女士鉴：乱世男女离合，本属寻常。汝与某君之关系，及搬去之细软、衣饰、现银、款项、契据等，都不成问题，唯汝母及小孩等想念你甚殷，乞告以住址。
>   郁达夫谨启

不难看出，郁达夫的启事明显带有羞辱性质，王映霞当然不依不饶。最后还是戴笠通过杭州市市长做工作，郁达夫才同意在《大公报》上刊登一则道歉启事，王映霞才肯罢休。有意思的是，道歉启事竟是由王映霞起草的：

> 达夫前以精神失常，言语不合，致逼走妻映霞女士，并登报招寻，启事中曾误指女士与某君之关系及携去之细软等事，事后

寻思，复经朋友解说，始知多出于误会。兹特登报声明，并致歉意。

此致

映霞女士

郁达夫启

不管戴笠是不是也与王映霞有染，但有一点是肯定的：此时的郁达夫还不敢招惹他。

郁达夫已与许绍棣反目成仇，但王映霞却于心不忍。如果能够给他介绍一个女友，郁达夫那边也就安稳了，不但对得起许绍棣，王映霞的心也就可以放下来。

李家应没想到这次来长沙不但见到了孙多慈，又与徐悲鸿不期而遇。关于要将孙多慈介绍给许绍棣，才不过是夜里的事情，当然也不会有什么结果。现在，看见孙多慈与徐悲鸿待在一起，又是柔情蜜意一往情深，于是就把这事放到了脑后。一天之后，便与孙多慈和徐悲鸿告辞回了丽水。

通过朋友，徐悲鸿很快为孙多慈在广西省政府安排了一份差事。可她父亲的工作，虽然也托过朋友帮忙，却仍然没有着落。时间一长，孙传瑗便心生不悦，怨声载道。孙多慈将父亲的状态告诉徐悲鸿，他则感到心有余而力不足。

战马不知困

孙传瑗心中的积愤越来越满，看着女儿与徐悲鸿总是成双入对进进出出，更觉恼怒，两个月后终于爆发：一天，见徐悲鸿与孙多慈从外面写生回来，便冲着他说道："徐先生，国难当头，正是需要你为国家出力的时候，你可不能缩在大后方缠绵于儿女情长啊！"

孙传瑗实际是对徐悲鸿下了逐客令。但他

毕竟是位文人，怨气竟发得如此文雅。可以看出，他仍然不同意女儿与徐悲鸿的婚事。

徐悲鸿无法再待下去，5月初一个暮色苍茫的傍晚，孙多慈叫来一辆黄包车将他送到码头。他下了黄包车话也没说，只用忧郁的目光看一眼孙多慈转身就走了。

徐悲鸿一脚踏上了舢板，才停住身子转过头看一眼孙多慈：她直挺挺孤零零地停在远处，头发被风吹乱了，在她那满是泪水的洁白脸上飘来飘去……

徐悲鸿走后，孙多慈便给李家应写去一封信，告诉她与徐悲鸿临别时的情景，字里行间透露出与他关系的担忧……

不久，孙多慈收到了李家应的回信。

李家应在信中说到上次由丽水来长沙时，如何遇到了王映霞，又怎样提到了许绍棣，劝孙多慈不要孤注一掷，不妨

《新生命活跃起来》（中国画）徐悲鸿作

徐悲鸿在画室

在与徐悲鸿风雨飘摇的情感里另辟蹊径……

不料第二天孙多慈竟接到了许绍棣的来信，信中谈及他的家庭状况，提到王映霞的介绍，愿与她交个朋友。还说他正在丽水筹备战时大学，希望她和父亲孙传瑗都过去，在那边可以为他们父女安排工作。

孙多慈将这后边的消息告诉父亲时，已经在家赋闲半年的孙传瑗感到非常兴奋。他知道许绍棣是浙江省教育厅厅长，立刻积极准备搬家前往丽水。

而孙多慈却有些犯难，她知道自己就这样走了对不起徐悲鸿，于是急速给他写了封信，把父亲的打算告诉他，让他做出决断。

三、不期而至

7月下旬，孙传瑗正在紧锣密鼓地张罗搬家投奔许绍棣，徐悲鸿在事先没有告知的情况下，又从重庆匆匆赶来，而且直接闯入他的家里。他的到来，使孙传瑗为之一震。在此之前，他与好友沈宜甲谈心时，曾多次说过："徐先生和我女儿是师生，要想打破这层关系，我是不会容忍的。"

上次，徐悲鸿几乎是被孙传瑗赶走的。这次，他又不请自来，孙传瑗毫不客气，直接对他说道："徐先生，你来得正好。我已在家赋闲半年，无所事事的滋味实在难以忍受。现在，浙江丽水那边筹办了一所战时大学，请我过去执教，现在我们要走了,感谢你以前对我们一家的关照。"

徐悲鸿急忙说道:"孙先生,您的工作,我在这边已经托人给安排好了。"

"算了,徐先生!"因为孙传瑗对于丽水那边已经胸有成竹,也对徐悲鸿心生芥蒂,于是说道,"你的工作很忙,我们就不打扰你了。再说,许绍棣那边也盛情难却呀。"

徐悲鸿想了想,嘴唇翕动半天才说道:"那样的话,你可以一个人过去,多慈和伯母留下来吧。相比之下,这里处在大后方,还是比较安全的。"

"那不行。"孙传瑗的口气不容商量,"因为是战乱时期,我们一家人活着在一起,死也要死在一块,你就不必费心了。"

徐悲鸿进屋后,孙多慈一直愣在一旁。两天前,她虽然给他发过一封信,可他怎么会来得这样快?而且连个招呼也没打。谈话已经陷入僵局,她便借口有朋友请徐先生吃饭,把他拉出家门。

离开家远了,孙多慈将徐悲鸿拉到一棵南洋杉后面,上去将他抱住问道:"你接到我的信啦?咋来得这么快?"

徐悲鸿看着激动得满脸红晕的孙多慈,把她紧紧搂住说道:"没有,我没收到你的信呀。"

"那你怎么来啦?"

"啊,这里办了一个全省中学艺术教师讲习班,八十多所中学的美术老师都来了,明天开课,我接到电报就来了,来不及跟你打招呼。"

听徐悲鸿说不是为自己来的,孙多慈的心立刻冷下来,嗫嚅着说道:"我还以为父亲要把我带走,你是来救驾呢。"说着,从徐悲鸿的怀里挣脱,背过脸去,委屈的泪水不禁泉涌而出。

徐悲鸿用手扳住孙多慈的肩膀问道:"多慈,你怎么了?"

"没什么。"孙多慈往前迈几步,离开徐悲鸿远了些,面对墙壁站住。

徐悲鸿走上去,将孙多慈扳过身来,按住她的肩膀,看着她的眼睛问道:"刚才你父亲说许绍棣邀你们过去,这是怎么回事?"

孙多慈拿开徐悲鸿的双手,对他说道:"没有啥,他只是听朋友说我的父亲在这面闲着,就来了一封信邀我们过去。"

"他是不是冲着你来的?"徐悲鸿追问道。

孙多慈沉默不语,徐悲鸿的眉毛往上挑了一下说道:"我听说他的妻子去世了,而且他和王映霞的绯闻又被郁达夫登在了报纸上。况且,前些年,他还曾以'隋洛文'为笔名行文,呈请南京政府通缉鲁迅。"

徐悲鸿所说的许绍棣呈文请求南京政府通缉鲁迅的事,孙多慈早有耳闻。后来,鲁迅又以毒攻毒,用"隋洛文"为笔名,在《关于许绍棣叶溯中黄萍荪》中,对此进行抨击:

当我加入自由大同盟时,浙江台州人许绍棣,温州人叶溯中,首先献媚,呈请南京政府下令通缉。二人果渐腾达,许官至浙江教育厅长,叶为官办之正中书局大员。

有黄萍荪者,又伏许叶喉使,办一小报,约每月必诋我两次,则得薪金三十。黄竟以此起家,为教育厅小官,遂编《越风》,函约"名人"撰稿,谈忠烈遗闻,名流轶事,自忘其本来面目矣。"会稽乃报仇雪耻之乡",然一遇叭儿,亦复途穷道尽!

想到这里,孙多慈的内心变得十分复杂,嘴唇咬了半天才又说道:"听说许绍棣在浙江,口碑还是不错的。人都有两面性,一个人不能因为一时的错误,就将他整个都给否定。"

徐悲鸿再看孙多慈:她的身子前倾,头低得下颏都抵到了胸脯,泪水往脚下"啪嗒啪嗒"落着。他还想将她揽在怀里安慰一下,可她却来个半转身,从他的臂下溜开,嘴里轻声道:"你总是这样优柔寡断,我实在受不了了。"说完就走开了。

暮色苍茫,徐悲鸿孤零零地站在原地,看着孙多慈渐渐消失在越来越浓的夜幕中。

天空下起了霏霏冷雨,已将徐悲鸿的头发和长衫打湿。他似乎刚从混混沌沌的梦中清醒过来,举起两只拳头喊道:"徐悲鸿,你还是个男人么?你不能再这样没有骨气了!"

雨越下越大，徐悲鸿跑回住处，已经变成了落汤鸡。为了表示决心，他脱掉湿淋淋的长衫，赤着背立刻给他的挚友——四川省教育厅厅长郭有守写了一封信，说自己不才，尽连累友人做些无聊之事，心里感到非常不安。说他与蒋碧薇的感情破裂已经无可挽救，而且分离已久，彼此互不关心。可幸的是蒋碧薇已振作起来要力谋自立，又有诸位朋友扶持，有了工作，故也能减轻她的一些痛苦。

徐悲鸿还在信中说自己的精神虽然疲惫，没有积蓄，但肩上的责任却很重，日暮途穷，也想获得别人的帮助，然而事情却没有两全之计。

关于与蒋碧薇关系的了断，徐悲鸿深知她肯定痛恨他，也只能是听之任之。因此，他请郭有守转告蒋碧薇：不管她今后有没有收入，自己每月都要将三分之一的收入给她，两孩子归她抚养，费用由他承担。他最后还说道，郭有守在收到此函后，他就要与蒋碧薇脱离夫妻关系了……

仅隔两日，徐悲鸿即在桂林的报纸上发表一则与蒋碧薇脱离同居关系的声明：

徐悲鸿启事：

鄙人与蒋碧薇女士久已脱离同居关系，彼在社会上一切事业概由其个人负责，特此声明。

郭有守接到信后没几天，便给徐悲鸿写了一封回信：

悲鸿兄：

接到7月29日的来信，读了以后，实在有受宠若惊之感！我既不是法官，也不是受任徐府家庭法律顾问的执业律师，要像你信上所说："兄得此函后，弟即与碧薇正式脱离！"试问，我哪来这种权力？又哪有这种责任与义务？这不但使我深感骇异，还必须向你否认！因为此项名义，我是受之有愧，却之亦不算不恭。我在你的来信中可得而推测的，计有数点，请为你一一陈说：

（一）你说"家庭之变早至无可挽救……"是不是真的到了如此严重地步，真的不可挽救了吗？我看你还要三思！假如在某种情况与条件之下，才能夫妇言归于好，我虽然驽钝，仍愿与诸友好向嫂夫人进言，希望能尽最大之努力，以达到你的愿望。但是必须请你将某种情况与条件明白告知，才好进行；恐怕嫂夫人并未认为夫妇绝对不能复和，而且希望恢复旧日情感，也未可知。你之所谓不可挽救，仅是片面的说法而已。

（二）你的信中有"……辄思得人为助"。不知是否有意再结婚？结婚之对象是否即为孙女士？请你也明白告知。你与孙女士的感情，究竟进展到何种程度？这是老朋友们深切关怀的，你能告诉我吗？以我之意，结婚一层，似可从缓，因为原配之脱离手续，如未办得十分妥当，为此惹起纠纷，实在是不值得！这种自投罗网，即使为了爱情，也应该郑重考虑。像你这样高明的人，总不能说我的话不对吧！

（三）你又说"不管蒋碧薇有无收入，我以每月所得三分之一与之"。此处所谓"每月所得"，应该是指你的全部一切收入而言，想来不是单指某一处之薪俸而计，因为时局不定，薪金收入可能减少，或者竟至完全没有。嫂夫人生活攸关，到了这种情况，她又怎么办呢？所以只有祝你永远收入不断，但这究竟不可靠。像你这样的当代艺术大师，作画所得，应当远较月薪为多，因此盼你能对这一点加以明白解释，否则将来不知每月三分之一究有多少？以我等朋友之意，总希望不至于有这一天。

（四）两个小孩归嫂夫人抚养，用费由你负担，这很妥当。但也应由你规定一个数目，交给嫂夫人分配，倘若毫无规定，在执行上似颇困难。两个侄儿资质甚佳，如能善加培养，前途必然无量。你是他们的父亲，当然会关怀他们，无须乎我这么过于顾虑。总而言之，在我等朋友的立场，都盼望你们和好如初，消除一切意见。所以我在得到你的信后，还未敢告诉嫂夫人。因此请你将心中所要提出之和好条件，明以相告，使素蒙不弃之老友和我者，可以做最后一次调解之努力。

倘使万一双方都不愿言和，那就要签订一项解决办法，则一般所通行者有两种：甲、分居，由夫方供给赡养费一次若干，以后每月各若干，但男女均不得婚嫁，即使各有相好，赡养费亦不得变更。乙、协议离婚，赡养费及每月供给若干，与分居相同，但男婚女嫁，可以各听其便。以上两种办法，均须双方同意。条件说妥之后，然后请出法定数目之证人，写立合法之契约，然后才可生效；绝没有片面致辞友人一信，就算离了婚的。如果以上两种办法双方不能择定一种，势必闹到法庭相见，徒然给别人看笑话，那才是最下乘的离婚手法。

阁下的事使我不能不有所感者，以我们出洋吃面包十几年，平素号称天狗，还不能脱世俗之见，非要离婚另娶，这又何苦！天下到处都有美女，又怎能个个娶来为妻？你实在太傻了！以一个大艺术家竟这样看不开，恐怕将来会受累无穷，实在为你可惜，还望悬崖勒马，早日返渝，并希望你答复。祝暑安。

弟有守再拜
8月12日

住在桂林的沈宜甲，本来是位身份很高的人，不但是徐悲鸿的挚友，同时也是孙传瑗十分要好的朋友，二人也很谈得来。见到刊有徐悲鸿声明的报纸，便拿上去找孙传瑗，想以此说服他转变态度，以挽救孙多慈与徐悲鸿的恋爱关系。

不料，孙传瑗的态度非常强硬，当着众人的面，说徐悲鸿登的那份声明，就是给他孙传瑗看的，又说他今天这样对待蒋碧薇，明天就会以同样方式对待他的女儿。还说他置国家大事于不顾，专门从重庆跑到桂林来死缠他的学生，是个人品质问题。最后又说你沈宜甲是我要好的朋友不假，但这门婚事，你就是说得天花乱坠我也不会同意。说完，摔门拂袖而走。

巴人汲水（中国画）徐悲鸿作

所有在场的人都傻了眼，面面相觑不知如何是好。孙汤氏见此，缓了口气冲着沈宜甲说道："不好意思，让沈先生见笑了。我们家的事也真难办，老头子死活不同意，多慈又是个孝顺的女儿。要是一般孩子，早就离家出走了。多慈，还是听你爸的吧，他也是为了你的幸福。"

这时，一直站在一旁的孙多拯——也就是孙传瑗有点智力障碍的长子，突然冲孙多慈大声吼道："爸爸也是为你好，你为什么非要嫁给那个比你大十七八岁的老男人！"

屋里立刻鸦雀无声，空气凝结了。沈宜甲觉得喘不过气来，再待下去，恐怕就要窒息，于是气冲冲地站起来朝着门外快步走开。

离开孙传瑗的家，沈宜甲气愤难平：孙传瑗的固执，孙多拯的吼叫，孙多慈的软弱，孙汤氏的牵强附会，都让他如鲠在喉。立刻写了一封信向他要好的朋友述说此事：

悲鸿固已在桂林登报与蒋女士脱离同居关系（事先曾请教几个法律专家，皆云无违法之处），但与某女士结婚，乃外间揣测之辞，事实恰恰相反。此报登后，不数日，某女士即独自离开桂林，大约永不回矣！悲鸿现埋头乡间，拼命作画，局外人焉知其中痛苦，即便某女士千肯万肯，无奈其家人混蛋无聊，较张某夫妇尤卑污下流，处任何人之地位，皆不愿认此门亲。而将来即使结婚后，因女儿关系，又不能断绝往来，真是悲剧！至某女士本人，则的的确确是个十成的安琪儿，幽娴贞静，旧道德，新思想，兼而有之，受尽家中折磨，外间激刺，泰然处之。来桂林后，凡任何男女友人与之相处愈久，愈觉其为人可佩，身世可悲，即无与悲鸿之一段痛史，单就其家人情形，已非人之所能堪。伊自云决定终身做受难者，确有此境，父、兄、母……皆恃伊一人生活，所有之薪金全部交与家人，仍时受责骂，世间竟有如此父兄？彭太太对伊极认识，极端佩服，深表同情，外间不知内容者，以为此定系一浪漫女子，实则系一极苦痛之女子耳。我常把她与我以前的妻子比，觉两人都是第一流无用好人，所不同者，孙脑筋清楚，张则神经病较剧耳……

不吐不快，写完信发走，沈宜甲方感心里轻松，于是跑到徐悲鸿讲课的住处，将情况告诉了他。

徐悲鸿听后感到翻江倒海天塌地陷，如坠万丈深渊。夜虽然已经很深，可他仍然不顾一切冲出屋门，丢开沈宜甲在无边的黑暗中朝着孙传瑗的家快步奔去。

自从徐悲鸿离开孙家，特别是沈宜甲刚刚离开之后，孙多慈总是放心不下。似乎心有灵犀，觉得徐悲鸿还会回来，就一直在屋外踱步，侧耳倾听外面的动静。果然，徐悲鸿来到之后，在门外转了两圈，只是轻轻叩了两下门，门就像自动启开了一样，露出孙多慈苍白带着淡淡泪痕的面庞……

徐悲鸿并不说话，拉着孙多慈的手朝着巷子外面走去。孙多慈沉默无语，可她却觉得这巷子是从未有过的阴森，从未有过的漫长，一眼望不到尽头……

四、家母离世

徐悲鸿于 1937 年 11 月初由桂林赴重庆，借住在中华书局重庆分局的职工宿舍。中间便发生了前边提到的有家归不得、痔疮发作等事情。11 月中旬，中央大学在重庆复课，他便继续去上课。年底，创作了著名的中国画《巴人汲水》，画面的背景为重庆山城的陡岸，几个担水的居民从低处的嘉陵江里汲上水，再挑起来攀上几百级石阶走向家里，百般艰苦。画面题识曰：

> 忍看巴人惯担挑，汲登百丈路超超。盘中粒粒皆辛苦，辛苦还添血汗熬。

转眼来到 1937 年大年除夕，日寇侵华战争给中国人民造成了巨大苦难。徐悲鸿始终心系劳苦大众，遂提笔作《巴贫妇》素描一幅，画一位老妇人背篼拾荒，题识曰：

> 丁丑除夕，为巴之贫妇写照。战争与和平，但无以易此况味也。

贫妇之贫，乃战争之罪恶，徐悲鸿无限渴望和平，如果将现在的战争与和平换过来该有多好啊！由此，他又想起自己家乡——想起了年迈的母亲……

徐悲鸿自从 1928 年由法国归来，带着蒋碧薇和伯阳回屺亭桥见过母亲一面，而且遭遇了土匪惊吓之后，由于忙碌，

徐悲鸿外甥潘公慎关于外祖母去世的记述

就再也没有回过家乡。现在，画完《巴贫妇》，想起母亲，心里越来越不是滋味，顿觉疼痛难忍……

人们都说，如果远方的亲人遭遇不测，就会产生心灵感应。此说在徐悲鸿的身上应验了……

1937年"七七事变"之前，徐悲鸿的大妹妹爱娥的丈夫谢丙甲已经过世，二妹妹静贞到了上海二哥寿安家避难安身，寿凯则举家去了浙江金华一带谋生。

日本鬼子在1937年稻谷收割前的一个月占领屺亭桥，为了躲避侵略者的烧杀奸淫和掠夺，徐悲鸿的母亲鲁氏便随同爱娥及爱贞全家，在二女婿潘祥元的带领下，背井离乡四处逃亡，最后流落到屺亭桥西北七八里地外的金铭寺。

金铭寺里有七八个和尚，十四五间庙宇已经住满外来逃难的人。一个月后，潘祥元不顾生命危险，连夜回家抢收稻谷。收完后将粮食坚壁起来，又急忙赶回金铭寺。

鲁氏当年六十岁，已属高龄。她的一只眼睛由于患白内障早已失明，视力本来不济，加上自幼裹足，一只脚又在逃难中扭伤，被潘祥元背到金铭寺时，就一直躺在庙宇阴冷潮湿的角落里。由于一生的贫困和劳累，加上逃难时颠沛流离，鲁氏的生命已经快要走到尽头。就在1937年大年除夕的早晨，对两个女儿和女婿有气无力地说道："我不行了，可我就是死，也要死在家里。"

于是，潘祥元便背起奄奄一息的岳母鲁氏，带上爱娥、爱贞和三个孩子——最小的潘公慎才只有九岁，冒着生命危险于当天上午回到家中。到家时，鲁氏也只剩下了最后一口气，可她的那只尚未失明的眼睛及其那只盲眼却都瞪得大大的，嘴唇在不停翕动，似乎在等待着什么。直到太阳快要落山的时候，才对待在身边的爱娥、爱贞说道："寿康……告诉寿康、寿安、寿凯、静贞……在外面待好，别回来……"老太太又用眼睛专注地看着潘祥元说道，"我们全家，感谢你……"说完这句话，便咽下了最后一口气，可她的两只眼睛却还圆睁着，潘祥元伸手将其抹了下来……

按照当地的习俗，大年除夕和大年初一有人去世，家里既不许哭丧，也能不向外报丧。潘祥元带着家人和几位亲友，悄悄将鲁氏装入早已为老人做好的八个人才能抬起的棺材，放到自家薄田的地头进行掩盖，要等长子徐悲鸿回来时再行下葬。

草草处理完鲁氏的丧事，潘祥元又带上全家继续逃难，先是到徐悲鸿在大塍的舅舅鲁顺大的老屋安顿下来，后来又到景美村的爱娥家，一直到1945年日寇投降，才回到屺亭桥。

开始逃难时，潘祥元的小儿子潘公慎才九岁，回到屺亭桥时已经十五岁。直到六十多年后八十四岁时，他才把当年逃荒和外祖母去世的情况用工整的楷书写成材料交给了本书作者。

放在薄田地头上的鲁氏棺材，还在等待徐悲鸿回去下葬。可自古来忠孝不能两全，后来，徐悲鸿始终忙于为抗战筹赈和教学，一直没能回到故乡，直到1953年离世。

1954年合作化平整土地时，鲁氏的棺木已经破败，潘公慎便与家人买了一口大瓮，将老人的骨骸装进去埋入地下，连个坟头都没留。

1939年秋天，蒋碧薇写信告诉爱贞和潘祥元说，他们的长子潘兰生，在湖南湘江游泳时，为救一个从船上落水的妇女——妇女虽然得救了，可他却溺水身亡。兰生的后事也是蒋碧薇给办理的。爱贞闻讯后，一病不起，于1940年12月12日病逝于爱娥家中，年仅三十八岁。

爱贞辞世时，潘祥元刚过四十八岁生日，悲痛欲绝让他在床上躺了半个月。如果不是儿子公慎和女儿秀英的悉心照顾和安慰，他真的就要与妻子爱贞同去了。之后，潘祥元一直没有续娶，直到1966年10月1日凌晨，因食道癌病逝于宜兴，享年七十四岁。

第九章

天涯何处无芳草

蒋碧薇对徐悲鸿的冷淡已经达到冰点。徐悲鸿与孙多慈的恋爱也被其父无情阻断。所有这些都使徐悲鸿感到心灰意冷,无比沮丧,整日郁郁不悦。恰在此时,老朋友谭达嵩前来拜访……

一、王少陵、李铁夫与余本

在徐悲鸿20世纪上半叶的艺术家朋友圈中，不能漏掉香港画家李铁夫和余本。

早在1935年11月22日，徐悲鸿抵达香港时，在郑健庐的陪同下，专程拜访了住在土家湾的李铁夫。

李铁夫1869年出生于广东鹤山，比徐悲鸿年长二十六岁，1885年即赴美洲英属加拿大，两年后在阿灵顿美术学校、纽约艺术大学及国际艺术学院学习油画。1930年，李铁夫将别墅、汽车和二百多幅油画作品卖掉，款项全部捐给了孙中山用作革命活动经费。回国后，在香港的土家湾租下一处简陋民宅，过起了颜回那种"一箪食，一瓢饮，在陋巷，人不堪其忧"的生活。但他却不能改变对艺术的追求，因为买不起昂贵的油画颜料，只能多画水彩和水粉。

然而，凡事都有个第一，就像李叔同第一个在中国使用人体模特，徐悲鸿第一个将中西画法"融会贯通"用于教学和创作，艾中信第一个采用全景式构图创作革命历史画一样，李铁夫被称为"中国油画第一人"——第一位留学西方、第一个真正掌握西方油画技巧、第一位能与西方油画大师媲美的中国油画家。鲁迅对李铁夫的评价是：

孩子长大，倘无才能，可寻点小事情过活，万不可去做空头文学家或美术家。我是无数被李铁夫感动的人之一，我不能

李铁夫（右一）与余本（左一）在工地写生

在感动中为他做出路人皆知的高论与流芳百世的宏图，唯愿他留下的无人能比的诗歌、油画、水彩画、水粉画、水墨画、书法等诸多艺术所组成的传奇人生成为人们示儿时言真意切的教材！

与李铁夫相对照，余本却一直在节衣缩食坚持油画创作。由于生活拮据，花不起钱雇模特，只能让妻子、儿子、女儿充当；为了维持创作，不但一直租房住，而且还不得已卖掉自己喜欢的一些作品。画家汤小铭对余本的评价是：

师承最为正中的西洋画传统，与在国内学画的画家不同，余本完全结合了传统西画的风格与中国民间的题材。

余本家境虽然贫寒，可创建"虎标"万金油的香港富商胡文虎请他画肖像时，他因不喜欢他的人而婉言拒绝。

李铁夫也一样，他的一生有三大怪，其一就是情愿挨饿，也要拒绝为蒋介石画像。这点与徐悲鸿如出一辙，因此，更加得到他的敬重。其二是执意不娶：李铁夫在美国研究油画时，超过了西方人的水平，因此遭到土著画家的嫉妒，于是设下圈套，让一位白人姑娘假心假意与他谈恋爱。可当他真正喜欢上那位姑娘时，却被她无情抛弃。因此，使他精神失常，身体复原之后，便作诗一首：

故国方遭劫，男儿志未舒。
羞为爱情误，当作铁丈夫。

从此，"铁夫"的名字便叫开了。他的第三怪便是每天背上画囊外出写生，多年如此，乐此不疲。

令人没有料到的是，1936年5月，徐悲鸿在香港大学冯平山图书馆举办画展遭到保守势力围攻时，由于受人蛊惑，李铁夫也撰文贬低徐悲鸿，腔调与任真汉颇为相似。然而徐悲鸿所看中的,却是李铁夫的画和他几十年如一日对写实主义绘画的不懈追求。

就在赴广州的前日,许地山安排为徐悲鸿饯行时,他特意叮嘱将李铁夫、余本和任真汉请到。席间,徐悲鸿如同没发生任何事情一般,与李铁夫与任真汉举杯畅饮。

1937年,徐悲鸿从广西抵达香港,参观了余本的画室和画展,不禁惊叹道:"我以为油画在中国是块处女地,尤其是南方。想不到香港竟然有两位出色的油画家,一位是李铁夫,一位是余本。"

王少陵也是香港画家。离开香港后,徐悲鸿与李铁夫、余本虽未直接通过信,但与王少陵的通信次数仅次于舒新城,达到二十二封之多。就在给王少陵的信中,他还时常提到李铁夫和余本,询问他们的生活和工作情况,并向他俩致意,足以表现出他不计前嫌的大家风度。

1937年夏天,徐悲鸿正在广西游览作画。深秋十月,是桂林风景最美、气候最好的时节。徐悲鸿送走了高方和徐飞白一行,便出资约王少陵、李铁夫和余本前往写生。

王少陵也是徐悲鸿于1935年5月在香港大学冯平山图书馆搞画展时结识的,一见如故。当时,王少陵欲赴英、法留学时,徐悲鸿则劝他去美国,认为那里比较安全。王少陵听取了他的意见,开始积极筹备赴美。

王少陵与他留美时的画作

徐悲鸿带着张安治,将王少陵、李铁夫和余本接到他下榻的广西图书馆同住。接风洗尘的酒宴上,他与李铁夫及余本谈笑风生:徐悲鸿留法,李铁夫留美,余本于1931年毕业于加拿大多伦多省立安德里奥艺术学院，三人谈论各自在国外留学的感受。他们所坚持的都是现实主义的写实道路，颇有共同语言，谈话极为投机。接下来，徐悲鸿便带着三人畅游漓江，沿途登岸写生，一周后至阳朔上岸，居于四合院内。

四合院五六间房屋，每人占据一室，开始整理写生画稿进行创作。又有李云贞为之做模特，并料理餐饮。他们谈古论今，吟诗作画，过起了神仙般生活，创作了大批作品……

看见李铁夫无人照顾的窘况，离开香港前，徐悲鸿委托《大公报》主编郑子展给他送去一千元港币，并叮嘱帮他找一个伴侣照料他的生活，好让他安心作画。不料，他不但拒绝收下徐悲鸿的钱，同时也拒绝为他介绍伴侣。

1937年，徐悲鸿从广西再次抵达香港，见李铁夫的生活依然如故，于是又与郑子展提起。经过苦口婆心的劝解，李铁夫终于同意了徐悲鸿的意见。郑子展于是展开"寻人战"，寻到了一位五十岁的"不落家"女子。早年，香港在殖民统治时期，许多人家将自家已经成年，甚至尚未成年的女子嫁出去，以躲避灾祸。这样的女子日后的命运一般都很悲惨。所以，如有女子被家庭逼迫嫁了人，便于出嫁时在朋友的帮助下将身子进行严密防护不让男人"破身"，然后寻找机会逃跑到外面去打工。这样的女子就被称为"不落家"，"不落家"的女子往往几个人合起来租房子住。

郑子展通过友人寻到一位与同伴不睦的"不落家"女子泳婆，喋喋不休地相劝，她才搬出来住到李铁夫那里。郑子展便把徐悲鸿的一千元当作礼金送给了李铁夫。开始时候，泳婆对李铁夫关心备至，做饭、洗衣、打扫卫生，让他腾出手来安心作画。他倒也乐此不疲，生活有了规律，衣着也干净了。

可李铁夫早已习惯了一个人的生活，还像毕加索一样习惯乱——乱中求美。不日又把屋子搞得乱糟糟的。泳婆看不下去，趁他外出写生的机会又将屋子收拾得干净利落，东西也分门别类摆放到各自位置。等到李铁夫写生从外面回来，什么都寻不见了，于是暴怒得如同一匹雄狮……

徐悲鸿送给谭达崙的《雄风》（中国画）

第二天，泳婆出去买菜回来，看见李铁夫喝得酩酊大醉倒在床上，一沓钞票散落一地。她发现墙上挂着的画少了一张，知道他是卖完画有了钱与朋友喝酒了。见他在床上翻滚难受的样子，她又心疼又生气。

没隔两天，李铁夫又在外面跟朋友喝得酩酊大醉……

泳婆绝望了。天亮之后，李铁夫照例背起画囊出外写生，泳婆打扫完房间，做好饭菜放在锅里，便收拾起自己的东西锁门离开了土家湾。回到原来的住处，又过起了"不落家"的生活。可三天过后，她又趁李铁夫每天外出写生的机会，到土家湾帮他收拾屋子，还为他洗了衣服、做了饭……

李铁夫写生完了回到家里，知道泳婆来过了，心里感到热乎乎的。让他有所收敛的还有一件事：几天前他又卖了一张画，拿回来的钱放在床头。可当他从外面回来的时候，只剩下了仅够三五天的花销，其余的全都不见了。他猜想，一定是泳婆给拿走了，如果是她拿走的，以后就不会再来了。不料，三天之后，屋子又被收拾得干干净净。让李铁夫感到意外的是，床头又多出来足够三五天花销的钱。哦，他明白了，这是泳婆为了不让他出去酗酒而为之。果然，泳婆下次再来，同样又放下足够他三五天花销的钱。这让李铁夫感动不已，他的酗酒行为收敛了——就是不收敛，也没有多余的钱啊。可是再后来，又过去了一个多月，泳婆就再也不来了。李铁夫不得不饥一顿饱一顿地过日子，甚至找朋友去借钱，屋子脏乱的程度更是可想而知……

李铁夫越想越气愤,这一定是泳婆将钱给卷跑了,那可不是一笔小数目。他想找她去算账,可又不知道她的住处。如果在街上碰见她,一定把她杀了。这样一想,他真的将一把刀子揣进怀里,每天到街上游荡……

李铁夫正在街上走着,突然听见后面有人喊他,回头一看,竟是郑子展。郑子展来到跟前对他说道:"我正找你呢,到你家去过两趟,你的门都锁着,是不是写生去了?"

羞为爱情误
当作铁丈夫

"是的。"李铁夫拉住郑子展的手问道,"有啥事吗?"

"是这样的。"郑子展从提兜里掏出一沓钱说道,"一个月前,泳婆去世了,临终前我到医院去看她,她把这些钱交给我,说是你的钱,让我转交给你。"

"啊!"李铁夫感到惊讶,向郑子展问道,"她得的是什么病呀"

"嗐,她得的是抑郁症,最后都不吃不喝了。是不是你把她赶走,因为惦记你造成的呀?"郑子展说着,把手里的钱塞给李铁夫,"这些钱省着花吧,别再酗酒啦,把家里收拾收拾,别让升天的泳婆再惦记你!"

李铁夫用颤抖的双手接过郑子展手里的钱,不知再说什么好。第二天,泳婆的墓前摆了一束洁白的花……

二、隐居八步

孙传瑗已经远走丽水,并且无情地带走了孙多慈,蒋碧薇对徐悲鸿的冷漠依然如故。所有这些都使徐悲鸿感到心灰意冷,极度沮丧,整日郁郁寡欢。正在这时,老友谭达崙前来拜访。徐悲鸿遂将他引至酒肆小酌。席间,谭达崙见他的目光呆滞,无精打采,便究其根由。徐悲鸿方谈出与蒋碧薇的感情破裂失和,与孙多慈的恋爱也遭其父阻断,死灰不能复燃的痛苦……

谭达崙听罢淡然一笑,言女人乃为身外之物,不可因此过度伤神,遂邀徐悲鸿到他的八步小住,以修身养性矣。

八步小村位于湘、粤、桂三省交界处——广西河池南丹车河镇南,是南丹的南大门,又是西南出海的通道。一条澄净、欢快、宛若碧玉般的临江纵贯八步全境,两岸翠竹掩映,繁花遍野,素有"锡都"之称,盛产纯锡、红瓜子、黄糖。来往商船又将外界的布匹、食盐、煤油、海味运来八步;疍家人运沙淘金,击浆打鱼,商贾摇动羽扇,文人抚琴吟诗,茶楼酒肆欢声笑语,都给这八步小村带来了清新、古朴之风。宋代文学家周敦颐写《爱莲说》时,就是看了八步荷塘之后情思涌动一挥而就的;唐代诗人翁宏在《春残》中的"落花人孤立,微雨燕双飞"也是为八步的情景所动而吟出的名句。

八步晨光(水墨写生)徐悲鸿作

李济深、何香凝、柳亚子、千家驹、梁漱溟都曾到此游览。八步也由此留下了李济深"灵峰岩"和"浮山"两处石刻。

八步尚有另一条河流——贺江，因流经贺州而得名，亦群山环抱，森林密布，水流潺潺。

八步名称始源于清朝咸丰年间，广东商客来贺州经商，于黄田路花地建商铺八间称为"八铺"，后因交通不便则搬至临河畔三家村处，每户客商又在临江岸边建有小埠头八个。由于"八铺"与八个小埠头都与"步"字谐音，故将"八铺"与"埠头"联称为"八步"。

还有传说称，广东商客最后定居的这块地方有八景，即笔架山、点灯山、龙头庙、蚂拐塘、山水壁、一景桥、八桂石、鲤鱼岩，人称"八宝"。"宝"字在广东话中又与"步"字谐音，故也称为"八步"。

谭达崙以在八步开采锡矿而知名，矿场就设在贺江畔的水岩坝，风光尤为奇特。

徐悲鸿随谭达崙来到矿场住下，三日后，谭达崙因矿产输出之事赶赴香港，徐悲鸿则留此独居。

徐悲鸿是1938年8月下旬抵达八步的，虽然已作了几天画，但却仍未从沮丧的阴影中走出来。9月2日，便给郭有守写了一封长信：

子杰吾兄左右：

奉长函极讥讽嘲骂之致，老友因关切而壮怀激烈，夫岂可怪？唯"天下多美女，安得一一妻之"数语，可谓不知弟者。但弟此时，亦不暇辩，承兄愿为最后之努力，至为纫感。弟明知无益，不敢烦劳，盖碧薇从前虽对弟切齿痛恨，究亦尚具恩爱。自去年8月后，便只有恨无爱，弟当年容有二心，但未尝未爱，且从未甘心如来书所指之俗气，嗣后日夜思维，觉得虽说不是冤家不聚头，毕竟不能完全以恨结合，若谓相处可似朋友，而世上实无气味全不相投之朋友，至于兄弟姊妹，我又不必如是怕她！弟因国难之故，回心转意，尽量卑鄙，以冀复修旧好，侍候月余，不特毫无影响,且变本加厉,借题发挥,以是知人心已变,不能挽回。况寄人篱下,全无辞色,胡能觍颜久留(其实完全用我的钱)。故最后之努力,弟已亲身试验,完全无效。所以兄不必多此一举,弟良心不泯,她虽对我如此,我总不忍抛弃,故甘愿担任其生活所需,亦因弟之收入较之为多,否则一受辱被逐之我,宁来供养逐我之人?尤不可以为弟之态度,为缓和法庭见面,此固非弟所愿,唯人家以为非如此不行,我也没法,在事前须得请教过高明些的律师。总而言之,"光第"生活,弟决不再试,弟愿多保持些碧薇好的感想,至于没世。若兄以弟所陈为不尽善,敬恳兄集弟亲友一二人,若白华兄、斯百弟,商议一更好办法,不必令任何一方吃亏,交弟执行,无不乐从。未来如何,此时不得而知,结果恐亦难别雅俗,不问其为天狗为土猪,总是那么回事。弟因心力交疲,孙女士已离开广西,来八步小住,此地为矿区,不烧煤,故甚清洁,工人生活,亦可入画,但其工逸而不劳,与世隔绝,每日杀死几多虾仁,毫无所知,亦到罢了。敬候俪福!

弟悲鸿拜启
九月二日

从写给郭有守的信中可以看出,徐悲鸿对于蒋碧薇仍然十分不舍——为了修复他们夫妻关系的裂痕付出了多少艰苦努力,又带来了多么深重的心灵损伤,然而却又是多么的一往情深:"弟良心不泯,她虽对我如此,我总不忍抛弃,故甘愿担任其生活所需。"应该说,这是一般人难以做到的。信发走后,他则与世隔绝,汗流浃背地潜心作画。

矿场执事对徐悲鸿照顾得异常周到,见他劳累辛苦,每日安排餐饮四五次,还常常增加带有山珍海味的夜宵。徐悲鸿则夜以继日作画,而且还为《九歌》作了插图多幅。

不到半个月,徐悲鸿已经画完了四十多幅各种题材的创作,而且还东跑西颠四处写生,又有很多是大幅制作,实在已经耗尽了精力。虽然从来都没有午睡的习惯，可这天画完《八步晨光》，他却昏昏沉沉地倒在床上，几次想爬起来继续作画，都没能支撑住身子——实在是过于疲惫了。

徐悲鸿是仰卧在行李上躺着的，一只手正好压住胸前左侧的心房。他感觉正在画一只猫，猫的一只前爪突然朝他的脸部抓来，于是"啊"地大喊一声从梦中惊醒，出了一头冷汗。然后听见有人说话："看看，做噩梦了吧？那手放在心房上睡觉，压迫着血液回流，还能不做噩梦？"

徐悲鸿睁开眼睛坐起来，见站在面前的是谭达崙，冲他笑眯眯的，手中举着一封信。

"给你！"谭达崙说道，"国际信件。是谭云山从印度带来的，在香港碰见我打听你，我跟他说你在我这儿作画，他就让我把信捎来。"

徐悲鸿将信接在手中，见是印度大诗人泰戈尔的亲笔信。

徐悲鸿早在1933年，谭云山在南京组建中印文化协会时，就曾向该协会捐赠了一批作品。泰戈尔得知后，对他十分感谢，此次来信是邀请他赴印度举办画展。

徐悲鸿立刻振奋起来，抱起谭达崙旋转着在地上抡了三圈儿，然后回到画案前继续作画……

谭云山与徐悲鸿年龄相仿，是湖南茶陵下东长乐人，青年时期在湖南第一师范参加毛泽东创办的"新民学会"和"新文化书社"，1924年赴新加坡和马来西亚任教。1927年在新加坡结识泰戈尔，二人性情相投，遂开始频繁书信来往，1928年受泰戈尔之邀赴印度国际大学任教。

1933年，谭云山返回南京游说陈立夫、朱家骅、张道藩、黄警顽和太虚法师成立中印文化协会期间，闻知甘地为印度解放事业而绝食三个星期时，便在南京宣布与甘地同时绝食。此举使得印度人民深受感动，印度兴都佛陀社的麻多普拉得咯那，特致函谭云山道谢并慰问。

谭云山于1937年首任印度国际大学中国学院院长，被甘地夫人称之为"伟大学者"。

看了谭达崙捎来的信，徐悲鸿欢喜异常，一扫胸中郁气。兴奋之际，提笔为他画下《雄风》一幅：画面为一只瘦削犹劲四足踞山石之上的雄狮，低首聚集力量，正欲奋力一跃。脚下岩石寥寥数笔，敷以淡彩，整个画面简洁生动，极其传神，左下方款署：达崙吾友存念，悲鸿。

徐悲鸿与谭达崙彻夜长谈，感谢他为自己提供了一处世外桃源，此乃因祸得福。接下来继续作画，以备出国赴印度展出。住在"八步"历时一个月，作画百余幅，正当打点行装，准备离开时，有梁文山后人前来求见。

梁文山系晚清贡生，学识渊博，肝胆相照，曾任贺县统税局局长。在任时为官清明，积极主张抗日，因此深得流落到桂林的文化名人信任。

梁文山于1937年9月病故，许多名人前来悼念，书联题匾，国民政府广西省主席为其撰写了墓志铭……

其后人来拜欲求徐悲鸿为先祖题壁。徐悲鸿于是又铺开宣纸，提笔为其书写了"瑞应来仪"四个楷书大字，上款为"文山先生遗阡，"下款是"浙江徐悲鸿书"。

"瑞应来仪"即"凤凰来仪"颂圣语"祥瑞"之意。

春秋时，楚人卞和在荆山中看见一只凤凰落在一块青石之上，于是便在山中寻找。经过千辛万苦，终于寻得一块璞玉——即是价值连城的"和氏璧"，此乃为"凤凰来仪"的吉祥之意——意为有凤凰落脚的地方既是宝地。

梁文山后人得徐悲鸿手书如获至宝，回家后将其刻于先祖梁文山墓后离地30米高石壁之上，高5.4米，宽1.4米，其结构严谨，间架结构端正，摹刻工艺十分精湛。

第十章

西江漂流

轮船行至夜间，容奇对岸的大良忽然冒起滚滚浓烟，火光冲天，十余里枪声四起。英船主以为不靖，遂命"中安"轮起碇直奔广州。航行四小时后天已大亮，却不料突然遭遇日寇军舰围堵……

一、马万里来访

徐悲鸿离开八步小游柳州后,于 1938 年 9 月返回桂林,恰逢马万里携画来访。徐悲鸿看到他的《桂林独秀峰》惊叹不已,认为他的画"卓尔不群",立刻题诗一首:

江山草木俱玲珑,锦帐银屏四望中;
便是工师殚设计,工师也得号神工。

又云:

万里先生写桂林独秀峰,笔墨灵妙,尽造化之奇,属题俚句,为书当日登峰顶绝句应之,未能藏拙,殊自愧也。

马万里 1904 年 1 月 14 日生于江苏南部长江三角洲中心地带的常州,少年丧父,在书画家外公及舅父的熏陶下喜爱书画与篆刻。1922 年,考入南京美术专科学校国画系,诗词文章、国画花卉诸业锐进。1924 年,于南京美专毕业后留校任教,同时兼任南京省立第四师范国画讲师。

1925 年,马万里在南京举办个人画展,全部作品被订购一空;同年,与舅父张仲青在常州举办扇面联展,轰动全城。吴昌硕看了他的《二十四画屏》后,提笔写下"活色生香"四个字。

1935 年秋,马万里与黄宾虹同赴广西壮游,为桂林的奇山秀水所动,因而留居于南宁与桂林,与美术界同仁龙月庐、杨家瑶、杨秋人、邓俊辟等人创办了榕门美术专科学校,被公推为校长兼国画系主任。

1936 年,徐悲鸿为马万里的画展作序:

频年以还,游艺中原者,马君万里名籍甚。余赴沪时,遇谢公展。公展兴最豪,高亢健谈,每纵论当世英彦,辄乐道马君。

廿四年秋，余慕八桂山水之胜而来南宁，至则遇其贤士大夫，无不言马君者。盖马君以其艺倾倒南中名流。先我而至，已数月于兹！马君画格清丽，才思俊逸，有所创作，恒若行所无事。书法似明人，得其倜傥纵横之致，而治印尤高古绝俗，余昔所未知也。马君既多才多艺如此，又广历名山大川，精进不懈，则他日与文艺复兴之业者，微斯人其谁与归乎？顾自清以降，执笔弄翰之人，俱当时之士大夫，畏难就易。辄习尚浅薄，号为简雅，一如中国不修武备。独夸言和平然者，以故雄奇典丽之作，阒焉无闻。吾与马君今俱盛年，丁此末世，凡其颓废与所因循苟且而同流合污，腼然苟全于人心之下之艺，允宜悬为厉禁。孤诣独往，冀其高远，乃吾党之事，知马君必当与不佞共勉，且不计世人之接受与否者也。

画家马万里

除对马万里的画展作序外，徐悲鸿还对他精湛的画艺评论道：

卜居西粤以后，先生与人合作较多。有与赵少昂合作的《金鱼紫藤》，有与悲鸿合作的《松猫图》，有与张家瑶合作的《喜上眉梢》，有与徐杰民合作的《相依》（鸳鸯、凌霄），特别与张大千、徐悲

徐悲鸿自画像（素描）

鸿合作的《岁寒三友图》和《桂林独秀峰》。《岁寒三友图》是大千画松，悲鸿绘梅，万里先生写竹，"篆刻王"谢梅奴配诗并刻印。《桂林独秀峰》是先生取正岭，大千绘侧峰，悲鸿首行题四字——"卓尔不群"，尤绝的是卷中签满了马一浮等名家的题赠。所以，此长卷极为名贵。

仅从徐悲鸿的论述中便可得知，马万里已经成为与张大千、徐悲鸿等人齐名的大家。

在这之后，马万里又与徐悲鸿、张安治合作《迎春图》，与张大千合作《云溪精余图卷》《九百石印精舍图卷》等。从中也可看出他与张大千、徐悲鸿之间的艺术情谊。

马万里的婚姻也与众不同，曾经有着三个不同寻常的四年：1928年，他与南京美专时的同学汤秀珠结婚。婚后夫唱妇随，如鱼得水，形影不离，使得马万里的创作进入第一个高峰期——《桂林老人山》《雪泥鸿爪册页集》《桂林独秀峰》《云溪精舍图》《事事如意》等许多优秀作品都是这个时期完成的，因为被吴昌硕誉为"活色生香"；曾熙则评他的画是"触处春生"；徐悲鸿说他"画格清丽，才思俊逸"；中国油画第一人李铁夫称他是"热爱生命的画家"。不幸的是，四年之后，汤秀珠却因难产而辞世。为了完成妻子遗愿，马万里从此寡言少语，潜心艺海，终成一代大师。

后来，马万里又有了第二任妻子谢玉光。新婚宴尔，自然十分甜蜜。然而时间一长，妻子却容不得他作画时把家里搞得乱糟糟的，因而经常吵吵闹闹。他的情绪由此消沉，往往借酒消愁。四年之后，妻子丢下一个女儿，卷走家中金条、玉器和古玩离去。

1952年，马万里在北京与女儿慧先蜗居陋室，无处作画，极度绝望，几次想到要自杀。一天，末代王室金墨玉在和平画店赏画时，看见一幅《荷花》出手不凡，便问画店经理——齐白石的弟子许麟庐，马万里何许人也？

许经理无比赞誉金墨玉的眼力，便引荐她认识了马万里。他则刻了一枚精制印章送给她做见面礼。二人从此往来频繁，不久结为夫妻。新婚的妻子成了马万里的精神支柱。然而四年之后，金默玉却因出身问题，及其姐姐是特务头子而遭逮捕，被判十五年徒刑……

马万里的精神受到巨大刺激，整天沉默寡言，最后患上精神分裂症住进北京医院。

1966年，正在狱中服刑的金默玉收到一纸离婚申请，不禁感到疑惑：她知道马万里非常爱她，也相信她是无辜的，绝不会提出与她离婚。经过仔细辨认字迹，才看出离婚申请是马万里女儿写的。为了不连累他们父女，于是在上面平静地签上了自己名字。

1979年5月，金默玉获得平反后回到北京，盼望被打成"黑帮"的丈夫从劳改地回到身边。然而十分不幸，同年10月26日，受尽摧残尚未得到平反的马万里带着无尽思念离开了人世。家人在他的枕头底下发现了他跟金默玉的结婚照：许多年来他每天都是枕着这张照片入睡……

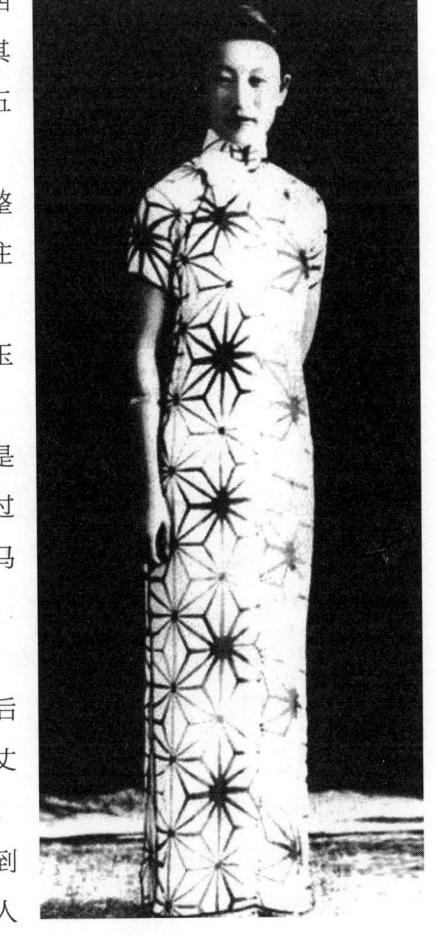

19岁生日时的金墨玉

二、江上风险

送走马万里，徐悲鸿便积极筹备出国展览事宜，在张安治的帮助下，挑选准备出国携带的画件。由于时间紧迫，作品太多，来不及清点造册，便装满了整整十大木箱和六只皮箱。

一直忙到1938年10月9日，才带上十六箱艺术品，在友人的陪同下乘坐两只木船沿漓江南下。

一周后轮船抵达梧州。但却因日寇入侵，江面告急，徐悲鸿急忙找到中华书局经理张杰三斡旋，换乘英人的"中安轮"和"福安轮"，连夜驶离梧州，两天后抵达三水。可日军已逼近三水城，枪炮声此起彼伏，市民疏散交通拥挤，两轮不得不在夜间返回梧州。张杰三又紧急斡旋，就在西江被封锁之前急忙离岸，三天后抵达容奇。然而容奇街市也是一片无序景象，徐悲鸿在杂货铺购得些许宋代古币回到船上。夜间，容奇对岸突现滚滚浓烟，爆炸声连成一片。惊恐之余，英船主急忙起碇……

船行四小时后天已大亮，远处忽然驶来一艘军舰，舰上飘着的"太阳旗"依稀可见。众人齐聚船头观之，日舰突然发出两声炮响，示警"中安轮"和"福安轮"停船检查。

一刻钟后，日军放出的汽艇靠近，十余人登上两轮。徐悲鸿若无其事地坐在餐室里摩挲古钱消磨时间，心中狂跳，以求躲过灾难平安无事……

日军进入船舱，胡乱搜查一番，并未发现轮船携带武器及其嫌疑之人，于是悻悻离去。

两轮在江中视敌情东躲西藏，走走停停。此刻，广州、武汉已经沦陷，徐悲鸿心中惶惶，唯恐十六箱艺术品遭到倭寇抢劫——因此已做好思想准备，一旦遭遇不测，誓与艺术品共存亡。

一日，两轮正停于一小镇码头，欲给轮船进行补给，忽然听见大炮和机关枪声响起。"中安轮"和"福安轮"唯恐遭劫，立刻启碇直奔三水。徐悲鸿看见几只载货巨筏停于江中，但筏上却空无一人；岸上的街道房舍也不见人迹……英船主唯恐遇上日寇强迫运兵，于是转舵奔赴九江。徐悲鸿胆战心惊，如在江中遭遇水雷，众人与艺术品都将毁于一旦……

值得庆幸的是，两轮在傍晚6时抵达九江。离江一里之外的村落依附高山，多有林木环绕，虽然多为碎方块垒堆砌，煞是好看，但却如坟地一般寂寥……

翌日凌晨，徐悲鸿顺着江边码头四处寻觅同行船侣，庆幸寻得两艘，于是伙同起啶航行，11时抵达江门。徐悲鸿于是离船登岸，看见街面井然有序，房屋、建筑、设施皆未遭到破坏，市场一派繁荣景象⋯⋯

傍晚时分，一艘英国军舰抵达港口，众人皆大欢喜。江门为广东第三大城，距离江边二十余里，公园坐落于市中心高坡上，可以眺望四周全景：园中古木参天，幽深静谧，粤东热带的红槿花灼灼其华⋯⋯

徐悲鸿与两位朋友于江门徘徊一日，又遇一土著人杨君。在谈论江门形势时，杨君说道："日军在侵粤时狂轰滥炸，到处残垣断壁，可唯独江门得以幸免。其原因是，此地多有族人在日本经商。其中就有大汉奸温宗尧，他因不愿故乡变为焦土，故向日军陈情。所以，虽遭日军猛烈轰炸，唯有江门独免。"

听了杨君的话，徐悲鸿与友人大笑，戏谑道："然则吾侪一时之苟安，乃出于汉奸之赐之，亦可怜矣！"

通过游览，徐悲鸿得知江门居民十数万，大银行皆有支号，其经济地位十分重要。但一旦倭寇踏至，地方既无抵抗之力，也无驻防军队为之保障，后果不堪设想⋯⋯

夕阳西下，徐悲鸿同友人乘公共汽车返回船上，见电话线已被拆除，方知形势紧张⋯⋯

第二天一大早，友人陈语山偕杨君再次来到船上邀请徐悲鸿。陈语山曾游学于高奇峰门下，又为广州美术学院教授，善写山水，出手不凡，下笔沉着有力，徐悲鸿曾为他写过题记。

陈语山特邀徐悲鸿同赴外海家中做客，他便欣然允诺，遂随之涉江五华里，于傍晚抵达。村头有武装士兵把守，陈语山向其解释说大画家徐悲鸿来访，方得以进入。又步行三里余，方进入陈家宅邸。茶饭以后，徐悲鸿下榻于陈语山的族叔寿樵家里。

寿樵先生乃外海著名人士，时年七十七岁，鹤发童颜，已有曾孙男女八人，但却于数月前又娶了一位十九岁妙龄少女为妻，亦其乐融融。

听到克复失地三水消息后，徐悲鸿兴奋异常，又与陈语山等人同入江门流连至深夜，并聚宴欢庆。同座中，认识了一位刚从前线归来的炮手李毅，其人血气方刚，抗战情绪激烈，并说江门有位李君计划组织抗日游击队，自己准备参加。

徐悲鸿听罢大加赞扬，李毅扣手称拜。杨君在谈到日寇罪行时说道："有位在上海读大学自称"飘零云"的少女，避难来到江门，但却无以为生，已经沦为妓女。在别处较安全的城市，有着这类遭遇的女子同样不在少数，这都是日寇侵华造成的罪孽。"

徐悲鸿听罢长叹一声说道："苟全性命，即是天幸，更不必计其生活采取何种方式矣。倭寇不除，百姓永无宁日！"

对于徐悲鸿的话，众人无不赞许，于是举杯期待武汉、广州克复。翌日凌晨方返回漂流西江的船上。尚见在英舰护送下，几艘轮船联翩而至，与"中安""福安"同行。

因为有英舰护航，众人皆大欢喜。自10月9日由桂林动身，至今整整过去月余，徐悲鸿方觉心中宽松。经历了四十多天的艰难险阻，"中安""福安"轮才离开江门奔赴香港，徐悲鸿立即感到脱离了无期徒刑般快慰……

三、滞留香港

徐悲鸿抵达香港的第三天，《珠江日报》社社长黎蒙拿着一封信忽然来到任真汉的办公室，对他说道："你认识得郑子展吗？"

"不认识。"任真汉摇了摇头。

"给，他有信给你呢！"

任真汉接过黎蒙手中的信封，见上面写着"黎蒙先生转交任真汉先生启"。他将信封拆开抽出信笺：

> 任先生：徐悲鸿先生要见你，今晚请到舍下便饭，大家谈谈，他有些事要请教也。

看了郑子展的信，任真汉感到忐忑不安，立刻想起两年前受人蛊惑写文章批评徐悲鸿的事。在那之后，他一直心有余悸：他知道李宗仁早已把徐悲鸿奉为上宾。他画的《广西"三杰"》，是为了赞扬李宗仁等人的抗日精神，而《珠江日报》又是李宗仁的喉舌，自己会不会被炒鱿鱼呢？想到这里，他表示不认识郑子展和徐悲鸿，不想前往赴宴，并把郑子展的信递给黎蒙看。

黎蒙看完信笑了笑说道："去吧，郑子展是我的好朋友，十分平易近人，又最爱与诗人、画家交朋友。至于徐悲鸿，更是我们广西的热心支持者，他替广西出了很大的力气呢。他不会使你为难的。"

在黎蒙的劝说下，任真汉当晚赶到郑子展家中。

徐悲鸿一见到任真汉，立刻上前握住他的手向他问好，如同老友重逢。任真汉又想起了批评他画展的事，脸上现出尴尬的表情。可徐悲鸿似乎毫不介意，拉住他的手坐在沙发上，跟郑子展要了纸，开始与他笔谈。

笔谈中，徐悲鸿向任真汉请教他对唐宋以来文人画的看法。任真汉则在纸上告诉他说：文人画自唐宋以来，到了石涛、八大山人手上达到顶峰；而在"四王"那里，却被陈陈相袭、屋内造屋……

看了任真汉写在纸上的话，徐悲鸿发出爽朗笑声，向他伸出大拇指。徐悲鸿知道他曾留学日本，便向他询问对日寇侵华战争的看法。他的脸上立刻显现出愤怒表情，告诉徐悲鸿：自打日本鬼子1932年侵略上海的时候，他就从日本回到香港定居了。

徐悲鸿与任真汉的笔谈又转到国画创作上，谈到兴奋时，便解带宽衣，顷刻间，为他画了一幅《雄鸡图》，题识曰：

真汉先生既丧其所作于广州，避地来港，乃肆意于文。不佞对之尤切知己之感，相见恨晚，辄献所愚，不值一笑也。廿七年始冬，悲鸿。

接待完任真汉，徐悲鸿便紧锣密鼓地准备离港前在冯平山图书馆举办的画展，还要不断接待来访者。11月下旬，展览开幕了，主要展出任伯年和徐悲鸿的作品，展厅的门外，立着"中国第一流画展"巨幅海报。

关于徐悲鸿与任真汉的会见和这次展览，任真汉在随后的《三论徐悲鸿艺术》中写道：

> 那晚终于依址到了九龙洗衣街郑家，会见了郑子展和徐悲鸿。徐悲鸿正在作画。他见了我，满面是笑，握手不放，口里不知说什么，我可一点也听不懂。只知道不像对我有什么恶意，便也含笑点头，自然是扮哑子了，徐悲鸿却随手将一幅刚刚画成的《雄鸡独立图》，题了我的上款给我。然后携手入席吃饭。由见面到饭罢的一段时间，都只有郑、徐两人笑谈不休，我插不上嘴，饭后才开始笔谈。我不敢提两年前评画的事，徐却力赞我当时评得他心服。（最近读到艾中信及谢里法两人有关《田横五百士》的文章，都说红袍人是田横，但我首次论《田横五百士》的文章，指红袍人物是汉使，徐悲鸿见后，只说我评得他心服，没有反对红袍人为汉使的说法。其实画中一位黄衣人，才应是田横，当时田横仍是齐王，故应穿黄衣，身边蹲的是其妻眷。人群中也只此数人有衣服，身份特殊可知。）他拿出一束画稿，要我提意见，就是待战争结束之后，回到北京，绘作北京艺术学院的壁画。画稿共九幅，原来是画屈原的九歌。用墨笔白描，画在单层宣纸上。我对最后一幅《国殇》最为满意，是短兵相接的战斗场面，他画出了紧张凄厉的气氛了。可是《山鬼》一幅，我便不客气地指出其不当，他把山鬼画成一个披发裸体女人，骑在一只金钱豹身上，在奔向森林。我说："九歌中的山鬼，并不是裸体的，是"披薜荔兮戴女萝"，用薜荔做衣裳，用女萝饰头上的。而且也不是骑在豹身上。"乘赤豹兮从文狸，辛夷车兮结桂旗"，原是用四个赤豹拖车，用两个文狸开道。车是辛夷花装饰着，车前挂着桂花缀成的旗帜。春秋时代的中国还没有骑的纪录，只有坐车的纪录。

骑马是战国的赵武灵王开始的。乘是四马为乘，纵是二人为纵。既有乘又有纵，即是车的规模。画中国的人和鬼，都不应是裸体的。否则只是西洋的东西。"徐悲鸿连忙合掌称是。他还拿出《八十七神仙图卷》给我看，问我鉴定是何人手笔。我见画卷中的人物眼睛都另用浓墨点过，墨色很新，与全体线条用的墨不同，我道："这是宋朝画，而且最可能是武宗元画。在宋朝许多画家之中，只有武宗元的人物是如此近似唐朝风格。但唐人画眼只用墨，不会有特别不同于衣纹上的墨色点睛，若说是后人加笔点睛，也不合理。因为加笔者没有理由专加在眼睛上。这种特黑的点睛法，只能在宋徽宗画翎毛，用漆点睛的纪录来推理。可能在宋朝画家多数流行用漆点睛法，不论画人物画鸟兽皆照用，才会有这么一群神仙，个个都点了黑漆眼睛的。"徐悲鸿连称"有理"！他说他一直认为是后世俗工加墨点坏了的。他对我说，将来回北京艺术学院后，要请我去当教授。我连忙摇手。我说："不行，我是聋子，又等于哑巴，我不懂京话和普通话，没有可能在京活动的。"

他又提及要举办一次画展，要我也参加。他准备邀集几人联合展览。我接受了这个好意，回家即着手绘了两幅国画，都是四尺宣的中堂。一幅《结网图》，画一个渔村妇女坐在地上结网，背后是一大片芦荻花。另一幅画《空舍图》，描写战乱之下农村人群逃难的光景：主体是一农家门前一男人拉耕牛走过，一妇人挑担却被小孩掀倒，妇人坐下来拉小孩打屁股，远景是一群农民走路。把画交了徐悲鸿，不久便在冯平山图画馆展出了。画展的标题可又吓人，竟是"中国第一流绘画展"。看了这样的海报，不由得使我惭愧难当。我想怎么我变了第一流画家了呢？待到会场一看，才又无话可说，因为展出的画，除了我两幅是不配第一流的劣作之外，其他确都是第一流。因为有好几位广东画家作品都是好画，更多的是任伯年的画和徐悲鸿的画。从这些展品中，给我看出了徐悲鸿的中国画根底是出自任伯年的。

任真汉提到的徐悲鸿来到香港之后，邀请他作几幅画，他则画了《结网图》和《空舍图》，徐悲鸿看后认为是佳作，便放在自己的图侧展出。此举使他非常感动。觉得徐悲鸿着实是位海纳百川的大家……

画展最引人注目和受到称赞的，当属挂在正厅当中徐悲鸿的大幅国画《巴人汲水》，描写重庆山城底层大众汲水的艰难。关于这次画展，在结束时，《珠江日报》特刊出专号，一篇署名文章指出：

> 吾人参观先生作品，尤足证先生对于绘事研钻之努力，虽至今日犹不辍止。此种勇进之精神，尤足为我国画人痛下针砭。盖自近代以来，我国画坛沉衰不振，为时已久。因袭模仿之风，已成风尚，而鉴赏艺术之谬误，亦由未能打破因袭仿古之传统思想，而徒以死守成法相尚，遂令全体画坛，几为沉沉死气所笼罩。此吾人居常所不能不大声疾呼，以为我同志艺人警告者也。

任真汉又在《三论徐悲鸿艺术》中写道：

> 徐画也在这展会中给了我一个新印象。因为他的大多数作品是描绘低层小人物的生活面貌，小贩和劳工成了画中主角。这可真的不同凡响，不再是在广州展出的那样以大吓人，而是使人更亲切地接触到农工们的生活。就中一幅《巴人汲水》，在江边打了水，再挑着水桶登上几百级的石阶向山上的居处去。妙在展挂这画的地方就在楼梯侧边，看画者一级级上楼，一步步看画，真有使人如入画中，与汲水的巴人分甘苦之概。这一设计，巧不可言。我看后即写了篇画评给《珠江日报》刊了。文章前半段，概评一些别人的画，后半段就着重指出徐画受任伯年影响的特点。徐画另一特点在于描写劳工生活形象和精神面貌。并指出《巴人汲水》为近五百年来仅见的杰作。"五百年"这是指晚明到近代，并不是夸张。我所见到的明清到近代的人物画，就极少有描画现

实生活面貌。在宋元时期还可能从一些名手作品中看到人的生活，明清初期也还有吴小仙、戴进等少数出色的画家作品具有人的气息。后来的就渐渐失去人间的生活了。即使是仇十洲、唐六如的人物画，也只能是玩物，而不是现实生活的表现。我如此评价徐画，在当时可能还未有他人敢做的吧？因为这一段文章，在后一年竟又成了徐悲鸿在南洋开画展时刊入他的场刊内，作为序文利用了。这是我始料不到的结果。

更料不到的是，《珠江日报》刊了这文章的次日，黎蒙即着我不用做校对，改做电讯的助理编辑，帮助那时负责电讯编辑的周培克整理电讯稿。这一来也就不是炒鱿鱼了。这一变化，相信是徐悲鸿的影响。因此也可能引起一些同事的不平。在那当口，我真有左右为难之感呢。

画展尚未结束，徐悲鸿则将所带《八十七神仙卷》及其几百幅作品拿到中华书局香港印刷厂进行摄影。恰逢舒新城来港向总经理费逵汇报工作，并将原来准备送给孙多慈的一百多英磅交还给徐悲鸿。徐悲鸿则至舒新城寓所，谈及他与孙多慈之间十年的感情纠葛……

随之，徐悲鸿将在渝所作，准备赠给孙多慈的《牧童和牛》加题赠予舒新城。

舒新城看出，徐悲鸿的七言绝句，是他与孙多慈相恋十年的总结——只不过是"十年一梦"和"海市蜃楼"。又将准备给她的《牧童和牛》赠给了他，可见徐悲鸿对于孙多慈已经彻底绝望。对此，他在当天的日记中写道："此种过渡时期之风流公案，殊难有圆满之道也。"

接下来，徐悲鸿在港参加了中华书局陆费逵、舒新城、郑子展、郑健庐等人的一系列晚宴，并在利园宴请欧阳予倩、舒新城、郑子展、王文锡夫妇、周宪文等。同时，他还整理了自桂林出发以来沿途所写的《西江漂流日记》，从12月9日开始在重庆的《新民报》上连载。而且行前，他还创作了《柳荫鸣鹊图》《壮士战马图》《百猫图轴》《柳鹊图轴》《梅花扇面》《虎图轴》等一大批可以堪称精品的画作。最后，画《天寒翠袖》赠予郑子展。又为郑健庐、郑子展兄弟画马，题识曰：

> 朋辈中最孝悌笃行者，当推香山郑健庐、郑子展昆季两家，子女众多而一门雍穆，从无间言。健庐幼女璋五岁，绝慧，与子展七岁女彦相戏，偶为姊创手痛而哭。彦无心，述于其母，亦自恨而哭。余适逢其会，觉此乃人类最伟大之情绪，苟广此德，可立溶巨炮作金人，而太平将与天地长久永无极也。二十八年岁始，悲鸿欢喜赞叹，纪此幸遇。

1939年1月4日，徐悲鸿方乘荷兰"万福士轮"启程，直驶新加坡。行前，给子女写了一封短信：

伯阳、丽丽两爱儿同鉴：

　　我因为要尽到我个人对于国家之义务，所以想去南洋卖画，捐与国家。行未到半路（香港）便遭封锁，幸能安全出国。但因未曾领得护照，又多耽搁了近两个月，非常心焦，亦无别法可行。兹已定今夜（1月4日）乘荷兰船 Van Heufze 赴新加坡，在路上有四日。如能一切顺利，2月中定能返到重庆。国难日亟，要晓得刻苦用功。汝等外祖父母想安好，我虽在外，工作不懈，身体不好亦不坏，可勿念。你二人须用功算学及体操，旧邮六张两人分之，外祖父前代我请安，母亲代我问安。

第十一章
新加坡筹赈

　　出钱者无论数量如何之大，还是比不上为民族而牺牲性命者贡献之重。此种道理尽人皆知。比如说，倘若有人以重金易人一手指，则不会有人肯这样做，以百万元购人之肢体，更不会有应征者。因此，为国捐躯的烈士，乃是民族精神与人类道德最高的表现……

一、初展告捷

1939年2月19日,正是中国的传统节日春节。早起,徐悲鸿即作大幅国画《疏梅图》。画毕,恰逢郁达夫携王映霞及徐君谦、黄孟圭前来拜年。老朋友相见异常兴奋,徐悲鸿与郁达夫热烈拥抱。

郁达夫看了《疏梅图》一时兴起,遂题七绝一首:

花中巢许耐寒枝,香满罗浮小雪时。
各记兴亡家国恨,悲鸿作画我题诗。

徐悲鸿每到一处,总是与朋友们在一起诗、书、画连盈。正在他赞赏郁达夫的题词为"好诗",黄孟圭称"各记兴亡家国恨"为妙句时,又有广洽法师慕名来访。

广洽法师为弘一法师李叔同的入门弟子,徐悲鸿遂为他画素描《观音大士》一幅,同时为黄曼士作联云:

直上中天摘星斗,欲倾东海洗乾坤。

随即,徐悲鸿又绘彩墨画《奔马》一幅,寄赠已赴美国旧金山留学的王少陵。

徐悲鸿这次来新加坡的目的很明确,就是要将筹赈所得捐给抗战,以尽一位爱国志士的拳拳之心。当与众人谈起前方将士为国捐躯时,又提笔绘成《大士像》和《立马图》两画,以表示自己此时的心情。《大士像》题款为:

己卯二月十九日,敬设香花写大士像一区,为中国抗战之阵亡将士祈福,悲鸿。

《立马图》题款为：

> 引汝认识路，转眼双肩重担来，悲鸿。

画展正在紧张筹备之中，3月2日，郁达夫出任主编的《星洲日报》《晨星》副刊就已辟出专号，对徐悲鸿及其作品进行了介绍。郁达夫在《与徐悲鸿的再遇》一文中谈道：

> 1927年见到了悲鸿先生的几张画后，我就感到了他的笔触的沉着，色调的谐和，与轮廓的称匀，是我们的同时代的许多画家所不及的。

又云：

> 他的名字，已经与世界各国的大画师共垂宇宙，他的成绩也能具体地摆在我们的面前，所以不必要的奖誉和夸张，我在这里想一概略去。只提一提他的国画，是如何生动与逼真，画后的思想，又如何的深沉而有力，我想也就够了。

银芬在《徐悲鸿先生的写实主义》一文中曰：

> 中国画，自从八大山人、石涛和尚一派的末流，得到了吴昌硕、齐白石、张大千诸氏的仙引以来，就有许多出类拔萃的幻想派画家出现。譬如说罢，我们学画法的时候最普通的远近、光暗以及骨干等起码规律，他们都可以不守。结果，弄得天才太多，而画坛也没有一定的真正评价。
> 固然，近代人的画，贵在有思想，但是思想的想以画来表现，至少也要合乎画的条件才行。

在这里，我们就不得不想起徐悲鸿先生的提倡写实作风的意义来了。凡是受过西洋画的熏陶，或受过科学教育的我们近代人，要想完全同古代中国的画家一样，把大量的奇想，写出在更奇的画上，这当然是不可能的事情。

悲鸿先生的提倡写实作风，就可以救了这一种空疏、奇矫、荒诞的弊病，英雄善欺人，画家也有些是善于欺人的；但当作画或评画的时候，你若始终能以写实主义立脚点，则画者的不至于自欺，评者的不至于被欺，是自然的结果。

近代的中国画，尤其是现代的中国画界，于吴、齐、张诸氏的粗枝大叶的一派之外，更有一派切实、细致、工整的画家，如岭南的高、陈以及江苏的徐悲鸿先生的存在，实在是中国艺坛上一件极可喜的事情。

悲鸿先生的中西画，将于本月中旬，在星洲展览。我们正可以趁这个机会来学习一下。因为悲鸿先生的作品，多是他的平日主张的具体化。在绘画当中的写实主义，究竟要怎样才能够表现出来，我们都可以从悲鸿先生的作品里，得到一个解答。

画展定于3月14日在维多利亚纪念堂举行，海峡殖民地总督汤姆斯爵士偕夫人参加吡叻苏丹登基大典归来后答应参加展览的开幕礼，使得海峡侨生华人情绪振奋，遂捐款三千叻币，作为请徐悲鸿为汤姆斯爵士画像的润金。画展尚未开幕，就已获得久负盛名的新加坡富商陈嘉庚、陈延谦、周永泉、林金殿、李俊承、郭可济、郭新、陈之初，神农药房、星洲商社研究会等个人和单位认购筹赈画展卷二千五百叻币。

1937年10月，陈嘉庚发起成立了马来亚新加坡华侨筹赈祖国伤兵、难民大会委员会，亲任主席。陈延谦、李俊承、郭可济、周永泉、林金殿等人，均为陈嘉庚培养带领起来的企业家、华侨领袖和爱国志士。

画展于3月14日下午3时如期开幕，总督汤姆斯夫妇如约莅临，尚有中国驻新加坡总领事高凌伯及各国名流一百多人，总人数达数以百计。

《田横五百士》（油画）徐悲鸿作

汤姆斯与徐悲鸿的合影，登在《星洲日报》首版，他对徐悲鸿那四蹄生风的水墨《奔马》赞不绝口。

展出的作品有《田横五百士》《徯我后》《广西"三杰"》《箫声》《湖上》《远闻》《琴课》《碧云寺》等三十八幅油画，《九方皋》《巴人汲水》《群牛》《壮烈之回忆》《奔马》《德京归梦》《狮》等八十九幅中国画，《阮君》《悸》《女范》《背转身来》等五幅粉画，《画龙飞去》《李宗仁像》《白崇禧像》《黄旭初像》《蒋梅笙像》等二十六幅素描，以及徐悲鸿临摹欧洲各大博物馆里的名画共计一百七十二幅。这些展品均为1936年以来由南京陆续运到桂林，1938年10月再由桂林运到新加坡的。参展的近作有黄曼士、林谋盛、庄惠泉的素描肖像，以表示与他们三人的特殊关系。最令人击节赞叹的是《田横五百士》《九方皋》《徯我后》《孙多慈》等画。新加坡画坛从未展出过如此精彩的巨幅绘画作品。

参观画展者异常踊跃，华文学校和英文学校全都由校方带队前往，展期九天中，共接待参观者三万多人。徐悲鸿在展览现场对记者说道："一年多来忧国忧家，心绪烦乱，作品减少，希望能凭借画笔，为国家抗战尽职尽责。"

《傒我后》（油画）徐悲鸿作

《九方皋》（中国画）徐悲鸿作

《六骏图》（中国画）徐悲鸿作

与此同时,《南洋商报》《星洲日报》繁星版均都发表了对徐悲鸿画展的评论,总督汤姆斯夫妇与徐悲鸿的合影刊载在各大报纸首版,卖画筹赈款数已超过一万一千。

3月18日,徐悲鸿将其携带的近代名家任伯年、齐白石、居巢、高剑父、张大千、张汝器、林学大、陈树仁、汪亚尘、吴作人、孙多慈、黄养辉等人数百幅作品增加至展室。单就任伯年的作品就有七十五幅,齐白石画作竟达一百幅之多。为此,观众更是蜂拥而至,又有华侨银行有限公司经理陈延谦、董事长李俊承等人捐款认购作品多幅。徐悲鸿为陈延谦画了一幅漫天霜雪身穿蓑衣、头戴斗笠的《寒江独钓图》,陈延谦自题曰:

蓑笠本家风,生涯淡如水。
孤舟霜雪中,独钓寒江里。

黄孟圭为其题诗曰:

历尽繁荣倦仕途,家风回溯到农夫。
余生已有安排计,一幅寒江独钓图。

黄瑞甫为其题诗曰:

久栖热带久忘寒,冒雪耐寒一钓竿。
阅世须经寒苦境,深情且向画中看。

洪鸿儒为其题诗曰:

江干垂钓古人风,寄托如何总不同。
省识画图真面目,舟中坐者岂渔翁。

李俊承题诗曰：

戴笠披蓑上钓舟，满江芦雪水平流。
萧然自得垂纶乐，独占烟波伴鹭鸥。

由此可见，徐悲鸿所交新加坡的富商巨贾，又多是文化底蕴深厚的文人墨客。

画展延长三天，于3月26日结束，历时十二天，共筹得国币一万五千多元，拿出百分之二十作为徐悲鸿的旅费，其余全数由星华筹赈总会寄往广西，作为第五路军阵亡将士遗孤的抚养费。

二、笔战始末

画展结束后，徐悲鸿在新加坡与陈振夏、吴澄之间发生了一场短暂笔战：陈、吴二人引经据典，在报刊上著文指责徐悲鸿的《田横五百士》及《九方皋》，认为人物的服饰、形貌特征许多地方不符合人物身份与时代背景，尚需考证翔实，不可敷衍了事云云。

徐悲鸿则从画家的角度予以回应，说他在创作《田横五百士》时，也并非没有考证，只是为了方便表达和顾及整个画面的效果，有些地方也就舍弃了考证而发挥想象。十年前作此图时曾经与胡小石及黄季刚探讨过服饰，胡先生既以张惠言所著书中的记载，比陈先生所列举者尤为详尽，但却没有实物可证。徐悲鸿说他反复研究了武梁祠、孝堂山碑帖中的记载，方才得知古人所云只穿衣袍不穿裤子的谬误，只不过最早的裤子是没有裆的"径衣"罢了。古人穿上带裆的裤子是从骑马射箭时开始的。至于深红色的袍子及其佩剑，都是考虑到整个画面的协调及其悲剧色彩而安排的。

之后，吴、陈二人再次著文与徐悲鸿论战。然而，徐悲鸿并非理论家，他只能从画家的情感、视觉和想象力进行创作，没有必要将时间搭在与他们二人的纷争上。实践证明，徐悲鸿是对的，他用笔战的时间又在新加坡一幅接着一幅进行创作：《奔马》《立马》《群鸡》《枇杷》《李叔同肖像》《汤姆斯总督肖像》等，都是在这里完成的。他还要到各处进行讲演，给朋友们写信，而且还不断接待来访者。又要进行学术研究，筹备下一步赴印展览事宜，因此笔战不了了之。

三、回眸孙多慈

画展虽然获得了预期效果，可静下来，徐悲鸿仍然感到内心空寂。1939年5月8日，在致舒新城的信函中，又谈到他与孙多慈的关系：

新城吾兄左右：

得手书，知《田横五百士》照片收得，甚慰。弟与慈之关系，在港与兄晤面时，实间不容发，及彼知我来新，乃来一从未有过之动人情书，言我命她怎样便怎样，弟答言：倘人因我而有之行动，我完全任之肩上，不诿责于我以之第二人。但我绝不令人如何行动。其中，慈又获得我冷冰冰之前所发书，她即来一同样温度之函，我气得发昏，即寄一书函至港，托子展兄留交，我即表示此生不必再见。此函才发出两日，讵知她又来一书，视所谓情书者尤悱恻，言俟送其父母于安全地后，便不问吾在天涯海角，必欲相从。情节周折如此，而弟敢断言彼此不能出（彼尚在温州、丽水），但过早之消息已满布东南，比之预防针亦未尝不佳。慈父亲之面貌，似为吾前生身之冤仇。见即话不投机，彼母亦落落无丝毫缘感。倘慈不毅然取得办法（此则不可责备，只有任彼如何），弟亦终不能与之有更进一步之关系，以较弟之岳父母之情愫相去诚间霄壤！弟至今仍依依于岳父母之深意，老天此段文章巧妙不可思议，弟虽在演出此剧，实惊叹剧本之佳弄死人的东西，世变如此,一切听其自然,若慈真排万难来到弟处,当然弟无条件从其所愿,与共生死,弟顾未有一字叫她来,惨极了,只当作被炸坏四肢脏腑一样难过,敬候百益济群安善席收到。去印大约八月。不必告人。

弟悲鸿　顿首
5月8日

一个半月后,徐悲鸿又在致舒新城的信函中曰:

慈自4月14日来一极缠绵一书(她说不论我在天涯海角她必来觅我)后,两个半月毫无消息。此时温州沦陷真使人心忧,她那二老糊涂混蛋该死!大概不会得好结果,弟尚幸留其作品不少,便用慰藉此后半生矣!

在此之前,徐悲鸿在致舒新城信中所说的"慈又获得我冷冰冰之前所发书",是他从广西出发前一直写到抵达新加坡之后的洋洋千言。从中可见,他与孙多慈的关系已经达到了冰点:

我日内即起程赴桂,你那悲惨之书居然在我行前递到,我之事实愿意在顺水推舟,不想使你如此难过(为时甚晚),我再没想此种情绪如无减损,实是十二分痛苦,你虽令我完全绝望,但事实能来一种俗套说求你原谅一类混话。我今平心静气分析你的态度以及我处于被动地位之行动。

你寓桂林那清晨,我5时即到王小姐处,因知汝家人往送,我即返院旋得汝留最后一书,虽无何种动人词句,但我视为极珍贵之文件,因以往汝家人视我对汝纯乎是单相思,我即坚恳王小姐,以汝留函示汝母,王小姐以我尊堂语云:"气她呢是哄她的吓!"书便收下。证以汝安庆宅中墙壁……我也懒得多心!虽是汝现在不否认,但……请你不必重视此语,我毫无意思挑拨你母女感情,我从去年8月起,我便不敢再有妄想,我曾一再以书寄港试探,终了不得要领(你再不必提起寄桂林重庆书)。我漂流西江及在香港两月,完全绝望,你当会追想及之。迨我既抵星洲这第三月,乃得汝八九年来从未有过之奇书,我真受宠若惊,神魂颠倒,反觉你是改常态是处女作,不甚自然,我深自惭愧未能来温州因为(一)我虽尽我为人之义务,(二)汝尊人已抵浙,便决定汝永无与我结合之可能。而此 是汝预定,我恍两月又得汝4月16日一书,不但继续前书恳挚之情更示我决来相见之预告。且坚我信念,益以夜九时半(此间8时半祷)祝之爵上天鉴临我心静……我如何不信,我尔时真视汝如我之爱。

孙多慈肖像(素描)徐悲鸿作

思念远方

我虔诚持守此信念直及八十余日(将7月中)竟无下文,并无丝毫消息。我思此人夜夜为我祈祷,应不难与我一月一书,我虽用二十个字换人家一个字,其名贵殆过殉葬照陵之兰,因为我信他"不论在天涯海角必来相从"(尚有共同奋斗十年之计划),确出我希望以外,我不得不在此期内告汝一切何处接济步骤,既毫无消息,我心不但恐慌,而且惭愧(想到你热挚之语句，我益发面……）新城告我久无消息，子展亦然同，深忧。吾二人共同友人也俱无消息，加以接连不断佐证，在汝书中亦有蛛丝马迹，于是方有求汝电告之举，承汝复文有明了增加之字，固是善意，但前案推翻则已彰明甚。

亲爱之慈，甘言蜜语而无事实，随其后即等于空头支票，我明明知汝与家应等好友简札极密，我虽八九年来得汝二十来封信，但在4月14日书后我望增奢证之，以各处关系我乃豁然明朗，知汝决无一分可能践汝求我相信之预告。且时局亟变更无可能。

兹附告汝一逸事，吾友华林昔与崔葆华女士恋爱十年，其情谊视吾人深得多，林因政治关系去法国，崔待之。厥后其母羡郑汝成之子豪富，坚逼之嫁，闻其母跪求之，不得不允。崔与林最后一书，书后以血写一恕字，我曾亲见，不能谓崔初心决以负林也。她造成一金蝉脱壳之境地，使演为事实，而令华林无可奈何，我便是狼心狗肺，亦不忍说你是怀着虚伪心情，不过汝之爱情乃未被没去，剩下百分之几之稀少天真偶然如电一闪，转瞬即逝，比之乡愚之怨气，气出即消，颇有大自无碍之微旨，不同于一切没出息之春印众生，但其境遇于崔葆华，已绝小加上一重国难之艰危。我当然不会爱虚荣，此亦不算虚荣，但是你究竟是怯弱，我不能等人家写个红恕字给我，我既坚信汝之深情，故知三月无书乃是一种表示。到7月有一书全不是那回事，况且还有一个人情所不能强之理由，你不早不晚不先不后，在此时脱离你的父母，你如早来固为我之幸运，倘你采用如此笨法，叫我如何接受。于是归根结底，你闪电式之爱情，无论如何热烈真挚，只可比之镜花水月，而汝安排妥当之实境乃坚固如不可动摇之昆仑山。我于是乎完全绝望。信可寻常之物，信且不可得，其他可不必说了。且汝之矛盾亦太多，你估量我之能力在汝所要求时则非常之大，在自动时便觉其非常之小。

至于作品，你真是个糊涂蛋，你未能用你一点真正能力贡献于国家,你仅仅比得五十块钱一月的寻常人。当不知羞愧,你带布与颜色到碧湖是作画么,你的成绩安在?

说到红豆,他是有他烨烨之光,无论你戴与不戴,况且你虽说接受了我,却从未见你戴过,你以为他不值什么,丢掉好了。

自欧洲(战)起世界情形大变,交通大是艰难,幸你不再说相从的话,简直是不可能了,我亦犯不上解释这些,横竖隐居碧湖是一种乐境。

我再便带报告我的希望,泰戈尔先生既如此重视我,我应写他十次八次,明年3月又太热了,我便到大吉岭去写十幅八幅喜马拉雅山,雅典以外之理想界,我当年以为更美的。

请你原谅我,我不会温婉,我不能向你伪装,你不爱就算了。

此信阅后请寄新城保存,俾告此案结束。

我只有一件替你伤心的事,你的天真到底剩得很少,加上一种近视,无论如何,我祷天加佑于汝,使汝幸福。

可怜你身处瓮中,亦不知天高地厚。目下由新赴温州来回川资至少需国币三千元,你还说为我守秘密,又要我白跑一趟。我宁愿将三千金捐与寒者为棉衣,以纪念此痛史,且汝亦至懵懵。我虽不是那鸭屎臭要人之类,但以海陆数千里你能为我守着秘密?我不怪你,足见你那时神志不清,并我去年赴长沙接你都忘记了,我虽不强,恐怕肯重演那类剧本之人,天下也绝少的。

最后我并且告诉你,自我认定你决心食言,不再有可能会见以后(我们两人本无可能结合,只有一个仅一时机,你放过了。可见汝之意志),你那7月卅书寄到后,我便不拆寄与展兄保存,哪知他来书大加责备,拆阅后仍寄还我,仍不看。你9月9日(8月无一字)书三星期到达,我仍不拆开,寄与子展,不知如何神差鬼使,几次总未投得邮,我心上有些不忍,终于先将7月30日书启视了。我虽是呜咽难禁,便又将九九书启视,所以徇汝意作此最后一封长函,我再尽我最后之忠告,你仍旧巩固家应之友

徐悲鸿与珍妮小姐肖像

谊,你送我的没有用过,仍旧章还,毋失二老之欢。人家诚意并不在我之下,且关系汝全家安危,必要时可以接受的,打碎之碗补也无益,我仍回到去年今日情绪,原不是我的东西,不见了不能说是损失也。

可以想见,徐悲鸿尚未从失恋的痛苦阴影中走出来,然而却是在忙碌的工作之余才得以显现。后来的事实证明,在感情深处,他根本没把孙多慈就此而放下……

四、珍妮小姐

此间,比利时驻新加坡副领事勃兰嘉氏出重金,邀请徐悲鸿为其女友——一位奥籍华侨舞女珍妮小姐画全身像;同时,徐悲鸿还在黄曼士家中为汤姆斯总督画全身像。

正值徐悲鸿挥汗如雨地为二人画像时,谭云山由印度赶来,遂出席欢迎之素宴。同席者有郁达夫、王映霞、黄曼士、林谋盛、庄惠泉、关楚璞等人。此时,郁达夫与王映霞的夫妻关系已处于风雨飘摇之中;徐悲鸿与蒋碧薇,也已形同路人。

林谋盛是福建南安人,新加坡建筑家林路之子,于新加坡莱佛士学院毕业,1929年成为其父产业继承人,已是新加坡华侨的青年领袖,对日寇侵华战争同仇敌忾。

庄惠泉为林谋盛密友,其祖籍福建安溪,1900年出生于厦门,少时肄业于玉屏书院,弱冠南渡新加坡经商,热心社会服务。抗战时，参加南侨总会筹赈祖国难民的工作，并鼓动新加坡龙运铁矿二万余人罢工，以此切断供应日本军火工厂的百万吨铁苗，逼得该工厂停业。

关楚璞则是广东南海人，1937年出任《星洲日报》编辑室主任，不断撰文支持抗战，深受读者欢迎。

不日后，徐悲鸿为珍妮小姐创作的画像告成，勃兰嘉氏在私邸举行了完工典礼：珍妮小姐身穿旗袍静卧在藤制摇椅之上，神态自然。背景则是一排靠墙书架，窗台上放置一个骑狮的人物塑像。此乃为徐悲鸿写实之作，深得勃兰嘉氏的喜爱，遂请来郁达夫、黄曼士、谭云山、张汝器、徐君谦、李葆真等人观赏，并请报社记者拍照。

《珍妮小姐》（油画）徐悲鸿作

张汝器祖籍浙江杭州，1904年生于潮州，为旅居新加坡画家；徐君谦、李葆真均为《星洲日报》记者、社会名流。

《珍妮小姐》深得来宾赞许，勃兰嘉氏便盛宴招待徐悲鸿和众人，《星洲日报》随即配以评论将其刊发，亦好评如潮，前来请徐悲鸿画像者有增无减……

五、家仇别绪

接下来，徐悲鸿不但应邀继续为各阶层人士画像，还挥汗如雨般日夜临摹画展中订购出去的作品，以备赴印度展出。虽是重画，但却依然如初创时一样认真，只要稍不如意，便弃之重来，许多地方又有创新之意，更加形象生动。正在这时，得孙多慈一函：

> 我后悔当日因父母反对，没有勇气与你结婚，但我相信今生今世，总会再见到我的悲鸿。

然而此时，徐悲鸿对孙多慈已经心灰意冷，1939年8月9日，遂致吕斯百一函，意在将此信转给蒋碧薇，以表示他已与孙多慈关系的断绝，言曰：

> 我不相信她是假的，但也不相信她是真心。总之我已作书绝之。

与此同时，徐悲鸿又致岳母戴清波一函，述说夫人平时的脾气太大，虽已多年不睦，但仍然记得她的许多好处。还说要将那枚孙多慈送与他的红豆制成的金戒指转赠给夫人。

从以上两封信中可以看出，徐悲鸿仍然有与蒋碧薇和好的愿望，从而结束在家庭和恋爱中两茫茫的悲苦局面，以使全部精力投入到事业之中。写完这两封信，又于8月25日写给丽丽一封信，表达了作为父亲的慈爱之心：

> 丽丽爱儿：
>
> 你的信甚好。但是你又留级。我能常看见你在小学里，原也不错。但要你不向上长高才好。否则一个大孩子，恋恋在小学里，会让人看轻。从此以后，除非因生病，或特别情形，不准再留级。否则你便无权利受高等教育了！
>
> 你做的手工甚有趣，我谢谢你可爱的礼物。我现在没有什么赏给您玩，但你能好好用功，你将来玩的东西一定很多。
>
> 我常常想到你小时候的哭声，"姆妈哎——"那时候实在讨厌，谁想你那种哭声，令我感到无限的伤逝情绪。

在国家大难临头之际，个人须尽其可能尽的义务。事变之后，我们不见得会比人家更不幸福的。

父字

8月25日世界大战前

荷兰邮票不可浸水，用此信包着者是丽丽的，将来每封信都有，而两人结果所得是同样的。

虽然牵挂着家庭和子女，但徐悲鸿却始终没有忘记自己来星洲筹赈的初衷，于8月31日在《星洲日报》发表了《半年来工作感想》一文，谈到自己身居后方，无论怎样鞠躬尽瘁，却总也比不上前方将士在兵器悬殊的情况下，与日寇所展开的苦战。出钱者无论数量如何之大，还是比不上为民族而牺牲性命者贡献之重。此种道理尽人皆知。比如说，倘若有人以重金易人一手指，则不会有人肯这样做，以百万元购入之肢体，更不会有应征者。因此，为国捐躯的烈士，乃是民族精神与人类道德最高的表现。一个民族、一个国家就像中国现在这样处于生死存亡形势危机中，有史以来，亦不多见。

徐悲鸿在工作感想中表示：离开祖国万里之遥的侨胞，固然能够安居乐业，生活富裕，但又因远离家乡，消息闭塞，因此只能不断进行宣传，也才能毅然奋起。回国参加抗战者，无论应征空军，还是充当普通士兵奔向前线，已不计其数；至于送子当兵，竭尽全力参加抗战的同胞，亦充塞于每日报章。足见民众救国情绪之激昂，已使当地政府与他邦人士极为感动，此种情况极其有利于抗战工作。

徐悲鸿谈到他的微薄能力，仅仅能够与一位不重要的兵卒相比。他要尽其所能，为苦难中的祖国贡献出一分力量。他自知，无论流下多少汗，也敌不得战士流的一滴血。但是如果不流汗，他将会更加难过。前段的工作微不足道，而且是在众多朋友的帮助下完成的，他深感惭愧，今后愿再接再厉。仅从徐悲鸿以上《半年工作感想》中，我们便可看出他的拳拳报国之心，可敬可爱。

六、汤姆斯画像

　　虽然日寇已经宣布进军新加坡，但英国尚未对日本宣战。为了争取英国殖民政府和英籍侨生华人对抗日战争的支持，徐悲鸿全力绘制汤姆斯总督的巨幅画像，总督也多次来到黄曼士的江夏堂百扇斋予以配合。来时，他则画其头部和全身轮廓——前后共写生五次；离开后，则将衣服挂起来画其身体。作为一位殖民地总督，能够不断到一位华人家里。而且，徐悲鸿将他画在一张古色古香的镶有中国酸枝茶几的环境中。这在当时，绝对是不可思议的事情。从中也可看出徐悲鸿的良苦用心。

　　《汤姆斯总督》画像于8月末方告完成。9月14日，在维多利亚纪念堂举行了盛大总督画像悬挂礼仪，近万名新加坡政要及中国驻新加坡领事高凌万夫妇等出席盛会。仪式结束后，汤姆斯分别致林汉河爵士及徐悲鸿的函中曰：

林汉河先生鉴：

　　余对新加坡华人请徐悲鸿先生绘画余之肖像，以惠赠工部局殊觉荣幸。因此议首先由先生提出，故敢请转达深切的谢意。余之能与新加坡华人有些快乐之联系，殊觉欣喜。此画实系成功之作，请君对本人此点意见，谅必皆能同意也。

　　　　　　　　　　　　　　　　　　顺颂　台安

　　　　　　　　　　　　　　　　　　　　汤姆斯

徐悲鸿先生鉴：

　　余愿热烈恭祝先生绘余油像杰作之成功。余觉该油画实为极佳之作，余尚谢先生绘余像时所予余之方便，并不使余忙碌其间，有何不便。余对先生之礼待，实深感谢忱。此颂。

　　　　　　　　　　　　　　　　　　　　近安

　　　　　　　　　　　　　　　　　　　　汤姆斯上

《良友》杂志于 9 月 15 日刊登了徐悲鸿与汤姆斯画像在一起的照片，并载文曰：

> 名画家徐悲鸿教授于去岁 9 月间携带大批作品由桂省去香港及新加坡两地举行画展，以售画所得全部捐助国家，闻单新加坡一地所得已超过四万余金，诚为艺术家在抗战期间之最大贡献。最近徐氏在新埠应华侨士绅敦请为总督汤姆斯爵士制一肖像，以敦睦谊，因该总监对华侨颇称爱护之故，原画高九十七英寸，宽五十一英寸，完成后拟陈列当地维多利亚堂以志纪念，立画傍者即系徐悲鸿教授作画时所摄。

徐悲鸿时刻不忘国耻，直至 1937 年抗战全面爆发，才长出了一口郁气。时逢 1939 年 9 月 18 日，他便作《奔马》一幅，题款云：

> 二十八年九一八悲鸿聊抒抑郁。

随即，徐悲鸿又作《十骏图》《十一骏图》分赠黄曼士、黄孟圭兄弟，均以表现驱除强寇、万马奔腾的激荡心情。

七、《放下你的鞭子》

徐悲鸿在离开新加坡赴印之前所做的最后一幅大型油画，便是由王莹主演的街头剧《放下你的鞭子》。

《放下你的鞭子》本是田汉根据德国作家歌德小说改编而成的独幕剧，抗战爆发后被剧作家陈鲤庭改编成抗战街头剧。剧情所描写的是在"九一八"之后，东北沦陷区逃亡出来的一对父女在街头卖唱求生的故事。

1935 年，电影艺术家崔嵬在改编的《放下你的鞭子》剧本中，加入了

《新编"九一八"小调》,如泣如诉地唱出了"九一八事变"后东北父老兄弟姐妹四处流亡的真实情况:

> 高粱叶子青又青,九月十八日来了日本兵。
> 先占火药库,后占北大营,杀人放火真是凶……
> 九月十八又来临,东北各地起了义勇军,
> 铲除卖国贼,打倒日本兵,
> 攻城夺路杀敌人,游击抵抗真英勇……
> 中国的人民有四万万,快起来赶走日本兵!

一天,在演出中,父亲抚琴,女儿香姐正在演唱这首流亡歌曲。可由于天冷风大,过度饥饿,香姐的体力不支,竟然晕倒在地。无奈之下,父亲便举起鞭子朝着女儿的身上抽打,让她爬起来继续演戏。不料,观众中两个爱国青年以为香姐是老汉雇来卖唱的,于是上去抓住了他举起鞭子的手,高声喊道:"住手,放下你的鞭子!"

《放下你的鞭子》(油画) 徐悲鸿作

老汉停住手,人们将香姐从地上扶起来,父女则向观众诉说了家乡沦陷,乡亲们惨遭日寇蹂躏,奸淫烧杀无所不为的罪行。父女的诉说引得观众群情激愤,一齐振臂高呼:"打倒日本帝国主义!"

抗战爆发后,《放下你的鞭子》从上海到华北、华东、东北、中南、大西北、大西南的三十多个省市及香港、澳门、南洋等地不断演出,时间长达二十余年,人多时,每场观众竟达万人以上。演员朱铭仙、王为一、崔嵬、金山、赵丹、王莹、

张瑞芳、章曼萍等人全都扮演过老汉和香姐。

太平洋战争爆发后，中、美、英等二十六国代表在华盛顿签署了反抗法西斯的共同行动宣言。王莹则赴美用英语演出了《放下你的鞭子》，还演唱了大量抗战歌曲。1943年春天，应美国政府邀请，王莹还到白宫为罗斯福总统夫妇及各国驻美大使和夫人演出了《放下你的鞭子》，受到国际社会的高度赞扬。

10月初，徐悲鸿就是在新加坡街头观看了金山与王莹的演出后，深受感动，才开始画《放下你的鞭子》的。

此间，王莹隔几日便穿着在街头的演出服装来到黄曼士的百扇斋为徐悲鸿做模特。画完之后，他则手端调色板，与王莹站在画面的两侧合影留念。黄孟圭、黄曼士昆季则在百扇斋举行家宴为之庆贺，出席者有陈嘉庚等五六位侨华领袖。徐悲鸿在题识中写道：

人人敬慕女杰王莹。

黄孟圭为之题诗曰：

大师绘事惊中外，女杰冬梅艺绝优；
驰骋文坛为祖国，今各岂止遍星洲。

随即，徐悲鸿便将六百余幅画作装成七八只木箱和铁箱，准备启程赴印度展出。陈延谦在止园设宴为之饯行，并即席题诗云：

老来遣兴学吟诗，搜尽枯肠得句迟。
世乱每愁知己少，停云万里寄遐思。

陈延谦1881年生于地处闽南海区的同安，十八岁赴新加坡谋生，曾一度出任新加坡同盟会会长，支持抗战，时任华侨银行董事。

席至半酣,郁达夫吟诗曰:

夜雨平添水阁寒,炎方今始觉衣单。
隅联孺子陈蕃席,此日清游梦一般。

第十二章

印度之行

　　1939年11月8日下午，郁达夫、黄曼士、林谋盛、胡少炎、林庆年、庄惠泉和广洽法师将徐悲鸿送上了轮船，开始了他的印度之行。在印期间，他虽然遇到了几乎毁掉他所携带全部艺术品的"海关舅子"，可他的收获，却也堪称是生命中最为丰富的……

一、途经仰光

1939年11月24日，徐悲鸿一行四人抵达仰光码头，正如他不日发表在《南洋商报》上的《真西游记》中所记载的：他所乘之舟缓缓驶入伊洛瓦底江河口已是清晨，俯视滚滚江流，皆是黄水，犹如上海黄浦江与长江汇合处的吴淞口……

仰光位于伊洛瓦底河口分支仰光河下游东岸，居民大多是广东、福建到此经商的华侨。整装上岸之后，看见侨胞模样的人，徐悲鸿便用国语打听中国领事馆和西南运输公司的去处，可不是不知道，便是听不懂国语而摇头。

缅甸作为屹立于世界宗教之林的千年佛国，瑞光大金塔、苏雷宝塔、马哈木尼佛塔、瑞喜宫佛塔等，历史都在千年以上，举世闻名，徐悲鸿绝对不肯放过游览机会。

佛塔皆被真金装饰得灿烂辉煌，行人如织，花枝招展的卖花姑娘上前截住徐悲鸿一行兜售鲜花，并让他们脱掉鞋袜赤脚而行。因为人生地疏，不懂民俗，恐有不当，只得一一照办。

进入一座佛塔出来，徐悲鸿一行走进一家茶店落座，喝着茶，用手势向执事与客人询问中国领事馆和西南运输公司地址，可众人却都面面相觑，支支吾吾不知所云。

徐悲鸿一行又进入一家药房佯做买药，经主事引荐，恰好遇到一位广东南海的侨胞密司特孔。他见几个人皆都来自大陆，带着旅途的疲劳，汗水津津，于是热情接待。交谈之后，密司特孔为他们拨通了几处电话，找到了徐悲鸿的老朋友王振宇。一刻钟后王振宇驱车赶到，二人热烈拥抱……

王振宇系云南腾冲人，是民国时期的商业大亨，创办了当时著名的茂恒商号，经营纺织、矿产、珠宝、票号、钱庄等，分别在上海、成都、拉萨、香港、仰光、加尔各答等地设立分支机构三十余处。王振宇与夫人唐兆颖在繁忙商务之余亦雅好书画，眼光独到。抗战时期徐悲鸿移居昆明、大理时，饮食起居以及举办画展等事，王振宇夫妇皆给予了资金上的大力支持。王振宇与徐悲鸿在艺术上趣味相投,故成莫逆之交。1942年,徐悲鸿用六尺整开宣纸创作了巨幅《五骏图》送给王振宇。不久,又为他画了大幅《鹤》《白梅》。王振宇激动之余,便携夫人以《白梅》为背景摄影留念。除此之外,他还收藏了齐白石、张大千等名家的作品多幅。

徐悲鸿向王振宇提出,首先要游览大金塔。通过他的介绍,徐悲鸿才得知仰光圣地大金塔还在城外两里地之遥,需备车前往。

徐悲鸿于是会合了专使吴忠信以及荣总领事,在王振宇的带领下驱车前往大金塔。

市外的道路整洁划一,空气清新,路两旁树影婆娑,远处的大金塔依稀可见,金光璀璨……

一行人行至停车场,见多名警察在维持秩序。徐悲鸿像在市内遇见卖花姑娘时候一样,将鞋袜脱下放入车中,赤脚进入寺门。在王振宇引导下,

华人美术研究会举行茶会,欢送徐悲鸿(前排右三)赴印度

穿过佛像店、象牙器店、镀金偶像店、玳瑁梳篦店、花店，拾级而上，渐次来到塔下。

大金塔建在八九丈高的山坡上，巍峨耸立，威严肃穆，通体贴金，金光耀眼，蔚为壮观。徐悲鸿惊叹曰："呜呼！如将其拆开，足可装两万吨货船矣！"

大金塔最大的殿里尚有"塔中塔"，装置着高达丈许的白石佛像，按照真人比例重达数百斤的纯金佛像坐落于众像之中，形象感人。徐悲鸿在《缅甸游记》中写道：

> 此类殿宇及佛座，高大错落，形式不一，接连无隙，往往佛座后，埋一白石巨佛，其斜身遮没，为人瞥见一眉，逼促得令人伤心。唯因其胸前，有一席地，为功德者即建一佛座，先进者较有行列观念，其余陆续填塞，网有纪极。大座以石或砖造一长方箱，上耸一尖顶，然后施以金饰，务显雕刻纤巧之能，颇如一件首饰，佛即置其中。
>
> 倘为贵重品质，便即关于铁窗，历时既久，施主或亡故，则金饰脱落，渐有古董之姿，故新旧殊不一致。

举一反三，以一当十，仅从徐悲鸿的叙述中，便可看出大金塔建构之复杂，设计之巧妙，工艺之精湛，气势之恢宏，实属宗教文化、雕刻艺术、民俗风情的结合体：器宇轩昂，博大精深，使得徐悲鸿如入一片净土——身静心止，宠辱皆忘，扫去了尘世一切烦恼……

紧接着，徐悲鸿又跟随王振宇的脚步缓缓前行，看见大金塔四周的贴身殿宇与佛座多达百余座，顺着石英云母石铺成的人行道进入正门，见一座座大小不一的白石年轻佛像，手中都有同样的书册，身旁尚有两尊卧佛……

在一处建筑工地，用栏杆围起的半身佛像正在施工。徐悲鸿看见出入进料的几人均为华工，于是上前搭讪，得知周围几尊大小白石雕像皆出自他们之手。细观之,顿觉佛像相貌较为俊秀,抬头又见正门顶处悬挂一方中国匾额。徐悲鸿心中颇感自豪,遂与华工站在半成品佛像下面,让王振宇用随身携带的相机拍下瞬间。

徐悲鸿一行继续前行,在建筑群中居然发现一处藏书楼,一位老僧人带领几位年轻女子正在摆放经书,并且整理鲜花准备点缀佳节……

前来拜佛的多是年轻女孩,她们的面部涂着厚厚脂粉,脑后盘一抓髽髻,手举香花不苟言笑;白纱的贴身小衫下面围着一条长裙,赤脚款款而行,一双大黑鞋拖在身后,姿态优雅;拜佛时,只将一根点燃的细香插入香炉,手中的一束香花也随之插入器皿,然后轻盈转身漫步而出。须臾,徐悲鸿见一年轻男子来到佛龛前边,跪倒时左膝着地,双手举花,口中念念有词……

仰光除了大金塔胜景之外,还有一些古代建筑,湖光水色,森林草场,高山峡谷,令人目不暇接。欣赏着如此美景,则令徐悲鸿想起了灾难深重的祖国:重庆是否被倭寇轰炸得血肉横飞?南宁的争夺战将何去何从?亲人与朋辈是否安全……

想到这里,徐悲鸿再也无心赏景,晚饭后即返回市里。

仰光还有一条中国街,居住着从广东、福建过来的侨民;仰光大学里汇聚着中英等国的专家、学者,尤以一位研究中国佛学的英国教授最为著名。只可惜时间太紧,徐悲鸿未能前往参观,便匆匆赶往印度……

二、"海关舅子"

11月29日,徐悲鸿抵达印度的最大城市——位于恒河海洲地区胡格利河东岸的加尔各答,谭云山和俞龙孙到码头迎接。

俞龙孙为浙江嵊县人,八岁时其书法便蜚声乡野。1923年经蔡元培介绍,赴新加坡执教,创立了国际幻术学院,成为著名幻术家。而且是一位著名编剧,二十八集的长连台本戏《孟丽君》便出自他手。此次,徐悲鸿还准备在印度与俞龙孙举行联合书画展。

不料，在出关办理手续，准备放行徐悲鸿携带的七八箱行李时，全都要逐一清点登记、标明价格交保，而且还要交纳很高的关税。

徐悲鸿到过欧亚大陆的许多国家，搞过无数次展览，从来都没遇到过这样的刁难。可面对这些丝毫不讲情面的家伙，徐悲鸿、谭云山和俞龙孙只得苦着脸将七八箱子的画作全部打开，一件一件地展开交给关员查验，然后又一件一件放回原处。六七百件画作就这样一件一件倒腾，直把三个人折腾了大半天，搞得汗流浃背、腰酸腿疼、精疲力竭。

然而事情还没算完，当谭云山和俞龙孙已经雇来两辆马车，刚要往车上装载运走时，一位关员却将他们拦住。一个身材高大，又粗又胖傲气十足的关员，一手握着一枚刻有两只狮子捧着一顶皇帽，足有杯口大的铜质印章，另一只手拎着一只脏兮兮的血红印泥盒走过来，非要将已经装回箱子的每件画作再次展开，往画面上加盖印章。

徐悲鸿一下傻了眼，几乎被气得昏厥过去。谭云山会讲印度语，急忙挡住高个子关员，向他解释不能这样做。如果将这样大的红印章盖上去，这些作品便被糟蹋了。可高个子关员翘起他特有的大鼻子，瞪着一双金鱼眼睛怎么也不听他的解释。

眼看如同性命一般的画作即将遭遇厄运，徐悲鸿便不顾一切地冲上去，将七八箱子艺术品全部上了锁，而且不由自主地骂了句"该死的舅子！"（即骂妻弟"小舅子"的话）。不料，高个子关员上前一步冲着徐悲鸿怒目而视，而且呼喊着叫来四名武装关员。可徐悲鸿却并不躲闪，死死护住身后的箱子，谭云山和俞龙孙也摆出架势站他的在身边。眼看即将发生不测，谭云山急忙向大个子关员解释说徐悲鸿刚才的话并不是骂他，而是说自己倒霉。大个子关员本来听不懂徐悲鸿的华语，只是看见他的表情像是骂他的样子，听了谭云山的解释，便用印度语大声喊道："躲开，入库！"

谭云山听了，对徐悲鸿说他们要将箱子入库。徐悲鸿自知抵挡不过，便拉着谭云山和俞龙孙侧开身子，四个武装关员便将七八只箱子抬进仓库锁上了大铁门。

徐悲鸿十分无奈，随着谭云山和俞龙孙离开海关。入住酒店之后，谭云山立即给泰戈尔打电话，把事情的原委向他倾诉。泰戈尔即刻派他的侄子带着他的亲笔信急忙赶来海关，经过艰苦交涉，大鼻子关员才让徐悲鸿将箱锁打开，把如血的大印章一个个盖在了每张画的标签上面。

这样，在加尔各答便无故耗失了整整七天时间。

三、泰戈尔家乡

徐悲鸿来到圣蒂尼克坦国际大学，下榻于谭云山家中。这里河流清澈，风景秀丽，一扫徐悲鸿胸中的郁气。

泰戈尔与其家人

12月14日，徐悲鸿在谭云山夫妇陪同下拜会了泰戈尔。

泰戈尔已经七十九岁，但却鹤发童颜，神态慈祥，穿一件宽松长袍，带着研究院院长、大学校长、秘书、著名教授一百余人对徐悲鸿笑脸相迎。

泰戈尔拉着徐悲鸿的一只手走进大厅，坐在长桌的上首，谭云山及夫人坐于长桌两侧的椅子上，其他宾客皆席地而坐于红色地毯上。

谭云山在中国学院办公室

泰戈尔首先致辞欢迎徐悲鸿的光临,称他为"沟通文化的使者",极力赞颂中印两国人民长久不渝的友谊。随后,徐悲鸿致答词表示:泰戈尔先生所致力的中印文化交流工作,是一项功勋卓著的伟大事业,使得我们中国灿烂文化如遇时雨春风。先生邀我来完成这种神圣使命,乃是我平生最大的荣幸。但我自觉才智浅薄,颇觉惭愧。我刚来到印度,并不知道贵国一年四季的气候如何。在我们中国,严冬过后,一入新年,便是春风冉冉,下起了蒙蒙细雨,于是草木蔚然茂盛,鸟语花香。举世闻名的圣蒂尼克坦,现在就是这种十分美好的境界。我认为,当今至少在中年以下的人,都应到这里来呼吸一下贵国的空气,体会这里的光明与德慧。换句话说,就是前来感受泰戈尔先生佛地的灿烂文明。在我们国家正在遭受倭寇侵略的苦难之时,我本来应该留在国内进行服务,然而机会难得,我便匆匆稍尽国民责任之后,即应令来到贵国的时雨春风中。

　　徐悲鸿在答词中还表示:中印两大民族的友好关系,一向表现在非功利及互助精神上。凡来往之人,都应带些东西来,再带些东西回去。以往的大师自不必说,单我们的谭云山教

1956年周恩来总理参观中国学院

1942年蒋介石（中）和宋美龄（左三）在谭云山（左二）陪同下参观中国学院

授便是一个很好榜样。所以我个人希望，乃想带些东西回去的，这无疑就是贵国博大精深的时代……

在前一章中，徐悲鸿在给孙多慈的信里写道："泰戈尔先生既如此重视我，我应写他十次八次。"接下来，徐悲鸿在谭云山陪同下，不断到书斋拜见泰戈尔，为其画像，并积极准备画展。

12月23日，徐悲鸿的个人画展在国际艺术学院的展览大厅开幕，展出了《田横五百士》《广西"三杰"》《九方皋》《巴人汲水》《奔马》《雄鸡》《睡猫》《鹅》《小雀》等油画、国画、素描作品一百多幅。泰戈尔为画展致开幕词：

《泰戈尔像》（中国画）徐悲鸿作

> 吾人欢迎足下为中国大文化之使者。中国与印度共同分享过大文艺复兴之朝暾，即使今日政治上之沧桑，而其铭感难忘同志之光尚遗存无恙。

第十二章　印度之行

真实文明之再生,不来自紧紧追逐于离间与毁灭之权利,而来自内在心灵之表现,如斯之表现,博大而常新,使在人类之大冒险中而亲友善邻。

吾人于圣地尼克坦努力维持内在精神之了解,而其工作之完整则导之以理想与服务人类相系结,我人相信此殆亚洲贡献与文明者也。足下以艺术之景象来予我人,并予以真理灵敏之吁请,则其将战胜惨绝人寰之环境必无可疑,足下之来游此,将增益吾人之力量,使得我人之从事底于完成。我以无限愉快的心情,期待于吾人之邻邦间有极浓厚亲睦之纪元到来,并以东方历史之上事实为依据,则其必能救我人全体出于近顷之黑暗也。

致辞完毕,泰戈尔便坐在他那带有双轮的椅子里,在徐悲鸿的引领下参观展品。凡来到《田横五百士》《九方皋》《巴人汲水》及《奔马》《懒猫》画前,他都要长时间驻足,对徐悲鸿宏大的构图、鲜明的形象及其超群的技法赞叹不已。展览恰逢国际大学三十九周年纪念日,新老学生一千多人参观了展览,盛况空前。最有权威的英文杂志《现代评论》《国

徐悲鸿与泰戈尔

际大学季刊》和本地一些孟加拉语报纸，都用大量篇幅报道了画展盛况，并刊登了作品及徐悲鸿与泰翁的大幅合影。

画展之后，徐悲鸿随国际大学师生游览恒河流域的拉合尔等地，途中用黑亚笔作《野食余兴》《白牛》《河畔》《露营》《课余》等画，并作炭笔画《愚公移山》构图多幅，为大型创作做准备。最后还赋诗一首：

茂林尽处百千家，极目寒江啼晚鸦；
最爱盈盈东逝水，清名让与恒河沙。

1940年1月中旬，徐悲鸿返回圣蒂尼克坦，仍然住在谭云山家里，整理绘制泰戈尔系列肖像画。2月中旬，又在加尔各答印度东方学社举行了第二次个人画展，泰戈尔作《序》曰：

美的语言是人类共同的语言，而其音调毕竟是多种多样的。中国艺术大师徐悲鸿在有韵律的线条和色彩中，为我们提供一个在语忆中已消失的远古景象，而无损于他自己经验里所具有的地方色彩和独特风格。

我欢迎这次徐悲鸿绘画展览，我尽情地欣赏了这些绘画，我确信我们的艺术爱好者将从这些绘画中得到丰富的灵感。既然趣

《愚公移山》（中国画）徐悲鸿作

味高奥的形象应由其本身来印证，多言反是饶舌的。这样，我卷起语言的帷幕，来引导观众走向一席难逢的盛宴。

另外，国际大学美术学院院长鲍斯先生也为画展作了《序》，而引人注意的是这次画展开幕式的主持者，即是印度现代第一流的大画家阿班尼衲啰·泰戈尔——诗哲泰戈尔的亲侄儿。

通过此次画展，在印度美术界与文化界，几乎无人不知徐悲鸿了。他为宣传中国的文化与美术，联结中印人民的感情所起到的作用和收效都是无与伦比的。

举办这次画展，徐悲鸿意在使印度人民领略中国的美术，并不打算卖画。但在画展闭幕的当天，却有一位前来参观的英国太太（名 D·White），被展览所感染和陶醉，对徐悲鸿的作品酷爱至深，便用极其恳切的态度请求购买他的画作。徐悲鸿最后破例卖给这位英国太太三张小画，收币四百卢比，

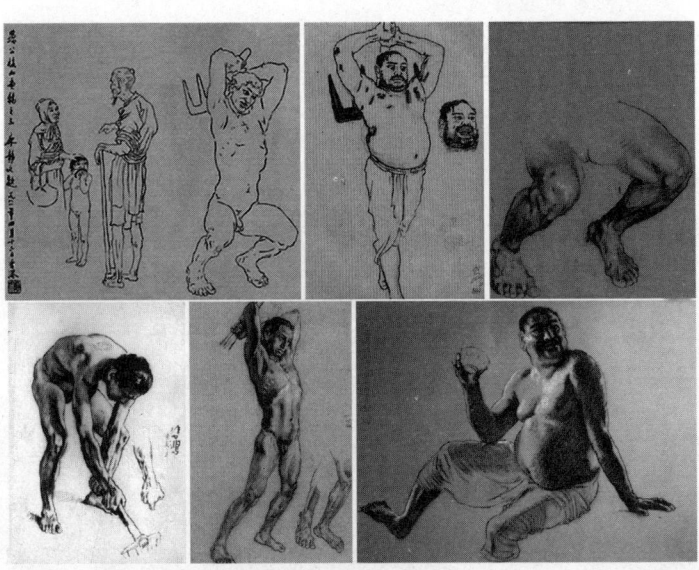

徐悲鸿为创作《愚公移山》所做的部分画稿及素材

但他却马上捐款千元国币救济难民。

此间,徐悲鸿仅为泰戈尔写像已有十三四幅,并开始绘制《愚公移山》草图。

四、《愚公移山》

《愚公移山》的题材,已在徐悲鸿心中酝酿了多年,并已画出三十多幅构图。进入草图创作阶段,将多幅构图贴在墙上,进行综合考虑,最后将确定的构图放大在横幅长卷之上,便开始不分昼夜地赶制。

徐悲鸿是一位将人体之美从文艺复兴时期艺术家"画室"解放出来,把宗教画运用到现实创作中的杰出画家。

为了表现人体的结构之美、力量之美和精神之美,徐悲鸿完全采用裸体人物组成了《愚公移山》的整个画面。

《愚公移山》局部

国际大学的学生全都参观过徐悲鸿的各次画展，此时便非常踊跃地前来为他做模特。特别是一位大腹便便的餐厅炊事员拉甲枯马尔更为热心，只穿一条短裤，袒胸露背地随叫随到。徐悲鸿便以他们为"范人"，从各个角度写生了多幅开山、劈石、担土的素描稿，然后放大到草图上。对此，他说道："那个像鲁智深的模特，形体伟壮，且性格豪爽，工作严肃热情，吾甚爱。故郑重保留画中，不作任何改造。"有位学生向徐悲鸿问道，画面中为什么出现外国人时，他则答曰："此画的主旨在于表现人物无坚不摧的力量和克服困难的信念，画面中有少数非纯种中国人也无妨于主旨。"

经过整整一个多月日夜不停地奋战，徐悲鸿终于完成了《愚公移山》的大幅草图：其气势恢宏，结构严谨，人物形象突出，实属一宏幅巨制。

此时，国际大学一带气温持续升高，热得人茶饭难进。为了顺利完成创作，徐悲鸿决定赴大吉岭进行。行前，致舒新城一函，末尾处谈道：

> 一月以来将积蕴二十年之《愚公移山》草成，可当得起一伟大之图。日内去喜马拉雅山，拟以两个月之力，写成一丈二大幅中国画，再（归）写成一幅两丈长之（横）大油画，如能如弟理想完成，敝愿过半矣。尊处当为弟此作印一专册也。

五、再致孙多慈

大吉岭是当时印度孟加拉邦的一座小城，位于喜马拉雅山麓的西瓦利克山脉，平均海拔两千米以上，山区景色优美，气候凉爽，最高气温不超过二十五摄氏度。

徐悲鸿于3月下旬抵达大吉岭，住在友人丘先生家里，白天则到一位印度友人家里去作画。

来到新加坡和印度之后，徐悲鸿除了应酬繁忙的社会事务，接待来访者，就是拼命作画，以使他忘却对孙多慈的怀念。现在到了大吉岭，社会应酬少了，就又想起她来，在种种复杂情感的驱动之下，便静下来给她写了一封长信——而此信却从大吉岭一直写至回到新加坡之后，才得以寄出：

  吾得弟最后一书，乃知为吾不能来温州之果，并恐为吾抵港不相告之果，慈倘责我至港无消息，当知我不能冒此险也。试问我苟贸然电汝而汝不来，吾岂能再欢颜于世（汝不能以吾不到温州为口实，因汝第一自计之步骤为来新加坡，且汝亦明知我离港之前情况）。吾又胡能遽自委弃，且以尔时之我，理应自省。若子展先生之不能以我至港相告者，因我至港既久方得汝之书，又知君子之交如是，则恐贻害于我。子展遇我至厚，故尤不敢有此尝试，也为我既后然南行，竭吾心力与友好之协助，尽艺人之天职，譬如为山功已及半，汝于尔时忽发出闪烁之强光，欲吾星展毕返国去温州，使吾侪向为寻情直往之人。吾当不顾一切如赴汤火，特以吾之愚，宁不知有变之，决不我待。而星展必旷日持久今虽结束人之认募已交，但廿六张二百星币（合国币六百七十元）之画当有十三四幅待写，我如何能走？当时既不能抛弃此为个人画展，而欲为违背良心深可预知之数，写一空头支票以付爱人，吾不能也。至吾之为汝，有当何待言？若汝之为吾，有（汝书中语）颇似存款于银行者，焉能遂以为银行之主乎。吾自愧以其毫无价值之爱，被汝认为生命中之元素，上帝当知吾从未有所靳，唯恐汝生命尚需多量之其他元素，比之向汪洋无际之大海中投一石，并湍激之泡沫都不见也。但其为石者，又自幸其得沉大海耳。
  尊人固可入黔依友避难，唯其爱女在浙，当然来浙，而来书言将去安庆乎，以向有地位之人而携眷返，没为人逼，其将奈何，不从而成仁。慈又将奈何？吾思至此，汗如雨下。吾当日倘真至温州与汝成婚，南行此责任讵不全由余负！今也而糊涂耳之慈，与其谋为之！于是，慈纵欲今当不然矣。万里相从纵欲如其毕生唯一之情，书所昭示之。愿与悲鸿死在一起，恐与悲鸿同死，计划之先便真不了也。古人云："穷则通。"今身处如是困境，而聪明全塞，智慧顿亡！使慈而真与悲鸿同一线，徒见其意念总相左耳。抑人当苦斗酣战之际，方需战侣，一旦时和世泰，则甲兵可熔作金人，纵是英雄已无用武之地，而悲鸿亦将息机退隐于山崖水角，因吾之义务已几近矣。吾亲爱之慈，汝之真性情，已泯没无余。一切由强制之伪性情所发出之，理智乃如毫无神气之刊板文章，汝治美术，当深知此类形式格调，吾昔曾解放苏州老圃屈之梅花，既历两年，未尝不长。但其枝干纹理久曲，乃终不可伸直，夫毁自然，以就型论，或为宋儒精神，而为艺术所大恶也。最后一书虽令吾灰心，但吾早具超越于灰心之上之情感。吾纵自悲远，不若吾之目击屈抑不能再伸高标绝俗之梅花为尤戚戚也。

　　帝乎汝知吾于慈，初虽萌有自利之心，而终自克止，辄再三谋其自致。完成之道，欲听其自然变化。使慈早得去国者，不过略得我臂助而已。数年功力处此情势，无敢断定已在英有所树立。在吾二人辟系上，更增奇丽。兹沉沦数年，身逢巨劫，致吾二人必致于此。慈在非有不堪许多鬼脸之经验乎，再就悲鸿谓悲鸿者能相负乎，吾不忍不信（尽管太夫人告王女士说你是哄我的），慈之爱吾尤深，体谅慈之环境在无一人同意下而必出于此之弥可珍！吾亲爱之慈，吾且忠信断定汝生平为第一次向一异性之人现其桎梏既深之真。如汝最后前一书者。但汝肯平心一度相衡，当审不建我之加于汝者千分之一也，即吾现存死灰之余烬，较汝自以为热烈者亦高出不知凡几！已矣！已矣！惜汝得见此书已太晚（我测为今年9月），且恐汝之终不得见此书也。

　　吾书之屡恳展兄转者，辄心冀汝万一能早赴港，吾书不致流落不谓汝耐心坐待以重价买到机巧空灵之误会，又不肯自省，嗟夫！吾理想中可爱之慈，其灵魂已失真情，一掷而罄，遂了此一重公案。汝不必徒然回忆，假定悲鸿为无情可矣。若然者，吾自担承一切罪恶于他日忏悔时益有辞也,而葆此孙念劭于玉洁冰清,完整无稍损也。吾茕茕居于炎荒,但以工作销我生命,幸间得佳作以自排遣,亦妄冀温洲可通为最后之诀别,今则空谷足音已成泡影,猃狁孔炽蝼蚁何求,且幸未若汝梦中之病,否则此梦中人乌乎觅之。顾吾亦以劳而尝病,病吾必强起,愿力既宏,施倦之肢体、官能部分恢复,亦速所谓预支精神,用视吸鸦片吗啡为略善也。

幻想重叠都无着落,惊造化之巧妙,为云为雨,灭其痕迹不若,吾人之灵魂尚刊有伤口也。昔 Murret 叠咏诸月之夜,以其咀其爱人想汝智慧,日长已乏才力,吾生平不怨天尤人,难自承为吾之爱人者,亦未尝余负仅无灵魂而已。大理石制之 Athena 方有灵魂伤哉。其为幻想也。吾今收回其既失之一半,将洗剖其蒙蔽迫复旧观。吾之躯魂,当不值重视,Athena(再见)!

吾永不责备慈,吾惟回想云母石制之 Athena! Athena!

悲鸿
5月2日释迦诞
星州酷暑

从以上信函中可以看出,徐悲鸿与孙多慈由于存在着诸多猜忌、误解而生怨恨;加上蒋碧薇和孙传瑗从中作梗,最终导致情感破裂。而最令人感到惋惜的是这封洋洋两千言的信函,孙多慈竟然没有收到。如果她能够收到,解除一些不必要的误会,也许她与徐悲鸿的关系就会是另外一种局面。

这封信写在长卷上的信札,后来在2007年的佳士得香港有限公司春季艺术品拍卖会上,竟以八十九万一千元落槌。其价值不仅在于他那行云流水般带有甲骨、金文、毛公鼎碑帖风格且极具动感的字体,还在于手札记述了艺术家与情人之间难以忘怀的万千情丝。

这里还需多谈几笔徐悲鸿的书法。书中已有所记述，他与齐白石一样，从来没把绘画放在第一的位置，而以教学为第一，书法放在了第二位置，绘画才是第三。

　　在中国书法史上，宋徽宗赵佶的"瘦金体"堪称一绝，亦有"瘦筋体""鹤体"之雅称。其瘦且挺拔，横画收笔带钩，竖画收笔带点，撇如匕首，捺如切刀，竖钩细长舒展劲挺的笔法取势黄庭坚大楷书体，为现代美术字"仿宋体"始祖。然而赵佶的"瘦金体"却后有来者——于非闇已将其写得可以乱真。但徐悲鸿的书法——我们暂称为"瘦徐体"吧，至今却无人可及。评价一个人的书法，其一要观其是否具有传统经典的血脉，其次则看是否形成了个人风格。徐悲鸿一生临帖不辍，所摹各朝各代碑贴在百种以上，集甲骨、钟鼎、汉魏的各种风格，融唐宋墨道、明人草书、现代名家于一炉，而又不拘一家一碑，加之我法，用心集成。他的瘦削、洒脱、古朴、遒劲的独家之体也许风格过高，太过独特，至今无人可比。即使他的书法虽然高过绘画，却不及他的绘画影响大。这其中的奥妙便给世人留下了仁者见仁、智者见智的空间——最有可能的便是绘画容易普及，但在人口比例中会画的人少；而书法在人口比例中会写的人多，但高手却极少——几千年来只不过才出现一位王羲之无人可及……

六、大吉岭时日

　　尽管徐悲鸿处于复杂的感情煎熬之中，可他还是进行了《愚公移山》的创作。着手之前，又为这巨幅制作画了多幅习作，还不断外出写生，创作完《喜马拉雅山》《泰戈尔》《喜马拉雅雪山图》《息难教长老》《杜鹃图轴》《大吉岭一角》《群马》等一系列经典作品之后，又骑马深入到喜马拉雅山至锡金边境的法鲁，仰望半山中的栈道，吟出"羊肠小经穿云上，辜负良工凿路功"的诗句。

　　徐悲鸿还在大吉岭作了许多杂诗，既写出了大自然鬼斧神工般的险要与秀美和作者无尽的感慨，同时也触景生情道出了怀恋故人种种复杂心酸的情感——在不久前写给舒新城的信中，不是写到了他与孙多慈的关系已经成为"海市蜃楼"和"俄顷一梦"吗？可见，孙多慈在徐悲鸿心中仍然是如影相随，难以忘怀。

直到8月中旬，徐悲鸿才开始中国画《愚公移山》的真正制作：该画使用从家中带来的丈二匹生宣纸，运用中西合璧的手法，墨线勾勒出人物与景色的轮廓后，再以简单的明暗调子敷以淡彩。整个画面雄伟壮观，每个人物都具有鲜明个性，栩栩如生，身上蓄积着巨大力量，抡起的镢头呼啸生风，表现出老愚公及其子孙们移山不止的顽强精神和无坚不摧的力量。在中华民族取得抗日战争最后胜利的关键时刻，《愚公移山》带给人们的鼓舞显而易见，徐悲鸿在致舒新城的函件中曾谈到《愚公移山》创作，说道：

> 弟于7月7日返抵国际大学，山居三月，写得大小中西画近百幅。《愚公移山》中国画亦写就，恨无法装裱一览。
>
> 弟此时将着手油画愚公，唯天时酷暑，乍自温凉天气到来，甚感不适。

七、弃之不舍

徐悲鸿是8月份由大吉岭返回国际大学的，11月下旬离开。在此期间，他实际画了两幅《愚公移山》的油画。第一幅与那幅中国画的尺寸大致相仿，第二幅的尺寸则要大出许多。在构图和人物造型上，两幅油画与那幅中国画大体相同，这就使得徐悲鸿有可能在三个多月的时间里画完了三幅《愚公移山》。他既画完了中国画，却又要画油画，说明他对《愚公移山》这个题材的热爱。但为什么在完成了第一幅后又要再画一幅，没有留下文字记载。然而，这也符合画家处理重大题材时的规律：列宾的《伊凡雷帝杀子》《查波罗什人写信给土耳其苏丹王》、门采尔的《轧铁工厂》等，都曾作过变体画，这可以称作是画家的一种探索吧。

至此，孙多慈的音信已经完全断绝，徐悲鸿估计她已嫁人，因此感到彻底绝望了。9月2日，他在给舒新城的信中写道：

慈之问题，只好从此了结（彼实在困难，我了解之至）。早识浮生若梦而自难醒，彼则失眠，故能常醒。弟有感而为诗：

虎穴往往无虎子，坐看春尽落花时；
半生几次梦中梦，魂定神清力自知。

彼与兄及展兄处俱无消息，故亦莫从知其状况。但彼已不作画乃是事实，此则缘尽之明征矣，也好。

徐悲鸿在信中虽然说道"慈之问题，只好从此了结"，但他却无法将她从记忆中抹去。进而，在翻阅带在身边她的画作时，一种更为思念之情不禁在心底油然升起。几天之后，他又在给舒新城的信中谈道：

今日检点慈之作品，存弟处有七幅（又得一幅共八），极精。其外，尚有水墨自写及素描各一。另两国画则不甚佳，共得九幅。不知兄处有之否，弟拟为之再出集一册，油画皆用三色版精印。为了结这段因缘纪念，求兄写序文（须作散文诗体，不甚着痕迹），弟则以两小诗代序。录奉一览：

云锦辉煌早织成，文章机杼出天外；
星河流转乾坤乱，大惧昆冈玉石焚。

回首当年事可衰，鸡鸣灵谷总成灰；
平生心血平生梦，惟待昆阳旗鼓来。

不知港厂能制版否？倘兄同意，弟即挟此数画至港也。天生如此之才，而蕲其成，感伤无已。

徐悲鸿重情重义的品格不禁让人惊叹！他虽然已经与蒋碧薇了断，但念及旧情，对她却从未进行过无端诋毁，而且向来尽力满足她所提出的要求。后来在张圣奘家里，在律师和法学家沈钧儒的见证下，与蒋碧薇办理离婚手续时，不但如数拿来了她所提出来的钱和画，还将在巴黎以她为"范人"画的她所喜欢的《琴课》给她带来。这幅画后来一直伴随着她度过了后半生。对待孙多慈也一样，即便已经向舒新城宣布与她"只好从此了结"，但却还要为她作诗，还要为她出版画册。

八、始游克什米尔

画家不是机器，创作是有节奏的。为了缓解《愚公移山》创作中的疲惫，和与孙多慈"了断"的心中不悦，徐悲鸿与房东友人丘先生及邻居四人动身畅游克什米尔。

克什米尔的海拔在一千七百多公尺以上，风光独特，而且有千顷犹如明镜般湖泊，盛产美丽芬芳的花卉，还出产上好的水果和美酒。那里的人非常勤劳，生活十分富裕，社会生活的文明程度也很高，实属人间天堂。

徐悲鸿与丘先生一行从遮普邦都城拉合尔乘火车西行一夜，到达喜马拉雅山西部的梅丽。这里有中国皮鞋和古玩商店，其风土人情与印度一些地方类似。下了火车，丘先生便被当地侨民朋友逮住赌了一夜。他的手气不错，赢了四百多卢币。于是，托友人的妻子杀了一只鸡，又买了些鱼肉、蔬菜以飨赌友。

1940年10月1日，徐悲鸿一行由梅丽乘坐公共汽车北进，行程八小时抵达斯利那加。此地依山傍水，风景秀丽，气候宜人，颇似中国的杭州。

徐悲鸿一行首先拜访了丘先生的老友——一家开中国古董兼营皮鞋店

的商人。其店面临街市，背靠一条河流，水面宽度足有两华里。岸边一行合抱粗酷似法国梧桐的千年古树遮天蔽日，非常清凉。店铺、旅馆、咖啡店均设在树荫下面，十分惬意。而最令人心仪的，乃是浮于河面之上靠在树下的巨舟旅馆：里边的设施整齐划一，房间过道和行李均格外洁净；每人每日的食宿费只收两卢币，一日三餐皆在舟上餐厅。舱内尚有游艺厅，可供客人消闲。

徐悲鸿等四人每位在舟中独居一个单间，凉爽舒适，早餐两枚鸡蛋，一杯牛奶，一片面包；午餐和晚餐皆为口味十足的咖喱饭。时值暑气消退，满月初升，巨舟旅馆便开始在河中荡漾。微风拂面，不断听得鱼儿跳出水面的"噼啪"声……

该地物产丰富，盛产的芥蓝菜形状与徐悲鸿在江门所见相同，烹饪技术也属一流。斯利那加为克什米尔的中心，是古代东西交通要道，如今已成为伊斯兰教圣地。这里的毛织品在亚洲也久负盛名，其木器、铜器、珐琅器装饰均反映出伊斯兰教的文化特点。徐悲鸿一行抵达时，恰逢物产博览会，因此得以饱览肆中不常见到的独特物品。展览会期间，又有杂耍、流动戏班演出，所演剧目皆为伊斯兰教歌舞……

河流对岸的斯利那加近郊，有一座博物院。藏有许多古代器物，亦有伊斯兰教王朝时期的壁画，并有印度古代雕刻，皆是附近新出土的文物，具有很高的历史和美学价值。可惜的是尚未整理，均都堆积在墙际未对游人开放，徐悲鸿感到意犹未尽……

河堤下游的水面，低于上游八九尺。于是在宽达三十丈的河堤上出现一种奇观：河流下游的鱼群纷纷游至堤下，鼓足力气逆流朝上翻腾，达至堤顶高度时便一跃而过。洪流中不断发出"噼噼啪啪"的声音，加上鱼群那舞蹈般的美妙跳跃，又有瀑布的壮观，合着音乐般"哗哗"流水的声音，使得徐悲鸿一行人犹似进入仙境，甚至想要跳入堤下，与鱼群一同翻腾到堤坝上面。

这里的居民勤劳朴实，因此极受上帝恩宠：赐予每个人半斤重的鼻子。在世界上所有的人群中，生有最大鼻子者，当属克什米尔人了。其中的原因在于：这里山高缺氧，克什米尔人终年进山劳作，肺活量极大，鼻子也就渐渐地变得肥硕。

因为水土好，这里的女子各个苗条秀丽。如果男子鼻子不够硕大，则证明此人懒惰，反而被人耻笑，就连女子也不愿嫁他为妻……

徐悲鸿得此暂短旅行十分满足，就像畅游仙光时一样快乐。可惜游完便匆匆离开了，但他却在心中盘算着：如果日后还有机会，一定来此地再游上二次三次四次，多少次都不会嫌多……

徐悲鸿于1940年11月底回到圣蒂尼克旦，仍然住在谭云山家里，日夜忙碌着整理在印度期间的写生……

九、泰翁之托

徐悲鸿离开印度之前还有两项任务：一是应泰戈尔之邀，为他的亡妻默勒纳莉妮画一幅肖像；二是与国际大学美术学院院长南达拉尔·鲍斯一起，为泰翁选择他即将由国际大学出版社出版的绘画作品。

泰戈尔是一位集诗人、作家、音乐家和美术家于一身的伟人，又是一位著名社会活动家。除了诗歌、小说、戏剧之外，印度的国歌《人民的意志》就是由他创作的。泰戈尔在六十岁之后开始涉猎美术。他的画作不拘形式，只在追求精神表现，采用中国和日本的水墨，夹杂西方的水彩、水粉和油彩，所画题材多种多样：风景、人物、动物无奇不有，表现力极强，具有自己独特的风格。他的绘画作品在法国巴黎、英国伦敦、美国纽约、苏联莫斯科等国家都举办过巡回展览，影响很大。

谭云山陪着徐悲鸿来到泰戈尔的书斋时，他正坐在轮椅里恭候，态度安详，南达拉尔·鲍斯已经在座。泰翁的大部分绘画作品都已经拍成片子，一些小幅画作有的摆在案头。那些装在画框里、挂在墙上、立在墙脚的，均都色彩纷呈。

徐悲鸿进屋后，没有落座，而是浏览挂在墙上、立在墙脚和摆在案头的作品，共计两千多幅。全都看过一遍之后，他便挨着泰戈尔坐在一把藤椅里。面前是泰戈尔写作的宽大台案，案上摆放着一帧装在精美镜框里的少妇胸像。南达拉尔见徐悲鸿注视妇人像，便走到跟前对他耳语道："这就是泰翁的夫人默勒纳莉妮。"

徐悲鸿冲南达拉尔点了点头，又转脸看一眼泰戈尔，然后拿过一块画板抱在怀里，铺上一张纸开始为默勒纳莉妮画素描肖像。

徐悲鸿用伸直的左臂将画板推远，右手横握一支铅笔，在一张纸上开始用直线打轮廓，然后逐步深入：块面结合，一层一层加深加细，画得越来越具体、生动。泰戈尔见此，便开始对他讲述起自己的爱情经历……

通过泰戈尔的讲述，徐悲鸿知道他的初恋并不是默勒纳莉妮，而是一位叫安娜的姑娘。

泰戈尔十九岁时，被送进孟买一位从英国归来的医生家里学习英语，准备出国留学。

医生十八岁的女儿安娜天生丽质、心地善良，自幼在英国长大，曾随父亲周游欧洲列国，不但会讲一口流利英语，还特别熟悉英国的风土人情。

毫无疑问，安娜成了泰戈尔的英语教师。

一位是雄心勃勃的英俊少年，一位是情窦初开的靓丽才女，泰戈尔与安娜一见如故，必然会撞击出爱情火花。

然而，泰戈尔生来内向、羞涩、腼腆，虽然十分喜欢安娜，却怎么也说不出口。而恋爱中的女人再疯狂，也比男人冷静。安娜对泰戈尔虽然怀有深情，可她却一直等待他向自己求婚——这样，在家人面前就显得十分体面。

安娜与泰戈尔出去散步的时候，总听见从他嘴里吟出美妙的诗句，于是十分调皮地说道："诗人，我想假如我躺在临终的床榻上，你的歌声也能使我起死回生。"这本来就是爱情的激情表白，可泰戈尔觉得自己要去异国他乡，青春难保，韶华易逝，害怕耽搁了安娜的幸福，也就对她的话佯装浑然不觉。

世界上任何事情都可能发生，俗话都说"嫂大如母"，可谁听说过"姐大如母"吗？

泰戈尔是家里的第十四个孩子，由于出生之后母亲患病，他是吃大姐肖达米妮的奶汁长大的。因此，对她怀有姐姐和母亲般的双重情感。

就在泰戈尔的英语课程还未结束时，接到了大姐病重的消息。这使他的情绪顿时低落，学习成绩直线下降。甚至想要中断学业，不再出国留学，回家去照顾大姐。安娜知道此事后忧心忡忡，便经常拉着他出外散心，对他说道："你不是对我说过，你两岁时大姐给你洗澡曾预言你将会成为家里最有出息的人吗？要想对得起大姐，就应该到外边去见世面，对于诗歌创作是大有帮助的，你应该努力去实现你大姐的愿望。"

安娜不但在教授泰戈尔的英语课上尽心尽力，而且在生活上对他也更加体贴，照顾得无微不至。泰戈尔被安娜的真情所感动，不但学习恢复了原来状态，而且对她也更加敬重和依恋。

安娜与泰戈尔每天都形影不离，除了上课，就是陪他出去散步、玩游戏、写诗，并且还帮他把诗作翻译成英语。安娜总是用暗示启发着泰戈尔，对他说："你的诗歌写得漂亮极了，跟你的人一样，唉，要是你能经常在我身边写诗，那该多好啊！"

安娜还不断采用游戏的方式与泰戈尔进行亲密接触：要么用双手从背后蒙住他的眼睛，让他猜是谁；抑或要试试他的力气拉住他的双手，乘势倒在他的怀里……

有一天上完课很累，安娜将自己的手套在泰戈尔面前晃了晃说道："哎，咱们捉迷藏吧！你若能找到我，并且拿到我的手套，我就送给你最贵重的礼物。"说完，撒腿就往外跑。

等到泰戈尔撵出门外，安娜已经无影无踪。找遍了院子的各个角落，可那里也没有。后来听见马棚方向传来隐隐约约的笑声，便朝那里奔去。可找遍了马棚的犄角旮旯，就连马槽子下面都爬下去看过，也没发现她的身影。正在疑惑间，听见马棚旁边大草垛里又发出"咯咯"笑声。

泰戈尔于是围住草垛四面寻找，发现草垛底部有一个小羊钻进钻出吃草的洞，于是趴下身子往里爬。一直爬到草垛当中一个很大的空间，头顶一个小天窗往下倾泻一缕阳光，安娜就躺在那里。他便顺势趴在她的身边，而他的一只手恰好按住了一样东西，拿起来一看，正是她的手套。

泰戈尔将手套举起来向安娜问道："哎，你不是说拿到你的手套要送我贵重礼物吗？"

"啊，我的贵重礼物就是送你一个'吻'！"说完，安娜便闭住双眼仰面朝天躺着不动了。

可她左等右等，却不见动静，也没有任何感觉。等她睁开眼睛，发现泰戈尔已经在她身边睡着了，发出了均匀的呼吸声，她感到非常失望……

按照安娜的请求，泰戈尔为她起了个美丽的孟加拉名字——"纳莉妮"，还将这个名字写进了他的叙事长诗《诗人的故事》里。不但经常将长诗朗诵给她听，还翻译成英语拿给她看。安娜特别喜欢这部长诗，对他的翻译也非常满意。还说她无比喜欢长诗里"纳莉妮"这个人物……

泰戈尔在他八十岁写的回忆录中，对安娜这样描写道：

> 我的收获是平淡无奇的，如果她轻视我，是不能责怪她的，然而她没有这样做。由于我没有任何书本知识的宝库可以赠给她，所以第一次见面时，我就告诉她，我会写诗。我唯有这点资本可以招徕别人。当我告诉她自己有诗歌创作天才时，她没有表示丝毫的怀疑和讥讽，而是轻易地置信了。她要求我给她起个独特的名字，我为她选择了一个'纳莉妮'，她十分喜欢。我想把这名字编织在自己诗歌的音乐里，所以我为她写了一首诗，把她的名字写进诗里。当我用激昂的语调吟诵那首诗给她听时，她说："诗人，我想，假如我躺在临终的床榻上，你的歌声也能使我起死回生。"女人知道用什么样的夸张手法来歌功颂德，博得别人的欢心，这是一个很好的例子。她为了使我高兴，才这样做的。我依稀记得，我最早是从安娜那儿听到对我长相的赞扬。她用十分温存的方式，表达了那种赞美。比如有一次，她严肃地叮咛我，叫我决不要留胡须，说不要让别的东西遮蔽住脸庞。众所周知，我

没有听从这个劝告，不过，她没有能活到亲眼目睹我脸庞违背了她指令的日子。

学习的课程很快结束了，可泰戈尔对安娜却依依不舍，临分别的夜里，他失眠了。听见隔壁房间里她辗转难眠不断翻身的声音，于是披衣坐起。看着窗外绵延远去的光辉，内心浮想联翩，于是提笔写下了一首诗：

我梦见她坐在我头的旁边，
手指温柔地撩动我的头发，
奏着她的接触的和谐，
望着她的脸，
晶莹的眼泪颤动着，
直到那么出口的言语之烦恼，
像泡沫一样炸裂我的睡眠。
我坐起来，看见窗外银河之光，
像一团燃烧着的静默的世界，
而我怀疑，是否在此刻，
她也和着我那样的韵律，做着一个梦。

第二天，安娜到码头为泰戈尔赴英国送行。她的眼里含满泪珠，用依依不舍的目光看着他，希望他最后吐露出心中对她的爱恋之情。可他考虑远赴英国后不知几年才能回来，最终只向她深深鞠了一躬，说道，"纳莉妮，再见了，你多珍重！"

望着泰戈尔的背影，安娜失声痛哭，轮船在她模糊的视线中渐渐远去……

不久，安娜在父母的逼迫下嫁给了一位大她二十多岁的鳏夫。由于怀念泰戈尔，整天忧郁、苦闷和悲伤，常常一个人躲到一边哭泣，不到一年时间便夭亡了。临终之前，她还不停用英语呼唤泰戈尔的名字。

1880年，泰戈尔怀着一颗火热的心从英国归来。可当他听到了安娜的死讯后，犹如遭受五雷轰顶，内心的悲伤和悔恨达到极点，然而一切都已经无法挽回。来到安娜墓前，怀着满腔的悲伤向她的亡灵告慰道：

当世界的万物消失不见了，你却完全重生在我的忧愁里。
我觉得我的生命完成了，男人与女人对我永远成为一体。

美丽迷人的安娜带走了泰戈尔的快乐，不论何时，只要一想起她，心灵就会充满忧郁、悲伤和痛苦。他总是用诗歌怀念她：

有些年头了，在加尔哥答，一些奇异的鸟儿飞来，在我们那棵榕树上筑巢，我还没有很好地学会它们展翅的舞姿，它们就飞回去了，但它们是带着遥远森林里的异常奇特和迷人的音乐飞来的。同样，在我们的生活旅程中，不知从什么陌生的方向飘然而至的女神，向我们倾诉自己心灵的语言，开拓我们心灵力量的界域。她不经召唤而来，最后当我们开始召唤她时，她却消失得无影无踪了。

但是，她走时，已在我枯燥的经纬线上，绣上了瑰丽的花边，使我日夜充满幸福。

泰戈尔一生都没有忘记安娜，始终都在怀念她，悔恨与她在爱情上擦肩而过，从他众多作品"纳莉妮"的名字上，都可见到他的痛苦、悲伤和无限的懊恼……

泰戈尔还未从巨大悲痛的阴影中走出来，父亲便选中了在他家里谋职的一位十岁小姑娘帕兹达列妮做了她的未婚妻。泰戈尔虽然留学英国，而且已经是著名学者、诗人和作家，可他也是个少有的孝子，对于父亲的决定唯命是从。

1883年9月11日，二十二岁的泰戈尔与年仅十一岁的帕兹达列妮举行了婚礼。他们的婚姻一点也不浪漫：帕兹达列妮仅仅读过一年的孟加拉语课程，家庭地位也十分低微，而且长相也不漂亮。唯一的浪漫之处便是婚后泰戈尔给她改的名字——"默勒纳莉妮"。这使人想到他的初恋情人安娜要求他给自己起的独特名字"纳莉妮"。现在，他把帕兹达列妮改成了"默勒纳莉妮"，大概是希望她也像安娜一样漂亮起来，他也要像爱安娜一样爱她。

泰戈尔与默勒纳莉妮非常恩爱。婚后，在他的帮助和严格要求下，她不仅掌握了孟加拉语，还学会了英语和梵语，而且还登台演出了泰戈尔的戏剧《国王与王后》。

1886年，泰戈尔二十五岁时，他们的女儿玛吐莉勒达降生，两年后，儿子罗梯出世。这给家庭生活增添了新的乐趣，他对妻子也更加怜爱了，一次外出旅行时给她写信说道：

> 星期日夜间，我感到魂不附体，我发现自己抵达了乔拉桑戈。你睡在大床一侧，女儿和儿子睡在你的身旁。我怀着无限的爱意抚摸着你，在你耳畔轻声慢语说："小媳妇，记住，今天夜里，我离开躯壳，前来看望你。当我从国外归来，你是否感觉到我的出现？"然后，我吻了女儿和儿子，就回转去了。

由此可以看出，泰戈尔对妻子的爱是多么令人信服。

泰戈尔经常伏案写作，默勒纳莉妮害怕打扰他，总是悄无声息地做着家务；发现他渴了，便像只猫似的将水杯轻轻放到他的案头，一点动静也没有。可如果时间长了，发现他累了，她便由低到高慢慢放开音乐，上前牵起他的手旋起舞步……

然而十分不幸，1902年，三十二岁的默勒纳莉妮患病辞世，离开了自己可爱的家庭和钟爱的丈夫。儿子在追忆她的文章中描写父亲的悲痛时写道：

在医生丧失希望之前,母亲心里已经明白,她的死期将近,我最后一次来到她的床边时,她已经不能说话,但看到我,泪珠突然从她的眼眶里流出来。次日清晨,我们来到妈妈房间的阳台,一片不祥的寂静笼罩着整个家庭,好像在深夜,死亡的阴影已经蹑手蹑脚地潜入家里。傍晚,为了保存温馨的缅怀,父亲给妈妈穿上了一双拖鞋。父亲心理的平衡,从来没有因为生活的沉浮、痛苦和惶惑而破坏过,任何不幸都没有动摇过他内心的平静,不管是多么深沉的痛苦……他以非凡的毅力忍受着精神的折磨。

有一次一只蝎子蜇了他,他伸开脚平静地坐着,竭力思索:痛苦不仅在他自己的肉体上,也存在于如此单独的实体中,而这个实体存在与他的真实自我却毫不相干。这种实践的成功赋予他一生同肉体和精神的折磨做斗争的力量。

妻子病重期间,泰戈尔拒绝雇用职业看护,整整两个月日夜守护在她的床边。天热,他就用扇子轻轻给她扇风。妻子死后,他通宵达旦地在阳台上踱来踱去,不准家人打扰……

为了追忆与妻子的感情,在她去世后,泰戈尔一共写了二十七首怀念她的抒情诗,收在诗集《追忆》中:

> 今天光明在宁静的床榻上,变幻成巨大悲哀的黑暗
> 我通宵醒着,坐在痛苦的床边,长夜逝去
> 晨曦莅临……

泰戈尔用行动,用他的作品证明了他与默勒纳莉妮的真挚爱情:

> 世界上最遥远的距离,不是生与死
> 而是,我就站在你面前,你却不知道我爱你

世界上最遥远的距离，不是我就站在你面前
你却不知道我爱你，而是，明明知道彼此相爱
却不能在一起
世界上最遥远的距离，不是，明明知道彼此相爱
却不能在一起
而是，明明无法抵挡这股想念，却还得故意装作丝毫没有把
你放在心里

世界上最遥远的距离，不是明明无法抵挡这股想念
却还得故意装作丝毫没有把你，放在心里
而是，用自己冷漠的心，对爱你的人
掘了一道无法跨越的沟渠

　　泰戈尔坐在他的轮椅里，一边讲述他的爱情故事，一边不停抬头看着徐悲鸿作画。他的画画得干净利落，一次也没使用橡皮。泰戈尔的故事讲完了，徐悲鸿也画完了默勒纳莉妮的肖像。

　　泰戈尔平时坐在椅子里的时候，无论是与人谈话，还是静静思考，手中总要拿着一个笔记本，以便产生灵感时候能够随时记录下来。看见徐悲鸿将妻子的肖像画完了，他的脸上露出了十分兴奋的表情。然而他的表情却被他那美丽的胡须掩盖着，显得无比含蓄。徐悲鸿是从他的眉梢和眼睛上看出他对妻子深沉的爱——他那诗人和哲人的情绪，往往都是从他的眉梢、眼睛和胡须的抖动中表现出来，异常生动。

　　徐悲鸿并不急于去帮泰戈尔选那些画，刚刚浏览过一遍，已经胸有成竹。看见他脸上生动的表情，换上一张纸又为他画起了写生。

　　徐悲鸿很快就用素描将泰戈尔的半身像画完了，然后才与南达拉尔开始选择他想要出版的画作。徐悲鸿每拿起一幅画，都要征询一下南达拉尔的意见，从两千多张的画作中选出三百幅。夜幕降临时，他们又精选出七十幅准备付锌。

完成了在印度的访问，徐悲鸿对泰戈尔依依惜别，于1940年12月13日，带着大批作品返回新加坡，仍然住在黄孟圭的"敬庐"。岂料，就在紧张忙碌的工作中，他又遇到了新的感情纠葛：原来在上海读书，后来跑到南洋任教的一位年轻女子引起了他的注意。该女子的身材苗条，形象甜美，在上海读书开观摩会时，徐悲鸿见过她的作品，并且大加赞扬。到达南洋后，她又出人预料地创作出许多令人刮目相看的作品，就在不经意间，她闯入了徐悲鸿的感情世界……

完全没想到，1941年8月7日，徐悲鸿正为他心仪的女子挑选作品准备出画册时，竟然传来泰戈尔病逝的消息。悲痛之余，徐悲鸿于1941年9月8日在《星洲日报》发表了《泰戈尔翁之绘画》一文：

> 泰戈尔翁行年六十余，始治绘事，及八十岁时，凡成画两千余幅，巴黎、伦敦、莫斯科皆曾展览之，脍炙人口，不亚于其诗（闻翁之孟加利文诗，尤美过英文诗，近代孟加利语，实翁为之改进者），因诗尚有文字扞格不能读者，若画则为人类公共语言，有目共赏也。三十九年十一月，余向翁辞行，欲返南洋时，翁病初愈，僵于卧椅，郑重谓余曰：汝行前，必须为吾选画。于是吾与南答拉·波司先生（国际大学美术院院长），箕踞其厅事，整两日，将其各类作品，细检一通，得精品三百余幅，最精者七十幅，将由"国大"出版，故得而论之。
>
> 翁为印度当代最大作曲家之一，有歌曲三千余首，凡印度识字之人，未有不能歌翁之歌曲者。翁一生时间，大半沐浴于大自然之中，与日月星辰，山川草木，鸟兽虫鱼，奇花异卉相习，具有美之机心，而与自然同化。翁之侄安宠宁少翁六岁，为今日印度画坛之元首，而被尊为印度近代绘画之父者也，人得其片纸，视同珍奇。国际大学，收藏极多，举凡昔蒙古朝时名作，及并世投赠翁之杰作，数量甚富。翁又涉历全世界，欣赏绘事，但翁作画，则全以神行，恒由己出，妙绪纷披，奇情洋溢，无利害得失

之见，故远于毁誉之担心，不兴工拙之操算。

施于陶瓷之绘，或美石组成之摩色画，波斯良工织就之毡，均能启其奇思。所用所具，无论中国或日本制之纸墨，或西洋画师用之水彩色纷铅笔条或油色，其重叠堆积，各色杂糅，毫无顾忌，彼所需者，为合于心量轻重之色泽，其材料之如何调和，不获措意也，其兴也，若因风动念，忽见一马，后有牛，便可连串，或忆鳄鱼。而骆驼经其前，载胜复降于旁者，则斑驳离奇，堪称盛会。其人既据平等而观，又施赤心而爱，一视同仁，无暇区别，人与蛇相处，既无所不可，而柳生于肘，亦事属可信，朝霞贻之辉，繁星寄其响，其浩然之气，运行激射于上下四方古往今来者，既不可捉摸，往往于沉吟之际，咏叹之余，借片纸申之，或支一直鼻为墙，或放其美鬟为泉，或折螳螂之股为堤，或据巨灵之膝为堡垒，或从钢筋三合土上，栽干忒莱亚兰花，或就处子云鬟，架起机关枪炮，飞西瓜子逆旅，送琼浆与劳工，假寝床于巨蚌，夺梅妃之幽香，食灵芝之鲜，吻河马之口，绝鏧缀群玉之采，茂林开一线之天，利水泓之积，幻为群鸿戏海，连涂改之稿，演出恐龙之崩山，凡此诡异变化，不必严合不侫荒唐之辞，唯翁智慧之休息，仍余情袅袅清音闪晔，遂觉于风歌尚欲求工，东坡未泯迹象，顾翁之游戏，初未尝背乎自然，而复非帝定之矩获者，如法德近三十年来之鄙夫，工为机器制成之石斧，而卖弄玄虚，争利于市，借口摆脱一切形式束缚者，其天真与作伪之距离，诚有霄壤之剖也。

在中国科举时代，极多思虑不精，为资颇陋，所见不广，托兴不高之文人，好弄翰墨，号曰写意，夫画能写意，岂不大佳，顾此辈寤寐所求，不过油腔滑调，饰言奇笔，实乏豪情，妄欲与作家（匠工）争一日之长，以自鸣其雅，致文与可、倪云林、徐文长、金冬心等，蒙不白之冤，其托庇之不肖，惯于班门弄斧，并全昧之龟手药之用，抑何可怜也，千古王维，能多遇乎，吾恐

泰戈尔和他的学生们

泰戈尔翁,日后被人倚为口舌,爱不惮词费,于文后不赘之。

写完《泰戈尔翁之绘画》,徐悲鸿才想到如何从新的感情危机中解脱出来……

夏桂楣 著

徐悲鸿时代（三）

北京大学出版社
PEKING UNIVERSITY PRESS

图书在版编目（CIP）数据

徐悲鸿时代：三卷本 / 夏桂楣著. — 北京：北京大学出版社，2014.3

ISBN 978-7-301-23909-4

Ⅰ.①徐… Ⅱ.①夏… Ⅲ.①艺术家-生平事迹-中国-现代 Ⅳ.①K825.7

中国版本图书馆CIP数据核字(2014)第022667号

书　　　名	徐悲鸿时代（三卷本） XU BEIHONG SHIDAI（SAN JUANBEN）
著作责任者	夏桂楣　著
责任编辑	王炜烨　杨书澜
标准书号	ISBN 978-7-301-23909-4
出版发行	北京大学出版社
地　　　址	北京市海淀区成府路205号　100871
网　　　址	http://www.pup.cn
电子信箱	zpup@pup.pku.edu.cn
新浪微博	@北京大学出版社
电　　　话	邮购部 010-62752015　发行部 010-62750672 编辑部 010-62750673
印　刷　者	大厂回族自治县彩虹印刷有限公司
经　销　者	新华书店
	965毫米×1300毫米　16开本　62.25印张　693千字 2020年10月第1版　2020年10月第1次印刷
定　　　价	（全三卷）181.00元

未经许可，不得以任何方式复制或抄袭本书之部分或全部内容。
版权所有，侵权必究
举报电话：010-62752024　电子信箱：fd@pup.pku.edu.cn
图书如有印装质量问题，请与出版部联系，电话：010-62756370

目录

第一章　难复江流东逝水 /1
　　一、结缘许绍棣 /2
　　二、蒋碧薇的回绝 /7
　　三、独身主义李青萍 /11

第二章　水深火热 /27
　　一、逃离战区 /28
　　二、蒋碧薇的防线 /38
　　三、黯然离家 /39
　　四、殃及池鱼 /43
　　五、最后的努力 /45

第三章　磐溪岁月 /47
　　一、运筹帷幄 /48
　　二、张大千与谢稚柳 /49
　　三、继往开来 /56
　　四、桂林考生 /58
　　五、大师助手 /62

六、嘉陵江畔 /66

七、不期而遇 /67

八、别无选择 /69

九、青城山之旅 /74

第四章　多灾多难 /77

一、欲罢不能 /78

二、两张飞机票 /80

三、千辛万苦 /83

四、失而复得 /88

五、生命垂危 /91

六、豪情不让千钟酒 /94

第五章　新加坡沦陷 /101

一、林谋盛与庄惠泉 /102

二、郁达夫、王映霞的恩怨情仇 /102

三、作家之死 /113

四、黄曼士与百扇斋 /119

五、愚趣园与崇文学校枯井 /123

第六章　柳暗花明 /127

一、五十大寿 /128

二、婚姻殿堂 /137

三、凤凰山画家群 /139

四、回师南京 /146

五、滞留上海 /153

六、从"危巢"到"静庐" /159

七、从东总布胡同到帅府园 /166

第七章　暴风骤雨 /173

　　一、"倒徐"运动 /174

　　二、关于国画的论战 /178

第八章　招贤纳士 /189

　　一、庶务主任宋步云 /190

　　二、非弟莫属吴作人 /197

　　三、水乳交融齐白石 /200

　　四、山水师爷黄宾虹 /212

　　五、李苦禅大师 /215

　　六、教学基石蒋兆和 /218

　　七、刀锋画家李桦 /221

　　八、独当一面滑田友 /225

　　九、王临乙、王合内夫妇 /226

　　十、革新派画家宗其香 /232

　　十一、"第二高峰李斛" /235

　　十二、不拘一格叶浅予 /237

　　十三、写意大家李可染 /241

　　十四、二代油画冯法祀 /247

　　十五、紧跟相随的艾中信 /253

　　十六、烟斗画家孙宗慰 /254

　　十七、特殊贡献的戴泽 /257

　　十八、地下党员侯一民 /260

　　十九、塞外有个尹瘦石 /266

　　二十、挂念远方 /268

第九章　绘画巨匠三人行 /271

　　一、王式廓与他的《血衣》/272

二、董希文与他的《开国大典》/274

　　三、罗工柳与他的《地道战》/280

第十章 巨变 /283

　　一、留守北平 /284

　　二、别了，上海滩 /290

　　三、隔海相望 /296

第十一章 大师与大师 /299

　　一、裱画大师刘金涛 /300

　　二、张大千来访 302

第十二章 历史疑案 /311

　　一、重提刘海粟 /312

　　二、结怨吴冠中 /321

尾　声　岁月不知尽 /329

后　记 /343

第一章
难复江流东逝水

徐悲鸿走后杳无音信,沈宜甲也不再来劝说孙传瑗,一直关心孙多慈与徐悲鸿情事的舒新城和郭有守全都远水解不了近渴。而在这边,父亲又步步紧逼。孙多慈虽然在母亲面前表示过听从父亲的意见,可她仍然放不下徐悲鸿。在这兵荒马乱的战争年代,她的内心忍受着无可言喻的煎熬,感到从未有过的孤独与无助……

一、结缘许绍棣

1939年8月上旬，孙多慈不得不跟随家人起程，赴香港，经广州，转道浙江，走了半个多月方抵达丽水小城。一路上，她的心绪无法平静，站在轮船的甲板上，朦胧的双眼眺望不断退却身后逐渐消失的浪花，总觉得徐悲鸿如影相随……

船到丽水上岸后，孙多慈见到前来迎接的许绍棣，心中也没激起任何波澜：他的身材瘦小，相貌平平，个子比自己还矮一截。

别看许绍棣其貌不扬，可他却绝对是个情场高手：郁达夫已经是载誉四海的作家，他的妻子王映霞可谓一位才貌超群的女子，然而就连她，他都能搞到手，拿下孙多慈自然也不在话下。

早在李家应托付王映霞为孙多慈介绍一位郎君，并将随身携带的照片交给她后，她便给许绍棣写去一封信。许绍棣接到信后没有通过王映霞，而是直接给孙多慈写了信。可以看出，他已经急不可待了。可孙多慈接到他的信见他的态度反而不温不火，说不成也没关系，只当交个朋友吧。这就在孙多慈的心里冲破了第一道防线，觉得他是个文人，不成就做个朋友也未尝不可。接下来，许绍棣便开始做争取孙传瑗的工作。

许绍棣不但将孙传瑗一家搬到丽水，为其父女安排了工作，而且对他们关心备至，真诚相待，事无巨细，亲自跑前跑后。他的三个女儿跟孙传瑗和孙汤氏总是"爷爷、奶奶"地叫着，俨然一家人。

通过交往，孙多慈发现许绍棣的脾气从来不急不躁，说话轻声慢语，为人处事向来用一种商量的口吻；无论时局发生怎样的动荡与变故他都波澜不惊，表现出一位政治家特有的沉稳与耐心。晚年的孙传瑗性格陡变，常常因为一些小事和校方闹矛盾，甚至搞到非要辞职的地步。可是，只要许绍棣一出面，一切均化险为夷。孙传瑗还经常与许绍棣谈论学问，吟诗作赋。只要与他在一起，他就感到特别兴奋。为了断绝孙多慈与徐悲鸿的关系，孙传瑗力主让她嫁给许绍棣。

许绍棣原来虽然呈文要求逮捕鲁迅，但这两年，他一直在为抗战中流亡的中小学奔波。尽管艰辛，环境恶劣，他都不辞劳苦。对此，孙多慈也不再耿耿于怀。

然而，孙多慈一旦把许绍棣与徐悲鸿放在一起比较就发现：徐悲鸿风流倜傥、英俊潇洒，浑身上下无不洋溢着艺术家气质；而许绍棣却瘦小枯干，虽然深谋老成，然而在艺术修养上，却是少之又少。因此，无论如何，她也无法放下她"心中的悲鸿"。

而这时的徐悲鸿，还远在喜马拉雅山上写生，杳无音信。

与此同时，李家应也在不断与孙多慈谈心，一定要促成她与许绍棣的婚事。

1940年春节过后，许绍棣设宴招待孙传瑗一家。面对举着杯子来到面前的许绍棣，孙多慈一脸的冷漠，直至散席杯子里的酒竟然一滴未动。

4月中旬，孙多慈终于病倒了：全身酸软、食欲不振、四肢无力，卧床不起。任人怎么规劝，她都不肯进食，母亲不得不给李家应写信求助。

李家应此时正在碧湖镇担任战时儿童保育会浙江第一保育院院长，收到信后匆匆赶来丽水。当她走进孙多慈的房间时，不禁大吃一惊：她人整个瘦下去一圈，面色苍白，两眼深陷。搬动她的身子和四肢，犹如面条一样柔软，任其摆布。李家应伸手摸摸她的额头，并不发烧，问她哪里疼痛，她也只是摇头。李家应往她的床边一坐，任她的泪水顺着脸颊两侧慢慢往下流淌。

墙上的时钟嘀嘀嗒嗒响着，孙多慈一句话也不说只是流泪，等到她的泪水干涸了，李家应才俯下身子朝她问道："告诉我，是不是还在想念你心中的悲鸿？"

孙多慈把脸偏到一边去，躲开了李家应的目光。李家应用手将她的脸扳过来又说道："你看着我的眼睛，说，是不是想他了？"

孙多慈还是不言语，嘴唇紧抿着闭起了双眼，泪水又从两颊往下流淌。李家应放开她坐直身子说道："那你咋不给他写信，让他过来，看看到底还有没有希望。"

孙多慈大概觉得她和徐悲鸿的关系无望了，并不理会李家应的话。

"把他的地址给我，我给他写封信吧。"李家应说道，"也许事情还会有转机。"

时钟依然嘀嗒嘀嗒，李家应看着孙多慈，她的双目微闭，牙齿紧紧地咬住双唇。李家应站起身钻进她的书房便给徐悲鸿写信，说孙多慈因为思念她的悲鸿过甚，大病不愈，请他急速前来探视。因为没有徐悲鸿的地址，李家应只得将信寄给香港中华书局的陈子展，请他代转。

李家应的信直到5月下旬才转到徐悲鸿手上，此时，他正在喜马拉雅山的大吉岭上写生。6月4日，他给上海的舒新城写了一封信，叙说相隔千山万水，交通闭塞，即便插翅也难以飞越的苦衷：

> 慈既无消息，上月忽由子展兄转来家应数行，谓慈病愿一见，问我能去浙否。真不知天高地厚，彼以为我自身即生翅翼也，且其地亦不能翻译成名，电复且不可能。悲运如此，喜马拉雅山之天下第一高峰——爱勿莱斯忒（Everest）信为宇宙奇观。此乃有天赐肯与见面。因雨季近，云雾不肯开，必雨师先夜为洗尘乃可。在旭日中相见，令人惊倒也。

从徐悲鸿写给舒新城的信中可以看出，他不但对不能与孙多慈相见感到遗憾，也更加无法抑制对她的无限眷恋。

就在徐悲鸿杳无音信，看似已经绝情，无法承受各方压力的情况之下，孙多慈将许绍棣约至家中，就婚姻问题，与他进行了一次实质性交谈。

许绍棣来到之后，孙多慈将他让进自己的画室，他便彬彬有礼地坐在一把椅子上。经过长时间沉闷之后，孙多慈说道："许先生，咱们的交往已经有四年了，我非常感谢你这么长时间对我们一家的照顾。"

"啊！"许绍棣停了停说道，"朋友之间，还说什么感谢的话呀。"

孙多慈抬头看一眼许绍棣，他的脸上仍然是宠辱不惊十分平淡的表情。想了想，她又说道："许先生，这么久了，你对咱们的事从来都没有正面提过。可李家应早就对我说了，我也知道你的意思，今天咱们谈谈好吗？"

"好的。"许绍棣说道,"你有什么想法,先说说吧。"

"啊!"孙多慈呻吟一下说道,"我与徐悲鸿先生的感情已经有十年了,我怕我这一辈子都不会忘记他。"

"这个我能理解。"许绍棣低下头看也不看孙多慈,"我的前妻方志培这些年与我相濡以沫,我也时常想念她。这都是人之常情,我想咱们都不会介意的。"

许绍棣的话讲得滴水不漏,孙多慈看了他一眼又说道:"我在家里娇生惯养,有很强的个性,一般人都很难接受我的。"

"嘻,我的条件与你比起来不是差得更远吗?"许绍棣接着说,"你看,我比你大这么多,还带着三个孩子,而你却是个堂堂的大学生。如果你能同意,就太委屈你啦。"

"哦!"孙多慈想了想又说道,"许先生,你看,我学的是艺术,就冲我一直眷恋着徐先生这点上,我也不会放弃事业,我怕我当不了贤妻良母。"

"这个你无须考虑!"许绍棣仍然十分平静地说道,"一个人如果没有追求,那生活就没有任何意义了。我虽然不懂艺术,但我会支持你的事业,这一点请你放心。"

孙多慈本来是想找出各种理由让许绍棣放弃,这样父亲也就不再对自己紧逼了。可许绍棣却步步退让,实则是以退为守。孙多慈觉得自己被他逼进了死胡同,于是不再言语……

1941年暮春,二十九岁的孙多慈,无法抵御各方的压力,终于嫁给了四十五岁的许绍棣。婚宴的规格虽然很高——浙江省政界的要员都来了,但却也很简朴,只设了两桌便宴。

孙多慈仍然是平素的头型——过耳短发的下端微微外卷,只是身上换了一件带有素花的连衣长裙,颜面犹如喷了一层葡萄水,没有一丝兴奋,也不苟言笑。与参加婚礼的宾客只是点头示意,仍然笼罩在淡淡的悲凉之中……

一年以后,孙多慈和许绍棣的大儿子尔羊出世;1947年,孙多慈三十五岁、许绍棣五十一岁时,他们的第二个儿子珏方降生。尽管如此,孙多慈仍然没有放下她心中的悲鸿……

许多真诚关心孙多慈的朋友,都觉得她的婚姻是一件憾事。她的表妹陆汉民在晚年回忆往事时,还对她的表姐为何嫁给许绍棣写出了自己的感言:

> 我不明白才貌俱佳而又年轻的表姐如何竟看上了这官僚政客?须知许绍棣身体瘦小,比孙多慈还矮半肩,并不般配,气质爱好又不相同。我想表姐在1938年做出此抉择可能是出于想摆脱"师生恋"造成的巨大精神压力,也是想借嫁一位高官满足女性的某种虚荣心吧。在重庆读大学时,与表姐来往甚少。因为我一向讨厌我这个庸俗世故的表姐夫,不愿见到他。我甚至因而对为许绍棣做媒让他娶了我表姐的郁达夫夫人王映霞心生不满。就我所知,郁达夫很反感美貌动人的老婆与许绍棣走得近,交往较多。重庆报纸上也曾出现过某些言有所指的花边新闻。而郁达夫与王映霞离婚似乎也与某些桃色传闻有关。在重庆时,我听说王映霞离婚似乎也与某些桃色传闻有关。后来听说王映霞与钟贤道的盛大婚宴很铺张、排场,听说钟贤道是中央信托局的高级职员。王莹、胡蝶、金山这些大明星也前去赴宴,显然是冲着王映霞的面子去的。给我印象最深的是表姐落寞的神态,我知道她对自己的婚姻非常不满意。
>
> 抗战胜利后,1946年我与她在安庆老家探亲相遇,她对我流露过她心灵深处挚爱的仍是徐悲鸿,对这一点我深信不疑。我记得当年重庆一些报纸上多次报道徐悲鸿与蒋碧薇的婚姻破裂,这对夫妇争吵了十几年,矛盾日深,互生厌倦。到了重庆后,在中央大学执教的徐悲鸿多次在报纸上刊登"声明""启事",作为对早已情怀国民党高官张道藩勾搭上的蒋碧薇的反击,选择离婚终于使他得到解脱。而且这位大画家很快娶他的女学生"湘妹

子"廖静文为妻,他的饱受折磨的心灵得到了慰藉。我坚信他的心灵深处一定留有我表姐孙多慈的永久位置。因为我至今记得1936年徐悲鸿在安庆与我表姐分别时的依依难舍和他悲苦欲绝的泪眼……

二、蒋碧薇的回绝

早在1938年年初,蒋碧薇与徐悲鸿关系闹得最紧张的时候,张道藩便将她介绍到复旦大学。当时的校长吴南轩,正是蒋梅笙早年的学生,为她每周安排了三节法文课。

战时的复旦大学由上海迁至贵阳后,又由贵阳迁到重庆。半年后,张道藩又介绍蒋碧薇到国立编译馆任职,后转到教育部下设的教科书编辑委员会,但她仍然兼任复旦大学的教职,感到生活非常充实。

此时的张道藩官运亨通,已经担任教育部次长。随后,蒋碧薇被他安排到青年读物组审查稿件。这一时期,她无论在复旦大学还是在教育部下属单位,均结交了许多新的朋友,加上张道藩的特别关照,活得很滋润,心情也十分愉快。

1939年5月31日,重庆遭到日寇飞机前所未有的轰炸。教育部不得不迁到离城区百余里的青木关,编辑委员会则搬至北培。蒋碧薇不得不放弃光弟的房子迁回黄桷树旧居,与但荫孙一家住在同一四合院内。

此时的国民党中枢,因日寇的轰炸一部分留在重庆,一部分已迁至汉口。战时的陪都动荡不安,一些人未带家属,过着单身生活。蒋碧薇虽然已是徐娘半老,可却风韵犹存。个别单身汉便打起了她的主意:时常向她问寒问暖,直至约她吃饭,外出散步,表现得十分殷勤。蒋碧薇于是给张道藩写信述说了这些事情,以表示对他的忠心。

不料,蒋碧薇的信却引发了张道藩的极大醋意,立刻写信让她严加防范。并且在信中指责徐悲鸿办事不漂亮,遗弃了自己所爱而去追求别的女

中年蒋碧微

人……

因为张道藩还在信中提到他的身体不适,蒋碧微放心不下,立刻又写回信去让他擅自调养,早日恢复健康。同时还在信中谈到了她与那位追求者进行周旋的种种细节……

谁知,张道藩把蒋碧微遇到了爱慕者看得比什么都重要,旋即从汉口寄来两封航空快信,表达对她的爱是如何至真至纯。现在,则觉得自己无比可怜,心中又是多么的痛苦,嘱她一定多加小心,他很快就要从汉口飞往重庆来看她……

蒋碧微觉得她与张道藩相爱如此之深,而他却又对自己这样不放心。于是等不到他回来,又立刻写信给他,尽述自己对他思念得整夜无眠,精神委顿,身体也消瘦了。她的一生,已经爱过两个男人,而这两个男人都使她大受其苦。并让他相信自己对他的爱会一如既往……

张道藩接到蒋碧微的信后,立马搭乘飞机来到重庆,和她在北碚玩了一天,给她留下三百块钱,然后便回重庆去了。

紧接着，张道藩与蒋碧薇的信件在北碚和重庆之间又雪片般来回飞舞。

就在两个人这样你来我往相互缠绵之时，他们还搞了个"恶作剧"，首先是在《中央日报》第一版刊登了一则大字广告：

> 徐悲鸿、蒋碧薇结婚启事：兹承吴稚晖、张道藩两先生之介绍，并征得双方家长同意，谨订于民国三十年四月一日在重庆磁器口结婚，国难方殷，诸事从简，特此敬告亲友。

接着又在第二天的同样位置，刊出了另一则广告：

> 蒋碧薇启事：昨为西俗万愚节，友人徐仲年先生伪借名义，代登结婚启事一则，以资戏弄，此事既属乌有，诚恐淆乱听闻，特此郑重声明。

这两则广告对徐悲鸿无疑是一种巨大的奚落与侮辱，也引起舆论一片哗然……

此时，蒋碧薇与张道藩两个人来往的信件简直比雪片还要密集，反复述说双方或"痛苦不舍"，或"爱情如爬山"，或"饱食爱情的创伤"，或"历经血的教训"等无以复加的热烈"泪书"……

正在蒋碧薇与张道藩如此难解难分之际，突然接到徐悲鸿1941年6月25日从新加坡寄给她的一封航空快信，约她赴美去办展览：

> 碧鉴：
> 　　三年以来，汝率两儿在轰炸之中，艰苦支持，虽增强了汝之志气，却愈刺激我之悲痛。此两孩曾亘一年无一书，想起终日遭受空袭之烦闷，无论如何，远方之人毫无恐怖，便不当以大较悠闲之情，以责备挣扎者之任何一切，逝者如斯，言之惘怅！吾今特致慰于汝，并告汝一重要之事，林语堂兄来函，美国援华联合

会邀吾赴美，举行中国现代第一流画展。我之川资由各方相助，至美后便无问题。汝倘蠲弃前嫌，我竭诚邀汝同行相助，所悲两孩皆在成长之时，携之同行，力所不能，必须托一好友。我此时想起杨德纯先生（庐山会过），或吴蕴瑞先生（杨先生住弹子石群力工厂，交情够得上），我希望在8月20可以起程，汝如同意，须在得书后三日之内（7月20日以前），给我如下一电：Oni,Jupeon Chinese Consulate.Kuala Lumpar,Malaya Pillevi（徐悲鸿、中国领事馆、路名、马来亚、碧薇）；便即于8月15日以前乘飞机至港，在中华书局可询得我住址也。吾今假定汝能同行者，进行护照等事（我自己有护照），美国签证颇难，但似乎可设法，如有其他一切困难，可往见季陶先生，并托黄君璧先生代办一事，及征求吕凤子先生精作数件。祝汝安善，老丈前请安，两孩并此吻之。

悲鸿 5月25日金马仑山中

尽管徐悲鸿信中的言辞恳切，出于诚心，可怎奈蒋碧薇与张道藩已经如漆似胶，何去何从她自然有所掂量，因此回函予以绝之：

悲鸿先生大师道席：

辱承惠书，荷蒙邀赴新大陆观光，盛意隆情，良可感激。然微所以不敢奉命者，诚因福薄之人，既遭摈弃如前，无论处境如何，难再妄存荣华富贵之想。抑且老父子女，咸赖侍养，责任所在，固亦不容轻离也。日昨奉书后，本欲先行电复，孰意问询之下，一电十字，须耗百金，在此米珠薪桂之秋，百金本不足言数，无奈在穷人观之，此区区者已足影响生计，故不得已，只有作罢矣。两儿已渐长成，年来颇少疾病，丽丽下年亦将入中学肄业，此二人者倘有日成立，则微毕生之责已尽，他无所望矣。

此复敬叩旅安。蒋碧薇拜启。

徐悲鸿接到蒋碧薇的回函时，正在黄曼士江夏堂的百扇斋中接待俞龙孙。对于她的回绝心中虽觉不是滋味，可却也感到无奈。为了调节心境，于是提笔为俞龙孙画了一幅《立马图》，题识曰：

二十八年晚与龙孙先生在加城相晤时，余初抵印度，而龙孙先生旋即东归。卅年夏又晤于星州，虽人生聚散不常，但当乱离之世尚得往来，相庆无恙者，非天与厥福乎？特此奉赠，永为纪念，弟悲鸿并识。

余龙孙对此欣喜异常，遂成诗一首，随即挥毫写成条幅：

悲鸿文采追曹霸，腕底丹青精画马。
骅骝十匹实争奇，猎猎嘶风惊四野。
雄姿历落态名殊，俯仰奔驰随意写。
我闻轩干只画肉，已足名传千古下。
而今此幅品尤神，更宽珍愈秦汉瓦。

在场的黄曼士、郁达夫等人，无不为之击掌称道，"徐马俞书"就此得名。

三、独身主义李青萍

离开印度之前，徐悲鸿就已经清楚：对于孙多慈与蒋碧薇，注定是覆水难收了。

回到新加坡以后，徐悲鸿在司徒乔与刘抗的陪同下，带着几箱画作登上了开往吉隆坡的列车。

一路上，司徒乔与刘抗给徐悲鸿介绍着居于吉隆坡的华侨画家，谈得最多的便是一位女画家李青苹。说她年轻漂亮，绘画风格独特，而且作画勤勉，作品颇丰等等。

提起李青苹，徐悲鸿似乎觉得与她有过一面之交：那时，她是上海新华艺专的学生，生得天生丽质，绘画很有特点，仅此而已。

讲完李青苹，司徒乔又谈起他的油画《放下你的鞭子》。

徐悲鸿是1939年10月在新加坡街头看见王莹与金山演出的街头剧，并以她为模特创作了《放下你的鞭子》，司徒乔看后非常感动。

到了1940年，徐悲鸿奔赴印度之后，司徒乔在新加坡街头，又多次看过金山和王莹的演出。每次都被演员与观众的抗日热情所激励，于是也产生了要画一幅《放下你的鞭子》的动机。灵感一来，他便在演出现场画了金山与王莹演出的许多速写。

司徒乔（前排左一）与冼星海（后排左三）于上海江湾司徒乔寓所门前合影。前排左六司徒懿卿（司徒乔二妹、岭南大学学生）、前排左七林亭玉（上海音专学生、钢琴家殷承宗的岳母），后排左五司徒怀（司徒乔三妹、上海音专学生）、后排左七冯伊湄（司徒乔夫人）

《放下你的鞭子》（油画）司徒乔作

就在徐悲鸿奔赴大吉岭绘制《愚公移山》时，司徒乔也开始创作《放下你的鞭子》，把金山和王莹多次请到画室做模特，用了三个月时间才完成此画。

司徒乔和徐悲鸿的两幅画虽然都叫《放下你的鞭子》，立意也相同，但构图、角度、人物和色彩却各具特色：徐悲鸿的画面所表现的是主人公与观众的互动，是一幅注重王莹形象的肖像作品；而司徒乔则着重达现作品的戏剧性：香姐的无奈和父亲的辛酸。但两个人的创作手法却都是写实的。

可以看出，两幅画揭示的却又是同一个主题，即对日本帝国主义践踏祖国领土的控诉，徐悲鸿和司徒乔都将强烈的爱国热情倾注在画面之中。

司徒乔，1928年赴法投奔写实派大师比鲁习画，1930年又远渡重洋奔赴美国纽约，准备进哥伦比亚大学深造。可却被美国司法局以触犯"移民法"逮捕入狱，出狱后即被驱逐出境。

1931年,司徒乔回到广州,在岭南大学教授西画,1934年出任《大公报》编辑。1936年鲁迅去世时,他用竹管削成的硬笔蘸满墨汁,画下了鲁迅最后的遗容。后来,徐悲鸿也用这种竹管笔画了许多马的速写。他俩用的这种笔,就是蒋兆和原来在南京住在徐悲鸿家里时,到贫民区画速写的那种自制竹管笔。

1937年抗日战争爆发后,司徒乔流亡到缅甸、槟榔屿和新加坡。因此,徐悲鸿赴新加坡搞筹赈画展时与他相遇。两人又先后画出了同一题材的《放下你的鞭子》。徐悲鸿看了司徒乔的《放下你的鞭子》后,对他说道:"你画得有戏剧冲突,比我的好。"

司徒乔则对徐悲鸿说道:"还是你画得好,你那写实的肖像表情惟妙惟肖,深刻感人。"

两位大师相视而笑。在列车上的谈话中,刘抗话语不多。别看他的性格内向,少言寡语,可他却是新加坡的先驱画家、"南洋画派"东方现代美术的开拓者,也是中国美术史上一位重要的人物。

"南洋画派"先驱刘抗

刘抗1911年生于福建永春,六岁随父亲来到南洋,进马六甲一所小学读书,显露出绘画天赋。1926年在上海美专求学,后留学法国,向印象派学习光与色交会时的微妙变化,向塞尚、毕加索学习形体与结构的简化,向高更学习原始风格和装饰性,向凡·高学习强烈的色彩和大胆笔法,向马蒂斯学习线条和平面。这些都在他的作品中得以体现。而他最终把这些融会贯通，形成自己独特风格，把东方灵感与西方技巧有味无痕地化成自己的语汇，每年都有作品入选法国秋季沙龙展。1933年回国后于上海美专任教，1937年移居新加坡。作为新加坡中华美术研究会会长、新加坡艺术协会会长和视觉艺术咨询委员会主席，获得了新加坡国家服务勋章和卓越功绩勋章。

《峇厘舞女》（油画）刘抗作

刘抗的油画风格强劲大气，造型饱满结实，色彩强烈明快。既富于浓郁的生活气息，又具有简洁的表现力度，是古朴稚拙美和现代装饰美的结合，同时也表现出一种东西方文化融会贯通的理念。

刘抗一向不愿出售自己的作品，可他却将许多画作捐献给了新加坡，新加坡国家博物馆专门设立了刘抗展厅。

徐悲鸿、司徒乔、刘抗抵达吉隆坡后，担任吉隆坡抗敌筹赈会艺术联络部副主任的李青萍到站迎接。当她看见穿着一身浅灰色西服，胸前打着黑色领结，仍然留着潇洒中分头的客人出现时，立刻迎上去说道："徐悲鸿先生，欢迎您！"

徐悲鸿也认出了李青萍，握住她的手说道："你就是那个画风景的女学生吧？"

"谢谢您还记得我。"李青萍说道。然后又与司徒乔、刘抗握过手，便带他们走出站台，驱车送往中华总商会大会堂招待所下榻。

李青萍原名赵毓贞，1911年11月出生于湖北荆州古城一个日渐衰落的大户人家。祖父和父亲均擅长中国的"没骨画",因而受到耳濡目染,自幼就喜欢上了绘画。

李青萍十岁入江陵女子高小读书。十六岁时,北伐军攻入荆州。她便加入了江陵妇女协会,第一个剪掉辫子,担任宣传员,画宣传画。

李青萍身材苗条,举止文雅,气质不凡,已经出落得花容月貌。就在军阀混战中,不慎被川军的一位连长刘立卿撞见,他立刻心生歹意——想要讨她做姨太太。她于是逃回荆州,藏在家中的地窖里。可刘立卿却不依不饶,贿赂了团长太太,带着部下上门逼婚,非要纳她为妾不可。

李青萍的父母迫于反动军阀的淫威,害怕家破人亡,不得不答应下来。可李青萍却是个追求身心自由的青年,心怀远大志向,宁死不从。于是女扮男装,连夜搭乘小船逃往武昌,改名换姓进入南平中学。十八岁时,转入湖北女子职业学校学习美术和音乐;二十一岁考入上海新华艺术专科学校。

1935年夏天,李青萍在上海新华艺术专科学校毕业。就在毕业展览会上,与担任学校董事和特聘讲师的徐悲鸿邂逅。徐悲鸿在展厅看到一幅水粉画《乡韵》时眼前一亮:画面一改陈旧呆板画风,将光和影运用到室外写生之中,立刻停住脚步问道:"这幅画是谁画的?"

"是我画的。"跟在身后的一位女生答道。

徐悲鸿(右)与黄孟圭(中)、黄曼士(左)在新加坡合影

徐悲鸿转过身，见是一位面目清秀、亭亭玉立的清纯少女，眉宇间透出少有的英气，于是有些激动地说道："好，很好，很有新意，新派女画家，你叫什么名字？"

"哦，我叫李青萍。"女生受宠若惊，心跳加快，红着脸跟在徐悲鸿身后继续看画，认真听取他的讲解。

李青萍虽然给徐悲鸿留下了良好印象，可毕竟是萍水相逢，时间一久，也就慢慢淡忘了。工作两年之后，应汪亚尘邀请，李青萍又回到上海新华艺术专科学校西画研究班深造。她的才华出众，长得也漂亮，因此身边不断有追求者。可她却觉得，一旦结了婚，便有了家庭、子女的羁绊，就会影响自己对艺术的追求，因而立下志向：终生不嫁。

《南洋少妇》
（油画）
徐悲鸿作

1937年，"七七事变"发生的第三天，李青萍与受聘于马来西亚华侨学校的三名女教师乘坐"杜美总统号"海轮离开上海赴任。前往码头送行的校长、教务长、教师和同学中间就有企望对李青萍投桃报李的忠诚追求者……

二十多天后，李青萍到达马来西亚首都吉隆坡，任职于坤城女子中学。南洋的风土人情令她激动不已，便带着画具四处写生，将中国传统的泼墨画法与西洋画的光、彩、影结合起来，创造了自己的独特风格。

李青萍还是一位非常爱国的画家，"七七事变"爆发后，总是教育华侨学生要为抗日出力，谆谆告诫她们说："你们

李青萍（左一）与她任教的吉隆坡坤城女子中学学生

是中国人，你们的故乡正在遭受日本强盗的侵略，将来你们都要为抗击侵略者出力。"

筹赈画展在吉隆坡中华大会堂举行，李青萍找来自己的学生帮助徐悲鸿装框子、挂画、贴标签。展览于2月8日开幕，展期为十五天，中国驻吉隆坡薛领事，华侨领袖李孝式，著名画家司徒乔、刘抗等数百人出席了开幕式。李孝式先生致辞：

> 我国著名画家徐悲鸿先生，艺术不独名震海内，且驰名国际。徐先生救亡心切，特携其佳作出国举办画展，筹赈国难，殊堪嘉奖。徐先生在隆画展，除自备费用外，并蒙慨然捐出佳作八十帧，交由雪赈会义卖，雪赈会乃举行出专员，负责办理，完成此展览会，计第一日发出劝售画券，已得义款七千余元。将来连同续购及入场券，成绩当必可观，望各侨团侨众，踊跃购买，以增收入……

接着，由中国驻新加坡薛领事致开幕词，赞誉徐悲鸿画展在联邦首府吉隆坡举行：

> 徐先生之艺术，不独蜚声国内，并且驰誉世界，吾人能得鉴赏机会，诚为幸事。甚期本坡爱好艺术侨领，多购名画，此不特嘉惠于祖国难民，且藏之永久，以遗子孙而保国粹。

最后，徐悲鸿发表讲话，对画展举办方及其中外宾客表示深深的谢意。并且阐明来此展览的动机主要是筹赈，支援祖国的抗战，驱逐倭寇，振奋国民精神……

展览会上，徐悲鸿还特意捐出八十幅作品，由筹赈会特派专员劝售，第一天就得到认购画卷款两千元。画展开幕后，李青苹在吉隆坡的华文报纸《堡垒》副刊上发表了《观画展归来》，其中写道：

> 徐画师筹赈画展可说是一个空前伟大的画展，在社会意识和责任上都表现了他那严肃紧张和深刻的价值。我们除了欣赏他那超群伟大的真善美的艺术外，还可以从他作品的内容里知道他对人们的一种启示……
> 我们青年画师更应学效像徐画师这种伟人的品格。

展览结束后，共获得筹赈款一万七千多元。在李青苹的安排下，徐悲鸿即到吉隆坡的三所华侨学校——中华女子中学、坤城女子中学和中华中学进行了《艺术的意义与作画的方法》《生于忧患、死于安乐》《画家的派别》等讲演。在李青苹任教的坤城女子中学演讲的内容最为丰富，时间也最长。

李青苹随后将关金意、连叶苏两位学生的记录整理后交徐悲鸿审阅，在当地报纸上发表；并将稿件航空寄给新加坡的郁达夫，在他主编的《星洲日报》副刊上刊出。李青苹曾在她的回忆录中写道：

> 与徐悲鸿交往的那个时期，是我一生最幸福的时光。

《李青萍肖像》（素描）
徐悲鸿作

在李青萍的邀请下，徐悲鸿到她的住处去观览她的画作，将她的数百幅作品一件一件地认真观看，然后非常激动地说道："你的画观察忠诚，取材新颖，作风雄肆，抉择雅趣，画出了南洋色调。你的青春在南洋没有白过，你是个真正搞艺术的，把这些画整理一下出画集吧。"

"好啊！"李青萍激动起来。她虽然每天都在作画，可却还从来没敢想要出画集的事。现在有徐悲鸿的肯定和鼓励突然来了信心，于是问道，"那么画集该叫什么名字呢？"

徐悲鸿想了想然后说道："李女士，你的名字为什么要叫'李青萍'呢？"

"徐大师，'青'字没什么不好吧，是家人希望我'平步青云'。'萍'字是因为我的乳名叫'萍儿'，所以就叫了'李青萍'。"她笑了笑又说道，"徐大师，尊夫人芳名曰'碧薇'，但我不是碧玉，而是四海漂泊的浮萍哟。"

提起蒋碧薇，徐悲鸿的脸上掠过一丝忧伤。李青萍不知道这是为什么，沉吟一下，笑了笑又说道："哦，我不是碧玉，就像是浮萍一样四处漂流。"

徐悲鸿顺势跟着笑了两声说道："浮萍四海漂泊为家有何不好？那你就将'苹'字改为'萍'吧，你的画集就可以叫《青萍画集》。"

李青萍笑得非常开心，接着说道："好，我听您的。从现在起，我就叫李青萍。"

"拿笔来，我先给你题'青萍画集'。"

李青萍立刻铺纸研墨，徐悲鸿则提笔写下了"青萍画集"四个潇洒遒劲的大字。

刚刚放下笔，坤城女中的校长沙溯如女士来请，要让徐悲鸿和李青萍到她家里去用午餐。

前边已经提过，徐悲鸿从来没有午睡的习惯。午餐之后，兴致不减，立刻一气呵成为李青萍画了一幅油画肖像：画面上，李青萍姿态优美，右臂放在椅子背上，神态自如，清纯而艳丽。徐悲鸿在题识中写上了"青萍小姐"四个字。

李青萍从椅子上站起来，看着画面说道："徐大师，您把我画得太美了，真的不好意思，还是把画名改了吧；或者干脆把它送给我吧，我真的好喜欢哟。"

徐悲鸿笑了笑说道："李女士，你若是不同意这么叫，那就改成《南洋少妇》好不好？不过，这张画不能送给你。作为艺术品，不该压在小姐的箱子底，而应拿到大庭广众中接受评议。"

随即，徐悲鸿伏案为《青萍画集》撰写了序言：

青萍女士，既来南洋四载，辑其课余所写之风景静物凡若干图，将付印刷纪念。兹行不佞幸得见其原作，赏览赞美，并曾参与选辑之役。为弁一言曰：昔之鄙夫，皆以艺为小道。迨及近世，铁道即兴，行于一切纵横小道之上，成为最大之道，于是乡曲之桥项黄馘，习惯行小道者，亦榆被登车，附之以驰焉。小道固不可废，而大道如行地江河，经天日月，然铁道之父亲，当称昔之鄙夫所视为小道者也。

市上两毫一斤之苹果，时有酸甜之差，医生谓其中葆有某种肥塔命（今译作"维生素"）者在犹太盘古手中，目击巨蟒，闻尚有甚大深奥意义。但芸芸众生之我，食苹而甘，于愿已足，不遑深究。吾之所惆怅者,乃见他人食之而甘之味,而我不可得也。为道之目的在通,苟因以无阻滞,则道之大小,正吾所不必计也。

他人之视闻及感想如何,各人有独到之见,殆尽繁多,非不佞所及知。唯在刊行之前,先发谰言,乃不佞对作者阅者,深致其歉衷与惶恐者也。

1941年5月　悲鸿　序

徐悲鸿不但为李青萍题写了"青萍画集"书名,还写了"艺术第一"的题词准备放入扉页。与此同时,还为她选好了第二集、第三集、第四集出版的百余幅作品。可惜不久,太平洋战争爆发,第二集之后的出版计划搁浅。

在沙溯如女士家里吃过午饭,为李青萍画完肖像,写罢画集序言,闲谈之中,天已经黑下来,遂向主人告辞。来到街上,李青萍想要送徐悲鸿回旅社,可他却让她止步。她则对他说道:"要不,我陪您欣赏一下南洋的夜色吧。"

"好啊!"徐悲鸿意犹未尽,于是与李青萍比肩顺着街道前行,一边谈论艺术。

来到一处摆满小食摊的街口,李青萍停住脚步对徐悲鸿说道:"徐大师,咱们品尝一下马来巴沙如何?"

"好啊。"徐悲鸿愉快答应道。

二人便拣一处干净的小食摊坐下来,李青萍要了两碟马来巴沙、四串沙哆。徐悲鸿平时很少喝酒,可见她还沉浸在给她画像和出画集的兴奋之中,便说道:"咱们来点酒怎么样?"

"我也正这么想呢。"李青萍说道,便要了两瓶香槟,又点了几样小菜,二人便对饮起来。

喝过两杯之后,李青萍想起徐悲鸿在选画时,她提到了一句蒋碧薇,他则立刻表现出了忧郁的神情。她感到迷茫,出于一种好奇心,便试探着问道:"徐大师,听说您与夫人的结合,带有很强的罗曼蒂克色彩喽!"

"唉！"徐悲鸿长叹一声说道，"正因为过于罗曼蒂克了，所以她已经不是我的夫人了。"说完，将满杯的酒一饮而尽，趴在桌子上轻轻啜泣起来，肩膀一耸一耸地哽咽道，"国恨家仇，妻离子散……"

李青萍的心一下攥紧了，想到，让他发泄一下吧，发泄出来心里也许就痛快了。在徐悲鸿断断续续的抽泣声中，李青萍不但听到了蒋碧薇的名字，似乎还听见他提到了孙多慈的名字。孙多慈是谁呀？他怎么会在情绪失控的时候提起她？见他稍稍平静了，李青萍才将他慢慢搀扶起来，走走停停，跌跌撞撞地将他送回了旅店。

第二天，徐悲鸿如梦方醒，见了李青萍感到非常不好意思，便向她解释道："你看，昨天有些失态，我不过是把你当作知己了才情绪失控。你知道吗，覆水难收，我的心早已经破碎了……"

李青萍听到"知己"两个字，虽说没有加"红颜"，却也感到有些惶惑不安，但她还是对徐悲鸿安慰道："这样很好，徐大师，我在心底里更加理解您了。"

"你的画画得很好，不要管别人怎么说。你不是说过'管他们讲的是好话还是坏话，走自己的路，让他们去说'嘛。"徐悲鸿又这样说道。

听了徐悲鸿的话，李青萍一怔，于是问道："这话是我说的，可您是怎么知道的呀？"

"啊！"徐悲鸿说道，"来的时候在火车上，是司徒乔和刘抗告诉我的呀。"

李青萍抬脸看一眼徐悲鸿说道："您不是也有一副对联'独特偏见，一意孤行'吗？"

徐悲鸿看了看李青萍，笑着说道："所以，我才觉得咱们的性格相投。"

李青萍对徐悲鸿的话并未介意：想了想又向他问道，"徐大师，我听您昨天晚上还提到了孙多慈的名字，她是谁呀，您爱过她吗？"

"爱过。"徐悲鸿并不讳忌，"你也许没有体验过，爱一个人是很幸福的。她原来是我在中央大学的学生，她也很爱我。不过，他的父亲从中作梗，阴差阳错，她可能已经嫁给别人了。"

李青萍听了，很为徐悲鸿感到惋惜，一句话也说不出来。看见她怅然的样子，徐悲鸿又对她问道："你爱过吗？没有爱的人生也是不幸福的。"

　　李青萍浅浅一笑说道："爱过，我爱艺术、爱自然、爱生活，爱一切善良正直的人。"

　　"哦！"徐悲鸿犹豫一下又说道，"我是说……我是说对于异性的爱。"

　　"没有。"李青萍坦然说道，"虽然有人追求过我，也有人给我写过情意绵绵的情书，但是我不想爱任何人。"

　　徐悲鸿抬起头，看着李青萍的眼睛说道："那么你可以爱一次吗？心中有爱是很幸福的……"

　　李青萍的心潮剧烈起伏起来，半天才喘出一口气。她知道徐悲鸿话中的寓意。但她早已经立下志向：不谈恋爱，不结婚，不要家庭，不想依附于任何男人。而要独立奋斗，做一个纯粹的纳西斯主义者。可这又该怎样向他解释呢？她没了主意，沉默半天才灵机一动说道："徐先生，来，我给您画一幅肖像吧？"

　　徐悲鸿看了李青萍一眼，说道："好啊，来，我就站在这儿，你画吧。"于是侧面站在窗前，以平复激动起来的情绪……

　　李青萍立刻在画板上钉了一张纸，开始用素描画徐悲鸿的侧面胸像。两个人谁也不再讲话。室内静悄悄的，只听见铅笔在纸面上"嚓嚓嚓"的响声。

　　一个小时过去，李青萍见徐悲鸿站得有些累了，于是收起铅笔和橡皮，抬起头来说道："画完了，徐先生。"

　　徐悲鸿转身走到跟前观看李青萍立在窗台上的画：是在一张皮纸上画的他侧脸肖像，形象准确，整体感特别强，明暗对比、虚实关系也恰到好处，惟妙惟肖。他不禁在心中感叹道：啊呀，怪不得司徒乔和刘抗对她赞不绝口呢，真的是名不虚传啊！于是说道："嗨，看见你的风景画得那么好，没想到人物也画得这么扎实。对，宁方毋圆，宁脏毋净，宁拙毋巧！素描就要这样画，从整体到局部，再从局部回到整体……"

　　李青萍站在一旁，认真倾听徐悲鸿的话，感到非常过瘾，不再谈他先前提到的话题。徐悲鸿已经看出了李青萍的态度，说道："我就要离开吉隆坡了，我还要到南洋各地去办画展。"

李青萍对徐悲鸿的突然决定感到愕然，看到他无限惆怅、黯然神伤的样子，她的心里非常难过。这一夜，无论如何也不能入睡，想到与徐悲鸿几日短暂的相处，五味杂陈，百感交集……

经过一夜的思考，徐悲鸿倒也释然了。他以为，人各有志，李青萍的决定并没有错。尊重她的选择，帮助她，爱护她，也才能实现各自的心灵净化和情感升华。当他再次出现在李青萍的画室门前时，让她感到有些意外。进屋后，徐悲鸿兴奋地说道："你的画集有了着落，将由《南洋商报》出版。我为你画的那幅肖像，我会永远保存的。不过，我还要为你

《徐悲鸿肖像》
（素描）
李青萍作

重画一幅放在你画集的扉页里。"说着，便让她拿出画板，钉上一张纸，请她坐下来。

  李青萍激动万分，几乎要扑上去拥抱徐悲鸿。可她还是控制住了自己的感情，静静地坐在一把椅子上。一个小时过去了，见徐悲鸿已经画完一幅素描头像，将画板戳在墙角退到远处观察，她才从椅子上站起来。

第二章

水深火热

徐悲鸿的一生,曾经遇到过无数次人生的巨大考验,可无论哪一次,也没有他这回在新加坡所遇到的如此突然、如此猛烈……

一、逃离战区

为了实现赴美义赈的愿望,徐悲鸿早在1939年9月15日还在桂林时,就已写信给林语堂寄到美国《纽约时报》:

> 弟此时拟以拙作一二百幅(纯艺术不带宣传作用),往美国各大都市展览,以所得之半数购药品救伤兵。展览所在必国立或省博物院或图书馆。

1941年5月,徐悲鸿正在新加坡夜以继日地准备作品,经林语堂与美国作家赛珍珠推荐,美国援华联合会向徐悲鸿发出了赴美举办画展的邀请电报。徐悲鸿则定购了由新加坡赴美国的"总统号"船票,并将画作托运。

就在此时,徐悲鸿又想起了与蒋碧薇的恩恩怨怨,想到两个儿女,仍然想挽救已经破裂的家庭,便于1941年7月8日给林语堂的信中写道:

> 语堂先生:日来阅报见美国进口之限制多得厉害,因为收集石涛作品弟曾函内子在重庆设法向张岳军(十二幅通景屏石涛生平第一精品)、张大千、罗家伦(最精一巨帧)征求航寄香港,再寄华盛顿大使馆,以轻责任。弟并邀内子同行(二十年之老婆并无第二人,望弗信谣言),两事虽未必成。顾赴美入口必当预备。恩先生为弟谋时,加入内子一人(名蒋碧薇pillevi 年四十二岁),拜祷。

徐悲鸿在给林语堂写信的同时,也给蒋碧薇和岳母写了信,表示愿与妻子和好的愿望。然而他并不知道,蒋碧薇这时与张道藩已经难分难解。于是立刻给他复信,拒绝与他同赴美国。

徐悲鸿在遭到蒋碧薇拒绝后,并没有放弃赴美展览的计划,11月7日,又给林语堂写信:

弟以画四箱交之运纽约，而弟等大约新年一月一二日抵三藩市，五日或六日可到纽约与兄弟晤面也。

林语堂，福建龙溪人，1895年10月10日生于漳州平和坂仔镇。

1912年，林语堂入上海圣约翰大学，毕业后在清华大学任教。1919年秋赴美入读哈佛大学文学系，1922年获文学硕士学位。同年，转赴德国入莱比锡大学攻读语言学。1923年获博士学位后回国，任北京大学教授、北京女子师范大学教务长和英文系主任。1924年后，为《语丝》主要撰稿人之一，并在《语丝》发表第一篇文章《论士气与思想界之关系》。

林语堂与徐悲鸿的作品

1926年，林语堂出任厦门大学文学院院长，1927年任外交秘书。1932年主编《论语》。1934年创办《人间世》。1935年创办《宇宙风》，提倡"以自我为中心，以闲适为格调"的小品文，成为论语派主要人物。

1935年后，林语堂在美国用英文写作了《吾国与吾民》《风声鹤唳》《老子的智慧》《生活的艺术》，并在法国撰写了《京华烟云》。1940年获得诺贝尔文学奖第一次提名。

1944年，林语堂曾一度回国到重庆讲学。1945年赴新加坡筹建南洋大学，并任校长。1947年，任联合国教科文组织美术与文学主任。他的一生著书六十多本，被翻译成二十多种语言。1950年又获得诺贝尔文学奖提名。

作为一代文豪，林语堂的婚姻也别具特色：与廖翠凤结婚后，便一把火将结婚证书烧掉了。对此说道："结婚证书只有离婚才用得上。"烧掉了表明他要与妻子长相厮守，一辈子矢志不渝。然而，他的心中却还装着另一个女人……

林语堂的初恋情人是与他同村的赖柏英，在他《八十自叙》第五章《我的婚姻》里这样写道：

> 我以前提过我爱我们坂仔村里的赖柏英……我们都认为我俩相配非常理想。她的母亲是我母亲的教女……我俩彼此十分相爱。她对我的爱非常纯正，并不是贪图什么，但是我俩终因情况所迫，不得已而分离。后来，我远到北京，她嫁了坂仔本地的一个商人。

林语堂的第二位恋人便是与他爱得死去活来的泉州女子陈锦端。她是归侨名医陈天恩的长女，不但貌美如花，而且天真烂漫，心灵手巧，具有孩子般笑嘻嘻的性格，还画得一手好画。她的两个哥哥陈希佐、陈希庆是林语堂上海圣约翰大学的同学。就在暑期林语堂跟随兄弟二人到鼓浪屿他们家里游玩时，与陈锦端一见钟情……

在林语堂心目中，陈锦端就是美的化身，是他苦苦寻求的另一半；陈锦端则倾心于林语堂的博学多才，爱他的"英俊有名声"。

林语堂对陈锦端说道，"我要写一本书，让全世界都知道我林语堂"；陈锦端则说道，"我要作画，把人世间的真善美化作无声的语言，用我的画笔，把它们全部融进我的作品"。

陈锦端正在上海的圣玛丽女子学校学习美术，与林语堂就读的圣约翰大学仅有一墙之隔，二人陷入热恋。然而，大半辈子走南闯北的陈天恩，却因林语堂的贫穷和他对基督教的信仰不坚定而棒打鸳鸯。为了医治他心灵的伤痛，陈天恩便把自家邻居的女儿——钱庄老板廖悦发的二小姐廖翠凤撮合给了林语堂。

林语堂的心被戳了个窟窿，他爱的是陈锦端啊！不料，廖翠凤也早就痴情于林语堂，由此开始用温柔的天性抚慰他受伤的心灵……

1915年，林语堂与廖翠凤订婚后，回到圣约翰大学继续完成学业。

失去心爱之人的陈锦端，并未遵从父命，与他为之选定的金龟婿结婚。而是孑然一身远渡重洋，到美国密歇根州的霍柏大学攻读西洋美术，学成归国后在教会办的上海中西女塾教授美术，全身心投入到教学当中。

1919年，林语堂与廖翠凤结婚不久，便携她到美国哈佛大学留学。但一年之后，助学金却被断绝，只好前往法国打工。后来到了德国，先在耶拿大学攻读硕士学位，又到莱比锡大学攻读比较语言学。

经济困难时，廖翠凤变卖了自己的首饰以维持生计。终其一生，林语堂在操守上也是绝对纯洁的。美色当前，欣赏一番，幽默一番，亦不讳其所好，唯不及乱耳。

在德国游学时，林语堂的房东是一位年轻漂亮的寡居女子。她见林语堂仪表堂堂，文化素养很高，便经常找他聊天，发现他的经济拮据，又给他减免房租，继而对他挤眉弄眼。林语堂看出了她的用意，再来找他时，便把廖翠凤推到前面去应付。后来，这位太太向林语堂问道："林博士，你们中国人的家庭都像你俩这样没有问题吗？"

听了她的话，林语堂笑了笑毫不迟疑地说道："也许有的有吧，但是我和妻子没有。我俩的结婚证书在结婚时候就被我焚毁了。"

"啊，结婚证书烧毁家庭就会稳定吗？"房东太太有些不解，"如那样，我和丈夫结婚时不如也把结婚证书烧掉了。"

林语堂呵呵一笑说道："不，我是说，结婚证书只有在离婚的时候才用得上，我们结婚时压根就没想离婚，所以当时就烧掉了。"

"哦……"房东太太感到非常失望，从此总是毕恭毕敬地与林语堂夫妇相处。

林语堂归国后辗转于北京、厦门、武汉等地，后来定居上海。

陈锦端始终珍藏着对林语堂的那份感情，登门求婚者虽然踏破了门槛，可全被她拒之门外。直至三十二岁时，才与厦门大学教授方锡畴结成眷属，

鲁迅、许广平、周作人与林语堂（后排中）等人合影

长住风光如画的鼓浪屿。她还经常到林语堂的府上拜访，廖翠凤表现得特别大度：不但对自己丈夫十分放心，每次还都热情接待陈锦端。而对于林语堂，那种门第的樊篱、世俗的目光一直影响着他的创作：《风声鹤唳》《朱门》《唐人街》作品中所塑造的冲破门第贫富牢笼的青年男女形象，和对理想爱情的讴歌，都可看出他与陈锦端恋情失败后的切肤之痛。一直到八十二岁在台湾去世时，还对她念念不忘……

徐悲鸿在给林语堂写信时，林语堂正与妻子廖翠凤旅居美国。不料，1941年12月7日凌晨，就在徐悲鸿发往美国的四箱画作横渡太平洋时，美国设在太平洋上的海军基地珍珠港突遭日军偷袭。太平洋战争由此爆发，日军凭借偷袭珍珠港的成功，大举向南推进，槟城沦陷在即。

徐悲鸿在吉隆坡办完筹赈展览后，又在槟城办过义赈展出，共筹得义款近四万元。此时，在槟城展出的作品还留在他住过的南国旅社里。就在日军空袭槟城市区时，一颗炸弹落入南国旅社的屋后引起大火。大火就要将旅社化为灰烬之时，骆清泉与庄家训冒着生命危险将大批书画抢救出来。

12月10日，日军在马来半岛的巴宝海滩登陆，15日，槟城沦陷，新加坡危在旦夕。徐悲鸿已经购得船票的"总统号"海轮停运，不得不取消赴美展览的计划。

徐悲鸿因为携带的画作和艺术品太多：不但包括他从家里带来的多幅代表作精品和在法国留学时的素描、油画；还有多年收集的几百幅历代名家作品，仅任伯年和齐白石的画作就有二百幅之多；而且还有来到新加坡、印度、马来西亚半岛之后所作《愚公移山》等数百幅画作；又有一大批陶瓷、古玩等。这些被视为性命一样的东西，在兵荒马乱中托运回国已不可能。可舍弃又不甘心，于是便想留下来与之共存亡。可黄孟圭、黄曼士、刘汉钧却对他力劝不可。刘汉钧甚至拍着自己的胸膛对他说道："别人谁都可以留下来，就像我们这样的人死多少都不足惜。可你是国际知名的大画家。你如果牺牲了，就是我们国家的重大损失。因此，你必须走，我会帮你把最珍贵的艺术品运回国去。"

刘汉钧是徐悲鸿在新加坡办筹赈画展时的慕名来访者，几次接触便熟识起来。他对徐悲鸿讲，他原来在方振武的手下服役。1930年，因方振武涉嫌反对蒋介石，将他手下的左膀右臂方植之、苏宗辙、孙传瑗逮捕入狱后，他也在拘捕之列，于是逃到南洋。徐悲鸿被他的经历所感动，于是与他更加亲密。刘汉钧还不断向徐悲鸿索画，有时一次就达到五六幅之多。

徐悲鸿在刘汉钧等人的劝说下，才同意离开新加坡回国。但他总要携带一些最重要的作品回归。然而面对日军的轰炸，许多轮船都已经停运。因而，也不是想走就能够立刻离开。

日军南进时，徐悲鸿带着许多藏品躲进了韩槐准的愚趣园。

愚趣园里种植着大片的红毛丹树，正值红毛丹成熟之际，红绿相映十分漂亮，徐悲鸿于是题写一幅《红毛丹图》赠予韩槐准：

吾慕韩夫子，卜筑山之麓。
宁静识物理，花果满其谷。
甘美无比伦，饱食畅所欲。

> 太平他年事，岁暮亦何速。
> 暂别当再来，结聆效芳躅。

徐悲鸿在愚趣园住了几夜，将一部分艺术品托韩槐准藏于园内。

韩槐准1892年出生于广东文昌县，1915年赴南洋经商，1934年从事考古；1936年购置了两亩半地种植红毛丹，命名为愚趣园。当红毛丹成熟时，许多文人雅士便被他约来品尝，并玩赏他所收藏的陶瓷、古董、字画。

徐悲鸿第一次到愚趣园，是与郁达夫一起来的。

1938年，郁达夫到达新加坡后，与韩槐准相识于他供职的药房，遂成为莫逆之交，即赠韩槐准诗作一首：

> 卖药庐中始识韩，转从市隐忆长安。
> 不辞客路三千里，来啖红毛五月丹。
> 身似苏髯羁岭表，心随谢翱哭严滩。
> 新亭大有河山感，莫作寻常宴会看。

随后，郁达夫又在一副对联中对韩槐准赞曰道：

> 其愚不可及，斯趣有作为。

初到愚趣园时，徐悲鸿对韩槐准的感觉与郁达夫一拍即合，便在席间赋诗曰：

> 日啖红毛丹百颗，不妨长做炎方人。

在为客厅门楣上书写完愚趣园三个字后，徐悲鸿受邀又为主人书写了一副对联：

中国民权保障同盟成员宋庆龄、杨杏佛、黎沛华、林语堂、胡愈之（右起）

愚忧泥处尊唯我，趣味浓时兴不阑。

徐悲鸿和韩槐准的交往非常有趣：徐悲鸿讲华语带有浓重乡音，除此之外只会讲法语。韩槐准对这两种语言都听不懂，而徐悲鸿也听不懂韩槐准说的马来语。如果有郁达夫和黄曼士在跟前，就可以给二人当翻译。可只剩下他们两个人时，也就没有办法了。然而，汉字是谁都懂得的，于是二人便用笔谈，你写一句，我再写一句，犹如失聪人传情，谈到有趣的地方，两个人便看着对方开怀大笑。

虽然交往的时间不算长，可徐悲鸿已被韩槐准视为人生唯一知己，在后来的回忆文章中写道：

> 名画家徐悲鸿教授一再驾临敝园时，红毛丹正熟，红绿相辉映，徐教授一见之下深富美术感，乃写一红毛丹图赠与笔者。其题云："吾慕韩夫子，卜筑山之麓……"此题款对笔者殊有过誉，汗颜难当，然徐氏之趣及希望皆露其中。

新加坡遭日寇空袭后，徐悲鸿随林庆年、庄惠泉、柯进来疏散到被大片热带雨林包围着的崇文学校。

徐悲鸿住在崇文学校后面一间小屋里整日作画，前来探望他的只有黄曼士、郁达夫、刘汉钧和徐悲鸿准备带往美国的女翻译。随后，黄曼士将徐悲鸿放在他家几十幅不易带走的油画和其他艺术品秘密运至崇文学校用皮蛋缸封好，藏在一眼废弃的枯井里。另一部分藏在黄曼士家中的江夏堂。

12月下旬，森美兰沦陷，马六甲吃紧，新加坡沦陷已不可避免……

1942年1月1日，徐悲鸿为刘汉钧画完一幅《雄鸡图》，便急忙准备离开新加坡。1月6日，他便带上《八十七神仙卷》和藏剩下的十几箱艺术品与刘汉钧一起登上了最后一艘开往印度的巨轮，准备途中弃船经缅甸仰光转滇缅公路回国。

到码头送行的有黄孟圭、黄曼士、林谋盛、庄惠泉和郁达夫夫妇。之前，徐悲鸿就动员郁达夫与自己一同回国。可他却说他身兼重要的抗日宣传任务，不到万不得已不能离开。徐悲鸿也只得与他拥抱，然后挥泪而别……

徐悲鸿离开新加坡后，日本占领军便以"大检证"为名，疯狂抓捕与抗日活动有关的人，运到海滩上集体枪杀，人数多达十万之众。徐悲鸿假如还未离开，便是与郁达夫一样，插翅也难逃厄运……

2月13日，日军到崇文学校搜捕林庆年、庄惠泉和徐悲鸿，可却已人去楼空。黄曼士则躲在江夏堂里不敢出门，并将徐悲鸿藏在他家画幅上的那些写有抗日言语的词句刮掉，以保留原作。

2月15日，韩槐准跟儿子韩岐丰把徐悲鸿留下的数百件艺术珍品和几千块钱，装在两只盐渍皮蛋的大缸中，用水泥封好，又涂以油漆，埋在后院的山坡上，又铺上草皮，并栽上一棵黄梨树作为标记。

1942年1月中旬，徐悲鸿与刘汉钧抵达我国云南边境的保山，住进一家小客栈。由于旅途的劳累与紧张，徐悲鸿倒头便睡。第二天早晨传来消息，说藏在新加坡崇文学校枯井里的四十多幅油画全部被毁。徐悲鸿突然想到《八十七神仙卷》是不是也藏在那里，于是惊呼着打开行李四处寻找。刘汉钧见此哈哈大笑，让他脱下长衫。原来，《八十七神仙卷》已于出发时，被他牢牢捆绑在自己的肩头上。

这时的徐悲鸿还不知道刘汉钧是个来路不明之人，他正死死盯住他的

《八十七神仙卷》……

接下来，徐悲鸿应邀在保山举办了筹赈画展。期间，热心辅导青年美术爱好者绘画，传授用油画笔画竹的技巧：即使用油画笔蘸饱水，以笔的两侧着墨，一节一节地画竹竿。还向青年作者传授画马经验：画出马的眼睛，然后用吸水纸垫在眼部，再用指甲磨一下，马的眼睛便有了立体感，起到了画龙点睛的作用。传授柳枝画法时，他说道："画柳要做到刚劲有力，握笔要适当，把手握在笔与笔杆的交界处，笔下的柳枝就不同一般了。"

一位驰名中外的大画家，辅导普通青年作者时，竟然这样事无巨细，也真的难能可贵。在保山至大理，徐悲鸿还创作了大量作品，其《水牛》《马》《翠竹寒林》《伯乐相马》《九方皋》《竹鸡》《唐树》《立马》等均为力作，足有几十幅之多。对于当地求画者，几乎是来者不拒，仅只在大理，就送出去十六七幅。

离开大理后，徐悲鸿还带着刘汉钧由喜洲东渡洱海游览鸡足山、天柱峰，作《大士像》《华首门》《庭院》《鸡石图》《鸡竹》《马》等，并将这些作品全部赠予了求画者。

3月初，徐悲鸿应杜希贤之邀，赴邓川游览上关、海洞，三天后返回大理，作《鸡足山》一幅，题识曰：

信是先知先觉难，佛光早指翠微间，灵鹫一片荒凉土，岂此苍苍鸡足山。壬午二月十六日登鸡足山绝顶，此由山背仰观未及巅时也　悲鸿。

4月初，徐悲鸿应云南大学校长熊庆来之邀，抵达昆明下榻于映秋院，每天绘制保山画展定购出去的作品。

5月初，徐悲鸿在昆明武成路华山小学大礼堂举行了抗日劳军画展，展出的作品大多是从新加坡和印度带回来的《愚公移山》《九方皋》《田横五百士》《群马》《溪我后》等，还有一些入境后的新作。因为战时通货膨胀，物价上涨，卖画则以米价为标准。

6月初的一天，徐悲鸿正在室内作画，突然响起了空袭警报，他便锁了门跑进防空洞里躲避。等到空袭警报解除，回到画室时，门已经被撬开，《八十七神仙卷》和三十多幅画作不翼而飞。致使他的血压升高，心脏几乎停摆，陷于焦头烂额水深火热之中……

二、蒋碧薇的防线

徐悲鸿从新加坡回国的消息是吕斯百告诉蒋碧薇的，并且规劝与他和好。她便立刻给张道藩写信说：听到徐悲鸿要回来的消息后感到非常痛苦，真想要立刻离开重庆，既看不到他，也听不见他的声音……

张道藩收到蒋碧薇的信后，马上给她写回信说他也一样，听到之后也感到窒息。并让她鼓足勇气，不要听从朋友的劝解与他和好。还安慰她说，他要与妻子素珊离婚后与她结婚……

收到张道藩的回信，蒋碧薇刻不容缓，又写信表示与他无法分开，但却又有一个素珊的存在，这让她伤心极了，快要被逼疯了，希望他拿出一个解决的办法来……

后来，蒋碧薇又把听到徐悲鸿回来的消息写进她的回忆录中：

犹如晴天霹雳，惊得我麻木呆滞，不知所措，我只觉得自己的心在往下沉。几天来，我那不幸的预感，早已使我惶惶不可终日，现在，吕斯百的一封信，证明我的预感果然信而有征。斯百是悲鸿的学生，当时已在中大艺术系任教，他和我们关系密切，就像自己家人一样，多年来我和悲鸿若断若续的关系中，他一直在扮演着青鸟使者角色，我深感到他对我的真诚，但是，他今天偏偏写来了令我极为震骇的消息。

他告诉我，悲鸿遨游新加坡和印度将近两年以后，他终于倦鸟知还，亟于想回国，斯百希望我能原谅他的过去，让他回家团聚。

当时我的第一个反应，便是我宁可死，也不会接纳悲鸿回家。他曾将我推入痛苦的深渊，他曾予我深巨沉重的打击，最后还公然登报侮辱我，这许多的创伤，教我怎能平复下去，我又怎能再和一个要恶意遗弃我的人共同生活？

　　怀着极度反感的忧惧，我愤激呼号般地给道藩写了上面的那封信，然而将信写完，躺到床上，始终不能成眠。快近天亮的时候，小窗透入晨曦，一片春寒料峭，曙色使我的理智恢复，脑海渐渐地澄清，我猛地一跃而起，写了一封回复斯百的信，并且把信的内容抄了一份寄给道藩。

　　……我已把我的居室命名为"宗荫室"，用意是在纪念我们这一段永远都在奋斗挣扎的爱情。宗，是他专为我而用的名字，"宗荫"，表示我愿恒久在他的荫庇之下，我要他用坚强的意志，予我以我所需要的保护。我还请吴稚晖先生为我篆了一帧"宗荫室"横额。

不难看出，蒋碧薇与张道藩的感情纠葛已经陷入不能自拔的地步。这让谁也无法否认他们的情感不是无限真挚的，但同时也为他们带来了巨大痛苦，而这种痛苦还远未达到尽头。接下来，两人的信件又如雪片一样飞来飞去，情感就像开闸的江河川流不息。

　　蒋碧薇与张道藩如此缠绵，无论肉体上的爱、还是精神上的爱，均已达到了无法分割的程度。可想而知，徐悲鸿与蒋碧薇还有和好的可能吗？

三、黯然离家

　　徐悲鸿是6月下旬回到重庆的，住在中国文艺社，并且登门拜见了一别五年的岳父蒋梅笙。这次赴新加坡和印度所获得的筹赈款十万美金，悉数捐给了国家做抗日经费。当他于6月29日穿着在新加坡时的那套西装，胸前扎着黑色领结，出现在中央大学大礼堂的欢迎会时，他受到师生们的真诚欢迎。

在热烈的气氛中，徐悲鸿向全体师生介绍了他在南洋的筹赈情况和海外华侨积极支援祖国抗战的火一般热情；他还特别提到郁达夫和南洋华侨林谋盛、庄惠泉等人将生死置之度外，正在进行最为危险的工作……

会后，徐悲鸿举行了赴新加坡和印度归来的汇报展览，展品大多是在那里创作的《愚公移山》《南洋少妇》《九方皋》《喜马拉雅山写生》等中国画和油画一百多幅，在校园里引起了巨大轰动。随后，他便连续参加各种形式的欢迎会。

7月初，徐悲鸿接受邀请，到蒋碧薇磁器口的家里参加她举行的便宴。她还特邀了华林、陈晓楠、王临乙、吕斯百、颜实甫等人作陪，岳父蒋梅笙也在场。

徐悲鸿满以为，蒋碧薇请他过来，而且还邀了这么多朋友作陪，一定是要与他和好呢。因此颇为惊喜，选择了自己一幅裱工考究、玉石轴头的《芭蕉麻雀轴》作为礼物：画面上几株芭蕉下面的畦草坪上，疏疏落落地憩息着几只麻雀，十分惹人喜欢。

徐悲鸿亲自把这幅画挂在墙上。他还给蒋梅笙带来一张复印的泰戈尔画像明信片，并说过几天行李到达，还将有成批的东西送过来。入席后，他便举起杯子对蒋碧薇说道："过去我有很多事情对不起你，今天，我向你道歉！"

朋友们听徐悲鸿这么说，便都举起杯子为他们夫妇和好而祝贺，纷纷干了杯中酒。可蒋碧薇却是一脸的冷漠，既没端杯，也没起身。等到大家都放下了杯子，她便冲着徐悲鸿说道："徐先生，过去的好多事就不必再提了，不过，你知道我今天请你来的目的吗？"

"不知道。"徐悲鸿放下酒杯，等待蒋碧薇说下去。

"我今天请你来，是与你办理接交手续的。我已经把两个孩子带这么大，他们离开母亲也可以了。我自知我的前途暗淡，孩子跟着你也许会更好些，今后就由你负责教养他们吧。"

徐悲鸿一时无言以对，脸上的表情凝固了。虽然华林、王临乙、陈晓楠他们不断举杯调节气氛，可蒋碧薇却不买账，又对徐悲鸿说道："我有三个办法，请你择一而行。第一，孩子由你带去；其次，你让我带两个孩子，但是你要负责他们的教养费用。如果这两个办法都办不到，那么你明天就登报声明，否认这两个孩子是你的。后天，我再登报声明把孩子改姓蒋，以后由我抚养。"

对于徐悲鸿与蒋碧薇的关系，蒋梅笙向来不发表意见，相信他们自己会处理好的。蒋碧薇的这些话，是徐悲鸿未曾料到的。听了之后，如鲠在喉，再什么也说不出来，宴席不欢而散。临出门前，徐悲鸿知道蒋梅笙的钢笔坏了，便向陈晓楠将钢笔借来送给了他。

几天之后，徐悲鸿又来到蒋碧薇磁器口的住处。见岳父待在前屋，便把蒋碧薇叫到后房。蒋碧薇冷着脸冲他问道："我那天已经向你表明了态度，你还有什么话说吗？"

徐悲鸿看着蒋碧薇，沉吟半晌才说道："我来是想看看咱们还有没有和好的可能。"

"你究竟是什么意思？"蒋碧薇问道。

"我想啊——"徐悲鸿说道，"如果有可能，我就在重庆留下来；如果没有可能了，我还去桂林。"

蒋碧薇想了想，才对徐悲鸿说道："关于我们两个人的事，就像一件精美的瓷器，不幸被你打碎了。尽管你找到最高明的工匠把它修补好，但是，这条裂痕却是永远除不掉的，我宁肯将它打碎，也不愿意有假的完整。"

如果用在其他地方，蒋碧薇这种"宁为玉碎，不求瓦全"的品质也许令人敬佩，可在夫妻之间未免有些小题大做了。徐悲鸿见她没有和好的意愿，便又说道："这样的话，过两天我就要到广西去了。临行之前，我劝你再想想，难道我们真的就没有和好的可能了吗？"

"那你就走吧，我不是早就对你说过吗，我这个人虽然没什么能耐，但却有父母留给我的一身傲骨。我的态度不是都对你说过了吗，是不会再改变的。"

听了蒋碧薇的话,徐悲鸿慢慢站起来,走到了后面的院子里。颜实甫正在后院闲坐,徐悲鸿便对他说道:"老兄,我最后的努力也做了,可最后的希望也没有了。"

别听徐悲鸿称颜实甫为"老兄",其实,他生于1898年,比徐悲鸿还小三岁。文人之间称兄道弟都是"学兄""学弟"的意思。

颜实甫四岁入私塾,从外曾祖父邵涵读《四书》《五经》,打下了坚实的古文基础。十六岁时,于涪陵省立第四中学卒业,入上海大同学院攻读法文。1919年赴法勤工俭学,自学哲学、文学、美学、心理学,旋即考入巴黎大学研究院。

1935年夏天,颜实甫学成归国,出任山东大学教授,1938年任省教育厅主任秘书,是年8月,调任四川省教育学院院长,正是蒋碧薇的顶头上司。

颜实甫听了徐悲鸿的话,抬起头哈哈一笑说道:"你究竟做了什么努力啦?到今天为止,你不过来了第二次。《圣经》里说道,'当人捆你的左颊,你不妨把右颊也送上去',你竟连这点勇气都没有吗?"

徐悲鸿长叹一声,坐在颜实甫旁边说道:"唉,老兄,你有所不知,我何尝只是一次送上了左右颊呀。这次在新加坡和印度,我不但给她写信,还给岳母写了信,听说岳母还劝过她呢。"

然而,徐悲鸿和颜实甫都还不知道蒋碧薇与张道藩已经搞到了针插不入、水泼不进的地步。在这样的情况下,蒋碧薇能与徐悲鸿和好才怪呢!

两天之后,徐悲鸿飞抵昆明。行前,托吕斯百捎给蒋碧薇五千元法币,并附简短一书:

碧薇女士慧鉴:

汝伤痕太深,有如铜镜破碎,不能再治。我自知每被见面,必致汝增加愤恨,抑吾并知关于我之一切,亦将令汝厌恶。我之于汝,将成一魔,便令吾自责,亦徒然也。吾此往当力知自处,然此半关命运,非全属人事。兹托斯百弟携上五千金,备两儿入学等之用费，伯阳须俟开学后，我方能完全负责。此两月中倘须偏劳，诚自愧也。

四、殃及池鱼

此时的蒋碧薇，正在忙碌着为张道藩的父亲张铭渠夫妇做七十大寿。蒋介石已经为夫妇二人题写了"齐眉合德"的匾额，蒋碧薇便与但荫孙一起，要为其撰写一篇寿序。

张道藩的父母住在盘县，距离重庆市区虽不算很远，但却山高路险，犹如李白发出的感叹："危乎高哉！蜀道之难难于上青天！"

寿序请国民党元老但焘——但荫孙的父亲执笔成文，蒋碧薇又拿给父亲蒋梅笙书写，此乃可谓是一件即隆重又有纪念意义的礼物了。全文如下：

盘县张铭渠先生暨德配伍夫人七秩寿序

古之君子，穷则独善其身，达则兼善天下，独善无所绌，兼善无所盈，其视尧舜之事业，汤武之勋伐，犹怒涛之出没于沧海，浮云之起灭于太虚而已，无所与，身居陋巷，意气如虹，吾乃今而于盘县张公铭渠见之，公之先世，有自金陵商于筑者，遂家焉，公少济物有志，尝一就试有司，以不乐操举子业弃去，为文补实，说理如布帛菽粟，骤视之，无非常可喜之象，而切于实用。其学以躬行实践为宗，早岁设教于乡，因才利导，成就甚众，其勤诲不以童蒙而或异，尝曰："小学为养正始基，何可忽也。"识者以公之乡塾，拟之胡安定之湖学，谓公蓄德在躬，志不克舒，其门人弟子后昆，必有昌大其学者，亦于哲嗣道藩见之。公德度汪深，亲之者如坐春风，如饮醇醪，潜移默化，而不自觉。民国十六年道藩奉中枢命，回筑组织省党部，为周西成所忌，下之狱，棰楚备至，并逮公年余始出，公泰然处之，暇辄举族人之服官中外，治行可法者，一一为道藩道之，而尤以清操为重，及见道藩学将成，则又举孔子不患无位，患所以立之训为道藩勖，道藩服膺庭训，造次颠沛，无时或忘。及负笈海外，于中外文化深所究心，冀归国后以其所得，裨益化民，成俗之治，犹公之志也，十余年以来，道藩践履中外，为时良佐，其居官治事，教士为学，皆公之绪余，然后知公之所蓄者深也，今年夏历八月七日为公七秩寿辰。

德配伍夫人长公一岁，为妇顺，为母严，道藩节概凛然确乎不可拔，盖得力于母教也，道藩乞假归里上寿，余因以闻于道藩者，述以为献，不足尽公之德行于万一也。

愚侄李亮恭、蒋碧薇、沈亮、郭有守、但荫孙、华林、徐铺德、颜实甫同拜祝

前大元帅府秘书长参议院秘书长兼宪法会议秘书长

今国民政府秘书长，后学但焘拜撰

学弟蒋梅笙敬书毕，赞曰：名父有子 兴国维贤 桥梓济美 椿萱永年但君雄文 班蔡后先 只惭拙书鼎足弗全

民国三十一年九月 谷旦

蒋梅笙用工整的楷书将序文写在六帧寿屏上面，装裱之后，蒋碧薇连同送给张道藩母亲的两块衣料，带上进城到文化会堂，要亲自交给张道藩。心里想象，张道藩见到这份礼物一定会欣喜若狂……

蒋碧薇常到这里来，因此工友们都熟悉她。可这回，当她刚一迈进门厅时，一个熟悉的工友便急忙上前将她挡住，低声告诉她说道："蒋太太，张太太也在这里。"

蒋碧薇一下怔住了。往常，素珊从不到这里来，可今天怎么偏偏让她碰上？自己虽然没有与她像跟孙多慈那样正面交锋过，可她毕竟是横在张道藩和自己中间的一道障碍。如果没有她，自己就可以毫无顾忌地与张道藩来往了，甚至可以马上嫁给他。想到这里，蒋碧薇便想转身走开。可又一琢磨，这会让工友们怎么看？自己为什么见到她就会这么心虚？她于是

稳了稳情绪，想走进办公室将寿屏正大光明地交给张道藩。可她刚一进门，素珊听到动静便躲到隔壁套间里去了。里边有一张床，与这间办公室只有一层薄薄的木板，而且中间还有一条缝隙，可以从中窥视。

张道藩见蒋碧薇进屋，脸上露出一种惊恐的表情。蒋碧薇红着脸，控制着心跳，将寿屏交给张道藩，与他闲谈几句，便起身告辞。

回到家里，蒋碧薇感到非常懊恼，同时，也十分不放心张道藩那边。不知道她走之后，素珊会不会与他闹出什么麻烦。一整夜，就因为这事被搞得难以入睡。第二天，她即接到了张道藩写来的信，道出了她走之后素珊大闹一场，然后两人进入"冷战"……

蒋碧薇读完张道藩的信，不但没有减轻懊恼情绪，反而增添了不少忧伤，于是病倒了。而这时，张道藩已经乘飞机赶到昆明，又搭上便车奔赴盘县去为父母祝寿。可到家一检查行李，只有蒋碧薇为母亲买的两块衣料，竟然没有给他送去的寿屏。仔细想了想，断定一准是被素珊给藏起了，于是写来一封快信，让她将寿屏用航空寄到盘县。

素珊那天在里间已经听到蒋碧薇与张道藩的谈话，还从板缝窥见她递给他一包东西。乘着他出外送蒋碧薇，她便将那包东西藏了起来，而且与张道藩哭闹一通，让他与蒋碧薇断绝来往。事后，素珊将包里的寿屏打开，可她连一个中国字都不认识，不知何物，于是藏在一边了。收到张道藩的信，她便将寿屏用航空快递寄给了他。接到寿屏后，张道藩百感交集，于是刻不容缓地给蒋碧薇写信告诉她。信中还谈了到达盘县的一路辛苦，及其为家中二老祝寿的情况。蒋碧薇收到信后，无疑又立即回复……

张道藩只要与蒋碧薇分开，两个人就没有一天不通信的。有时甚至是一口气连写两封三封同时发出……

五、最后的努力

1942年12月11日，蒋梅笙在重庆市立医院逝世，徐悲鸿闻讯后便与华林、陈晓楠来到太平间，与蒋碧薇一起为之守灵。前一日，他还到磁器口的家里探望过蒋梅笙，并嘱咐他不要太辛苦，以后就别再教书了。

蒋梅笙是张道藩晚上9时用车送进医院的，不料在11时便离世了。当时，只有蒋碧薇和张道藩在老人身旁。

徐悲鸿和华林、陈晓楠赶到时，张道藩已经为蒋梅笙选购棺木去了。静默中，蒋碧薇像是在自言自语说道："要是给老人留下张遗像就好了。"

徐悲鸿听了，便从提包里取出纸笔，在昏暗的灯光下画了一张素描——为蒋梅笙留下了一幅永恒的肖像。

翌日凌晨，华林拉着陈晓楠要出去办理丧葬的事，太平间里只剩下了蒋碧薇与徐悲鸿两个人。蒋碧薇只听徐悲鸿用低沉的声音说道："你不要太难过了，老人的后事，总得好好办。钱的问题，你也不必担心。"

蒋碧薇并不想领徐悲鸿的情，接着说道："不然，老人家一生轻易不用人家一文钱。现在过世了，我必须遵照他平素的意志行事，我认为这比什么都重要，至于丧事，只求尽哀遵礼，有钱是有钱的办法，没有钱做没有钱的打算。我必须预先声明，我决不接受任何人的帮助！"

徐悲鸿沉默起来，半响才又低声说道："现在，我是为你着想，也为两个孩子着想。这样下去，总不是办法呀！"

蒋碧薇听了，毫不留情地说道："算了吧！我们已经分开，一动不如一静！天下离异的人多了，不足为奇。你和我的性格太不相同，勉强待在一起，将来万一再闹离婚，岂不是更大笑话。如果你需要女人，尽管去找吧，难道我还会跟你捣乱不成？"

天已经大亮，张道藩带来几个帮忙的人，朋友们也纷纷赶来，徐悲鸿跟着大家忙碌起来……

第三章

磐溪岁月

纵观徐悲鸿一生，就像不断上足劲儿的发条，从来就没有停歇的时候——除非病魔将他彻底放倒。自从赴印归来入境，他就一路奔波：作画、讲演、办展览，接待来访者……

一、运筹帷幄

1942年,教育部长朱家骅获得一笔"庚子赔款",要筹办一所具有研究院性质的中国美术学院。他以为,完成这项任务,非徐悲鸿莫属。

徐悲鸿于是开始了紧张工作:将美术学院的筹备处设在重庆,办公地点安排在磐溪,并计划在阳朔东北部的新坪及其他风景清幽区设立分院。

徐悲鸿从南洋回到陪都后,受到重庆商会会长石荣廷邀请,住进了他在磐溪石家花园的石家祠。石家祠建在小山坡上,下面是用石头砌成的房屋,上面为宽阔的院落。院中有一座塔形的建筑,两边是隔塔相望的两栋青砖二层小楼,四周栽种了郁郁葱葱的苍松翠柏,梅竹相映,十分幽静,不远处还有气势雄伟的磐溪和风雨沧桑的汉代无名阙。

徐悲鸿非常喜欢石家祠这个地方,因此才把办公处设在

徐悲鸿故居
石家花园

这里。

　　石家花园始建于1924年,是开明绅士石荣廷中西合璧的私家庭院。他有着一颗爱国之心,多有善举,在社会上有口皆碑。而且喜欢书画,极其仰慕徐悲鸿的人品和画品。1937年年底,徐悲鸿来到重庆后住在沙坪坝,石荣廷便多次登门拜访,邀请他迁至石家花园。他见石荣廷心怀诚意,这里又清幽安静,于是搬了过来。

　　徐悲鸿无论走到哪里,总把最有才华、最具实力的人才聚集到他的门下,最大限度地发挥他们的作用。除了亲自担任中国美术学院的院长和研究员外,所聘任的研究员有齐白石、张大千;副研究员有吴作人、张安治、黄养辉、王临乙、吕斯百、陈晓楠、费成武、张倩英、李瑞年、孙宗慰、冯法祀等人。

　　1942年10月,徐悲鸿与聘来的研究员在石家花园召开了第一次工作会议。经过热烈讨论,最后确定了聘任研究员的约法三章:其一为每人必须具有五十件以上较有影响的作品;其二必须具备相当的文化素养,文笔流畅;其三则具备高尚的品德,深知发展民族艺术的义务。

　　会议还制定了研究员、副研究员外出写生和绘画作品的规划。会议结束时,恰逢谢稚柳拉着张大千前来求见。

二、张大千与谢稚柳

　　谢稚柳想随张大千去敦煌研究莫高窟壁画,可因为刚刚受聘于中央大学教授,不好意思离开,才拽上张大千来找徐悲鸿。徐悲鸿听了,笑了笑说道:"那就去呗,你的课我帮你代。"

　　张大千祖籍广东番禺,1899年生于内江安良里,幼时随母亲和哥哥、姐姐学画,打下了坚实的绘画基础。十七岁读中学暑期回家时,途中被一个叫邱华裕的土匪头子绑架,被迫参与抢劫。见他才华出众,逼他当黑笔师爷,专门书写抢劫大户索要金钱的呈文。由于他聪明机敏善于周旋,百

张大千在作画

日后被官兵救下得以逃脱。

张大千与表姐谢舜华订婚后,随哥哥张善子赴日本留学,学习染织和绘画。二十岁回国后寓居上海,拜师曾农髯、李瑞清学习书法和诗词。不久,表姐英年早逝。因怀念她,便离家至松江禅寺削发为僧,法号大千,一百天后还俗,静心绘画。

张大千对诗词、绘画、篆刻、书法无所不通,被徐悲鸿称之为"五百年来第一人"。1935年,张大千画展在南京举办,画集由上海中华书局出版,徐悲鸿为之作序:

> 夫独往独来,啸傲千古之士,虽造化不足为之圉,唯古人有先得我心者,辄颠倒神往,忍俊不禁。故太白天人,而醉心谢朓,透纳画霸,独颂赞罗郎。此其声气所通,神灵感召,有不知其所以然者。大千以天纵之才,遍览中土名山大川,其风雨晦暝,或晴开佚荡,此中樵夫隐士,长松古桧,竹篱茅舍,或崇楼杰阁,皆与大千以微解,入大千之胸。大千往还,多美人名士,居前广蓄瑶草琪花、远方禽兽。

盖以三代两汉魏晋隋唐两宋元明之奇，大千浸淫其中，放浪形骸，纵情挥霍。其所挥霍，不尽世俗之所谓金钱而已，虽其天才与其健康，亦挥霍之。生于二百年后，而友八大、石涛、金农、华岩，心与之契，不止发冬心之发，而髯新罗之髯。其登罗浮，早流苦瓜之汗；入莲塘，忍剜朱耷之心。其言谈嬉笑，手挥目送者，皆熔铸古今；荒唐与现实、仙佛与妖魔，尽晶莹洗练，光芒而无泥滓。徒知大千善摹古人者，皆浅之乎测大千者也。壬申癸酉之际，吾应西欧诸邦之请，展览中国艺术。大千代表山水作家，其清丽雅逸之笔，实令欧人神往。故其《金荷》藏于巴黎，《江南景色》藏于莫斯科诸国立博物院，为现代绘画生色。大千蜀人也，能治川味，兴酣高谈，往往入厨作羹飨客，夜以继日，令失所忧。与斯人往来，能忘此世为20世纪——上帝震怒下民酗斗厮杀之秋。呜呼大千之画美矣！安得大千有孙悟空之法，散其髯为三千大千，或无量数大千，而疗此昏愤凶厉之末世乎？使丰衣足食者，不再存杀人之想乎，噫嘻！

丙子三月　悲鸿

聘任张大千出任中央大学艺术科教授时，徐悲鸿是拉着校长罗家伦到他家里去的。张大千的性格放荡不羁，被徐悲鸿称之为"闲云野鹤一大千"。听罗家伦和徐悲鸿要聘他去当教授，便哈哈大笑道："我虽然会画点画，但一不会'冲壳子'，二不会'卖膏药'，而只会'造假'，怎么可以到大学里去讲课呀，这不是硬赶鸭子上架吗？"

徐悲鸿听出来了，张大千说自己只会"造假"，是说他总是临摹石涛的山水画，让他儿时的伙伴题款，然后卖到日本去。这些画拿到黄宾虹的面前，居然瞒过了他的眼睛，认为是石涛的真品。徐悲鸿于是对张大千说道："你所造的假画，比石涛的真迹要好。你还有什么条件，我们都答应，只求你帮帮忙。"

1942年,重庆中央大学师生欢迎徐悲鸿从南洋归来时合影,前排左起为宋步云、王临乙、吴作人、傅抱石、吕斯百、黄君璧、吴蕴瑞、陈之佛、徐悲鸿、陈晓楠、马洗繁、许士骐

张大千没辙了,只好到中央大学赴任。其实,他所造的假画不但瞒过了黄宾虹,而且还瞒过了陈半丁、张学良和罗振玉,甚至都瞒过了徐悲鸿。可见他的绘画技巧之高。

1937年3月,徐悲鸿由广西返回南京,张大千和谢稚柳到他的住处看他的《八十七神仙卷》。当徐悲鸿将手卷展开时,张大千大吃一惊,叹为观止,称画面有"吴带当风"之感。谢稚柳早已练就了鉴别古画的"火眼金睛",对于张大千的话极为赞同。

1938年秋,徐悲鸿来到重庆,谢稚柳也在陪都。居于青城山的张大千闻讯立即赶来。三人相见无不兴奋,日夜相守谈论艺术,诉说阔别的思念之苦。

张大千对谢稚柳说道:"稚柳,你去跟徐悲鸿说一下,我想用金冬心的《风雨归舟图》换他董源的《西岸图》。"

谢稚柳知道,徐悲鸿正对"扬州八怪"金冬心的画着迷,于是答道:"好吧,你不好意思,我去跟他说,估计他会同意。"

谢稚柳找到徐悲鸿一说,他果然愿意与之交换。于是,张大千便带上董源的《西岸图》回青城山玩赏去了。

孰料,张大千是一位古画迷,获得了董源巨幅《西岸图》

后并不满足。于是,又把谢稚柳请上青城山,对他说道:"稚柳,我实在忍不住了,才把你又请来。你再跟悲鸿说说,让他忍痛割爱,把《八十七神仙卷》换给我吧,他想要什么都可以。"

谢稚柳聪明过人,深得张大千喜爱。可听了张大千的话,却瞪大眼睛,吃惊地看着他说道:"你想要换他的《八十七神仙卷》?你知道吗,他已经刻了一枚'悲鸿性命'印章加在画面上了。你想换,这不是要他的命吗?使不得,使不得,万万使不得!"

谢稚柳为江苏常州人,早年从钱振学习诗词书画,十九岁时追随陈老莲画风,并直溯宋元,取法李成、范宽、董源、巨然、燕文贵、徐熙、黄筌等人。1930年起,开始与张大千、徐悲鸿相从过往,越走越近,并一同追随陈洪绶绘画。

陈洪绶,明末清初书画家、诗人,字章侯,因爱好画莲而自号"老莲"。祖上为官宦世家,至其父辈家道中落。

陈洪绶四岁时到肃山已定亲的岳父家读书,见室内的墙

徐悲鸿(下坐者)与张大千(上坐者)带学生赴黄山写生

张大千与京剧名伶孟小冬

张大千（左四）与谢稚柳、黄君璧、于非闇、方介堪游历雁荡山

壁粉刷一新，便站在桌椅上画了一尊八九尺高的武圣关羽像。

有一次，陈洪绶在杭州学府见到李公麟七十二贤石刻像，便用十天时间画了一个摹本，人们都说临得像，他听了很高兴。后来他又去临了十天，边临边加以改造，结果人们都说临得不像，而他听了却更加高兴。

陈洪绶不满二十岁时，父母先后去世，他的哥哥一心想侵吞家产。他便将自己的一份拱手相让离家出走，客居绍兴戢山师从著名学者刘宗周，深受其人品和学识影响。

1616年冬，陈洪绶创作《九歌》人物图十一幅，又画《屈子行吟图》一幅，遂名声大振。

1630年，陈洪绶应会试未中。1639年到北京宦游，以捐贵入国子监被召为舍人，奉命临摹历代帝王像。因而得以纵观内府所藏古今名画，技艺精进，名扬京华，人谓"明三百年无此笔墨"。

陈洪绶曾随明代大家蓝瑛学画花鸟，蓝瑛自叹不如，对他赞赏道："使斯人画成，道子、子昂均当北面，吾辈尚敢措一笔乎！"

然而，由于目睹官府政权的腐

败,当陈洪绶被崇祯皇帝任命为内廷供奉宫廷画师时,他却抗命不就,于1643年南归隐居绍兴。

陈洪绶的性格放荡,轶事很多。明朝覆灭后,清兵入浙东,他则削发为僧,自称"悔僧""云门僧",改号"悔迟""老迟",曾自云:"岂能为僧,借僧活命而已""酣生五十年,今日始见哭"。一年之后还俗,晚年学佛参禅,在绍兴、杭州等地以鬻画为生。曾有位官员为骗取他的画,声称自己有件古画,不知是宋画还是元画,请他到他的船舱中去鉴定。

不料,那位官员拿出来的不是画而是绢,执意要陈洪绶为他作画。他便一面破口大骂,一面脱衣准备往水里跳,那官员怕出人命只好作罢。清军攻占南京时,大将军固山额真抓到了陈洪绶,大喜过望,当即指使他作画。可他却拒不为之,士兵便拿刀威胁,他仍然不从。最后用酒和美女引诱才如愿以偿。

谢稚柳在追随陈洪绶的绘画过程中不但深得其真谛,而且练就了鉴别古画的"火眼金睛"。有许多被名家鉴定为"真品"的古画,都被他"慧眼识真金"而否定。徐悲鸿得到《八十七神仙卷》后,首先就找到谢稚柳鉴别,才成为铁定。

可惜的是,就在徐悲鸿从南洋回国抵达昆明时,《八十七神仙卷》却被盗失。张大千听到后,与他一样难过,三天三夜水米未进。

就在筹备中国美术学院期间的1943年3月11日,徐悲鸿还在给王莹的信中写道:

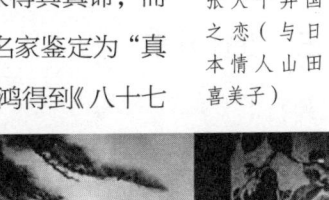

张大千异国之恋(与日本情人山田喜美子)

我最大的损失，乃是我唯一珍贵的一幅唐画，亦中国国宝之一《八十七神仙卷》去年6月在云南大学被贼窃去，虽是去年3月至今年1月贡献国家七十万元总是得不偿失。

　　由此可见，《八十七神仙卷》在徐悲鸿乃至在张大千和谢稚柳心中的重要地位。

　　谢稚柳向徐悲鸿请完假到敦煌一看，半年时间无济于事，至少也得流连一年，于是写信给徐悲鸿要求辞去中大教职。徐悲鸿也像几年前罗家伦对他的态度一样，对谢稚柳的辞职请求未予理睬。一年后谢稚柳与张大千回到重庆，发现中央大学教授的置位仍然被徐悲鸿给保留着。

　　对于徐悲鸿的宽容与大度，谢稚柳感慨万分，说道："人生易老，往事尽成尘迹，但徐悲鸿对现代美术的开拓，对美术教育的贡献，天荒地老，永不磨灭。"

三、继往开来

　　在重庆建立中国美术学院，是徐悲鸿理想中的大事，也是他向往已久的夙愿。因为他早就说过，他的一生是"教学第一，书法第二，绘画第三"。但他却一直将中国美术学院挂着筹备处的牌子，对此说道："在抗日战争取得胜利以前，仅作筹备，不宣布成立。待研究员作品可观，国家形势好转时，再宣布成立不迟。同时，如果同仁努力不够，或信誉未立，援助既无，同情亦缺，则此理想之中国美术学院，或竟不成立。"

　　徐悲鸿对中国美术学院有着宏伟的设想：招收学生，派遣留学生，附设研究馆、美术馆等。可"庚款董事会"却只批准了派遣留学生一项，才有后来的张安治、陈晓楠、费成武、张倩英赴英国留学考察的机会。

　　在中国美术学院筹备期间，徐悲鸿与研究员们不断外出写生，创作了许多有分量的作品。著名的《古柏图轴》《松鹤图轴》《白马图轴》《雄鸡图轴》《怒猫图》，都是在这里创作的。当时，日军经常让中国人抬着进山打猎，他便画了一幅《抬举》，将倭寇比作被打死的一头猪，以此发泄心中的愤怒，画面题识曰：

两只人扛一位猪，猪来自白云生处。
卅二年春真正月，悲鸿筑游归写

除了创作和处理筹备处的事务，徐悲鸿还不断撰文，分析和指导美术事业的发展。发表在1943年3月15日《重庆日报》上的《新艺术运动之回顾与前瞻》一文指出：

中国科举制度，桎梏千年来无数英雄豪杰，其流弊所中，遂造成周遍的乡愿。绘画原是职业，从文人画得势，此业乃为八股家兼职——凡文化上一切形式，苟离其真意，便成乡愿；八股当然为乡愿之正式代表——于是真正画家，被贬为不受尊敬之工匠。王维脱离印度作风，建立纯粹之中国画，却不料因其诗名，滋人忘念，泽未千年，竟致断送了中国整个绘画。天下一切事理之循环，往往如此，不可不深长思也。

夫人之追求真理，广博知识，此不必艺术家为然也。唯艺术家为必需如此。故古今中外高贵之艺术家，或穷造化之奇，或探人生究竟，别有会心，便产杰作。但此意境，与咬文嚼字无关。中国千年来，以文章取士，发明八股，建立咬文嚼字职业。不知若仅仅如此，亦低能中之颇低者也。此段空论，似与艺术无关，但真正艺术品之产生，与夫文化史上大杰作之认识，必须具此精湛之思想，否则必陷于形式一套，欲希望汤之盘铭，所谓德之日新又新，必不可得也。

中国艺术史，极少划时代之运动。如欧洲之浪漫主义、印象主义等等。但南宋既亡，院体随绝，隐逸之士，多写山水，仍绍王维之绪,如元代诸家。明虽不振,但天才辈出,如沈石田、仇实父、陆包山及陈老莲,俱是巨匠,不让前人。顾董其昌借其名位,复是大收藏家,于是建立一种风气,乃画家可不解观察造物,却不可不识古作家作风与派别,否则便成鄙陋。此则不仅以声望地位傲人,兼以富厚自骄,恶劣极矣。于是遂有四王,遂有投机事业之《芥子园画谱》。此著名之《芥子园画谱》,可谓划时代之杰作。因由此书出版,乃断送了中国绘画。因其便利当时披靡,八股家之乡愿学画,附庸风雅,而压低一切也……

1944年2月23日,徐悲鸿又在《中央日报》发表了《中国美术学院筹备志感》一文,对于一个民族,一个国家所需要的艺术、学术,进行了详细论述……

四、桂林考生

徐悲鸿开始筹备中国美术学院后,要将在日本和法国期间节衣缩食倾其所有购买的几十箱书画和图片资料捐给学校。抗战爆发后,这些艺术品随着学院西迁,从上海、南京运来重庆,保存在桂林七星岩岩洞里,以防被战火毁灭。

1942年12月7日,徐悲鸿带上张安治来到桂林,看到存放在岩洞中的几十件沉重物品上落满了厚厚尘土,清理工作十分艰难,不得不招收一位图书资料员协助。要将十几箱书画资料和图片整理好,带回筹备处进行登记造册,以供中国美术学院成立后教学使用。

在《广西日报》上刊出招收图书资料员通告后,仅一个星期报名者就达到五六十名,大多是二十岁左右的女青年。考试于1942年年底的最后一个星期天在广西大学进行。早晨8点,徐悲鸿进到考场,看见张安治已将报考的学员安排就绪,考生都用期待的目光看着主考官徐悲鸿……

徐悲鸿身穿蓝布长袍,手提一只布袋,中分头下的漆黑双眸对全场扫视一周。教室里座无虚席,鸦雀无声。他冲大家点了点头,然后拿起讲桌上的粉笔转身在黑板上写下了考试题目。见大家已进行答题,张安治开始巡视,他便坐在讲桌后的一把椅子上,拿出手提袋中当天的报纸翻看新闻。

此时正处于抗日战争最紧张阶段——已从战略防御转入战略相持。徐悲鸿看着报纸心情激荡,不觉时间过得很快。直到考场发出收拾文具的声音,才知道考试的时间到了。

《廖静文肖像》（素描）徐悲鸿作

许多人都已经离开考场。徐悲鸿收拾完报纸装进布袋一抬头,一名考生将试卷放到他的面前转身离开,他一眼看出她的字写得非常娟秀。等他再扭头看,那位考生已经走到门口,只给他留下一个剪着短发、身穿旗袍高挑而窈窕的背影。她的试卷立刻被后面的试卷盖住。

评判试卷时,徐悲鸿已将那张写着娟秀字体的考卷和那个剪着短发的倩影淡忘了。卷子评完,便按照成绩发放了面试通知书。

一周之后,徐悲鸿带着张安治又来到广西大学。走进那天考试的教室时,看见几个被通知前来面试的女学生和几位陪伴的家长等在门外。来到一张左侧靠着窗子的课桌后面坐定,张安治将一叠试卷送到他的面前。

不一会儿,张安治在门外将笔试得了第一名的女生带进室内。女生穿一件略显肥大的淡蓝色旗袍，进屋后站在课桌的外面，神情显得有点紧张。徐悲鸿朝她扫视一眼，立刻想到考试当天那张写着娟秀字迹的卷面，和那个留着齐耳短发交了试卷就走的背影……

徐悲鸿将最上面用红笔打着100分的卷子扯到面前，果然就是那天写着娟秀字体的试卷。便朝进来的女生问道："你叫廖学道？"

"不，先生，我叫廖静文。"女生抬着脸向徐悲鸿解释道，"'学道'是原来家谱上排下来的，读书时候一直使用这个名字。可我考入文工团之后就改成了'廖静文'。前些天考试的报名表上，我顺手又写成了'廖学道'，可考卷上我已经改了过来。"

"哦……"徐悲鸿认真看了看面前的试卷，可不是，在试卷名字的地方写着廖静文，可后面的括号里，却明明白白标着"廖学道"三个字。因此，张安治前两天发面试通知时，在信封的名字上写道："廖静文转廖学道收。"徐悲鸿抬起头，见女生仍然站着，便指着她身边的椅子说道："你请坐。"

廖静文侧脸看一眼身边的椅子，动作很轻地慢慢坐下，将手里的一本书放在桌子角上。徐悲鸿这才在她的身上身下仔细地打量一番——就像往常观察坐在面前的模特。

廖静文的身材窈窕而挺拔，富于优美的曲线，黑云般的过耳短发衬托着清秀的瓜子脸；眉毛弯曲，双眸如水，鼻梁和嘴唇的线条柔和，一件普通旗袍显得淳朴自然。

廖静文被徐悲鸿看得有些不好意思，慢慢将头低下，避开了他的目光。徐悲鸿看着她那安静的姿态，犹如一滴清纯透明的水，便用温和的声音问道："你在文工团本来挺好的，我昨天还去看过你们的演出呢，可你为什么要来报考图书资料员呀？"

"啊？"廖静文抬头看一眼徐悲鸿，见他的中分头是那样浓密，下面的双眸与头发一样漆黑，可是，他的双鬓已经染上了白霜。见他表情严肃，于是低下头说道，"我不喜欢当演员。"

"那你当初为什么要进文工团呀？"

廖静文头也不抬地说道："高中毕业时，我的激情很高，那时为了宣传救亡运动当了合唱队演员。现在，我还是想考大学。"

徐悲鸿见廖静文回答问题时仍然怯生生的，便说道："廖静文，不用紧张，把头抬起来，你笔试的成绩得了100分，是第一名你知道吗？"

廖静文羞怯地笑了笑，心情似乎有些放松，这时才发现徐悲鸿棱角分明的鼻梁和嘴角显示出一种男子汉特有的坚毅。见她不说话，他又用温和宽厚的声音问道："你还想考大学，那你为啥要来应试图书资料员的工作呀？"

十九岁的廖静文毕竟还很单纯，不假思索地说道："你们中国美术学院不是在重庆吗？那里的大学比较多，机会就多呗。"

说完这句话，廖静文有些后悔，可话已经出口。又朝徐悲鸿发出歉意一笑，觉得自己也许没有希望了——谁会喜欢招收一位随时准备跳槽的工作人员呢？可是，徐悲鸿对她的话并未介意，接着问她有什么爱好，都读过什么书，她便一一作答：说她喜欢文学，读过巴金的《家》《春》《新生》；茅盾的《子夜》和鲁迅的《彷徨》《呐喊》；还读过《西游记》《三国演义》和《红楼梦》，也非常喜欢托尔斯泰、屠格涅夫、陀斯妥耶夫的作品，又说她很热爱古典诗词。徐悲鸿满意地点头称许，说道："你读没读过陆游的诗，能背两首吗？"

廖静文沉吟片刻，顺口背诵出陆游的诗句：

　　僵卧孤村不自哀，尚思为国戍轮台。
　　夜阑卧听风吹雨，铁马冰河入梦来。

　　死去元知万事空，但悲不见九州同。
　　王师北定中原日，家祭无忘告乃翁。

背完诗，廖静文低下头等待着。徐悲鸿又朝她问道："那么你爱读绘画方面的文章吗？爱不爱好美术？"

"是的，先生。"廖静文又提到她读过先生赞扬古元和与徐志摩辩论的文章。

听完廖静文的话,徐悲鸿将脸转向张安治,张安治满意地朝他点了点头。他才冲着廖静文说道:"我们决定录取你,因为你的成绩是最优秀的。你考虑一下,愿意的话,就马上来工作。如果不来,请你明天告诉我们,以便我们从第二名或第三名中继续选择。"

"啊!"廖静文激动得一下从椅子上站起来,"真的?我来,我一定来!"说着转身就往外边跑。

"哎,你的书,"张安治拿起廖静文进来时放在桌角的书喊道。

"那是复习考试的书,不要啦!"廖头也不回说道。

五、大师助手

回到文工团的第二天,廖静文便辞去演员工作,来到徐悲鸿身边当起了他的助手——每天到桂林七星岩岩洞与张安治一起,帮助清理尘封已久的书画和资料。

岩洞长达一公里,抗战爆发后,桂林市政府截取一段铺上地板,安装了电灯,当作战时仓库——是防止日寇空袭的天然屏障。五彩缤纷的钟乳石,在灯光的照射下发出炫目光辉。

徐悲鸿带着张安治和廖静文用铁锤和钳子启开木箱上生锈的铁钉,拂去书籍、图册上的尘土。廖静文看见许多书籍和资料上都写有"悲鸿梦寐以求借资购得""悲鸿旅欧最穷困之际""悲鸿性命"等字样,知道这些资料的珍贵与难得。

三个人将书画资料逐一登记造册,几天后便带上几只沉重木箱登上了黔桂铁路的特别快车。到达终点站都匀后,又将货物提取,换乘开往贵阳的汽车。经过一路的颠簸到达贵阳,廖静文见到了正在师范学院读书的姐姐。姐姐见到她感到惊讶,问道:"呀,你怎么来啦?"

廖静文拉住姐姐的手,告诉她说道:"我在文工团辞职了,考到了中国美术学院当图书管理员。我们的院长叫徐悲鸿,人可好啦,他让我来找你到酒店去吃饭。"

姐姐随廖静文来到酒店,见徐悲鸿已届中年,有学问,而且十分宽厚。知道妹妹能在这样一位长者身边工作,也就放心了。

贵阳正在下雨,道路泥泞,旅程不得不中断。徐悲鸿住进招待所后,便有友人、学生和新闻记者蜂拥而至。徐悲鸿每到一处,作画是必不可少的,于是将一张不大的写字台变成了画案,铺上画毡,摆上笔砚开始作画。廖静文站在围观者中,不时帮他铺铺纸,研研墨。看见他总是不知疲倦一丝不苟聚精会神地作画,心中不由自主地对他产生一种深深敬意。

画了一沓画之后,抬头看看围观的求画者,徐悲鸿逐一询问,写上名字递到他们手里。

天气放晴了,经过多次交涉,将那些成箱成捆的书画装到长途汽车顶上,犹如小山一样,用密密麻麻的绳索拢住,三个人才钻进车厢向重庆进发。

汽车陈旧,而且因为没有汽油烧的木炭,十分吃力地爬行在层层叠叠、弯弯曲曲的盘山路上。稍有不慎,汽车就会滚下万丈深渊。廖静文坐在靠窗的座位上,朝山涧张望一眼都觉得眩晕,不禁在心中感叹道:徐悲鸿先生是在用生命换取这些珍贵的图书资料啊!

风餐露宿,忍饥挨饿,经过四天的长途颠簸,汽车终于抵达重庆。来到石家花园后,廖静文与张倩英、陈晓楠、孙宗慰住在楼上的一侧,徐悲鸿住在另一侧。

筹备处所聘任的大批知名人士,多数是徐悲鸿在中央大学教过的学生。除了中国美术学院筹备处的工作外,他每天还要从磐溪顺着一条用石头垒起的老桥,由高向低步行到嘉陵江边,搭乘木船过江到沙坪坝登岸,再走很远的路到中央大学去上课。中午再由沙坪坝登船回到北岸,吃过午饭便利用别人午睡的时间进行创作。晚餐后散步归来还要挑灯夜战。

廖静文除了将从桂林带回来的书籍编辑成目、制作卡片、放置上架外,还要协助徐悲鸿做些杂务:出外装裱书画,制作画框,编写画展目录,填写标签等。一旦有空闲,便前去观看他作画,帮他铺纸研墨……

渐渐的，廖静文发现徐悲鸿的生活孤独而凄苦，知道他已经与妻子分居七年，一种怜惜之情便在心底里油然而生……

一个初春的夜里，大家都已经熟睡，廖静文正在灯下看书，听见有人下楼的脚步声。出于好奇，从窗户朝外张望：透过黯淡的星光，看见徐悲鸿正在院子偏僻的角落里独自徘徊……

过了很久，还不见徐悲鸿回来。出于对导师的关怀，廖静文披上衣服，像只猫似的轻手轻脚走出楼门，躲在一丛树影后面。天空的浮云游动，一条长龙般的银河朝着远方蜿蜒而去。春寒料峭，冷风阵阵。只见徐悲鸿低着头，在隔塔相视的两栋青砖小楼间来回踱步，不时仰起脸呼出一股郁气……

躲在树影后面的廖静文身上一哆嗦，情不自禁地打了个喷嚏。徐悲鸿被吓了一跳。她不得不从树影后面走出来，他上前问道："怎么了，小鬼，你怎么出来啦？"

廖静文不吱声，徐悲鸿又问一遍，她才嗫嚅着说道："这么晚了，您还在外面走来走去，我担心您睡不好觉影响明天上课，才下来找您回去。可见您心事重重的样子，好像心里很痛苦，又不敢上前打扰。先生，您能对我说说吗，我可是您的助手啊。"

"哦，你太善良了小鬼，你是我的助手不假，可是，你还是不要管我的私事吧。"

廖静文站着不动地方，似乎有些固执地说道："先生，您说不让我管您的私事，可私事如果影响到您的情绪，影响了您的健康和工作，那还是私事吗？"

"哎呀，你怎么想得这么多呀，小鬼！"徐悲鸿说道，"不管发生什么事情，都不会影响到我的教学和创作，你还是回屋去吧。"

"不！"廖静文仍然站着不动，又说道，"先生，您有什么痛苦的事能跟我说说吗，说出来心里也许就会痛快了。"

"唉——"徐悲鸿长叹一声说道："不要的小鬼，你还是别为我操心吧！"

"不，您不跟我说我就不回去。"廖静文又说道，"要不，您也回屋睡觉吧。"

徐悲鸿无奈，犹豫片刻，便推着廖静文的后背，一边踱步，一边把他与蒋碧薇从相识、相爱，如何到日本和法国留学，又如何到欧洲去搞展览，一直到后来的分居，而且不能破镜重圆的过程通通讲了一遍……

这时，又一股冷风袭来，廖静文的身子发出一阵战栗，同时又打了个大喷嚏。徐悲鸿伸手捏捏她肩上的衣服说道："怎么样，是不是要感冒呀？快回屋吧。"说着，便推着她往楼里走。第二天，廖静文便发起高烧，卧床不起，早晨和中午也没到食堂去进餐。大家知道后，便都过来看她。徐悲鸿进屋后，将手放在她的额头试了试，立刻喊起来："哎呀，烧得这么厉害！"说完，几乎是冲出门外去请医生——只有他知道，她是昨天夜里出去寻他而患感冒发烧的。

廖静文的感冒已经转化成恶性疟疾，高烧几天不退。打针服药后，徐悲鸿一直守在她的床前。为了减少她的寂寞，还给她讲故事和各种见闻。见她从昏迷中醒来，精神也好了，便用温和的口吻说道："小鬼，你太善良了，何必要管我的事呢？七年了，我已经习惯了孤独的生活。"

"可是，先生！"廖静文平静地说道，"我见您那么痛苦，心里感到很不安。"

"这算不了什么！"徐悲鸿又说道，"工作忙的时候，就什么都忘了。"

"可是……"廖静文的双唇翕合着。

"可是什么，小鬼？"徐悲鸿俯下身子，看着廖静文的眸子问道。

"可是，我希望您能够幸福。"

廖静文天真无邪的神态让徐悲鸿感到愉悦，便又笑呵呵地对她说道："幸福，啊，有艺术陪伴我，还有你做我的助手，我已经感到很幸福了。"

廖静文微微一笑说道："先生，我已经好了，您还是忙您的画展去吧。"说着，便从床上坐起来，下地穿上鞋走几步给他看，"真的，我已经好了，您就回去准备画展吧，我再恢复两天，就过去给您帮忙。"

六、嘉陵江畔

廖静文的身体慢慢好转了,可却渐渐感到自己对徐悲鸿产生了一种无法述说的依恋,只要一天见不到他,心里就觉得空落落的。与此同时,徐悲鸿也感到情感深处起了微妙变化,原来对廖静文就像对待自己的学生那样关心和爱护。可自她病愈后,就觉得对她的关心、爱护似乎超越了一般"师生情感",自觉不自觉地产生出一种难以言表的挂念——一旦她不在的身边,就感到有点忐忑不安……

徐悲鸿再也无法控制自己的感情,常常约廖静文到外面去散步。可他却将自己的情感闸门关得严严实实,往往话到唇边,又不得不咽回去。廖静文也一样,虽然有更多时间陪伴在徐悲鸿身边,可她并不敢说出自己感情深处的变化。有一次,散步到嘉陵江边,看到他因为压制自己的感情,说话总是吞吞吐吐,于是停住脚步冲他说道:"先生,您到底要说什么呀,说出来就会好受些,好让我的心里也痛快痛快。"

徐悲鸿一下激动起来,上去抓住廖静文的一只手说道:"静文,这些天,我有一种奇怪的感觉,仿佛在冥冥之中,上帝专门把你送到我身边来的,你已经成为我生命中不可缺少的一部分啦。"

廖静文激动得脸红心跳,用深情的目光看着徐悲鸿:"先生,我也一样,感到我从来没有这样依恋一个人……"

徐悲鸿一下子将廖静文拥抱起来,她也顺势用双手搂住了他的脖子……

嘉陵江水不断翻滚着浪花,拍打着岸边的礁石,水鸟不时鸣叫着与拥抱在一起的徐悲鸿和廖静文擦肩而过,浩渺的江天辽阔而悠远……

不知过了多久,徐悲鸿将廖静文一把推开,说了声"对不起"!然后顺着江岸低头独自朝前走去,走出很远,俯身坐在岩崖下的一块石头上。等到廖静来到身边,他才头也不抬用温和的语气说道:"对不起,静文,我都四十八岁了,已经是两个孩子的父亲,我不该对你产生这样的感情……"

廖静文低着头默默站在徐悲鸿身后,冰凉的泪水顺着两颊流下。

月亮已经升起来，耳畔只有江水拍岸的声音。徐悲鸿从岩石上站起来转过身，见廖静文脸上两行泪水闪烁着月亮的粼粼光波。又情不自禁将她拥在怀里，用低低的声音说道："别哭，静文，时间如果能随人意，让我年轻十岁，让你再年长十岁该有多好啊！"

不知委屈，还是激动，抑或是想说的话说不出来，廖静文变成了轻轻啜泣。徐悲鸿从长衫的衣兜里掏出一块手帕，一边给她擦去脸上的泪水，一边安慰道："别哭了，静文，以后不会再提这事了，让咱们再回到从前，回到咱们刚刚认识的时候……"

《廖静文肖像》（油画）徐悲鸿作

七、不期而遇

1943年3月18日，徐悲鸿的个人画展在重庆中央图书馆开幕。此次展出的重点作品除了油画《田横五百士》《溪我后》，国画《愚公移山》《九方皋》《巴人汲水》《灵鹫》《群马》《苍鹰》《喜马拉雅山》外，尚有在印度所做的甘地、泰戈尔像，及其抗战将领肖像。

许多作品都是第一次展出，在重庆引起了巨大轰动，每天的观众竟达一万多人。廖静文从布置到展出每天都忙碌不堪，开幕之后还要不断接待观众，补充标签，登记观众订购的作品；对于那些"非卖品"又要向看中的求购者反复解释……

一天，廖静文正与徐悲鸿陪着客人观看《田横五百士》，随着人流进来一位女士：只见她四十多岁，一件贴身的淡紫色旗袍勾勒出修长、丰满的身材曲线，齐耳黑发下面俊俏的脸上敷着适度脂粉，光彩照人。

女士进来后分开众人直接来到徐悲鸿跟前，与他握了握手，高声说道："我父亲的丧事全靠道藩帮忙，总算极尽哀荣了。"说完，朝他身后的廖静文仔细打量一番。

廖静文判定，这位女士就是徐悲鸿的妻子蒋碧薇，以前，在整理图书资料时曾见过她的图片。

蒋碧薇高声说的话，纯属是想在众目睽睽之下刺激一下徐悲鸿。前边说过，蒋碧薇的父亲蒋梅笙去世时，徐悲鸿得到消息后，急忙赶过去为之守灵和处理丧事。

那天夜里在太平间，徐悲鸿与蒋碧薇相对而坐。由于他们的感情破裂已经公开化，他的学生陈晓楠担心二人发生冲突，也陪在旁边。徐悲鸿还清晰记得，是蒋碧薇说了那句"要是给老人留下张遗像就好了"，他才动笔为蒋梅笙画了那幅最后的肖像。

蒋碧薇虽然离开了徐悲鸿，但却并不孤单，她后来说道："在那一段时间内，道藩在中宣部的工作职责重大，忙得夜以继日，但他仍然尽可能地抽出时间，和我多聚晤。"

如今，蒋碧薇来到徐悲鸿的展览现场，正是蒋梅笙去世的百天祭日。对徐悲鸿身后的廖静文打量一番之后，便转身去看展品。对于那些写有"非卖品"标签的画作不屑一顾，连脚步都不停留。可对已经定购出去的作品，又在心里默记着画面上标着的价格。匆匆看完后，便快步走出展厅，钻进了张道藩等在外面的汽车。

画展结束当天，作品的订购者全都过来索取交过定金的作品。吕斯百也来了，替蒋碧薇领走了卖画所得的一半款项，作为她与两个子女的抚养费，数目可观。

吕斯百原是中央大学徐悲鸿的学生，被他推荐去法国留学，回国后便一直跟在他的身边工作，时任中央大学艺术系主任。

吕斯百与前面讲到的谢寿康一样，不但与徐悲鸿的关系特别密切，而且也受过蒋碧薇的恩宠：他的妻子马光璇，是国民党元老吴稚晖的姨侄女，也是中央大学的教授。她和吕斯百的姻缘，就是蒋碧薇为之促成的。有了这层关系，吕斯百便对蒋碧薇多了几分敬重。因此，她每次从徐悲鸿的手中索取款项和画作，都是通过他从中周旋的。

剩下的一半画款，都被徐悲鸿用以帮助了穷苦朋友和学生，以及购买书籍和字画。

画展结束了，徐悲鸿的工作和精神都得到了放松，他又能常常饭后偕廖静文到嘉陵江畔散步，向她讲述了他的第一任妻子徐周氏——她是父母为自己包办的婚姻，为他生下一个儿子不久，便患霍乱去世了。后来，儿子也因出天花夭折。他又讲到自己与蒋碧薇初恋以及到后来决裂的过程，还讲述了他与孙多慈的萍水相逢及其后来的多舛命运……

廖静文总是被徐悲鸿牵着手静静倾听，他的坎坷感情经历深深打动着她。由于同情与崇敬，觉得自己的心与他的心贴得更紧了……

八、别无选择

一天傍晚，廖静文随徐悲鸿去嘉陵江畔散步归来，看见床上放着两封信：一封是父亲寄来的，另一封则是贵阳师范学院的姐姐写给她的。

对于徐悲鸿招收了一位漂亮的图书管理员，蒋碧薇早有耳闻。上次在中央图书馆的展览会上不期而遇，还对廖静文仔细打量一番。于是，回家之后，便给她的父亲和姐姐写了两封信，述说自己仍然是徐悲鸿的合法妻子。她现在待在徐悲鸿身边,而且两个人的关系暧昧,这是第三者插足,破坏他们的夫妻关系……

如果说蒋碧薇最初对徐悲鸿与孙多慈的关系不能容忍的话,倒也情有可原。可现在,她与徐悲鸿已经分居七年,而且一再拒绝夫妻和解。同时,她与张道藩的关系也已经密不可分。在这种情况下,她再来干涉徐悲鸿与廖静文的关系,就显得有点霸气和不够厚道了。

廖静文的父亲和姐姐接到蒋碧薇信后,不谋而合,同时写来内容相同的信谴责廖静文,让她立刻离开徐悲鸿。父亲甚至在信中说道:

人生虽不能流芳千古,但也不要遗臭万年!

廖静文的姐姐见过徐悲鸿,言辞更加激烈地强调她与徐悲鸿的年龄相差悬殊,只能以师生相处。

廖静文将父亲和姐姐的信看了一遍又一遍,躺在床上辗转反侧不能入睡,一会儿又爬起来到煤油灯下再看两封信。她感到委屈、愤怒与无助。徐悲鸿的音容笑貌、痛苦与孤独;蒋碧薇对他的绝情与不容,不断在她的脑海里闪现。她给床头桌上的煤油灯加了几次油,整整点了一夜,天快亮了,坐在灯下给徐悲鸿写下了一封告别信:

敬爱的先生:

请原谅我不辞而别,无论如何,我不能再留在这里了,虽然,我是多么愿意在您身边工作。我始终尊敬您、了解您、同情您,并感激您给了我那么多的关怀和温暖。在我今后漫长的人生道路上,我将永远铭记您给予我的教益和鼓励。

我衷心希望您继续寻找与蒋碧薇女士和解的可能,我觉得她现在能回心转意。

您给我的画和您为我画的像,我都留在您的写字台上了,虽然,我非常喜欢它们,但是我不能,也不敢从您这里带走这些作品，我没有权利占有它们。我将在您不知道的远方，永远看见这些作品，因为我看它们不止千百次了。

愿您珍惜健康，不要再想起我！

写完信，窗户上已是一片白光，廖静文吹灭煤油灯往鼻子底下一摸，两只鼻孔里全是吸进的煤油灯黑烟。这时，听见徐悲鸿急促的脚步声来到门前。她便赶紧上床，用被子将自己蒙了起来。

徐悲鸿轻轻叩门连喊两声"静文"，可屋里一点动静都没有。他以为廖静文夜间看书太晚还在睡，于是返身下楼而去。像往常一样，步行到嘉陵江边，买两只烤红薯当早餐，渡江去中央大学上课。

上午的两节课，徐悲鸿一直在忐忑不安中度过。早晨去敲过廖静文的门想要告诉她，他在中央大学有应酬，下午要晚些时候回来。可敲过门喊了两声，里边毫无反应。以前，她从来没有因为夜间看书而耽搁早晨起床呀，是不是又感冒发烧了卧床没起？

徐悲鸿放心不下，下课的铃声一响，便急忙出门奔向江边乘船。当他急匆匆赶回来一看，廖静文的房间已经空空如也。回到自己的屋，见写字台上放着她留下的信和一卷过去送给她的画。

徐悲鸿急匆匆跑下楼梯，直奔嘉陵江边。快到码头了，老远看见廖静文提着她那只帆布衣箱挤在人群里，向停在江边的轮船走去。他快跑几步，当她一脚踏上舢板时，他的一只大手放在了她的肩上。廖静文惊愕地回过头，她的脸上泪水涟涟，两只眼睛红肿得厉害，鼻孔乌黑，面容憔悴……

廖静文的帆布衣箱被徐悲鸿夺过去，她便一头扑进他的怀里呜呜咽咽痛哭起来。他用手拍着她的后背，轻声安慰道："静文，你不能就这样一点准备都没有就走哇。"

"先生！"廖静文啜泣道，"我希望我走后，您能和夫人和好。"

徐悲鸿提着衣箱，将廖静文拉到一边，帮她擦去脸上的泪痕说道："静文，你怎么这样天真呢，我不是对你讲过吗，我和蒋碧薇已经分开七年，完全没有和解的可能了。这和你没有任何的关系。走，你跟我回去吧，我不会勉强你。要走,也得做好充分准备再离开呀。"

廖静文随着徐悲鸿回来了,依然工作在他的身边。可是,父亲和姐姐的信件一封接着一封,不断催促她赶紧考大学,尽早离开徐悲鸿。

廖静文开始复习功课,可她又怎么能忍心丢开徐悲鸿而不顾呢?在她的梦中时常梦见他已经变成了一位老人,形单影只,孤独无助……

廖静文实在无法忍受两面夹击的心力交瘁,时时感到精神都快崩溃了。一天夜里,悄然离开自己的房间朝外走去。当她离开石家花园时,一眼望去,看见煤油灯的微光将徐悲鸿弓着身子作画的模糊姿态投在窗棂上……

徐悲鸿自从上次在码头把廖静文追回来,每天仍然到中央大学去授课,可吃过晚饭,便独自出去散步了,回屋后继续挑灯夜战。偶尔与廖静文待在一起说说话,也不再提两人之间的恋情。

一个时辰前,徐悲鸿正在聚精会神画一幅《葵花懒猫》,忽然听见窗外猫一样轻轻的脚步声。走到窗前朝外张望一下,什么都没有,以为真是猫的声音,便又回到画案前继续画《葵花懒猫》:画面是一帧立幅,上方是四棵盛开的葵花,底部一块岩石上画有两只猫——前边的一只弓着身子抻懒腰,张嘴做深呼吸;后面一只正在熟睡,憨态可掬。画完之后,他便放下笔站直身子,两手叉腰审视片刻,然后又提笔弯腰在画面的右侧题识曰:

癸未暮春磐溪,中国美术学院晴日,似乎逸兴也非敢自逸也,悲鸿漫笔。

往常,因为晚饭后要与廖静文到江边散步。所以,徐悲鸿非常在意吃晚饭——时间一到,即刻找她一道去食堂,吃完饭便从餐厅出来漫步江边。可这一段时间,不再与她出去散步,也就不太在意晚餐了。这天中午吃完饭回到画室,天气本来是晴朗的,晚饭没吃,一直画到夜里也没出屋。他以为天气仍然是晴朗的,因此在题字时写上了"晴日"两个字。可题完款放下笔,忽然听见外面传来滚滚雷声,接着便下起了倾盆大雨。他推开门,下意识地朝对面廖静文的窗户张望一眼：以往，无论是读书还是复习功课，她窗上的灯光总是亮过午夜，可今天却怎么一片漆黑？

徐悲鸿觉得不对劲，从屋里出来到对面的楼上去敲廖静文的门，可里面一点动静都没有。试探着拽一下，门开了。外面的雨越下越大，就着闪电的光亮，看见屋里没有人，床上的被子还叠得整整齐齐；桌上两本翻开的书静静躺在那里，旁边打开的笔记本上压着一支敞开的自来水笔，钢笔下面画有一团如麻的线条……

徐悲鸿轻喊两声，四周没有任何动静。他的心一下提起来，顾不得回屋去换衣服，连把雨伞都没带，下了楼梯跑出门外。想到钢笔下面那团如麻的线条，肯定是她此刻心灵的写照：心乱如麻，斩不断，理还乱……

徐悲鸿猜测廖静文一定是去了江边，去了他们经常散步的地方。就是想离开这里，也得到江边的码头去乘船呀。

徐悲鸿只穿一件白夏布长衫，顺着下山的石阶连滚带爬直奔江边。不打雷的时候，眼前一片漆黑，根本无法朝前迈步。只得等待雷声一响，电光闪亮的时候看清前边的路，奔跑着多下几阶石梯。一边跑，还一边高声呼喊："静文，你在哪里？静文，你在哪里——"

徐悲鸿呼喊的声音立刻被倾盆大雨淹没，耳畔只有雷声、风声和雨声。雨脚如麻，脚下泥滑，看不清路，一次又一次地从石梯上滚落，然后爬起来继续往前奔跑……

已经来到江边，徐悲鸿仍然不停呼喊，朝着他和廖静文经常相偕而坐的那块岩石奔跑过去。忽然，耳畔又响起一长串惊天动地的雷声，借着长长撕裂天空的闪电，看见前方不远处卧着一个人。断定那一定就是廖静文，于是狂奔过去……

廖静文已经像一堆泥瘫在江边，身体蜷缩，脸面朝下。徐悲鸿将她扳过身，大声朝她呼叫，听见她发一声呻吟，便把她抱起来往回奔跑。

瓢泼大雨没有一丝减弱，雷声响个不停，徐悲鸿十分吃力地往前迈着僵硬的脚步。后来回想起这天晚上的惊险场面时，对廖静文说道："还多亏了那种骇人听闻的雷声，如果没有那不断撕裂天空的闪电光亮，我抱着你是无法走回来的。"

徐悲鸿抱着廖静文进到她的屋里已经精疲力竭，一屁股坐在地板上。歇了好一阵，才爬起来点亮煤油灯，把廖静文安顿在床上。她的精神慢慢舒缓过来，徐悲鸿握住她冰冷的手掌说道："静文，是我对不起你，你还这么年轻，我很可能不能给你带来幸福。我深知你的痛苦和忧伤，你还是不要为我考虑，去做你愿意做的一切吧。"

廖静文紧紧咬住双唇，拿起徐悲鸿的一只手，放在自己的胸口上……

徐悲鸿在形式上与廖静文疏远了，父亲与姐姐的步步紧逼，使这位十九岁的清纯少女别无选择——只得准备考大学。

九、青城山之旅

在中央图书馆举办画展时，有位来自江津三步镇自号"巴都山民"的民间画师涂自乡，以鬻画为生，天天到展厅来参观，并带着作品请徐悲鸿指教。徐悲鸿见他的画画得很大胆，而且富于装饰特色，所画之物皆来自乡间，具有写实风格，于是对他大加赞扬。几天之后，徐悲鸿在沙坪坝遇见涂自乡正在街上卖画，围着一群人。见此，便向他问道："涂老，你这画好卖吗？"

涂自乡见是徐悲鸿，于是受宠若惊，抱拳拱手道："啊呀，徐大师，小的自愧！这年头，十天八天卖的钱不够有钱人家一顿便餐，卖画糊口难啊，每天总是围观的多，三五天也卖不出去一幅。"

徐悲鸿挨张翻看涂自乡的画，然后说道："这么好的画，怎么才卖三十元一幅啊，太便宜了。这要是碰到识货的买主，说不定三百元一幅都不是事啊。"说着，从衣兜里掏出来三百块钱，买下涂自乡的一幅画。围观的人听涂自乡跟他称"徐大师"，知道就是大名鼎鼎的徐悲鸿。于是，他的画被抢购一空。

这年暑期，徐悲鸿率中国美术学院的陈晓楠、李瑞年、费成武、张倩英、孙宗慰、郁风、康寿山、卢形四等人赴青城山写生作画。廖静文虽然准备考大学，可将她一个人丢下不放心，便让她带上复习的书籍和笔记跟他们一块儿出发，一路上复习功课。

李冰是战国时期的水利专家，秦昭襄王末年为蜀郡守，在四川都江堰岷江山出口处主持兴建了中国早期的水利灌溉工程"都江堰"，因而使得成都平原富庶起来。百姓为了纪念李冰、李二郎父子的丰功伟绩，便在都江堰三渠道修建了一座"二王庙"。其碑训，诸多记载了对灌溉水利工程维护的技术要领。徐悲鸿来到都江堰看到二王庙年久失修，立即捐款两万元，以助该庙修缮费用。

青城山为中国道教发源地之一，山奇水秀，气候凉爽。徐悲鸿带学生住进了天师洞，宽敞明亮，在这里创作了《湘君》《湘夫人》，及其大幅国画《国殇》《山鬼》。前者为屈原祭祀保卫国土战死将士的祭歌，对雪洗国耻寄予热望。在抗日战争进行得如火如荼的1943年，作品寓意可见其中。后者《山鬼》取材于屈原的《九歌》，表现诗人借助一位美丽山神女妖怀念公子的场面，同样象征着诗人怀念故国的情怀。

天师洞的小厨师听说徐悲鸿爱喝西红柿鸡蛋汤，每顿饭必做上一道。为了感谢道家的热情款待，临别时，徐悲鸿画了七幅水墨画，首先挑选一幅拿给小厨师，然后才将剩下的分送六位道士。小厨师在接过徐悲鸿手中的画时，心里有点紧张，并且胆怯地朝着道长看了一眼。等到徐悲鸿走后，小厨师便把他的《奔马》换给了周炼道长。然而，此举却引起了易心莹和宗淳师道长的嫉妒。原来，这里也不是一片净土。

从青城山返回成都后，徐悲鸿住在好友成都防空司令陈离家里，受到热情款待。翌日，徐悲鸿便让陈晓楠去找屈义林，希望他带上作品前来一见。屈义林是徐悲鸿的得意弟子，在校时，孙多慈为避开徐悲鸿，曾试图寻找他而获得解脱。正如前边所说，如果当年孙多慈嫁给屈义林，徐悲鸿也就放了心。不料，由于屈义林的颇多顾虑，二十九岁的孙多慈最后嫁了四十五岁而且有着三个孩子的许绍棣。可想而知，徐悲鸿自然心生怨气。

时间如流水，冲走了往日幽怨。听到徐悲鸿邀请，屈义林便带着一帧《仕女图》和一幅《彩墨山水》前来相见。徐悲鸿看过后,感觉比自己想象好得多,并鼓励他"要曲不离口,拳不离手,要对真人写生,对真山取材。"

屈义林还带来一本精制的大幅册页,请徐悲鸿为之作画留念。徐悲鸿则为他画了一只黑白花猫,正从一块寥寥数笔泼墨的岩石上走下来,神情活现,动作敏捷,石缝间生出几枝小草,极其生动逼真。

第四章

多灾多难

　　由于德国护士给徐悲鸿注射的一针葡萄糖引起过敏,使他的血压再次升高,脉搏也变得十分微弱,心脏的收缩压几乎接近于零,生命出现了垂危迹象……

一、欲罢不能

1943年秋天,廖静文考取了金陵女子大学化学系。

金陵女大是美国人在南京开办的教会学校,不但设施良好,学费也不高。战时,金陵女大从南京迁到了成都的华西坝。徐悲鸿把廖静文送到学校后,劝她努力学习,将来为国效忠。

廖静文的父亲和姐姐以为她与徐悲鸿的关系便可以一了百了,蒋碧薇那边也会踏实下来。其实则不然,到了节假日,廖静文还要赶回中国美术学院筹备处看望徐悲鸿,并希他能找到一个新的爱人陪伴他的生活。自己还有四年才能读完大学,如果让他等,时间就太久了。徐悲鸿虽然也希望廖静文有新的生活,然而,在心底深处,两个人却谁也放不下谁。

1943年9月中旬,徐悲鸿在成都祠堂街四川美术协会的画展开幕,廖静文又赶过去帮忙。徐悲鸿仍然住在陈离家里,廖静文除了去展厅之外,有时也跟他到陈离家里小坐。

这次展出的重点作品除了《田横五百士》《九方皋》《巴人汲水》《风雨鸡鸣》外,还有《贫妇》《山鬼》《国殇》《湘君》《湘夫人》《漓江春雨》《十万民工图》等一百六十多幅,都是徐悲鸿此前到灌县和青城山写生时画的。廖静文当时为他铺纸、研墨,亲眼目睹他完成了这些作品。

这次画展蒋碧薇没有露面,但画展结束时,又打发吕斯百前去拿走了卖画款的一半,数目也相当可观。

蒋碧薇的行为虽然有些过分,可徐悲鸿总是念及她陪伴自己东渡日本和赴法留学八年多的情谊,虽然风风雨雨摩擦不断,可毕竟与自己真诚相爱过。她的生活固然有些奢侈,但她不是

《山鬼》(中国画)徐悲鸿作

还带着两个孩子吗。因此，总是毫无怨言，尽量满足她的要求。然而他自己的生活，却非常简朴：所穿的衣服和皮鞋，往往从旧货摊上购买，买袜子仍然像在巴黎留学时从来都是选颜色相同的，以便穿烂一只扔一只，而不是丢掉一双。每天早上出去上课，也仅仅买两只烤红薯充饥。

画展结束后，廖静文陪伴徐悲鸿乘马车游览了新都县桂湖和成都的杜甫草堂。在游览桂湖时，看见马夫特别爱惜他的牡马，付了车费后，便将头天夜里刚刚画好准备游览回来去装裱的一幅《奔马》送给了他。

廖静文见此非常感动，便对马夫说道："老大爷，这张画可是比您的这匹真马还要值钱，可不要随便送人呀。"

马夫连连点头说道："晓得，我听说过大画家徐悲鸿画的马最出名。"

不料，游览完杜甫草堂，在清理一些不出售的作品准备返回重庆时，由于疲劳过度，徐悲鸿却病倒在床：体温和血压升高，头晕发冷，脸色苍白，身体消瘦，而且又犯了在法国求学时的胃痉挛症，疼痛得大汗淋漓，不得不住进医院。

在这种情况下，廖静文不忍心将徐悲鸿一个人丢在医院

病中的徐悲鸿虬发长髯，俨然一位年逾古稀的老人，然而他的目光却炯炯有神，对生活充满自信。廖静文成了他的守护神。表情安然，无怨无悔

陈离出川抗战时，全家人为之送行

里回去上课。于是急忙向学校请假，留下来照顾他。

老友陈离来到医院探视时，见徐悲鸿非常虚弱，离不开人。可重庆那边还有许多重要工作等他回去处理。于是规劝廖静文放弃学业，回到徐悲鸿身边一边工作一边学习。

廖静文不想舍弃学业，徐悲鸿也劝她不要分心，回到学校去安心读书。于是，她便急忙返回学校。可她的心里惦记着徐悲鸿，既看不进去书，到实验室也做不成实验。就又赶紧跑回到徐悲鸿的床边。

二、两张飞机票

陈离，字显焯，号静珊，1892年出生于四川安岳的贫苦家庭，1915年毕业于四川陆军军官学堂，历任排长、连长、旅长、师长。

自1927年，陈离便开始接近共产党，于1935年保护萧克将军北上抗日。1937年9月，时任22集团军第127师中将师长，跟随邓锡侯沿川陕公路步行出川，率部驻防山西洪洞，并参与"太原保卫战"。1938年1月，山东韩复榘不战而退，津浦线北段无兵防守，陈离与川军抗日将领王铭章、张自忠等率部驻守山东滕县。

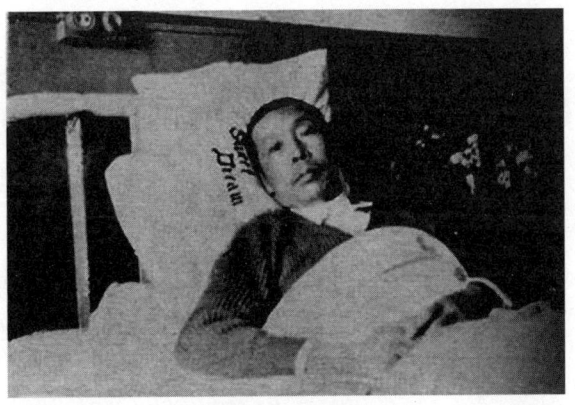

负伤住院的陈离

1938年3月14日，日军第十师团和板垣师团在战机、坦克、重型大炮掩护下进犯滕县，陈离与王铭章带兵奋勇迎敌。敌军日投弹量超过两万枚，造成中国军队伤亡逾万。滕县保卫战持续四天半，有力支援了台儿庄战役的最终胜利。可王铭章将军却壮烈牺牲，陈离在突围时右腿被日军机枪击中，转移到汉口协和医院治疗。

1938年7月，陈离伤愈重返抗日前线，率127师驻守随县、枣阳、大洪山一带，与李先念领导的新四军第5师接壤。李先念不止一次拜访陈离，共商抗日大计。当时，李先念没有电台，也没有军用地图，与党中央和各友军通讯不便。陈离则不顾蒋介石控制，将一部15瓦特电台，还有军用地图和五千多件棉背心送给了李先念所率部队。

1939年初，日军向李先念部厉山阵地发起猛烈攻击，陈离则命令营长罗仁飞率部紧急增援。日军调转火力，新四军得以突围，但罗仁飞及其部下几乎全部阵亡。

一天，时任八路军总司令朱德登门拜访，为陈离送去在平型关大捷中夺得的战利品——一匹高大的东洋战马。

1942年，由于东北军地下党负责人项乃光被捕叛变，供出陈离与共产党人的联系。因此，陈离先后四次被蒋介石投入监狱，但都被国民党高级将领、时任四川防空司令邓锡侯将军救出。随即被他委任为四川防空副司令，1944年调任成都市市长，在抗战后期保卫成都、打击日军空袭中做出了重大的贡献。

徐悲鸿与陈离已是多年朋友，1942年深秋到灌县青城山写生时，陈离带他游览了成都宝光寺。徐悲鸿还为宝光寺绘制了一幅高178厘米、宽95厘米的中堂立马图。

廖静文考进金陵女子大学化学系后，陈离的夫人张士正恰好也在该系就读，二人便成了同学和好友。

陈离因为有与徐悲鸿及廖静文与张士正的双层关系，在徐悲鸿病重需要照顾时，才规劝廖静文放弃学业，待在他的身边。

廖静文虽然与陈离的夫人张士正是同学，可她原来却没有见过陈离——因为他是高官，张士正一般不往家里带人。只是在徐悲鸿画展开幕那天上午，廖静文才见过陈离一面：他的个子比徐悲鸿略高，带有一种多年形成的军人气质——身材笔直，面庞清瘦，嘴唇紧闭，讲话干净利落。在画展的开幕式上，他对徐悲鸿的画和他为抗战四处奔波筹集资金的爱国行为进行了高度赞扬。讲完话，在徐悲鸿的陪同下观看完作品便离开了。

现在，画展结束了，徐悲鸿也病倒了，廖静文一直守在他的床边。

几天之后，陈离带着张士正又来到病房，伸手摸摸徐悲鸿的额头，询问一下病情，然后看着廖静文说道："徐先生一个人单身过了七年，真不容易呀，你何必一定要读大学呢。在他身边也能学到很多东西。为了他对国家的贡献，你应该做点牺牲。"

廖静文看看陈离，又看看徐悲鸿，什么话也说不出来。张士正牵住她的一只手领到一边，静静倾听陈离与徐悲鸿聊天。

张士正与廖静文的年龄相仿，生得花容月貌，比陈离小三十岁，但却是自愿嫁给他的。

不料一年之后，廖静文已经离开金陵女子大学，陈离再次因与共产党人的关系被叛徒出卖，蒋介石发出手谕调他去南京。邓锡侯深知此次凶多吉少，性命难保，便让他连夜逃离。

在十万火急情况下，陈离立刻离开成都。可此时，却见不上张士正，于是便给她的同学罗女士留下了联系方式。不料，罗女士正在暗恋陈离，并没把他要见妻子的消息告诉张士正，而且从中进行了挑拨。因而，陈离与张士正离散了。可当时，张士正已经怀上了陈离的孩子。

后来，张士正生下一个男孩，因为寻找陈离无望，便带着孩子嫁给了上海的执成。不久，陈离也娶妻生子。

陈离和张士正离开后，徐悲鸿则对廖静文说道："你不必为我分心，我不是一个人已经过了七年吗？再加四年是十一年，现在已经过了多半啦。"

就在徐悲鸿的身体恢复得刚能行动时，陈离将两张飞往重庆的机票送到廖静文手里，劝她还是放弃学业，待在徐悲鸿身边。

尽管徐悲鸿并不同意，对廖静文进行了耐心劝诫，可她经过反复激烈的思想斗争，最后还是听从了陈离的意见。

陈离用他的车子将徐悲鸿和廖静文送到机场，登机回到了重庆磐溪。

1949年，陈离与邓锡侯将军促成了川军起义，成都和平解放。新中国成立后，陈离历任西南水利部副部长、湖北省副省长、国家林业部副部长等职。

三、千辛万苦

廖静文的无私奉献就在于此：如果不弃学，她有可能成为一位化学家、教育家。而化学家、教育家可以有很多。可回到了徐悲鸿身边，扶持他、激励他，特别是保护了那些价值连城的作品及其收藏，却非她莫属。这也成为人们对她尊敬和爱戴的原因。

可是，当廖静文陪着徐悲鸿回到磐溪后，却又引起了蒋碧薇的注意，于是又开始给她的父亲和姐姐写信,内容仍然还是原来写过的。这样,廖静文的行为重新受到家庭的干涉……

为了得到父亲和姐姐的理解与支持,廖静文不得不去贵阳。她知道要想说服他们,并非一件轻而易举的事。于是,到达贵阳后,便在姐姐所在的师范学院旁边租了一间小屋住下来。

廖静文走后、徐悲鸿每天依旧到中央大学去上课,回到磐溪,还要处理筹备处的许多事情,下午和晚上又要连续作画。出于一种职业责任,他还撰写了《西洋美术对中国美术之影响》一文,发表在1944年1月1日重庆《时事新报》上,这里节选一段可见一斑:

> 法国在1914年大战以前,其艺术已有堕落之根性,如赫努瓦之被捧起,严正作风之遭讥讪;如巴纳及路杭皆足以使远见者隐忧。此虽画商之作祟(鄙人数年来已屡次作文谈及),但其热闹如此,影响及于日本,再由日本传到中国(野兽派所供养之马蒂斯等等会有人崇拜,最适合一班毫无根底,中道彷徨之小呵子),此虽过去二十年中之巴黎艺界之话剧。但在今日中国尚有恋恋者,是诚难怪中国社会之未予理会,实在叫人摸不着头脑!故即作历史之追溯,远自郎世宁,中自上海土山湾西洋教士之画室,近至两江师范艺术科。周湘、张聿光诸先生所设初期美术学校等等,皆有数十年之历史,但其影响终不显著,无他,固西洋美术实未尝到中国也!
>
> 必何如而西洋美术始到中国?非常简单,战前花十万元从伦敦买巴撒侬全部模型,从意大利买到米开朗琪罗之《摩西》,陈之于公共场所,看他能不能于中国美术几微影响!(中央大学藏有《掷铁饼者》(奴隶)《安波罗》等十余具稿,因之产出七八位有希望之青年画家,今日正有贡献。)欧洲人之通汉学,必自舍万尼斯之译传太史公之史记起。此事理之无可疑者。
>
> 在先已受欧洲写实主义刺激者,迨"九一八"直至与倭寇作

战，此写实主义绘画作风，益为吾人之普遍要求，惜乎当日未能广予栽培。虽有多树开花多树结实，但硕果终嫌太少，实因耕耘之不足！

其中最显著之效果，还推舞台艺术，若从生活方面言之，留德同学会之西餐亦还可口，再举懒椅，未见趣味高雅者，视吾原有之木器，尚大有逊色也！

抗战前五十年中吾国艺术之可谓衰落时代，西洋美术乃一博大之世界，吾国迫切需要之科学尚未全部从西洋输入，枝枝节节之西洋美术更谈不上！吾之欣幸者乃因第二次世界大战，消灭大半可恶之欧洲国际商，可以廓清西洋美术障碍——吾国因抗战而使写实主义抬头，从此，东西美术，前途坦荡，此后二十年中，必有灿烂之天花，在吾人眼前涌现，是诚数千万为正义牺牲者之血所灌溉得来，在吾国未来社会，将视为生活所需之营养，必不致为人漠不关心，乃不妄所敢断言也。

版画不能视为西洋美术，因吾国椎拓之术最早。而五彩印刷亦最早也。但吾国当代之版画家，吾又不能谓其未受西洋画影响。如李桦极近意大利普利玛提斯，而古元尤有法国巴比松中田家之调。惟欧洲古今，版画家类均是大画家，如曼坦那、丢勒、伦勃朗，近代如门采尔、左恩、倍难尔、勃朗群，皆旷世之大画家，故吾愿从事版画诸公造诣时，先从西画着想，则诸公之贡献，当更伟大也。

徐悲鸿的生活已经不能没有廖静文，无时无刻不在惦记她；另一方面，他也有些担心——害怕廖静文去后不能说服姐姐和父亲。那样的话，就会给他们的关系带来意想不到的麻烦……

终于熬到寒假，徐悲鸿本想立刻飞到廖静文身边去。可蔡光讱、徐振中的书画要在重庆夫子池励志社展出，他便与吴铁城、余中斯、林风眠、傅抱石、吕斯百、陈树人、黄君璧、陆丹林、丰子恺等人都要在《中央日报》

（重庆版）上写文章介绍蔡光讱和徐振中的画展。还要为《新民晚报》写《故宫书画展巡礼》一文，一直忙到腊月二十九深夜方可脱身。

除夕早晨，徐悲鸿搭上一辆开往贵阳的邮车——他以为，邮车能够早些到达，快一点见到廖静文。不料，车开至半路，却在深山沟抛了锚。他身穿长袍，中分头被山风吹得乱蓬蓬，翘首等待着从重庆开来的长途客车。两个小时后，客车终于到达脚下。

徐悲鸿已经饥肠辘辘，便用拳头顶住胃部登上车厢。汽车开出一个时辰后到达一家客栈，才买到两个烧饼，狼吞虎咽地吃下肚子。倒霉的事情接连发生：长途汽车跑出去五十多里地竟然又抛了锚。恰在此时，一辆敞篷货车开来，他便跟着从客车上下来的人挤了上去。

卡车本来已经装满货物，又挤上去这么多人，徐悲鸿连脚都没地方放。可为了在这除夕之夜见到他心中的"静文"，也只能顽强忍受——他的心早已经飞到了她身边。不料，更加倒霉的事情再次发生：由于山路崎岖，碎石锋利，汽车超载，开到离贵阳四十华里时又遇上轮胎爆裂。在此之前，也曾爆裂一次，司机已将备用轮胎换上。现在，也只好抛锚等待救援。

这地方倒有一家小客栈，可以吃住。然而徐悲鸿却心急如焚，一刻也不想停留。

天色已晚，而且下起了蒙蒙细雨，道路很滑。徐悲鸿在客栈的门前来回踱步。他已经给廖静文写去信，说他要在除夕到达她的身边。如果住下来，也就失信了，她的父亲和姐姐也会认为他是个不守信誉之人。那么他与廖静文的婚事就有可能告吹。考虑再三，横下一条心，便用两手提着长袍的底襟上了路。

四十华里的路要在从前，徐悲鸿最多用两个小时就能走完。他十七岁时候，在宜兴给三家学校上图画课，三所学校的距离超过五十华里，每天都是健步如飞，从来就没当回事。可现在，他已经五十多岁不说，而且天色漆黑，路途泥泞不堪，一不小心就会滑倒。

雨水顺着徐悲鸿的头发，顺着脸颊和衣襟不停往下流淌，长袍全都溅满了泥浆。可他的心里只想着廖静文，于是寻到一根树棍当拐杖，艰难地，连滚带爬地行进在山涧崎岖不平而又非常泥滑的公路上……

此时的廖静文,正焦急守候在贵阳师范学院附近租住的小房里,从早晨等到中午,中午等到晚上,晚间又等到夜里,不断推开房门到外面张望,整整一天水米未进。姐姐三番五次劝她吃点东西,可她说一点胃口都没有,还是等徐悲鸿来到再说吧。

漆黑的天空雨越下越大。廖静文的心里更加焦急,跑出去好几趟,衣服都湿透了,也不见徐悲鸿的身影。入夜之后,姐姐又劝她别等了,他不会来了,吃点东西睡觉吧,我也好回学校去。可她坚信徐悲鸿一定会在除夕这一天到达她的身边。时间已经到了午夜十二点,她觉得他一定是出了什么意外!这样一想,她的心就像被无数只猫爪抓挠,再也无法忍受,一下子扑在姐姐怀里痛哭起来……

徐悲鸿终于来到廖静文租住的屋门前,不料却听见里面低沉的哭泣声。他惊诧地站直身子喘几口气,才有节奏地敲几声门。

廖静文虽然在哭泣,可耳朵却一直在悉心倾听,希望立刻有奇迹出现。刚一听到徐悲鸿独特而有节奏的敲门声,马上从姐姐怀里爬起来扑到门口……

廖静文惊呆了:站在面前的徐悲鸿脸色苍白,头上、脸上和衣服上全是脏兮兮的泥水,还在不停往下流淌。于是不顾一切将他拉进屋里紧紧拥抱起来,哭声更大了,听得姐姐鼻子一酸泪水也流下来……

稍稍平静后,廖静文便把徐悲鸿拉到火炉旁边,在屋里四处乱翻给他寻找能够替换的衣服。可是,这里根本就没有适合男人穿的服装。于是抱起棉被,让他将湿透的棉袍换下来,围上棉被坐在火炉旁边。

徐悲鸿围着被子一边烤火,一边对廖静文和她姐姐述说一路的艰辛……

廖静文的姐姐被徐悲鸿的精神和对妹妹的深情打动,遂又渐渐说服了父亲。

由重庆出发之前,徐悲鸿已在报纸上发表了一则声明:

悲鸿与蒋碧薇女士因意志不合，断绝同居关系，已历八年。中经亲友调解，蒋女士坚持己见，破镜已难重圆。此后悲鸿一切，与蒋碧薇毫不相涉。兹恐社会未尽深知，特此声明。

到达贵阳的当天，按着当地习俗，徐悲鸿又在报纸上刊出一则启事：

徐悲鸿廖静文在筑订婚，敬告亲友。

徐悲鸿住进一家旅店，报纸刊发他来到贵阳的消息后，新闻记者、学生、朋友和求画者立刻拥入他的房间。他则开始一刻不停地接待来访者，马不停蹄地满足索画者的要求……

四、失而复得

徐悲鸿与廖静文短暂相聚后，便返回重庆，要将一些事情处理完，再回贵阳来与她结婚，并打算住在郊区画些画。

在徐悲鸿离开的两个月里，廖静文不断给他写信，他也不断给她回信。可是，两个人均未收到对方一封信件。最后，廖静文拍去的电报，也如石沉大海。

原来，二人来往的信件和电报全都被人截走了，而且拿到张道藩主管的宣传部文艺处去宣读，被大家当作笑料……

由于得不到对方消息，焦急万分的廖静文便搭邮车穿越崎岖不平的川黔公路赶回磐溪；而此时的徐悲鸿则进城托新华书局的朋友打听廖静文在贵阳的消息去了。

两天之后，徐悲鸿回到磐溪，才得以与廖静文相见。当得知他们的信件和电报都被张道藩从中捣鬼时，其愤怒程度可想而知……

徐悲鸿与廖静文正准备结婚时，蒋碧薇又突然出现：要求与他办理离婚手续，并索要一百万元、一百幅画和四十幅古画——其中点名索要任伯年的《九老图》，作为她今后的生活费；还让他以后每月拿出收入的一半，作为两个子女的抚养费。

本来，蒋碧薇当年是与徐悲鸿私奔的，并没履行结婚手续。现在分开了，也用不着办理什么手续。律师还说，除了子女抚养费外，蒋碧薇的其他要求可不予理睬。可徐悲鸿还是念及蒋碧薇与他最初的那段感情，而且已经有了两个孩子——办没办理结婚手续只是形式问题。因此，还是答应了她的要求。

于是，徐悲鸿每天不但要到中大去上课，又开始了日夜不停地作画。古画倒是现成的，有些还是与蒋碧薇共同生活时候购买的。但还要多画些画出售，以凑足给她的一百万元。

当徐悲鸿把蒋碧薇索要的钱和画的一半，通过吕斯百交给她时，又传来使人震惊的消息：徐悲鸿在中央大学原来的学生卢荫寰从昆明来信说，她在一个朋友家里，见到了他 1941 年在昆明丢失的《八十七神仙卷》。

徐悲鸿看完信后血压立即升高，坐卧不安、茶饭不思、夜不成寐，不知道如何才能将《八十七神仙卷》搞回来。如果向公安局报案，或者方式不当，又怕打草惊蛇，使得持画人将其毁掉。

恰在此时，刘汉钧不期而至。徐悲鸿眼前一亮，遂请他帮忙。刘汉钧欣然允诺，徐悲鸿于是给他凑一笔钱，打发他去昆明。刘汉钧走后，很快从昆明来信说，见到了那幅丢失的《八十七神仙卷》，但想要赎回，还需要一大笔钱，而且要备上徐悲鸿的二十幅作品。

本来，为了备足给蒋碧薇的画和钱款，徐悲鸿日夜操劳，已经疲惫不堪。现在又出来这么一档子事，哪还有心思考虑与廖静文结婚的事。

重庆的夏天犹如火炉般酷热，徐悲鸿每天除了去"中大"上课，都要汗流浃背地作画，站得脚踝、脚掌和小腿都浮肿了，晚上睡觉袜子都脱不下来。虽然有廖静文陪在身边铺纸、砚墨，心情是愉快的，但他的身体透支太多，还是又病倒了：血压高达二百，随时都有脑溢血和中风的危险，而且伴有肾炎，全身浮肿。医生说他已经达到了病危的程度。

尽管如此，徐悲鸿仍然不肯休息：给"刘将军"的二十万元和二十幅画作虽然都已寄出，但答应给蒋碧薇的画作和钱款还差一半。

不久，刘汉钧从昆明归来，将《八十七神仙卷》交到徐悲鸿手上。虽然题款和"悲鸿性命"图章都被挖掉了，但画面还算完好。当年画卷丢失时，徐悲鸿失魂落魄，五脏俱裂，一病不起。如今画卷又重新出现，不觉悲喜交集，激动万分，遂赋诗一首：

得见神仙一面难，况与侣伴尽情看。
人生总是艻菲味，换得金丹丸骨安。

徐悲鸿十分感激刘汉钧。事后，他也总来索画。徐悲鸿也从不拒绝，仍然像在新加坡时一样，有时一次就赠他五六幅之多。

然而，令人难以置信的是：盗走《八十七神仙卷》的人，正是这位刘汉钧——"刘将军"。

刘汉钧自打在新加坡画展上结识了徐悲鸿之后，就盯上了他——总是前去拜访、索画，并与他一同回国；就连徐悲鸿在途中如何将《八十七神仙卷》捆绑在自己的肩头上，都没逃过他的眼睛。随后，他就一直在暗中窥视他。徐悲鸿来到昆明举办画展，他也尾随而至，在他住处对面的楼上租下一个房间，每天用望远镜观察他的行踪。5月10日空袭警报响起后，徐悲鸿锁好门下楼钻进了防空洞。刘汉钧便从窗户顺绳而下，在警报的鸣叫声中爬上楼，撬开门盗走了《八十七神仙卷》和三十多幅作品。

得手之后，刘汉均遂带上《八十七神仙卷》和徐悲鸿的画作跑到南洋，打着"筹赈义卖"的旗号，卖掉了他的画，发了一笔横财。可《八十七神仙卷》却未遇到慧眼识金者。于是，又带着画卷跑回昆明，导演了一出让卢荫寰碰巧看见"画卷"的一幕……

真相大白后，徐悲鸿的学生与亲友全都义愤填膺，让他控告刘汉钧。可他却觉得，国宝已经"完璧归赵"，其他就不必追究了。同时，他也没有时间去做劳神费时的事，汲取教训远离刘汉均就得了。

五、生命垂危

由于应对蒋碧薇和赎回《八十七神仙卷》的操劳，徐悲鸿又病倒了。廖静文将他送到老朋友杨德纯凉风垭场的家里——他家离一家诊所很近。

为徐悲鸿检查病情的医生康特早年在德国留学时曾因失恋而卧轨自杀，两条腿被轧断后送进医院抢救。住院期间，他又切断手腕上的动脉血管，血流如注，幸而被一位德国护士米爱尔发现，才将他救活。由于同情与怜悯，米爱尔给了他许多慰藉，使他有了重新活下来的勇气，最后二人产生恋情结为夫妻。

康特安上假肢后，带着米爱尔回到重庆，开了一家私人诊所。

康特看见陪着徐悲鸿前来看病的廖静文，知道他俩还没结婚，但却恩恩爱爱。也许与自己的亲身经历有关，便非常耐心地劝说徐悲鸿，让他住院治疗。廖静文立刻把他送进了重庆中央医院，拿出他和自己身上所有的钱才凑足住院费。

徐悲鸿住院后，他的薪金就被蒋碧薇领走了。廖静文两手空空，却又不愿开口跟人借钱，只能睡在病房的地板上，每天背着徐悲鸿站到走廊里用他吃剩的饭菜充饥。一个月后，徐悲鸿的血压渐渐平稳，浮肿也慢慢消退。

廖静文将徐悲鸿接回凉风垭场杨德纯家，还请康特给他检查病情。可没几天，由于米爱尔给他注射了一针葡萄糖引起过敏，还像上次病危时候一样：血压再次升高，脉搏也变得十分微弱，心脏的收缩压几乎接近于零。生命又出现了垂危迹象，廖静文又将他送进中央医院。

蒋碧薇的嗅觉异常灵敏，听到徐悲鸿病危的消息，不但扣下了他的薪金，还跑到住处要搬走他的全部作品和收藏。当杨德纯夫人跑到医院将消息告诉给廖静文时，她则说道："现在我不能离开医院——不能离开徐悲鸿。假如一旦有个三长两短，他的东西我一点都不要。可他如果好了，她所搬走的东西还得全部还回来。"

后来，经徐悲鸿学生和朋友们的劝阻，蒋碧薇才不得不罢手。

徐悲鸿并不知道他住院后，薪金就被蒋碧薇给取走了。廖静文为了不增加他的烦恼，也不敢将事情的真相告诉他。住院的钱花完了，她不得不向杨德纯告贷……

在此情况下，一些亲戚和朋友过来规劝廖静文，让她离开徐悲鸿。可她的态度却非常坚定，仍然一步不离日夜守护在他的床前，为他读书、读报，驱除他的寂寞；仍旧背着他，到走廊里用剩饭残羹充饥。

徐悲鸿的朋友和学生得知他的情况后，全都伸出了援助之手，才得以缓解经济紧缺的窘况。

三个多月后，徐悲鸿的病情渐渐好转。由于入院后从未理过发，浓密的胡须飘在胸前，俨然一位年逾古稀的老人。

1944年冬天，徐悲鸿出院后，廖静文将他接到磐溪石家祠堂，生起一只炭火盆，感到十分温暖。然而，徐悲鸿却一直郁郁不悦。虽然廖静文对他照顾得无微不至：总是陪他外出散步，还像在医院里一样给他读书、读报，精心为他调理饮食。可越是这样，他就越感到心情沉重。廖静文不知其故，经过再三追问，他才说道："静文，我实在不忍心让你这样跟着我受苦了。我的年纪比你大这么多，身体如此虚弱。可你还这么年轻，我怕我不能带给你幸福，你还是离开我吧。"

廖静文听了，不假思索地说道："悲鸿，你在这种情况下，我怎么能忍心离开你呀！你的身体，完全是为了国家、为了工作劳累所致。你的毅力，你的人格都给了我巨大的精神力量。待在你身边，让我感到莫大幸福。你放心吧，我是不会离开你的；你的身体也会好起来，你应该有信心才是。"说完，竟嘤嘤嘤地痛哭起来……

听了廖静文的话和她的哭泣，徐悲鸿将她抱住哄她别哭，以后再也不说这种话了。廖静文破涕为笑。在给王莹的信中，徐悲鸿写道：

莹弟惠鉴：

　　得手书之辄拟作画奉复，奈病后精神不佳，屡画不成，以是稽复，良谦于怀，得悉近况，喜不自胜！

　　弟赴美仅需一种工具，语言文字是也。今以数年之力，已致获之，则弟之才能智慧学识皆能如愿发挥，其成功岂可限量，抑又得大文豪赛珍珠女士之支持乎？所望勿骄勿夸，虚怀若谷，日进不已，树大旗于艺坛，企予望之。

我平日工作甚力，从未少懈，以为精力足以自支。逮去年夏乃得血压高之病，兼患肾脏炎卧病于中央医院半年，今虽起居如恒，迄未复原，故壮志顿灰，且幸内子廖静文女士辛勤看护，渐能工作，恐尚需一年方能恢复体力耳。闻黄孟圭先生去年在星洲作古，思之黯然神伤。至弟前所用款并不积极还我，因现汇美金必致损失甚巨，而我来美国之意并未打消，胜利来临太速，故一切均措手不及，中大复员必待明年，愿善自珍重，并祝

旅安

悲鸿 顿首 中秋

（1945年）9月10日

徐悲鸿从医院回到家里，廖静文才把入院后薪金被蒋碧薇领走的实情告诉他——领取薪金的图章，一直存放在吕斯百手中。徐悲鸿听了顿觉不悦，便将图章从吕斯百的手中收了回来。可事后，徐悲鸿的女儿丽丽又登门前来想要拿走他每月薪金的一半。

丽丽还只是十五岁的孩子，徐悲鸿让她算算账每个月需要多少钱？她便把学杂费、住宿费、伙食费等加起来说给了父亲。他听了说道："丽丽，你所说的这些钱，我都双倍给你可以了吧？我现在还有病，不能出去卖画，你要是把薪金拿走一半，我们怎么生活呀？"

听了父亲的话，丽丽高兴地走了。可不久，受到母亲的纵容，她却带着行李搬到了徐悲鸿这里来。可住了一段时间，见这里的生活还不如在母亲那边的好，于是又搬了回去。

徐悲鸿的身体虽然慢慢恢复起来，可仍然十分虚弱。于是每到周三和周五才支撑起来到中大去给学生上课，作画也不像以前那样连续不断了。

六、豪情不让千钟酒

1945年2月5日上午，郭沫若由重庆市区赶到磐溪看望徐悲鸿。

郭沫若带来了红枣和小米，从手提包里取出来说道："悲鸿，这是周恩来从延安带回来的，托我送给你，并嘱我转致他的问候。他实在太忙，不能亲自来看你，十分抱歉。"

徐悲鸿于1926年2月3日早晨经新加坡只身回到了阔别六年之久的祖国——抵达上海时，在田汉举办的消寒会上，与郭沫若一见如故，从此开始了日后的真诚交往。

郭沫若原名郭开贞，1919年发表新诗时开始使用笔名"沫若"。1920年3月19日，田汉到郭沫若在日本的家里做客，由当时在日本留学的宗白华介绍，与郭沫若成为挚友。当时，郭沫若的夫人是日本籍的安娜，他们的第二个儿子博生出世才刚刚三天。

1921年，郭沫若的新诗集《女神》出版后名声大振，被誉为点燃了千百万革命者心中的火焰，为中国诗坛树起了一座丰碑。1924年，郭沫若翻译的马克思主义著作《社会组织与社会革命》出版后，使他成了"彻底的马克思主义者"。

老朋友相见，徐悲鸿非常兴奋，与郭沫若围着炭火盆谈论他的病情，谈论时局，谈论解放区的艺术。郭沫若乐呵呵对他说道："抗日战争已经到了最后阶段，胜利在望了；你赶紧把身体养好，咱们好好欢庆胜利。"说着，从提包里取出由他起草的《陪都文化界对时局进言书》，跟徐悲鸿征求意见。

1940年9月6日，国民政府发布《国民政府令》，"明定重庆为陪都"，重庆也就变成了中国战时的首都。《陪都文化界对时局进言书》，意在反对蒋介石的独裁统治，呼吁成立有共产党参加的联合政府，取消特务组织，给人民以出版结社的自由。

听了郭沫若的话，徐悲鸿抑制不住内心的激动，烤在火盆上的双手来回摩擦，然后将进言书拿在面前仔细看了两遍，不停点头称许。

徐悲鸿与郭沫若谈着话，廖静文跑下山去，买回来一瓶四川泸州大曲和几样小菜。郭沫若比徐悲鸿大三岁,由于徐悲鸿的身体还没完全恢复,不能喝酒,郭沫若便与"弟妹"对饮,三人其乐融融。

随后,郭沫若挥笔作一首七绝:

豪情不让千钟酒,一骑能冲万仞关。
仿佛有人为击筑,磐溪易水古今寒。

徐悲鸿看了,激情无限,遂让廖静文铺纸、研磨,要为郭沫若画一匹《奔马》。

廖静文虽然觉得徐悲鸿的体力不支,还是照他的话办了。徐悲鸿则从床上下来开始挥毫,可一落笔,手就抖得不行,无法成章。郭沫若便将他扶到床上坐好,说道:"你呀,还是好好把身体养好再说吧!"

徐悲鸿只得朝郭沫若歉意地笑了笑。

时隔不久,徐悲鸿原来在中央大学的学生郁风受夏衍之托,将郭沫若修改好用毛笔小楷抄写在一尺多高长卷上的《陪都文化界对时局进言》书拿来,让徐悲鸿签字。上面已经有许多文化名人签了名,领衔的便是郭沫若、翦伯赞、夏衍。徐悲鸿看后,与廖静文都在上面签下了自己的名字。

两个星期后——1945年2月20日,这份有着三百一十二位文化名人签字的《陪都文化界对时局进言书》,便刊登在重庆的《新华日报》上,这里摘其纲要:

(一)由国民政府立即召集全国各党派所推选之公正人士组织一临时紧急会议,商讨应付目前时局的战时政治纲领,使内政、外交、财政、经济、教育、文化等均能有改进的依据,以作为国民会议的前驱。

(二)由临时紧急会议推选干练人士组织一战时全国一致政府,以推行战时政治纲领,使内政、外交、财政、经济、教育、文化等均能与目前战事配合。以上二大纲实为实现民主的必要步骤，政府既决心还政于民，且不愿人民空言民主，自宜采取此项步骤，使人民有实际参与政治的机会，共挽目前的危机。更就有碍民主实现者而言，则有荦荦六大端，应该加以考虑。

1. 审查检阅制度除有关军事机密者外不应再行存在，凡一切限制人民活动之法令皆应废除，使人民应享有的集会、结社、言论、出版、演出等之自由及早恢复。

2. 取消一切党化教育之设施，使学术研究与文化运动之自由得到充分的保障。

3. 停止特务活动，切实保障人民之身体自由，并释放一切政治犯及爱国青年。

4. 废除一切军事上对内相克的政策，枪口一致对外，集中所有力量从事反攻。

5. 严惩一切贪赃枉法之狡猾官吏及囤积居奇之特殊商人，使国家财富集中于有用之生产与用度。

6. 取缔对盟邦歧视之言论，采取对英美苏平行外交，以博得盟邦之信任与谅解

《陪都文化界对时局进言书》的发表，震动了全国人民，引起蒋介石极大愤怒，将张道藩大骂一通。张道藩则派人前来威胁徐悲鸿，让他和廖静文发表声明收回签名，但却受到他俩严词拒绝……

一天下午，张道藩突然亲自跑到寓所来看望徐悲鸿。他知道他是为"进言"签名之事来的，便用一种厌恶的目光看着他说道："君子有所守，人各有志。我该做什么，不该做什么自有选择。为了该做的事，生命也可以付出。而且人总应该明辨是非，推崇真理。生命固属可贵，但古今中外，不少人为了维护真理，而流血牺牲，我敬重这种品德。至于你们，你们搞的那一套尽是欺骗……"

徐悲鸿的话还没讲完，张道藩便急忙打断说道："老兄，你还是跟当初在巴黎的时候一样。那时候，你年轻，情有可原。可是，现在已过了

二十多年，总该阅世深一些吧？而你，说句不好听的话，是个学究！老是抱住'真理''真理'！你那'真理'值几分钱？一切都应讲求实际才对，识时务者为俊杰，至少也不至于碰得头破血流吧……"

徐悲鸿用冰冷的目光看着张道藩，不愿再与他搭讪。

张道藩受到如此冷落，又说几句不中听的话，便起身告辞，廖静文紧随其后。张道藩回头说道："你留步吧，请不要送。"

廖静文高声说道："我不是送你，是去关大门，害怕猫狗再进来！"

徐悲鸿在屋里听见廖静文与张道藩的对话，不禁哈哈大笑。

两天后的下午，一个陌生人夹着一份《中央日报》来到徐悲鸿家里，指着报纸上的一份声明对他说道："徐先生，你看，在《陪都文化界对时局进言书》上签字的人，在报纸上发表声明了，说他的签名是被人盗用的。张道藩先生让我来找你，说是蒋委员长的意思，也让你在报纸上发表一份这样的声明，不然，你的处境是有危险的。"

原来，张道藩挨了蒋介石怒骂之后，便找到中国文艺社一位在"进言"上签字的职员，拍桌子、踢椅子，将一只茶碗摔到那人面前。那人害怕了，不得不写一份声明登在《中央日报》上。

徐悲鸿听了来人的劝告，看了《中央日报》上声明，然后用冷峻的目光朝他睨斜一眼，斩钉截铁地说道："人在曹、心在汉，我签的名，我负责到底！"

前来劝告的人被徐悲鸿顶了回去，恰逢老友黄君璧前来探望。徐悲鸿撑起身子作《飞鹰图》赠给他，题款曰：

飞扬跋扈为谁凶，君璧老兄一笑。

徐悲鸿的身体又经过一段恢复，即能坚持每周两次到中大艺术系去授课，又能画些国画，而且也能写些文章了。他正伏案撰写一篇《收藏述略》，学生谭勇准备举办人物画展，携画前来求教。徐悲鸿便放下手里的笔，一边看画，一边给他讲解。阅毕，便伏在案头提笔为他写下题词：

二百年来中国绘画之不振者，因画中不见人物也。谭勇君能从生活中撷取新材，予中国绘画以新面目，为之欣慰无极。兹因谭君举办作品展特以介绍。

送走谭勇，徐悲鸿又继续写作《收藏述略》——这是一篇非常重要的文章，读了之后，便会对他收藏的许多价值连城的艺术品有所了解：

凡人嗜好之所集，欧人谓之搜集。国人则谓之藏，又曰收藏。凡收不必定是物之珍奇，要视人性之所好。有藏石者、有聚邮者、有藏书者、有集碑帖者，而收藏书画为远东人最普遍之嗜好。吾生也贫，少长长游学于外，收入仅足自给，诚不能言收藏，唯以性之笃嗜美术，而始学画。我居欧洲。凡遇佳美之印刷品，必欲致之以为快。当1921年至1923年之际，德国通货膨胀，德国印刷术固为世界之冠，此际印刷品价虽陡涨，尚为余力所能及，故世界各大博物院中各大画家名作，搜集殆遍，靡有遗憾。

其时余识柏林美术学院院长某先生，时就问业。先生之艺，沉雄博大，最富日耳曼精神，亦即后日纳粹奉为德国精神之元者也（先生最著名作品为柏林大学中之壁画大哲演讲德国民族主义一图，论者谓德国派中最佳之壁画）。余在1922年得购其两幅油绘题，皆包厢写剧场中之观剧者，又素描五张。迨1933年又抵柏林（因柏林美术会请往展拙作），更得其油绘一，素描二，版画四种。1923年余由德返法，是年冬间因一机会得法国名画家之素描一夹，大小逾百纸，泰半皆其精妙之画稿（巴黎崇贤祠壁画大王奇迹即出其手）。1925年购得达仰先生之画。

十六年（1927）返居沪，以先君酷爱任伯年画，吾亦以其艺信如俗语之文武昆乱一脚踢者，乃从事搜集。五六年间收得大小任画凡五六十种，中以《九老图》《女娲氏炼石补天》，及册页十二扇面十余种为尤精。

二十五年（1936）余居桂林，因得见李秉绶孟丽堂及粤近派之开创者居巢居廉先生手迹，颇为罗致并世作家，率多爱好，特好齐白石翁及张大千兄之作，所得亦富。二十九年（1940）应泰戈尔诗翁之招赴印度，彼所创立之国际大学，固得翁所作画三幅。翁以诗名天下，又为卓绝之音乐家，六十岁后始寄情以绘事，不拘故常，独往独来，诗人漫兴，恒入化机。余曾有文论之。赠余之面具幅，为翁精作之一，吾非常珍视者也。

吾偶然得北苑巨帧水村画。大千亟爱之，吾即奉赠，大千亦以所心赏之冬正《风雨归舟》为报，此为冬正最精之作。

余第三次至欧洲，前巴黎总领事赵颂南先生赠吾明人画一帧，画一士人持镜照妖，一小孩随其后，画笔精卓，署正斋居士，顾不知究是何人手迹。又有老莲为友人写像，颇神闲意得，近复得黄瘿瓢《持梅老人》，俱人物精品。

鄙藏之最可纪者，为唐人画之《八十七神仙卷》，即宣和内府所藏赵孟頫审定之武宗元朝元仙仗之祖本也。此卷后端遭人割去，较武卷后段少一人，但卷前则多一人，共八十七人，故即以名卷。三十一年（1942）夏，在昆明失去，越两年从成都侦还，以为人改头换面，重装，余所盖"悲鸿性命"章已被割去，全部考证材料皆失。且幸全卷无恙，已死之心，赖以复活，此卷关系吾国艺术与考证甚大，一因其道教关键，一因白描人物八十七人中写三帝文官甲士金童玉女无一不妙相庄严，任何古今之人物画均不能匹也。其外，则吾于二十七年（1938）冬过香港，得张大风扇面一，写一士人折梅，清观绝伦。又吾于中日大战前两月访张岳军先生，请观其宝石涛通景屏十二幅，临别蒙先生以童二树荷花见赠，逸气纵横，亦佳品也。

（1945.5.4）

第五章

新加坡沦陷

  从短期的战术角度看，日本偷袭珍珠港，太平洋战争爆发，使得日寇南进势如破竹。不到半年时间，便占领了马来亚、菲律宾、关岛、新加坡、缅甸、印度尼西亚等地，应该算是伟大胜利了。然而，从战略角度上，日本暂时所处的优势，却给日本人民带来了巨大灾难。正如山本五十六所预言：从长远观点看，美国的工业力量实在太强大了，不可能最后输给日本。

  果然，1942年6月，美国在中岛海战中获胜，取得了海上主动权。经过三年苦战，夺回了日本在太平洋上所占各岛；1945年8月，苏联出兵中国东北，中国军队对日寇进行了全面反攻；同年8月6日和8日，美国向日本广岛和长崎投放了两颗原子弹。8月15日，日本天皇宣布无条件投降。9月2日，日本在投降书上签字，太平洋战争结束。

  然而，新加坡沦陷后的损失确是惨重的……

一、林谋盛与庄惠泉

林谋盛和庄惠泉都是徐悲鸿在新加坡筹赈展出时最热心的朋友，曾给过他很大帮助——宗文学校枯井里的东西就是他们帮助隐藏的。抗日战争爆发后，林谋盛出任华侨抗敌总会主任，并组织"抗日义勇军"；和广大华侨同仇敌忾，发动侨界抵制日货，筹集赈款，支援祖国抗战。

徐悲鸿离开后，新加坡沦陷在即，林谋盛与庄惠泉奉命撤离，辗转于印尼、斯里兰卡、印度，飞往战时陪都重庆，出任国民政府军事委员会咨议及福建省临时参议。

如前所述，新加坡沦陷后，日军到宗文学校搜捕徐悲鸿、林谋盛和庄惠泉。幸好林谋盛已经逃离，可他的家却被抄，家里八人被逮捕。

1942年6月，林谋盛与庄惠泉奉命前往印度加尔个答，将流落到那里的两千多名华人组成中国留印海员战时工作队，二人分任正副队长。1943年，两人又奉命组织中央联合军团东南亚华人地方抗日军一三六部队，一起被授予上校军衔，同年十月潜入马来亚开展敌后工作。1944年5月27日，林谋盛不幸被捕，受尽酷刑与折磨后，于6月29日壮烈牺牲，年仅三十五岁。

抗战胜利后，庄惠泉前往马来亚觅得林谋盛忠骸，于1946年1月13日在新加坡政府大厦举行公祭。当时的国民政府派员参加，并追认他为陆军少将。

徐悲鸿听到林谋盛牺牲的消息后，无限悲痛。如果他还活着的话，到崇文学校清理那些艺术品的，应该是他与黄曼士和刘抗。

二、郁达夫、王映霞的恩怨情仇

前卷已有所介绍，因为妻子乱情，郁达夫早有来南洋的打算。

早在1938年的秋天，郁达夫只身再赴福州供职。一个月后，面临战火，王映霞带着全家搭乘火车往长沙东行，到了浙西江山。郁达夫便函电催促，叫她把岳母和两个小孩留在江山，只携长子郁飞前来福州。

王映霞不知缘故，一刻不敢怠慢。一到福州，郁达夫即对她说道："我已答应新加坡《星州日报》之聘，马上就要带你们母子远赴南洋。"

王映霞惊诧道："那么在浙西的母亲和孩子呢？"

郁达夫斩钉截铁答道："已经拜托友人代为妥善照料了，事急世乱，难得周全！"

王映霞毫无选择余地，带上郁飞于1938年12月18日随郁达夫从福州上船，经香港，于28日抵达新加坡，住在中巴路二十二号三楼三房一厅公寓里。

郁达夫原以为，他与王映霞已经离开是非之地，夫妻之间自然就会和好。然而却事与愿违：王映霞觉得她是被他骗来新加坡的，于是天天与他吵架。

郁达夫不但担任《晨星》和《华侨周报》主编，每天都要写文章。而且还担任新加坡抗敌动员委员会和文化界抗敌联合会要职。工作非常繁重，又受到王映霞干扰，实可谓不堪重负。

恰在此时，郁达夫的老朋友——香港《大风旬刊》主编陆丹林向他约稿，他于是如同吃了砒霜的老虎，气急败坏地将《毁家诗记》的十九首诗和一阕词加以注释，寄给了陆丹林。

1930年，郁达夫（前左二）与鲁迅先生等人，应日本友人内山完造邀请，参加文艺座谈会，和与会者留影

郁达夫与王映霞

一阕词即《贺新郎》：

> 忧患余生矣！纵齐倾钱塘潮水，奇羞难洗。欲返江东无面目，曳尾涂中当死。耻说与，衡门墙茨。亲见桑中遗芍药，学青盲，假作痴聋耳。姑忍辱，毋多事。
>
> 匈奴未灭家何恃？且由他，莺莺燕燕，私欢弥子。留取吴钩拼大敌，宝剑岂能轻拭？歼小丑，自然容易。别有戴天仇恨在，国倘亡，妻妾宁非妓？先驱寇，再驱雉。

郁达夫还在《贺新郎》的注释里写道：

> 许君究竟是我的朋友，他奸淫了我的妻子，自然比敌寇来奸淫强得多；并且大难当前，这些个人小事，亦只能暂时搁起，要紧的，还是为我们的民族复仇。

而另一条的注释中却更加刺眼：

> 郁达夫、王映霞二人在金华重逢时，王映霞以刚来月假为由拒绝与郁达夫行房，两天后却与许绍棣驰车夜奔碧湖同居。

陆丹林得到《毁家诗纪》如获至宝，完全不顾将其发表后会使郁达夫与王映霞妻离子散的可怕后果，于1939年3月5日在《大风旬刊》第三十期上全文刊出，连印四版。犹如当初郁达夫出版他与王映霞恋爱情书《日记九种》时候一样，造成了万人空巷，涌进书店争睹的局面，轰动了海内外。

  按照郁达夫的嘱托，陆丹林还将刊登《毁家诗记》的刊物寄给了蒋介石、于右任、邵力子、叶楚伧等党国要人，让他们管一管手下的官员。

  《毁家诗纪》除文前已录出的几首外，余者择抄如下，可见其语言之尖刻、暴露之无情、写作之大胆，实属古今罕见，空前绝后：

    离家三日是元宵，灯火高楼夜寂寥。
    转眼榕城春欲暮，杜鹃声里过花朝。

    扰攘中原苦未休，安危运系小瀛洲。
    诸娘不改唐装束，父老犹思汉冕旒。
    忽报秦关悬赤帜，独愁大劫到清流。
    景升儿子终豚犬，帝豫当年亦姓刘。

    中元后夜醉江城，行过严关未解酲。
    寂寞渡头人独立，满天明月看潮生。

    千里劳军此一行，计程戒驿慎宵征。
    春风渐绿中原土，大势初明细柳营。
    碛里碉壕连作寨，江东子弟妙知兵。
    驱车直指彭城道，伫看雄师复两京。

    水井沟头血战酣，台儿庄外夕阳昙。
    平原立马凝眸处，忽报奇师捷邳郯。

清溪曾载紫云回，照影惊鸿水一隈。
州似琵琶人别抱，地犹稽郡我重来。
伤心王谢堂前燕，低首新亭泣后杯。
省识三郎肠断意，马嵬风雨葬花魁。

敢将眷属比神仙，大难来时倍可怜。
楚泽尽多兰与芷，湖乡初度日如年。
绿章迭奏通明殿，朱字匀抄烈女篇。
亦欲凭春资德耀，庋庪初谱上鲲弦。

犹记当年礼聘勤，十千沽酒圣湖溃。
频烧绛蜡迟宵析，细煮龙涎涴宿熏。
佳话颇传王逸少，豪情不减李香君。
而今劳燕临歧路，肠断江东日暮云。

戎马间关为国谋，南登太姥北徐州。
荔枝初熟梅妃里，春水方生燕子楼。
绝少闲情怜姹女，满怀遗憾看吴钩。
闺中日课阴符读，要使红颜识楚仇。

贫贱原知是祸胎，苏秦初不慕颜回。
九州铸铁终成错，一饭论交竟自媒。
水覆金盆收半勺，香残心篆看全灰。
明年陌上花开日，愁听人歌缓缓来。

并马洲汜看木奴，黏天青草复重湖。
向来豪气吞云梦，惜别清啼陋鹧鸪。
自愿驰驱随李广，何劳叮嘱戒罗敷。

男儿只合沙场死，岂为凌烟阁上图。

汨罗东望路迢迢，郁怒熊熊火未消。
欲驾飞涛驰白马，潇湘浙水可通潮。

急管繁弦唱渭城，愁如大海酒边生。
歌翻桃叶临官渡，曲比红儿忆小名。
君去我来他日讼，天荒地老此时情。
禅心已似冬枯木，忍再拖泥带水行。

去年曾宿此江滨，归梦依依线富春。
今日梁空泥落尽，梦中难觅去年人。

千里行程暂息机，江山依旧境全非。
身同华表归来鹤，门掩桃花谢后扉。
老病乐天腰渐减，高秋樊素貌应肥。
多情不解朱翁子，骄俗何劳五牡骓。

一纸书来感不禁，扶头长夜带愁吟。
谁知元鸟分飞日，犹剩冤禽未死心。
秋意着人原瑟瑟，侯门似海故沉沉。
沈园旧恨从头数，泪透萧郎蜀锦衾。

王映霞读到《毁家诗记》后被气得七窍生烟，愤怒已极，便以《一封长信的开始》《请看事实》寄到《大风旬刊》加以反击，大骂郁达夫是个"欺滕世人的无赖文人""包了人皮欺骗女人的走兽""疯狂兼变态的小人"，文中写道：

假如我有女儿，则一定三世都不给她与不治生产的文人结婚！自己是一切都完了，壮志雄心尽付东流江水，我对你的希望与苦心，只有天晓得！

一招毒蛇咬，十年怕井绳！王映霞还写道：

实在说，又有谁逃出了棺材，而再爬进另一口棺材里去的？对于婚姻，对于女子的嫁人，那中间辛酸的滋味，我尝够了，我看得比大炮炸弹还来得害怕。我可以用全生命全人格来担保：我的一生，是决不致再发生那第二次的痛苦的了。

郁达夫与王映霞开始互揭疮疤、冷战分居、鸡犬相闻老死不相往来。在无法以夫妻相处的情况下，王映霞离家出走，跑到印尼的廖内小岛去做教员。

郭沫若是郁达夫的患难兄弟，他在介绍自己与他的关系时写道：

我和郁达夫相交远在1914年。那时候我们都在日本，而且是同学同班。

那时候的中国政府和日本有五校官费的协定，五校是东京第一高等学校、东京高等师范学校、东京高等工业学校、千叶医学校、山口高等商业学校。凡是考上了这五个学校的留学生都成为官费生。日本的高等学校等于我们今天的高中，它是大学的预备门。高等学校在当时有八座，东京的是第一座，在这儿有为中国留学生特设的一年预备班，一年修满之后便分发到八个高等学校去，和日本人同班，三年毕业，再进大学。我和达夫同学而且同班的，便是在东京一高的预备班的那一个时期。

日本高等学校的课程在当时分为三个部门，文哲经政等科为第一部，理工科为第二部，医学为第三部。预备班也是这样分部教授的，但因人数关系，一三两部是合班教授。达夫开始是一部，后来又转到我们三部来。分发之后，他是被配在名古屋的第八高等，我是冈山的第六高等，但他在高等学校肄业中，又回到一部去了。后来他是从东京帝国大学的政治经济学部毕业，我是由九州帝国大学医学部毕业的。

达夫很聪明，他的英文、德文都很好，中国文学的根底也很深，在预备班时代他已经会作一手很好的旧诗。我们感觉着他是一位才士。他也喜欢读欧美的文学书，特别是小说，在我们的朋友中没有谁比他更读得丰富的。

在高等学校和大学的期间，因为不同校，关于他的生活情形，我不十分清楚。我们的友谊重加亲密了起来的是在1918年以后。

1918年的下半年我已被分发到九州帝国大学，住在九州岛的福冈市。适逢第六高等学校的同学成仿吾，陪着他的一位同乡陈老先生到福冈治疗眼疾，我们同住过一个时期。我们在那时有了一个计划，打算邀集一些爱好文学的朋友来出一种同仁杂志。当时被算在同仁里面的便有东京帝大的郁达夫、东京高师的田汉、熊本五高的张资平、京都三高的郑伯奇等。这就是后来的创造社的胎动时期。创造社的实际形成还是在两年之后的。

那是1920年的春天，成仿吾在东京帝国大学造兵科研究了三年，该毕业了，他懒得参加毕业考试，在4月1号要提前回国。我自己也因为听觉的缺陷，搞医学搞得不耐烦，也决心和仿吾同路。目的自然是想把我们的创造梦实现出来。那时候达夫曾经很感伤地写过信来给我送行，他规诫我回到上海去要不为流俗所污，而且不要忘记我抛别在海外的妻子。这信给我的铭感很深，许多人都以为达夫有点"颓唐"，其实是皮相的见解。记得是李初梨说过这样的话："达夫是模拟的颓唐派，本质的清教徒。"这话最能够表达了达夫的实际。

郭沫若所说的，只是他与郁达夫的早期关系。当他看到发表在《大风旬刊》上的《毁家诗记》后又说道：

> 1938年，政治部在武汉成立，我又参加了工作。我推荐了达夫为设计委员，达夫挈眷来武汉。他这时是很积极的，曾经到过台儿庄和其他前线劳军。不幸的是他和王映霞发生了家庭纠葛，我们也居中调解过。达夫始终是挚爱着王映霞的，但他不知怎的，一举动起来便不免不顾前后，弄得王映霞十分难堪。这也是他的自卑心理在作祟吧？后来他们到过常德，又回到福州，再远赴南洋，何以终至于乖离，详细的情形我依然不知道。只是达夫把他们的纠纷作了一些诗词，发表在香港的某杂志上。那一些诗词有好些可以称为绝唱，但我们设身处地替王映霞作想，那实在是令人难堪的事。自我暴露，在达夫仿佛是成为一种病态了。别人是"家丑不可外扬"。而他偏偏要外扬，说不定还要发挥他的文学的想象力，构造出一些莫须有的"家丑"。公平地说，他实在是超越了限度。暴露自己是可以的，为什么要暴露自己的爱人？这爱人假使是旧式的无知的女性，或许可无问题，然而不是，故所以他的问题弄得不可收拾了。

过惯了大城市生活的王映霞，无法忍受廖内小岛的荒凉与落后。一个学期结束后，便回到了新加坡。1940年3月1日，便与郁达夫协议离婚。郁达夫虽然与王映霞离了婚，可对她仍然十分留恋，于是作诗曰：

> 大堤杨柳记依依，此去离多会自稀；
> 秋雨茂陵人独宿，凯风棘野雉双飞。
> 纵无七子为哀社，尚有三春各恋晖；
> 愁听灯前儿辈语，阿娘真个几时归。

国恨家仇，妻离子散，郁达夫的内心极度矛盾与痛苦。几天后，他又在小食摊上醉酒吟成一首七绝：

> 日缺花残太不情，富春江上暗愁生。
> 如非燕垒来蛇鼠，忍作投荒万里行。

从绝句文字中可以看出，郁达夫的确是因为"鸣鸠已占凤凰巢"而"忍作投荒万里行"的。可进入燕垒的蛇鼠是不是就许绍棣一个人，他没有说明。

1940年5月，王映霞只身离开新加坡。临行前，驱车到美国教会学校把儿子郁飞接出来看了一场电影，并告诉他妈妈就要回国了，以后要学会自己照料自己。可见，她当时是极为心酸和悲苦的。

抵达香港后，王映霞遂在《星岛日报》《中央日报》和浙江《东南日报》上刊登了《王映霞离婚启事》：

> 郁达夫年来思想行动，浪漫腐化，不堪同居，业已在星洲无条件协议离婚，脱离夫妻关系。儿子三人，统归郁君教养，此后生活行动，各不相涉，除各执有协议离婚书外，特此奉告海内外诸朋友，恕恕不一。王映霞启。

与此同时，郁达夫也在报纸上刊发了与王映霞的离婚启事，并给朋友写信说道：

> 王氏已与弟完全脱离夫妻关系，早已于前月返国。此后之生活行动，两不相涉，我只在盼她好好地过，重新做人。若再一误再误，那就等于我杀伯仁了。

至此，富春江上一对才子佳人十二年轰轰烈烈的恋情宣告结束。王映霞于7月由香港回到重庆，在戴笠的帮助下，出任军事委员会特

王映霞和钟贤道

检处秘书，随即担任外交部文书。

1942年4月4日，王映霞违背了当初在《大风旬刊》上与郁达夫互揭疤痕时的诺言："实在说，又有谁逃出了棺材，而再爬进另一口棺材里去的……我可以用全生命全人格来担保：我的一生，是决不致再发生那第二次的痛苦的了。"

于是，由国民政府元老王正廷做媒，与他的得意门生——重庆招商局的钟贤道在重庆百龄餐厅举办了盛大婚礼，宾客如云，著名作家、学者施蛰存为之赋诗一首：

朱唇憔悴玉容曜，说到平生泪迹濡。
早岁延明真快婿，至今方溯是狂夫。
谤书欲玷荆和璧，归妹难为和浦珠。
喋喋御沟歌诀绝，山中无意彩藤芜。

1946年，戴笠因飞机失事命丧黄泉，王映霞失去依靠急流勇退，辞去了外文部文书工作，回家做起相夫教子的主妇。至此，她与戴笠的关系，也就昭然若揭了。

王映霞嫁给钟贤道后育有一儿一女：嘉陵和嘉利。

钟贤道，江苏常州人，毕业于北京中国大学，1942任职于重庆华中航业局。新中国成立前夕，国民党达官显贵纷纷逃往台湾，他却退掉了预订机票留在大陆，后来出任上海航联保险公司副处长，1980年在上海病逝，享年七十二岁。

1986年，王映霞被聘为上海市文史馆馆员。她将与郁达夫来往的书信结集成册，出版了极富史料价值的《达夫书简——致王映霞》。

2000年2月，王映霞在西子湖畔驾鹤西游，终年九十三岁。

几十年后，德国一位汉学家马汉茂写了一本郁达夫与王映霞婚变的书，公布了王映霞当年写给情人的情书。对此，王映霞写了一篇《郁达夫与我的婚变过程》，登在香港的《广角镜》上。读者看后，也只能是仁者见仁，智者见智。

三、作家之死

王映霞走后，郁达夫又将全部精力投入到宣传抗日工作中，使用手中的报纸刊发过美国记者斯诺的《中国新四军》《文艺工作者致侨胞书》《星华文艺工作者告马来侨胞书》等。并到处奔走呼号，仅是写下的抗战诗文就达四百多篇，还为《星洲日报》写了许多宣传抗日的社论。

前边说过，徐悲鸿回国时，曾征求郁达夫意见，让他随自己同归。可他却说道："我负责抗战工作，不到最后关头不走！"并吟七绝一首，以表示自己的誓志：

一死何难仇未复，百身可赎我奚辞？
会当立马扶桑顶，扫穴犁庭再誓师。

这时，一位才貌双全的女播音员李筱瑛走进郁达夫的生活。

李筱瑛刚刚二十岁，福建福州人，毕业于暨南大学，中英文俱佳，有着铜铃般的嗓音。因为崇拜郁达夫的文学天才，便以身相许，以"契女"名义搬到他的家里，帮他翻译作品。对此，作家巴人在《记郁达夫》一文中写道：

达夫对于这位同住的女人，十分关心留意她的謦欬、笑貌和烦躁，忠顺与卑屈，已到奴隶的程度。而那女人呢，大有法国贵妇人气质，自恃青春，傲慢而骄横，在不可一世的气概之下，包着一颗实利主义的灵魂。尽可把一个男子作为工具而使用，但必须和她站在平肩的时候，既须有名士的才气，又须有达官的权势与巨贾的富有。

可是，由于郁达夫的儿子郁飞反对父亲与李筱瑛同居，太平洋战争爆发后，她便随英军撤退到爪哇岛去了。

就在新加坡沦陷之际，郁达夫托人把郁飞带回国内。第二天，日军便侵占了整个马来亚，继而向新加坡推进。

因为郁达夫在新加坡发表过"祖国半壁河山沦于敌手，最高当局还在独断独行，排斥异己；前方将士浴血奋战，后方高层官僚却在贪污腐败；我们华侨以血汗所得捐献祖国，而孔二小姐之流却以军用飞机载运奢侈品；政府大员采购军火私吞外汇。希望国民党整肃党纪军纪，严惩贪官污吏，开放民主，团结各党各派全力对敌"等言论，中国领事馆奉中央之命，拒绝发给郁达夫回国护照。

郁达夫只好另寻出路，与胡愈之、唐伯涛、张楚琨、王任叔、邵宗汉、王纪元、汪金丁、高云览等二十八人乘一艘破旧小船离开新加坡，向南洋小岛撤退。小船在南洋各个小岛间辗转，可因为不断发生变故，仍然得不到驻岛公使的回国护照，于是彻底断绝了回家念头。在走投无路的情况下，郁达夫开始学习印尼语，为长期隐蔽做必要准备。后来，与众人来到苏门答腊。

由于不慎，在日本兵问路时，无意中暴露了会讲日语，郁达夫便被日寇抓到武吉丁宜宪兵司令部当翻译。他于是利用合法身份保护和营救抗日志士——胡愈之、巴人及陈嘉庚等一大批爱国侨领和中共、印共地下党员均在他的掩护之下得以生存。

为了隐藏真实身份，郁达夫化名赵廉，将原籍杭州改成福建，宣称随父经商来到此地。并蓄起胡须,被称为"赵胡子";他还用爱国华侨捐助的四百盾开了一家"赵豫记"酒厂,亲自出任老板,张楚琨任经理,胡愈之任会计,华工二十多人,俨然当地一派商业气息。

郁达夫虽然嗜酒如命,但害怕酒后误事,便强迫自己戒掉了酒瘾。他还让手下人用汽油桶装酒卖给日本兵,说道:"我虽无力杀死日本人,但我要用含汽油的烈酒醉死他们!"

出于安全考虑,郁达夫娶了原籍广东年仅二十岁的华侨女子何丽有为妻。她的相貌平平,文化不高,连中国话也似懂非懂,郁达夫用马来语称她为"婆陀"(傻瓜)。

有一次,两个汉奸来找宪兵队长,密告爱国侨领陈嘉庚的藏身地点,让人前去抓捕。汉奸听不懂日本话,郁达夫在做翻译时对宪兵队长说:"陈嘉庚已经乘船回国了,这班家伙却来讨人。"

宪兵队长听了大发雷霆,对两个汉奸吹胡瞪眼,出口怒骂道:"马鹿,你们敢来讨人!"

郁达夫随后冲两个汉奸呵斥道:"还不快滚!没有一点中国人的样子,哪有中国人抓中国人的?以后不许再来了!"

两个汉奸灰溜溜走了,郁达夫则暗中火速派人让陈嘉庚赶紧躲避。

郁达夫一直无法脱离武吉丁宜和日军宪兵总部,于是买通一位日本军医,开了一张患有肺结核的证明。在当时,肺结核可是最大杀手,宪兵队长害怕自己和宪兵队被染上肺病,便打发他赶紧滚蛋。

不料,到了1944年1月,担任日本宪兵总部译员的洪根培,将收集到的郁达夫出版的书籍送到宪兵总部,说赵廉就是郁达夫——不但暴露了他的真实身份,还诬陷他是联军间谍。

洪根培在新加坡沦陷后投靠日寇当了汉奸。之前他听过郁达夫的抗日宣传讲演,认识他。洪根培随苏岛日军宪兵总部来到武吉丁宜后,与一位从巴东来的黄小姐一见钟情,于是开始追求她,但却遭到拒绝。后来,他发现黄小姐与郁达夫有联系,便来找他做媒。可郁达夫已经知道他的底细,便严词拒绝。可不久,经郁达夫介绍,黄小姐却嫁给了他身边从新加坡来的林姓小伙子。这让洪根培怀恨在心，于是四处收集他的资料告到日军宪兵总部。

为郁达夫真实身份作证的还有巴爷公务中华学校校长。他因有亲日嫌疑，被学校董事会解聘，于是找到与学校关系密切的郁达夫帮助调节。可郁达夫了解到情况之后也严词拒绝了。于是，这位校长便与洪根培勾结起来陷害他。

这让日军宪兵总部大吃一惊，立刻四处拍电报，并派人到到上海、杭州、东京等地调查郁达夫。末了，宪兵队长来到郁达夫家里对他说道："你知道为了找你打电报和派人出去花了多少钱吗？"

郁达夫听了心里一怔，可却异常镇静地随口说道："啊，钱我这里有，你们要，拿去用吧。"并请他们喝酒与之周旋。

宪兵队长见郁达夫故意打马虎眼，于是将他带到宪兵总部，指着洪根培送来的书籍问道："这些书是你写的吗？"

郁达夫一看，觉得事情已经败露，但却仍然十分从容地说道："是我写的。"

"我们找你可找得好苦啊！原来你就是赵廉？"宪兵队长说道。

郁达夫知道了事情的严重性，然而却若无其事地说道："啊呀！是吗？你们怎么不问问我呀，如果先问问我，早就告诉你们啦。"

回到家里，郁达夫便将在宪兵队的事告诉了胡愈之等人，大家感到他的处境非常危险，让他赶紧转移。可他却说道："显然我是被监视了，已经无法逃脱。索性不动声色，等到事情爆发后再做打算。但你们必须立刻离开，不然，恐怕事情牵连得过多，损失会更加惨重。"

大家听了，对郁达夫的处境更加担心，而又不得不听从他的意见。于是，胡愈之、沈兹九带着几个人去了棉兰；张楚琨、高云览带着几个人去了巨港。这时，根据洪根培的告密，宪兵队在巴爷公务、巴东、石叻班让、望加丽逮捕了十多名爱国华侨。可对郁达夫，却想按兵不动——放长线钓大鱼。

郁达夫于是更加谨慎，碰见同仁故意当作陌生人，也不与之在公开场合露面。可有一次，他却薅住洪根培衣领打了他好几个耳光，训斥道："再让你去告密!"

郁达夫虽然出了一口恶气,但他的处境却更加危险了,因而做好了随时都可能牺牲的思想准备。1945年2月13日,在好友蔡清竹家里写下了最后一份遗嘱:

> 余年已五十余岁,即今死去,亦享中寿。天有不测风云,每年岁首,例作遗言,以防万一。自改业经商以来,时将八载,所得盈余,尽施之友人亲属之贫困者,故积贮无多。统计目前现金,二万余盾;家中财产,约值三万余盾。"丹戎宝"有住宅草舍一及地一方,长天壤薄百二十五米达,宽二十五米达,共一万四千余盾。凡此等产业及现款金银器具等,当统由妻何丽友及子大雅与其弟或妹(尚未出生)分掌。纸厂及"齐家坡"股款等,因未定,故不算。国内财产,有杭州官场弄住宅一所,藏书五百万卷,经此大乱,殊不知其存否。国内尚有子三:飞、云、荀,虽无财产,料一长大成人,地隔数千里,欲问讯亦未由及也。余以笔名录之著作,凡十余种,迄今十余年来,版税一文未取,若有人代为向出版该书之上海北新书局交涉,则三子之在国内者,犹可得数万元。然此乃未知之数,非确定财产,故不必书。

写作遗嘱时,郁达夫的心情无疑是忧伤和沉重的,可他早已将生死置之度外,没有胆怯,没有绝望,也没有自卑的心理。虽然他说过自己是一位作家,不是战士,可他却无愧于一位真正的战士——战士中的战士。面对死亡,是那样大义凛然,视死如归!

1945年8月15日,郁达夫听到日寇投降的消息后欣喜若狂。

然而,日寇虽然战败,但却仍然不能留下郁达夫——他不但在太平洋战争爆发后积极进行抗日活动,还在当翻译期间掌握了日寇更多罪行。留下他就是证据。于是,在8月29日夜里,宪兵队将他从家里诱骗出去,杀害于丹戎革岱的荒野,年仅四十九岁。

这时，郁达夫的最后一位妇人——何丽有已为他生了两个孩子。

日寇的侵华战争给郁达夫的家庭带来了巨大灾难：母亲在沦陷区故乡被日寇迫害致死；1939年11月23日，长兄郁曼陀在担任江苏高等法院第二分院刑庭庭长时，因执法如山，严惩卖国贼，在上海寓所门前遭到敌伪汉奸特务枪杀。他的追悼大会在上海湖社举行时，郁达夫亲笔书写了挽联寄回国内：

　　天壤簿王郎，节见穷时，各有清名闻海内。
　　乾坤扶正气，神伤雨夜，好凭血债索辽东。

直到郁达夫牺牲之后，何丽有才知道她的丈夫是中国文坛大名鼎鼎的作家——一位伟大的爱国者。他所从事的工作，是关系到中华民族生死存亡的壮丽事业。

郭沫若在《论郁达夫》中说道：

　　实在的，在这几年中日本人所给予我们的损失，实在是太大了。但就我们所知道的范围内，在我们的朋辈中，怕应该以达夫的牺牲为最残酷的吧。达夫的母亲，在往年富春失守时，她不肯逃亡，便在故乡饿死了。达夫的胞兄郁华（曼陀）先生，名画家郁风的父亲，在上海为伪组织所暗杀。夫人王映霞离了婚，已经和别的先生结合。儿子呢？听说小的两个在家乡，大的一个郁飞是靠着父执的资助，前几天飞往上海去了。自己呢？准定是遭了毒手。这真是不折不扣的"妻离子散，家破人亡"！达夫的遭遇为什么竟要有这样的酷烈！

　　我要哭，但我没有眼泪。我要控诉，向着谁呢？遍地都是圣贤豪杰，谁能了解这样不惜自我卑贱以身饲虎的人呢？不愿再多说话了。达夫，假使你真是死了，那也好，免得你看见这愈来愈神圣化了的世界，增加你的悲哀。

夏衍先生说道：

达夫是一个伟大的爱国者，爱国是他毕生的精神支柱。

冰心也说道：

这场战争对中国文学的最大打击，便是我失去了他（郁达夫）。

1951年12月，中华人民共和国政府追认郁达夫为革命烈士。

四、黄曼士与百扇斋

1925年至1942年间。徐悲鸿曾六次抵达新加坡，均住在黄曼士芽龙35巷江夏堂的百扇斋。

黄曼士被徐悲鸿视为"平生第一知己"，称他为"二哥"，大哥当然是他的长兄黄孟圭。经黄曼士介绍，徐悲鸿为侨领陈嘉庚、富商黄天恩等人画过多幅肖像，获得了丰厚酬金以支援抗战。

徐悲鸿先后赠给黄曼士的作品多达二百余幅，日常作画，总是把最满意的拿给他。所以，他是海外人士收藏徐悲鸿作品最多的，而且又都是经典之作。而徐悲鸿所收藏的任伯年书画，有相当部分又是黄曼士赠给的。有一回，竟然把任伯年十二幅扇面一次性送给了他，使他激动不已。

最使黄曼士自得的，就是他江夏堂的百扇斋：里面收藏三百多只中国折扇。仅扇骨，就有湘竹、紫竹、棕榈、象牙、牛骨、光漆、掉漆、檀香、酸枝、紫檀等。其刻工精细，镶嵌精美。扇面书画多出名人之手，各显其雅，均有黄曼士名讳上款。精彩纷呈，每把玩扇都具有一段特殊故事和可贵的友情。

"百扇斋"里的许多精彩扇面，都是徐悲鸿邀张大千、齐白石、陈子奋、

傅抱石等名家为其画赠的,他为百扇斋题识曰:

　　百扇斋,曼士聚扇不厌多,言百者举成数也。

　　黄曼士平时出门,必携雅扇一把,每次都有不同,深为附庸风雅之士羡慕不已。

　　在新加坡沦陷后的日寇统治时期,日军不但以"大查证"名义搜捕杀害了有抗日嫌疑的志士同仁,就连收藏其书画的人也会遭杀身之祸。但黄曼士却无论如何也舍不得毁掉徐悲鸿的画作。于是,便将《奔马》上徐悲鸿题的"闻台儿庄大战胜利,悲鸿写此志喜"中的"闻台儿庄大战胜利"一行字刮去;在另一幅《奔马》中,又将题曰"闻报长沙大捷,悲鸿写此大志喜",将"闻报长沙大捷"刮掉。

　　一个小时之前,韩槐准来到百扇斋告诉黄曼士,说原来药房里的那位掮客正在带领日本兵挨门挨户搜查,让他多加小心。此时,黄曼士一个人正在楼上收拾徐悲鸿藏画上面的字,忽听外面传来剧烈的砸门声。他一边高声答应,一边将画卷起来藏进隐蔽的地方,然后才下楼开门。

　　门开了,黄曼士见那位汉奸掮客带着几个荷枪实弹的日本兵站在面前。掮客不久前到百扇斋来跟黄曼士借走了二百块大洋,还没等还,日本鬼子就进城了,他也就当了汉奸。

　　因为是熟人,又欠着黄曼士的债,掮客来到百扇斋就没那么嚣张。百扇斋里的字画都已被黄曼士隐藏起来。日本兵见他家只摆着几把破扇面,还有几只烂罐子,于是只抢了黄曼士身上的一支金笔和一块怀表便离开了。

　　徐悲鸿多次在新加坡办筹赈展览,无形中推动了那里收藏界的发展壮大。光是1939年,徐悲鸿在新、马展售的作品就达四五百件;为了赴美展出,在江夏堂绘制的作品又有三百余幅;所赠黄曼士之作尚有二百余幅。其他如书画商曾沧海、建筑商何国豪、银行家陈笃山、美术家林学大、陈宗瑞、蔡竹贞、黄保山等,手中均存有徐悲鸿的大量作品。据《百扇斋藏画目录》记载,到1956年,黄曼士手中尚存徐悲鸿作品一百多件,任伯年作品一百多件，还有齐白石、张大千、傅抱石等人的多幅作品。

"二战"之后，黄曼士本想将所有藏品捐献给祖国，但因国内战乱不断，捐献未果。20世纪60年代之后，他的藏品开始流散，徐悲鸿的部分书画流传到陈之初手上，上百件书画和扇面又到了"糖王"郭鹤年囊中。

徐悲鸿所画的《放下你的鞭子》，在他离开新加坡时送给了黄孟圭。早在黄孟圭任福建省教育厅厅长时，因为给了徐悲鸿两个留学生名额而惹祸上身，造成了仕途的坎坷和不如意，于1936年赴新加坡任华侨学校校长，1939年在新加坡筹建了敬庐学校。

太平洋战争爆发后，新加坡沦陷之际，黄孟圭随郁达夫一同潜入苏门答腊。不久，被日军逮捕投入监狱，所藏徐悲鸿六十余幅作品被洗劫一空。1945年9月日寇投降，黄孟圭始得出狱。回家后，重见隐藏起来的徐悲鸿送给他的《一鸣天下白》，即赋诗一首：

> 劫火又存画几张，披国恍又坐鸡窗；
> 时人毕竟知间少，只道徐君画马长。

1946年2月，黄孟圭又见到徐悲鸿分别时送给他的《放下你的鞭子》，于是赋诗曰：

> 画里分明戏一场，万头攒动看香娘。
> 八年自掬伤心泪，举国能无杀贼狂。
> 儆世还应凭妙曲，沿街原不为饥肠。
> 轻盈体态婆娑舞，忍听声声说沈阳。
> 优孟衣冠湖海身，画中瞻拜有心人。
> 频年浪迹篷双眼，一片婆心托绛唇。
> 鞭打可由忝至理，流离谁解溯前因。
> 徐郎妙笔传佳话，未复山河总怆神。

同时，黄孟圭再观徐悲鸿送给黄曼士的《十骏长卷》和送给他的《十一骏图》，又赋一首长诗：

> 画师徐公不世出，有如神骏秉奇逸。
> 南来江夏堂中居，吾弟与之最亲昵。
> 因慈得画亦最多，横轴直幅张盈室。
> 鸟啼花放春融融，鹰扬马嘶秋瑟瑟。
> 弟本金石富收藏，积画可供看长日。
> 犹以长笺索八骏，画师笑谓八之为数可不必。
> 兴酣泚笔应所求，须臾绘成马十匹。
> 翔麟飞兔各轩昂，银面玉蹄纵驰轶。
> 我亦伸纸求画马，画成数之得十一。
> 两图用笔神又神，足称画马能事毕。
> 忆昔穆王畜神驹，至今八骏存故实。
> 松雪曾以八驹传，前年艺苑犹称述。
> 后人但知事模拟，画马千篇成一律。
> 画师画马生面能别开，十骏珍之扬艺术。

韩槐准与友人在愚趣园

黄孟圭去世后，他的后人找到新加坡博物馆，希望予以收藏《放下你的鞭子》，可却商谈未果。后来又找到新加坡收藏家陈之初，可双方正在签订收藏合约时，他却遽然离世。再后来，辗转流入陈嘉庚手中。2007年，该画在香港苏富比拍卖行以七万两千元成交，创下了当时中国油画拍卖史上的最高纪录。

韩槐准与家人
在愚趣园

五、愚趣园与崇文学校枯井

1941年12月,新加坡沦陷在即,徐悲鸿将二百多幅画作、玉器、图章等艺术品送到愚趣园。韩槐准便与儿子连夜将其装在大缸里埋在了山坡上。

日寇进城后,前边讲到的那位原来与韩槐准在药房有着过从的汉奸掮客,因知道韩槐准与徐悲鸿的关系非同一般,便引一位唤作山野的日军小队长,带领一行人闯进愚趣园进行搜查。可搜遍了会客厅、藏书室、两间住房和一座高架小屋,却一无所获。掮客原来看见过韩槐准各个房间里全都挂满了名人字画,徐悲鸿的《奔马》就悬在正厅的中堂,两旁便是康有为的七字联;还有唐伯虎、朱梦庐的花鸟,和伍学藻的人物画。可现在,却都已不翼而飞,只剩几件并不出名的劣等书画填补在原来的位置。

掮客恼羞成怒,带着日本兵继续四处查找。可院子里、红毛丹林中、山坡上,均未发现埋藏宝物的痕迹。于是乱掘乱挖一气,在韩槐准的身上踹了两脚,便带着日本兵出门扬长而去。

抗战胜利后,徐悲鸿已到北京任职。1949年5月,陈晓楠受徐悲鸿之托，从美国回国途中经由新加坡。韩槐准与黄曼士便将埋在愚趣园大缸里的艺术品挖出，装了几只木箱，让陈晓楠带回国内。徐悲鸿见到后感激涕零，当即写信向韩槐准表示谢意：

> 昨日门人陈君晓楠过星，黄兄将弟存箱皆带到，所有瓷器皆无损坏，而诸箱累曼士二哥及先生过于十载，诚生平可记之事也。

1951年暮春，徐悲鸿抱病用汉隶，为韩槐准写了条屏相赠：

> 十年长忆海南韩，愚趣园中嘉会难；篱落参差存古意，宾朋细品红毛丹。槐准先生细选佳种手植红毛丹成林，早熟之日，辄邀嘉宾集园共赏。吾居星洲首次与会，有"日啖红毛丹百颗，不妨长作炎方人"之句。于分别十年，每届季节辄生遐想，写赋短章，用寄相思。

1953年，徐悲鸿病逝，听到消息，韩槐准悲痛欲绝，提笔写道：

> 徐教授可谓笔者一生之最知音者。

1962年，韩槐准偕夫人和子女松丰、雅樱告别生活四十七年的南洋，离开愚趣园回国，出任故宫博物院顾问。1970年10月2日在京病逝。

与愚趣园和百扇斋相比较，崇文学校当然不那么显眼了。但那位当了汉奸的捐客却知道徐悲鸿随林庆年、庄惠泉等人躲在学校后面一间房子里，便带着日本兵进去搜捕。可他们几个人已经在二十分钟前离开，日本兵便抓住了还未来得及逃走的何进来。多亏捐客不认识他，听他说是留下来护校的，盘问几句后也就将他放掉，使他躲过一劫。

林庆年于1893生于福建安溪，青年时期入北京大学就读。曾联合张贞等人组织联军对抗土匪，维护地方治安。1924年，他被选为马来西亚华

《孔子讲学》
（中国画）
徐悲鸿作

侨代表，回国出席在南京召开的国民大会。

崇文学校的藏画枯井已被一片蒿草掩盖，并未引起捐客和日本兵的注意。没有抓到徐悲鸿、林庆年和庄惠泉，他们也就离开了。当天夜里，日本进驻城区的兵营被炸，伤亡惨重。第二天，日寇飞机便对城内可疑藏身地点进行狂轰滥炸。一枚炮弹恰好落在离藏画枯井五米远的地方，炸出个三米多深的弹坑，掀翻的土石将枯井口埋住，并将附近的蒿草点燃。大火熄灭后，枯井口上变成了一片焦土，再也没人光顾，也恰好保护了井底里的皮蛋缸。

韩槐准把对古瓷的研究追溯了到唐代，其藏品早已价值连城，回国后捐给了故宫博物院

徐悲鸿与韩槐准结下很深的友情。这是徐悲鸿给他画的扇面

日寇投降后，黄曼士、林金升和刘抗找到崇文学校校长钟青海，将掩埋枯井的焦土挖开，取出里边的皮蛋缸，将缸里的画作一件一件铺在教室里晾干。黄曼士将清理情况写信告诉了徐悲鸿，使他激动万分，因为在1942年1月，他与刘汉均逃离新加坡到达我国云南边境保山时，听说藏在崇文学校里的四十多幅画作已被炸弹毁掉。现在得到完好无损的消息自然兴奋不已。立刻回信表示感谢。为了酬谢崇文学校钟青海校长，答应让他选择其中一件艺术品。他则选了《愚公移山》油画留作纪念。

然而这批东西并未完全回到徐悲鸿手中，1949年陈晓楠带回的，只有这里的一些书籍，其他都是愚趣园和百扇斋的藏品。

直至六十多年后，徐悲鸿皮蛋缸里的作品才陆续出现。在拍卖市场上有油画《愚公移山》，还有他在巴黎时创作的大幅油画《奴隶与狮》等。这说明，埋在崇文学校枯井里的作品仍然存于世间，值得庆幸。

第六章

柳暗花明

1945年，对于徐悲鸿是值得庆贺的，首先迎来了他的五十诞辰，接着听到了日本投降的消息，同时，与蒋碧薇二十多年的恩怨也有了了结，使他重新获得了爱情……

一、五十大寿

1945年6月18日，久病初愈的徐悲鸿身体虽然还没完全恢复，可精神状态却非常好。他的同事和学生几十人拿着自己的画作为礼品，前来为他祝寿：傅抱石带来的是一帧装裱讲究的《仰高山图轴》，寓意徐悲鸿在他心中是一座巍峨的高山。

徐悲鸿让学生将他的《愚公移山》《九方皋》《田横五百士》《傒我后》和《巴人汲水》等画挂在简陋的会客室里，给大家讲解每幅作品的创作时间、时代背景和创作时的具体情况。当大家围看一幅《钟馗打鬼》，对几个小鬼都没有头盖骨感到疑惑时，他便解释道："这里的钟馗代表中国人，几个小鬼代表日本鬼子。日寇想战胜中国是不可能的，所以都画成了没有头盖骨，表示他们没有脑筋。"

对于日本侵华战争，徐悲鸿早已预见到日寇必败，所以才在抗日战争期间全力为抗战募集资金。其预见与日本大将山本五十六对日、美作战的预见相同：日本偷袭珍珠港取得成功时，山本五十六曾说日本不可能战胜经济实力强大的"同盟国"美国，取得战争的最后胜利。

但郁达夫对于日寇的认识却与徐悲鸿有所不同。他虽然也觉得日寇的侵华战争必然失败，因此也积极进行抗日的各种活动。然而他却把人性与民族问题分开，不相信投降后的日军还会杀他，所以没有尽力寻找机会逃脱；而且，他也不懂得很好地隐藏自己：不但泄露了他精通日语的秘密，而且还在家里堆满所收集的外国书籍，自己的著作也暴露无遗。这不是"此地无银三百两"吗？一切都说明他当酒厂老板本来就是假的。不过，日寇在投降后又将他杀害，却是人们没有料到的。就连郁达夫的日本友人金子光晴都认为杀害郁达夫是错误的：

> 郁达夫是个真正的男子，杀害他是毫无道理的。……郁在被杀的那一刹那，直视着呲牙咧嘴的日本兵的悲愤表情，就在我的面前，我的血都变凉了。

徐悲鸿与郁达夫均都游学日本，可徐悲鸿对日寇从来都没抱什么幻想，如果他当年不离开，日寇的杀戮是绝对不会放过他的。富兰克林说过："从来不曾有过一次好的战争，或一次坏的和平。"那是个只要士兵不要诗人和画家的年代，因此，我们庆幸徐悲鸿躲过了日寇的杀戮。

就在同事和学生为徐悲鸿祝贺五十大寿的当天，徐仲年在《中央日报》上发表了《寿悲鸿五十》一文：

> 1945年7月5日（应该是6月18日——本书作者注），徐悲鸿先生五十岁。五十诞辰是中寿的诞辰：固然，十、二十、三十、四十的诞辰不及它，胜似它的还有六十、七十、八十、九、一百等等。而且卫生环境愈改良，人类生命愈延长，它的重要性愈减少。因此，悲鸿的五十诞辰似乎没有什么重要；尤其在抗战未毕，建国未成的今日，更觉庆无可庆。
>
> 然而，唯仁者寿，"仁"与"寿"有连带关系。姑且抛开迷信的观念——行善者得好报，而"寿"是好报之一——难道我们不能说：祝"寿"所以庆"仁""庆仁"所以祝"寿"么？"立德""立功""立言"都是"仁"。祝"寿"，也所以庆"立德""立功""立言"一个无仁的人，即使他活到一百岁，有何可祝？有何可庆？一个不仁的人——"不仁"与"无仁"不同——越活得长久，越害人，真所谓："老而不死是为贼！"反言之，有大仁者大寿，有小仁者小寿；"仁"的寿命长于肉身的岁月，流芳千古的人，何尝个个变为僵尸呢？
>
> 徐悲鸿自从十九岁时做图画教员起，直到今日的部聘教授身份止，先后三十一年，没有片刻离开艺术岗位。本月9日，中央大学全体师生热烈庆祝我们老友张士一教授，在校连续任教三十年，我们非常敬佩！也非常兴奋！然而遍天下的悲鸿的友人，遍天下的悲鸿门生，想不想为悲鸿执教三十一年庆祝呢？何况这个执教的三十一个年头恰好值他的五十诞辰！

悲鸿在文化界中的功绩不止执教三十一年而已。他精国画西画；在外国人的心目中，他是当代中国画的大师。这个"大师"不是广告式的"幽默大师"，不是海螺式"艺术流氓"——自甘于"流氓"而犹蒙"艺术"的虎皮，可笑亦可怜哉——乃是人家自动送给悲鸿的。在欧洲游历过的同胞，总可在英、法、德、俄博物院看到徐悲鸿的画，在英、法、德、俄文的刊物里读到对于悲鸿艺术的好评；而这些高鼻子并非瞎子！

在国内，造就艺术人才；在国外，宣扬中国文化：悲鸿一身兼做两件事，他的五十岁等于一百岁。

悲鸿绝不计较人家同他做不做寿；他是年已半百，饱经世故的人，岂再患此幼稚病！不过我们为悲鸿祝寿，一则大家热闹一番，畅叙友情；二则更重大的意义乃在庆祝悲鸿的事业，正如上面所说的"祝寿所以庆仁，庆仁所以祝寿"。

如果有人疑心我所说的话，因为我是寿翁的朋友，难免有谀辞。那么，在国人方面，不妨向专家请教；在国际方面，可以向任何受过高等教育而对中国有兴趣的人，问他知道不知道Jupeon？若说我开口"悲鸿"，闭口"悲鸿"，颇像"我的朋友胡适之"的作风。那么，让我托大说一句：二十余年来，我也没有贪过懒，不必依赖悲鸿以自显！

徐仲年，原名家鹤，字仲年，笔名丹歌，1904年出生于江苏无锡山区东亭镇，在同济大学读书期间便发表评论和小说。1921年赴法勤工俭学，获里昂大学文学博士学位，1932年回国后任中央大学文学教授。

8月14日晚上，徐仲年、吴作人、常任侠、傅抱石、陈树人等来到徐悲鸿家，向他报告了日寇投降的消息。徐悲鸿兴奋不已，当即让廖静文弄上酒菜进行庆贺。这一夜，大家通宵未眠，听说陈树人要在重庆办画展，徐悲鸿便躲在角落里，为他撰写了《陈树人画展》一文：

若艺术以人格为出发点言之，则陈树人先生之成功，可谓为世楷模。先生以卓绝之艺术家献身党国，其忠勤耿介之风，足励末世，而树型范。吾人所以感钦服者，乃先生之以从政余暇，仍以精诚创造作品，且独往独来，脱却一切因袭，收获致如是之丰富，真使后生小子，望而却步者也。先生以胜利来临，特举行画展以伸庆祝。吾人乃得据而论之。先生绘画之作风，为春光骀荡，直抒胸臆。又变化多门，锐意创格。入川以来，画风益沉雄苍古，此可大量山水画中见之。据先生言，其跨入三峡，即得稿二百余幅。又登峨眉，出剑门，所往来于眼帘者，皆为雄奇之造物，于以胎息孕育出之。苍松翠柏，危崖断岫，奔流激水，樯帆轻掉，俱自然有此格调。此以造化为师者，所独著之成就也。至其瑰丽之《红棉》，秾艳之《桃花带雨》，飘逸之《芦苇》，婀娜之《新柳》，飞鸟鸣禽，俱步高调，不同凡响。先生又歌颂农工，多写苦力，故《驴夫背子》，不特写实佳题，抑亦刻画入妙。先生闻陈璧君、褚民谊辈之就擒，喟然曰：此乃熟计利害者应得之报也。大义之所在，安从计利害乎！而天卒助自助者。夫其高风亮节，有为有守如是。故能于艺术之造诣，巍然嵯峨而无止境。举谓为世楷模，有知者应不视为不佞之私见也。

陈树人自画像

陈树人，广州番禺人，1883年1月13日出生，别号葭外渔子、安定老人，早年师从居廉学画。居廉手下虽然有尹笛云、陈寿泉、高剑父诸多高徒。但老先生却看重陈树人年纪小、悟性高，以致后来将他的侄孙女居若文许配给他。

陈树人十七岁在香港主编《广东日报》《有所谓报》时，就与高剑父、潘达微、何剑上诸人纵横捭阖，畅谈天下时事。

1905年，孙中山从欧美转赴日本组织同盟会，途经香港时不能上岸。陈树人闻询毫不犹豫地登船拜见，并当场加入同盟会，成为加入同盟会的第九人。

本可以在政治上大展宏图的关键时刻，陈树人却开始了前后长达十年的赴日留学生活，先后毕业于京都美术学校绘画科及东京立教大学文学系。民国成立后，回国出任广东优级师范学校及广东高等师范学校图画教授，并且继续深入研究世界文学。

1912年，陈树人在上海与高剑父等人出版《时事画报》。不久又重返日本完成学业。

"二次革命"后，陈树人学成归国，积极拥护孙中山"联俄、联共、扶助农工"政策。被孙中山派往加拿大主持党务工作。1924年出任国民党中央工人部部长、广州国民政府秘书长、广东省代省长。1928年后历任国民党中央执行委员、国民政府中央侨委会委员长、国民党中央海外部部长等职。

陈树人居官显赫，完全可以在政治舞台上裂帛而出。然而他却布衣蔬食，敦厚儒雅，不脱书生本色，强调"德成为上"，倡导"人格艺术"。从政之余仍不忘绘画，以其山水、花鸟、走兽著称于世。时与高剑父、高奇峰合称"岭南三大家"，是岭南画派的创始人之一。

提起高剑父、高奇峰兄弟，徐悲鸿自然有诸多感慨：早在哈同花园时期，高氏兄弟就购买了他的"第一匹马"，并称赞他的马"虽古之韩干不能过也"。因而使他的信心大增。现在，又经过十几年艰苦卓绝的努力奋斗，他的马真的前无古人、后无来者。他对高氏兄弟所创建的岭南画派自然也推崇备至，1935年，著文《谈高剑父先生的画》：

吾国原始艺术，为生动奔腾之动物，其作风简雅奇肆，特多真趣。征诸战国铜器，汉代石刻，虽眼耳鼻舌不具，而生气勃勃，如欲跃出。及民族之衰也，此风遂替。厥后印度文化，侵入华夏，精于艺者，好写诙诡之道释，其作至今无存，吾亦殊不尊之。王维挺起，乃为山水，水墨一色，取貌取神，成中国艺事之中兴。虽吴道子之天才，亦印度艺术之克家子而已，未建此伟业也。故非八股之山水（八股山水创自元人），乃中国古典主义之绘画，出世较世界任何民族之山水画为早，画中之最可宝贵者也。两宋绘画，成一切历史留遗之技巧，其为大地所尊，莫与抗衡者，厥为花鸟。元人（子昂一人例外）卑卑，其细已甚。明之林良，在粤开派，最工翎毛，笔法雄健，突过古人。闻语言学家言，粤语杂汉音最多，今之粤派，亦多承继吾国艺术主干，剑父先生其尤著者也。吾弱冠识剑父于海上，忆剑父见吾画马，致吾书，有"虽古之韩干不能过也"之语，意气为之大壮。时剑父先生与其弟奇峰先生，画名籍甚，设审美书馆，风气为之丕变。奇峰亦与吾友善，并因之识陈树人先生，亦艺坛之雄长也。吾性孤僻，流落海上，既不好八股山水，又不喜客串之吴缶老派，乃穷原竟委，刻意写生。漫游欧洲，研究西方古今群艺，归欲与二三故旧，切磋精求，奈人事参差，天各一方，不相谋划。而奇峰前年作古，廿年之别，竟成永诀，私哀悲痛，念之凄然！汪精卫先生主政中央，宏奖艺术，于是剑父始能为白下之游，携作于都人士相见。其艺雄肆逸宕，如黄钟大吕之响，习惯靡靡之音者，未必能欣赏之。顾其鹰隼雄视，高塔参天，夕阳满眼，山雨欲来，耕罢之牛，嬉春之燕，皆生命蓬勃，旗帜显扬，实文艺中兴之前趋者。陈树人先生言：当年之高剑父，曾身统十万大军；轰动一时之凤山案，其炸弹实制诸剑父画室者也。被推为革命画家，宜矣！艺如其人，尤如其性。顾与剑父交游，又见其平易和善，而语多滑稽玩世。画家高剑父，博大真人哉！吾昔曾评剑父之画，有如江摇柱，其味太鲜，不宜多食。今其艺归于淡，一趋朴实，昔日之淡，今已不当。为记于此，以俟知者。

从徐悲鸿《谈高剑父先生的画》行文中，可以看出他受岭南画派的影响之深，其对高氏兄弟的崇敬和"反哺"之情令人感动。1933年，高奇峰被中央政府任命为中国美术展览会专使，赴德国柏林举办中德美术展览会，在赴南京途中经沪时肺病复发，于11月2日逝世于上海大华医院，年仅四十五岁。徐悲鸿对此感到万分悲痛，遂与蔡元培等三十六人联名撰文《高奇峰先生行述》：

民国二十二年十一月二日，番禺高奇峰先生疾终上海大华医院。呜呼！以吾国艺术之销沈，今又失一导师，是非仅为私痛也已。先生名嵡，以字行。少孤笃志好学。十三游日本，专攻艺术，尤好绘画。会孙总理游日倡民族主义，先生闻尔倾心，遂入同盟会。年二十以国事遄归，密有所策划，常于密室满储炸弹。而先生酣寝其上数日夕，同人皆服焉。既共和告成，先生萧然物外，不问政事，益肆力于画，与同人营审美书馆及《真相画报》，自食其力。孙总理恒称叹之，谓其勤俭不可及也。而先生画乃益进，所绘山水、人物、鸟兽、虫鱼，出入百家，融其中外，穷神尽奥，别开户牖，识者咸敛手焉。邱沧海赠以诗云："渡海归来笔尤变，丹青着手生瑰奇。"盖纪实也。1918年归粤讲学，从游者至数千人。高第弟子甚众，1925年岭南大学聘为美学教授，并馈地以筑室，前所未有也。翌年国民政府营中山纪念堂于广州，规制崇闳，乃要请先生将所作《海鹰》《白马》《雄狮》诸轴用为装饰，由国库酬以重值。三者皆曾邀孙总理赞赏，许为足代表革命精神，具新时代之美者也。先生不治生产，不骛声华，独戮力画学，又诲人不倦，体素弱，遂善病。然下笔不能自休，所教弟子独张坤仪女士任看护之役，委曲周至，令先生得以一意于画，先生遂抚以为女。今秋，中、德美术展览会推先生代表赴德，先生欣然至沪，有所商榷。乃10月16日至17日遂病，医者谓以感冒劳顿、食滞触发肺疾，诊治经旬，迄不见效遂卒。病中神志尚清，先电嘱兆铭等，以所居"天风楼"屋地为奇峰画院，永为育成艺术专家之用。平生作品，分赠国内外各艺术馆，又嘱亲友所负债务概销，其券不取偿。呜呼！足以观其志也矣。先生卒年方四十五，使假以岁月，所造于我国艺术前途者将益大。今止于是，固非止高氏一家之损失而已。先生博学多通，绘事之余兼擅吟咏，所著有《真相画报》《奇峰画集》《新画学》《奇峰画范》《美术史》《学感与教化》等书。其作品展览于教育部全国美术展览会，中日绘画展览会，西湖博览会，意大利、巴拿马万国博览会，比利时百年博览会，及德法各大展览会，皆得最优评奖。同仁等将汇选其平生杰作，编印行世焉。

徐悲鸿等三十六人谨述
1935年

高奇峰突然病逝，也使陈树人悲痛欲绝。

陈树人早已成为了孙中山坚定的追随者和各项政策忠实捍卫者。就在加拿大从事党务工作回国述职返抵香港时，恰遇陈炯明叛变，孙中山生命受到威胁。陈树人便在第一时间舍离妻儿冒险赶回广州，登上"永丰舰"，表示愿任孙中山秘书，誓与其共患难。孙中山经过慎重考虑，要求他赶赴上海，向各地华侨声讨揭露叛军陈炯明罪行。

脱险后的孙中山在上海召开会议，商讨改进中国国民党计划，陈树人便是由他指定的国民党改进案起草委员会委员之一。1924年1月，中国国民党第一次全国代表大会在广州召开，担任大会主席的孙中山指定陈树人为广东省代表，出席国民党"一大"。

陈树人一直当官，虽然亦官亦画并不矛盾，但他确实没有在官场飞黄腾达的意图。1927年，曾辞去各项职务长时间流连于山水、诗画，不问政治。

无论工作多忙，时局发生何等变化，仍然每天清晨5时起床作画，首先练习线条和笔墨，继而经营章法布局，泼墨成章。星期天则背起画具外出写生。

徐悲鸿一向敬重陈树人的人品和画品，与他的往来日益密切，为他的画展作序当然义不容辞。

日前，吴作人已将他在重庆举办画展的事告诉了徐悲鸿，并请他到中央大学画室为他选画。见他给陈树人写完画展的序言后仍无倦态，也请他为自己的画展写个序言。徐悲鸿于是又伏案提笔，不大工夫，便将吴作人画展的序言写完：

作人为今日中国艺坛代表人之一，天才高妙，功力湛深。1943年夏，余在比京皇家美术学院，晤其师白司姜先生，告余曰：此优异之学生，令本院生光。盖作人于先一年，在全校竞试获第一，有权利占院中单人画室，居住工作。尔时，作人既有多量可记之产品，受欧洲北派熏陶，色彩沉着，《纤夫》一幅，可代表其此期作品。厥后返国任教中大艺系，一本吾人共守之写实主义作风，孜孜不懈，时以新作陈出为人称道。"七七"后，随中大迁川，曾赴前方写取抗战史实。民国三十二年（1943）春，乃走西北，朝敦煌，赴青海，及康藏腹地。摹写中国高原居民生活，作品既富，而作风亦变，光彩焕发，益游行自在，所谓中国文艺复兴者，将于是乎征之夫。其得天既厚，复勤学不倦，师法正派，能守道不阿，而无所成者，未之有也，彼为画商捧利之作家，随亦颠倒一时，究非吾人之侣也，抑其捧制之方法，为吾人所谂之，状实可鄙，昧者尤而笑之，终亦不能自藏其拙也，作人其安于所守，已亦邦家之光也。

二、婚姻殿堂

徐悲鸿过完五十大寿一周后，余钟志带着他的水彩画前来求教，并决定在重庆举办画展。

余钟志1912年出生于四川涪陵，毕业于日本帝国大学美术学校，时任重庆教育部、美术教育委员会委员兼秘书，国立艺专教授。他的画风质朴自然，对比强烈，风格写实，人物画追求情节冲突。看完他的画，徐悲鸿兴奋不已，便为他写了《余忠志画展序文》：

> 蜀中自古多卓绝之画家，于今不替，其治西洋画者，则有余忠钟志先生。余先生初期之画，刊意求真，忠诚笃实，直同文艺复兴时代德国丢勒而尤多水彩画。其于造型之精，构图之妙，色彩之和，在中国之水彩画作家中，几乎首屈一指。余先生近授教国立艺专，除授课时间外，几无时不作画。治学之勤如此，宜乎有此惊人造诣也。所做人物，明暗特强，对比尤烈，大笔直落，毫不游移，此置诸世界艺坛允无愧色。风景别有格调，神韵悠然，于地形起伏林木远近，皆观察精微，写来气象从容，游行自在。静物最多能独出机杼，离去刊划之繁而形成体式，此则神化之功，匪可幸致，其中杰作视房各无多让也。余凤昔于余先生视为畏友，兹当其作品展览，轻述所感如此，有识者当不谓阿于所好也。

手头的事情办完了，徐悲鸿才开始处理家里的事情。

1945年12月21日，沈钧儒老早就来到张圣奘家里。沈老已年逾七十，早已是著名的律师和法学家，与徐悲鸿和蒋碧薇交往已久，过从甚密。

张圣奘与徐悲鸿最早相识于北京大学。1919年，徐悲鸿赴法留学。1921年，张圣奘被北洋政府派往英国牛津大学攻读文学。1923年，徐悲鸿在伦敦与张圣奘邂逅，悲喜交加，遂成为至交。

1929年，已经精通九种外语、获得了三个博士学位的张圣奘被召回国，担任五所大学的教授；1937年后，兼任中央大学等十二所大学的课程，教授德语、法语、英语、俄语、阿拉伯语、日语和美学、法学、神学、古代文学、哲学、应用数学、明史、清史、内科学、妇科学等二十八门课程，被中大罗家伦称为"万能教授"。不管哪门课程缺了教员，只要跟他说一声，他便能立即登台讲课。

不多时，蒋碧薇领着女儿丽丽如约而至。随后，徐悲鸿带一只大布袋也赶来张家。除了上次吕斯百转给蒋碧薇的画和钱款，他的袋子里又装着给她的一百万元，另有几大卷子画——里边的一幅《琴课》，是在巴黎时为她画的油画肖像。知道她非常喜欢，因此也给带来了。

到场的还有证人吕斯百和马寿徵。在沈钧儒及其证人的见证下，徐悲鸿和蒋碧薇分别在离婚协议上签完字，徐悲鸿便带着郁郁寡合的神态与丽丽拉拉手，向大家摆摆手先走了。蒋碧薇离开后，与友人钟雲民、钱英夫妇等打了一夜麻将。

办理完离婚手续后，闹腾了十几年的家庭纠葛终于平息，徐悲鸿的心里方觉轻松。恰在此时，以"庚款"派遣张安治等四人前往英国考察的申请批了下来，即动身前往。丽丽听到消息后，写信给父亲，表示也想出国留学，徐悲鸿立即复信道：

丽丽爱儿鉴：

你的信我收到。你能多回磁器口安慰母亲，甚好。我决不会因你少来而责怪你的。美术院此次派出四人，因为他们皆大学毕业，深有造就。在中国无进修所在，所以请派去英国。你有志向，自然很好。但（一）你方读高中一年，此时虽学校设备不佳，返都后定能改善。（二）母亲有你常常见面，亦少减忧郁。（三）我的经济实在负担不了，现在希望你好好用功，将来在大学毕业后，能应考出洋。或到尔时，我如有力量时，送你出去。此时不必做此企图，以扰乱心绪也。我的健康尚未复原，勉强去中大上课，亦为责任心所使。颜院长来信，说你极为努力，我很喜欢。

高中功课繁重,伙食又差,我至为你担心。

　　此问近好　父字

　　　　　　11月15日

　　（此函请呈颜院长一阅）

此间,维持中国美术学院的"庚款"本息不断贬值,徐悲鸿只好使用在中央图书馆展览的门票收入贴补学校经费,举步维艰。学校实则已经名存实亡。徐悲鸿已经接手北平艺专,准备不日北上。

1946年1月14日,徐悲鸿的身体得到恢复,便与廖静文在重庆中苏友谊大厦举行了婚礼。婚礼的规格虽然很高,但却很简朴,证婚人是郭沫若和沈钧儒,郭沫若赋诗一首表示祝贺:

《廖静文肖像》
（油画）
徐悲鸿作

　　嘉陵江水碧如茶,
　　松竹青青胜似花。
　　别是一番新气象,
　　磐溪风月画人家。

三、凤凰山画家群

抗战胜利了,欢欣鼓舞!与蒋碧薇的烦恼解除了,身体也已恢复,从"婚姻殿堂"走出来,徐悲鸿感到一身轻松。

凤凰山画家群互画肖像《抗战胜利纪念》（素描）画面中的形象有吴作人、王临乙、王合内、吕斯百、常书鸿、秦宣夫、常沙娜、马光旋、李瑞年等

离开重庆之前，尚有一个设在磁器口"凤凰山画家群"的存在。人员均是徐悲鸿多年的学生与朋友，他便带着廖静文前往探视，与之话别。

磁器口位于嘉陵江畔，歌乐山的支脉马鞍山脚下，是座千年古镇，素有"小重庆"之称。嘉陵江从古镇脚下蜿蜒流过，是水陆交通要冲，风景如画，吸引了众多画家的目光。正如吕斯百所说：

> 诚然，凤凰山的风景是足以使画家们陶醉的，春天，漫山遍地的野花。冬天，碧绿的江水在沙滩上流过。前面，是连绵的山峰。远处，是不尽的岫峦。磁器口密密的人烟。傍晚，更感得落日的辉煌……

地处重庆沙坪坝磁器口的凤凰山，景色秀丽，茂林修竹金光闪烁，如凤凰羽翅；而在朝阳中恰似凤头上镶嵌的珠宝，故有"凤凰展翅"之美誉。凤凰山自然景观有桃花洞、莲花洞、元代古刹灵官殿、杨金砧炼丹处、明代观音阁、清代览胜亭等古迹遗址。其四周，东侧尚有元朝九溪十八洞中的遗址俊涪洞，南有梅江河中的水现莲花，西有清朝嘉庆二十三年建造的凤鸣书院，北有三角岩石笋丛林等自然景观，均都美不胜收。

1937年抗战爆发后，北京艺专和杭州艺专分别撤离，来到大后方合并成立了昆明国立艺术专科学校。因校长人选的争执造成了学校秩序混乱，身为教育部专员的滕固居中调和，并任校长。但两年后，因未发给画家方干民的教授聘书，又引起校内宗派势力的争斗，导致学生罢课，滕固去职，吕凤子接任校长，学校迁至重庆。

滕固字若渠，上海宝山月浦人，1901年出生，早年毕业于上海美术专科学校，留学日本东京帝国大学专攻美术考古和美术史论。归国后与沈雁冰、陈大悲等人组织民众剧社，编辑《戏剧》月刊。1929年又赴德国柏林大学留学。集诗人、小说家、艺术史家、学者于一身，在民国史中是个多才多艺的人物。

将一生献给敦煌的常书鸿

1938年,国立北平艺专与国立杭州艺专合并成立昆明国立艺术专科学校,滕固出任校长。

因为派性斗争,滕固原来所聘的教授被宣布无效,秦宣夫、吕斯百、常书鸿、王临乙等人等于失业。故此,教育部1941年初组织了一个美术教育委员会,由教育部次长张道藩兼任主任,把这批留法画家一起聘入该会,以解决他们的生活过渡,每月由秘书常书鸿到青木关去领薪水。

美术教育委员会设在凤凰山,山顶有一幢两排五间相连的砖瓦房,是四川教育学院的宿舍。但因坡高路陡,没什么人愿意上去住。张道藩于是与教育学院院长颜实甫商量借用房屋,作为"美术教育委员会"会址,除办公外,一部分供给委员们住宿。张道藩也可以来磁器口看望蒋碧薇时与美术委员们讨论一些公事。

颜实甫很慷慨,将房子借给了张道藩。于是,秦宣夫、常书鸿、王临乙、吕斯百每家分得两间,尚余两间作为办公室兼画室。厨房就在住房的对面,几家公用。学校雇用一名工友,每日就像徐悲鸿的《巴人汲水》一样,从嘉陵江挑水拾级而上,用明矾澄清后食用。

吴作人此时在中央大学艺术系任教。由于比利时籍的妻子李娜产后不幸于重庆谢世,儿子也夭折,宿舍又被日机炸毁。便被留法老友吕斯百和王临乙、王合内夫妇接来凤凰山。将平房宿舍下方山坡上一座废弃碉堡加以修缮,作为他的新家。

1943年,常书鸿被任命为敦煌艺术研究所所长,在徐悲鸿的鼓励下,携家眷离开重庆赴任。然而,他的敦煌之行并不是一帆风顺……

常书鸿赴法留学后,1936年受教育部部长王世杰之邀,出任国立北平艺术专科学校教授,于当年9月回到北平。一年之后,日本侵华战争爆发,北平沦陷。国立北平艺专在战乱中辗转迁至云南昆明,常书鸿任代理校长,1940年出任教育部"美术教育委员会"常委兼秘书。

常书鸿一家终于结束了迁徙漂泊的生活。这时,他们的长子嘉陵降生,一家人其乐融融,可常书鸿还未见过使他魂牵梦萦的敦煌。不久,成立敦煌艺术研究所的提案获得通过,他被任命为所长。

1943年10月，常书鸿携妻子陈芝秀和一双儿女乘坐一辆敞篷大卡车从重庆出发了，风尘仆仆，一个多月后抵达兰州。

常书鸿开始在兰州招兵买马：龚祥礼、陈延儒、辛普德均已成为他的部下。加上陈芝秀、常沙娜和常嘉陵，一行七人仍然乘坐敞篷大卡车顶着凛冽刺骨的朔风，踏上了从兰州到敦煌的漫漫旅途。

到了敦煌，作为留学法国的女雕塑家陈芝秀与丈夫常书鸿一样，被莫高窟斑斓璀璨的壁画和无与伦比的佛像所震撼！陈芝秀把常沙娜寄宿于酒泉中学，拿起雕塑刀开始工作。常沙娜寒暑假回到家里也到洞窟临摹壁画。不久，常书鸿的高足董希文、潘洁滋、张琳英等人也纷纷从北平、南京、杭州赶来，一道进行临摹、研究和保护文物。

然而没过多久，不愉快的事情发生了：一天，常书鸿正在洞中临摹壁画，陈芝秀原来诸暨县枫桥镇的一位同乡赵忠清不期而至，想在这里谋个差事。常书鸿见他态度诚恳、精明干练，便请他当了总务主任。随着交往的加深，陈芝秀与赵忠清的关系日渐暧昧，而全身心扑在敦煌艺术上的常书鸿却一无所知⋯⋯

1945年夏天，陈芝秀说自己的身体不舒服，要到兰州去就医。常书鸿脱不开身，便将她托付给赵忠清，并嘱咐彻底检查，早去早归。

陈芝秀走后，董希文无意中发现了赵忠清写给陈芝秀的情书，便

40年代的敦煌，其破败景象令人心酸

急忙拿着找到常书鸿，对他说道："师母此去恐怕再也不会回来了。"

常书鸿看了情书方恍然大悟，立刻策马往酒泉方向追赶。来到一处十字路口，向路边摆摊的摊贩打听，才知道陈芝秀和赵忠清在此下车，买了几个哈密瓜，坐在一辆卡车驾驶楼里朝着玉门方向驶去。常书鸿立刻转身上马，顺着卡车履带的方向紧追。可由于劳累与情急，不慎从马背上摔下来动弹不得，幸被玉门的石油工人救起，才捡回来一条性命。

陈芝秀离开常书鸿后命运多舛：新中国成立初，赵忠清因历史上的斑斑劣迹被判入狱，陈芝秀也被烙上了历史反革命家属的印记。后来的生活，也受到女儿常沙娜的接济……

常书鸿走后，凤凰山又搬来了画家李瑞年，成了抗战时期的画家村。

徐悲鸿任教于中央大学，在其主持中国美术学院筹备处期间，经常携廖静文来到凤凰山与大家一起谈论艺术，并与之共同写生作画。这些画家也经常到磐溪石家花园徐悲鸿的家里去……

五年多时间里，除了教课，凤凰山画家群一直在寻找油画的本土语言，外出写生，聚在一起切磋技艺，创作了不少佳作。秦宣夫的《母教》、吴作人《空袭下的母亲》、吕斯百的《庭院》、常书鸿的《静物》等，都是第三届全国美展的获奖作品。除此之外，他们还在各地举办了多次展览，为抗战时期的文化艺术及教育事业做出了很大贡献。也是中国"海归"派画家的第一个创作高峰期。

徐悲鸿带着廖静文来到山脚下，登上三百多条石级到达"画家村"。不料一到山顶，便看见吕斯百、吴作人、王临乙、王合内、李瑞年正在抢夺秦宣夫手中的一样东西……

秦宣夫，1906年5月生于广西桂林，1929年毕业于清华大学外语系，1930年入国立高等美术学校；1931留学法国，入吕西安、西蒙工作室学习油画。同时，在鲁佛学校 Ecole du Lousre、巴黎大学艺术考古研究所学习外国美术史。1933年，他的油画《卡邦齐夫人像》入选法国春季沙龙展，并被卡邦齐夫人收藏。

1933年5月10日，徐悲鸿在巴黎与法国博物院联合举办的中国绘画展览会上与秦宣夫结识。会后，秦宣夫与李健吾合写《巴黎中国绘画展览》一文，在上海出版的《文学》杂志上发表。

1934年5月，秦宣夫的油画《快乐的旋转》《宫女》在法国独立沙龙展出。1934年7月，秦宣夫离开法国赴意大利参观艺术名城：于米兰、阿西西、帕多瓦、先纳、翡冷翠、罗马、拿波利、庞贝游览两个月后，从威尼斯乘火车赴德国游览慕尼黑、柏林。然后到波兰改乘西伯利亚大铁路，经过莫斯科回到北平。

1934年末至1936年，秦宣夫于国立北平艺专教授素描及西洋美术史。1941年，与吴作人、吕斯百、李瑞年、王临乙等人在成都举办八人绘画联展。之后又在重庆举办个人画展，徐悲鸿、傅抱石、林风眠、吕斯百和宗白华等名家皆在《大公报》上撰文评介。

徐悲鸿已经来到跟前，才被大家发现。他将众人争抢的一张纸夺在手中仔细观看，见是一幅描写画家们在凤凰山上日常生活的漫画：画面中央，是穿着草鞋和普通农夫连衣裙，正在给山羊挤奶的王合内；羊身上蓬头垢面的丈夫王临乙，应邀雕塑着国民政府主席林森的塑像，累得汗流浃背，身边是妻子合内养的大狼狗洛利。

吴作人的形象画在稍上位置，从碉堡的窗口探出头来，举着的酒杯里映出亡妻李娜的幻影——正在手拉提琴驾鹤西游，身后牵着丈夫去西藏写生带回来的牦牛。

碉堡底下，又是金发碧眼的王合内正在木盆里洗浴，李瑞年的太太也脱光衣服前来凑热闹。虽然头顶笼罩着一片遮挡弯弯月亮的乌云，可还是被吴作人无意中看见。

稍下的地方，吕斯百捉住两个小鬼抬着滑竿，将他成卷的画作抬下山去展出，滑竿被压得上下悠悠颤动，他则背着米袋要往家送。窈窕的马光璇太太似乎趴在他身后的米袋上，使他弓着腰不堪重负。

右上角的秦宣夫怒发冲冠，背心的领口处露出胸毛，伸出巴掌正在拍打淘气二女儿的屁股。挺着大肚挎着菜篮的妻子李佳珍奔过来制止，身后跟着大女儿秦志燕。

左下方，是头戴毡帽手拿要去敦煌任职令箭的常书鸿大步向前，太太陈芝秀拉住他的胳膊，他却在奋力挣脱，下方是女儿常沙娜从山下抓回来的一只家养的鸡。

画面空隙处的三棵小树上还拉着一根晾衣绳，搭在上面的衣裤都打着补丁，随风飘舞。还有几个小孩在忙碌的大人身边玩耍，自制的玩具丢得四处皆是……

这张漫画不是一次完成的，一些细节都是在画家们手里传递时加上去的，有情有致，真正表现了凤凰山上的画家群生活虽然艰苦，但却积极向上、坚忍不拔和乐观浪漫的人生态度。因为诙谐、滑稽、幽默，徐悲鸿看了，也跟着大家一起哈哈大笑。

看完这幅画，徐悲鸿看见画室的墙上还挂着一幅常书鸿和吕斯百夫妇、王临乙夫妇、吴作人和李瑞年，以及颜实甫夫妇和常沙娜等人1946年1月26日合画的肖像，题目为《抗战胜利纪念》：画面上吕斯百画的秦宣夫三女儿秦志钰，秦宣夫画的吴作人侧面，吕斯百画的戴帽常书鸿，常书鸿画的秦宣夫妻子李家珍，马光旋画的李家珍侧面，吴作人画的马光旋和她的小猫，还有李家珍画的马光旋，王临乙画的常沙娜，吴作人画的常嘉陵，常沙娜画的李家珍，吴作人画的王合内，秦宣夫画的颜实甫……

不难看出，以上两幅画便是凤凰山画家群生活的生动写照。

抗日战争胜利后，各校都迁回了原址，吕斯百、秦宣夫随中央大学回到南京；吴作人、王临乙夫妇随徐悲鸿北上；常书鸿则重返敦煌。

四、回师南京

1946年3月18日，徐悲鸿收到新加坡曹仲渊转寄来的黄孟圭信件及其题画长诗后，非常激动，立即给他回信曰：

孟圭大哥惠鉴：

得3月5日手教，欣喜无极！两年以来且以为兄已不在人世（数次消息均然），直至仲渊兄转示尊函，乃大喜释然。

兄虽遭劫难，而大节德行，乃大显于世，唯祝健康早复，为人类正义宣劳，而福寿无疆也。承示将分旅费一部与弟，深感盛惠，但可不必。因兄此去养病，且有较长时间，囊中倘宽储几文，可得安心。而弟今还都且不易，既抵后，安置所有便大困难。欲事远游，必须将各画重新装裱，所费极大（今日国内物价超过战前两千倍），倘非他处担任用费，将不能行动。数年内亦薄有所作，主要者为《会师东京》。因陈孝威之文而兴图，作数狮集与富士山颠，《梅花》《紫气东来》《子路曾皙冉有公西华待坐》等幅，倘蒙赐观，必又有助吟兴也。题鄙作《十马》诗极佳。

兄赴美计划，弟极赞成，一年之后必有成效。王莹女士在美和赛珍珠女士合作，甚有声誉，其通信处为（略）。谢长生兄事，今年将举行大批留学生考试，恐难以说项成功。弟处曾蒙朱公派英四人，故颇不便多所请求，但得机缘，固愿为谢兄进行。敬祝

文安！

二哥全家均安

弟悲鸿顿首 静文随叩
（1946年）3月18日

黄孟圭收到徐悲鸿的信函，及其《会师东京》作品的照片之后，即题诗曰：

富士苕荛亦壮观，临涯虎穴眼前看。
一程水隔途非远，千仞冈高雪不寒。
待扫贼庭消宿恨，会吞虏肉佐朝餐。
直教举族皆欢舞，快意如今数老狻。

3月初,徐悲鸿已经收到中央大学的复校通知,准备迁回南京原址。可直到4月下旬,迁校的准备工作才告完成。然而抗战胜利以后,许多在战时撤退到大后方的公务人员已经开始返回故地,重庆出现了一票难求的局面。

5月6日,徐悲鸿应田汉之邀,参观在重庆举办的军委政治部"剧宣四队"美术资料展览。

田汉于抗战爆发恢复自由后,立即奔赴前线同郭沫若、夏衍等人访问部队,遍历华东各战场,直至上海沦陷,才经南京辗转回到故乡长沙,出任《抗战日报》主编,廖沫沙任副主编。

廖沫沙,原名廖家权,祖籍湖南长沙。1922年入长沙师范学校时曾和贺绿汀办文学刊物,任报纸副刊助理编辑。1927年在田汉主办的上海艺术大学文学系旁听。1932年任职上海明日书店,后又任《远东日报》编辑。1934年加入"左联"。1938年直至抗战胜利,出任《抗战日报》《救亡日报》《华商报》和《新华日报》主任编辑、副主编和主编。

1938年2月,田汉应周恩来之邀,到武汉参加国共合作军事委员会政行部第三厅,出任第六处处长。负责文艺宣传,组建了十个抗敌演剧队、四个抗敌宣传队和一个儿童剧团。11月撤离武汉到长沙,继续进行抗日救亡演出。1940年,应三厅召赴重庆,与欧阳予倩、杜宣、许之乔等人创办《戏剧春秋》。

1940年5月,田汉第一次来到陪都重庆,供职于郭沫若手下国民政府国防部第三厅,依然负责抗战文艺宣传,与川剧著名演员张德成、莜桐凤一道促成了"抗战川剧促进会"的成立,任艺术顾问。这时,才与从武汉撤退而来的妻子林维中及一对儿女团聚。三个月后,与田汉分别了两年的安娥也带着儿子来到了重庆。她将孩子领到田汉面前,告诉他说儿子并没死,以前的说法是担心他分神影响工作。

田汉从来都没停止过对安娥的思念。而她的出现,却使他处于进退维谷的地步,家庭生活再起波澜,直至他离开重庆才告平息。

1941年1月4日,"皖南事变"之后,田汉离开重庆到湖南南岳住了半年，又到桂林从事抗战戏剧活动，组建了新中国剧社和京剧、湘剧民间演出团体，主持西南第一届戏剧展览会。

1946年2月，应周恩来之邀，田汉第二次抵达重庆，恰逢"校场口事件"刚刚平息，田汉到医院去看望郭沫若。

事件的起因是1月31日政治协商会议结束后，2月10日重庆各界二十多个团体万余人在校场口广场举行庆祝大会。国民党则派遣特务，在党棍刘野稚、吴人初率领下对会场进行捣乱和破坏。大会总指挥李公朴、郭沫若、章乃器上前交涉时，特务们一拥而上，打伤了李公朴、郭沫若、马寅初等六十余人。正在特务行凶时，周恩来与冯玉祥赶到，暴徒们一哄而散，受伤人员被送进医院。

田汉到医院看望完郭沫若等人后，在"告别山城文艺晚会"上担任主持人。随即组织了军委政治部"剧宣队"美术资料展览，函邀徐悲鸿前去观看。

这次来重庆，田汉在情感上颇不宁静。林惟中不能容忍他的心中尚有安娥的一席之地，于是由洪深和阳翰生作保，与她办理了协议离婚。可离婚后，由于恩怨未解，一度在报纸上闹得沸沸扬扬……

徐悲鸿观看田汉"剧宣四队"美术资料展览后，极度赞

徐悲鸿与李济深

扬戏剧宣传队在抗日战争中所起到的巨大作用。

1946年5月28日,廖静文已经身怀六甲,徐悲鸿偕她进城探望李济深,感谢他在桂林危机时拔刀相助:拨给两万元,运出了藏在七星岩洞里的大批珍贵书画。

提起运出那批书画,徐悲鸿对李济深说,还不能不感谢另一个人:就是抗战爆发后出任第18军67师201旅副旅长兼402团团长的邱行湘。

邱行湘与徐悲鸿是好朋友,又是江苏同乡。他的五弟邱行槎是徐悲鸿的学生。在那战火纷飞的年代,徐悲鸿曾带领邱行槎经常冒着生命危险,往返于邱行湘军营。观赏、写生部队马厩里的军马,而邱行湘也精选膘肥体壮的马匹供他俩收集素材。

徐悲鸿出任中央美术学院院长时,邱行湘到校拜望,顺便看望弟弟邱行槎,徐悲鸿为他画了两匹骏马:一匹昂首长啸,一匹扭头狂奔。

就在桂林危机四伏,李济深拨款要将那批书画运出时,遇到日军的严密封锁,到处搜查。无奈之下,徐悲鸿通过邱行槎找到邱行湘。他只好冒着巨大风险动用军车,运出了岩洞里的书画。抗战结束后,这批书画寄存在无锡画家黄养辉家中。

听了徐悲鸿的讲述,李济深也十分钦佩邱行湘为朋友两肋插刀的仗义之举。在李济深那里,徐悲鸿得到了两张第二天开往南京的"民联轮"船票。于是,他和廖静文立即回到磐溪,把最重要的书画装进一个大铁箱和几只木箱中,准备随身携带。

翌日,经过诸多周折,那些沉重的铁箱和木箱才被吕斯百与筹备处师生装上拥挤不堪、严重超载的"民联轮"。

轮船起锚后,徐悲鸿和廖静文的眼眶湿润了,站在甲板上向筹备处前来送行的同事挥手告别,向磐溪的山山水水告别。当那些朋友越来越远时,廖静文竟泣不成声……

天气酷热,轮船的头等舱早已被国民政府的高官占满,徐悲鸿与廖静文和其他学者、科学家、文学家、艺术家一样蜷曲着身躯挤在已无立锥之地的甲板上。同行者中有军政界的李济深、储铺成,作家吴组缃、王冶秋,音乐家吴伯超、李士钊，画家吕斯百，安娥也乘此轮同往。

"民联轮"沿长江顺流东下，经万县、奉节，穿越四川、湖北、湖南、江西、安徽后抵达南京，徐悲鸿与廖静文暂居于西山路寓所。

徐悲鸿在傅厚岗的"危巢"，于1937年蒋碧薇带着孩子和仆人逃往重庆之际，已将其托付给德国友人李丹田夫妇代为照管，他们便搬进去居住。可不久，他们也西迁重庆，便将房子又交给了佣人李恒。可到1946年4月，李恒竟然把房子租给了英国驻华大使馆武官，收了半年房租。

虽然张道藩动用了南京警察局抓到李恒判刑坐牢，可房子也没能腾出来。因此，蒋碧薇带着丽丽从重庆回来后，张道藩只得把他们母女安排在中央党部主管的"文运会"居住，等待着傅厚岗的房子腾出来。可是到11月，房子租期届满时，英国大使馆武官仍然不肯搬走。经张道藩多次交涉，才将房子收回。蒋碧薇便把房子重新装潢，并给张道潘布置出一间很大的画室，搬了进去。

此时，张道藩与素珊之间也已发生了明显的感情裂痕。他也不再顾及她怎么想，整天盘桓在蒋碧薇家里。

傅厚岗的房子本来还存在一起公案：十三年前，徐悲鸿到欧洲举办展览，到农工银行去提款时，因为李石曾已经赴欧，萧文熙经理拒绝付款。徐悲鸿于是将傅厚岗房子的房契押在银行里，领出三千元法币，才得以实现欧洲之旅。现在，房契仍然押在农工银行的萧经理处。吴稚晖听到此事后，自告奋勇要帮助解决。于是，蒋碧薇便将当年李石曾写给徐悲鸿的关于款项的信交给吴稚晖。两天后，他将押在农工银行萧文熙手里的房契和徐悲鸿多年前的借条赎回来交给了蒋碧薇。

徐悲鸿抵达南京后，因旅途疲劳致使旧病复发：血压上升，高烧不退，于是住进了南京第一医院。三天后刚能支撑起来，便向李桦、叶浅予、李瑞年、黄养辉、艾中信、李苦禅、李斛、周令钊、董希文、李可染、王临乙、滑田友、戴泽、韦启美、梁玉龙、庞熏琹、周祖湘等人发出聘书，邀请他们赴北平任教，并请吴作人出任教务长。

7月12日，上海《新民日报》对徐悲鸿将赴北平就任作了报道：

徐悲鸿偕夫人自渝抵京,渠在渝主持中国美术学院已告结束,将于 20 日左右来沪,乘船赴天津转北平,接收素负盛名之国立艺专。徐氏新夫人廖小姐,系本年初结婚。名画家吴作人、孙宗慰等将在北平艺专执教。

徐悲鸿由南京赴上海前,因身体欠安,由廖静文代笔,给在重庆待命的宋步云写信说道:

弟已接受教育部聘任国立北平艺专之职,拟请吾兄相助。如蒙允可,敬希即可设法启程,以便进行复校事宜。弟将偕吴作人先行赴京……

宋步云做事向来麻利,而且性子急,于是迅速打点行装,将家眷留在重庆,通过层层封锁线匆匆赶路,准备到京后迎接徐悲鸿一行。此时,宋步云妻子高淑贞的舅舅一家已经迁居北平古楼舅妈的娘家,宋步云抵京后暂时借住于此。按照徐悲鸿的信示寻到寿石工,为徐悲鸿一行安排了临时住所。

徐悲鸿在南京医院整整住了一个月,出院后偕廖静文游览了玄武湖、灵谷寺和中山陵。回来途中经过"危巢"门前时,看见蒋碧薇已将原来的房屋进行修缮租给了法国新闻处,又在空地上为自己建起了单独小楼。院内花木繁盛,墙壁、门窗都已经粉刷一新。她还在为张道藩布置的画室里陈设着许多艺术品和鲜花。

张道藩虽然多次承诺在蒋碧薇与徐悲鸿离婚后便与她结婚。可现在,徐悲鸿已经与蒋碧薇办完了离婚手续,然而他那面的法国老婆素珊又成了棘手问题。实际上,张道藩就是在脚踏两只船。因此,不得不继续哄骗蒋碧薇,给她搞了个"国大代表"光环套在脖子上。这样,她就以"社会贤达"身份走进热闹的国民大会堂,微笑着出入各种社交场合谈天说地。一时也就打消了对张道藩的不满,两个人在傅厚岗被徐悲鸿称作"危巢"的新居里出双入对。

离婚协议书虽然没有明确傅厚岗"危巢"的归属，可在财产问题上，徐悲鸿向来不愿意跟蒋碧薇计较。他也只是看了一会儿，便带着廖静文离开了。

徐悲鸿会见了一些老朋友，谈论他到北平艺专后的许多打算，又参加完各路人士的宴请之后，于7月17日便带着廖静文乘坐京沪路火车首先抵达上海。同行者还有徐悲鸿的宜兴同乡徐子明。三十年前，徐悲鸿初闯上海时，曾经得到过他许多帮助，非常敬重他。二人不禁回忆起许多往事。廖静文静静倾听，被徐子明的诚恳和徐悲鸿的奋斗精神深深打动……

五、滞留上海

抵沪后，徐悲鸿与廖静文住在老朋友汪亚尘家里，受到汪氏夫妇热情款待。上海是徐悲鸿人生奋斗的起点，有他许多旧友和学生。久病初愈，又有廖静文陪伴，有种重获新生的感觉，一切都感到非常新鲜和亲切。

徐悲鸿自幼追随父亲笔墨华章，受其影响，也非常喜欢任伯年的画风。不但投入大量精力为他画了肖像，还撰写了多篇研究文章。

1928年，徐悲鸿刚从法国归来不久，便去拜访过旅美归来的画家吴仲熊。吴仲熊则将任伯年画完和没画完的遗作四十二幅赠给了他，成为他人生中一大幸事。对此，他在《任伯年评传》中撰文记述曰：

> 伯年有一子一女，女名雨华，学父画，甚有得，适湖州吴少卿为继室，吾友吴仲熊君之祖也，吴少卿毕生推崇伯年，故断弦往后婿于伯年，雨华无所出。伯年逝世（1894）时，其子堇叔年才十五，故遗作皆归雨华，雨华卒于"民国"九年（1920）。余居上海，与吴仲熊君友善，过从颇密，仲熊知吾嗜伯年画，尽出其伯年父女遗迹之未付装裱者，悉举以赠，可数十纸，后吾更陆

续搜集，凡得数十幅，精品以小件如扇面、册页之属为多，其中尤以黄君曼士所赠十二页为极致。今陈之初先生独具真赏，力致伯年精品如许，且为刊印，发扬国光，吾故倾吾集蕴，广为搜集，附之，并博采史材，为之评传。

吴仲熊1899年生于浙江吴兴，自幼喜欢书画，其书法娟秀可爱，所作山水、花鸟均得其外公任伯年真传。

吴仲熊的继母，便是任伯年的女儿任雨华。任伯年晚年患有肺病，当时，尚无特效药医治，于是便以吸食鸦片止痛，从而染上毒瘾。

任伯年的画艺盖世。当时上海云集了广州、京津、扬州、安徽和苏州等地大批商帮，纷纷前来向他订画。与此同时，日本客商及其书画诸家也来向他索取。因而使他吸食鸦片作画不止，据《墨林挹秀录》记载：

其作画在于夜深人静，万籁俱寂，饮餐阿芙蓉膏，精力充沛，下笔如春蚕食叶，于昏沉灯下，独能暮色如意，与白日无殊，亦可异也。

故此，在任伯年四十七岁时，吴昌硕为其刻制一枚"画奴"印章，边款题曰：

伯年先生画得奇趣，求者踵接，无片刻暇，改号"画奴"，善至比也。

然而到了五十岁后，任伯年的肺病加重，作画甚少，有些甚至是画了一半便放下了。据《新语林》记载：

求画者踵接。然性疏傲，且嗜鸦片烟，发常长寸许，每懒于濡毫。倍送润资，犹不一伸纸。纸绢山积，未尝一顾。

任伯年的儿子任堇叔也在《题任伯年四十九岁摄影》中写道：

> 嗜酒病肺，捐馆前五年，用医者言止酒不复饮。而涉秋徂冬，犹咳呛哕逆，湍汗颡泚。

在这种情况下，任伯年收了润资而交不出去的画，就由他的女儿代笔。任雨华深得任伯年家传，下笔如父，可以乱真。郑逸梅在《小阳秋》中记载：

> 伯年客死沪寓，身后殊萧条，幸其女霞，字雨华，传家学，鬻画以养母抚弟，且常署父名以图易售，伯年画遂充斥于市，真赝为之淆乱矣。

1928年，吴仲熊送给徐悲鸿的四十二幅画作中，大部分是任伯年的真迹，但也有少数几张是任雨华所为。

任雨华与其弟任堇叔一样命运多舛，《小阳秋》记载：

> 霞年事既长，由父执何研北作伐，得某氏子为婿。某氏子美姿容，擅佉卢文。霞私心自慰，益努力于画，积润资以办奁具。于归有期，不料某氏子留学西邦，别有所属，霞大失望，自嗟命薄，几欲自裁。后嫁一寒士，伉俪甚笃。年余，寒士又病死，至无以殓，由某戚为理其丧。霞感极而涕，戚某云："夫人能以画幅见惠，则幸甚矣。"霞大哭曰："先夫既殁，未亡人岂忍再以笔墨媚世，所受恩泽，当于来生犬马为报耳。"言至此，呜咽不成声。寻以伤感过甚而殁，闻者惜之。

任雨华于1920年辞世，年仅五十三岁。徐悲鸿偕廖静文拜访吴仲熊时，虽已过去了二十多年，可提起来，仍然悲痛不已。他说他幼时是受到继母熏陶，才喜欢上绘画的。

吴仲熊遂备酒菜款待徐悲鸿夫妇。徐悲鸿病愈后体力虽然发软，可仍然提笔与吴仲熊合作了一幅《岁寒三友》留作纪念：吴仲熊写梅，徐悲鸿补松竹。有意思的是，此画竟然写有"孟圭"的名款，不知何意。款下名章则是徐悲鸿常用的阴文"悲鸿"。其题识曰：

岁寒，仲熊写梅，悲鸿补松竹，孟圭先生。

拜访完吴仲熊，徐悲鸿又偕廖静文会见了黄警顽。

徐悲鸿闯荡上海的求学阶段，黄警顽曾给予他很大帮助，有过救命之恩。上海沦陷后，黄警顽因涉嫌与共产党有联系，掩护过抗日地下工作者而受到日伪逮捕，进行监禁和严刑拷打。释放之后，已经失去了原有的风采与活力，变得穷困潦倒一贫如洗，连生活都得不到应有保障。

徐悲鸿不忘旧情，立即决定将黄警顽带去北平，让他管理国立艺专的总务。

后来，北平艺专变成了中央美术学院，黄警顽仍然跟随徐悲鸿继续任职。不幸的是，1953年徐悲鸿逝世后，在1957年的"反右"运动中，黄警顽被打成了"右派"。人们有理由相信，假如徐悲鸿没有去世，假如他1957年仍然是中央美院院长，假如他还能够安然无恙的话，黄警顽完全有可能被他保护下来——就像当年在"三反"运动中保护王临乙一样。这当然只是我们的良好愿望而已。

在上海，徐悲鸿偕廖静文又拜访了郭沫若，在他家里还意外遇到了周恩来。周恩来与徐悲鸿相识于二十年前的巴黎——1924年，周恩来到巴黎公社社员墙前凭吊死难烈士，遇到正在写生作画的徐悲鸿。两人同是江苏人，在异国相见，格外亲切，遂合影留念。此后，二人虽然再没有相见的机会，可人格的魅力却一直都在吸引着对方。一年以前，郭沫若到磐溪慰问病中的徐悲鸿，还给他送去周恩来从延安带来的红枣和小米。

现在，在郭沫若家里的意外相遇，徐悲鸿和周恩来都显得格外激动。周恩来握住徐悲鸿的手说道："我们算是老朋友了，记得你当时不停地画素描，还摘了两片树叶夹在画夹里。"

徐悲鸿兴奋异常，说道："周副主席，您的记忆力可真惊人，我觉得您比以前更精神了。"

郭沫若夫人于立群已备好酒菜，遂请周恩来与徐悲鸿夫妇入座。周恩来向郭沫若和徐悲鸿谈及到重庆谈判的一些细节，讲述了国际国内形势，并说蒋介石很可能撕毁《重庆谈判协议》发动内战，让二人做好思想准备。临别时，周恩来握住徐悲鸿的手说道："徐先生，我希望你把北平艺专办好，为人民大众培养一批有理想、有能力的美术工作者。"

从郭沫若家里出来，徐悲鸿偕廖静文又看望了舒新城、颜文梁、高方，并把杨建侯介绍到广西任职。最后，又带廖静文去看望二弟寿安。

徐悲鸿是与蒋碧薇离婚后，带着新夫人第一次来到寿安家里，因此感情比较复杂：二弟媳任佑春是蒋碧薇的表妹，早年，她俩的关系特别好。可如今，他却与蒋碧薇离婚，带来了一位新夫人。

然而，徐悲鸿见到二弟之后，立即想起"七七事变"那年大年除夕去世的母亲。自古来，忠孝不能两全。当时，中央大学刚在重庆复课，他正忙于教学；而且，不但痔疮病发作，还在与蒋碧薇闹矛盾分居，搞得焦头烂额。虽然一点也不知道母亲是在那天晚上去世的，但他当时的心里想着的，却是战争与穷人：白天，看见一位与母亲相仿的老妇人沿街拾荒，便将自己兜里的钱全都掏出来给了她。晚上想起这件事还感到心酸，于是铺纸画了一幅《巴贫夫》。

徐悲鸿并不知道他在除夕晚上画的这幅画是不是心有灵犀，是不是由于憎恨战争为纪念母亲而作。但至少，他的心里装着的，是与母亲一样的劳苦大众。

自从由法国归来，徐悲鸿带着妻儿只是回乡见过母亲一面，而且又遇到土匪抢劫，在家里连一个晚上都没住——未跟母亲说上一句亲近的话；又想到妹妹爱娥和爱贞的死，不禁潸然泪下，与寿安抱在一起痛哭起来。稍稍平静之后，便向寿安问道："你的几个孩子，谁喜欢画画呀？"

寿安答道："是泳韶吧。"

徐悲鸿于是将小侄女泳韶拉到跟前问道:"你认为什么颜色最美?"

泳韶抑着小脸说道:"蓝色或者浅绿色。"

"为什么?"

"因为它文静淡雅。"

徐悲鸿摇了摇头对她说道:"我认为紫色最美,它的色彩最复杂。"

当看见两个侄女在搞集邮时,徐悲鸿便把在南洋讲学时收集到的几枚印度邮票和一枚清末邮票送给她俩,并在他们集邮册的扉页上加题曰:

让这朵小花开得更鲜。悲鸿1946年题于沪上。

吃过晚饭,徐悲鸿偕廖静文回到汪亚尘家里下榻。等到他把北京的家安顿好后,寿安便带家人赴京看望大哥一家,并在雍和宫大殿前合影留念。

为了节省旅费,7月28日,徐悲鸿、廖静文与吴作人、萧淑芳、黄警顽一行乘海轮离开上海。

对于徐悲鸿,这已经是第三次北上:第一次是1917年12月,偕蒋碧薇赴北京大学求职,任画法研究会导师,以求赴法留学机会;第二次是1928年10月,应李石曾邀请,单身赴任北平大学艺术学院院长;此次赴任北平国立艺术专科学校校长则是第三次北上。可对于廖静文,则是她初次赴京。

徐悲鸿滞留上海期间,有人劝他说,国共谈判已陷于破裂边缘,不宜北行;又有人说南京是国民党的首都所在地,政治文化中心,作为一位著名画家应立足于此;还有人肯定说道,北平是国共两党、两军必争之地,战火必先燃烧于古城,何必飞蛾扑火?劝他还是留在南京,以观战事演变……

然而,会晤了郭沫若、周恩来之后,徐悲鸿却不顾身患疾病急需静养和治疗,毅然北上,随即致宋步云一封快函:

步云吾兄惠鉴:得手书欣知已抵北平。我等六人将于24日晨乘船至秦皇岛，26日夜约能抵北平，至迟27日必能到达。请兄设法至王府井梯子胡同一号询盛成先生得一暂时落脚之处。我一到秦皇岛即电，兄来车站一接。又，寿石工先生系我老友，也系校中将来同仁，请告其一切并求彼相帮，觅临时住处。寿石工先生住西安门外迤北黄城根18号。此颂 近安

悲鸿　内子附候
7月21日

六、从"危巢"到"静庐"

徐悲鸿、廖静文一行六人乘坐海轮于7月30日抵达秦皇岛，转乘火车翌日抵达北平，租住在东裱褙胡同22号两间房里。可是，住进去才知道：房东经常邀人打麻将，散局后又喝酒行令。喧嚣嘈杂的声音既不能让徐悲鸿安心作画，也不便使正在怀孕的廖静文得到休息。于是，跟着房屋中介到处看房。虽然十分疲惫，可仍然找不到合适住处。

已经在总务处上任的黄警顽十分着急，也在四处奔波找房。一天，他跑来告诉说东四牌楼北侧有一处很好的房子出租，徐悲鸿便和廖静文随他前去观看。

房主是一位中国人的法籍遗孀。院落很大，院墙上的琉璃瓦檐光芒闪烁，朱漆大门上的虎头金环晶莹亮泽，大门两旁的石狮昂首威严耸立，大理石台阶洁白如玉，整个院落显得气势恢宏；院内的树木花草也是错落有致，曲径通幽；房屋的建筑更是画栋雕梁，新式沙发、豪华的弹簧床、富丽堂皇的地毯、金丝绒窗帘一应俱全。

老妇人得知徐悲鸿曾留学法国，而且是位著名艺术家，便表示愿意以低廉的价格将房屋租给他。可他思忖再三，还是放弃了。

歌德曾说过，奢侈的房间布置"终归是一种化妆，从长远观点看，不会使人舒适"，这种布置"产生于一种空虚的精神境界和思想方法，所以

他只会加强这种空虚的思想"。歌德甚至认为"摆着舒适而美观的家具的环境抵消我的思想,置我于舒适与被动的状态之中。除非从年轻时就习惯了,华丽的房间和精美的家具只适合没有思想或不想有思想的人使用"。

徐悲鸿已经是国际知名画家,在国家危难之时,往返于南洋卖画为抗战筹集经费不计其数;在重庆、昆明、成都等地的卖画所得支援的贫寒画家、穷苦学生,捐给灾民的款项也难以计数。可他自己,却一向过着平民百姓般生活,有时候连日常开销都捉襟见肘。他以为,房子固然好,既安静,也很适用,可这样气派的豪宅,这种"华丽的房间和精美的家具",对于从小过惯了贫寒和动荡生活的他反而是一种挤压,是不适于他居住的。对此,廖静文深受感动,使她再次想起徐悲鸿的信条:想作为一名艺术家,首先做人。

1946年9月28日,由于过度劳累,得不到充分休息,廖静文早产生下了她和徐悲鸿的第一个孩子——儿子小鸿。值得庆幸的是,孩子依然健康,由于怀孕于重庆,生产于北平,所以取名庆平。

直到年底,黄警顽才帮徐悲鸿租到了小椿树胡同9号的一个四合院,他们才搬出了东裱褙胡同嘈杂的院子。然而住了不到一年,四合院的院墙忽然倒塌。

最后,徐悲鸿用卖画的钱买下了东受禄街16号——也就是后来作为徐悲鸿纪念馆的房产搬过去,才总算安定下来。

新购的房屋虽然不算很大,但却有东西两个庭院:东院生有一棵枝叶繁茂的百年大槐树,西院有一株数丈高的大椿树。树木枝叶繁茂,酷热的夏日,给院里带来

1947年抵达北平后的黄警顽(素描)戴泽作

了习习清风和舒适的荫凉。徐悲鸿和廖静文便在院子里铲除杂草栽种葡萄和蔬菜。

有趣的是，第二年春天，院子的堂前屋后和墙角各处竟然冒出来许多蜀葵花。颜色呈浅绛、明黄、粉红、雪青、淡紫、殷红。此种花木因最早发现于四川，因而得名"蜀葵"。别名有一丈红、熟季花、戎葵、卫足葵、胡葵、棋盘花、端午锦、吴葵花、麻秆花、公鸡花、木杈花、秫秸花、舌其花等。五彩缤纷，十分艳丽。于是，徐悲鸿立刻想到郭沫若对蜀葵花的描写：

　　箭茎条条直立，琼花朵朵相继。

据《西墅杂记》记载，明代成化甲午年间，日本使者来到中国，见栏前蜀葵花不识，问之才明白，遂题诗云：

　　花如木槿花相似，叶比芙蓉叶一般。

号称"交际博士"的黄警顽英俊潇洒，又有广泛的人脉，但却很少留下自己的影像。此幅罕见合影是他题赠给教育家、民国立法院女委员陶玄的珍贵信物。前排右起：蒋国珍、黄心村、陈净、汤蕴贞、陶孟晋。后中立者为黄警顽。

五尺栏杆遮不尽，尚留一半与人看。

欣喜之余，徐悲鸿便将房屋取名为蜀葵花屋，又名静庐，而且作诗赞颂之：

惊才艳艳出墙阿，
绚烂纷披胜绮罗。
倘使人间祇一本，
千金买去不为多。

忘年之交

1947年11月，廖静文在这所新居生下第二个孩子——女儿芳芳。

徐悲鸿将他们的新居起名为静庐，是有其深刻寓意的。他的一生，一共遇到四个女人，第一个徐周氏，因为是父母包办，又毫无共同语言，因此，造成他的逃婚；第二个便是蒋碧薇，初恋时真诚相爱，他便制作了两枚水晶戒指：一枚上刻着"悲鸿"，另一枚刻有"碧薇"，"悲鸿"那枚送给了蒋碧薇，"碧薇"那枚戴在自己手上，等到他们的缘分已尽，感情破裂后，他便将在傅厚岗的房子起名"危巢"；第三个则是孙多慈，当时，用她从天目山上采撷的红豆制成了两枚刻有"慈""悲"二字的金戒指，一枚送给了孙多慈，一枚留给自己，可最后，他们之间真挚的爱情还是被蒋碧薇和孙传瑗阻断了，害得他孤单凄苦地漂泊七年后才遇到廖静文。至于在南洋遇到的李青萍，那不过是蜻蜓点水，是一位艺术家感情生活中的匆匆过客。

可以说，遇到廖静文，徐悲鸿才真正寻到了爱情的最后归宿。廖静文的性格内向，感情专一，从来不心猿意马潮起潮落，更不顾盼流离见异思迁。不但无比崇敬和无微不至地关怀与爱戴徐悲鸿，对待他的作品也像对他的人一样珍惜和保护。徐悲鸿对此也十分放心。就在他与蒋碧薇离婚之后，便将自己非常珍爱、害怕流失的一些作品都写上了"静文爱妻保存"等字样。

徐悲鸿将他们的新居定名为静庐，既包含他寻到了一处需要安身的静谧之处；同时，这个"静庐"的"静"字，也正是廖静文名字中间的"静"。正是这位廖静文，才给他带来一个安静的家——一个静庐——一个真正能够遮风避雨，让他静心思考和创作的幽静港湾。就在小鸿一周岁的时候，徐悲鸿在他的纪念册上写道：

> 你在不愉快的年头出生，但你给我和你母亲的快乐已经一年了，但愿你常使我们快乐，不令我们烦恼。

徐悲鸿与廖静文在北海公园

徐悲鸿抵达北平后寄给寄父陶麟书的照片

由此。徐悲鸿又想起了远方的寄父陶麟书。本书前面的部分已用重墨写道：徐悲鸿在青少年时代家境贫寒之际，得到过陶麟书许多父亲般无私帮助。从那以后，他始终没有忘寄父一家人。

《回眸》（中国画）徐悲鸿作

溧阳地方志中有徐悲鸿与陶家通信与赠画的记载：无论陶家遇到啥事，他都要给寄钱寄物：1935年，任南京中央大学艺术科主任、教授时，遂寄陶家一幅《牧牛回视图》，题识为"留芬弟存玩，乙亥大暑，悲鸿写时居南京"。

仅从画中牧牛回眸凝视的神态上，便可以看出徐悲鸿不忘旧情反哺报恩的心理。陶麟书七十寿辰时，徐悲鸿又从北京寄了巨幅《骏马图》；小妹莲珍出嫁时，他再次寄了含

1948年，滑田友（由左至右）徐悲鸿、廖静文、孙宗慰、肖淑芳、宋步云、高淑贞（宋步云夫人）、吴作人在"静庐"

有深刻寓意的《雄鸡图》。

《溧阳史话》书中有一篇《悲鸿余音》，文中记述曰：

> 现在陶家仍存大师与廖静文老玉照一张，照片中大师扶手杖，廖老抱婴儿腕中。

多年以后，廖静文在致溧阳文化馆馆长奚渭明的一封信中写道：

> 悲鸿确曾十分系念陶先生，第一次中风期间，曾嘱汇款给陶先生，他很想为陶唐先生治好白内障。

这张照片是徐悲鸿在北京住进静庐后寄出的，照片的背面还有徐悲鸿的亲笔短信：

1950年,齐白石九十大寿,齐白石与徐悲鸿(右十)等画家在大雅宝胡同甲2号合影

1950年7月30日,徐悲鸿,廖静文(后排中),徐伯阳(后排右二),徐庆平(中立幼童),骆觉民(前右二),骆拓(前右三)。摄于北京东受禄街16号徐府

寄父母大人赐,附膝悲鸿静文孙庆平呈。

七、从东总布胡同到帅府园

家庭住址解决了,可位于北平东总布胡同10号的北平艺术专科学校校舍却十分简陋:几排平房是绘画系教室;音

乐系在一座不大的灰砖楼里；坐北朝南的小洋房是徐悲鸿的办公室兼画室；校门口有一面大镜子，右边是礼堂和陶瓷科。整个校舍不但狭窄，光线不足，教学设施当然也很匮乏。而且没有操场，校园里显得死气沉沉，从而制约着学校的发展。

恰逢张大千来访，徐悲鸿让琉璃厂的裱画工人刘金涛研了一大碗墨，请张大千为李宗仁画一幅画。张大千便问道："悲鸿，画什么好？"

徐悲鸿想了想说道："就画荷花吧。"

只见张大千宽衣挽袖，握起大笔，在一张六尺生宣纸上挥毫泼墨，一气呵成。画好之后，直起腰朝徐悲鸿问道："悲鸿，你看行不行，不行我再画。"

徐悲鸿连声说道："很好，很好！"

听了徐悲鸿的话，张大千才开始在画面上题字，徐悲鸿则为其按下印章。这时，站在一旁的廖静文笑着说道："张先生，再给我画一张可以吗？"

张大千笑道："哦，夫人也喜欢我的画？你要我画什么？拿纸来。"

1948年，国立艺专迁至校尉胡同，全体教师合影，后排左三为吴作人，右四为肖素芳，右九为徐悲鸿，右十为李苦禅

1946年北平美术家协会成立时合影,前排宋步云(左一)、徐悲鸿(左二)、齐白石(右三)、夏文珠(右二)、戴泽(右一)

"也画墨荷吧。"廖静文说道,随手拿来一张六尺生宣纸铺在画案上。张大千又兴致勃勃地画了一张墨荷,题完款,用印之后送给了廖静文。

张大千放下笔坐在沙发上歇息,徐悲鸿冲他说道:"你看,我上任之前就给你发了聘书,你却说不能到任。我知道你很忙,那就不用来上课吧,一个学期只给学校寄两张画来就可以。"

张大千手摸下巴上的长须笑道:"悲鸿,我还能当艺专教授?"

徐悲鸿说道:"你就不要推辞了吧。"

"那好。"张大千说道,"既然你瞧得起我,我哪儿敢推辞!"

就这样,张大千成了北平艺专的名誉教授。

张大千作完《墨荷》,徐悲鸿又画了一幅《奔马》,

便带着两幅画去找李宗仁。抗战胜利后，李宗仁是南京国民政府派驻北平的最高代表——北平行辕主任。1948年，李宗仁任国民政府的副总统，1949年蒋介石"引退"后，又任代总统。

李宗仁已是徐悲鸿的老朋友。徐悲鸿崇敬他的抗战精神，在福州时绘制的《广西"三杰"》，其为首者就是李宗仁。他的手中，早已存有徐悲鸿的多幅画作。

李宗仁知道东总布胡同的地方狭小不得施展，于是给徐悲鸿批了北平万牲园——也就是现在动物园的那块地方。可他却嫌离城区太远。李宗仁于是又给他批了艺专附近王府井帅府园的一块地。但是，这块地皮却被国民党驻军战区司令谭光南盘踞着，驻守一个汽车连，还有他个人的养马场。

宋步云既担任了北平艺专的庶务主任，讨要地皮的事情则非他莫属。然而经过多次与谭光南谈判，要求他将地皮腾出来，他虽应承了，但却一直按兵不动。等到宋步云再去交涉时，军阀气作风十足的谭光南凶相毕露，竟然掏出手枪直逼他的胸口，威胁道："宋步云，你要是再来，我就毙了你！"

宋步云面无惧色，不慌不忙地展示出李宗仁与徐悲鸿签署的公文给他看，义正词严地说道："我受李宗仁、徐悲鸿两位委托，索要批给艺专的校产，是合理合法的正当要求。你要是枪毙了我，我是为艺术而死，死得光荣！可你能逃脱军法处置吗？到时候可能死得还不如我！"

谭光南迫不得已坐到谈判桌前。然而，却又采取拖而不决的策略：常常避而不见，不是打发下属敷衍，就是让他久坐。宋步云最后看出，他是得知徐悲鸿的画价值连城，于是千方百计拖延。宋步云将此情况汇报给徐悲鸿后，他便立刻连夜作画。最后将二十幅画送进谭光南的"衙门"，他才班师离开。

腾出的地方原来是日本的一所小学校，房子盖得非常坚固，走廊里每间教室的门口还留有一排排木橛，是学生用来挂制服和帽子用的。日寇投降后，这里驻上了国民党军队。腾出的时候垃圾遍地、杂草丛生，地面凸凹不平，U字楼中间的一口井里，还遗弃着许多手榴弹。

"宝地"得到了，徐悲鸿便派宋步云立即进行清理和简单修缮，一年

徐悲鸿(前排左一)作为第一届全国文联代表随文化部长周扬(前排左三)出席第一届全国政协会议

以后,艺专迁进了校尉胡同的新校舍。为了感谢李宗仁,徐悲鸿以他的号"德邻"题写了"德邻纪念堂"五个遒劲的大字,高悬于大礼堂的门楣之上——没有他的批示,就不会有这座新校舍。

徐悲鸿还派滑田友为李宗仁做个半身雕像。当滑田友拿着雕塑刀走到他身后观察他脖子结构时,把他吓了一大跳,立刻大喊卫兵进来……

徐悲鸿听了这件事后,面对着李宗仁哈哈大笑。

中央美术学院成立后,开学典礼就在这座大礼堂里举行。不料,北平和平解放了,学校在大礼堂里开庆祝晚会,两个学生上台演出相声:

甲:你知道我们学校的大礼堂为什么叫"德邻纪念堂"吗?

乙:不知道。

甲：那你知道李宗仁吗？

乙：知道哇，不就是新华社文告中点名的战犯吗？

甲：是战犯不假，可你知道他和"德邻纪念堂"有啥关系吗？

乙：不知道，你倒是说呀！

甲：嗐！李宗仁的"号"叫"德邻"，那是咱们学校的校长拍李宗仁的马屁，用他的号起的呗！

徐悲鸿正坐在观众席的第一排，听到此处，便站起来拿上拐杖出门而去。

相声是站着讲话的艺术，可总有人站着讲话不嫌腰疼。李宗仁是被新华社点名公布的战犯不假，就在北平和平解放前夕，他已乘飞机逃往南京。可当年，他是北平的行辕主任，主管一切行政事务大权。北平艺专的旧校舍陈旧狭窄，制约着学校发展。徐悲鸿要建新校舍需要地方，不去找李宗仁还能去找谁呢？因此，看问题必须用历史唯物主义的观点。徐悲鸿当时是带上张大千的《墨荷》和自己的《奔马》去找李宗仁批地的。后来，又给占着那块地皮的国民党军官谭光南送去二十多幅，最后终于得到那块宝地。可见徐悲鸿用心之良苦，应该说是立了大功的。

后来，想起庆祝北平和平解放晚会上的那段相声，徐悲鸿倒也理解了年轻学子的那种热情。既然有了寸土寸金的新校舍，心底也就释然了——个人的一点委屈又能算得了什么呢？

一直到1979年，侯一民还在北京的文物商店看见李宗仁的遗孀卖出的徐悲鸿的一批字画。

宋步云来到北平之后，工作千头万绪，地理不熟，没有社会关系，以步代车，疲于奔命北京城内城外，从不言苦。可看到徐悲来到北平后日夜操劳，事必躬亲，十分担心他的健康。为了减轻他的工作压力，每日工作完毕后，都要前来汇报。徐悲鸿怜惜他终日辛苦，每次说完工作，总要挽留他共进晚餐，预与以小酌慰劳之。

第七章

暴风骤雨

朱家骅已是徐悲鸿多年的朋友,能把北平艺专这么重要的学府交给他,使他感到肩上责任的重大。在上海出发前,周恩来又对徐悲鸿进行鼓励,因此让他有足够的信心和勇气把学校办好,为人民培养出更多的艺术人才。不料,到任不久,即遇上了暴风骤雨……

一、"倒徐"运动

徐悲鸿到任后，立即召开学生和教师代表座谈会，了解学校的情况和大家对教学工作的意见。根据反映出来的问题，首先对在敌伪时期由于参加进步活动而被开除的学生一律恢复学籍；其次辞退了几位不合格的教授，其中就包括一名曾经"留学法国"，没有任何能力的国民党党棍。

不料，一石激起千层浪，这下捅了马蜂窝。国民党中央驻北平的两个小头目立即找上门来，气势汹汹地要求徐悲鸿收回成命，扬言道："这位教授是我们的秘密人员，抗日战争时期他的家里设有秘密电台，对抗战有功，必须予以照顾。"

其实，这位"教授"是他们安插在艺专的钉子，因而遭到徐悲鸿严词拒绝，两个小头目又叫嚷道："我们要告到中央组织部去！"

不久，国名党中央组织部长陈立夫和教育部长朱家骅来函委婉劝阻徐悲鸿不要辞退那位"混饭吃"的"教授"，可仍然被他顶了回去。于是，一场"倒徐"风暴由此爆发。

徐悲鸿的高血压病症并未痊愈，廖静文非常担心他的健康。可他的性格刚烈，完全不顾个人安危，顶住国民党中央组织部和教育部的重重压力，保护参加"反内战、反饥饿"游行的青年教师冯法祀、高庄和李宗津；秘密通知参加过反战游行，已被北平警备司令部指令逮捕的学生赶快离开。其中就包括徐悲鸿非常喜爱的学生李翰祥——他已为他改名李汉强。李翰祥便在徐悲鸿为他转学杭州艺专未果的情况下逃往香港，后来成为香港影坛的著名导演。

1947年5月20日，就在形势愈演愈烈，国民党宪兵正准备对参加"反饥饿、反内战"的教师和学生进行大搜捕时，徐悲鸿给北平行辕主任李宗仁打电话让他保证艺专的安全，说"北平艺专没有共产党，叫他们（指国民党宪兵）不要在这里下手"。

李宗仁对徐悲鸿在日寇蹂躏祖国时筹赈支援抗战的行为十分钦佩，又是老朋友，便对他的请求一一应允，国民党宪兵才没敢对艺专下毒手。

徐悲鸿的行为引起了南京政府的不满，1947年秋季开学后，便派来张道藩手下中央文化运动委员会的一名专员，策划、指挥了一场"倒徐"运动：散发传单、召开记者会，恶意攻击徐悲鸿是"分裂北平美术界的罪魁祸首""是为个人美术，唯美术而美术和为古人而战""有摧残国画毁灭中国艺术之阴谋"；而且，还暗地策划极少数教师"罢教"。参与"罢教"的泰仲文、李子超、陈缘督还提出了备忘录，进一步煽风点火扩大事态，企图把水搅浑。

闹事者又控诸北平美术协会和"老前辈"——当然都是北平美术界保守势力的少数代表。声称徐悲鸿如不做出圆满答复，就不能复课。一时间鱼龙混杂、泥沙俱下，甚嚣尘上。

然而，"独特偏见，一意孤行"则是徐悲鸿的信条。这个信条是他用艺术家独特目光对社会进行了深入观察、研究、发现和判断后得出的。如果一位艺术家不要"独特偏见，一意孤行"，而是人云亦云，随波逐流，那么还要你艺术家干嘛？在徐悲鸿眼里，他的信条就是坚持真理的代名词。因此，有了这个信条还会怕什么？面对恶意攻击和诽谤，1947年6月15日，他举行了记者招待会，揭露"倒徐"运动策划者的阴谋。在书面讲话中曰：

近日有北平美术会者发传单攻击敝人，本系胡闹，原可不计，唯其所举艺专事实全属不确，混淆社会所闻，不能不辩。

传单所举本校此次招生，国画组仅取五人，实则此次录取国画系学生系十三人，超过其所举之数一倍多，此固非为满足名额，全凭成绩，倘成绩不佳，或竟一人不取。

本校去年重办，定为五年制，国画、西画、雕塑、图案在第一、二年共同修习素描，第三年分班。已呈准教育部在案。传单所举三年素描，显非事实。仅举两点，已均为无的放矢。此在一糊涂孩子偶欲发泄稚气，心血来潮发一传单，骂所不痛快之人，情亦可谅。但为一堂堂学术团体，不先将事实调查清楚，贸贸然乱发传单，至少可谓不知自重，自贬身份。

至攻击不佞为浅陋,此固无足怪,中国历史上之画家我所恭敬的王维、吴道子、曹霸不可得见外,至少当如周昉、周文矩、荆浩、董源、范宽、李成、黄筌、黄居寀、易元吉、崔白、米元章、宋徽宗、夏圭、沈周、仇十洲、陈老莲、石豁、石涛、金冬心、任伯年、吴友如等人,彼等作品之伟大,因知如何师法造化,却瞧不起董其昌、王石谷等乡愿八股式滥调子的作品。唯举、董王为神圣之辈,其十足士气,乃为可笑耳。

故都不少特立独行之士,设帐授徒,数见不鲜,相从问道者所在多有,此固足以辅佐学校教育之不足。至于国画,仅为艺专中学科之一部。征诸国家之需要与学生之志愿,皆愿摹写人民生活,无一人愿意模仿古人作品为自足者。故欲达成此项志愿与目的,仅五年学程,倘不善为利用,诚属重大错误。两年极严格之素描仅能达到观察描写造物之静态,而捕捉其动态,尚须以积久之功力,方克完成。此三年专科中,须学到十种动物,十种翎毛,十种花卉,十种树木以及界画。使有一好学深思之士,具有中人以上禀赋,则出学校,定可自觅途径,知所努力。而应付方圆曲直万象之工具已备,对任何人物、风景、动植物及建筑不感束手。新中国画至少人物必具神情,山水须辨地域,而宗派门户,则在其次也。所谓物有本末,事有终始,知所先后者,理宜如是也。

素描为一切造型艺术之基础,但常常了事,仍无功效,必须有十分严格之训练,积稿千百纸方能达到心手相应之用。在二十年前,中国罕能有象物极精之素描家,中国绘画之进步,乃二十年以来之事。故建立新中国画,既非改良,亦非中西合璧,仅直接师法造化而已。但所谓师法造化者,非一空言,即能兑现,而诬注重素描便会像郎世宁或日本画者,乃是一套模仿古人之成见。试看新兴作家如不佞及叶浅予、宗其香、蒋兆和等诸人之作,便可征此中成见之谬误,并感觉到新中国画可开辟之途径甚多,有待于豪杰之士发扬光大,中国之艺术应是如此,读万卷书,行万里路，或为一艺术家之需要。尊重先民之精神固善，但不须乞灵于先民之骸骨也。

当时，国民政府的所有报纸都刊载了徐悲鸿这篇发言，但却均为断章取义，混淆视听，并对他进行人身攻击和谩骂……

与此同时，"倒徐"运动的策划者还在不断向南京国民政府告徐悲鸿"黑状"，甚至向北平警备司令部捏造他窝藏"异党"和民盟分子，要求搜查和逮捕他。

一天，廖静文竟然收到一封夹有子弹的信，对她进行威胁、恫吓。她害怕了，流着眼泪惊恐万分地对徐悲鸿说道："悲鸿，咱们走吧，离开这个地方。"

当时，北平绘画界的顽固势力已经根深蒂固，徐悲鸿深知自己的处境危险，但也感到责任重大，于是非常冷静地对廖静文说道："走，就意味着妥协，而且不管我到什么地方，都会有斗争。为了中国美术的发展，我必须走这条艰难的斗争道路。如果为了我个人的名利和生活安适，我可以走另一条路，那是一条平坦的路，但那样我怎能对得起我的国家和人民呢？"

廖静文用无比钦佩的目光看着徐悲鸿，他也从她那目光中得到了巨大的安慰和鼓励……

这是一场十分关键的斗争，如果在斗争中败北，就会毫无立锥之地。只有在这场斗争中取得胜利，徐悲鸿的绘画理念和教学思想才能站得住脚，才会在教学中得以贯彻。

徐悲鸿"生性拙劣，爱画入骨髓，奔走四方，略窥门经，聊以自娱，乃资谋食，终愿学焉，非曰能之。而处境困厄，窘态之变化日殊"。然而，"略窥门经"，不过是一位大学者、大画家的自我谦虚罢了。他在青少年时期学画没进过什么正规学校，但于父亲的教导和督察之下，却打下了扎实的文学和绘画基础。在艺术上学贯中西，获其真谛，深入骨髓，绝非不学无术。因此，他的"独特偏见，一意孤行"也并非无源之水。更为可贵的是，对于真理，他有着毫不退让、坚守到底的气魄与胆量。

徐悲鸿已经清醒认识到这场斗争来势凶猛，绝不是单纯指向他个人的行为，而是新与旧，改革与保守针锋相对、你死我活的斗争。因此，对于这场"倒徐"运动毫不惧怕，更不退让。"罢教"几位教员的课他亲自给上——就像在中央大学时的张圣奘一样，早已经练就了"十八般武艺"，艺术类的课程，他还有什么不能教的吗？

徐悲鸿这次来"北平艺专"任教，与1927年来的那次大不相同：那次他是单枪匹马一个人来的。到最后，则以闹学潮，教学思想无法贯彻而南归。而这次却是有备而来，在上海出发之前，他已聘任了一大批包括吴作人、叶浅予、李桦、董希文、黄警顽、李可染在内的教授和工作人员。就在这次"倒徐"运动中，许多同仁与学生全都站在他的一边。他对《新民报》记者说道："连日迭接各方面好友来函，提及此事，其情可感。"

提及几位"罢教"教员时，徐悲鸿又说道："国画几教员罢教是自愿的，校方并未解聘，为维持正常教学秩序，已另聘人接充。故离职教员之复教问题，目前难想出恰当处理之办法。"

虽然有平津各大报刊报道了这场"倒徐"运动，为之推波助澜。可最后，仍以徐悲鸿的不妥协，保守派的理屈词穷而告终。然而，这场"倒徐"运动却转换成了另一种形式……

二、关于国画的论战

作为"倒徐"运动的骚乱虽然平息，学校教学秩序也已步入正轨，但关于国画的继承与发展的论战却还远没结束。可喜的是这场论战已经改变了"倒徐"运动最初的性质，变成了学术性的争论。这种争论一直延续了几十年而方兴未艾……

论战的一方主要为徐悲鸿、蔡若虹、张仃、王学众、潭勇、韦江凡等。另一方则主要是张伯驹、邱石冥、胡佩衡、惠孝同等人。

在这场论战中,徐悲鸿和邱石冥不但发表演讲,而且不断著文见诸报端。徐悲鸿于1948年在天津《益世报》发表的《当前中国之艺术问题》称:

> 艺术家应与科学家同样有求真的精神。研究科学,以数学为基础;研究艺术以素描为基础;科学无国界,而艺术尤为天下之公共语言。
>
> 吾国现在凡受过教育之人,未有不学数学的,却未听说学西洋数学;学素描当然亦同样情形;但数学有严格的是与否,而素描到中国之有严格之是与否,却自我起,其历史只有二十来年,但他实在是世界性。

而邱石冥则把徐悲鸿的诸多观点视为"写实方为创造""学古便入穷途",认为他这是"舍本遂末,遗弃精华"。对此,邱石冥1947年11月4日发表于《经世日报》上的《评国画之争》与之辩称:

> 近日有所谓国画"新旧"之争,国立艺专与美术会对立,教授与校长分庭,各执一词,互不相容。当此建国时期,窥以此举,非仅人事问题,实关艺术前途,故不得不就艺术学理,有所辨证。
>
> 夫艺术范围,就广义言之,凡可发挥"原能",美满精神生活之活动,皆属艺术富有兴趣之工作,毫无副作用之游戏,皆是类也。就狭义言之,即为纯艺术。纯艺术者,最美之精神生活;追求人生最高目的,超时间空间,为人类永久共同企望者也。本无所为而为,而其效果,自能启发人群生活,跻于共美。无如人品不跻,智焉悬殊,欲求共喻,殆难普及;于是乃有所谓适用艺术者,利用纯艺术之"便化"抑质增量,以质离补。殆有"所为"而为;或为宣传或为装饰,或寓教育,或利生活,或为规讽,或示激励。举凡足以增进美感于日常生活之中,而收预期之效者,皆是。此艺术部门之大要,各有主旨,别具功能,未可执一,互

相非难也。

再就纯艺术中之绘画言之，中西画各有特长，重点不同，工具各异，因此画法之趋向，亦复相反。西画趋向系利用科学方法，主征服自然，旨在由形入神，姑名就体寻魂以表现静态素描之基础。追寻动态，其出发点重客观，故谓素描为造型艺术之基础，即就此种趋向而言也。国画则反是：乃蕴蓄道德思潮，主融和自然，旨在躯神传形姑名借体还魂；以表现动态之笔法为基础，在求合于静态。其出发重主观。如画骏马，直是表现作者英俊气概，顿然"忘我"，非具金石气之笔法不为功。否则，肉无骨，凡马也，此虽象形未必真切，而其神韵或超乎真相之上。反之，如西画之象形准确，亦能传神，然神或之韵，大异其趣，此由工具不同之故；国画笔法之妙用，绝非西画所有，而西画象形之真切，仅非国画工具所能兼之。国画偏重神韵（内在美），故采"借体还魂"之趋向，俾能运用自如。西画者重形（外在美），故舍就体寻魂之趋向莫辨，此中西画不同之大要也。

其次，画之构成。亦有大同小异者：国画系翻写物象之特点、构造，及各部概念，重加组织，自为制物，以表意象中之动态，谓之气韵。甚至简化各部概念，仅拟符号，即以表现动态，亦尤诗也。造物者能造物象而不能造诗与字。中国文字，于形象之外，益以会意、假借等六法，以资应用——唯画亦然非仅象形一端，所能赅备。平地视物，不能十里，如山水画中，有咫尺千里之象。一幅长卷，兼风雪雨晴之景，是则国画之构成，非如西画之狭隘明甚。国画特点，犹在用笔，书法入字之美，与象形之人体美无关，而另有其甚妙，画中亦然，笔法约有十六种，以是基础。益以创造，不难表现万象，否则纵绘穷作殇，徒对自然望洋兴叹；其所表现能有几何？是又中西画法之基础，各有所在亦甚关联。要之，世界变法，此仅两大趋向，分途殊义，各为其妙，外此而言综合者，能兼二者之法，而不能至其极，自为小道。熊掌与鱼，不可得兼也。

今艺专倡言"新国画"以素描为基础,"服务"为目的,并谓"写实方为创造""学古便入穷途""山水须辩地域""董王不如学徒"(王石谷画山水画法之大成,开后学通古之门径,姑置勿论),衡诸上述国画要旨,未免舍本逐末,有失称罪。

虽然此综合趋向,贯通中西之法,未尝不可别树一帜,独具风格;且非自今日始也。日本画即其先例。此种趋向,有待发挥之处正多,故不尽如日本画,既兼适用之旨(服务),能表生活(写实),或供政治宣传,或作社教辅导,此亦艺术部门之一,而现实之急需也,当此孕育期间,纵属作品幼稚,而意存革新,亦不容非议,今美术会诸公,或与较量长短,或斥为照相术,揆诸艺术范围,未免情逾乎义。且国画有常理常形两类,常形之失,亦有待西法之参证焉?两类唯艺专,既标新立异,改弦更张,显与国画要旨相左,又何必盗袭国画之名,冠以"新"字?旧之国剧,生且之外,不访有丑,然丑则丑也,岂得谓为生旦之"新"!

教育行政,当先正名,若于国画之外,另设一科,阐明宗器,公布课程,然后延师授徒,则称名正言顺,来者并无怨怼,纷争何自而起?

吾国科学落后,唯艺术精神,独放异彩,值兹世界扰扰,企望和平之际,但愿诸公识大体,正名分,把握特质,共图迈进,庶几建树有成,光明可期。

在中国现代绘画史上,能够与徐悲鸿比拼的人,当然不会是等闲之辈,他就是邱石冥。

邱石冥于1898年生于贵州石阡白沙镇,比徐悲鸿小三岁,原名树兹,又名孺子,号白沙、石冥山人,为民国时期公认的国学大师和美术教育家。

邱石冥幼年随夏国兴学画。夏国兴是清末贡生,擅山水,犹工画梅。1919年,邱石冥从贵阳师范毕业后入京,号称"白沙派",被教育部保

蒋兆和《流民图》中的邱石冥（后坐者），站立者为美院教授王青芳

送法国留学，遂未果行。且与名家吴待秋、吴昌硕、陈师曾、姚茫父、齐白石诸氏邀游，极力鼓吹"中国画的艺术性"。继而又结识章士钊、邵力子、周养庵、胡适、温楚珩、郭伯川等社会名流。

1924年，邱石冥于北平美专毕业之后，与蒋兆和、王之英、储小石、谌亚逵、高希舜等六人创办了京华美术专科学校——即中央美术学院前身。几个人轮流执政。邱石冥出任校长期间，齐白石、于非闇、蒋兆和、李苦禅等名家皆被聘为教授。齐白石的大写意当时在中国画坛坐的是第一把交椅；邱石冥的小写意在当时的中国画坛坐的也是第一把交椅。二人经常一起合写作品，切磋技艺。邱石冥还被北平美专聘为教授，被北京大学艺术学院及北京故宫古物陈列所研究室聘为导师，同时任《华北日报》副刊编辑。在北平美专任教期间，他还经常与齐白石、陈师曾、姚茫父、张大千、王梦白等一起讨论中国画的继承和发展，也经常聚在一起合写画品。蒋兆和《流民图》中的知识分子，画的就是邱石冥。

邱石冥当年正值血气方刚，作品在北平、天津、上海、苏州、杭州等地举办多次展览；其著作《中国美术史讲义》《勾勒讲义》《色墨水之运用》《论国画特征》《谈用笔之经验》和《谈中国画的艺术性》等，在国画界也有着深远影响。

因此，邱石冥在中国画的继承与发展上与徐悲鸿展开的激烈争论，必然会带有很高的学术价值。

徐悲鸿一直主张国画对现实的介入，强调写实造型的方法训练。因此要求学习中国画也要画素描。

对此，艾青、江丰、王逊等人，发表了赞同的观点。王逊在《对目前国画创作的几点意见》中指出：

邱石冥发表在1955年1月号《美术》杂志上的《关于国画创作接受遗产的意见》

我们今天国画创作中最根本的问题仍是属于思想范围的审美思想和创作思想的问题。无论人物、花鸟、山水所遇到的问题是共同的：画家要与人民共忧喜，同爱恶，画家才能最后达到根据生活以创造艺术的目的。但是从展出的作品中可以看出写生之作还不能摆脱老一套的束缚，正如花鸟画还不能完全摆脱旧画稿，人物画不能接触更广阔的题材，是因为没有自由表现的能力，有力不从心之苦的。

所以技法的提高必须争取早日解决。

面对王逊等人的意见，邱石冥立刻撰写《关于国画创作接受遗产的意见》，指出"民族形式不能排除技法等组成部分"，国画遗产中的形式、技法极其丰富，绝非"科学的写实方法"而能代替：

在写实与学古发生矛盾时，其解决办法是进一步加强对传统技法的学习,而不是因噎废食地取消它,以"科学的写实技法"去代替它。

随后,邱石冥又发表了《关于中国画的意见》《关于接受中国画的意见》《关于国画创作接受遗产的意见》《关于国画问题》《宋代美术政策的探讨》等文章,反复阐述他的学术观点。

显然,邱石冥的观点是与徐悲鸿的观点相左的。但这纯粹是学术的争论,而不是出于个人恩怨。论个人关系,邱石冥是齐白石的密友——如前所说,在京华美专时期邱石冥任院长,齐白石则是教授;而齐白石,又是徐悲鸿水乳交融的忘年之交。

于是,一场关于"新旧国画"的大论战由此在全国范围拉开序幕。当时最具权威的《美术》杂志接着发表了蔡若虹《关于"国画"创作的发展问题》,张仃《关于国画创作继承优良传统问题》,钱天长、潘绍棠《对关于国画创作接受遗产的意见商榷》,方既《论对待民族绘画遗产的保守观点》,黄钧《从创作实践谈接受遗产问题》;"西北艺专"和南京师范学院美术系也发表了《对继承民族绘画优秀传统的意见》和《对国画创作和接受遗产问题的意见》。直至1956年,《美术》杂志还发表了杨仁恺的《论王逊对民族绘画问题的若干错误观点》。

与此同时,《文艺报》又发表了邱石冥的《关于国画问题》、张伯驹的《谈文人画》、于非闇的《从艾青同志的"谈中国画"说起》、俞剑华《读艾青同志"谈中国画"说起》、刘桐良《国画杂谈》等,又将两派关于"新旧国画"的论战推向白热化。

1948年8月10日,由"北平艺专"、京华美术学院、辅仁大学美术系、中国画学研究会等单位发起的"中国画学研究会"在"北平艺专"成立。到会的著名画家、理论家一百五十多人。会上,徐悲鸿、叶浅予、王朝闻、邱石冥、周肇祥等人发表了关于国画革新的演讲。还通过了研究会章程,选出了以徐悲鸿、邱石冥、王朝闻、江风、叶浅予、蒋兆和、李苦禅等人为首的研究会委员,张其翼、叶浅予、陆鸿年、田世光为常务委员,刘凌沦为秘书。

在这场论战中还有著名的版画家、美术理论家站出来为之调停,可见这场论战的规格之高。

1949年4月,北京以徐悲鸿、齐白石、张大千为首的八十余位画家的作品在中山公园举行了"新国画展览会"。"新国画"的概念,是徐悲鸿1947年在"倒徐"运动时提出的,其寓意是"既非改良,并非中西合璧,仅直接师造化而已"。此乃为徐悲鸿所强调的"写实性"绘画方法。此次展览出现了一些表现现实题材的作品。蔡若虹在5月22日的《人民日报》上撰文称:

《万年长青步步高》(中国画)邱石冥作

> 这是一个可喜的现象,一个进步的现象,是颓废不振的国画艺术开始转向新生的现象,是一部分画家深切地感受到国画有急需改革的必要,使国画和其他艺术一样地适应于广大人民要求,从而达到为人民服务的目的。

理论家江丰、王朝闻也在《人民日报》上发表了《国画改造第一步》《摆脱旧风格的束缚》。至此,关于"新旧国画"的大论战虽然还没尘埃落定,但却已初见端倪。

1956年，第二届全国国画展在北京举行，原来与徐悲鸿持不同观点的胡佩衡在评述中说道：

> 从整个展品来看，显然是比第一届全国画展前进了一大步，可以看出全国画家几年来已进一步地面向生活，在许多作品中表现了新的生活新的事物，在作品内容和题材上扩大了创作的范围，很多作品都是生活中宝贵的记录，使得社会主义现实主义的国画日益充实起来，这真是可喜的现象。

惠孝同也在《美术》上撰文：

> 肯定地说，随着我们国家的社会主义建设的前进脚步，国画家们从思想上、技术上也全都有了进步。这是我们第二届全国国画展的作品所得到的一个总的体会。

从中可以看出，一些持不同观点的人，在新的历史阶段，不管自觉还是不自觉，都在进行自我转变。这种转变是复杂的，有时甚至是痛苦的。这就不能不说是徐悲鸿坚持"独特偏见，一意孤行"的结果。

就在论战趋于平静时，胡佩衡的个人画展在北京举办，并给徐悲鸿送去一张请帖。徐悲鸿不但前往观看了展览，还订购了他的两幅作品。随去的人向他问道："人家反对你，你不但去看展览，还买了人家的画？"

徐悲鸿回答道："不能这么看问题，观点是观点，同行是同行。"

就在邱石冥与徐悲鸿论战结束不久，邱石冥被调往西安美术学院。在那里，他又写作了许多重要的学术文章。1958年，在内蒙古政府主席乌兰夫大力引进人才的背景下，邱石冥赴内蒙古师范学院艺术系任教授，住在教师二楼的两间房内——内室为卧房，外间为画室，题名曰"寂园"。

与邱石冥同时被调入内蒙古师范学院艺术系任教授的，还有正在清华大学任教——当年与邱石冥创办"京华美专"轮流执政的王之英。

难怪徐悲鸿总是那样执着地收罗具有才干的艺术家到他所主持的学校任教,榜样的力量是无穷的——一个具有渊博知识的著名教授和艺术家,往往会改变一所学校、一个地区,甚至一个国家的学风。徐悲鸿无疑就是这样的一位"典范"。即便在他已经去世半个多世纪后的今天,中国美术的主流,不是还在沿着他的现实主义和写实主义道路向前发展吗?

邱石冥和王之英到达内蒙古师范学院艺术系后,在学生和青年教师当中,简直就是两座巍峨的高山。在他们的影响和教授下,内蒙古师范学院艺术系后来出现了一大批著名画家和教授,遍及全国,乃至走向世界。

徐悲鸿当年聘请张大千当教授——即便不到学校上课,每个学期只给学校寄两张作品就行的道理也在于此。而作为学生,拜倒在一位国学大师门下,并不单纯在于你跟着他具体学到什么,而是只要想达到他的高度,他就是你最伟大的导师。

徐悲鸿的这种认识,比一般普通人至少要提早半个多世纪,而对于那些不懂教育的人,确为无识者不及项背,是永远也不会明白的。

邱石冥到达内蒙古师范学院艺术系时,已近耄耋之年。一千五百度的高度近视使他走路弓着腰,眼睛只能看见脚尖前边的一点点地面。即便如此,一年四季,他还是风雨无阻地坚持准时到教室去给学生上课。为学生辅导作范画的姿势

中央美术学院前身——京华美专主要创办人、国画大师邱石冥

被戏称为"眼低手高"——即将右手握着长锋笔杆的顶端悬于头上,眼睛则差不多贴到纸面看着运笔。他的享誉中国画坛的许多小写意花鸟佳作,也是这样创作出来的。晚间,他还要到教室里去给学生辅导作业。可他的腰间却用绳子吊着一只半米长的手电筒,照着眼下的一点点地面,如履薄冰地前行。

到了三年自然灾害困难时期,学校号召教师在院子角落里开辟点空地,种些瓜菜、玉米,以添补饮食的不足。可邱石冥却将自己开出的一块地种上了大丽花、蜀葵、步步高、美人蕉。在花卉盛开时节,他便提上画板坐在小板凳上对着花木写生,画完题识曰:

四邻务实我务虚,难道种卉非所需?
我为人人饱眼福,百花齐放压枝低。

可见,邱石冥也已走上了徐悲鸿所提倡的现实主义与写实主义道路。可惜的是,在"文革"中,邱石冥却以"反动学术权威"被"打到"。每次批斗之后,便被锁在简陋居所兼画室的"寂园"里。多少天之后,等到"造反派"想起来,再到筒子楼狭小的教师宿舍"寂园"里提审他时,他早已经蜷缩着身子在紧贴门里边的水泥地上静静地死去——他的裤子已被尿水浸透,与地面冻成一体。

第八章

招贤纳士

　　徐悲鸿顶住骤然刮起的风暴,便开始招贤纳士。他知道,这是办教育,振兴中国现代美术事业的首要条件。

一、庶务主任宋步云

宋步云,1910年生于山东潍坊,1928年在潍坊文华中学读书时,联合在校爱国学生组织抗议帝国主义奴化教育和宗教侵略学潮,受到反动势力的迫害。自1930年起,在济南爱美艺术师专、北平京华美术学院、杭州国立艺术专科等校就读,师从林风眠、李苦禅等一代名家,研习油画、水彩画和中国画。在此期间,会同大批进步学生组成联合请愿团,在南京冒死游行、请愿、卧轨,要求蒋介石出兵抵御日寇侵华。

1934年,宋步云东渡日本,在东京大学艺术系专攻油画。并潜心研究世界各国优秀美术作品和各种艺术理论,博采众长,创作了大幅油画《流亡图》,反映遭受异族侵略的中国人民所蒙受的巨大苦难。

同时,参加当时在日本的郭沫若指导下的中国爱国学生演剧活动,并在公开场合揭露日本军国主义的侵华罪行。这在当时无疑是冒着生命危险的行为。

1933年,宋步云(后排左一)、李苦禅(前排中)、王式廓(前排右一)等人在杭州艺专合影

1937年，宋步云毅然回国投身到抗日大潮中，以艺术为武器从事抗日救亡运动，并在重庆与王琦等人组织发起了"中华全国木刻家协会"，任常务理事。所创作的木刻作品，就像匕首一样投向敌人营垒……

1940年应陈之佛之聘，宋步云执教于重庆国立中央大学艺术系。与留日同学傅抱石、丰子恺切磋中西艺术合璧和国画创新。1942年任重庆国立艺专讲师，教授水彩画。1942年至1944年间，踏遍巴山蜀水，写生并创作了一大批水彩和水墨画作品。先后在重庆等地举办六次个人画展，轰动了西南画坛。徐悲鸿亲自为其主持展览，吴作人于1943年在《新蜀报》撰文称：

> 幸喜宋步云先生的水彩画正给了我们以真诚的感觉，地方色彩的表现极充分。宋先生画嘉陵江兼传其神态。我们虽未能见得李思训、吴道子的嘉陵江图，然论江山云雾的气势，朝暮明晦的变幻，江岸滩头的各种景态，纤夫一群群的俯伏同行与逆流

宋步云1946年的绘画作品

挣扎，搬运工人，小买卖者，芸芸攘攘。宋先生却不加自己的成见，客观地、忠实地描写，想来是不仅能无愧于古人。

此次，宋步云接受徐悲鸿委派，先行前往北平艺专，在徐悲鸿一行人抵达时，已经做了大量艰苦工作。

早在1942年春，徐悲鸿由南洋回到重庆中央大学艺术系时，傅抱石便把新聘任的水彩画教员宋步云介绍给他。徐悲鸿见他有些拘谨，便紧紧握住他的手进行攀谈。见他思维敏捷，对艺术的感悟力很强，立即邀请他到自己的住处与之长谈。

当天晚上，宋步云来到磐溪石家花园，见徐悲鸿住在一间不大的卧室兼画室里，室内还有留给学生用的一张单人床，一张书桌兼画案和两把藤椅。宋步云惊诧这位国际知名艺术大师的居住条件竟如此简陋！

徐悲鸿仔细看过宋步云带去的水彩画，十分耐心详尽地进行分析、讲解对画面的意见，以及画水彩的要领，说道："英国水彩画之所以誉满世界，首先是因为伦敦多雾，适于作水彩画。重庆的气候与伦敦很相似，一年四季都在雾中，也同样适宜画水彩。"又说道，"画好水彩画必须掌握好水分，色调要透明，笔墨淋漓，景致概括，但不能失去真实感。"

宋步云铭记着徐悲鸿对他每一张水彩画的评点，恋恋不舍地离开石家花园。第二天清晨，妻子高淑贞见宋步云还在伏案熟睡，他的笔记本上密密麻麻补记着徐悲鸿昨晚的指教意见。

自此，宋步云更加勤奋，每天早起必定去嘉陵江边观察晨雾、朝霞和负荷躬背前行的纤夫，以及忙碌不堪的码头工人，把他们用水彩和速写记录下来……

徐悲鸿由磐溪到中央大学上课，初曦微绽时必先到江边散步，经常与宋步云在晨光中相会。驻足谈艺，漫步观景，低声细语道："住在一个风景优美地方，可以画出许多好画来。因为时间的不同，晨夕、风雨、阴晴等色调变了，画也就不同了；站在一个地方，一转身画面又是一张新的图像……"

徐悲鸿邀请宋步云北上赴任的书信笔迹（廖静文代笔）

在徐悲鸿的关怀、激励和指导下，宋步云更加勤奋，在水彩画艺术上砥砺奋进，取得了长足进步。

1943年暑期，宋步云冒着酷暑，背起行囊独步天下，爬上峨眉山写生作画；从峨眉山上下来，顺着乐山脚下南行，一路风餐露宿，行程数百里直至长江源头叙府。到了冬季，又孤身独游江津，冒着严寒写生作画数百幅……

在长达一年多严寒酷暑中，宋步云不但遭遇了狂风暴雨的威胁，还要忍受蚊虫的叮咬，以及猛禽野兽的袭击——夏天浑身起疙瘩，冬天脚后跟冻得肿胀起来。他本来不会吸烟，可有一次来到风景独特的蛇蝎区，在连续作画困乏过度时，竟然一连吸了三支烟。不料抽得酩酊大醉，两手抱住脑袋躺在草地上打了好几个滚，还来不及钻进帐篷便沉沉睡去。

须臾，爬来一条浑身通绿的大蟒蛇——它连一只野羚羊都能整吞下去，何况瘦小枯干的宋步云！可是，当它爬到跟前，正准备脱掉下颌骨要从宋步云的头部往下吞咽时，却嗅到一股刺鼻的尼古丁味道。虽然大蟒蛇有三丈多长，可只要两支烟的尼古丁毒素就能要它的命。大蟒蛇于是往旁边蹭了蹭，竖起脑袋，用尾巴狠命抽打一下宋步云后慢慢爬走，他的脸肿起来三天三夜才慢慢消退。

1944年春天，宋步云为了赈济灾民，把将旅行写生的水彩画聚集起来送给徐悲鸿过目后在重庆举办了大型义展。他的水彩画展厅与丰子恺的漫画展厅仅隔一道屏风。他曾读过丰子恺的《缘缘堂随笔》，对于他的文笔和漫画佩服得五体投地。特别是受到书中一些反战题材的文章和漫画的感染，更加坚定了他对日本帝国主义侵略的仇恨，以及对国民党消极抗日的反抗情绪。

丰子恺已经成为当代著名漫画大师、散文家、翻译家、美术和音乐教育家，是一位多方面卓有成就的艺术大师。他高度评价了宋步云的水彩画成就，并鼓励他再接再厉更上一层楼。

虽然全部作品徐悲鸿都已经过目，可画展开幕式结束后，他仍然悉心观看每一幅作品。而且看中了两幅重庆风景《嘉陵江夕阳》和《嘉陵江纤夫》，当即要定购下来。可宋步云却决意要把这两幅画赠送给他。徐悲鸿再三推辞不过，最后表示待日后自己举办画展时，请他挑选两张留作纪念，引得围在他们身边的观众情不自禁地鼓起掌来。

第二年，徐悲鸿在重庆举行大型画展，他便要求宋步云挑选两张予以回报。但宋步云仍然不肯。为此，徐悲鸿拿出一本锦缎面的精美册页，在标签上写下"友声集"三个遒劲题字，又在册页中画了一幅《奔马》赠予宋步云；并承诺日后要携他赴画家赵少昂府上，请他也在册页上作画留念。

赵少昂是岭南派画家高剑父、高奇峰的弟子，擅长画花鸟、山水、草虫，作品具有浓厚的岭南派特色，又不失个人独特风格。徐悲鸿对他的画极为赞赏，1944年，为他的画展作序曰：

番禺赵少昂先生，早年曾游艺坛名宿高奇峰先生之门下，天才豪迈，有出蓝之誉。十年以前，即蜚声于海内外，当时故主席林公及德大使陶德曼俱称精鉴，咸购藏先生之作，推崇备至。事母至孝，以故恒居南中。迨香港沦陷，先生独不屈，间关入国至

绍至桂至筑,借旅行宣扬艺事,其卓绝之艺,敦厚之性所至,并为人坚留不另行。其画可爱,抑其品尤可慕也。余尚赠诗曰:

画派天南有继人,少昂花鸟实通神;
秋风塞上老骑客,灿烂春光艳羡深。

兹因先生应中大及艺专之聘入都,同人咸请展览近作,用发扬新兴艺术,并餍文化界同人之望也。是为启。

不久,徐悲鸿便携宋步云赴赵少昂府上拜访,赵少昂当即在徐悲鸿赠给他的册页上挥毫画了一幅《飞蝉图》。

此后,宋步云因重庆中央大学艺术系领导更迭而失业,

1936年,宋步云在东京日本大学画室作油画《流亡图》

被迫举家迁居到重庆城南中一路山坡上的一所以竹竿和瓦片结构的两间透风漏雨的小屋里。妻子高淑贞正怀有身孕，一家四口陷入困境。

1946年春，徐悲鸿已接受教育部任命，即将出任北平国立艺专校长，于是携廖静文辗转寻到宋步云"寒舍"，请他一同北上担任艺专的庶务主任，并拟聘为副教授。这一夜，在煤油灯下，主宾四人从初识谈到将去北平开展新局面，为国家培养更多的艺术人才，一直说到鸡啼天明，徐悲鸿才给宋步云留下三百块钱离开。

到达北平后，国民党政府对参加反内战、反饥饿示威游行的学生实施高压政策，指令徐悲鸿解聘参加游行的冯法祀、高庄和李宗津，可他却把此令顶了回去。当他得知北平警备司令部要到艺专来逮捕参加游行的学生时，立即让宋步云安排发给路费，通知他们迅速离开北平。宋步云对徐悲鸿保护学生、支持教师的措施，从来都坚决执行。

徐悲鸿所聘任的大批教师抵京时，宋步云已为他们准备好了住房——分布在煤渣胡同、火神庙胡同、水磨胡同、罐儿胡同以及洋溢胡同、东总布胡同、大雅宝胡同、裱褙胡同等多处四合院里的房屋都已签租妥当。同时，也为大批学生入校准备好了宿舍。可他唯独没给自己留下住房，家属抵京时便到鼓楼高淑贞兄嫂家里借住。

由于工作需要，宋步云经地下党员钱开泰介绍，参加了蓝工武领导的"地下工作"，置个人安危于不顾，传递情报、掩护被国民党追捕的地下党员：借助与北京协和医院、北京儿童医院与其他医院医务人员的深交之便，把被追捕的地下工作者隐藏在艺专或医院等处的地下管道和涵洞中……

在艺专，有位日本著名反战画家矢崎千代二在校任教。抗战胜利后，大批日侨纷纷返归日本。但这位著名粉画家却要求继续留在北京工作和生活，并将自己的画作全部捐给了中国。最后，经教育部批准，留用艺专。徐悲鸿到京后，亲自登门看望这位年逾古稀的日本老人，见他半卧半坐坚持作画，由衷称赞他的坚强意志和高尚人品及其艺术追求，并嘱托宋步云多加关照；同时，对抗战胜利后仍然留在中国，照料老人的两位日本女学生表示深切谢意。矢崎千代二对此十分感激。一年之后，矢崎老人病逝，他的弟子将他的部分骨灰留给徐悲鸿作为纪念,携其余部分于次年春季随最后一批归侨带回了日本。宋步云不惧烦琐地完成徐悲鸿委托,执行了对日友人的照顾措施。为此,受到党组织和徐悲鸿的肯定。

在复校工作中,无论校务、教学,还是政务,千头万绪,无尽无休。由于徐悲鸿是拖着病体工作的,因而,宋步云不管是不是自己的分内工作,只要碰到,就要挑起重担,义无反顾地加以完成。可以毫不夸张地说,他是中央美术学院的重要创始人之一。他为人光明磊落,刚直不阿,旷达宽厚,品德高尚,深受广大师生赞扬。

二、非弟莫属吴作人

"兵马未到,粮草先行",除了打头站"先遣队"的宋步云,徐悲鸿首先想到的就是他的得意门生吴作人,在1946年6月已给他发出了邀请函:

作人吾弟:

吾已应教育部之聘,即将往北平接办北平艺专。余决意将该校办成一个左的学校,并已约叶浅予、庞黄珍、李桦诸先生来校任教。至于教务主任一职,非弟莫属。务希准就,千祈勿却,至盼!

悲鸿

吴作人读到徐悲鸿信中"非弟莫属"词句后,感动得热泪盈眶。他于比利时留学后,1935年被徐悲鸿召回国内于中央大学任教,1936年在重庆中央大学图书馆举办的"刘开渠、吕斯百、吴作人旅欧作品展"引起轰动,田汉为之写长篇评论。

1938年,吴作人随中央大学战地写生团奔赴抗日前线写生,1939年在重庆举办战地写生展,1941年在成都与唐一禾、吕霞光、黄显之、吕斯百、秦宣夫、李瑞年、王临乙举行八人联展,1942年被教育部聘为终身教授,

前排李娜（左一）、王合内（中）、马光璇（右）；后排王临乙（右一）、吕斯百（右二）、吴作人（左一）

1943年赴青海、甘肃写生。随后赴敦煌考察莫高窟艺术，临摹古代壁画。1944年赴青、康、藏地区旅行写生。1945年在成都举办"吴作人旅边画展"，同年12月在重庆举办"吴作人画作回顾展"，展出旅边写生、莫高窟所临壁画以及战火中幸存的习作。

1946年，吴作人在上海与张光宇、丁聪等人组成上海美术作家协会，并举行第一次联展。徐悲鸿、陶行知、郭有守和郑君里先后在成都和重庆两地报刊上撰文评述。

早在中央大学艺术系学习期间，吴作人就已与来此旁听的萧淑芳相遇。当时，萧淑芳只有十八岁，生得眉清目秀，身材窈窕，气质不凡。吴作人虽然被她的相貌和才华深深吸引，但也只是躲在教室的角落里偷偷画她的速写，在简洁明快的线条里，倾注着对她的无限深情。半年之后，他们便各奔东西，读书、学画、留学、结婚……

就在上海的这次画展中，吴作人与萧淑芳邂逅。此时，因病魔缠身，丈夫弃她而去，过着单身生活；而吴作人的比利时妻子李娜也已经过世。见到萧淑芳，他的情思涌动，遂作了一首《胜利重见沪上》：

三月烟花乱，江南春色深。
相逢情转怯，未语泪沾襟。

百年和好休嫌晚，茂实英声相接攀。

吴作人又为萧淑芳画了多幅肖像，并对她深情说道："再不相爱就来不及了，我们的日子过一天少一天。"

萧淑芳被吴作人感动了，写信对他说道：

> 人生是一次旅行，有泥泞黑暗，有险峰……尽管有过许多曲折和磨难，但毕竟春天会来，花总会开。

有情人终成眷属，随即，吴作人与萧淑芳结为夫妻，徐悲鸿遂作一幅《双马图》相赠，题识为：

> 百年和好休嫌晚，茂实英声相接攀。
> 譬如行程千万里，看得世界最高山。

吴作人无法拒绝徐悲鸿的邀请,到达北平后,便积极协助推行他在学校体制和人事制度上的改革,并激情参加师生"反饥饿、反内战"的游行请愿活动,因而被国民党特务分子盯上。为了避免遭受迫害,徐悲鸿劝其赴欧洲小游,并嘱他为艺专买些图书资料;还请他将久居巴黎的滑田友邀回艺专任教。又托他到卢浮宫临摹德拉克洛瓦的《但丁游地府》带回来。可见,徐悲鸿对吴作人关心、爱护和信任的程度。

吴作人不辱使命,赴欧后于1948年1月10日归来,徐悲鸿在北平艺专的德邻堂为他主持中国美术学院、北平美术家协会欢迎他返国茶话会,介绍他此行取得的骄人成绩。

吴作人协助徐悲鸿,带领北平艺专的广大师生闯过了接手后最初的难关,把学校办得有声有色。

一切安稳之后,萧淑芳便将北京水磨胡同49号的住宅作为中央美术学院教师周末作画场所——每人每晚都要聚到她家画十张速写。李宗津、王式廓、董希文、艾中信、蒋兆和、戴泽、韦启美、李斛、冯法祀等人都是常客。因此,他们的家,又被大家称作"十张纸斋",此举受到徐悲鸿的高度赞扬。

徐悲鸿去世两年后——1955年,吴作人出任中央美术学院副院长,1958年升任院长。长期以来,他为国家培养了大批艺术人才。

三、水乳交融齐白石

自1929年,徐悲鸿离开北平大学艺术学院,到1946年,已经过去了十七年。在这漫长的岁月里,时刻都在惦记齐白石,经常给他写信问候;齐白石每有佳作,必然要寄给徐悲鸿,徐悲鸿就会立即给他寄去稿酬。因此,徐悲鸿已经收藏了齐白石的大批佳作。1931年,徐悲鸿还请中华书局的老朋友舒新城出版了《齐白石画册》,并为之作序曰:

夫道以中庸为止，而固含广大精微。昧者奉平正通远温顺良好为中，昧者奉平正通达温顺良好为中，而斥雄奇瑰异者为怪；其狂者则以犷悍疾厉为肆，而指气度雍容者为伪。互相攻讦，而俱未见其真者也。艺有正变，唯正者能知变，变者系正之变，非其始即变也。艺固运用无尽，而艺之方术，至变而止。例如瓷本以通体一色纯洁无暇为极品，亦作者初愿所期望，其全力所赴。若形式之完整无论矣，如釉泽之调和精密配剂，不虞其他也。即其经验所积，固已昭然确凿审知也，不谓以火率先后之差。其所冀通体一色，能洁无暇之器，忽变成光怪陆离

徐悲鸿赴任北平艺专后与齐白石（左二）、吴作人（右二）、李桦（左一）合影

不可方物之殊彩。拟之不得，仿之不能，其造诣盖出诸意料以外者，是固非历程之所必有，收效之必善。顾为正之变也。恒得此境，要皆具精湛宏博之观，必非粗陋荒率之败象，如浅人所设似是而非之伪德也。

白石翁老矣，其道几矣，由正而变，茫无涯，何以知之？因其艺致广大，尽精微也。之二者，中庸之德出。真体内充，乃大用然腓，虽翁素称之石涛，亦同斯例也。具备万物，指挥若定，及其既变，妙造自然，无断章取义。所窥一斑者，必背其道。慨世人徒袭他人形貌也，而尤悲夫尽得人形貌者犹自诩以为至也。

辛未六月 悲鸿序

当齐白石收到画册和稿费时，激动得泪流满面，嘟嘟囔囔说道："为什么替我出画集，不要我的钱，反而送钱给我呢？"

抗战爆发后，北平沦陷，徐悲鸿更加惦记年迈的齐白石，作了许多诗怀念他，抄录几首，可见一斑：

烽烟满地动干戈，缥缈湘灵意若何。
最是系情回首望，秋风袅袅洞庭波。

卅载京华北斗尊，笔歌墨舞气纵横。
声名中允契阔久，庾信文章老更成。

乱离阻我不相见，屈指翁年已八旬。
犹是壮年时盛气，必当八十始为春。

如今，齐白石仍然住在十七年前的北京西城跨车胡同。徐悲鸿赴任后，立即偕廖静文前去拜访。

齐白石已经八十二岁，但却鹤发童颜，穿一件蓝色长袍，胸前飘着银

徐悲鸿自从1928年北上聘任齐白石以来，两人保持了一生的友谊

色胡须。当徐悲鸿紧紧握住他的手时，感到他激动得全身都在颤抖……

徐悲鸿也非常激动，看到齐白石的身体尚健，便乐呵呵对他说还要聘他为北平国立艺专教授。以后每次上课，都要派汽车前来接他。

齐白石听了，感动得一句话也说不出来。可不久，徐悲鸿携廖静文再来看望他时，却敲不开门。最后，徐悲鸿在外面高声喊道："齐老，我是徐悲鸿！"

齐白石听出了徐悲鸿的声音，才给他将院门打开。

此时，平津战役已经打响，南京国民政府教育部一方面急电要求北平的各大专院校南迁，另一方面三番五次派来飞机，要将北平文化界的知名人士接走。可齐白石却不愿意走，于是，敌特分子便潜入家中对他进行恫吓：说共产党打进北平，要按着黑名单上的名字把他们统统杀掉，齐白石的名字就在黑名单中。

齐白石被吓坏了，整天愁容满面地待在装有铁栅栏的画室里不敢出门，也无心作画。还准备带上全家老小远走他乡。

徐悲鸿听完齐白石的讲述，劝他切勿听信谣言，告诉他

徐悲鸿(左二)、艾青(左一)、宗其香(右一)与文化部长周扬(右二)为齐白石祝寿

道："共产党敬仰对文化有贡献的人，怎么会杀您呢？我也留下来不走了，难道您连我也信不过吗？"

齐白石最信得过的人就是徐悲鸿。1929年，徐悲鸿就任北平大学艺术学院院长时，因闹学潮南归后，齐白石也不

齐白石在为外国友人作画

再到学校去上课。

听了徐悲鸿的话,齐白石快乐起来,毅然表示放弃出走念头,留下来与徐悲鸿继续共事。抗战胜利后他在给徐悲鸿的复信中就说道:

> 生我者父母,知我者君也。

说着话,齐白石便让夏文珠铺上宣纸,要与徐悲鸿合写作品。

徐悲鸿欣然命笔,在宣纸上画下两只公鸡,齐白石则在公鸡的下面补上石头;齐白石在宣纸上画了蜻蜓,徐悲鸿又在下面补上花草……

之后,徐悲鸿和廖静文经常到跨车胡同看望齐白石;齐白石也同样常到东受禄街16号的"静庐"拜访徐悲鸿。到一起时,两位忘年之交不是谈论艺术,便是合写画品:徐悲鸿总是画自己拿手的马呀、鸡呀、猫呀;齐白石则画他拿手的草虫、虾蟹。

齐白石的画自六十岁开始,经过衰年变法后,已经走出中国画自明清以来因循守旧、陈陈相袭、屋内造屋的老路,面目一新,因此受到徐悲鸿高度赞扬:

> 齐白石之长处,在有色彩,一往直前,无所顾忌,唯多红而少绿,或其性格所尚,写昆虫突过古人,其虾、蟹、雏鸡、芭蕉,以墨写者,俱体物精微,纯然独创。

徐悲鸿的院子宽敞,花草树木宜人。每到夏日傍晚,齐白石就在夏文珠陪伴下来此纳凉。届时,廖静文备上一壶清茶,两人便坐在葡萄架下聊天,回首往事。齐白石比徐悲鸿年长三十二岁,两位忘年交的话题时常提到陈师曾。二人又都藏有他的作品,谈到兴起时便把作品取出来观览一番……

关于齐白石与陈师曾的关系,本书曾有所介绍,早在五四运动之前,陈师曾已经确立了画坛大师的地位。1923年陈师曾去世时,梁启超在《师曾先生追悼会上演说》中说道:

陈师曾在现在美术界，可称第一人。无论山水花草人物，皆能写出他的人格。民国早期的一流画家几乎都得到陈师曾的帮助，如齐白石、王梦白、陈半丁等，因此陈师曾是一个既继承了中国画传统，又开始其现代变革的一个里程碑式人物。

陈师曾，1898年考入南京江南陆师学堂，与鲁迅成为同学。1902年，偕弟陈寅恪东渡日本求学，不但与鲁迅同船，又同入东京弘文书院就读，还同住一间寝室，朝夕相处，关系十分密切。

1909年，陈师曾回国从事绘画事业，两年后为鲁迅翻译的《域外小说集》及《会稽郡故事杂集》题写书名。1912年鲁迅随教育部抵达北平，任社会教育司科长；陈师曾于1914年任教育部编纂处编审员，两人再度相聚。前后同事十余年，过从甚密，鲁迅的思想在一定程度上影响了陈师曾。他们在一起互换金石拓本，切磋诗书画印，闲暇一起逛小市，把酒临风。鲁迅还多次请陈师曾刻印，他最喜欢的"俟堂"和"会稽周氏"就出自陈师曾之手，被他视为珍品。

此外，在鲁迅所收藏的中国画中，陈师曾的作品占有较大比例。他的画以山水、花卉最负盛名。鲁迅对山水画从来没感觉，可自幼就喜欢花谱，所以陈师曾的花卉特别受他青睐。鲁迅收藏陈师曾国画作品共计九幅。陈师曾向鲁迅赠画，或者鲁迅向陈师曾索画，绝非一时心血来潮。因为那些作品朴素可爱，全然不同于传统绘画，有一点现代人的情感，非常动人。而且，从小就描了许多花谱的鲁迅，与这样一位友人长年相处，耳濡目染，当然独具慧眼。

陈师曾是民国初年北京画坛的领袖，山水、花卉、人物无所不精，技法也相当娴熟，为"南风北渐"的重要画家。他的艺术思想广泛而深远地影响了北京乃至整个20世纪的中国画坛。特别是风俗画的创作，具有较高的艺术水准及其社会与民俗学价值，发展了传统文人绘画。

陈师曾病逝后，故宫博物院编印了《师曾遗墨》十辑，陆续出版。时间长达两年，鲁迅逐期购买，直至购齐。1928年2月1日，鲁迅致信李霁野，

支持齐白石变法的陈师增

想找一张陈师曾的花卉笺纸做《朝花夕拾》的封面。可见鲁迅对陈师曾作品的喜爱程度及印象之深。1932 年，鲁迅与郑振铎合编《北平笺谱》，曾选入陈师曾多幅作品，鲁迅在序文中高度评价陈师曾在笺谱方面的成就：

及"中华民国"立，义宁陈君师曾入北京，初为镌铜者作墨合，镇纸画稿，俾其雕镂；既成拓墨，雅趣盎然，不久复廓其技于笺纸，才华蓬勃，笔简意饶，且又顾及刻工省其奏刀之困，而诗笺乃开一新境。盖至是而画师梓人，神志暗会，通力合作，遂越前修矣。

关于陈师曾与鲁迅的这些关系，都是徐悲鸿讲给齐白石的。而关于徐悲鸿与齐白石两人的交往，无病对此有着非常贴切的描述：

他与齐白石很投契，但个性则似乎不同，他擅于交际，而且擅于应酬女人。高贵的绅士意味是有的，但他也能算是罗曼主义者。他很客气，"对不住"这句话，可以时常由他嘴中听到。垂发并不长，也能象征是一位艺术家。

他脸部带着一些病容，似乎看出来是患久病者，眼圈虽不大，眼皮很厚的，脸有些像浮肿，嘴唇似厚不厚，似乎是徐悲鸿的特别标准。颧骨高高的，显得鼻子陷下去了。脸是圆方的，不像齐白石那样的圆，也不像郁达夫那样瘦。笑声极平凡，不能引人以永远的印象。说话声音不怎样雄壮，不似齐白石那样粗，而是低低的。

他似乎是天才者，他的画也是天才的表现，不是埋头深干，因此，他绘画是在画与兴来。他游兴很浓厚，我曾在北平的西山，一个人迹很少到过的山洞里，在那里发现他的题壁，乃用铅笔写的。像在八大处发现悲鸿的签字，并不能使人惊奇，而是我认为我最初发现的山窟中，有人到过，是使我惊异的。

徐悲鸿的行径，有时可以从齐白石先生口中，获得一二。我第一次会见他，是今年春天，在北平跨车胡同齐白石先生寓所内。他穿一件浅蓝色的棉袍，据我想，徐悲鸿是崇拜蓝色的吧。和他一同来的是一位比他矮比他白比他瘦的，是杨仲子先生。我把杨当是他了。他很客气地问我姓名以后，我们没有谈多少话，但我能推测他是健于谈话者，并相信我的推测不致错误，然而口音不纯正，有些土话，我无从晓得。

他的诗很少，我只见过一首，很古拙的，不像他的散文那样，平淡中有奇趣。

齐白石虽然比徐悲鸿年长三十二岁，可两人早已经成为无话不谈的莫逆之交。1943年9月，齐白石七十九岁时，他的继室胡宝珠因生产过世。第二年，齐白石有意续弦，朋友便给他介绍了曾任北京协和医院的护士长

夏文珠悉心照料着齐白石

夏文珠。

夏文珠身材高挑，面容姣好，年仅四十四岁，又有文化，很受齐白石的青睐，决意与她结婚。但却遭到儿女们的强烈反对。无奈之下，齐白石只好以护士名义将她留下，做起了"有实无名"的"白石夫人"。齐白石的女儿齐良怜曾经对此描述道：

> 不出我们所料，她看出父亲喜欢她，慢慢地竟左右了父亲的意见，父亲从此对我们子女儿媳的印象，渐渐凭她的观感而转变，门客买画的否诺，也由她做了主张，还需按每尺画的润例加收一成归她所有。我父亲对她，真可说是言听计从，我们都因看在父亲的份上，不好说什么，只是一家人的生活受到了这个影响而涣散了……

夏文珠虽然得到了齐白石恩宠，但她也时常要点小性子发小脾气：一次闹了别扭，便跑回了娘家去。齐白石则叫齐良怜陪他到前门外的夏家去找她，但却只见到了她的母亲。齐良怜后来说道："夏母比白石老人还要年轻许多，但白石见到她后，马上在她的面前跪下，说道：'请让文珠回到我的身边吧！'"

可是，夏文珠再也没有回来。

夏文珠已经在齐白石身边待了七年，他已经离不开她。于是，便找到徐悲鸿，说道："她都在我身边待七年了，就是一件东西，用了七年还舍不得丢弃呢，何况一个人。"说完，眼里竟然流出泪水。

徐悲鸿于是与廖静文一起坐车赶到夏家，说服夏文珠再回到齐白石身边。可她却说自己准备结婚，不能再回去了。廖静文虽然后来又去了两次，但仍然没能说服她。

这件事情表明，齐白石与徐悲鸿之间的关系已经达到了水乳交融密不可分的程度。大事小情全都离不开徐悲鸿。

最后，当徐悲鸿和廖静文告诉齐白石说，夏文珠已经结婚，不可能再回到他身边时，他则非常感伤地写了一首诗：

　　眠食扶持百事精，颐年享受亦前因，
　　一朝别去无人管，始识文珠七载恩。

徐悲鸿看人是极具眼力的，齐白石后来出任中国美术家协会主席。他说他的诗为第一，书法为第二，印为第三，画第四。即便已经八十多岁，可每年作画都在六百幅以上，可见他的勤奋与刻苦程度。

1950年4月，中央美术学院由国立北平艺术专科学校与华北大学美术系合并成立，毛泽东主席为学院亲笔题写了校名，徐悲鸿出任第一任院长。

就在1949年秋季开学之后，齐白石即已到校上课，当时已经变成了供给制，他是酬金为千斤小米的任职教授。别看徐悲鸿与齐白石早已经亲密无间，可第一次上课，徐悲鸿还是亲自乘车到跨车胡同接他。

齐白石到校本来是给国画班学生上课，可由于他的名气过大，又是徐院长亲自乘车接来的。所以，其他学习油画和图案的学生也都进到课堂观看他作示范。

有位从江苏无锡考入中央美术学院油画系，1953年毕业的高帝，见证了齐白石第一次给学生上课的情形：那次，是在徐悲鸿的画室为学生上课。齐白石由徐院长陪同进屋后，画案上的笔墨纸砚都已经备好。旁边有沙发、茶几和简单家具。齐白石坐在沙发里喘了两口气，便来到画案前提笔运墨，学生们全都围在画案前观看。当他刚画两笔之后，徐悲鸿就对学生说道："是画荷，齐老师画荷花最拿手。"

只见齐白石用侧锋铺了几片荷叶后，便换上一只中锋，又画几根半截的叶杆儿，然后将宣纸往前推推接着画下半截，可竟然一点也看不出是分段画的。一幅荷花画完后，徐悲鸿双手将其提起来放在家具上。

接着，齐白石开始画一幅《虾》：先是用调有重墨和淡

周恩来总理看望齐白石

墨的笔锋画下虾的头部、身子和腿,然后用中锋在未干的虾头当中点上浓墨,徐悲鸿风趣地说道:"这是最好吃的地方,虾脑!"

齐白石一共画了四幅画,徐悲鸿始终站在旁边观看。全部画完,题识后,他又替齐白石挨张用印。

课虽然上完了,可徐悲鸿却并不急于送齐白石回家,而是与他坐在沙发上一边吃糕点,一边谈心。

齐白石所画的《和平鸽》几乎家喻户晓。因为他在绘画上的贡献,世界和平理事会国际和平奖金评委会于1955年4月7日在斯德哥尔摩举行的会议上,决定将年度国际和平奖金授予居里夫人等四位对维护世界和平事业有卓著贡献的人士,九十一岁的齐白石为获奖者之一。

20世纪四五十年代,到北平来的外国人,如果不带一张齐白石的画回国,就会感到遗憾——等于没来过中国。毕加索看到齐白石的画后,震惊得不知所措,感觉自己都不会画画了。

四、山水师爷黄宾虹

1928年徐悲鸿北上时,就已向黄宾虹发过聘书,遗憾的是当年他未能到任。徐悲鸿此次来到北平艺专,他也在聘任之列。

黄宾虹青年时期拥护辛亥革命,支持康有为、梁启超的维新变法。1907年开始寓居上海,参加海上题襟馆、烂漫社、中国画会、百川画会等艺术团体的活动。主持神州国光社、商务印书馆美术部,从事编审和文物考证鉴定工作及美术史研究;还曾兼任上海美术专科学校、上海文艺学院、暨南大学艺术系、上海新华艺术专科学校教授;1937年应邀赴北平审定故宫书画,并任教于国立北平艺术专科学校。

黄宾虹早年追习李流芳、程邃和弘仁及髡残等人技法,同时也兼法元、明各家。所作即重视章法上的虚实、繁简,又顾及画面的疏密统一,用笔指如锤、笔如錾,遒劲有力。笔墨谨严处有纵横奇峭之趣,墨色厚重时,

一代宗师
黄宾虹

却又层层叠叠,此处无声胜有声……

　　同时,新安画派疏淡清逸的画风对黄宾虹的影响也是终生难忘的。其所擅长的山水、花卉皆从写生中来,大器晚成。

　　1928年,黄宾虹首游桂、粤,终日写生。自此,丢弃了前人泥古不化的粉本,而以真山真水为师。参以过去多年"钩古画法"经验,创作了大量作品,章法前无古人。之后,又进行巴蜀之游,使他的绘画产生了再次飞跃,从真山真水中悟到了晚年变法之"理"。

　　1933暮春,黄宾虹游历青城山途中遇雨无处躲藏,只见山光水色、层林村落,道路河流一片迷蒙,在霹雳闪电中变化万千奥妙无穷。索性坐于雨中观赏景物变幻。于是产生了"青城坐雨"的大彻大悟,连续画了《青城烟雨册》十余幅。积墨、渍墨、泼墨、宿墨、焦墨、皴擦渲染点、铺色铺水无所不用其极：雨从墙头淋下来，任意纵横氤氲，湿而浓重有之，干而枯竭亦有之，顺着"雨淋墙头"的条条雨道形成了"屋漏痕"。其笔墨攒簇，水雾淋漓，层层深厚，云烟变幻，美不胜收。因而使他获得了"千年以来第一用墨大师"的美称。

没过多久，黄宾虹于青城山返沪途中经过奉节，沿着江边朝白帝城方向"瞿塘夜游"，想要看看杜甫当年"石上藤萝月"的意境。不料完全被月夜的层层山峦所吸引，便在月光下摸索着画了几张勾勒山水。翌日清晨，睁开朦胧的睡眼，看到画面的效果后大声喊道："月移壁，月移壁！实中虚，虚中实。妙极啦！"

由此可以看出，变法和撷取自然之美，都是从实践中得来。用徐悲鸿的话说就是"以自然为师，师法造化"的写实主义风格。自此，雨山、阴山、雾山、夜山便成了黄宾虹笔下不辍的作画主题。

六十岁后，黄宾虹两次由上海至安徽贵池，游览乌渡湖、秋浦、齐山。此游对他的画风影响甚大，使他从兴安画派的疏淡清逸转至黑密厚重的积墨风格，开始由"白宾虹"向"黑宾虹"过渡。

七十岁之后，黄宾虹的作品形成了"黑、密、满、厚、重"的独特画风，气势磅礴，惊世骇俗，使得中国的山水画上升到了一种至高无上的境界。

黄宾虹说过学习传统应该遵循的步骤是先摹元画，熟悉用笔用墨的规则；次之临摹明画，以其结构平稳，不易入邪道；再摹唐画，掌握古人章法之精妙；最后临摹宋朝包括五代荆浩、董源、巨然、关仝的作品，使法度变化万千。他在1940年山水画的题识中写道：

宋画多晦暝，荆关灿一灯；夜行山尽处，开朗最高层。

在北平，黄宾虹不但完成由"白宾虹"向"黑宾虹"的转变，又像张大千一样进行了"水墨丹青合体"试验：将石青、石绿点染在密黑的水墨之中，使得"丹青隐墨，墨隐丹青"，将浅绛山水与青绿山水融为一体，产生了绝佳的艺术效果。

南归杭州后，黄宾虹的笔墨又将金石的铿锵与良渚出土的夏玉融为一体，刚柔共济，产生了一片化机之妙，画面的朦胧融会恰如其分地表现出江南山水的韵致。

黄宾虹的独特画风、极其丰富多变的笔墨，蕴含着深刻的文化精髓和自然内在的美学取向。使他与齐白石被并称为"南黄北齐"，又与吴昌硕、齐白石、潘天寿合称为"20世纪传统中国画四大家"，有着"再举新安派大旗，终成一代宗师"的美誉。除了山水画外，他的花鸟画意境也不同凡响；书画相通，他的金石篆刻、文字学、考古学同样名声斐然；同时，他还有自己的绘画理论建构，《黄宾虹画语录》流传后世，是一位学者型艺术家。故在九十岁寿辰时，被国家授予"中国人民优秀的画家"称号。

五、李苦禅大师

李苦禅是对中国的水墨画惨淡营多年，终成一代大师，深得徐悲鸿的赏识。其艺术成长历程，也不断得到徐悲鸿关注……

李苦禅，号励公，1899年1月11日出生于山东高唐。少年时代即热爱绘画，十七岁读中学时师从孙占群学画花鸟，是年创作的《猫》《鸡》和《鹤》已经出手不凡。

其后，以学生代表的身份赴京参加"五四"和"六三"爱国学生运动，并准备一边打工一边学习。可他却举目无亲，到处碰壁，最后只得栖身庙宇之中。有一天，长老见他在不断作画，便告诉他北京大学蔡元培成立了一个画法研究会，青年画家徐悲鸿担任导师，让他去跟着学。

李苦禅听后兴冲冲跑到北大，报名参加了画法研究会，拜师至徐悲鸿门下。徐悲鸿翻看了他带来的作品眼前一亮，觉得他很有绘画天分，心中暗暗高兴。

徐悲鸿只比李苦禅大三岁，又都出身于贫苦人家，所以谈话十分投机。除了对他热情辅导外，还经常把他带到住处，让他翻阅自己从日本带回来的美术资料。在徐悲鸿的精心辅导下，他渐渐掌握了西画的表现技法。不久，徐悲鸿留学法国，二人暂时中断了接触。

李苦禅二十一岁入北京大学中文系旁听，攻读文学；倾听了蔡元培、李大钊、陈独秀、梁启超和罗素等人演讲。并结识了毛泽东、徐特立。

二十三岁时，李苦禅考入国立艺专西画系，靠夜间拉人力车维持生计，因而得名"苦禅"。二十四岁则拜师齐白石门下，白天在校上课，晚间到他家里学习写意花鸟。翌年，与王雪涛、徐佩遐、王仲年、孙公符、何冀祥、颜伯龙、阎爱兰、袁仲沂成立了"九友画会"。

1925年夏，在国立艺专的毕业生作品展上，李苦禅的一幅油画和八幅大写意花鸟画参展。展览结束后全部作品被校长林风眠和其他人买走。

国立艺专毕业后，李苦禅被聘为北京师范学校及保定第二师范学校的美术教师。1927年5月22日，北平《晨报》副刊、《星期画报》第85号发表了他的《松鹰》，齐白石在画上加题曰：

> 昔人学道有言一而知十者，不能知二者，学画亦然。劣天分者见任何些数而一不能焉！愚者见一如无一。苦禅之学余而能焉，见一而能二也。

1930年，应林风眠之邀，李苦禅赴杭州艺专任教，与潘天寿成为同事。二人水乳交融，相互切磋大写意，不拘陈法，以中西合璧立意创新。此时，他还结识了张大千和京剧大师盖叫天。两位都是在艺术上主张革新的大家，其思想对他影响颇深。

1934年，李苦禅在上海举办个人画展，1935年参加了"一二九"爱国学生运动，夏天与张大千重逢于北平。

1937年，北平沦陷，李苦禅以鬻画为生，参与地下党抗日活动。1939年5月14日，在北京西城柳树井2号家中与向他学画的魏隐儒一起被日本宪兵逮捕，以"八路"的罪名押至北京大学红楼严刑拷打，逼供刑讯达二十八天，生命垂危，但终无半点口供。最后只能以罪名无据被释放。

出狱后拒绝伪职。为了解决住院疗伤的举债困境,与魏隐儒、李榛在中山公园举办画展,作品备受欢迎,很快销售一空。

为了躲避日寇迫害,1942年4月,李苦禅与魏隐儒、关友声赴青岛举办联合画展。同年11月,与李慧文成婚,因不肯为日伪政权工作,仅以卖画维持生活。抗战胜利后,在济南出任中国艺术专科学校教务主任。

1946年,李苦禅被徐悲鸿聘为北平艺专教授,并为他在中山公园的来今雨轩举办画展,获得了极大成功。他在大写意花鸟上虽然已经是"鹤立鸡群",可徐悲鸿对他的要求仍然非常严格,在致他的信中写道:

苦禅仁弟惠鉴:

至今以后,弟在校所任之课为鹰、鸡、茶花、荷、竹五种。务将鹰之飞翔、休止,鸡之欠伸、饮啄、争斗,茶花之心、花蒂、枝叶,荷花嫩蕊、老莲、叶之反正勾勒,竹节、竹干、枝叶及其风雨中姿态,务极精确。(每三星期学成一种,周而复始。)用专责成,务祈注意。

此颂

署祉

悲鸿　顿首8月5日(1949年)

过去只知道徐悲鸿要求学生画的素描要有如自己的身高,假期要画十种动物、十种植物,十幅手、十幅脚的素描。看了他写给李苦禅的这封短信,简直令人吃惊!对几种只是简单的动植物,竟然要求得这般严格。这就不能不让人对他的"尽精微致广大""任凭搬弄造物,只需勿伤其性""自创一体,独标新格""游行自在,点石成金"的许多观点有了更深理解。

在教学上,徐悲鸿对导师的要求似乎比对学生更加严格——他坚信名师出高徒。因此才在到达北平之后,把画坛上几乎所有的名流全部聘到他的门下。

新中国成立前夕,李苦禅与徐悲鸿及北平市市长何思源等文化界名流合力斡旋，呼吁和平解放北平，以保护古都文化遗迹和人民生命财产安全。

1949年暑假，李苦禅被学校改为兼职教授，在陶瓷系教学生画瓷器，薪金每月八十斤小米，三个月后调到一百二十斤，生活十分贫困。

1950年暑期的一天，李苦禅喝醉酒，想到早年在北大时与毛泽东主席有过一面之交，便挥笔用草书给他写了封长信，述说他的困境。没想到，8月26日，毛主席便在他的信上做了批示，嘱徐悲鸿院长关照李苦禅的生活，并派秘书田家英到他家里慰问。徐悲鸿有了毛主席的支持，便在这年10月将他每月的"研究金"增加至五百斤小米。

1972年，周恩来总理为发挥老画家的作用，组织他们为国宾馆画画。李苦禅在两年时间里，共为国际俱乐部、钓鱼台国宾馆、外交部、北京饭店、民族饭店等处义务作画三百多幅。不料，1974年，"四人帮"搞了"批黑画"运动，批判李苦禅画的"八朵荷花是攻击八个样板戏"，实乃无稽之谈！

"文革"结束后，李苦禅怀着极大热情为美术教育事业贡献自己的力量。他的画成为"国礼"，邓小平出国访问时，带了他的一幅《鸟语花香》送给日本友好人士。他还为邓颖超出国访问画了《兰花》，送给泰国领导人。1980年至1982年，接到文化部的任务，拍了教学片《苦禅写意》《苦禅画鹰》，把他一生的艺术技巧留给了后人。

六、教学基石蒋兆和

石涛有句名言"笔墨当随时代"。一位画家笔墨与风格的形成，必然与时代息息相关。

蒋兆和所处的时代与徐悲鸿一样，正是中国千年不遇的大变革时期："戊戌变法""洋务运动""辛亥革命"，以及后来的五四运动，都使中国原有社会体制和意识形态受到了猛烈撞击。蒋兆和就是在这样时代背景下成长起来的。因此，他的绘画也自然会冲破旧式樊篱，才能被新时代接受。

而他所走的路也与徐悲鸿一样，是一条现实主义和写实主义道路。

就在社会生活急剧变革的冲击之下，蒋兆和满怀激情，有感而发，用绘画直接关心社会，干预生活，关注人间冷暖。他的《流民图》犹如凄风苦雨中的一声惊雷，震撼着中国人物画固守了几千年的绘画领地……

"七七事变"后，蒋兆和失业被困于沦陷区北平，成为一位孤身难民。面对日本侵略者的嚣张气焰，亲眼目睹了受苦受难群众的流离失所、饥饿和死亡，于是创作了《甘露何时降》《战后余生》《伤兵》等写实主义作品。在1941年6月创作的《田园寥落干戈后》画面上，题下了这样一段文字：

> 田园寥落干戈后，骨肉流离道路中，像这样的情景，千古如斯……尤其在中国的环境，不是灾于兵，就是劫于盗，以至通都大邑，穷乡僻壤，无不有成千上万的民众，饿殍沟壑，嗷嗷载道，其情之哀，其声之痛。世上最可恤者尚有过于此呼？

蒋兆和与他的《流民图》

《田园寥落干戈后》其实就是《流民图》的前身。作品完成后，蒋兆和感到四尺宣、六尺宣、八尺宣，甚至"丈二匹"，均都无足以表现他所见到的悲苦难民。于是避开日伪当局的监视四处奔走，将难民中的流浪者、乞丐、知识分子、工人、农民一个个请进画室。用他那种早在南京贫民区画速写的竹管笔，描绘出他们的凄凉、郁闷、痛苦和绝望的神态，准备制作《流民图》。

然而，对于工程浩大的《流民图》，蒋兆和在经济上早已经难以为继。于是便四处化缘，找到一些有权势又有钱的人为他们画像。当他给北平伪政府建设厅长殷同画像时，殷同说以后有什么困难可以去找他。

就在蒋兆和因画《流民图》经济陷入绝境时，真的去找了殷同。结果，殷同批给他一笔钱，他便带上这笔钱从松花江头到永定河畔，从海河两岸到黄埔江边，收集东北和南方沦陷区的难民素材。

两个月后，蒋兆满载而归回到北平。开始闭门谢客，夜以继日地埋头绘制《流民图》：夏天汗流浃背，冬天手指被冻得握不住笔。一年以后，画在高丽纸上，有着百人之众的反战巨幅画卷《流民图》终告完成，长达27米。

1943年10月29日，蒋兆和斗胆将《流民图》在太庙公开展出，画面上难民暴尸街头、卖儿卖女、仰天长啸、惊恐无助，招来了无数群众观看，可也惹来荷枪实弹的警察将现场包围……

密集的观众并未慌乱，把蒋兆和团团围住，像一堵墙，威严地站在军警面前。其场面悲壮激烈，可歌可泣。就连伪军里的几个士兵都被感动了，恭恭敬敬地向蒋兆和敬了个礼。

《流民图》仅仅展出一天，就被日伪当局查禁，作品也被没收。其卷虽遭残损，但斑驳犹存，躲避日机轰炸的妇孺依然历历在目。这也恰好佐证了日伪统治者的凶残。

徐悲鸿于1946年赴任北平艺专之后，有人就对他说，蒋兆和在北平沦陷期间为日伪的要员画过许多肖像，他的许多作品可能都是崇日的。

徐悲鸿听了信以为真，则对蒋兆和感到非常失望。

黄警顽在1928年就与蒋兆和结为好友，是他把蒋兆和介绍给徐悲鸿的。当他看了蒋兆和的画后,很为他感到不平。于是,便拉上他及其夫人带着画卷去见徐悲鸿。

当徐悲鸿听完黄警顽的述说,蒋兆和把画册和《流民图》展现在他的面前时,他吃惊得半天说不出话来。蒋兆和后来在文章中写道:

> 悲鸿先生一看画册,颇为惊讶,似乎又很激动,当时什么也未说。悲鸿先生随即走进屋里,将当年在南京给我画的素描肖像送给了我的夫人萧琼,以示对我们之间深厚情谊的纪念。这时我深感悲鸿先生对我有所理解。几天以后,悲鸿先生就写了一份正式聘书给我,聘请我到他主持的北平艺专做兼任教授。

中央美术学院成立后,徐悲鸿力排种种干扰,把蒋兆和聘为中国画系教授。学校整风开始,又因他为日伪时期的要员画过肖像,以及是否干过"汉奸美术"勾当查来查去。可作为院长的徐悲鸿却充耳不闻。"欲加之罪,何患无辞?"实际上,确实是徐悲鸿保护了蒋兆和。

由于蒋兆和在教学和创作上的出色表现,在中央美术学院获得了"教学基石"的美称。他和徐悲鸿的人物画,开创了中国人物画现实主义、写实主义的先河,被称为"北方艺坛两大伟人"。徐悲鸿、蒋兆和、林风眠、李可染,又被称之为融合西画之长的"新派四大家"。

七、刀锋画家李桦

李桦是徐悲鸿赴任北平艺专校长之后聘任的第一位版画教授。

早在1942年秋,全国木刻展在重庆中央图书馆举行时,徐悲鸿来到展厅,对每幅作品都进行了仔细观看,然后撰文曰:

> 我在"中华民国"三十一年十月十五日下午3时,发现中国

艺术界中卓绝天才，乃中国共产党中之大艺术家古元……

平心而论，木刻作家，真具勇气，此次木刻展中，古元以外，李桦已是老前辈，作风日趋沉练，渐有古典形式。有几幅，近于Dvrer……

李森、陆田、沙兵、维纳、李志耕、万湜思及多位有志之士，俱在进步中，构图皆具才思，而造型欠精，此在李桦、古元两位作家之外，皆通病也。

仅从以上评述中就可以看出徐悲鸿对李桦的评价之高。也许就是这次印象，他在赴北平前于南京住院期间，就已向他发出聘书。

李桦于1907年出生于广东番禺，1926年毕业于广州市立美术学校，1930年东渡日本入东京川端美术学校，1932年因反对日寇侵华战争而回国到母校任教。抗日战争爆发后投笔从戎，以木刻为武器宣传抗日。1938年任全国木刻界抗敌协会理事，抗战胜利后到上海出任中华全国木刻协会理事长。

日寇投降之后，美蒋反动派悍然发动内战，激起"国统区"人民一次次反抗怒潮。闻一多拍案而起，朱自清宁肯饿死也不吃美国的救济粮。1947年，北平发生"五二〇"反饥饿、反内战游行。当时，李桦虽然还没到北平，可他的作品《民主不死——痛悼李公朴、闻一多二公》《民主的进行》《向炮口要粮》《铁蹄下站起来》等作品早已在北平进步青年中流传，鼓舞着民众的斗志。

"五二〇"之后，李桦就任北平艺专副教授，开始给学生讲授西洋美术史。这时，白色恐怖气焰嚣张，屠杀、迫害进步教授的事时有发生。

木刻向来是对敌斗争的锐利武器，第二次世界大战的关键时刻，珂勒惠支将她的反战木刻通过秘密封锁线运往敌后战场，希特勒对此恨之入骨，从而对她进行疯狂迫害。

李桦是一名真正的战士，抗日战争爆发后，参加了反战"木刻运动"。在国民党反动派眼里，木刻就是赤色宣传品。李桦因而被艺专特务认定为

"赤色分子"。可在险恶的环境中,他却不顾个人安危,一刻不停地奔走于清华大学的"太阳社"、北大、中法大学和艺专之间,指导学生木刻研究会的学习和创作。

白色恐怖下,李桦积极配合徐悲鸿开展工作;在"倒徐"运动、"国画论战"和国立艺专是否南迁中,坚定站在徐悲鸿一边,抵御了保守势力的进攻。

1948年,徐悲鸿得知李桦要到天桥去画一组人物速写,感到很兴奋,于是静静期待着。十天之后的一个下午,他到画室拜访李桦,见面后问道:"李先生,你在天桥画的人物完成了吗?可以给我看看吗?"

李桦便将速写拿给徐悲鸿。他看到后非常激动,说道:"李先生,你的速写画得太好了,我在这里看不够,可给我拿回去多看几遍吗?"

"可以呀。"李桦便将速写包好交给徐悲鸿。

徐悲鸿带回去后反复观赏,极为满意和兴奋,遂为之写下《天桥人物》跋语:

>　　几个南腔北调人,各呈薄技度余生;无端落入画家眼,便有千秋不朽情。
>
>　　李桦先生早以木刻名世,频年以还,益潜心墨画,所写风景人物,无一不精。此为先生教授北平艺专时,课余画平市掇拾之小人物写影,刻画入微,传神阿堵。尤于人物之性格动作表情,俱细微体会,而出之以极简约之笔墨,洵高雅之杰作也。以此而言新中国画之建立,其庶几乎。
>
>　　　　　　　　　　　　悲鸿题于北平桃花庵
>　　　　　　　　　　　　1948年2月27日

1948年,中国美术学院、国立北平艺专和北平美术作家协会联合举办了一次美术展览,被徐悲鸿称之为"其盛况无疑是空前的,个人出品皆经三团体严密审查"。

在谈到李桦的作品时，徐悲鸿说道：

　　李桦为中国木刻界领袖，但年来亦潜心水墨画，其抗战期间在三湘军中所作，已有许多风景及人物之杰作，去年应聘来平，对于北平小人物尤感兴趣。此次陈列《天桥人物》十八幅，凡看相者、卖拳者、拔牙者、玩蛇者等等，无一不刻画入微，动态自然，尤难在笔歌墨舞，游行自在，何必奇形怪状写罗汉，即此也是千秋不朽人了。

刀锋画家李桦
自刻像

　　1951年2月，捷克斯洛伐克画家代表团访问中央术学院，徐悲鸿则给李桦写便笺，委托他画一幅《赶驼图》，作为送给捷克斯洛伐克代表团的国礼：

李桦先生：

　　请写《赶驼图》（如兄送刘金涛者略大一些），两星期内完成，院致二十万元盖用赠捷克代表团者。幸即命笔，此视笔安！

　　　　悲鸿志　元月五日

　　以上可见李桦在国事活动中所起到的重要作用，及其徐悲鸿对他的信任。

　　李桦不辱使命，中央美术学院成立后担任版画系主任、中国美术家协会顾问、中国版画家协会主席，成为新中国版画的领军人物。

八、独当一面滑田友

徐悲鸿接手北平艺专后,一部分教师及学生曾呼吁将艺专改成艺术学院。可徐悲鸿却说道:"艺专已于去年将三年制改成五年制,投考资格改初中毕业。一般讲学习绘画原以十五六岁左右为宜,如改学院,按教育部令需招高中毕业学生。高中毕业学生宁愿考好大学,不愿考艺专,不如招初中毕业生,多学两年,改学院事,我不赞成。"

由此可见,徐悲鸿非常务实。部分老师和学生要改学院可能是从待遇与声誉出发的:艺专招初中生,毕业后是专科;而"艺术学院"招高中生毕业后是本科。这中间,无论从哪个方面,都相差一个级别。而作为教师,教专科生和教本科生,不管从待遇或是职称方面,同样相差一个级别。但是,学习

滑田友在创作人民英雄纪念碑浮雕

艺术越小越好，这在古今中外都已是不争的事实。再说了，如果改成艺术学院，徐悲鸿的院长资格也会升上一级。

从中可以看出，徐悲鸿考虑问题，向来从事物规律出发，而不是个人得失。不然的话，待遇和级别全能提升，何乐而不为呢？

像达·芬奇那样精通数、理、化的艺术大家固然可贵，可如凡·高、齐白石这样自幼对艺术有着特殊感悟能力的人也不可丢弃。滑田友属于后者。当年，他在投考中央大学时，就因为化学和数学得了零分而名落孙山。如果不是徐悲鸿说"那些我也不会"，而把他送到法国留学的话，他的天才就可能会永远被埋没。

1947年，滑田友的艺术创作在法国正处于鼎盛时期，吴作人则带着徐悲鸿的亲笔信赶到巴黎邀他回国。

1948年1月28日，滑田友带着大量作品回到国内。徐悲鸿在北平艺专的大礼堂为他举行了盛大欢迎仪式，亲手为他戴上花环，并展出他的雕塑作品。

在法国旅居求学十五年，滑田友一直没有结婚。回国后，他觉得对不起出国之前退婚的那位阎钟芸姑娘，于是，又到用直寻找她。可是，阎钟芸已经嫁给了一位小学教员。他于是孤零零地踯躅街头，然后凄然离开。

1949年3月，经周恩来总理做媒，滑田友与"北平艺专"音乐系副教授刘育和相爱，于1950年结婚，婚后生两个女儿滑玉与滑夏。

滑田友在中央美术学院担任十四年雕塑系主任，创作了大量作品，人民英雄纪念碑上的大型浮雕《五四运动》使他的创作达到了顶峰。

九、王临乙、王合内夫妇

前面已经谈到，1937年1月13日，王临乙与合内小姐在巴黎维尔奥弗朗区政府举行了简朴婚礼。为了纪念这段来之不易的恋情，合内改随夫姓，取了个地道的中国名字——王合内。结婚之后，王合内在母亲满脸热泪的深情拥抱，和父亲乱断愁肠的衷心祝福后，随丈夫王临乙登船来到中国，受聘于徐悲鸿门下。

然而四个月后，卢沟桥事变爆发，日本帝国主义大规模侵略中国。北平沦陷后，王临乙夫妇逃难到上海；战火烧到上海时，他们又不得不转移到江西庐山，然后流落到湖北汉口和湖南沅陵。

国立北平艺专南迁后，王临乙夫妇随之由湖南经云南昆明到贵阳，最后抵达重庆，在沙坪坝郊区磁器口的风景区凤凰山住下。

抗战期间，王临乙出任教育部美术教育委员会委员，在极其艰苦的条件下，怀着满腔的爱国热忱创作了痛斥汉奸的《汪精卫跪像》：汪精卫的两臂缚于背后，像是被捆绑着下跪，脸部表情似痛悔又犹如狡辩，衣服也松松垮垮，充分暴露出汉奸的虚伪奸诈本性。

《汪精卫跪像》于1942年在重庆参加全国美术展览会时，在观众中引起了强烈共鸣：看见汪精卫汉奸卖国贼的丑恶嘴脸，无不切齿痛恨，异口同声加以谴责。徐悲鸿对《汪精卫跪像》从构思到创作手法上大加赞扬，说该作表现了这个汉奸可耻的形象，恰到好处。

紧接着，王临乙又设计了《抗日英雄张自忠将军墓碑》《大禹治水》《林森铜像》等系列作品。

任何艺术作品都自然而然地打上时代烙印，王临乙在《大禹治水》中采用了象征主义创作手法，运用西洋雕塑的块面光影结合：大禹的形象顶天立地，面部表情充满自信，腰背挺直，高瞻远瞩；三层背景则表现他率领治黄大军奋战十年改造自然的豪迈气概；脚下是被制服的黄龙，天空有高山仰止的气势，似乎寄托着对抗日救国英雄的敬仰和对和平生活向往的大无畏精神。

早在中央大学期间，徐悲鸿就发现了王临乙在行政事务方面的天才。1932年赴欧洲举办出国展览期间，一切事务性工作都是由他处理的。

1949年8月，受徐悲鸿聘请，王临乙前往北平艺专任雕塑系主任兼总务长。在精心教学和管理好总务工作前提下，还与王合内一起满怀激情创作了浮雕《民族大团结》和圆雕《志愿军》，又为民族文化宫创作了《东

王临乙与他的法国妻子王合内

北地区少数民族》浮雕。

　　由于担任总务长,王临乙不可避免地要和钱、粮、物打交道,因而在1952年的"三反"运动中受到了错误打击和斗争。可徐悲鸿却了解他的人品,便在住院期间写信请文化部出面干预,学院党组织经过认真复查,为他平了反。

　　然而,王临乙的精神却受到很大刺激,身体也大不如前:神情呆滞,沉默寡言。但他在搞好教学的同时,还接受了为天安门人民英雄纪念碑创作《五卅运动》浮雕任务。在几乎无暇的事务、教学、创作之余,王临乙还潜心总结他多年的创作体会,写成了论文《雕塑欣赏》。

　　还值得一提的是王临乙的素描和速写:他的素描和速写观察敏锐,融会中西,善于运用极其简洁、概括、精练而富于表现力的线条,提纲挈领,不失精微之妙地表现对象的精神气质和性格特征;其下笔准确、有曲有直、有方有圆、有松有紧、有收有放，流畅、潇洒而又完整，颇具高屋建瓴之势，确有高人一筹的独到之处。

王合内本来属于法兰西的贵族阶层，但她却从爱一个坦诚正直、才华出众的王临乙，进而爱上了他的国家。初到中国时，正赶上如火如荼的抗日战争。她和王临乙一起，提着行李跟随逃难的人流四处躲避空袭，过起了中国普通百姓的生活，跑遍了大半个中国。从而，她也和中国人一样无限憎恨日本帝国主义的侵华罪行。

青春倩丽漂洋过海王合内

1948年，王合内任教于北京师范大学工艺系，教授木雕。中央美术学院建成后，受徐悲鸿之聘，来院教授素描、雕塑和法语。工作勤勤恳恳、任劳任怨，为中国当代美术事业培育了许多艺术家。

自1952年起，王合内在中央美术学院的扫盲夜校与勤杂人员一起学习中文。1955年经内务部长谢觉哉签署，取得了中国国籍。可直到二十七年后中法建交，才得以重返巴黎探亲。然而遗憾的是，父母早在四年前就已离开人世。哥哥、嫂嫂、弟弟、弟媳、侄儿、侄孙们都劝

王临乙在创作《五卅惨案》

她留在法国,可她却说道:"我爱法兰西,也爱中国,我的生命有四分之三时光是在中国度过的。那里记录着我人生道路的酸甜苦辣。我的青春、爱情、事业、我的家、我的学生都在中国。我离不开中国!"

1957年,中国美术家协会在北京举办了王合内及画家萧淑芳、李斛、宗其香的作品联展。她的《小马》获得第六届全国美展荣誉奖,《雪豹》被选送参加1958年在莫斯科举办的社会主义国家造型艺术展览。她为首都机场设计的雕塑方案也获得了奖励。

1985年,王临乙与王合内欣赏王合内雕塑小稿《欢迎》

王合内的雕塑既注重西洋雕塑长处,又潜心研究中国传统雕塑表现手法。着意追求一种线条质朴、形态简洁,并加入拟人化的表现手法,形成了独特的艺术风格。因她的作品善于抓住表现对象的典型特征,而特别富有生气。比如《大豹》,表现其窥准猎物,正要猛扑上去抓获那一瞬间的态势;《虎》,把那声威逼人之势,刚劲凶猛之态,表现得极为真切;《鹿》,其在猛兽面前是弱者,因此它的特点在于机敏、警惕,随时准备逃跑。《小鹿》《马驹》《羊羔》《小熊》等作品都有孩子般稚气,天真活泼,憨态可掬,逗人喜欢。塑造动物的雕塑作品,在中国还很少有人取代王合内的位置,被尊为"动物雕塑家"。

除了动物雕塑,王合内怀着对中国人民的真诚热爱,和对英雄人物的无比崇敬,还先后塑造了《宋庆龄》《向警予》

1959年中央美术学院雕塑系教师合影,右三、四王临乙、王合内夫妇,右六滑田友,右七刘开渠,左一曾竹韶,皆为当年留学法国的同学

《杨开慧》《张志新》《白求恩》《鲁迅》等英雄和伟人形象,光彩照人。

因为年轻时处于战争年代,颠沛流离,生活艰苦,性命难保,王临乙、王合内夫妇没有留下子女。但他们的晚年并不孤独,干女儿常沙娜经常到家里照料夫妇二人。学生盛杨夫妇在漫漫四十多年时间里,总是将王临乙夫妇视为至亲至爱。每年除夕之夜,都在他们家里度过。后来,赵瑞英、司徒兆光也加入进来,队伍越扩越大,各家的子女晚辈也成了王临乙夫妇家的常客。每逢老人的生日和银婚、金婚纪念日,弟子们全都过来热热闹闹庆贺一番。

十、革新派画家宗其香

凡事都有个第一。鲁迅先生曾称赞道:"第一次吃螃蟹的人是很可佩服的,不是勇士谁敢去吃它呢?"

在现代油画史上,宗其香是第一位用全景式构图描绘解放战争的画家,值得称道。同时,他也是美术革新派"四大家"之一——其他三人为蒋兆和、李可染和李斛。

宗其香,江苏南京人,1917年11月30出生。其幼年时期家境贫寒,一岁母亲去世,六岁开始学画,在父亲的指导下临摹"宋元四大家"山水。十二岁时入求实私塾,十四岁进仓顶高校,毕业后到工艺礼品店当学徒。山水画作品入选南京全国美展,被吸收为中华全国美术会会员。第二年他的《双鱼》和《白孔雀》入选在加拿大温哥华举办的中国画展览,作品售出,得到两百银圆报酬,名字被收入1935年的《中国名人大辞典》,当时还未满十七岁。此后他又参加了画家作品赈灾义卖活动。还在当徒工时,山水画再次入选教育部举办的第二届全国美展,作品获奖后,被民国政府主席林森收购,南京的《民生报》为此发表了头条新闻。

1937年,宗其香从南京逃亡到武汉,考入民国政府陆军军官学校第十五期,毕业后留校任职。1939年7月步行至重庆考入中央大学艺术系,师从徐悲鸿、黄君璧,从此开始了中西美术改革的道路。1943年,在沙坪坝举办了重庆夜景专题画展,并捐赠多幅作品支持教育家陶行知办学。1944年中央大学毕业后,被徐悲鸿聘为中国美术学院助理研究员。1945年春应聘于美军OSS心理作战部,出发时,徐悲鸿为他饯行。1946年,在重庆举办个人画展。1947年随徐悲鸿北上,任国立北平艺术专科学校讲师。1948年,在中国美术学院、国立北平艺专和北平美术作家协会联合举办的美术展览上,徐悲鸿对宗其香的作品赞赏道:

> 宗其香以中国画笔墨,用贵州土纸,写成重庆夜景。灯光明灭,楼阁参差,山寺崎岖与街头杂景,皆出于极简单之笔墨。昔

之言笔墨者，多言之无物，今宗君之笔墨皆包含无数物象光影，此为中国画之创举，应大书特书者也。

1949年8月，宗其香任第三野战军美术教官，为部队培养了大批美术人才，并组织创作了二十多幅《淮海战役史画》。动手之前，就像丘吉尔当年创作《马尔巴罗传》到巴伐利亚和奥地利的古战场上去考察一样，在隆冬季节，带着绘画组学员从南京出发，沿大运河走到运河铁桥，对淮河流域进行实地观察：旧战场上还残存着被炮火破坏的遗迹，战争最激烈的碾庄仍然是一片废墟，弹坑尚存，残垣断壁；围子外面的水沟中，还沤着死伤者的破衣烂衫；他的学生——参加过淮海战役的彭彬在现场向他介绍了当时战斗的惨烈情况⋯⋯

宗其香（中）与同仁在工地写生

根据战场的实地勘察，宗其香构思出组画《抢占运河》《突破碾庄》《最后胜利》几个部分。其《最后胜利》长4米，宽2.5米，是组画中篇幅最大的作品，也是他进行大幅创作的开端。这批画作在20世纪五六十年代影响了中国一代青年画家，乃至影响了整个中国画坛。

徐悲鸿在美术教育中主张"造化为师"，走写实之路，并在中国画课程中安排写生和素描，以解决创新问题。对此，宗其香坚决站在他的一边。1947年的"新旧国画辩论"中，他在天津《大公报》发表了《鸡鸣早看天》一文，有力支持了徐悲鸿在辩论中的观点。

1949年"北平艺专"改组，将原来的音乐系分出去成立了中央音乐学院。剩下的美术各专业与华北大学美术系合并，成立了中央美术学院。国画、油画合并改为绘画系。图案系吸收杭州艺专的图案教师，改为实用美术系。雕塑系依旧。绘画系主要课程是素描、勾勒、水彩、油画。四大科由蒋兆和任素描科主任、宗其香任水彩科主任、叶浅予任勾勒科主任、艾中信任油画科主任。

1950年，宗其香的彩墨画《修复永定桥》，在新中国第一届全国美展中获奖。

1953年，宗其香兼任"干训班"导师，培养了杨之光、王乃壮、彭彬等一批优秀学生。暑假赶赴朝鲜战场写生，创作了《抢修大同桥》等作品。1953年参加新中国第一届全国水彩画大展，与李斛、古元、吴冠中、李剑晨、阳太阳等获奖。

20世纪50年代中期，在中国画的改革中，中央美术学院把国画系改为彩墨画系。宗其香与李斛是彩墨画代表人物，在改革大潮中起到了承前启后的作用，是当之无愧的主将。当时，美术界把彩墨画称之为"其香式的彩墨写生画"。

宗其香是徐悲鸿最得意的弟子之一，为中国美术改革潮流中最具代表性的画家。他贯彻徐悲鸿的教育思想，热爱自然，深入生活，走遍祖国大地几十万里。他画了数以万计的写生，是长期深入生活为数不多的几位画家之一。在山水画领域中，他与李可染发展和丰富了"徐派"体系，不愧为徐悲鸿的高足。

老友黄苗子说道："朋友当中，宗其香是最有艺术家脾气的艺术家之一，他'我行我素'，爱画什么就画什么，爱怎么画就怎么画。他是徐悲鸿先生的学生，有精湛的基本功，可是他并不一成不变地走老师的路，而是'我自用我法'（石涛语）。"

不难看出，宗其香的"我行我素""我自用我法"，正是徐悲鸿"独特偏见，一意孤行"的写照。正是这种个性，才使他视艺术如生命。以至使他后来避开人声鼎沸的大都市，遨游在真山真水之间……

十一、"第二高峰李斛"

李斛自然也是徐悲鸿非常器重的革新派画家。因此,不但于1942年将他招入中央大学,而且在1947年又把他带入北平,聘为中央美术学院教授。

李斛原名李心原,号柏风,1919年9月20日生于四川大竹农民家庭,自幼喜好绘画。但与宗其香一样,幼时家境十分贫寒——兄妹九人中六人死于贫病交加。

1926年,李斛靠舅父接济进入梁山屏锦铺南岩小学,1932年转至成都上中学。曾暗自投考"成都艺专""东方美专"。后被舅父发觉,为就业考虑,就强令其改读师范。1935年考入四川省立成都师范学校学习美术,课余常为贫苦工农、挑夫、小商小贩画像。但因舅父家庭经济困难而辍学,当了小学教员。两年后用积攒起来的工资再度复学。

"第二高峰李斛"

1939年,成都师范毕业后,李斛本想报考已经迁至重庆的中央大学艺术系,但因长江涨水江轮停航未能成行。于是以教学为业,先后在江津、梁平、万县等地中小学和师范学校教授美术,并任万县民众教育馆艺术部主任。同时卖画,负担全家生活。

1942年秋,李斛考入中央大学,与宗其香一起被徐悲鸿选为进行中西融合试验的重点培养对象。以其坚实的素描功力和对笔墨技法的悟性,很快创造了融合中西画法模式。

1946年，在重庆举办个人画展，徐悲鸿看到《嘉陵江纤夫》《山城小妹》等许多采用西洋素描功力融合中国笔墨的写实作品后深为惊喜，题词赞叹：

> 以中国纸墨用西洋画法写生，自中大艺术系迁蜀后始创之，李斛仁弟为其最成功者。

同年，徐悲鸿又为李斛的作品题词曰：

> 中国画向守抽象形式，虽亦作具体描写，究亦不脱图案意味。李斛弟独以水彩画情调写之，为新中国画别开生面。

在中央大学，黄显之、吕斯百、傅抱石、谢稚柳等人，都是徐悲鸿写实主义道路的坚定捍卫者。在这些人影响下，李斛的成绩优秀，尤以素描、肖像画最为突出。立志要用手中的画笔，冲破中国画坛一味抄袭古人、严重脱离现实生活的状况。

1948年，李斛应徐悲鸿之邀由四川来到北平，被介绍到清华大学营建系任助教，深得梁思成器重。1949年，他的国画《侦察》参加新中国第一次全国文代会美术展，并获奖。

1951年"北平艺专"改为中央美术学院，徐悲鸿任院长，李斛遂转至国画系教授素描和创作课。

20世纪中国画的转型，经历了漫长而又曲折的道路，而且这种转型的理论和实践探索还在继续。如果说以徐悲鸿、林风眠等人为代表的艺术先驱走的是一条洋为中用的道路，那么，李斛则是这条路上坚定的跋涉者。

李斛对中国画的创新，并不是以西画取代中国画，而是"洋为中用"，按照徐悲鸿的训诫"古法之佳者，守之；垂绝者，继之；不佳者，改之；未足者，增之；西方画之可采入者，融之"。徐悲鸿的观点很明确，是使西画的某些手段来更好地为中国画服务。

李斛在教学中着重素描、速写和色彩等基础课程的训练，教导学生在中国画的学习中，以西画的造型来弥补传统技法中不适应描绘现实题材和不符合时代审美要求的部分。在艺术观念上，明确树立了民族艺术的自信心，在艺术实践中坚定传统绘画的本质特征，将发展中国绘画的现实表现力作为突破口，强调既有现实精神、时代特色，又有个人风格。

李斛的重要贡献在于，不仅主张吸收素描之长，还主张吸收油画的丰富色彩和水彩画的表现技法，以拓展人物画的技巧。不仅像蒋兆和20世纪40年代那样直面人生，以勇敢的批判现实主义精神揭示人间悲剧，而且在五六十年代真正深入到了新的生活中去，关怀民众生活与情感变化，创作了一大批富有时代精神的作品。如果说在融会中西现实主义人物画道路上，徐悲鸿和蒋兆和在20世纪三四十年代创造了第一个高峰，而以李斛为代表，在五六十年代创造了第二个高峰。

十二、不拘一格叶浅予

1946年10月28日，徐悲鸿接手北平艺专滞留上海期间，叶浅予偕夫人戴爱莲由美国返沪。徐悲鸿见到他带回来的作品大为惊奇：作品完全冲破了传统观念的束缚，用直线、长线，就像速写一样描绘出来的人物极其简洁生动，犹如一股清新空气扑面而来。徐悲鸿对此大加赞赏，立即将他聘为"北平艺专"中国画系主任主持工作。

徐悲鸿与叶浅予最早相识于20世纪30年代中叶的上海。当时，是诗人邵洵美带着他到中央大学见到徐悲鸿的。第一次见面虽然很谈得来，可未见到他的画，也就没有留下多深的印象。

1944年5月4日，叶浅予在重庆举办"旅印画展"，展出他以中国画笔法所绘的印度舞蹈人物速写。当时，还没有人这么干过，他也是作为一种尝试，搞个展览想听听外界的反应。

开幕式上，徐悲鸿与叶浅予一见如故，看了他的画展异常欣喜。赞扬他冲破樊笼，用新的形式、新的尝试，给中国画带进了一股清新质朴的感人之风。徐悲鸿引用鲁迅的话对他说道:"'世界上本来没有路,走的人多了,也就变成了路'。你是走这条路的第一人。"

当即,徐悲鸿买下叶浅予的两幅人物速写,回家后慢慢赏玩……

可以看出,徐悲鸿是如何看重叶浅予的才华。因此,几天之后,又将他请到家里叙谈,鼓励他突破旧巢,沿着现实主义、写实主义的路子走下去,在国画创作中闯出一条新路。之后,徐悲鸿将自己的作品展开供叶浅予浏览,并说道:"你喜欢什么画,可任选一幅"。叶浅予则选了一幅《烈马图》。

徐悲鸿特别注重人物画,而且更重视人物写生。作为绘画基础,特别是人物画基础,素描、速写则是人物造型不可缺少的练习手段——他曾要求学生每人的素描要画到三百至一千张。然而在20世纪30年代,这种观念却很难被人认知。而在那时,能够对着人物画素描的只有两个半人:一个是徐悲鸿,一个是蒋兆和,另半个就是梁鼎铭。

梁鼎铭与徐悲鸿同龄,自幼喜欢绘画,十四岁入南洋公学,受到西方古典主义写实画风影响技艺精进。1927年受聘于黄埔军官学校编辑革命画报时,所绘《沙基血迹图》《惠州战迹图》《济南战景》《血刀图》《北伐史画》都是以人物为主体表现战争场面的大型油画。作品把当时的战争场面一一搬上画面,气魄雄厚,惊心动魄!

在创作过程中,梁鼎铭以真人为模特进行素描写生,其形体之准确,形象之逼真前所未有。甚至连一枪一炮、一草一木,都是依照原物的尺度呈现在画面上。

当时在南京,蒋介石为梁鼎铭布置了一间大画室,让他去完成更伟大的抗战作品。

梁鼎铭还善于画马,在20世纪二三十年代,他与徐悲鸿、张一尊、沈逸千并称为"画马四杰"。

正因为当时一些保守势力抱着泥古不化的僵尸不放,搞人物画,特别是以素描、速写为写实基础的人较少。徐悲鸿才觉得叶浅予人才难得,遂聘他为北平艺专教授、中国画系主任。并为他撰文写道:

叶浅予先生素以漫画著名，驰誉中外，近五年来，方从事国画，巡礼敦煌，漫游西南西北，取民间生活服饰性格及景物。三年以前曾在重庆中印学会公开其随盟军军中及至印度旅游行之作与新国画一部陈列展览，吾时赴观，惊喜非常，满目琳琅，爱不忍去，即订购两幅，但最重要之幅，已为人先得矣。

绘画史上的舞蹈之神叶浅予

漫画家之观点在捕捉物象之特著性格，从而夸张之，其目的在予人以更深之刺激，此陀绵（Daumier）之所以伟大也，浅予在漫画上之成功当然握有此种能力；而此种能力，实为造型艺术之原子能！漫画要点，尤在掌握问题核心，而用极简单之方式说出，使之极度明朗。纵是含有极深刻意义作品，但必须出以简单明朗之笔调，故必须扼要，取其精华，而弃遗糟粕，此尤为一切高级艺术成就之必具条件，九方皋之相马，伯乐咨嗟叹息赞美其"视其所视，不视其所不视，见其所见，而遗其所不见者"此也。见其所见须具有极大智慧，遗其所不见尤必具有极大功力，方肯扬弃那些细枝末节淆惑观感而不必要的东西，皆可得同样成就；唯其范围广狭则各人不相同耳。

画家习惯于曲线用法，恒不注意直线形体，此中国之所以在抒情山水及花鸟两部门特别发展（虽有专长亭台楼阁如赵大年、袁江之辈，但古今极少），但从艺术言之，究是缺憾（文艺复兴时代巨作均带建筑物）。浅予之界画一如其速写人物，同样熟练，故彼于曲直两形体，均无困难，择善择要，捕捉撷取，毫不避忌。此在国画上如此高手，五百年来，仅有仇十洲、吴友如两人而已，故浅予在艺术上之成就，诚非同小可也。

作风之爽利，亦为表现动人之重要功能，浅予笔法轻快，动中肯綮，次乃积千万幅精密观察忠诚摩写之结果！率尔操觚者决不能望其项背，此又凡知浅予之忠勤于艺者，不可忽视之观点也。

艺术固当以现实为满足，即海市蜃楼，列子御风，百兽率舞，凤凰来仪，极乐世界，地狱变相，凡思力所至之境，亦应为艺术所志之境。惜中国近数百年来，类多低能作家，举所理想，无非残山剩水，枯木竹石，此以人生言之，已如槁木死灰，无复有活趣，安用有此等艺术乎！故吾人必须先把握现实，乃可高谈理想，否则，定是阿Q，凭胡说过瘾而已！毫无补于事实也。

中国此时倘有十个叶浅予，便是文艺复兴大时代之来临了！

1948年

徐悲鸿还在北平艺专举办的六人作品展览中，对叶浅予的作品进行了特别介绍：

叶浅予共出品六幅，叶先生为中国漫画名家，人人尽知，唯其从事国画，则近十年来之事，漫画之课题，在找到问题核心，把握人物要点，次两课题对以抽象方式写出之中国画同样重要，故叶浅予先生之转移工作，一如美国平时工业一变为战时工业之毫不费力，此次出陈如《负荷之苗女》之天然轻盈不假修饰。藏女舞蹈，长袖盘髻，设色隐艳，不必想象唐人。四川两位"南格劳止"神情活现，令人发笑。而最具讽刺意味者，为一大汉之改装花旦。此不需任何词句解释，画之本身便痛快说明一切，唯画之风格颇有取乎旧日纸马，一看不觉，再看则情调大变，出人意料，不但好笑，且令人吃惊，真杰作也。

对于徐悲鸿的评价，叶浅予感到受宠若惊。与徐悲鸿的"学院派"相比，他没有经过任何学校的正规训练，完全靠自学成才，实则是一个"草寇"。但徐悲鸿却不拘一格，只重才能不看出身。因此，叶浅予才能在全国最高美术学府中任教三十六年，成为名副其实的国画系教授。

十三、写意大家李可染

徐悲鸿赴任北平艺专校长后，所聘国画系教授蒋兆和、宗其香、叶浅予、李可染，除叶浅予不是他的学生外，再就是李可染没有得到过他的师传。而李可染的一生，却没离开过他的影响。

李可染于1907年3月26日生于江苏徐州，1923年入上海美术专科学校，1929年考入西湖艺术院研究班，1937年进入郭沫若主持的政治部第三厅任职。1943年任国立艺专讲师，次年在重庆举办水墨写意画展。1945年与林风眠、丁衍庸、关良、倪贻德举办五人联展。1946年随徐悲鸿来北平艺专任教，遂拜齐白石、黄宾虹为师。

1942年春，徐悲鸿在朋友处偶然看见李可染的几张水彩和水墨山水大为惊奇，立刻托人带信，要用自己的画换取他的一张山水。李可染听到后十分感动，遂让朋友给徐悲鸿捎去一幅《桂林写生》。

1943年，宗其香在重庆举行写生画展。同是以西画写生入手的山水画家李可染前往参观。在这次展览会上，他结识了徐悲鸿的弟子吴作人、傅抱石、宗其香等人。

宗其香喜欢并师承石涛,而李可染也同样喜欢和师承石涛。展览结束时,李可染便以自己一幅白天为题材的"黑夜山水",换取了宗其香一幅黑夜的"白天山水"。

两天之后,在宗其香引荐下,李可染带着作品来到徐悲鸿的书房。

徐悲鸿见李可染的山水带有石涛的风格后十分兴奋,便用石涛"搜尽奇峰打草稿"的话鼓励他多写生,写生与临摹并重:一是向古人学习,一是向自然学习,二者缺一不可。

徐悲鸿又见李可染画的牛,落款处写道"可染写于师牛堂",下面盖有"师牛堂"朱文印章。他的牛以真牛为师,前无古人,与徐悲鸿的风格相同。

徐悲鸿的书房里正挂着"俯首甘为孺子牛"条幅,而李可染的斋名曰"师牛堂",真的是异曲同工啊!

徐悲鸿于是更加兴奋,立即铺纸与李可染合写一幅《牧牛图》:李可染写两头背上驮着牧童的水牛,徐悲鸿补上天

齐白石(中)与李可染夫妇(白石右侧)和亲友摄于跨车胡同家中。前排左侧为齐白石的老么,中间小孩为李可染夫妇的李小可

李可染被聘为北平艺专的第一批教授，徐悲鸿在给他写聘书。

空的柳枝，然后分别落款。1948年，徐悲鸿又将此画重绘于北平，属款人为"耀卿"——即目录学家和藏书家孙殿起。

与徐悲鸿结识后，李可染便不断登门拜访。徐悲鸿告诉他说道：画人要先读懂人，画水要读懂自然，而读懂的秘诀就是要对人对自然进行不断写生。

按着徐悲鸿的训导，李可染增加了外出写生次数。1944年，为给刚刚出生的孩子小可购买生活用品，在重庆举办了水墨写意画展，徐悲鸿为之作序：

> 芒砀丰沛之间，古多奇士。其卓荦英绝者，亘命世而王，冠冕宇内，挥斥八荒。古今人执业虽各有不同，禀赋或殊，但其得地灵山川之助，应运而生者，其吐属之豪健奔放，风范之高亢磊落，以视

第八章 招贤纳士

两千年前亡秦革命之夫，固同一格调也。吾友刘君开渠，徐州人，其雕塑已在吾国内开宗；而徐州李先生可染，尤于绘画上，独标新韵。徐天池之放浪纵横于木石群卉间者，李君悉置之诸人物之上，奇趣洋溢，不可一世，笔歌墨舞，遂罕先例，假以时日，其成就诚未可限量。世之向慕瘿瓢者，于此应感饱啖荔枝之乐也。夫其兴之所至，不加修饰，或披发佯狂；或沉醉卧倒，皆狂狷之真，为圣人所取。必欲踽踽谅谅，目不斜视，憧憬冷肉，内外皆方，识者已指之为乡愿，而素为李君之所不肖者也，重庆近代，亦多磊落之羁之士，李君之展，当不患无知音在也。

徐悲鸿住在重庆磐溪时，李可染的住所离石家花园不远，经常到他家里去。徐悲鸿便将所藏齐白石的几十件作品供他观赏，还给他讲述齐白石的学画经历。他被齐白石的大写意作品震撼了，觉得似乎从来都没见过这么好的画作，也被他的学画经历所感动，遂产生了拜他为师的愿望。

1946年，李可染三十九岁时来到北平，徐悲鸿便让他带上作品，偕他去拜见八十二岁的齐白石。进门后，徐悲鸿便笑呵呵地对齐白石说道："齐老，我给您带来一个徒弟，看看能不能收下。"

齐白石的脸上毫无表情。他的年事已高，早就不愿带徒弟了。

李可染的身材高大，进门后，经徐悲鸿引荐，便把一卷子画展开平摆在画案上。齐白石先是坐着看，见画面上的落款为"李可染"。看着看着便站起来，朝着面前身材高大的年轻人问道："谁叫李可染，你就是李可染吗？你的画才是真正的大写意！"

李可染毕恭毕敬地答道："我就是李可染。"

齐白石看着画沉默一会儿又问道："可染，你愿不愿意拜师？"

李可染不敢作声，徐悲鸿在一旁笑道："齐老，刚才我不是说给您带来一个徒弟吗？"

齐白石接过去对徐悲鸿说道："看在你的面子上，我收下这个弟子。"

李可染听了非常激动，可却说道："老师，我没什么东西孝敬您老人家，不敢行拜师礼。"

齐白石则高兴地说道："不用你花钱，我有钱。"

齐白石遂留徐悲鸿和李可染在家里吃饭，让李可染行拜师礼。

至此，齐白石收下李可染为弟子，非常喜欢他，不管遇到什么麻烦事，都让他去给办。李可染便和妻子邹佩珠耐心地、事无巨细地帮他做事，齐白石每次都感到非常满意。

李可染在齐白石的身边足足待了十年，即学他对艺术的真诚与勤奋，又学他力透纸背的慢行笔画法，使他的山水画有了笔墨的内在意蕴。他曾对此记述道：

> 白石老师晚年作画，喜欢题"白石老人一挥"几个字，不了解的就会想到大画家作画，信笔草草一挥而就。实际上，老师在任何时候作画都是很认真很慎重，并且是很慢的，从来都没有如一些人所想象那样"一挥而就"过。他写字也是一样，比如有人请他随便写几个字，他总是把纸叠了又叠，前后斟酌，有时字写了一半，还要抽出笔筒里的竹尺在纸上衡量衡量，使我这个在旁按纸的人都有点着急，甚至感到老师做事有点笨拙。可是等着这字画悬挂了起来，马上又会使你赞叹，你会在那厚实拙重之中，感到最大的智慧和神奇。

李可染画线的基本原则是"画的慢，留得住，每一笔都要送到底，切忌飘，一定要控制得住"。这便是在齐白石处学得的真谛。

1947年，李可染举办了来到北平后的第一次个人画展。徐悲鸿不但为之主持了开幕式，还收藏了他的《拨阮图》《怀素书蕉》《水牛》等十余幅作品，而且再次为他撰写《李可染先生画展序》：

> 芒砀丰沛之间，古多奇士，其卓荦英绝者，恒命世而王，冠冕宇内，挥斥八荒。古今人职业虽各有不同，禀赋或殊，但其得

地灵山川之助，应运而生者，其吐属之豪健奔放，风范之高亢磊落，以视两千年前亡秦革命之夫，固同一格调也。吾友刘君开渠，徐州人，其雕塑已在吾国内开宗，而徐州李先生可染，尤于绘画上，独标新韵，徐天池之放浪纵横于木石群卉间者，李君悉置诸人物之上，奇趣洋溢，不可一世，笔歌墨舞，遂罕先例，假以时日，其成就诚未可限量，世之向慕瘿瓢者，于此应感饱啖荔枝之乐也。夫其兴之所至，不加修饰，或披发佯狂；或沉醉卧倒，皆狂狷之真，为圣人所取。必欲踽踽谅谅目不斜视，憧憬冷肉，内外皆方，识者已指之为乡愿，而素为李君之所不肖者也。故都人文荟萃，且多卓识，李君嘤求之意，当不难如愿以偿也。

明眼人可以看出，徐悲鸿的这篇序言与1944年李可染在重庆举办的水墨写意画展那篇序言大体相同。但又不完全一样，从中可以看出他做事的严谨。老舍先生也在观看完李可染画展后撰写了《看画》一文进行推崇：

大约在五年前吧，文艺协会义卖会员们的书画，可染兄弟画了一幅水牛、一幅山水，交给了我。这两张我自己买下了，那幅水牛今天还在我的书斋兼客厅兼卧室里悬挂着。我极爱那几笔抹成的牛啊！

就连物理学家、诺贝尔奖获得者李政道也对李可染的画评论道：

李可染的大山水在中国美术史上已有不朽的地位，它改写了中国明清以来的文人水墨小品的诗意，却为中国山水画开出了另一个天宽地阔的视野。不但在墨的堆叠浓厚上有技巧上的难度，即使在美学精神上也的确把中国的传统山水带入了20世纪。

李可染在徐悲鸿的影响下，以"造化为师"屡下江南。单就1956

年，溯长江、过三峡历时八个月，行程万里，作画二百多幅。从对景写生到对景创作，探索"光""墨""色"的无穷变幻，中西融会贯通，以"黑""满""崛""涩"形成了自己独特风格，终成一代山水大家。

除绘画外，李可染的书法也别具一格：早年师从王羲之、赵孟頫、石涛诸帖，与他的绘画一样入古出新，气韵生动，意趣酣畅，体势跌宕。齐白石在赠给他的一幅《五蟹图》中题其曰：

昔司马相如文章横行天下，今可染弟之书画可以横行矣。

沈鹏也在《李可染书画全集书法卷·序》中曰：

书法既是李可染的余事，也是他的全部艺术活动的重要部分。说余事，因为书法只占用他从事绘画以外的较少时间，并且与绘画的数量比较占据次位。但是，从书画理法相同的意义来说，从笔法与结构的最抽象的原则来说，书法就不仅不是余事，而是可染艺术十分重要的基础工程了。

十四、二代油画冯法祀

"人生而艺术，艺术即生活"是冯法祀年轻时代的坐标，之后，便成为他一生对艺术追求的准则。他的巨幅油画《刘胡兰就义》，标志着中国新一代油画家驾驭大型题材的探索进入了一个新的成熟期，该作品与蒋兆和的《流民图》一起被称作中国美术馆的"馆藏双璧"。

冯法祀，安徽庐江人，1914年生，六岁时进入江苏省第四师范附小读书，其绘画能力深受老师赞赏。

1928年，冯法祀于南京一中受到良好的美术基础训练：在周玲荪、冯劭如的指导下画石膏、风景、静物写生，并作想象画。

1933年，冯法祀以第一名成绩考入南京中央大学教育学院艺术科，开始接受徐悲鸿严格的素描基本功训练。从他那时的木炭素描《希腊祭神浮雕》《酒神》，以及炭精画《男裸习作》中，可以看出他对徐悲鸿教学理念理解的透彻，对画面形体结构的研究和对明暗调子的把握均都非常到位。

1934年，冯法祀随徐悲鸿赴天目山旅行写生；翌年又随他和吕斯百、张大千赴安徽黄山旅行写生。

1935年，冯法祀以抗议国民党政府对"一二·九"学生运动的镇压，在南京参游行和绝食活动。并开始阅读进步书刊，博览中外文艺名著，确立了自己的世界观和艺术观。

1936年春，冯法祀随吕斯百到雁荡山、普陀山写生，创作了油画《雁荡山》。该作品1943年在苏联参加中国艺术展览，苏联评论家对其在构图、色彩、笔力方面所体现出的中国油画特点与风格，给予了充分肯定。同年8月，冯法祀参加了中国共产党地下组织所领导的"南京学联"。

1937年，发生了震惊中外的"七七事变"，抗日战争全面爆发。二十三岁的冯法祀于中央大学毕业后放弃了出国留学机会，奔赴陕西三原县云阳镇参加了中国工农红军，随朱德总司令北上，在八路军总政宣传部从事抗日宣传工作。

1938年，冯法祀来到武汉参加首都平津学生救亡宣传团。不久，经徐悲鸿介绍，参加了由周恩来、郭沫若领导的军委会政治部"三厅"工作，创作出大型水粉画《平型关大捷》及连环画、抗日宣传画多幅。返回陕北后，入延安鲁迅文学艺术学院学习，以笔名"骆风"发表作品。

1940年冬，冯法祀到广西柳州参加了周恩来领导的抗敌演剧四队，画了大批素描、速写。1941年，跟随演剧四队行军数千里，途经十余省市，沿途带领美工队画了几十幅宣传抗日的壁画。到达靖西后，又把目光关注到社会底层的普通群众，创作了油画肖像《靖西老妇》。徐悲鸿看到这幅中国的早期肖像作品，和他的抗战写生画后极为赞赏，遂聘他为中国美术学院副研究员，并鼓励他继续在抗敌演剧队从事抗战宣传，以创作出反映

《刘胡兰就义》
（油画）冯法祀
作

时代的作品。

　　1946年，冯法祀反映抗战期间中国士兵艰苦生活的油画《饿死的兵》《捉虱子》展出后，被闻一多赞誉为抗战中难得的现实主义佳作。同年6月，他在重庆以全部抗战写生作品参加了演剧四队举办的《抗战八年美术资料展》，徐悲鸿对其评价曰：

>　　以急行军作法描绘前后方之动人场面，题材新颖作法又深刻而后者尤为重要，如不深刻则失却最有价值之真实，将变为无意义。冯君能把握题材，写之极致，以绘画而伦，可谓抗战中之珍贵收获也。

　　同年，抗敌演出队的战友张云仙与三十二岁的冯法祀在南京结婚，一起随徐悲鸿北上，入国立艺专音乐系学习声乐。张云仙生得端庄秀丽，眼眼有点发黄，十分温存。冯法祀被徐悲鸿聘为副教授，参加学校的创办，协助主持教学工作，两人经常在一起切磋教学和创作上的事情。

当时，冯法祀血气方刚，看电影买票时，一个带着"吉普女郎"的美国大兵不按次序排队，而且咋咋呼呼，耀武扬威。冯法祀上去将他打了个"狗吃屎"。他则掏出手枪要向他射击，被怕事的"吉普女郎"挡住了枪口。以后每每谈起，冯法祀的脸上都洋溢出得意的神情。

1947年，北平学生举行了声势浩大的"五二〇"反饥饿、反内战大游行。冯法祀不但积极参加，并且参与了反内战签名运动，因而被国民党当局解聘。只是由于徐悲鸿的力保，才得以留任。之后，他则不畏艰险，不怕恐吓，不顾解聘，开始创作《反饥饿、反内战游行》大幅油画，其画面的中心人物，是侯一民为他做的模特。

1948年，冯法祀与著名版画家李桦一起奔赴京西小煤窑深入生活，创作矿工组画多幅，以及大型油画《演剧队的晨会》。同时，经仓孝和介绍加入了北平"地下党"，与侯一民一起陪同田汉、安娥会见徐悲鸿，传达毛泽东和周恩来的嘱托，希望他留在北平。与此同时，冯法祀还大力协助徐悲鸿反对艺专南迁，并积极参加北平艺专的护校斗争。

同年11月，侯一民接到"地下党"转给他的冯法祀组织关系介绍信。由此，侯一民便与大他十六岁的老师进行单线联系，在严酷的斗争环境下，沟通"地下党"与徐悲鸿之间的渠道，为保护艺专留在北平做了许多有益工作。

1949年，冯法祀完成了大幅油画《反饥饿、反内战游行》的创作，参加了新中国第一届全国美术展览。

1950年9月，中央美术学院成立，徐悲鸿出任第一任院长，聘任冯法祀为教授、绘画系主任，兼任油画科主任和创作研究室主任。

1953年，冯法祀参加徐悲鸿亲自指导的中央美术学院与浙江美术学院教师油画进修班学习，作品《佛香阁》参加了第二届全国美展。并与徐悲鸿一起出席第二届全国文学艺术工作者代表大会，同时参加吴作人组织的"十张纸斋"进修。经常与徐悲鸿、吴作人在一起交谈，聆听其教导。徐悲鸿去世后，他在《美术》杂志上撰文《向现实主义画家徐悲鸿先生学习》，以示悼念。

1955年，冯法祀参加了苏联专家马克西莫夫油画训练班，并担任班长，与侯一民成为同学。期间，几次深入到山西文水县体验生活，收集了大量人物、庙宇、铡刀等素材。回校后用白布装饰成雪地，在半间教室里摆出一个刑场，请来一些农民当模特，历时三年，数易其稿，以饱满的激情，创作了巨幅革命历史画《刘胡兰就义》。

刘胡兰于1932年10月8日出生于山西文水县云周西村，八岁入村小学，十岁参加儿童团，被选为团长。带领小伙伴站岗放哨查路条，侦察敌情，运送武器弹药。

1945年1月，刘胡兰参加了"西社夺粮战斗"。同年10月只身到汾河贯家堡参加妇女培训班，被选为小组长。结业回村后担任村妇救会秘书，组织妇女办冬学，帮助军烈属解决困难，支前和慰问部队。

1946年5月，刘胡兰调任第五区"抗联"妇女干事，6月被吸收为中共预备党员，调回云周西村领导土改运动。

云周西村的反动村长石佩怀，为阎锡山派粮派款、传递情报，成为当地一害。1946年12月的一天，刘胡兰配合武工队员将其处死。阎锡山恼羞成怒，调集近万兵力对晋中地区进行扫荡，派七十二师少将师长艾子谦率领三个团兵力闯入文水县。为了保存实力，中共八地委决定平川地区大部分干部转移上山。刘胡兰再三恳求党组织把她留下来坚持地下斗争。战斗中，十二团三营连长王本固负伤，她将他隐蔽在一户军属家里，用自己平时节省的钱给他买药疗伤，精心护理直至痊愈返回部队。

1947年1月11日夜，上级通知转移。次日拂晓，敌人突然包围云周西村，把先期被捕的石三槐押解回村，强令全村群众到观音庙集中。刘胡兰因叛徒告密而被捕。可她非常镇静，将奶奶给的银戒指、八路军连长送的手绢和作为入党信物的万金油三件宝贵纪念品交给继母，便被气势汹汹的敌人带走，随同群众来到现场。敌人当场又抓捕了石世辉、陈树荣、刘树山、张年成等人，并胁迫刘胡兰出场"自白"。审讯中，敌人千方百计诱使她供出"同党"，并相许给她一块土地。可她只回答"不知道""给我个金山也不要"！接着，敌人又以死相逼，她则昂首挺胸、义正词严地说道:"怕死就不当共产党员!"

敌连长恼羞成怒,指使叛徒把石三槐、石六儿、张年成、石世辉、刘树山和七十一岁的陈树荣用铡刀杀害后又问刘胡兰怕不怕?她回答得更加坚定:"死也不投降!"

敌连长狂叫着,命令机关枪向被抓来的人群扫射。刘胡兰则镇定自若、斩钉截铁地喊道:"不许残害群众!"然后从容不迫地走向铡刀,英勇就义,牺牲时尚未满十六岁。

《刘胡兰就义》,是冯法祀在马克西莫夫油画训练班完成的作品:画面以敌人的威逼恐吓,和刘胡兰宁死不屈的凌然正气为主线;和在群众中引起的悲愤,以及敌人阵营的惊恐,采用分组集中手法处理众多的人物和复杂的细节。人物形象刻画生动感人。

为了歌颂刘胡兰宁死不屈、视死如归的革命精神,群众与反动军阀构成了对立的两种势力。在略高的雪地上——位于画面的视觉中心位置,刘胡兰与身后两侧的反面人物形成了三角形的稳定构图;色彩处理上,画面基本采用冷色调,以加强悲剧气氛。与英雄即将壮烈牺牲、死视如归的精神相吻合。

《刘胡兰就义》成为20世纪50年代具有代表性的优秀作品,标志着新中国油画对于大型题材的驾驭,已经进入到了一个崭新阶段,同时也成为冯法祀坚持现实主义道路创作里程碑式作品。由此,他与董希文、王式廓、罗工柳、李宗津等人进入了中国第二代油画家行列。

1957年,江丰因"纵火头目"上了《人民日报》头版,冯法祀因在文化部礼堂慷慨陈词为其辩护而被划成"右派",撤销一切职务,降三级,送到双桥农场劳动。二十年后得以改正,才回到中央美院再任油画系主任。可他对以前的事却从来不提,继续成为捍卫徐悲鸿现实主义、写实主义的卫士,直到八十五岁时,还画了一幅比《刘胡兰就义》还要大的油画《南京大屠杀》……

十五、紧跟相随的艾中信

艾中信，1915年10月13日出生于上海川沙养正村，自幼喜爱美术，六岁入养正小学，十岁进川沙县高小，尽心学习水墨画；十二岁考入上海南洋中学，十九岁就读于上海大同大学化学系，并开始在《上海漫画》《时代漫画》《独立漫画》和《时事新报》上发表漫画和速写；二十一岁考入南京国立中央大学教育学院艺术系，除师从徐悲鸿外，尚受教于吴作人、吕斯百、张书旂、傅抱石、黄君璧、陈之佛、宗白华等名家。

1940年，艾中信于中央大学毕业后留校任徐悲鸿助教，创作了《卖柑者》《枕戈达旦》《吟》，出版速写集《四川的劳动者》，深得徐悲鸿赞赏。1943年，被徐悲鸿聘为中国美术学院副研究员，创作《沙坪坝小景》，参加了全国第三届美展，获教育部科学文化成就奖。随后赴四川灌县、川西等地体验生活，并赴湖南安江抗战前线写生，创作了《蜀山隆冬》《都江堰》《渡口》《焦土》《日俘》等大批作品。这种立足于生活的写实主义态度及作品，同样得到徐悲鸿极大称赞。

1946年，艾中信被徐悲鸿聘为北平艺专副教授，随其北上；并出任北平美术作家协会理事，不久任中央美术学院教授、油画系主任，最后任学院副院长。

抵达北平后，艾中信在写实主义道路上又朝前跨越一大步，所作《紫禁城残雪》《崇文门外》《童工》《雪里送炭》《保证不停电》《炮兵过雪山》《虎门销烟》等，无不立足于生活，成为写实主义佳作。

艾中信是徐悲鸿致力于现实主义创作道路的传人，参与推进中国现代油画发展的先驱，绘画风格、艺术特色可说是写实中的"写意"。

艾中信对中国油画的重要贡献当属他的革命历史画，其创造性地运用了"全景式风景"模式：构图超宽，集人物、风景于一体，场面宏大，波澜壮阔，气势逼人。1954年被中国美术馆收藏的《通往乌鲁木齐》，1955年被中国革命军事博物馆收藏的《红军过雪山》，1961年被国家博物馆收藏的《夜渡黄河》，无不集中体现"全景式风格"特点。

在艺术创作上，艾中信双管齐下，将创作体会上升到理论，出版了《徐悲鸿研究》《读画论画》《油画风采谈》《怎样画油画》等系列专著。

1950年，艾中信任中央美术学院教授时加入中国共产党。1952年，在徐悲鸿指导下，组织中央美术学院及华东分院油画系教师进修业务。1953年，徐悲鸿逝世，他怀着无比沉痛的心情在《文艺报》上发表《正直勤劳的艺术家》以悼念。

作为学生，艾中信在教学上协助徐悲鸿做了大量工作：首先提出按油画风格划分工作室的教学方案，并参与主持第一油画工作室教学；在主持全国美术院校第一次素描教学会议时，对俄罗斯和法国的教学方法进行了必要辨析。在担任油画系主任，负责组织和实施五年制专业方案中，与顾问马克西莫夫教授合作良好。他又移植外国经验，大胆设计和倡导的画室教学体制，至今仍成为全国各地实行的主要教学模式。

艾中信是继徐悲鸿、吴作人，在新中国成立后最重要的油画大家。他的作品已成为20世纪中国油画的代表，散发出浓郁的时代气息。靳尚谊在评价他的艺术成就时说道："他的艺术是承先启后的，对于新中国的油画建设是极重要的一个环节。教给我们的是欧洲真正的传统，特别讲究品位和格调，对于画面中出现稍微有点庸俗的倾向就极其痛恨，这得益于这一辈人的文化修养，包括他们的思想修养。艾先生在风景画里面，包括他的人物画都体现了这样的东西，他的画，概括、生动、品位很高。还有极为重要的一点，中国现代美术教育在油画教育上的一些基本结构和工作室制度是艾先生在欧洲考察回来后提出建立的，这形成了美术学院的一个主导的教学方式，建立了中国油画教育的基本构架。这在中国油画的发展史上是极其重要的一环。"

十六、烟斗画家孙宗慰

1944年，是孙宗慰艺术上成熟的阶段。这一年，他所画的一幅《持烟斗的自画像》极为传神，就像毕加索的手持烟斗一样成了他的"形象符号"。

孙宗慰为孙武、孙权后裔，1912年7月29日出生于江苏省常熟新庄乡孙家塘村，1919年就读于乡立初级小学；1926年入苏州中学初中部，1933年7月，高中毕业后任教于南京莲花桥小学。1934年夏考入中央大学艺术系，受教于徐悲鸿门下。1936年暑期随张大千赴黄山写生，1937年抗日战争全面爆发，中央大学宣布停课，随校入川。

1938年7月毕业之际，孙宗慰在抗日救亡运动中加入了"中央大学艺术系战地写生团"，开赴第五战区前线宣传抗日，同行者有吴作人、陈晓楠、文金扬等人，出发时徐悲鸿赠以自己的小像送别。

同年10月，孙宗慰回到重庆，被徐悲鸿聘为中央大学艺术系助教，加入中华全国美术会。1941年4月，经时任中央大学艺术系主任吕斯百推荐，成为张大千助手。6月底与张大千从兰州出发，经武威最终抵达敦煌千佛洞。此后每日临摹壁画、写生佛塑，与张大千成为对敦煌艺术进行系统整理、研究的先驱。

1942年1月，孙宗慰离开敦煌千佛洞，随张大千至榆林窟、西千佛洞等地考察。元宵节前赶赴青海塔尔寺，画了大量的庙会速写，同时也开始学习用中国画的方式描绘蒙、藏等少数民族地区的生活。9月返回到重庆，仍然就职于中央大学艺术系。同年10月，徐悲鸿受中英"庚款"董事会委托开始筹建中国美术学院，当看到孙宗慰在大西北画的大量速写和油画作品后大为惊叹，即聘其为副研究员，协助筹办中国美术学院展览。

1943年夏天，徐悲鸿在成都举办画展，孙宗慰随行。并至灌县、青城山等地写生，随后在重庆作公开展出。参加者另有李瑞年、冯法祀、陈晓楠、张安治、费成武、黄养辉、张倩英等。

1945年，孙宗慰在重庆举办个人画展，展出了他赴敦煌临摹的壁画，及其赴西北少数民族地区的写生作品，徐悲鸿为其撰写了《孙宗慰画展》一文：

孙宗慰（左二）在给1949级预科丙班上素描课

孙宗慰在十年前，即露头角于南京。抗战之际曾居敦煌年余，除临摹及研究六朝唐代壁画外，并写西北蒙藏哈萨人生活，以其宁郁严谨之笔，写彼伏游自得，载歌载舞之风俗，与其冠履襟佩、奇装服饰，带来画面上异方情调，其油画如《藏女合舞》《塔尔寺之集会》，皆称佳构。前年游青城，得精作不少，如灌县所作《二郎庙远望》，此其代表也。要其兴趣，在蒙藏游牧生活。其《蒙古女子》一幅，余曾题之曰："或系文姬种，天山之世家；明驼千里足，辉映木兰花。"又有蒙古女牧羊、藏女品茶等幅，皆令人向往天漠，作奔驰塞上慨想。从古志士多穷边，今我国抗战八年，已复当日疆域，思诸族一家，同化为亟。倘我国青年，均有远大企图、高尚志趣者，应勿恋恋于乡邦一隅，虽艺术家亦以开拓胸襟眼界，为当务之急。宗慰为其先驱者之一，我寄其厚望焉。

1946年，徐悲鸿接任北平艺专校长一职，孙宗慰被聘为副教授随其北上，担任素描教学工作。同时，在白色恐怖下的复校，以及"新旧国画"论战中，他都坚决站在徐悲鸿的一边，做了大量有益工作。1950年，中央美术学院成立，孙宗慰被聘为副教授，仍然主持素描基础课教学，是徐悲鸿对素描教学"宁方勿圆、宁脏勿净、宁拙勿巧"理念的有力贯彻者。徐悲鸿则用"尊德行、道学问、致广大、尽精微、极高明、道中庸"其平生服膺之语予以勉励。

十七、特殊贡献的戴泽

戴泽祖籍四川云阳。1917年，父亲戴鸿儒携妻子成瑜琇留学日本京都大学工学院。1922年3月23日，戴泽生于日本京都本愿寺。同年，随父母回国定居上海。

戴鸿儒入商务印书馆编辑《综合英汉大词典》，两年后回四川担任云阳县立中学、女子师范学校校长，并创办故陵小学，随后出任永谷煤矿公司总经理兼总工程师，1939年去世。

戴泽自幼喜爱绘画，十二岁毕业于云阳故凌镇中心小学，十六岁毕业于云阳中学，十九岁毕业于王琦任美术教员的重庆精益中学；二十岁考入重庆国立中央大学艺术系，师从徐悲鸿、吕斯百、傅抱石、黄显之、秦宣夫、谢稚柳、陈之佛等名家。

1946年，戴泽随校回迁南京，应徐悲鸿之邀北上赴任。可当时，由于受到战事影响，旱路、水路皆不通航。他只得花四十万元购得国民党军用运输机票，经济南加油后，赴北平艺专出任徐悲鸿助教，三年后升任讲师，直至中央美术学院教授。所教第一批学员有侯一民、钱绍武、李天祥，还有后来成为香港大导演的李翰祥。

1946年8月，北平美术作家协会宣布成立，推选吴作人担任理事长，宋步云任常务理事。成员有徐悲鸿、冯法祀、李宗津、艾中信、董希文、孙宗慰、萧淑芳、戴泽、高庄、王临乙等。1947年，戴泽的作品《乞丐》《东总布胡同》参加国立艺专和北平美术作家协会联合举办的画展。

1948年，二十七岁的戴泽与三十一岁的陈碧茵结婚。

陈碧茵的父亲陈古蓻祖籍辽宁，"张大帅"时期是报馆的编辑。陈碧茵在沈阳读了三年的"洋裁学校"，于"辽沈战役"前夕随父来到北平，1945年日寇投降后考入"国立艺专"。

陈碧茵与戴泽的婚姻介绍人是她"国立艺专"的老师孙昌煌。证婚人则是徐悲鸿，结婚时，以书法祝贺曰：

好把卿我塑作泥，仲姬孟頫语堪师，
从来艺境是佳境，尽力耕耘善保持。
　卅七年八月　戴泽、碧茵两弟嘉礼　悲鸿

戴泽一直深受徐悲鸿的爱戴与信任，1950年，派他前往苏联学习油画修复技术。一同前往的有国家文物局长王冶秋、北京图书馆长张铁弦、故宫博物院陶瓷专家李鸿庆和版画家彦涵。

戴泽早年受徐悲鸿影响，专攻油画，创作了大量现实主义题材作品。1950年至1951年赴苏联、德国、波兰等国举办中国艺术展览会，1992年赴台北举办徐悲鸿——传奇一生大型展览。作为徐悲鸿的得意门生，戴泽有多幅作品参加展出。1995年在美国纽约国际文化艺术中心举办个人画展。作品多次被中国美术馆、中国历史革命博物馆多家机构收藏。

特别值得一提的是：徐悲鸿于1953年去世之后，国家文化部要搞一个徐悲鸿遗作展。这时，吴作人突然提到徐悲鸿的油画《傒我后》早年挂在南京中央大学的大礼堂里。当时观者如潮，人们无不为之感动。南京沦陷后，中央大学的大礼堂被日寇当成了伤病医院，但《傒我后》仍然挂在那里，日寇投降后也未动过。

《傒我后》是徐悲鸿于1931年构思，1933年完成的大幅油画：作品描述了夏朝末年，夏桀统治暴虐，商汤带兵前去讨伐的场面。整个画面显示大地干裂，瘦弱的耕牛啃食树根，人们的眼里燃烧着焦渴的期盼，等待商汤带兵前来解救他们。当时，正值"九一八"事变，东北大片国土沦陷。一些国民党的官僚准备投降，中华民族危在旦夕。徐悲鸿借助这个主题抒发人民渴望早日得到和平的愿望。《徯我后》和《田横五百士》均是徐悲鸿有生之年最大的作品。

吴作人提到《徯我后》后，中央美术学院立刻发函南京。时任南京艺术师范学院艺术系主任的黄显之赶到中央大学大礼堂，将其装箱运到北京。可当作品到达中央美术学院开箱之后，已经损坏得非常严重：颜色脱落，几乎看不出任何模样；油画布也已腐蚀糟烂，稍微用力一碰就会脱落。当时，前来围观此画的人很多，吴作人、萧淑芳、艾中信、戴泽均在其中，大家全都为之惋惜。主持中央美术学院工作的江丰摇了摇头说道："算了吧，这幅画不能要了。"

前边说过，戴泽于1950年被徐悲鸿派往苏联的修复工厂学习过油画修复技术。此时，他刚过而立之年，血气方刚，不想眼睁睁看着恩师呕心沥血完成的巨作白白扔掉。于是挺身而出，当着中央美术学院众多领导和同行的面，鼓起勇气说道："让我来试一试吧！"

接下来，戴泽在民族美术研究所楼上，夜以继日，废寝忘食，花了整整一周时间，用当年从莫斯科中央修复工厂学到的经验和技术，先将《徯我后》画布的后面用牛皮胶贴上一层亚麻布；然后按照原作的风貌，对作品进行一点一点修复。在徐悲鸿遗作展开幕之前终告完成。然而，这还不是他对《徯我后》进行的最后修复，该作品参加完徐悲鸿遗作展之后，便移入徐悲鸿纪念馆继续展出。

不久，由于修筑地铁，徐悲鸿纪念馆的原址被拆除。因为《徯我后》的画面过大，房间的门抬不出来，搬家的工人便将油画内框木条锯断，将画布折叠起来，放入太和门西边的南朝房内。十五年后的1982年，再将其取出来要放到新街口新建的徐悲鸿纪念馆时，发现画面折叠部分的颜色又严重脱落。于是，被送到中央美术学院新建的留学生十一层大楼的一层，戴泽又用了一个月的时间进行了第二次修复。这是中国油画修复史上一件很特别的事情，可以说，没有戴泽的执着、勇气、信心和精湛技术，《溪我后》这幅作品现在就不复存在了。直到2000年后，徐悲鸿纪念馆才请法国专家过来，又对《溪我后》进行了两次修复。

十八、地下党员侯一民

侯一民为徐悲鸿的入门弟子，集画家、雕塑家、美术教育家、中央美术学院教授于一身。曾任中央美术学院油画系副主任、壁画系主任、第一副院长等职。也是继徐悲鸿之后油画家的代表人物之一，新中国美术发展的奠基人和见证者。

侯一民1930年出生于河北高阳河西村，蒙古族。七岁时发生"卢沟桥事变"，随父母迁入北平，进九思小学读书，九岁转入新鲜小学读三年级；十二岁考入北平四存中学，十三岁随本校美术老师——齐白石的弟子陈小溪学习中国画及其诗词和篆刻；十五岁时日寇投降，升入四存中学高一；十六岁考入"北平艺专"国画科时，徐悲鸿已经到任。

侯一民第一次见到徐悲鸿，是在开学典礼的礼堂里：他和同学们已经坐好，只见徐悲鸿穿件蓝布长衫，扶着手杖缓缓走上讲台。他的双鬓已经斑白，可两眼却炯炯有神，深邃得让人望不见底。缓了口气，他便说道："同学们，我看了你们入学的志愿表，为什么没有一个人填写我要成为一个中国的大画家，一个顶顶了不起的大画家？"

当时，北平还未解放，同学们年龄又小，对于前途十分渺茫。听了院长的话，台下发出一片骚动。稍稍平静后，徐悲鸿又鼓励同学们树雄心、立壮志，走出一条现实主义道路，为振兴中国美术事业努力进取……

当时，侯一民对徐院长的一片苦心虽然还不能完全理解，可也觉得受到了很大鼓舞，从此在各方面都不甘落后。入学前，他虽跟随陈小溪学习过中国画，可当他在徐悲鸿那里看到他在国外买回来的素描原作，和马奈、凡·高作品的精美图片，还有康普的大幅原作《包厢》和徐悲鸿的素描作品后，便对西画产生了浓厚兴趣，于二年级时转入西画科。

徐悲鸿每次给学生上课，腋下总是夹着一包"范画"——有时是他自己的，有时又是欧洲名家的，让大家进行观览。授课时，他又总是亲自动手给同学们改画。有一次，见侯一民正在画一张女人体，便想为他改几笔。可一坐下来，就一直画了下去：从暗部到亮部，一笔一笔，把颜色像镶嵌一样摆到画布上，然后又集中处理明暗交界线。不觉半天时间过去了。

徐悲鸿画画使用颜色极省，画完主体后，便把调色板上剩余的颜色合起来，再加一点个性色彩画背景。然后，站起来退到后面观看画面的整体效果。从他脸部的表态上，侯一民看出，他已经舍不得把这幅画放下了。

第二天上课，徐悲鸿带来一大包法国颜料，一半送给侯一民，另一半送给了同班的曾善庆。曾善庆的画，也像侯一民的画一样得到徐悲鸿的青睐。可见他对侯一民及曾善庆喜爱的程度。

侯一民在徐悲鸿眼里虽然算是不错的学生，可也有惹他生气的时候：有一次考试，要在大礼堂里默写马的解剖。因为难度大，一些平素不注重专业课的同学嚷嚷着要"罢考"，侯一民也跟着随波逐流，徐悲鸿知道后就要开除他。可到临近考试的时候，他突然发现不对头：嚷嚷罢考的人，都是些不好的学生，里面还有三青团员。侯一民猛然醒悟，这不是反对到徐校长头上了吗？于是动员一些进步同学立即参加考试，而且考得很好，得到了徐悲鸿的谅解。这个情况，是事后黄警顽告诉给侯一民的，把他吓出一身冷汗。

徐悲鸿接任"北平艺专"校长后，遇到国民党顽固势力的颠覆与破坏：1947年5月20日，"反饥饿、反内战"运动后，国民党当局不但开除了高庄、李宗津、冯法祀等四位教授，又开除、通缉了李天祥、华夏、李翰祥、杨辛等八名进步学生。对此，徐悲鸿进行了坚决抵制与斗争。最后除高庄前往解放区，李翰祥逃往香港外，其他人都得以继续留在艺专。

在白色恐怖下，侯一民于1948年10月9日加入了中国共产党，11月担任艺专党支部书记。北平当时还属于国统区，共产党处于"地下"，徐悲鸿并不知道侯一民的"地下党"身份。

侯一民有一辆自行车，上面每天都挂着一双溜冰鞋。不知道的人还以为他去溜冰，其实他是在做党的"地下工作"，不过是以溜冰鞋当幌子而已。他曾亲历了革命人士被捕入狱和战友的死难，于是满怀悲愤利用漫画、连环画、宣传画等形式在文艺战线开展对敌斗争。他后来说道："当时我们办了一份刊物，其实是一份战报。我把刊物藏在美院宿舍的地板下，拴根绳，要看时，把绳一拽就拿上来了。"

当时，侯一民还接到上级党的一项任务：赶印大量传单，以迎接北平解放。任务下达后，王育中、张信让、周士琦、杜兆植冒险四处奔走。由李桦、周令钊、叶浅予、董希文等人起草，在叶浅予和作曲家瞿希贤家中由李桦、张信让、周士琦制成木刻，侯一民后来说："手都刻得流血了，戴爱莲还给我们送来吃的和棉衣。"

木板刻好后，由董希文通过他的朋友在《新民报》印刷厂秘密印刷十万张，深夜悄悄运回艺专藏在"男三斋"屋顶里，等待北平解放时散发。侯一民后来于1956年在马克西莫夫油画训练班创作的《青年地下工作者》：年轻的同伴们手持油灯，一面收听解放区广播，一面印刷传单的情景，即是当年开展地下工作的真实写照。

除此之外，侯一民又组织剧团，演出郭沫若的历史剧《棠棣之花》。当时，他和一些进步同学经常投入"学运"，往往缺课。有一年他的学分竟然不及格，担心受到徐悲鸿的批评。然而情况恰恰相反：徐悲鸿已经得知他缺课的原因，不但没批评他，反而给了奖励；1948年，又给他演出的独幕话剧发了奖品。

侯一民还主办了一个漫画墙报《阿Q》，刘小岑画了一幅蒋介石"反共"的漫画贴在上面，结果被特务头子扭送到"剿匪总部"被迫离校。训导处则勒令《阿Q》停刊，而徐悲鸿却站出来说道："这是学生练习画画的好办法，不得禁止，不能停刊。"

不幸的是，刘小岑在前往解放区的途中被逮捕，受到严刑拷打和痛苦折磨，后经徐悲鸿和侯一民"地下组织"的多方营救才得以逃脱。北平解放后，徐悲鸿立即召他回艺专做了研究部研究生。为了表示对《阿Q》的支持，徐悲鸿还在去捷克斯洛伐克参加保卫世界和平大会时，购得一本库克雷尼克塞三兄弟的漫画册，回国后送给了侯一民。

徐悲鸿要把艺专办成一所"左"派学校，不断与国民党当局派遣的"伪文人"进行较量，侯一民总是坚定站在他的一边，做了许多切实的工作。在"倒徐运动""国画改革"和"护校"斗争中，侯一民也是徐悲鸿的坚定支持者。当时，徐悲鸿不但不知道侯一民是"北平艺专"的"地下党员"，也不知道北平解放后学校将改名为中央美术学院。而根据党的纪律，侯一民也不便将这些秘密告诉给他。

侯一民于北平艺专毕业后，留校任教，教授创作及速写课。中央美术学院成立后，侯一民出任绘画系党支部书记和总支委员。并介绍艾中信、董希文、周令钊、李桦、冯湘漪等人加入了中国共产党。同时，经华君武介绍，侯一民加入了中国美术家协会。

朝鲜战争爆发后，侯一民以《人民日报》特约记者身份与洪波、林岗、伍必端、张信让一同奔赴朝鲜前线。画了大量志愿军战士、朝鲜人民军，以及担架队等多方面的战地速写，向全世界形象性地报道了前方战事。

1951年，侯一民一行凯旋归国，回到学校与叶浅予、艾中信带领学生到山西大同煤矿体验生活，出版了《朝鲜速写集》。同时又与邓澍合作庆祝中国共产党成立三十周年的宣传画和年画。

邓澍比侯一民大一岁，河北高阳人。1945年十六岁时，邻居家一个小伙子在电影院炸死了两个日寇军官，自己也牺牲了。邓澍因平时与小伙子接近受到牵连而被捕入狱。严刑拷打、泼凉水，受尽酷刑，直至日寇投降才被释放，捡回来一条性命。出狱后，只身投奔解放区，入"抗大"二分校。1949年以女战士、女干部身份随解放大军进驻北平，与侯一民在新成立的中央美术学院邂逅。关系日渐亲密。1952年7月1日，二人举行了婚礼。

1954年，邓澍赴苏联列宁格勒列宾美术学院油画系留学，侯一民考入中央美术学院马克西莫夫油画训练班。1961年邓澍回国，翌年，他们的孩子珊瑚降生。

侯一民二十八岁时，中国人民银行便邀请他和罗工柳、周令钊组成第三套和第四套人民币设计小组。在此之前，第一套和第二套人民币的绘制、生产都是由苏联专家协助完成的。

当时的分工是周令钊设计图案，侯一民则负责全部票面的绘制：从一元券上开拖拉机的女农民开始，到二元券上开机床的工人、五元券上手持钢钎的炼钢工人，一直到十元券上工农兵代表，均都出自他的手笔；第四套人民币从一角上的高山族、满族人物头像，一直到一百元上四位领袖的素描头像，也都是由侯一民在邓澍协助下完成的，绘制得十分准确与精细。

自1958年起，侯一民开始担任中央美术学院的院系领导，协助恩师吴作人院长为新中国画坛培养了大批英才。

1959年，侯一民接受《刘少奇与安源矿工》的创作任务，三次下安源：走京西、奔阜新、赴大同，钻巷道、住工棚，画了无数矿山速写，光是素描稿就达八十四件。回京后在东方饭店集中完成了《刘少奇与安源矿工》的创作：画面上，工人领袖刘少奇一身是胆，带领过着非人生活的矿工们与矿主争取生存的权力……

1960年，侯一民与刘开渠赴内蒙古草原体验生活。在内蒙古美术馆讲述了关于《刘少奇与安源矿工》的创作历程：到达安源煤矿时，他就居于当年矿工住过的四面透风漏雨的工棚里，画了大量工人们的素描和速写挂在板壁上，上面还贴满当年工人向资本家呼喊口号的标语……

直到有一天，侯一民在梦中仿佛看见一群面目黢黑、衣服褴褛的工人和骨瘦如柴的孩子喊着震耳欲聋的口号迎面走来，再也躺不住了。于是爬起来开始夜以继日地绘制《刘少奇与安源矿工》草图：作品中的领袖浑身是胆，坚毅而果敢，群众则紧紧跟在他的身后冲向矿主，具有震撼人心的艺术力量。草图完成后，便急忙赶回北京制作正稿……

然而，就是这样一幅描写人民与领袖，具有划时代意义的作品，却在"文革"中遭受批判：《刘少奇与安源矿工》是"黑画"的文章登在《人民日报》头版，加上"黑党委""黑尖子""炮制人民币大毒草"等罪名，侯一民被关进"牛棚"。被打得内脏出血，皮肤黑死，身上的瘀血多年不退；他的父亲及堂兄皆因受到株连被迫害致死……

当时,邓澍每天唯一要做的事,就是等待挨批斗的侯一民回家为他擦拭伤口,一边擦一边痛哭流涕。

邓澍被关进"牛棚"之后,虽然将所有衣服都垫在挨打的地方,可却被打掉了七颗牙齿;回家路上,在协和医院路边流产了一个男孩,接下来的折磨又使她患了"血崩"……

直到1977年中央美术学院回复,侯一民才回到学校重任油画系副主任,接下来担任壁画系主任、中央美术学院副院长、第一副院长。

无论在油画、国画、壁画、雕塑、工艺美术上,侯一民都无所不精。华君武给他下的定义是"多才多艺的侯一民"。可大家却称他"杂家""杂牌军""泥人侯""画钞票的";还因他烧制了十万件高温斗彩小瓷人,又称他"小公崽之父"。无论哪一种称谓,都充满着对他的爱戴与景仰。

2008年,侯一民患直肠癌,瞒着邓澍到北大医院做了手术。在"高危病房"抢救了七天七夜后,邓澍见到他的第一句话竟然说道:"我知道他没事!"

为了鼓励侯一民战胜病魔,邓澍要为他画一幅油画肖像。可是,他躺在病床上起不来,还在阵阵昏迷,又该如何画呢?

《刘少奇与安源矿工》（油画）侯一民作

最后,她干脆骑在他身上,一笔一笔将颜料摆到画布上去。

邓澍还曾为吴作人、萧淑芳、王朝闻、黄胄、李苦禅、江丰、董希文、李政道及宋庆龄等人画过许多幅肖像,可画得最多的便是侯一民。

八年前,作者开始写作《徐悲鸿时代》时,找到侯一民要求采访他,可他当时的业务忙得一点时间都没有。但他并未拒绝,而是送给作者一本他的著作——全面介绍他与徐悲鸿当年关系的《泡沫集》,作者如获至宝……

十九、塞外有个尹瘦石

1949年3月3日,就在北平解放前夕白色恐怖最厉害的时刻,国民党使用种种手段逼迫徐悲鸿离开北平南归。徐悲鸿整日整夜被国民党特务盯梢、跟踪、围攻,甚至将装有子弹的恐吓信寄到他家里,他的生命随时都有危险。在这种情况下,他却给解放区《东北画刊》的尹瘦石写信,表示了他当时的心境:

瘦石吾兄会鉴:

　　承手教,感荷无极,弟虽与人民解放军方面无任何关系,但逆知其作风开明,故留平未走,果得军方嘉许,留任现职,且多方协助。弟自问无与人民不合之处,故敢毅然接受此职,惟望足下予以指示。

　　足下见义勇为,早赴共方,方得献身塞外,奔驰大漠,为人民革命服务,完成壮志。于艺事当益辟新境,无可疑者。希将刊物赐寄数种,俾同人得他石之助,幸甚,幸甚。

　　安治于卅五年秋间同陈晓楠、费成武等去英国已将三年。倾闻其妻女亦去英国,殆一时不返。浅予在此任图案科主任,于迎接解放颇甚努力。弟健康迄今未恢复。

先生所期于弟者,一时殊难实践也。何时来平,欢迎之至。

敬祝艺安

弟 悲鸿 顿首 3月3日

从徐悲鸿写给尹瘦石的信中可以看出,留守北平不走,完全是心甘情愿的,而且情绪也非常稳定,没有丝毫恐惧。

尹瘦石1919年1月12日生于江苏宜兴,1933年入江苏省立宜兴陶瓷职业学校学习陶艺、书法和绘画;1938年抗战爆发后入武昌艺术专科学校。武汉沦陷后,抵达广西桂林,深得柳亚子、李济深、何香凝等人器重。并经常与欧阳予倩、田汉、端木蕻良、陈迩冬、巨赞和叶促寅等人切磋艺术。1940年任广西省立艺术馆美术部研究员,1944年与柳亚子在重庆合办《柳诗尹画联展》,毛泽东为之题字。受到郭沫若、翦伯赞、丰子恺、刘开渠等名家的高度赞赏。徐悲鸿在评论《柳诗尹画联展》时写道:

余先君达章先生,工书篆刻。凡所造作必往哲之嘉言懿行。曰:"余艺固无当,倘其用能有神世道人心者,庶亦可无憾已。"小子志之,以至于今。虽为艺术之路,不必若是。但溯其志趣,盖未尝不可敬也。

尹君瘦石,精于绘事,尤工人物界画(在今日为最难能可贵)凡所兴起,多民族英雄史记,与古特立独行之士。暨民间苦痛及其憔悴呻吟者。其为史画,尤精考据。凡当时之典章文物,与衣冠服饰佩带之微,无不广事搜讨。并与历史专家,议论其事,期无几微之失。其从事之恳勤,可为至矣。历代所作,如明末瞿式耜张同敞二公在桂林殉国史事全部,《正气歌》十四图,《石豪吏》八幅,以及大幅之《伯夷叔齐》《屈原》《郑成功》等贤哲。以其精严生动之笔,摹绘可歌可泣壮烈之史。作者心有所感,慷慨抒写,不必定以世道人心为对象。但居今之世,当艰难凄楚死行人兽之际,览其激昂悲壮之形,苟有人心,能无感动也?

> 吾国几遭丧乱，文物散失殆尽。不若欧洲几百年整理积聚之功，成博物院、为考古之资，可一目了然者。尹君所作，所须——从抱残守缺者手中集凑与选剔，较之写实主义者直接取之于生活之常识，为费力十倍也，尹君将以其所作与柳亚子先生诗书公开展览，辄记所感于此。

1946年，尹瘦石在周恩来的帮助下抵达晋察冀边区，1949年新中国成立后出席首次全国文艺代表大代会，并当选为全国美协委员。1950年加入中国共产党，出任内蒙古文联筹备委员会副主任，中国美术家协内蒙古分会主席。

1956年，尹瘦石出任北京中国画院副秘书长，1957年被错划"右派"，下放到黑龙江劳动。1962年调回北京画院，1979年任画院副院长，1980年当选为北京市文联副主席、中国美协北京分会主席；1981年当选中国书法家协会常务理事；1988年出席第五次全国文代会，当选为中国文联执行副主席；1996年出席第六次全国文代会，为中国人民政治协商会议第八、九届委员。

尹瘦石是在国难当头、民族危亡之际涌现出来的爱国主义艺术家。1992年，尹瘦石将自己毕生创作的代表作及收藏的价值连城的艺术珍品无偿捐献给了家乡，他说道："我是喝太湖水长大的，为家乡人民服务，是我最大愿望，我要酬金做什么呢？"

尹瘦石艺术馆坐落于江苏省宜兴市中心，标为爱国主义教育基地，陈列着他所捐赠的书画、碑帖、青铜、雕塑、陶瓷、玉器等稀世珍宝，供人们观赏——其中不但有徐悲鸿赠送给他的《奔马》，还有新石器时代难得一见的陶器。

二十、挂念远方

1942年，赴英国考察的张安治和陈晓楠回国后，费成武和张倩英仍然旅居英国。徐悲鸿惜才，对二人不舍，于1950年写信邀他们回国，到中央美术学院任教：

成武、倩英两弟：

得数书及课业多片，喜不自胜，正以弟等不归为旅虑，今见此成绩，亦足慰心。所谓学习工业美术，必须于陶瓷能烧得出颜色，印染能不褪色之法术，并非指参加此类工作而已。中国此时需人才多，而失业之人尤多，因其俱不精通业务也。归国学生照例须学习，张安治已入革大，四月间晓南亦欲去，不过晓南已由学院聘请，安治我等愿与之共事尔。

成武之画已大进步，但中国此时需能构图作大

1945年冬，徐悲鸿与学生张安治等人在石家花园中国美术学院筹备处

画者,最好选觅题材,试做现实主义(即社会主义之写实主义),如战斗,生产之类当然更好,最高级之技巧能用上去,而国中一般大多是土油画,因为纯艺术观点已失去,暇中可多阅读进步书籍,俾思想上有所准备,否则我们以为很合理的,但不习惯可能感到别扭。此问近好

悲鸿 静文 (1950年) 8月28日

假人(MENEOUTN)无论如何,必须购得一具,因会动作。此机人全有,应用甚大,替院购买。

很明显,徐悲鸿是在动员两位弟子回来报效祖国,可是,由于种种原因所致,费成武和张倩英最后没能回来。对此,徐悲鸿也给予了充分理解。

第九章

绘画巨匠三人行

　　无论从哪个角度讲,王式廓、董希文、罗工柳都可称得上新中国成立后画坛上的三位巨匠。因此,徐悲鸿也绝不会忽视他们的存在。

　　1950年中央美术学院成立时,王式廓、董希文、罗工柳就已经是著名画家了。他们又都是随军进驻北平参与中央美术学院组建工作的要员,遂被徐悲鸿聘为教授,并均担任院级领导职务。

一、王式廓与他的《血衣》

王式廓于1911年出生于山东掖县,1930年入济南爱美高中艺师科学习西画,1932年秋入北平私立京华美术学院,1933年入杭州艺专,1935年入上海美专继续攻读西画。后于1936年东渡日本入东京美术学校。抗战爆发后毅然回国参加抗日救亡运动,画了大批巨幅宣传画。1938年8月奔赴延安任鲁艺、北方大学、华北师范大学教授、研究员,后随军进入北平。

中央美术学院教师合影,前排左起:江丰、王式廓、徐悲鸿、戴泽;后排左起:曹思明、庄子曼、冯法祀、倪贻德、李宗津

前排从左至右:齐白石,徐悲鸿,新凤霞;后排从左至右:武德萱,郭秀仪,胡洁青,廖静文,董希文,于非闇在北平美术作家协会

王式廓的素描简直达到了令人惊奇的高度，作品被徐悲鸿大加赞扬。他画素描用铅笔，徐悲鸿则用炭笔，被苏联专家誉为可与俄罗斯画家列宾并列的画家。

血衣（素描）
王式廓作

1949年，中央美术学院成立，王式廓任党委委员、中国美术家协会常务理事。虽然担任着重要领导职务，可他却没有忘记作为一位画家的历史责任。

王式廓与徐悲鸿1938年相识于武昌国共合作政治部三厅六处三科（文艺处美术科）。

1949年3月，北平艺专的德邻堂首次展出解放区的美术作品，徐悲鸿逢人就让去看王式廓的《改造二流子》。说道："论题材，这是最主要的文题，它新颖；论构图，这幅画是最为完美；论人物，也最成功；论技巧，也是最高明。"不久，徐悲鸿又在报上著文，盛赞王式廓的绘画：

> 七年前我曾以见闻所及、颂扬木刻家古元，此次又发现两颗艺术界的巨星：一为王式廓先生，一为邵宇先生。我久闻王式廓先生之名，此次才得见他的作品（仅两幅），果然卓尔不群，诚为成熟之天才……闻冯法祀君言王式廓先生于抗战期间，在武汉制作壁画多幅，皆雄壮茂密，大气磅礴，可惜都被毁去。此次年画展览中，有王先生《改造二流子》一画，其主题集中，人物表情明显，章法紧凑，作风尤老练，所谓"轻快""沉着"兼而有之，诚

近代艺术中一杰作。王式廓先生著作仅两幅，已令我心折。倘能有机会见到王先生全部作品，我将不知道要如何兴奋和赞叹。

徐悲鸿果然独具慧眼！王式廓之后又创作了《参军》《井冈山会师》《发明者的夜晚》《毛主席和我们在一起》《血衣》等，均被中国革命博物馆、中国档案馆、中国美术馆收藏。

王式廓为《血衣》一画付出了大量心血。创作期间，奔赴安阳巩县山区，为那里的父老乡亲画了大量素描肖像，画得结结实实，形象极其生动感人，素描稿完成后，在新中国大地上几乎是家喻户晓，被第四届全国文代会称之为"新中国成立以来最优秀的文艺作品"。王式廓也因此获得了"素描巨匠"的美誉。

二、董希文与他的《开国大典》

董希文是国家物文局规定"作品一律不得出境"的六位画家之一。其余五位为徐悲鸿、傅抱石、潘天寿、何香凝、王式廓。

董希文于1914年6月27日生于浙江绍兴柯桥光华楼，曾就读于杭州之江大学土木工程系、苏州美术专科学校、上海美术专科学校、越南河内巴黎美术专科分校，1939年毕业于国立杭州艺术专科学校。

1943年，董希文出任敦煌艺术研究所研究员，与妻子张琳英从重庆远赴敦煌。和常书鸿一道，三年时间里，在魂牵梦萦的莫高窟临摹壁画数百幅。敦煌的自然环境非常恶劣：漫天黄沙，物质条件几乎等于零。但却无法动摇董希文的艺术追求和对敦煌的热爱。他将这种热爱用他两个儿子和一个女儿的名字铭记下来，起名曰沙贝、沙蕾、亿沙。其女儿亿沙——则是离开敦煌之后才出生的。

1946年，经吴作人、李宗津推荐，董希文应徐悲鸿之邀到"北平艺专"任教。期间，积极参与复课与护校工作，并上街参加反内战、反饥饿游行

《开国大典》
最初面貌

示威。

1949年10月1日,董希文在天安门城楼上亲历了中华人民共和国成立时的开国大典盛况。

董希文接受《开国大典》创作任务时,正与侯一民在北京西郊蓝靛厂参加"土改",负责一个自然村火器营的工作。

当时,中央美术学院还没成立,艾青和高洪波作为军代表刚刚进驻艺专不久,高洪波和侯一民便成了董希文的入党介绍人。他在入党志愿书上写道:"我是美术工作者,我要用我的艺术为党工作。"

尽管董希文的愿望是很强烈的,但由于一些思想认识问题而没有能够立即入党。因此,与他同时要求入党的艾中信通过了,他却被暂时留在党外,直到他把问题想清楚之后才被接纳。

董希文被从土改工作队召回后便开始创作《开国大典》。在此之前,已由浙江一位画家绘制过,可因水平不济,重担就又落在三十六岁的青年画家董希文肩上——他当时已是中央美术学院的知名教授。

《开国大典》第一次修改抹去了高岗

1952年,董希文在北京苏州胡同借用亲戚家一间低矮民房,开始整体构思《开国大典》;与此同时,他还要亲自参与制作画布,以及筹划绘制大型油画所需的各种设施和工具材料。

徐悲鸿想象不出董希文是如何绘制《开国大典》的。有一天,他在侯一民的陪同下前去观看,让他大吃一惊:由于房间太小,画幅过大——两米多高的画布上顶房梁,下贴地板。作画时,一会儿要登梯爬上屋顶,一会儿又不得不趴在地上;后退的空间仅有三四米,看画时后背紧贴墙壁,不可能将整个画面尽收眼底,无法看到整体效果,只能凭借经验和直觉完成创作;更加不可思议的是,画幅4米多宽,房子跨度不够,只得将一头卷起来,另一头钉在墙上;等到画这边,再把那边卷起。一般人画油画调色板上总是脏兮兮的,可他却在大画前面规规矩矩摆着一排小碟子,里边挤上红、黄、蓝、绿等各种颜料。为了追求民族化风格,他则把油画色当作国画色使用:要上红全上红,要上黄全上黄,要上篮全上篮。而且,在用笔和填色上均都潇洒奔放,犹如在画敦煌壁画的

飞天飘带。徐悲鸿看到这一切非常感慨，拍着董希文的肩膀说道："你创造了绘画史上的奇迹啊！"

可见，为了完成这项政治任务，董希文不讲条件，不摆架子，毫无所求，这是一种何等可贵的品质啊！

为了节省时间，董希文废寝忘食，以过量吸烟进行提神，晚上只能在狭小房间的凳子上过夜。

两个月后，《开国大典》创作完成。画面展现出中华人民共和国中央人民政府成立时的盛况：天安门城楼上金碧辉煌，广场开阔，蓝天白云，红旗如海，国家领导人各就其位。毛泽东主席站在中心位置上，向全世界宣告中华人民共和国中央人民政府成立了。

毛泽东身后第一排是六位副主席，从左至右为朱德、刘少奇、宋庆龄、李济深、张澜、高岗，各个神采奕奕，气度非凡。第二排第一人是周恩来，第三排第一人是中央政府秘书长林伯渠。

整个画面使人"远看惊心动魄，近看奥妙无穷"。董希文在谈到这幅画的创作时说道：

《开国大典》第二次修改去掉刘少奇加上了董必武；第三次修改又抹去了林伯渠，直到第五次才又恢复原貌在《开国大典》的绘画语言上，有意大利文艺复兴时期画家拉斐尔的一些画法，以及中国古代工笔画的画法。这幅画的题材，需要严肃单纯的风格，用冷静精细的态度，从下面去一部分一部分画开去。同时让一切细节服从大的东西、大的要求和总的精神。碧蓝的天空，大红的柱子、宫灯，金黄色的菊花、瓦片，崭新的紫红地毯，既相融合又成对比，使人感到单纯明朗而有力量。

《开国大典》真正达到了董希文所追求的艺术境界，在谈到色彩的构想和大胆使用时，他又说道：

在带有装饰性处理的这幅画里，尽力表现出富丽堂皇，把风和日丽的日子里的一个庄严而热烈的场面描绘出来。

画天空，不论面积多大，最好一次涂好，为了将天空画得干净统一，或上下有意识的变化，天色最好用大碗预先调成上、中、下三层颜色，免得在调色板上拼拼凑凑调得很乱。而调上、中、下三层天色，又应先调上层色，中层色再加白粉或添点什么颜色就成下层天际色。《开国大典》的天空画得干净利落，明朗美丽之极。

在画天安门城楼上的地毯时，为了增强质感，董希文在颜料中掺上锯末和沙子；张澜长袍子上的褶皱看上去是特意熨平折好，专门等到庆典才穿上的；还有汉白玉的栏杆偏黄，是为了体现中国是有着几千年历史的文明古国……

毛泽东主席看了《开国大典》后说道："我们的画拿到国际上去，别人是比不过我们的，因为我们有独特的民族形式。"

董希文是在画完《开国大典》后入的党。因此，毛主席看画时他没有在场。事后他听人传达了毛主席的评价特别高兴。

徐悲鸿看了最后完成的《开国大典》说道："董希文圆满完成了政治

任务，应得一百分，也应扣掉五分，因为缺少一点油画特色。"

徐悲鸿的学生，著名画家艾中信则对《开国大典》作了具体分析：

> 从构图到设色，从人物到场面，它的气派很足以反映泱泱大国的风度。董希文把主要人物处理在不到一半幅面的左侧，不仅是手法的大胆，重要的是他懂得构图的大局……《开国大典》的大块色彩，通俗易懂，看起来似乎简单，但这大红、碧蓝和金黄（樱珞和菊花）是有意安排的。它把一个风和日丽日子里一个庄严热烈的场面描绘出来……
>
> 《开国大典》在油画艺术上的主要成就是创造了人民大众喜闻乐见的中国油画新风貌。这是一个新型的油画，成功地继承了盛唐时期装饰画的风采，体现了民族绘画特色，使油画朝着民族的方向发展。

《开国大典》完成后，人民美术出版社将其印成年画和各种画片，发行总量超过一百万份。

可是，由于种种历史原因，《开国大典》后来进行了多次修改。现在，陈列在中国革命博物馆里的《开国大典》，是由靳尚谊、赵域、阎振铎根据原作，同时参照印刷品临摹的复制品，这大概算得上是第五稿了。

徐悲鸿非常赞誉李瑞年的才华，但为首的还是董希文。他常对学生说："一年级没有董希文，二年级不认定李瑞年是油画风景第一人，三年级就完定了。"意思是说，一年级没上董希文的课，二年级没上李瑞年的课，到三年级就再也不能成气候了——因为一、二年级是在打基础。

绘画巨匠罗工柳

《地道战》(油画)罗工柳作

三、罗工柳和他的《地道战》

提起罗工柳,就不能不立刻想到他的油画《地道战》。

《地道战》所以能在中国现代油画史中占据极其重要的位置,是因为罗工柳采用写实主义的手法表现了一段令人难忘的、被情感所认同的历史,称得上"经典之作"。

罗工柳1916年1月5日生于广东开平,1936年考入杭州艺专,抗战爆发后投入抗日宣传工作。1938年参加全国木刻协会,当选理事。同年赴延安入鲁迅文学院美术系,不久参加鲁艺木刻工作团,年底赴太行前线任《新华日报》美术编辑。抗战时期刻过许多宣传抗日的版画,创作了《鲁迅像》《李有才板话》《小二黑结婚》等作品。1946年,罗工柳任教于北方大学、华北大学,出任华北联合大学文艺学院美术系主任。1949年随华北联大入京,参与创建中央美术学院。同时,与侯一民共同出任党总支副书记,并兼任美术干部训练班副主任。而且主持第二套至第四套人民币的设计工作。

这三套人民币以其完美的设计入选奥地利出版的介绍世界各国钱币的《国际钱币制造者》一书，在国际上产生了很大影响。

新中国成立之初，百废待兴。1951年，时任文化部长的周扬负责筹建中国革命博物馆，找到中央美院院长徐悲鸿，要求他发动画家进行革命历史题材美术作品的创作，并且提供了详细创作提纲。分配任务时采用两种办法：一是将指定的题材分配给某一作者，二是由画家在创作提纲中自选题目。罗工柳因参加过"延安整风"，被指定画《整风报告》。但罗工柳却觉得《整风报告》的题材太大，难于驾驭。便说他有个素材稿子，是关于冀中军民利用地道战打击日本鬼子的。

具体负责组织工作的版画家彦涵听后表示要向上级反应一下，看看领导的意见如何。不料，彦涵反映情况后，周扬却说道："地道战的题材很好，需要画，但《整风报告》也要画。"

这样，罗工柳一下把自己多年的积累和思索调动起来了，深入到碾庄参加过地道战的民兵中去采访，不断画出草图进行请教……

进入创作阶段后，罗工柳在东城区报房胡同陈志家的一间大房子里用了两个月时间，完成了《地道战》的制作。作品的情节紧张生动，而且极富戏剧性，人物安排恰当，个个充满自信：一间极其普通的牲口圈里，两个女游击队员在地道口倏然跃出，其他六人都在各自位子上，随时准备歼敌——袭击已经进村的"鬼子"，战斗一触即发……

作品充分表现了平原游击队员生龙活虎般的英雄气概，和人民群众的聪明智慧，给人一种抗战必胜的信心。画完之后，徐悲鸿过去看，连连称赞："画得好，画得真快。"

《地道战》不仅被中国革命历史博物馆珍藏，而且编进了小学课本。该作品与王式廓的《血衣》、董希文的《开国大典》和徐悲鸿的《田横五百士》，打破了中国画坛数百年来人物画衰落、绘画艺术低迷的落后状态，推动了中国油画艺术的发展。此后，罗工柳又画了《整风报告》《毛主席在井冈山》等杰作，均被国家博物馆收藏。

1955年至1958年，罗工柳以教授身份赴苏联留学，进入列宾绘画雕塑建筑学院研究油画。回国后历任中央美术学院教授、绘画系主任、副院长、中国美术家协会常务理事、中国美术家协会书记处书记、全国文联委员等职。

王式廓、董希文、罗工柳不但是三位绘画巨匠，创作了许多具有划时代意义的作品，而且也是三位了不起的教育家：在教育战线上兢兢业业几十年，呕心沥血，为新中国培养了大批美术人才。按说，他们三人在中央美术学院所担任的都是行政职务，而徐悲鸿则是业务院长。可他们之间却能和谐相处，恰当地摆好行政与业务的关系，因而他们三人才能腾出大量时间创作出经典之作。

可见，徐悲鸿当时已把中国画坛几乎所有的精英楷模聚到了他的门下。有一次，在校内举办了中央美术学院教师美术作品展，他看着被调进来的教员和他们的作品说道："画得好的都进来了，外面也许还有个把的，不过没有了。"言语间，自豪和得意的神情，洋溢在他的脸上。

不仅如此，徐悲鸿既然是北平艺专的校长，就不能只顾绘画系的事。当时聘任主持音乐系的赵梅伯教授，毕业于比利时皇家音乐学院；教授钢琴的有朱工一、朱世民和德国友人维斯勒；教管弦乐的，有高勇基、俄国人托诺夫、捷克人苏萨尼、意大利人柏絮；教声乐的王翘玉、张树楠；教理论作曲的，有钱仁康、瞿希贤；教民族音乐的，有蒋凤之、管平湖等，他们均是音乐界一代精英。其他如主持陶瓷科的叶麟趾、叶麟祥，粉彩工艺的郑乃衡，治印的寿石工；讲述文学的王森然，教授法语和希腊神话的沈宝基，民间舞蹈的戴爱莲等，徐悲鸿都能够知人善任，聚拢在一起，为把北平艺专办成一个"左派学校"，力主革新，打下了坚实的人才基础。

第十章

巨变

1948年底,国内形势急转直下,国共两党和谈即将宣告破裂,内战一触即发,何去何从,每个人都面临艰难抉择……

一、留守北平

1948年，中国人民解放军在东北战场经过"三下江南""四保临江"等战役，取得了对国民党军的绝对胜利。大军进关后，又在天津周边摆上了围歼战场，大快人心！

盘踞在北平城里的国民党军政要员惶惶不可终日，已经纷纷向江南逃窜。此时，国民政府已着手将北平一批高等院校迁往南京。文化教育界的知名人士第一个乘飞机南下的便是北京大学校长胡适。然而，南苑机场很快被中国人民解放军炮火封锁，致使教育部派来接知名人士的专机无法降落。南京政府竟在北平城里的天坛和东单广场砍伐大批树木建造临时机场，接走了清华大学校长、北平师范大学校长及其家属。北平社会呈现一片混乱景象……

对于政治形势发生如此迅雷不及掩耳的变化，北平艺专自上而下早有准备。

1948年11月，安娥与田汉带着党的任务在音乐家盛家伦陪同下秘密潜入北平。当天晚上，徐悲鸿在东受禄胡同家里接待了由冯法祀带来的田汉和安娥。烛光下，老朋友相见格外亲切。田汉特别带来了毛泽东和周恩来对徐悲鸿的嘱咐，说道："我来北平之前，见到了毛主席和周恩来同志，他们希望悲鸿在任何情况下都不要离开北平。并尽其所能在文化界为党做些工作。"

徐悲鸿和在场的吴作人听了田汉的话非常感动，表示一定留在北平，并做好护校工作。

宋步云是中共"地下党员"，他也接到了中共冀热察北平分区行署主任蓝公武的指示：请他向徐悲鸿先生转达党"挽留徐悲鸿先生的诚意"。同时指示他"协助徐悲鸿阻止学校南迁，保护校产、档案，迎接解放"。

接到党的指示，宋步云乘夜色进入东受禄胡同徐悲鸿家里，把"地下党"蓝公武的重要口信转达给他。

徐悲鸿激动无比，非常高兴地说道："我原先就不打算南迁，我要留

左图：1947年，田汉、安娥秘密潜入北平，对建立新中国充满自信。

右图：《田汉与安娥》（雕塑）于焕新作

在北平，艺专也要留在北平迎接解放，请你转告蓝公武先生，解放北平时，一定要保护好北平的文物古迹。"

国民党南京政府下令北平的高等院校南迁时，北平艺专收到了成立"应变委员会"的命令和拨来的一笔"应变费"。

宋步云身兼庶务主任，是"应变委员会"的当然成员。开会时，他抢在国民党"潜伏特务"前头发言，从各个方面陈述了反对"北平艺专"南迁的理由：提到重建校尉胡同校舍时，冒死与国民党驻军战区司令争夺"地盘"的艰难；谈到为从各地调来北平的老师准备住房之苦；还历数了购置教学设备、器材经费之匮乏；尽诉费尽九牛二虎之力才把从山南海北聘任的教职工、家属、子弟接来北平。如果再南迁，困难重重，总不能让这些经过艰苦卓绝努力才获得的成果付诸东流吧……

宋步云把反对"南迁"的理由说得无懈可击，参会的吴作人、李桦、叶浅予、王临乙、董希文、冯法祀、范志超、黄警顽和学生代表竞相发言表示赞成。使得"潜伏特务"哑口无言。

在大家意见形成一边倒的趋势时,徐悲鸿当机立断地支持大多数同仁"留北平,不南迁"的主张,还提议将南京政府汇来的"应变费"立刻分发给全体教师、职工和学生,以购买粮食,为保护学校迎接解放做准备。

会后,徐悲鸿在全校师生大会上,正式宣布了上述决议。旋即,宋步云带领行政部门,紧张迅速地完成了护校工作的组织安排,并向教职工和学生每人发放一份生活费。余额全部购买粮食,为全校教职工、学生吃饭问题做好了充分准备。

一天深夜,徐悲鸿独自来到学校视察护校情况,慰问值班人员。当发现宋步云的身影时,便走过去拍着他的肩膀说道:"你也该回鼓楼那个家值一次班了,赶快把发的粮食带回去,可不要饿着夫人和孩子呦!"

宋步云激动得一时语塞,举起手给徐悲鸿敬了一个军礼。

不久,宋步云精心绘制的《毛主席画像》和《朱总司令画像》,悬挂于中山公园大门两侧,成为宣传共产党及其领导人最早的巨幅画作——以增强人民大众对新生共和国的热爱和对领袖的崇敬之情。

宋步云不惧烦琐地完成了艺专不南迁的各项事务性工作,受到党组织和徐悲鸿的肯定和感念。

1948年8月15日,在"反迫害、反剿民"大示威后,国民党又开始大搜捕:艺专的"地下党"负责人马灿华、刘树屏被开除和通缉,四人被捕。侯一民带人一方面整顿组织,转移已暴露的同志;一方面营救被捕者。经过几个月的努力,最后还是徐悲鸿出面,保释了被捕的臧任远和余国育出狱。

1948年11月21日,国民党军队在北平、天津、唐山等地实施戒严。12月14日,中国人民解放军已经攻抵北平四郊,占领南苑机场,切断了平津路线。12月21日,解放军前线司令部开始广播保护"平津"文物及其"约法八章"的公告。徐悲鸿即与北平各界名流成立了文物保护协会。

在隆隆炮声中,"地下党"发给侯一民一支左轮手枪,工人组织了纠察队,由焦玉川任队长。上级已下达命令:战斗一旦打响,要保护协和医院的完整,并占领背面的汽车队。当时,李宗津的哥哥李宗恩是协和医院的院长，侯一民和李宗津、董希文赶到医院与李宗恩详细研究了届时保卫医院的具体措施……

在黎明前的黑暗中，街上的特务到处抓人，"大刀队"随意杀戮。徐悲鸿不断受到了国民政府派遣奸细的引诱和恐吓，而且收到装有子弹的恐吓信命他南归，但均被他拒绝。与此同时，他也受到了田汉、冯法祀、侯一民等中共"地下党"的暗中关怀与保护。夜里，艺专内一片漆黑，侯一民紧握左轮手枪，和战友静静守候在"工字楼"上。倾听着炮声，悉心辨别着哪怕是十分微小的动静……

1948年底，南京政府教育部派遣特务给徐悲鸿送去两张飞机票，逼他南迁。侯一民得知后，立刻报告"城工部"上级联系人冯慧溢。接到"地下党"的指示，侯一民又找到冯法祀去做徐悲鸿的工作，徐悲鸿则明确表示留在北平不走，并当场焚毁了两张机票。

1949年1月16日，徐悲鸿被傅作义邀到中南海，与著名学者和各界名流聚餐，讨论北平局势。徐悲鸿冒着风险，第一个站出来劝说傅作义以人民利益为重，和平解决北平，说道："北平二百万市民的生命财产，系于将军一身。当前的形势战则败，和则安，这已是目前的常识。北平是驰名中外的文化古都，不战则可保护这座名城完整。"

当天夜里，廖静文又接到了特务的恐吓电话，对她说道："你告诉徐悲鸿，叫他小心脑袋！"

紧接着，南京政府教育部最后派来专机，强迫徐悲鸿和一批文化名人南归，可他却以有心脏病不能乘飞机为由加以拒绝。

与此同时，齐白石也受到了特务恫吓，他则打算前往香港。徐悲鸿立即到家进行安慰，说道："您老不用着急，我有个好消息告诉您，早几天我接到周恩来先生捎给我的一封信，里边特意提到您老，并托我前来看看您，您要好好保重身体，争取做个百岁老人。"

徐悲鸿还说毛主席也嘱他代问白石先生好。听了他的话，齐白石的心里安稳了。

1949年1月31日，霞光满天，国民党军队刚刚从德胜门撤出，北平终于获得和平解放，北平艺专师生们第一批敲锣打鼓走上街头。

徐悲鸿异常兴奋，完全忘记了自己的病体，和廖静文一起参加各种庆祝活动：会见解放区美术工作者，观看他们的作品，参加各种会议，为新中国献计献策。中华人民共和国国歌《义勇军进行曲》，就在决定时参考了他们的意见。

3月初，徐悲鸿偕廖静文到北京饭店看望由香港抵达北平的郭沫若、沈雁冰、柳亚子、沈钧儒、翦伯赞等人。老朋友相见谈笑甚欢，都为解放战争的大好形势兴奋不已。

4月23日，徐悲鸿赴布拉格出席世界和平大会期间，听到南京解放的消息后兴奋得彻夜难眠。会议结束后，在布拉格进行参观访问之际，他曾向捷克东云学院建议，要以中国画交换捷克美术作品。

5月5日，代表团由捷克首都布拉格回国途经苏联，游览了列宁格勒。

谢罗夫是苏联著名画家、美术教育家。徐悲鸿在一旧书堆上看到古元对一本《谢罗夫画集》爱不释手时，便付一百五十卢布，为他买下画册并加题曰：

卅八年五月五日与古元同游列宁堡购赠纪念，悲鸿。

古元字帝源，广东人，1919年8月5日生于珠海市唐家湾镇那洲村，1932年考入广东省立第一中学，1938年赴延安入陕北公学，1939年进入延安鲁迅艺术文学院美术系第三期，1941年在鲁艺担任美术工场木刻组组长，兼任部队艺校美术教员。1942年亲临延安整风运动和延安文艺座谈会，参加全国木刻展，引起各界和国际舆论注目。后到农村参加基层工作，创作了不少反映陕北人民生活的作品，被选为陕甘宁边区文教代表，获得甲等奖。1942年在重庆举办的全国木刻展上，其作品深得徐悲鸿称赞。

1944年，鲁艺美术工场改为研究室，古元为其研究生，任创作组组长，被选为甲等文教模范。1945年随鲁艺离开延安前往东北，途中交通受阻，遂留在华北解放区。1946年任华北联大文艺学院美术系教员。1951年创作新年画《毛主席和农民谈话》，获文化部颁发的新年画二等奖，还曾参加革命博物馆的历史画创作。

徐悲鸿赴任北平艺专后，虽然暂时还未将古元调入，可两人的关系已经十分密切，来往不断。1952年，古元调任人民美术出版社任创作室主任。1958年到河北遵化县农村参加劳动，之后调入中央美术学院任教授、版画系教研室主任。1979年任中央美术学院副院长，1983年任院长；1985年当选中国美术家协会副主席。

在另一处，徐悲鸿除了购得库克雷尼克塞三兄弟的漫画册和《柯托夫画册》回国后送给了侯一民和李天祥外，还购得一具马的石膏解剖模型，一路小心抱在怀里，回来之后交到了学校的教研室。现在，这具马的解剖模型随处可见——每个美术院校都有。可当年，却是徐悲鸿从国外抱回来的，后来翻型复制得越来越多。

5月10日，徐悲鸿随代表团离开莫斯科回国。在列车上，为同团的许广平、翦伯赞、郑振铎、田汉、丁玲等人画了素描肖像。5月25日，代表团回到北平，徐悲鸿不顾旅途劳累，立刻用写实手法创作了《在保卫世界和平大会上听到南京解放》大幅国画：画面表现了听到南京解放的消息后，代表团欢呼雀跃，将一个人抬起来抛向空中极为热烈的场面。

不仅如此，徐悲鸿还撰写了《在苏联参观美术的简略报告》一文，对苏联的绘画历史，特别是自彼得大帝进行锐意改革以来对绘画的影响，以及绘画的各种流派，各个代表画家的风格，还有美术教育的形式和特点，都进行了详尽分析和描绘，对指导新中国美术事业的发展有着极其重要的指导意义。

接下来，徐悲鸿参加了中华全国美术工作者协会代表大会，被选为协会主席。接着参加全国第一届政治协商会议，亦被选为全国、北京政协委员，足见其忙碌程度。

二、别了,上海滩

1941年暮春,徐悲鸿还待在喜马拉雅山上,孙多慈迫于多方压力不得不嫁给许绍棣。婚后,她用"急风狂雨避不过,孤舟一叶独沉浮"形容自己当时的心情。此时,在许绍棣的安排下,她已在浙江省立临时高中任教,常常把徐悲鸿在中央大学讲课时的话叙述给学生:

尊崇自然,以造物为本,刊意写实,唯恐不尽。盖广泛神秘之造物,乃无尽藏之画材,足资吾撷取;取而纳诸玄思妙想之中,熔冶之以成艺,夫而后博大精深,游行自在,夫而后至美尽善,其道非得物象之精华,难具真美。若借口创造,标榜主义,是周岁婴儿,方学步而发趋也,其跬至必矣。

可见,孙多慈虽然没能得到徐悲鸿这个人,但对他的尊崇却依然如故,仍在传承他的衣钵。1942年,她与许绍棣的第一个儿子许尔华在温州出世。也是在这一年,经《东南日报》社刘湘女和永康县县长朱惠清夫妇介绍,李家应与韩祖德结成连理。证婚人为萧山籍金融家金润泉和许绍棣,孙多慈则是伴娘。

1946年,从温州回到杭州的孙多慈,听到徐悲鸿与廖静文结婚的消息后,便于杭州的弧山眉月楼上画了一幅《红梅》,题识曰:

倚翠竹,总是无言。傲流水,空山自甘寂寞。

世上的事也真巧合难料,《红梅》几经辗转之后,竟然流传到徐悲鸿手上。面对"总是无言"和"空山自甘寂寞"的题识,徐悲鸿的内心十分酸楚,遂在梅枝上补了一只孤单的喜鹊回首翘望,其埋藏在心底里的复杂情感不言自明……

2003年,在北京的世华春季拍卖会上,《红梅》以五万零六百元成交。如果放到今天,这幅述说着艺术大师徐悲鸿与其女弟子孙多慈独特而传奇的一段悲情恋爱故事画作,一定会爆出天价。

抗战后不久,孙多慈带着牙牙学语的尔华回到安庆,住在姑母家里,恰逢表妹陆汉民也从南京回到安庆探亲——她已于1945年与安庆老乡杨训浩结婚。

当谈到徐悲鸿时,陆汉民见表姐平静的脸上仍然带着无法掩饰的忧伤,于是朝她问道:"表姐,你说实话,在丽水你嫁给许绍棣是真心的吗?"

孙多慈淡淡一笑说道:"是真心如何,不是真心又如何?"

陆汉民看见表姐情绪凄凉,于是又说道:"那就是说,你的心里仍然还放不下徐悲鸿。"

孙多慈长长叹了一口气说道:"已经时过境迁,放下放不下已经没有什么意义了。人生走错一步,就会步步错,无可挽回呀。"

看到表姐脸上沮丧的表情,陆汉民不忍心再深究下去。

1947年,孙多慈与许绍棣的第二个儿子珏方出世。此时她已经三十五岁,许绍棣五十岁。

是年,徐悲鸿携夫人廖静文已经抵达北京赴任,孙多慈将自己的画选出一些精品,在"哈同集团"名下的慈淑大楼

1951年,孙多慈(右三)游欧途经纽约时与旅居美国的胡适(右一)、汪亚尘(左一)、王少陵(后排左一)合影

举办了她的第二次个人画展。徐悲鸿的朋友和学生李苦禅、吴作人、汪亚尘等画坛名宿全都到场祝贺。《大公报》《申报》《中央日报》《东南日报》纷纷对画展进行报道,发表评论文章。孙多慈抑制不住兴奋的心情,打电话向她的闺中密友李家应报告佳绩。李家应为她祝贺的同时,也因担任"战时儿童保育院院长"的功绩,获得"抗战八年胜利"纪念勋章。

此时的蒋碧薇,已经离开南京的傅厚岗,到杭州与张道藩待在一起。

1948年伯阳从部队转业;丽丽在中央大学附中毕业,已经考进金陵女子大学。可这时,因为时局变幻,南京一线告急,大家又准备逃难,

蒋碧薇便将伯阳和丽丽送到上海寿安家里。可不多日,寿安却给蒋碧薇拍来电报,说丽丽离家出走了。张道藩只好陪着蒋碧薇到上海去寻找。虽然已在报纸刊出了寻人启事,可却仍然杳无音信,最后无功而返。

1949年1月23日,人民解放军渡江南下,直逼南京。蒋介石于前两天飞往杭州,张道藩已将素珊送往台湾。

张道藩便乘坐他的车子带着同弟、坤生先行杭州。蒋碧薇则将傅厚岗的房子再度托付给李丹田夫妇看管，乘火车抵达上海，等待张道藩从杭州前来接她。一到上海，她便连续接到了张道藩从杭州写给她的好几封信，告诉她他离开上海到达杭州的一路艰难，说天气的霏霏细雨转成了大雨滂沱；没有现钞几乎买不上车票；到了上海已经无钱吃饭，掏出了"内政部"次长的名片，"青年馆"才允许他欠下三千元的饭费填饱肚子。

局势已经混乱不堪，张道藩还要到广州去开重要会议，又在信中劝蒋碧薇对于何去何从尽早做出抉择：最好是前往台湾，那里的房子不但价格便宜，而且比较安全……

张道藩焦急等待蒋碧薇尽快做出决定，以便带上坤生和同弟赶赴上海，然后设法购买上海开往台湾的"中安轮"船票。

写完几封信，张道藩便乘军用飞机赶到广州，大部分时间都在开会、宴请、拜客和接待来访者。虽然照样忙碌，但还是对蒋碧薇想得很苦，因此又连续给她写了几封信，叙述局势的紧迫，和心中的不安……

两个星期后，张道藩乘坐他的汽车赶到上海把蒋碧薇接至杭州，住在西湖饭店——张道藩、蒋碧薇住在一起，同弟、坤生等和孩子住一个大房间。不日，便搬到了葛岭一位朋友家里。

外面虽然已经烽火硝烟，可在杭州，蒋碧薇与张道藩足足过了两个月神仙般日子——由张道藩的车子代步，出双入对地游山玩水，琼楼酒肆的山珍海味，西子湖畔的漫步情缘，尽享人生无穷乐趣。

1949年3月底，国共两党谈判宣告破裂，李宗仁囊括大批公帑先到广西，随后辞职逃往香港，不久偕家眷飞往美国。当时，国民党中央已迁往广州，在杭州与蒋碧薇悠然自得的张道藩，被行政院长何应钦召回广州开紧急会议。

张道藩走后。时局更趋紧张，可他却不顾泄露军事机密，写给蒋碧薇的书信刻不容缓地飞到她的手上：述说在这紧要关口，他一是要尽忠"党国"，二就是要更加无私地爱恋她，并劝她放弃在上海"顶房子"的念头，要"顶"就到台湾去"顶"。同时说明准备去台湾和到达之后的种种安排……

张道藩在给蒋碧薇信的末尾说道:

> 我现在什么都没有了!于公,我只剩下对党国未完的责任,还想再鼓起能力,做最后一次努力。于私,我全部心思唯有放在你的安全上,除此以外我还能有什么呢?我为了爱你,使你受了莫大损失和苦痛,这是我当初再也没有想到的!我是一个如此罪大恶极的人,只希望以后不再增加罪恶,也就是使你安全为已足。但如我这样的努力仍然给你增加痛苦,那我自然只有听从你的决定了,否则,叫我又有什么办法可想呢?

可见,张道藩与蒋碧薇已经达到生死与共的地步,尽管她带着看似累赘的佣人,可却仍然不肯将她丢弃。他以为,人生的终点都是死亡,活着只是一个过程,只要这个过程美好就足够了。即便在这兵荒马乱的时刻,仍然享受着刻骨铭心的爱,这也是他最大的满足,柳暗花明也许会在前头……

收到张道藩的信后,蒋碧薇便带着佣人同弟、坤生和孩

张道藩与蒋碧薇来往的情书

子，分乘张道藩丢下的两部汽车，沿着沪杭公路疾驶上海。

蒋碧薇原想将女儿丽丽留在身边，准备把她带去台湾。可在紧要关头，她竟然失踪了。原来，她不愿跟随母亲去台湾，已经逃往解放区。

4月18日，张道藩从广州飞往上海，安排蒋碧薇一行撤退台湾的具体事宜。可当时，解放军正准备渡江南下，大军压境，就是花重金买一张黑市船票都比登天还难。多亏张道藩是"内政部"次长，才在开船前搞到四张招商局"海黔轮"船票。于是，蒋碧薇便与坤生、同弟、汽车司机和孩子，带着一部汽车登上了"海黔轮"。

"海黔轮"终于起锚，在人群鼎沸的嘈杂声中，顺着咆哮奔腾的黄浦江出了吴淞口，驶向浩瀚无垠的东海。蒋碧薇站在甲板上，望着远去的，渐渐与地平线融为一体，留下她无边爱恨情仇的城市，在心里呼喊着："别了，上海滩！"

多少天奔波，多少天的紧张无序，使得蒋碧薇的身体早已经支撑不住。她想回到船舱里躺到铺位上去休息，可一转身，却看见孙多慈带着她的两个儿子站在她的身后，大概也在心灵深处呼喊着："别了，上海滩！"

蒋碧薇没看见许绍棣，他也许跟张道藩一样：高级公务人员，有统一的飞机安排撤离。

孙多慈还是学生时代的过耳短发，洁白脸上带有忧郁神情的双眸依然漆黑，穿一件灰蓝色旗袍的身材也还那

"忆往昔峥嵘岁月"

么娇美。在她那少女般美丽的外表下面，又增添了几分少妇的温婉与成熟。然而，在她那冷峻面庞下面，却隐藏着一层不易被人察觉的薄薄冰霜……

蒋碧薇在看见孙多慈的一瞬间怔住了，不相信这会是真的，于是瞪圆了诧异的眼睛……

与此同时，孙多慈也认出了蒋碧薇，心里同样为之一震：她虽然已经是半老徐娘，可少妇般的风韵依然不减当年。然而她的目光已经失去了当年的穿透力和威慑感，面部带着尚未消退的倦容，鱼尾纹已经爬上了眼角。孙多慈不禁在心中感慨道：岁月啊！真的让人难以捉摸……

蒋碧薇和孙多慈又都在心里惊叹这世间的事情真的不可思议：两位同是倾国倾城的美女，虽然有先有后，但却对同一个男人爱得刻骨铭心，爱得死去活来，爱得切肤之痛，魂牵梦绕，这个男人就是徐悲鸿！可如今，却都已离开他越来越远……

其原因就在于：两位美女都与徐悲鸿发生过太多的猜忌、误会、龌龊、伤害，甚至是"战争"和"背叛"；二人之间也因爱恋同一个男人而发生过激烈的黑色感情冲突……

可现在，她俩却乘上了同一艘客轮要到同一个地方去。她俩的身后，又站着两个不同的男人——一个张道藩，一个许绍棣，都是高官。到达那个弹丸之地后，她们能够忘却过去的爱恨情仇吗……

三、隔海相望

1949年4月30日，蒋碧薇、孙多慈乘坐"海黔轮"抵达台湾的基隆港。

按着张道藩的事先安排，虞君质将蒋碧薇一行人接到台北，住进了为她购得的新居——温州街96巷10号。一到地方，她便接到了张道藩发去的航空快信，详述离别之后他的担心和忧惧达到了想要自杀的地步……

读罢信件，蒋碧薇便让虞君质给张道藩发电报，报告已经平安抵达台湾。两天后，又连续收到张道藩的信件，讲述局势越来越紧：战事虽然还未在上海展开，但已是物价暴涨，货币暴跌，人心惶惶，大局前途无望，无时无刻不想飞往台湾早日与她相见……

蒋碧薇也在无时无刻不惦记张道藩，同样希望他早日抵达台湾。接着，两个人便又开始频繁书信来往，述说离别之苦，幻想着团聚时刻的欢愉。可两个人又都担心有素珊隔在中间，会给他们的爱恋制造出多余的麻烦……

中年孙多慈

"海黔轮"抵达港口后，孙多慈也由许绍棣安排的人接走。

直到5月26日，张道藩才由广州乘飞机抵达台北。同机抵达的，当然少不了国民党高官许绍棣。

孙多慈先期抵达台湾后，任教于台湾省立师范学院。

1950年2月中旬，孙多慈的画展在香港的思家饭店举行，展出西画三十件、中国画五十件、素描十件、书法二十件。开幕之日，云集政府官员、社会名流、地方绅士及画界同行二百多人。香港的大小媒体也蜂拥而至进行报道。这大约都是冲着徐悲鸿的女弟子过来的，当然也不排除许绍棣动用了他的社会关系。参展一百二十余件作品除非卖品外，皆被抢购一空。

孙多慈在安庆中学时的闺中密友,作家苏雪林在法国里昂国立艺术学院学过西画,对于绘画有着深刻的理解。她在《记画家孙多慈》文中曰:孙多慈本来是学西画出身的人,素描称国内第一手。她的西画是纯粹的正统派,赋色沉着,笔法细腻,给人以一种庄严深邃的感觉。游历欧美时,看了不少现代画家作品,她当然不免受了若干感染。在巴黎时她喜欢去的地方是巴黎印象画派的陈列所。印象派大师蒙薐(Monet)、台卡(Degos)、雷诺霭(Renoir)的作品,尤为她所心折,常徘徊其下,久不能去。她对毕加索仅欣赏他某一时期的作风,至于毕氏最近十余年之画给她的启示最为重大,这在她前冬返国时对各报记者发表的谈话已经提及,又言曰:

她目前作的西画,奔放的笔意,多于矜严的设色,作风显有改变。但她艺术修养既有相当的高深,也决不至因步趋时尚,迎合庸俗之故,而走到那鲁莽灭裂的道路上去。她以后的路线大约是要以国画空灵的意境,渗入西画质实的造型,而又以西画写生的技巧,补救国画过于象征,脱离现实之弊。似她这样对于国画补救国画过于象征,脱离现实之弊。以她这样对于国画西画均曾下过功夫,天资又如此高朗,将来一定可以融汇中西,产生一种新艺术,为祖国的光荣,供国际的取法。

第十一章

大师与大师

徐悲鸿到任的"北平艺专"——后来成为中央美术学院,变成为国内最高艺术学府,囊括了中国一切有成就的艺术家和学者,为建成一所最具权威的艺术院校,朝着现实主义写实主义道路上发展打下了坚实的人才基础。

一、裱画大师刘金涛

徐悲鸿无论走到何地,都离不开裱画工人,他说作品是三分画七分裱;画家在前台,裱画工在幕后,谁也离不开谁。

来到北平后,徐悲鸿发现琉璃厂有个叫刘金涛的裱工,人很谦和,做工也细致,而且具有很高的审美趣味。于是,在1947年正月初一,便把他请至家里做客,对他说道:"我有件事同你商量,就是房子的事。我想了个办法,由我出面把画家们聚在一起儿,请他们吃顿饭,让他们每人画张画送来,办个画展,凑一笔钱,为你扩充门面。"

刘金涛听了自然满心欢喜。他已经做了十几年的裱画工,还从来没遇见过像徐悲鸿这样的人。

几天之后,徐悲鸿便在家中设宴,请来齐白石、李苦禅、李可染、叶浅予、于非闇、王青芳、田世光……

齐白石等人不必再提,于非闇早已是北平德高望重的工笔花鸟画家。并以赵佶的瘦金书蜚声画坛,先后出任京华美专、华北大学、北平艺专教授,和北京画院副院长。

裱画大师刘金涛

王青芳早年受堂兄王青照影响开始学画。1923年入北平艺专,受陈师曾、王梦白等人影响较深。蒋兆和曾以王青芳和小写意画家邱石冥为模特,以知识分子形象画进了他的《流民图》中。

田世光1916年生于北京,1933年入北平京华美院,师从张大千、赵梦朱、吴镜汀、于非闇、齐白石诸先生,此时任教于北平艺专。

为了提携一个普通的裱画工人,徐悲鸿竟然请来这么多名家,对他们说道:"金涛为人厚道,手艺也好,我所珍藏的《八十七神仙卷》就是由他揭裱的。可惜一个年轻裱画工人得不到社会重视,生活也很苦。今天我请各位热心相助,每人为他作画三幅,准备展览出售为他扩充门面。"

徐悲鸿的提议受到在场画家的赞同。三天之后,他便带着刘金涛来到跨车胡同齐白石家里,齐白石即将已经准备好的三幅画交给他。

在徐悲鸿的催促下,于非闇、王青芳、李苦禅、李可染、叶浅予、田世光,还有那天没到场的孙宗慰、吴作人、宗其香、黄均等人捐给刘金涛的作品都已送到徐悲鸿手里,共计四十多幅。1948年4月27日,"义展"在北平中山公园举行,徐悲鸿亲自为其拟写了新闻稿:

> 琉璃厂金涛斋裱画处主人刘君为人诚厚,艺术家多与往来。此次扩张铺面,齐白石、叶浅予、于非闇、蒋兆和、李苦禅、李可染、王青芳、黄钧、吴幻苏、田世光、宗其香等诸名家咸捐画以助其成,而悲鸿尤力赞助。闻诸人作品将于四月二十七日至三十日在中山公园董事会展览四日云。

中山公园的画展作品两日内已被抢购一空。上海《申报》载文称:

> 徐悲鸿在故都为青年裱画师刘金涛发起义展作扩充门面之需,得款一亿余元。刘金涛用义款扩充了店面,生意扩大了,他对工作也更加尽职尽责。被徐悲鸿称之为画界的无名英雄。此后,刘金涛与徐悲鸿的关系也更加亲密了。有一天,刘金涛对徐悲鸿

说:"天津有人在举办徐先生的假画展。"

徐悲鸿听了说道:"我的假画展不仅天津有,重庆等地也有。伪造别人的作品是不道德的,可是,如今有些人的画卖不出去,生活困难,出于无奈,只好如此,就不管了吧。"

对于刘金涛而言,这无异于天上掉馅饼,乐得合不拢嘴。8月,徐悲鸿的近作展在上海举行,可他的身体不好,加上校务工作不能脱身,便委派刘金涛、艾中信、董希文赴沪代办。

刘金涛乐此不疲,接上两条腿跑前跑后,使得画展圆满成功。

就在北平解放之日,徐悲鸿为刘金涛画了一幅《耕牛图》,题识曰:

余虽出卖劳力,但也求其值得。一生伏地耕耘,寻些青草吃吃。世上尽有投机,奈性愚笨不识,至多负荷一犁,听听劳人鼻息。乙丑岁始为刘金涛君写北平解放之日,悲鸿躬逢其盛。

二、张大千来访

徐悲鸿此次赴北平接任艺专,所聘任和团结的画家,与他早年在中央大学时有所不同。当时,还处于中国绘画发展的早期,他的主要目标是发现人才、培养人才。把大批有发展前途的青年学生送出国门,不能出去的,都被他收入门下。而这次来到艺专,因为要建成全国第一流的艺术院校,因此,所聘任的,都是能够独当一面的顶级人才。

接受徐悲鸿聘任,诸如齐白石、吴作人、滑田友、蒋兆和、王学仲等人,都是经徐悲鸿发现后一手提拔起来的。

除此之外,本书第二卷中提到的范志超,也被徐悲鸿聘为北平艺专的英语教授——她还是徐悲鸿长子伯阳的英语老师。同时,王合内也被徐悲鸿聘为法语教授。

范志超1906生于松江，小学毕业后考入松江松筠女子职业学校。1921年，去上海宝隆医院学习医护知识，继而在松江景贤女中求学。期间，参加反对军阀、宣传妇女解放运动，并加入了国民党。1923年，在上海完群女子学校和上海海澜英文专业学校学习期间，参加了向警予领导的妇女联合会。"五卅"运动时，以学生代表身份开展"学联"工作。后经朱季恂、侯绍裘介绍去广州中央学院图书室工作。1927年，赴武汉国民党中央党部海外部负责编辑《海外周刊》，兼做汉口妇女协会工作，与瞿秋白之弟瞿景白共事。1928年加入中国共产党。之后，赴南京国民党江苏省党部任编辑、秘书、妇女部代部长。

"四一二"反革命政变后，范志超因共产党员身份被捕，经国民党第六军一军官相救而脱险，随即退出了国民党。数

张大千、毕加索化妆与徐雯波摄于法国巴黎，可以看出艺术家的风趣

月后,辗转江西九江、牯岭与茅盾等人一起返沪。1928年秋,在奉贤曙光中学教书,1929年后回老家养病。

抗战爆发后,范志超在上海、马尼拉、武汉、香港等地从事教师职业。在多种报刊上发表有关促进当地妇幼及教育事业发展的进步文章。后来,旅居菲律宾、英国、美国多地。茅盾给她起名曰"范云"——一个"云"字道出她"飘如游云"的脱俗和率性。

1947年冬,范志超离美返沪,次年应徐悲鸿邀请赴北平艺专教授英文。南京政府催促徐悲鸿带上北平艺专南迁时,她则热心劝说徐悲鸿和艺专留下来,并积极参加护校活动。她的床头,一直悬挂着徐悲鸿为她绘制的炭笔肖像。

范志超是很多历史事件的亲历者,与国共两党不少高层人物都很熟悉。柳亚子视她为"三传弟子",新中国成立在即,曾向毛泽东主席推荐她担任政府英文秘书。

范志超还珍藏有徐悲鸿的《猫石图》轴,有人曾多次出高价索取,均被其婉拒。对此,她说道:"徐悲鸿1938年抗战期间,我旅居香港,正遇先生赴港开画展,他去寓处看我,就画了一幅《猫石图》赠我,我很珍惜它。以后我侨居菲律宾,又去美国等地,这件杰作一直陪伴着我。我于1947年归国,这幅画也跟我到了上海。"

范志超又说道:"在抗日战争之前,徐悲鸿亦有《喜鹊》《奔马》各一幅赠送给我,那是他精力充沛期的佳作,可算是宝中之宝了。"

范志超在中央美术学院执教时认识了齐白石,老人见她不但生性善良,而且绝顶聪明,便主动赠她一幅隶书对联:

　　志超女士:莲花心地 雪藕聪明 八十九岁白石

赠书时候,齐白石还颇为得意地说道:"我还没有给别人写过同样的东西呢!这是你独有的。"

不久,柳亚子看到此联虽赞不绝口,可却认为如果再有一幅中堂便更雅致了。随后，北京文艺界人士于申隆饭店聚会，柳亚子碰见齐白石，便请他再作一幅《牡丹图》赠给范志超。不日，齐白石果然送来一幅《牡丹图》。后来范志超对此说道："此对联与画同我相伴十多年，凡爱好画的亲友见了都说百看不厌。"末了，她将这些珍贵文物捐给了上海市文管会。

范志超还是位十分幽默的人，与瞿景白一起工作期间，不断收到他的求爱信。可他却是个塌鼻子，长兄瞿秋白于是给他写信说："你还是把你的鼻子治好再追求范志超吧。"

瞿景白就把哥哥的信拿给人看，并且写给了范志超。范志超则给他回信说道："女人要求男人的并不是鼻子。"

以上可以看出，既长得漂亮，又具人格魅力，冰清玉洁的范志超人见人爱，大家都非常喜欢她。当年，她虽然由于戴清波的反对没能嫁给蒋丹麟，后来除瞿景白外，还多次拒绝过黄琪翔的求爱。但她还是经历过一段暂短的，喜欢和爱护她的人不愿提起的婚姻——她曾对茅盾说过，那不是为了爱情，而是为了工作……

这样，徐悲鸿到任的"北平国立艺专"——后来成为中央美术学院的国内最高美术学府，就囊括了中国现代一切有成就的艺术家和学者。为建成一所最具权威的美术院校，朝着现实主义、写实主义的道路上发展打下了坚实的人才基础。这些人经常聚首在徐悲鸿家里，廖静文总是细心听取他们谈论艺术，招待他们沏茶饮水，有时还要留饭。她怕徐悲鸿的高血压犯病，总是代替他与这些艺术家举杯畅饮。

徐悲鸿唯一感到惋惜的，就是张大千没有到任。恰在这时——1948年9月20日，他偕夫人徐雯波及其入门弟子糜耕云与谢稚柳来到北平。徐悲鸿便委托黄养辉为张大千、谢稚柳接风，游览故宫后下榻于北京饭店。翌日，二人被接至徐悲鸿的"蜀葵花屋"，老友相见，自然欢笑不绝。

张大千是位古画迷，话未几何，便将随身携带的《韩熙载夜宴图》展开与徐悲鸿共赏。徐悲鸿、谢稚柳对此赞不绝口。

早在年初三月，徐悲鸿已将《八十七神仙卷》让刘金涛重新揭裱，于是取出来展开与《韩熙载夜宴图》进行对比。张大千和谢稚柳是在《八十七神仙卷》失窃之前就已见过的，张大千还曾托谢稚柳与徐悲鸿通融要用古画与之交换过。现在重见，仍然大为赞叹，认为《八十七神仙卷》与《韩熙载夜宴图》同是唐人作品。对比完了，徐悲鸿请张大千、谢稚柳二人为《八十七神仙卷》作跋。张大千题识曰：

　　悲鸿道兄所藏《八十七神仙卷》，十二年前，予获观于白门。当时咨嗟叹赏，以为非唐人不能为，悲鸿何幸得此至宝。抗战即起，予自古都违难还蜀，因有敦煌之行，端摩石室六朝隋唐之笔，则悲鸿所收画卷，乃与晚唐壁画同风，予昔所言，益足征信。曩岁，予又收得顾闳中画《韩熙载夜宴图》，雍容华贵，粉笔纷披。悲鸿所收藏者为白描，事出道教，所谓《朝元仙仗》者，北宋武宗元之作，实滥觞于此。盖并世所见唐画人物，唯此两卷，各极其妙，悲鸿与予并得宝其迹，天壤之间，欣快之事，宁有过于此者耶？

当时在中国，张大千和谢稚柳是鉴赏古画最具权威的专家，有他二人鉴别，便为铁定。徐悲鸿在装裱《八十七神仙卷》时就已经为张大千和谢稚柳留下了题跋空间，张大千题完，便躲开身子。谢稚柳看完张大千的题识略加思索，欣然命笔：

　　悲鸿道兄所藏《八十七神仙卷》，十二年前见之于白门。旋悲鸿携往海外，乍归国门，遂失于昆明，大索不获，悲鸿每为之道及，未尝不咨嗟叹惋以为性命可轻，此图不可复得。越一载，不期复得于成都，故物重归，出自意表，谢傅折屐，良喻其情。此卷初不为人所知，先是广东有号吴道子《朝元仙杖图》，松雪题谓是北宋时武宗元所为，其人物布置与此卷了无差异，以彼视此，实为滥觞。曩岁，予过敦煌，观于石室，揣摸六朝唐宋之迹，于晚唐之作，行笔纤茂，神理清华，则此卷颇与之吻合。又予尝见宋人摹周文矩《宫中图》，风神流派质之此卷，波澜莫二，固知为晚唐之鸿载,实宋人之宗师也。并世所传先迹,论人物如顾恺之《女史箴》(阎立本)《列帝图》,并是摹本。盖中唐以前画,舍石室外,无复存者。以予所见,宋以前惟顾闳中《夜宴图》与此卷,并为稀世宝,悲鸿守之,比诸天球、河图至宝,是宝良足永其遐年矣。丁亥正月十九日海上谢稚柳书。

谢稚柳题完,徐悲鸿和张大千均击掌为之叫好,就连站在一旁的张大千夫人徐雯波也对此赞叹不已。

徐雯波生得美丽娴静,风度优雅,刚满十八岁,与四十九岁的张大千成婚不久,成为他的第四任妻子。

张大千二十岁时,因青梅竹马的未婚妻过世,便跑到宁波天童寺出家当了和尚,三个月后被他的兄长张善孖由庙里押回四川老家,奉母命迎娶了大家闺秀的原配夫人曾庆蓉。

曾庆蓉的性格温柔和善,可张大千性格放荡不拘小节,夫人只是逆来顺受一味迁就。因为是父母包办的,张大千总

马寿华(左)本职为大法官,又是著名书画家。徐雯波行传统的三跪九拜大礼拜马寿华为国画老师

觉得不满足。不久,便将母亲的远方亲戚黄凝素纳妾入室,为之生儿育女。

黄凝素幼时父母双亡,在张家长大,不但长得漂亮,而且十分精明,性格也比大太太泼辣,嫁给张大千时刚刚十五岁。她虽喜欢张大千,但却不满他的暴君脾气,遇到他欺负大太太时,便借机对他发泄怒火,以泄怨气。

1935年,三十六岁的张大千带着二夫人黄凝素来到北平,在城南游艺园遇见了曲艺演员杨婉君。杨婉君聪明漂亮,身材绝好,扮相出众,声音清脆嘹亮。张大千见之惊为天人!心想:"若得此佳人,可谓平生快事。"于是,先是试探,然后百般殷勤央求黄凝素,要将杨婉君迎娶入门。

黄凝素被缠不过,心想大千已有两房太太,年轻漂亮的杨婉君何以会答应?于是便同意了。张大千便找到老友于非闇为之做媒。

随即,于非闇当起了月下老,赶到杨婉君家里游说。为了打消杨婉君的疑虑,张大千竟然说服黄凝素随之前往。到了杨家,于非闇对张大千进行大吹大擂⋯⋯

于非闇的名气已经誉满京城,杨婉君也知道张大千的名声,看看坐在身边的二夫人黄凝素,觉得心有余悸。

徐雯波的后半生一刻都没离开张大千,1946年赴美,与绘画史专家高居翰夫妇合影

黄凝素看出杨婉君的疑虑,于是拉着她的手说道:"好妹妹,家里的大夫人见不得世面,我的孩子多,脱不开身,大千到哪去也不能陪着。你若来,我可专心专意看孩子,大千去哪儿也好有个伴。"

经过于非闇和黄凝素的说和,

徐雯波随张大千赴世界各地参加画事活动，悉心照料他的生活

杨婉君竟然同意了嫁给张大千，就连黄凝素都未料到。婚后，张大千将杨婉君改成了杨宛君。

抗战爆发后，张大千带着大夫人曾庆蓉、二夫人黄凝素和三夫人杨宛君从上海经香港避居重庆，不久住到了灌县青城山。

1943年，张大千从敦煌考察莫高窟壁画回到成都时，黄凝素已经有了外遇——白天在外打牌，晚间夜不归宿，遂要求与张大千离婚。

一天，张大千正在家里发闷，读中学的女儿张心瑞领来她的一位同学——徐雯波。徐雯波还只是个大孩子，美颜娇嫩，喜欢绘画，对张大千十分敬慕，是前来看他作画的。

"眼中很少奇男子，腕底偏多美妇人"的张大千对徐雯波十分热情。有一天，正与她闲谈，日军飞机突然对成都进行轰炸，张大千便随她躲进她姑母家里的防空洞。

徐雯波的姑母也久慕张大千名气，很想看他作画。于是，他便在徐家设置了画案。日子久了，姑母看出张大千非常喜欢徐雯波，二人十分亲密，有时还在暗地卿卿我我，便开始反对他们在一起。可细观之，发现徐雯波已经有了身孕——生米做成了熟饭。姑母无奈，虽然年龄悬殊，而且张大千已经有了三房太太，也只好同意徐雯波嫁给他。

婚后，张大千激情大发，作画更加勤勉。徐雯波也成了他的大帮手，随同各地讲学、作画、举办展览。到徐悲鸿家里来，是她第一次进京。流连至晚，临别时，经徐悲鸿再三请求，张大千才答应等把外面该办的事情办完再到"北平艺专"来上课。

张大千、徐悲鸿、谢稚柳对于一件具有无穷魔力的艺术品总是百看不厌，用他们的话叫做"赏玩"。张大千和谢稚柳走后，徐悲鸿还不时将《八十七神仙卷》展开，不但细细揣摩八十七个人物神态，也在观赏张大千和谢稚柳的题跋。最后，又在《八十七神仙卷》题上了跋二：

是年，吾应印度诗翁泰戈尔之邀，携卷出国，道经广州，适广州沦陷，漂流西江四十日，至年终乃达香港。翌年走南洋，留卷于港银行铁箱中，虑有失也，卒取出偕赴印度。曾请囊达赖·波司以盆敢利文题文。廿九年终，吾复至南洋为筹赈之展，乃留卷于圣地尼克坦。卅年欲去美国，复由印度至槟城，吾亲迎之。逮太平洋战起，吾仓皇从仰光返国，日夜忧惶，卒安抵昆明。熊君迪之馆吾于云南大学楼上。卅一年五月，吾举行劳军画展。五月十日，警报至此，画在寓所，为贼窃去。于是魂魄无主，尽力侦索，终不得。翌两年，中大女生卢荫寰告我，曾在成都见之，乃托刘德明赴蓉，卒复得之，唯已改装，将"悲鸿姓名"印挖去，题跋及考证材料系数遗失，幸早在香港付中华书局印出。但至卅五年胜利后返沪，始及见也。

想象方壶碧海沉，帝心凄切痛何深；相如能任连城璧，负此须眉愧此身。既得而愧恨万状，赋此自忏。

卅七年十月重付装前书　悲鸿
初版印出之第二跋已增舒君新城。

第十二章

历史疑案

刘海粟与吴冠中在对待徐悲鸿的态度上,采取了两种截然不同的态度:刘海粟虽然与徐悲鸿不睦,可对他向来是赞扬有加,总说他"非常刻苦用功,古文根底很好,文章也写得好"。"悲鸿西洋画的底子很厚,尤其在素描和色彩的基本功上,造诣很深。"刘海粟这样讲的目的,意在说明徐悲鸿是他的学生,也就无形中抬高了自己的地位。

而吴冠中却是直截了当地指责徐悲鸿就是"美盲"。进而,将话锋一转又说道:"我以为我的开拓性在于使中国的绘画,包括油画和水墨画走向世界。"

吴冠中这样一贬一褒,其寓意不言自明……

一、重提刘海粟

关于徐悲鸿与刘海粟的早年恩怨，本书在第一卷第十一章中已经有所表述。后来，无论在国内还是国外，两人虽然没有再公开交锋，可却都在心底里暗暗较劲；固然有时也鸡犬相闻，但却决意老死不相往来。然而后来，新的情况又出现了……

1939年5月，汪精卫抵达上海后，立即召见褚民谊，让他发表对于"和平"运动的意见。褚民谊的看法与汪精卫一拍即合，遂成为"汪伪政府"的核心人物之一。1939年8月底，在汪精卫召开的"伪国民党""六大"上，褚民谊任大会主席团副主席，被推为中央监察委员会常务委员。随后，在"伪国民党"六届一中全会上，又出任秘书长，成为"汪伪政府"的"总管家"。当时，大家对汪精卫、陈君璧手下的汉奸，以"陈公博的嘴，周佛海的笔，褚民谊的腿"相称。

前面已经谈到，1946年8月23日，褚民谊以"汉奸罪"在苏州狮子口监狱刑场被执行枪决。可在此之前，他却是刘海粟的好友。"汪伪政府"成立后，他便邀请刘海粟担任政府教育部长。而由于蒋介石政府对投敌的"汪伪官员"实行暗杀策略，已经当了汉奸的陈篆和唐朝义都已被戴笠派特务开枪打死。虽然在褚民谊的陪同下刘海粟见到汪精卫后说过"老实说我被他打动了，答应做一些教育方面的事情。因为不管时局怎么发展，教育总归是最重要的"。

其实，刘海粟不过是要了个万全之策：当时当着汪精卫的面，他觉得不好不答应，可事后经过权衡，又怕遭到暗杀。因此，才不得已于1939年末乘坐"芝巴德"号抵达南洋。1940年1月20日在雅加达举办了中国现代名画筹赈展览会，将所得赈款十五万盾交当地华侨总会，直接寄到贵州红十字会转交给前线抗日将士。当年，郁达夫在新加坡知道之后，也力邀他前去举办筹赈画展。而此时的徐悲鸿，早已在新加坡搞完了筹赈展览，正在加尔各答印度东方学社举行第二次个人画展。刘海粟不过是步徐悲鸿后尘而已。

徐悲鸿6月5日写给周扬的第一封揭露刘海粟的信

徐悲鸿6月8日写给周扬的第二封揭露刘海粟的信

新加坡被日军占领后，刘海粟也因此滞留在新加坡。但令人匪夷所思的是，他后来竟然是乘坐日寇军用飞机回到上海的。日后有关刘海粟的这段历史，大都说他是被日军押上飞机遣送回上海的。可刘海粟却"口述回忆"说道："当初日本军部派军用飞机送我回来，有许多人不理解，以为刘海粟一定是卖身投靠做了汉奸了。误会很多，我不管的，随他们去说。这种事情你不能解释的，越解释越不清楚。但是内心痛苦极了。"

然而，当初流落在南洋的文化界人士非常多，徐悲鸿是

1929年刘海粟（前左）在巴黎与画家阿尔培·裴诺合影，右后者为傅雷，左后者为张弦、张韵士

躲避着日寇的追杀，冒着生命危险，经过千辛万苦才回到国内的；而郁达夫却永远也没能回来，可日军为什么单单会派军用飞机送刘海粟回到上海？

正像当年徐悲鸿赴新加坡，由桂林上船在西江漂流途经江门时，全粤境内皆遭日寇猛烈轰炸，唯独江门幸免。原来，大汉奸温宗尧为江门人，是他向日方陈情而未遭蹂躏。故徐悲鸿戏谑道："然则吾侪一时之苟安，乃出于汉奸之赐之，亦可怜矣。"

由此可见，任何事情都有因果关系，倘若温宗尧不是做了汉奸，也没有对日方陈情，他能够对此事作出自圆其说吗？刘海粟知道自己被日本的军用飞机送回上海说不清楚，越描越黑，才说道："这种事情你不能解释的，越解释越不清楚。"

刘海粟回国之后，于1943年11月在上海举办画展，可画展的组织者竟是汪伪政府的司法部长张一鹏，许多日本军官和汪伪政府的高官都前往祝贺。11月30日上海的《申报》在《刘海粟书展，昨预展盛况》中报道：

《汉奸汪精卫陈璧君夫妇跪像》（雕塑）王临乙作

> 与会的有盟邦方面东亚同文会副会长津田中将，海军武官府长近藤少将，盐田大尉，陆军部川本大佐，日大使馆奥村课长，岩井书记官，华中振兴公司高岛总裁，冈部顾问等……刘海粟亲自招待，巡回观摩，风趣横生……

与此同时，报纸还刊登了刘海粟与"盟邦"友人握手言欢的照片。对此，刘海粟又解释说："当初，他们许多人批评我办画展不应该请日本人到场，我的想法同他们不一样。你日本人再骄傲，地位再高，什么华东陆军总司令，大佐还是什么佐，你还是要来给我捧场，恭维我，出钱把我的画买回去供在你的大厅里。这不是耻辱，这是自信。"

对此，不仅使人想到中国的一句俗话："物以类聚，人以群分"。除此之外，刘海粟还能做出啥样的解释呢？

1945年8月23日，在周恩来所主持的《新华日报》上刊有《文化汉奸名录》：第一名是周作人，第二名是管翼贤，第三名是陈彬龢，第四名是钱稻孙，第七名是张资平，第八

1945年8月26日刊有"文化汉奸"名录的《新华日报》

名是林微音；还有陶亢德、柳雨生、章克标等，汪馥泉排在最后一个。而前边空格的第六名，便是刘海粟。在刘海粟的名款下面写道：

> 这位有名的画家在太平洋事变后由南洋回到上海，受敌伪的利欲的引诱，下了水，公然对伪新闻记者发表谈话，称颂"大日本"的"王道"了。

看到这个《文化汉奸名录》，有的读者可能被吓了一跳！因为在其中赫然写着"林微音"的名字。然而，这个林微音绝不是本书在第一卷中写到的与徐志摩有着感情纠葛最后嫁给梁思成的那个大家闺秀"林徽因"。这个林微音则为男性，《文化汉奸名录》在他的名款下写道：

> 太平洋战争前，他已经下了水。但他还称辩，发表"我不会变，我不会伪"的强辩文章。不久以后，他的面目公开了，他主持敌寇所支持的文化第五纵队的"现代艺术公司"，又主编老牌汉奸报纸《××日报》的副刊。

由此可见，林微音，与林徽因绝不是一个人。而林徽因的原名也叫林微音，可因为这个当了汉奸男性"林微音"的出现，心高气傲的女性"林徽音"——梁思成的夫人便登报声明，将自己的名字改成了"林徽因"。可后来，许多人，包括一些专家、学者，仍然将"林徽音"与"林微因"混淆者，屡见不鲜。而作为一代美女加才女的林徽因，再加上她作为梁启超的儿媳——梁思成的妻子，并和诗人、"情圣"徐志摩以及知名哲学家金岳霖等人的情感纠葛，一向吸引大众的眼球。由此缘故，林微音也以其陪衬甚至反面角色而被世人记忆下来。后经方家一再指摘，才能将二者区分开。

当了汉奸的林微音是江苏苏州人，生于1899年，笔名陈代，高高的个子，身材偏瘦，红鼻子，平时喜欢穿长衫。最大的文学成就当属于小说、散文，诗歌次之。对于中国现代文学唯美主义的引进、提倡和发展，做过不可磨灭的贡献。1929年6月，由北新书局出版的短篇小说集《白蔷薇》是他的代表作，写一个婚外恋的故事。他的中篇小说《花厅夫人》，常被作为"海派小说"唯美主义的代表作品加以解读。由于小说的意义非同寻常，1989年12月上海书局又以"海派小说"专辑形式，作为中国现代文学史参考资料重新出版。

1932年，林微音为帮助好友邵洵美，一度担任新月书店经理，经常流连于他的家中，与林语堂等人讨论《论语》杂志的创办工作。1933年，林微音参与创立《绿社》和《诗篇》月刊，所创作品，无不体现唯美主义风格。1933年，林微音与鲁迅发生过一场论战，被鲁迅咒骂为"讨伐军中最低能的一位""叭儿们中的一匹"。

林微音甚至接受"汪伪"汉奸政府特务机关的四十元津贴，办起了一个名为《南风》的杂志，为汉奸文化效犬马之劳。由于精神困顿，生活不如意，从30年代末就沾上了鸦片烟瘾。1949年失业以后，曾经央求施蛰存帮忙找一份英语教师的职业，或介绍点翻译工作。但施哲存却爱莫能助。之后，他的生活状况便鲜为人知了，于1982年去世。

而令人难以置信的是：林微音与林徽因虽然是一男一女，一个"海派"

一个"京派",但他们在小说创作的题材及叙述风格上却都与五四时期的女作家凌叔华、陈衡哲、冯沅君十分相近。仅从林微音的《白蔷薇》和林徽因写徐志摩的那篇《窘》中便可见一斑。这也是后辈学者难于区分二人作品的一个重要因素。

就在南洋举办中国现代名画家筹赈展览会时,刘海粟结识了一位前来拜访的夏伊乔女士,被她的容貌和风韵所打动。

刘海粟在此之前已经有过三次婚姻:第一次是十六岁那年,以为父亲为他提亲的对象是与他青梅竹马的表妹杨守玉。岂料,女方竟是丹阳富商的"千金小姐"林佳,因为不如意造成了他的逃婚;第二次便是在任职上海美专校长期间,娶的上海神州女校十七岁眉清目秀的女生张韵士;第三次婚姻则是上海美专生得花容月貌、性格活泼,被誉为"校花"的女生成家和。

1933年的9月,刘海粟带着成家和到苏州游玩一天,作为二人的订婚仪式,第二年春天举行了婚礼。

十年之后,成家和已为刘海粟生育了一儿一女。可听说他到南洋筹备中国现代名画赈济展览时,认识了当地华侨女画家夏伊乔,并与之产生了恋情。成家和便委托律师办理了与他的离婚手续。

夏伊乔曾于1938年与她的华侨同学结婚。抗战爆发后,新婚不久的丈夫动员一批爱国侨胞回国参战,在武汉保卫战中壮烈牺牲,留下一个遗腹女。

刘海粟与成家和离异后,苦闷之余,便想起了远在印尼的夏伊乔。随即致电给她,说明现状,希望她能来上海。他知道,年轻貌美的夏伊乔身边围着众多追求者,对自己的希望并没太大把握。可是,没过多久,他却接到夏伊乔从上海华愚宾馆打来的电话,使他喜出望外。

1944年1月16日,刘海粟与夏伊乔在上海外滩12号工商联谊会举办了婚礼。在刘海粟的情感世界里,夏伊乔被他称之为"恢复春天生机的人""人间难得一知己"。可在婚礼上担任主持人的,却是在《文化汉奸名录》上刊登的第三名——臭名昭著的大汉奸陈彬龢,婚礼自然也就少不了上海一些知名汉奸。与他开办画展时候一样,刘海粟也同样邀请了许多"汪伪政府"和日寇在华的官员——日军要员川本芳太郎与高岛厥次郎均都亲临到场祝贺。

1949年以后,刘海粟由于历史上的事总不能自圆其说,遂逐渐被新中国政府予以"闲置"和"边缘化"。

如果刘海粟就此销声匿迹,也就罢了。可到了1953年,徐悲鸿听说他将出任华东艺专校长,不觉心生愤懑,便于6月5日给时任文化部长的周扬写了第一封信:

周扬先生:

　　白石翁为答谢做寿,特赠先生画一幅,嘱为转至,兹遣人送上,请查收。

　　前几日,我为抗议刘海粟出任华东美专校长,曾与先生面谈,并至长函备忘(又附览刘国画两册)。今觉意犹未尽,再述如下:刘海粟充当汉奸,其罪行轻重如何,吾人姑不置论,其丧失民族气节,则是事实。此乃吾人最蔑视者,所谓"虽孝子慈孙,百世不能改"之污点。再则,刘海粟抄袭他人作品蒙蔽人民,铁证如山,为清除文艺界之恶劣作风,此乃典型事件,我当坚持抗议到底!愿知先生意见。又刘画两册乃借自院中,请即见还,以示同人。

　　此致

　　敬礼

　　　　　　　　　　　　　　　　悲鸿6月5日

一个月后,徐悲鸿对刘海粟的事仍然不放心,7月8日再致周扬一封信,写得更加详细和具体:

周扬部长:

　　今日先生谈拟开座谈会,令刘海粟检讨,我回来思量,以为不必要，原因是：这可能成为像刘海粟在上海时自吹自捧的"检讨会"，不解决问题。我以为应叫他坦白下列各点：

（1）上海沦陷时间与日本人有那些勾结？参加过哪些媚敌活动？担任过何种职务？

（2）共盗窃过那些作品（如果写明仿某人作品不算盗窃）？——举出来。

（3）谁贩卖形式主义？谁毒害了青年？是我还是他？谁是谁非？应严格检讨。

以上各点，须在一星期内交出材料与文化部，如果他能忠诚老实交代，我同意宽大处理。如果他还隐瞒或辩护，足证问题严重，文化部应严加追究查办，我想先生当能同意。我当继续收集有关材料，在他坦白期间暂不发表。

此致

敬礼

徐悲鸿顿首

7月8日

1987年7月25日，刘海粟在新加坡接受《明报》记者采访，回忆往事时说道：

悲鸿和朱屺瞻、王济远同班，当时在校时，我很喜欢他，家境虽贫穷，但却非常刻苦用功，古文根底很好，文章也写得好。我们常常一道到郊外写生，我画油画，他跟着临摹，我画水彩，他也跟着画。如此维持了半年左右，有一天，他忽然不告而别，一连三天没有音信，实在令人担心。过后，才知道他到了上海首屈一指的哈同花园为其主管姬觉弥作人像画去了。他通过哈同花园主人，结识了不少当代文化名流，也拜了康有为为师，进入蒋碧薇家，后又在蔡元培先生鼎力支持下，终如愿以偿到法国深造。

刘海粟发表上述言论时，徐悲鸿已经过世三十多年，可在徐悲鸿还活着的时候，当然没买过他的账。

后来，由于新中国成立初期的时代背景及其人事关系极其复杂，刘海粟还是出任了华东艺专校长。这大概与刘海粟将经营了四十年的上海艺专被收归国有，合并到华东艺专名下有关。但在徐悲鸿的极力反对下，刘海粟却没能参加1953年9月23日召开的全国第二届文代会。还有一点是可以肯定的：徐悲鸿至死都不想与刘海粟往来。

1953年，刘海粟出任华东艺专校长后，曾经到中央美术学院去过一次，目的很明显，当然是想与徐悲鸿和解。时任中央美术学院副教务长的王朝闻曾经劝徐悲鸿与刘海粟见个面，但他却说道："我考虑了一下还是不去了，请你去招待一下吧。"

时隔不久，徐悲鸿便在第二届文代会期间患脑溢血离世。令人感到刘海粟聪明的一点是：在徐悲鸿去世之后，他并没有像某些人那样用手戳他的脊梁，而且还写了"怀念"性的文章《尊重历史，寄希望以未来》。虽然在文章中仍然有对自己的"标榜"之嫌，然而看上去还不那么惹眼。

当然，刘海粟当年在极其艰苦的条件下创办了上海美专，在抗日战争期间也曾到南洋搞过筹赈展览，后来还把在香港的卖画所得悉数捐给了南京艺专。这些历史上的功绩也是不可磨灭的。这里不过只是就徐悲鸿向周扬写信一事加以陈述，余者不计。

二、结怨吴冠中

2007年4月19日，吴冠中对《南方都市报》记者李怀宇说道：

> 这里面，徐悲鸿起到很重要的作用，他在一个很重要的岗位上，因此他的力量很大。但是我们提倡"百花齐放"，什么样都可以，现在的形势我看哪，又把现实主义拼命在抬，画那些革命

的题材，这当然可以。我在思考这个问题，美术的功能像诗一样，当然可以画插图，但这不是它的主要工作，主要的任务是创造美，创造精神世界。但是现在政治上也好，社会各方面也好，没有重视这一点。

  他（徐悲鸿）可以称为画匠、画师、画圣，但他是"美盲"，因为从他的作品上看，他对美完全不理解，他的画《愚公移山》很丑，虽然画得像，但是味儿呢？内行的人来看，格调很低。但是他的力量比较大，所以我觉得很悲哀。审美的方向给扭曲了，延安的革命思路加上苏联的影响，苏联的东西还是"二手货"，从欧洲学来的。这些东西来了以后，把中国的审美方向影响了。

  一言以蔽之，吴冠中的一席话已经把徐悲鸿定性为"美盲"。他还直言不讳地说，绘画则是表现"美"的一种最直观、最概括的形式。试想，一位提倡美、赞扬美，披荆斩棘数十个春夏秋冬，穷其一生使用绘画形式挖掘"美"，而且不乏诸多鸿篇巨制的艺术大师，最后竟被冠以"美盲"称号，吴冠中的语言和心机是不是过于刻薄了？

  就在吴冠中认为徐悲鸿"对美完全不理解"，将他变成"美盲"，"扫地出门"之后，吴冠中又说道：

  林风眠是我所走的这条路的开拓者，但由于历史的原因，他只能是一个开拓者、一个起步，容量上不如我。潘天寿当然是了不起的大家，但面比较窄。黄宾虹我是不重视的，张大千就更反感，李可染变得也有限，石鲁画得也还不错。所以站在美术史上，我以为我的开拓性在于使中国绘画，包括油画和水墨画都走向世界。我去过的地方也不少了，可以说世界绘画都装在我的心中，看过之后我更自信了。在古、今、中、外的范围内，我的画绝对是一个新的品种，是从未曾存在过的，是我创造的，不管现在人们怎么说，人们越来越觉得我的开拓性的重要，对这些我非常自信。

可以看出，吴冠中在把徐悲鸿打入"美盲"后，又在无限度抬高自己，这就是他与刘海粟的不同之处。不仅如此，就连潘天寿、黄宾虹、张大千、李可染也都不在话下。人们不禁要问，吴冠中这是怎么了？一位画家的画品、人品好坏自有公论，绝不是自己所能断然的。至于他的画在拍卖市场拍出了那么高的价位，就连他自己都觉得是画商在炒作。

吴冠中在上述言论中，还提到徐悲鸿的《愚公移山》。其实，正是《愚公移山》，集中表现了作为世界主体角色人类的力量之美、理想之美、坚毅之美。徐悲鸿把西方的人体之美从画家画室的禁锢中解放出来，运用到对现实生活的描写之中。《愚公移山》完成之后，有人对在画中画了印度的外国人提出质疑，可在今天看来，《愚公移山》所表现的是人类共有的理想与愿望，因此，画不画外国人无可非议。如前所说徐悲鸿的认识，比一般人至少要提前半个世纪。现在，我们对于《愚公移山》的欣赏，可以说已经达到了共识。

吴冠中如果当年不离开中央美术学院，后来也许不会有徐悲鸿是"美盲"的言论。可他却恰恰是在徐悲鸿任院长期间离开了中央美术学院。他曾说道："不断打击，不断打击，永远打击！原来是在中央美术学院意识形态的批判，后来我站不住，这样把我搞到清华大学建筑系，教一般的技术，就没有关系意识形态了。"

吴冠中有了这样一段话，人们对他将徐悲鸿称为"美盲"就只能持怀疑态度了。对于艺术作品，由于人们的知识结构、对社会的认识和个人修养均有不同，就难免会有一些理解上的差距。但仁者见仁、智者见智，并不是说对于艺术作品没有一个统一的标准。

吴冠中于1919年出生于江苏省宜兴市，1926年就读于吴氏小学，1930年入宜兴县立鹅山小学，1931年考入无锡师范学校，1934年入读浙江大学代办的工业学校电机科。

1935年暑期，全浙江的学生在杭州集合混编进行军训，吴冠中与杭州艺专的朱德群编在一个班。在一个星期天，朱德群带着吴冠中去参观杭州艺专，让他大吃一惊。在中学里，除了主要功课以外，受到鲁迅影响，吴冠中只爱好文学，对美术没什么兴趣。但到了杭州艺专一看，觉得那些老师和同学们的油画、水墨、素描美极了。朱德群见他激动不已，便劝他说道："你以后学习美术吧！"

吴冠中听了朱德群的话，于1936年重新投考国立杭州艺专，从预科读起，1938年升入本科。其教师有林风眠、吴大羽、潘天寿等人。1942年于国立杭州艺专毕业，先是在小学代课，后在重庆大学建筑系任教。1946年7月，考取公费"中法交换留学"。1947年入法国巴黎国立高等美术学院，师从法兰西学院院士苏弗尔皮，与潘玉良、熊秉明、赵无极多有交往。1948年，他的作品参加巴黎春季和秋季沙龙展。1950年留学归国，任教于中央美术学院。

吴冠中与徐悲鸿的积怨由来已久，早在1943年，徐悲鸿在重庆中央图书馆办画展，吴冠中便跟随林风眠前去参观，正好碰见徐悲鸿。

徐悲鸿身穿白色西装，打着蝴蝶领结，被人前呼后拥。当看见林风眠时，便与之握手寒暄。之后，就照顾别人去了，对跟在后面的吴冠中并没在意。

20世纪上半叶的中国美术界，主要被三个人把持：一是徐悲鸿操持的北平艺专；二是刘海粟主政的上海美专；三是蔡元培创办，林风眠掌舵的杭州美专。三个山头聚敛了大部分中国近现代美术史上的著名人物，其以徐悲鸿阵营最为强势。

1999年，《中华文化画报》第5期上，发表了题为《下午·客厅·逆光——听吴冠中教授传"道"授"业"解"惑"》的访谈录，他说道：

> 我在中学时代看报纸，报上经常有徐悲鸿骂刘海粟，刘海粟骂徐悲鸿，中间徐志摩也参加，但是徐志摩的观点比较新，要开放一些。这种情况之下，刘海粟的上海美专是私立的，比较开放，影响好像很大，培养了很多学生。刘海粟的艺术很新，但是功力不行。更开放的是在杭州的国立艺专，林风眠起到主要作用，因为是国立学校，有经费，教授一个月三百块大洋，当时的画家是没有这种待遇的，可以请最好的教员，比如请吴大羽、潘天寿，

高价请法国、英国、俄罗斯的教员，所以杭州艺专很傲，瞧不起其他的东西，觉得徐悲鸿的东西很幼稚，格调很低。所以杭州艺专的老师和学生，与徐悲鸿之间，可以说一切观念是完全敌对的。

这篇访谈录的采访者是中国艺术研究院美术研究所助理研究员华天雪。吴冠中对中国近现代画家做了一番评论，披露了新中国成立初期徐悲鸿曾批判过他的事实。在访谈中他又说道："回来以后没多久就遭到批判，被称作'形式主义的堡垒'。徐悲鸿就曾讲过：'自然主义是懒汉，形式主义是恶棍，必须消灭'，这是对我讲的，他们把我恨透了。"

对此，冯法祀的回忆，与丁井文的说法是一致的。那么关于徐悲鸿批判吴冠中到底是怎么回事呢？据冯法祀说，徐悲鸿曾经对自然主义、形式主义发表过一些见解，但是，"我只听他说过'自然主义是泥坑，形式主义也是泥坑，陷进去就拔不出来了'，没有听他讲过'自然主义是懒汉，形式主义是恶棍'这样的话。"

冯法祀说，徐先生并没有明确地批评过谁是形式主义作风，更不可能将吴冠中这样一个刚刚从国外回来的年轻人当作"形式主义的堡垒"。在冯法祀眼中，吴冠中当时的画并不是什么形式主义，他的画还应该属于写实范畴，只是画得比较平淡。冯法祀认为，徐悲鸿批评吴冠中为"形式主义堡垒"纯属子虚乌有，作为工作在徐悲鸿身边的人，自己与徐悲鸿先生经常接触，如果他对吴冠中的画有看法，私下有所议论，他是应该有所耳闻的。他认为徐先生骂吴冠中是"形式主义恶棍""形式主义堡垒"，说徐悲鸿对他"恨透了"，根本是不可能的。徐悲鸿为人宽厚，如果对人不满意也不会说你是"恶棍"，特别是徐悲鸿当时身体又不好，对一个刚从国外回来的年轻人讲这样的话更不可能。

冯法祀说，徐悲鸿虽然反对形式主义，但像"恶棍"这样的语言他是绝对说不出口的。他是一个很文雅、很有修养的人，对别人都是很宽容的。

冯法祀认为徐悲鸿对西方现代绘画的反感与吴冠中并没有任何关系，对于这一点他说道："他对国内的画家还是团结。1946年，徐先生在北平艺专时请了很多画家,包括左派画家来上课,如李桦、李可染、叶浅予、周令钊等。他说要把学校办成'左派'学校。至于吴冠中能到中央美术学院来,起码说明徐先生对他也是欢迎的。徐先生所反对的'形式主义'主要是针对西方的马蒂斯、毕加索等人,在国内主要针对的则是上海的'新潮派',绝对不可能把吴冠中这样的年轻人当作形式主义的典型去批判。吴冠中当时刚回国,还没画多少画,更不引人注目,画的又基本上是写实的东西,也谈不上是什么'形式主义',因此徐悲鸿绝对不会把他当成'形式主义的堡垒'。坦率地说要引起徐先生的注意,要让徐先生把他当成'形式主义的堡垒',你还需要真正搞出形式主义的大名堂来才够资格。所以我认为,徐悲鸿先生对西方'现代派'的反感与吴冠中根本就没有任何关系。"

本书作者采访中,据1949年入学1953年毕业于中央美术学院的著名画家高帝讲,徐悲鸿曾将马蒂斯戏称为"马踢死",公开对学生说道:"父母花钱把你们送到这里来学习不容易,要搞毕加索和马蒂斯那一套,你们可以在家里搞。"

吴冠中所说的"不断打击,不断打击,永远打击",就是指他从法国留学回来到中央美术学院任教之后。

吴冠中1950年进入中央美术学院时,徐悲鸿是院长不假。可在1953年院系调整时,中央美术学院要调清华大学的李宗津和李斛到校任教,以教员互调的条件,便将吴冠中调到清华大学去了。可对此,吴冠中却说道:"整风后不久,人事科长丁井文一个电话打到大雅宝胡同宿舍,通知我清华大学建筑系聘我去教课,让我办理调动手续,手续简便之极。"

写作《世纪恩怨》的荣宏君,曾经采访过丁井文,他在《世纪恩怨》的207页中写道:

> 不过,几年前,我从曾担任过中央美术学院人事科科长的丁井文那里却听到另一个版本。丁老说,当时中央美术学院实行的是打分制度,实行末位淘汰,因为吴冠中在讲课中讲不出来什么

东西，自己的素描画得不好，学生不满意他，因此给他打了一个最低分，就这样，他调离了中央美院。

冯法祀也对此回忆说：

> 新中国成立以后美术学院成立了。当时我是绘画系主任，叶浅予是国画科的主任，李桦是版画科主任，我兼任油画科的主任到1955年，吴冠中是1950年来中央美术学院的。什么时候离开，因何离开我不清楚。1955年后我就去了油画训练班，艾中信接替了我的位子。我和吴冠中接触不多不很熟悉。徐先生恐怕就更不熟悉了，更少来往。吴冠中在国外留学好像也没什么影响，因为还是年轻学子嘛。回来教课也不是很受学生欢迎。可以说，当时并不是一个叫座的教员，所以他后来走了。

关于吴冠中与徐悲鸿的积怨，笔者于2012年3月21日和25日两次采访了从1942年就一直跟随徐悲鸿的中央美术学院杰出教授戴泽。他说道："那时，吴冠中和我们画的一样，都是很写实的呀，他的画是后来变的。当时你如果搞'现代派'，就成了反革命啦。对于人事调动，主管的是江丰，冯法祀是系主任，丁井文为人事科长，徐悲鸿没有那么大的权力。学生反映吴冠中讲课听不懂，大家所关心的是如何教他们画得像。不能搞'现代派'，与当时的政治形势有关，思想状态必须符合天时、地利、人和。"

徐悲鸿曾经说过："戴泽的画与他的人一样，画得实在。"对于徐悲鸿与吴冠中的关系，戴泽的话也非常实在和令人信服。

笔者就此采访徐悲鸿当年的学生高帝时，他也说道："吴冠中那时教我们水彩，你如果把颜色画得美一点儿都是不行的。"

由此可见，当时根本就没有搞"现代派"的土壤，何以出来徐悲鸿批吴冠中是"形式主义堡垒"的话！高帝认为，当时真正搞"现代派"的，是他的朋友——华裔法国画家赵无极。他生于中国北京，1935年入杭州艺术专科学校，师从林风眠。

赵无极于1948年赴法国留学，在绘画创作上，以西方现代绘画的形式和油画的色彩技巧，加入中国传统文化艺术的意蕴，创造了色彩变幻、笔触有力、富有韵律感和光感的新的绘画空间，被称为"西方现代抒情抽象派"代表，获得了法国骑士勋章。

不管吴冠中在艺术上的造诣有多深，影响有多大，可单就他与徐悲鸿的积怨，大概是已经说清楚了。同时还应该指出：尽管吴冠中对徐悲鸿的积怨很深，然而就目前掌握的材料看，还没有任何迹象表明徐悲鸿对吴冠中有过只言片语的诋毁。徐悲鸿向来是个嫉恶如仇的人，谁好谁坏在他心里泾渭分明。如果他觉得吴冠中不好，一定会表现出来——就像对待刘海粟一样。戴泽与徐悲鸿的关系非同一般，如果徐悲鸿当时对吴冠中有这样那样的看法，进行过排挤和诋毁，戴泽也是不会不知道的。他以为，当时根本就没有形成"形式主义气候"，吴冠中也就构不成什么"形式主义"靶子。

徐悲鸿又是一位十分谦和、非常友善的人。第二卷里已经谈过：1938年，徐悲鸿赴印度滞留在香港搞个人画展时，李铁夫和失聪画家任真汉受到保守势力的蛊惑，都曾在报刊著文对他进行过诋毁。可他却不计前嫌，后来再到香港，仍然一如既往地对待李铁夫和任真汉，在他们生活拮据的时候，还在经济上予以周济。

终上所述，不能仅仅从吴冠中与徐悲鸿的结怨中，单纯地认为徐悲鸿盲目地扼杀了什么，更不能把他称作"美盲"。

| 尾声 |

岁月不知尽

徐悲鸿是睁着眼睛去世的。因为他牵挂着自己的事业,牵挂着他的儿女,牵挂着他年轻的妻子……

新中国的成立——新的政权,新的生活,极大激发了徐悲鸿的创作热情。他身体虽然一直带病,可一旦能够支撑起来,便全力投入工作。

1949年底,徐悲鸿开始创作大型油画《毛主席在人民群众中》。作品的场面宏大,气氛热烈,意在表现领袖与人民之间的鱼水之情。

徐悲鸿已经为这幅巨作画了多幅草图和严格的素描稿,上布之后刚刚制作过半,又于1951年4月开始创作《鲁迅和瞿秋白》。草图完成后,便去访问瞿秋白夫人杨之华和鲁迅夫人许广平,然后数易其稿。

上述两幅创作还未完成,他又到苏北和山东"导沭整沂"

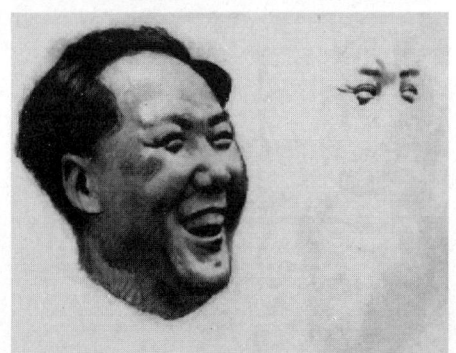

徐悲鸿为《毛主席在人民群众中》所作素描头像

水利工地去体验生活,准备创作一幅改造山河,表现现代愚公精神的大型油画。出发那天,廖静文抱着孩子,怀着忐忑不安的心

徐悲鸿正在创作《毛主席在人民群众中》

徐悲鸿在创作《鲁迅与瞿秋白》

情,挤在人群中为他送行。

两个多月后,徐悲鸿携带大批素材归来,便马不停蹄地投入到紧张创作阶段,还要参加一系列社会活动,并继续绘制《毛主席在人民群众中》,及其《鲁迅与瞿秋白》。

1950年4月1日,中央美术学院在大礼堂举行了隆重成立大会,徐悲鸿高兴之际,满怀激情,亲笔书写了《中央美术学院成立献辞》,这篇飞龙走凤的献辞,即成为他书法中的精品:

> 我国数千年来受专制封建长期统治,人民自然无幸福可言,但在文化部门造型美术上是有成绩的,当然这是劳动者的成绩,诚如周扬同志所说,皇宫虽是皇帝要盖的,但它是由劳动人民的手造成的。我以为对于我国文化,大半可以用如此看法。
>
> 现在人民做了主人,一切为人民服务,毛主席指示我们首先应为工农兵服务,因为世界是他们创造的。我们又有共同纲领,"启发人民的政治觉悟,鼓励人民的劳动热情"。方向明确,我们再来整理批判承继我们祖先遗产,以及吸取世界遗产,以创

造出大众的、科学的、民族的新中国美术。这是我们必须肩负的责任。

  以往我们为专制的统治者服务,且有如此业绩,我们现为人民服务,应当要有更进步的、更辉煌的成就,以迎接新中国的胜利和文化建设高潮的到来,我以无限兴奋和愉快的心情,庆贺中央美术学院成立,并预祝在其中工作的同志及全体同学有光辉灿烂的前途。

1950 年 4 月 1 日　徐悲鸿

  徐悲鸿本来是教高年级专业课的,可他仍然像在中央大学时候一样,非常关心刚刚入学时低年级的基础课。他以为塑造人才也像盖房子一样,如果基础打不好,房子就盖不坚实,自然也建不高。因此,新生入学后,即便在百忙中不能亲自为他们上课,也要抽时间到他们的教室去看看。

  这天,他被教务长吴作人引进油画一年级教室。任课教师已将学生的作业按着优劣排序挂在墙上,徐悲鸿伸手去取排在第二位置的素描,可却没拿住滑落了。吴作人弯腰拾起来摆到了第一的位置。徐悲鸿即刻说道:"不!"然后取下来挪到了第三的位置上。

  "这张画是谁的?"徐悲鸿问道。

  "我画的。"从后面站过来一位瘦小男生说道。

  男生刚入学时,曾经到齐白石的课堂上看过他的示范。徐悲鸿的记忆力惊人,立刻对男生问道:"你叫高帝吧,江苏无锡人?"

  "是的。"高帝回答道。

  "哦,咱们还是老乡呢。"徐悲鸿又说道,"1915 年 6 月,我在儿时朋友黄兆丰的陪同下,为了节省路费,从宜兴的纪亭桥走到无锡乘火车去闯荡大上海。那次,我的双脚都被磨起了大血泡。"

  教室里鸦雀无声,徐悲鸿的求学经历不但感染了高帝,同时也感动着所有同学。他又向高帝问道:"你原来跟谁学的画?"

  "刘狮。"高帝回答道。

在考入北平国立艺专之前，高帝在上海美专的夜班学过画，素描课的老师就叫刘狮。他在刘狮那里虽然没有得到素描的要领，但在构图上却开了窍：有一次他的画面失调了，刘狮过来在他的画面上画了一个"+"字，然后就走开了。高帝立即悟出构图不均衡了。

徐悲鸿虽然看出高帝作画大胆，也很有灵气，大有发展前途，可他画得还不够方。听他说是跟刘狮学的画，于是说道："唔，我就说呢，教师不高明嘛！"

中国古往今来的画家全都装在徐悲鸿脑海里，刘狮是刘海粟的侄子，毕业于徐悲鸿在与刘海粟论战中戏称的"野鸡学校"——上海图画院。徐悲鸿看了高帝一眼，接着说道："画素描一定要放开手，大体大面，宁方勿圆，宁脏勿净，宁拙勿巧。"

虽是寥寥数语，可却点石成金，高帝茅塞顿开，连连点头——几年都没弄明白的问题，在徐悲鸿的一句话中迎刃而解。

徐悲鸿与吴作人看完所有学生的画，指出优缺点后，便在教室里转，观察同学们的课下作业。来到摆在窗台上的一幅人像面前，吴作人用调侃的语气说道："不错嘛，作为一张广告的话！"

徐悲鸿见一位女生听了吴作人的话面红耳赤，于是用手指着画面上的一处颜色微笑着说道："这块色彩很有点儿谢洛夫味道。"话讲得很幽默，即使这位女生恢复了作画信心——谢洛夫是俄罗斯杰出的肖像画家。

徐悲鸿最后来到一幅自画像前，见画面很整体，颜色也很协调，便停住脚步问道："这又是高帝画的吧？"

"是的。"高帝回答道。

徐悲鸿没再说什么，拿起一只小油画笔，调了一笔暖颜色抹在肖像的鼻子底下：鼻子下面的那个面和反光便立即凸显出来。临出门时，对高帝说道："你上完课到我办公室去一下。"

下课之后，高帝走进院长办公室，见詹建俊和蔡亮也在那里。两人正在欣赏徐悲鸿的一幅油画，他也凑上去看。画面是一些光头市民正在街头的小食摊上用早餐。有吃火烧的，有吃油条的，最生动的要算几个正在喝汤者,有人急着去拉洋车,鼓起腮帮对着汤碗用力吹;有人将油条泡在汤碗里一并吞咽;还有人喝完汤用舌头舔碗,每个人的形象都非常生动。清晨的光感很强,整个画面非常动人。徐悲鸿见几个人看得入神,便说道:"这画被否定了,不过,好画还是好画。"

詹建俊并不知道高帝是被徐悲鸿叫来训话的,而提出了一个画面整体与局部的关系问题。徐悲鸿略加思索后说道:"这个问题提得好,每个人都躲不开的。画一幅画,首先必须从整体入手——从整体到局部,再回到整体。这样反复多次,一幅作品最后完成,才会显得完整统一、不碎、不跳,整体感强。"

蔡亮站在一边一直没说话。徐悲鸿看他一眼,又把目光转向高帝,说道:"别人说你画得好,你就把画撕掉?"

"哦,撕画是经常的,觉得不好就撕呗。但不是专门撕给别人看,也不会那么做。"高帝回答道。

"哦,撕画不算什么。"徐悲鸿接着对高帝说道,"不

1953年,徐悲鸿(右二)与中央美院教师为战斗英雄画像

徐悲鸿在工地写生

过生活会你不参加不好,你可以提意见让他们少开点。"

高帝只是觉得生活会上大家提的问题太小,有点烦人。他已不记得自己是不是有过故意不参加的行为,因此不再吱声。

徐悲鸿于是指着挂在墙上的一幅水墨画说道:"这是一位很有才气的学生画的,不过他后来病了,可惜呀,但愿他早点康复回来上课。"

徐悲鸿又与三个人聊一会天,最后说道:"大家都在看你们,你们好,别的同学也就好了。"

徐悲鸿自从抵达北平之后,始终日理万机,但他仍然腾出精力,事无巨细地关心每一位学生,其精实令人感动。

徐悲鸿在作画

1953年，徐悲鸿（右二）、廖静文（右六）与亲友在雍和宫门前合影，后排右一为徐寿安，前排左三为范志超

其实，徐悲鸿一直在带病工作。1951年7月22日凌晨，廖静文担心的事情终于发生——他又患上了脑溢血，住进了中央人民医院。周恩来总理闻讯指示组成由院长钟惠澜任组长的医疗小组，对他进行全力抢救和治疗。

廖静文日夜守护在徐悲鸿床边。他叮嘱道："万一我不幸病逝，要将我的全部作品捐献给国家，供全国人民欣赏。"

女儿丽丽前来探望时，徐悲鸿还对她谈起他已经画了不少素描和速写，准备创作一幅表现水利工程的大幅油画……

四个月之后，徐悲鸿才从病床上坐起来，回到家中静养。为了更好照顾他，廖静文学会了按摩和打针。同时还尽力调整他的心情：给他读托尔斯泰的《战争与和平》，又将《约翰·克利斯朵夫》全部给他读完。

徐悲鸿刚能支撑起来，就开始给志愿军战士写信和作画；并让廖静文搀扶他到学校挨个教室给学生辅导作业，纠正一些不正确的绘画方法。暑期，他又为中央美院和浙江美院招收的进修班讲课，回家还要投入到紧张的创作中。而且仍然像健康人一样接待来访者，参加各种社会活动。

1953年8月31日，香港记者来访后在《文汇报》上发表了《拜望徐悲鸿先生》一文，对他的状况进行了报道：

（一）志愿军请画《八骏图》

去年夏天，曾接到中国人民志愿军战士的来信，要我画一幅《八骏图》。当时，我又兴奋，又焦急，兴奋的是战士们的可爱，不但克服困难，战胜敌人，而且还这样热爱艺术。焦急的是，我仍躺在病床上，连起身都不成，更不能作画。

后来，我虽几次勉强起床，想画成一幅《八骏图》寄去，但每次都无力地躺下。后来只得将一张旧作四匹马的照片寄去，并由我口述，有静文代笔向志愿军战士写了一封抱歉的信。告诉他们，只要身体一复原，马上就画了寄去。所以在养病期间，我总惦记着把画画成，一了夙愿。

（二）画画不马虎

今年1月起，开始试笔，为志愿军战士画《八骏图》，但总是画不成。后来改为画单匹奔马。为什么画单幅马？第一，我的气力不能画大幅的《八骏图》，只好画单幅的，凑在一起总算实践了我对英雄们的诺言。再说，我画画，总不肯马虎，特别是送给志愿军的；所以，我现在虽然只寄出了六幅。实际上我已经画了二三十幅。那六幅是从这几十幅里挑出来的。

（三）大饱眼福

从解放后，算一算，在北京举行过多少次国际性和全国性的艺术展览会？当然，这也是我们住在首都的人特有的眼福。比如"敦煌文物展览""楚文物展览"和在北京历史博物馆、故宫博物院等地方举办的多次盛大展览。这些展览会一次比一次办得好，一次比一次丰富，也一次比一次解决了更多的文化艺术史上的问题。我从每次展览会上都得到很多启示，比如这次"楚文物展览"，使我更清楚地认识到，古代文化是可以分成商周和楚两大系统的。商周文物主要表现在铜器上。而漆器呢？虽然黄河流域也盛行，但今天我们有理由认为是从楚地传去的，绘画与漆器应该是有姻缘的。这次"楚文物展览"中，我们又见到一幅两千三百年前的绢画，这也足以证明当时的楚文化站在时代的前列。

（四）稀世珍宝

解放后，社会风气大变：收藏家把许多传家之宝捐献给国家，最重要的如虢季子白盘（我国现有最大的古代青铜器），其他的古文物、善本书不计其数。另一方面，政府也尽力收购重要的文物，以免散失损毁。如五代顾闳中的《韩熙载夜宴图》和隋朝展子虔的山水卷子。这些稀世之宝，过去总是流来流去的，今天总算回到人民手里。

（五）中央美术学院

关于中央美术学院，在解放前，学院的毕业生，和其他学校一样，毕业即失业；而且处处被轻视，甚至想谋一个小学教员的职位都十分困难。可今天，各个都来"抢"人或者预约，学院方面简直是供不应求了。

为了更好地培养人才，今年学院添招了高中预备班，学生们一面读高中课程，一面学画。经过三年高中和五年的正规学习，培养出绘画人才。

现在学生的成绩，比过去提高得多了，一方面学习专心，另一方面是学习与实际联系起来了。比如今年毕业的一百七十多人，暑假中都到乡下去搞创作，在他们完成的"毕业论文"式的作品中，有的画得简直好极了。过去画农民，总是不生动。因为思想感情和农民是有距离的，经过几年的学习，有的参加了土地改革运动及其他社会运动，因此，学生们的作品，无论是思想感情、题材选择或者画面处理上都得当，所以画出来的就必然是活生生的社会中的农民了。

（六）亲自教素描

今年暑假，学院曾办了一个进修班。参加进修学习的有各地来的教授、讲师和美术工作者。我每星期去讲两次关于素描的课程。时间虽然只一个多月，但是，大家的热情很高，要求进步的心很切，所以成绩很好。这些现象，都是过去我们不能想象的。

（七）只想作画

最后，问他今后的打算时，徐悲鸿说："我只想，好好地画些画——哦！还有，想到南方走走，看看许多年不见的老朋友。"

1953年9月23日，徐悲鸿参加全国文艺工作者第二次代表大会。会议中间，周恩来总理见他有些疲惫，便劝他回家休息。可他却不肯，不想错过聆听周总理的有关报告。

当天晚上，廖静文正在家中等待徐悲鸿归来，但却突然接到电话说他病了。"又是脑溢血！"她急忙乘车赶到会议休息室。

徐悲鸿的脸色苍白，左半身瘫痪，无力地躺在长沙发上。当廖静文来到身边时，他用深情的目光看着她问道："孩子怎么没来？"然后用右手朝她示意要一支笔想要写遗嘱，可却为时已晚。

徐悲鸿被抬上急救车，朝着北京医院飞驰而去。抵达医院时，已陷入深度昏迷，廖静文在他的床边守护三天三夜。看着他睁着眼睛不断挣扎，贴在他的脸上呼唤着"悲鸿"！可是，他已经听不见声音了……

1953年9月26日凌晨2时52分，徐悲鸿的心脏停止了跳动。廖静

1953年9月23日,在北京召开了全国文学艺术工作者第二次代表大会,上午休会时,徐悲鸿与齐白石携手步出会场站在怀仁堂门口等车,三天后徐悲鸿患脑溢血离世

文抱住他渐渐冷却的身体,撕心裂肺般呼喊道:"悲鸿,你回家吧,让我们一同回家,孩子们等待着爸爸啊!你为什么不回答……"

可是,徐悲鸿真的已经驾鹤西游,眼睛却还睁着,因为他牵挂着自己的事业、学生,牵挂他的儿女,牵挂他年轻的妻子……

徐悲鸿逝世的当天下午,周恩来总理来到北京医院向他告别,怀着无比沉痛的心情,久久注视着他的遗体,极其沉重地说道:"徐悲鸿的逝世,对我国的艺术教育事业是一个永远无法弥补的巨大损失!"

廖静文带着孩子从墓地回到家中伏在床上,想到徐悲鸿临别时圆睁的眼睛,想到过去他对自己说过的话:"每个人的一生都应当给后代留下一些高尚有益的东西。"

廖静文哭着睡着了,睡梦中又哭醒……最后,从床上爬起来按照徐悲鸿的嘱托做出惊人的决定:要把他留下来的东西,包括他们的房产全部捐给国家。十年前,在徐悲鸿的鼓

徐悲鸿外甥潘公慎（右二）偕夫人殷锡妹（左一），儿子潘立春、女儿潘健英与舅妈廖静文（左三）在徐悲鸿墓前

励下，她考上了金陵女子大学，可为了照顾他，她辍学了。如今，徐悲鸿已经去世，她还要上大学……

几天之后，廖静文哭泣着走进文化部，将家中所有的钥匙交给了沈雁冰部长。

不久，文化部、中央美术学院、中国美术家协会，共同来接领徐悲鸿捐献的遗物：共有他的作品一千二百余件——包括那些写着"廖静文"名字的画，还有他收藏的古画及近代画家的代表作品一千二百余件和一万余件珍贵书籍、图片、碑帖等。

廖静文想道，这回，徐悲鸿可以瞑目了。于是，收拾衣物，带上一些书籍踏入了北京大学的校门……

徐悲鸿逝世的消息传到台湾，蒋碧薇心中一片惘然，五味杂陈一起涌上心头……

孙多慈当时在美国，便打电话将消息告诉了还在法国巴黎的王少陵。王少陵随即写下一首《哭徐悲鸿》：

凄风苦雨夹飞雪,消息传来肝脑创
一代艺人虽已渺,廿年挚友岂能忘?
生死离别情难泯,弦数琴焚我欲狂!
凭吊英灵悲万里,速匀奠泪千行。

地老天荒
此情不泯

后　记

　　随着历史前进的步伐，客观再现徐悲鸿及其同时代艺术家的时机已经到来。

　　徐悲鸿的出生地屺亭桥距江苏宜兴县城十八里。他的第二任妻子蒋碧薇的父亲蒋梅笙家，当年就住在宜兴县城。宜兴的湖称"氿"，有"东氿""西氿"两大湖泊。而村庄则称"渎"，一里地一"渎"，七十二渎分布于太湖西岸。徐悲鸿的亲戚、朋友、同学、同事、邻居，现在已经不只居于宜兴和屺亭桥，而是散落在无锡、溧阳、太湖，乃至重庆、南京、上海、北京……

　　就在我多次往返于上述地点，特别是宜兴与屺亭桥之间进行采访时才发现，以往有些介绍徐悲鸿的书籍资料，大多有抄来抄去之嫌。出生之后一直没离开过宜兴，熟悉当年情况的徐悲鸿八十四岁的外甥潘公慎对我说道："以前也有人来过，可从来没人像你问得这样细，也没像你这样反复来呀。许多事情如果认真谈，就想不起来。但在闲谈中，往往就记起了。"

　　这使我决心将徐悲鸿和他同时代的人写成最全面、最富形象性的史诗般作品。

然而,历史的车轮带走了多少匆匆过客,真正了解徐悲鸿的人也实在少之又少了。采访中也只能根据一些蛛丝马迹追本溯源。再过些年,仅存的了解徐悲鸿的老人"百年"之后,就再也不会有人知道这些细节了。

我在宜兴县城与屺亭桥足足住了半年时间,之后又奔波于徐悲鸿足迹曾经遍及之地。经过整整三年多的艰苦奋战,放下写作《徐悲鸿时代》手中的笔,突然感到自己如此渺小:徐悲鸿仅仅活了五十九岁,而最后几年,又多缠绵于病榻。然而他的一生却走过那么多布满荆棘的路程,创作了令人难以想象的数以万计的作品,干了那么多轰轰烈烈的事业,影响了整个国家的学风。就在他"五十寿辰"时,徐仲文撰文说道:"徐悲鸿的一生兼做两件事,他的五十岁顶一百岁。"

徐悲鸿的卓尔不群,早已经被世人所公认。

我们在书中所写的徐悲鸿大师的朋友圈——一百多位文

本书作者(左)与屺亭桥徐悲鸿纪念馆馆长杜国堂(中)及讲解员黄静合影

艺家群体，也卓尔不群，可圈可点……

在写作本书过程中，我曾询问过无数人知不知道徐悲鸿。其中包括工人、农民，知识分子，扫大街的清洁工、赶板车的马夫，直至刚刚入学的儿童。凡是被问及的，就没有人说不知道的。可再细究，有的人便摇头了。得出的结论是许多人对徐悲鸿"仿佛熟悉，却又陌生"。

然而徐悲鸿及其那个时代的文艺家群体，在整个国民中的魅力，还是不容忽视的。因此，本书还给人们一个活生生的，有哭有笑、有血有肉的徐悲鸿，以及那个波澜壮阔、大气磅礴的文艺家群体，也就足够了。

徐悲鸿不仅属于他的那个时代，而且属于整个国家、整个中华民族，乃至整个世界；属于被他感动同时也对他无比崇敬和热爱的人。仅从这一点上，在中国近现代美术史上就绝无仅有。

《徐悲鸿时代》是对徐悲鸿所生存的整个时代的梳理和描绘。本着尊重历史、符合客观和对读者负责的精神，本书经过认真采访和对史料的深入研究，以尽可能做到准确无误。可因为涉及的人物过多，情节也过于复杂，而且年代久远，在写作过程中难免挂一漏万，不当之处也在所难免。

夏桂楣

2020 年 4 月 10 日深夜